平安校园建设 实践与探索

——北京高校安全稳定工作优秀报告论文选集（2017—2022）

主　编／孙　毅

副主编／庞　谦　代　兵　侯　毅　李　阳　刘兴德　李耀鹏　胡　洁

北京航空航天大学出版社
BEIHANG UNIVERSITY PRESS

图书在版编目（CIP）数据

平安校园建设实践与探索：北京高校安全稳定工作
优秀报告论文选集：2017—2022 / 孙毅主编. -- 北京：
北京航空航天大学出版社，2024.9. -- ISBN 978-7
-5124-4421-8

Ⅰ. G647.4-53

中国国家版本馆 CIP 数据核字第 2024343S8Z 号

平安校园建设实践与探索——北京高校安全稳定工作优秀报告论文选集（2017—2022）

责任编辑：张　凌

责任印制：秦　赟

出版发行：北京航空航天大学出版社

地　　址：北京市海淀区学院路 37 号（100191）

电　　话：010-82317023（编辑部）　　　　010-82317024（发行部）

　　　　　010-82316936（邮购部）

网　　址：http：//www.buaapress.com.cn

印　　刷：北京富资园科技发展有限公司

开　　本：787mm×1092mm　1/16

印　　张：39

字　　数：785 千字

版　　次：2024 年 9 月第 1 版

印　　次：2024 年 9 月第 1 次印刷

定　　价：128.00 元

序

  党的十八大以来，以习近平同志为核心的党中央统筹把握中华民族伟大复兴战略全局和世界百年未有之大变局，提出并深入贯彻总体国家安全观，坚定不移走中国特色国家安全道路，坚持统筹发展和安全，以高质量发展促进高水平安全，以高水平安全保障高质量发展，努力实现高质量发展和高水平安全的良性互动，带领全党全国各族人民攻坚克难、团结奋斗，经受住了来自政治、经济、意识形态等领域的风险挑战与考验，开创了新时代国家安全工作新局面，为党和国家兴旺发达、长治久安提供了有力保证，也为我们做好首都高校安全稳定工作提供了根本遵循。

  中央和北京市委市政府始终高度重视首都教育特别是高校的安全稳定工作。市委主要负责同志十分关心北京高校安全稳定工作，多次作出专门批示指示，强调校园安全稳定工作不会一劳永逸，需持续发力、与时俱进。作为科技第一生产力、人才第一资源、创新第一动力的重要结合点，高校在科教兴国战略、人才强国战略、创新驱动发展中扮演着举足轻重的角色，维护首都高校的安全稳定，对实现学校的高质量发展，保障首都安全稳定，甚至全国安全稳定具有重要意义。

  北京市委教育工委和市教委坚决贯彻落实中央决策部署和市委市政府工作要求，始终把维护高校安全稳定摆在突出位置，坚持"高校稳，首都稳，全国稳"，指导各高校每年开展平安校园建设相关研究工作，围绕高校安全稳定工作的理论性、前沿性与实践性难点热点问题，立项了一批重大、重点和一般课题，集中力量开展定向研究，着力破解一批难题、形成一批规范、固化一批机制，精准指导平安校园建设实践。北京高教保卫学会在市教育两委的指导下，依托地处首都的区位优势，充分发挥包含34所"双一流"高校在内的99个会员单位的人才优势和科研优势，每年坚持举办课题立项、中期与结题答辩等学术活动，对安全稳定工作中涉及的安全管理制度体系、政保维稳工作机制、应急能力建设、校园管控模式、交通管理规范、智慧消防应用、集体户籍管理、保卫干部职业发展等诸多方面问题开展深入研究。此外，学会每年积极开展高校保卫部门负责人、保卫干部骨干专题培训，深入开展形式多样的交流研讨活动，形成了一大批高质量理论成果，不断丰富首都高校安全稳定工作"专家库"、"工具箱"和"方法包"。

本书选编了2017—2022年立项经结题评审而产生的优秀研究报告11项，以及第十五、十六届学术年会录用的优秀论文28篇。这些成果有理论层面的研究，有工作经验的总结，有难点问题的探索，有实践形成的规范，凝结了北京高校安全稳定工作战线的智慧与心血。我们相信，本书的出版将对高校系统进一步做好安全稳定工作起到积极促进作用，也将激励我们持之以恒地推进平安校园建设领域的研究和探索，全面建设更高水平的平安校园，奋力书写以新安全格局保障新发展格局的"高校篇章"。

北京市委教育工委安稳处
北京高教保卫学会
2024年9月

目　录

一、优秀研究报告

"互联网+"时代的高校安全管理研究

北京航空航天大学"'互联网+'时代的高校安全管理研究"课题组

摘　要："互联网+"时代的到来，给校园安全管理工作带来新的机遇和挑战。一方面，新技术的集中涌现，给高校安全管理工作的发展和创新带来了解决问题的新思维；另一方面，相较于高校的科研教学领域，安全管理工作的信息化基础较为薄弱，如何在"互联网+"时代加快信息化建设步伐，实现"弯道超车"的目标，已经成为摆在高校安全管理工作者面前亟待解决的现实问题。本文从"互联网+"时代特点入手，就高校安全管理信息化建设的业务、应用、数据和技术四个层面展开分析和论述，提出四个层面建设的思路和实例，为"互联网+"时代的高校安全管理创新提供可参考的工作方法。

一、"互联网+"时代高校安全管理工作的机遇和挑战

（一）"互联网+"时代背景

截至 2016 年底，互联网规模持续保持增长态势。对于高效利用互联网带来的便捷，发展互联网产业及带动线下产业，国家从战略层面提出了构想。2012 年"互联网+"首次被提出，它标志着互联网思维的进一步实践成果，推动经济形态不断地发生演变，从而带动社会经济实体的生命力，为改革、创新、发展提供广阔的网络平台。通俗地说，"互联网+"就是"互联网+各个传统行业"，但这并不是简单的两者相加，而是利用信息通信技术及互联网平台，让互联网与传统行业进行深度融合，创造新的发展生态。它有六大特征：跨界融合、创新驱动、重塑结构、尊重人性、开放生态及连接一切。这六大特征奠定了"互联网+"方方面面的基础，也为如何利用"互联网+"深入到具体的领域提供了指导。

（二）"互联网+"时代技术发展趋势

"互联网+"的提出标志着互联网的发展方向由单纯的线上转换为线上线下联动，

"互联网＋人工智能"以及"互联网＋益民服务"为政府、高校及企业高效管理提供了技术支持。它依托于"云"的概念，将不同来源不同类型的资源进行整合，再开放不同的接口到不同的用户，使得资源管理以及资源整合变得更为整体化、高效化。

深度学习以及传统机器学习算法使得"人"的决策弱化，其依托于分布式框架，可以对固定模式进行学习决策。当业务中出现固定模式时，机器智能将替代"人"做出决策，使得整个业务流程更加精确高效。

数据体量巨大、实时流量巨大均是"互联网＋"时代的机遇及挑战，"互联网＋"的技术发展不可避免地遇到和解决这些问题。对于硬件来讲，高性能计算硬件的发展必不可少，多集群配置和管理将是"互联网＋"时代硬件管理的重中之重。对于软件来讲，算法的精简和高效将会是"互联网＋"时代整体的发展趋势。

（三）传统高校安全管理模式存在的问题和不足

对于大多数已经开展安全管理信息化工作的高校来说，当前工作中普遍面临四方面的常见问题。

一是大多数高校缺乏有高度的 IT 战略。因为没有与高校安全管理服务业务战略相匹配的 IT 战略，所以系统建设不仅随意，而且重管理职能，轻服务理念。

二是缺乏规范、清晰的业务架构。表现在从管理层面上缺乏对高校安全管理服务业务架构如业务模型、业务流程、组织架构等的科学分析，业务流程不科学，不注意部门甚至内部科室的交互。

三是缺乏统一的顶层设计。大多数信息系统只是手工作业的翻版，各部门职能与流程不能贯通，各信息系统数据不能共享，形成新的信息孤岛。

四是缺乏前瞻性和预测性。系统建设迁就现有事务处理流程，不考虑今后的业务变迁可能会对现有系统结构的影响而建设系统。

（四）利用新技术手段加强高校安全管理信息化工作的必要性

高校安全管理的对象分为安全主体、安全需求、安全形势以及安全内容这四方面。它们分别有如下特点：

一是安全主体，指的是安全管理的受众，它的特点是多样化。首先表现在学生来源分布多样化，不同地区和民族的学生，生活习俗以及宗教信仰的差异较大。其次表现在教师层次多层化，例如一些教师涉及机密，需要特别的安全教育。最后表现在管理对象公众化，校园是对公众开放的环境，公共安全问题在校园也时有发生。

二是安全需求，指的是不同安全主体对于安全管理诉求的不同，它的特点是个性化，表现在利益诉求的多元化以及思想表达的多样化，例如不同的单位对于安全管理会有不同的需求。

三是安全形势，其与社会形势紧密相关，特点是复杂化。具体表现在经济问题政治化、校内问题社会化、现实问题网络化、个体问题群体化。

四是安全内容，其特点是体系化，把某一类问题建设成体系统一管理，体现在治安、交通、消防、安全生产这些大类问题上。

二、"互联网＋"时代高校安全管理信息化建设方法

顶层设计是整套高校安全管理方案的指导思想，做好顶层设计才能使"互联网＋"的高校安全管理方案融合到已有的管理方案中。从安全管理信息化的顶层往下看可分为四个架构：

一是业务架构，其设计需要满足各项安全管理大类业务的流程分析以及优化，例如业务战略、组织结构、运行模式、流程体系以及地域分布等。

二是数据架构，其服务于安全管理产生的数据资源规划，包含数据与各业务、各部门的关系，同时还需要构建数据模型和数据存储模式，设计高效的数据管理流程。

三是应用架构，其偏向于设计应用软件的总体功能及其子系统或模块之间的相互关系。

四是技术架构，其依赖于基础设施，以及软件运行、系统环境、基础算法优化等内容。

（一）业务架构建设

"互联网＋"高校安全管理业务架构建设的目的是针对具体业务提出要求和期望达到的效果，各个具体业务架构建设的重点及方法存在共性及差异，需要具体分析说明。对于各个业务架构之间共性的建设方法及业务架构设计的重点有四点：

一是各个业务功能组件的确定，例如报警求助业务、应急响应业务、安全检查业务、安全审批业务、任务布置业务、工作请示业务等。明确每项业务的哪些组件要接入互联网和物联网，其中互联网还分为广域网和局域网，明确不同的业务应用于不同的网络环境管理。

二是各项业务的流程及其与实施部门的关系、流程节点输入/输出条件，例如报警求助、应急响应、安全检查和安全审批这四项业务的平台建设与实施部门的对接。需要提前了解实施部门的人员设施配置，根据流程节点输入/输出条件使建设和培训并行。

三是厘清各项业务之间的互动关系，使得在建设信息化平台时可以整合优化部分业务模块，精简结构，例如安全检查与安全审批的互动关系，安全检查与审批、安全规章制度标准文件、安全台账之间的互动关系。同时，还需要检查各项业务架构的设计是否与完成高校安全管理服务的业务战略密切相关。

四是整理各高校之间的业务共性。对于各高校共有的业务，可以根据各个高校安全管理的共性特点做好整合。该方法的目的是加强高校安全管理业务之间的交流，对于部分安全管理业务，有助于建设统一的信息化平台。

明确了业务架构建设的重点，根据高校安全管理工作涉及的各个领域，可以将业务划分为八大体系，分别为组织领导体系、工作队伍体系、责任制度体系、工作制度体系、预先防范体系、日常管理体系、应急处置体系以及保障支持体系。

（二）数据架构建设

数据架构设计的重点分为三点：

一是对概念数据层次进行分类，根据业务架构，可以明确采集到的数据属于哪个类型，同时设计概念数据库。数据存储实现数据"互联网＋"信息化平台相关数据的集中存储与管理，是各高校间标准化明细业务运营数据的集中存储中心。数据进行分层存储，包括缓存层、明细层、维表区、轻度汇总层和共享层。

二是厘清数据与业务功能、机构或人员、角色、子系统之间的关系。通过对高校安全稳定事件实际业务需求以及关系人等业务角色的分析，总结出系统管理员、高校值班管理员、高校分管值班工作的副处长、高校各科室干部（科员）、高校保卫处各科室负责人（科长）、高校保卫处副处长、高校保卫处处长、其他用户这8种角色岗位。

三是要给出统一数据（结构化、半结构化、非结构化）视图，以便在设计时检查统一数据视图和数据与业务、部门、角色之间的关系是否足够清楚。

（三）应用架构建设

目前涉及高校安全管理工作的专项信息系统可以分为面向师生服务办理、面向安稳工作人员业务管理和面向校园安全稳定综合治理三大类。面向师生服务办理类信息系统用于校园通行证办理、师生户籍卡借用等服务；面向安稳工作人员业务管理类信息系统用于指定安全稳定责任人、实验室安全管理员等安全和稳定工作专兼职人员的业务工作流程化管理、信息情报上传下达、工作情况统计及绩效考核等用途；面向校园安全稳定综合治理类信息系统用于整合校园人、事、地、物、组织的基础数据，汇集各类安全稳定事项信息和工作台账，从而全面把握校园安全稳定工作走向，及时发现校园安全稳定薄软环节，将隐患消除在萌芽状态。各类信息系统既体现了高校自身情况，又包含很多共性信息，从而可以梳理业务工作流程，开发出适合"互联网＋"工作需求的信息系统。

（四）技术架构建设

技术架构设计的重点有四点：

一是对于应用门户平台来讲，理顺后台技术的关系，对不同种类的技术进行梳理，明确何处用何种技术。理顺接口规范以及服务规范，接口规范设定传入/传出格式、样式等指标，服务规范考虑服务响应时间等指标。

二是技术支撑平台：中间件、流程引擎、规则引擎、交换引擎等采购的第三方产品集成设计。

三是基础设施：操作系统、服务器（虚拟化）、存储（虚拟化）、数据库、目录服务、网络通信、时间服务、终端（PC、移动终端）、打印服务、系统监控和管理。

四是系统、服务、接口与集成设计。

三、"互联网＋"时代高校安全管理工作新模式展望

本课题组以计算机科学与技术和软件工程相关领域的研究前沿为导向，对"互联网＋"时代高校安全管理工作新模式进行了展望，确定了"大数据智能分析预警""智能交通管理""虚拟现实应用"这三个场景。

四、研究结论

本课题提出建立"互联网＋"高校安全管理模式，包含四大架构实现，并对未来发展模式提出展望。"互联网＋"高校安全管理体现了高校安全管理由安全管理到安全服务的转变，从而进一步提高安全管理工作的师生参与度，使得安全管理工作更有效率。同时，"互联网＋"可以有效打破部门之间的界限，提升跨部门业务的协调联动。通过数据的有机同步和共享，深度分析、预测和决策支持能力得到进一步提升。

总的来说，"互联网＋"高校安全管理的意义在于规范、集成和联动，即建立一套通用规范，线上线下联动，不同部门联动，不同高校联动的新格局。

北京高校校园安全管理面临的形势、突出问题及对策研究

华北电力大学"北京高校校园安全管理面临的形势、
突出问题及对策研究"课题组

第一章 引 言

1.1 研究背景

全国高校安全管理与北京高校安全管理研究，既有共性又有个性。两者共同点在于，面临着校园外部环境复杂、校园内部环境多元化、执法不力、法律法规不完善等问题；而北京高校安全管理与其他地区高校的不同点在于，北京具有特殊的政治地位和地理环境，与天津、河北地区交流密切，大学间的交流也十分频繁，另外，还存在城市校园安全管理评估内容相对分散、监督形式有些随意等问题。

1.1.1 校园外部环境复杂化

北京是中华人民共和国首都，位于华北平原北部，毗邻天津市和河北省。北京市内高校与社会整体大环境联系范围更广，校园的开放程度和社会化程度逐渐提高。目前，社会经济结构的调整转变以及社会经济系统的根本改变，促使校园外部环境日益复杂化和社会化，当代大学生在经济转型期也经历了社会心理、思想、价值取向和生活方式的巨大变化。特别是近年来，中国与世界各国在各个领域的交流越来越多，高校间的合作、学术交流访问、留学招生都有所增加，作为首都，北京的安保管理工作也面临着更高的要求。

1.1.2　校园内部环境多样化

　　高等教育已成为中国现行教育体系的重要组成部分，随着入学规模的扩大，高校后勤工作社会化越来越明显，高校的开放程度也大大提高。部分高校的生活条件和设施不能满足连续大量招生的要求，导致内部环境更加多样化和复杂化。首先，学生团队的组成变得更加复杂，而心理教师相对缺乏，学生应对紧急情况方面的教学较少。其次，高校教师的研究和教学工作相对较多，对学生心理问题关心较少，辅导员必须一人面对许多学生，这种一对多的情况使得辅导员很难进行管理。同时，物流产业的大力发展改善了学校条件，但也产生了许多问题，进一步增加了安全管理的难度。此外，许多高校的布局是不止一个校区，校园环境复杂，在校园周围有许多未经许可和未经批准建设的娱乐场所，其内部设施和卫生条件非常差，存在非常大的安全隐患。以北京大学城为例，聚集了许多高校，有北京工商大学、首都师范大学、北京中医药大学等，但在大学城周边购物、医疗和饮食等生活条件不健全，安全保护措施相对薄弱，盗窃、欺诈和抢劫等案件时有发生。

1.1.3　高校校园暴力案件数量居高不下

　　据中国司法大数据研究院统计，2015 年，全国各级人民法院初审审结校园暴力案件共 1000 多起，2016 年案件量同比下降 16.51%，2017 年案件量同比下降 13.37%，详情见图 1。这三年校园暴力案件呈逐年下降趋势，说明校园治安有所改善，但不能掉以轻心，还需学校对安保更加重视，保障学生的身心安全。

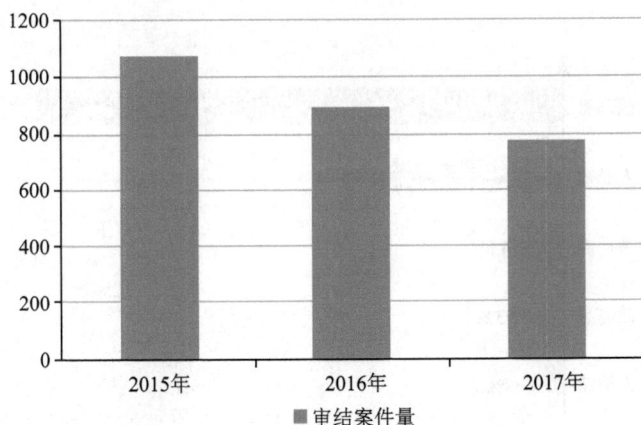

图 1　2015—2017 年校园暴力案件趋势

　　如图 2 所示，从 2015 年到 2017 年，57.5% 的学校暴力案件是故意伤害案件。故意伤害罪和抢劫罪在这三年趋于下降，平均每年下降分别为 24.62% 和 18.51%。在学校暴力案件中，2017 年的聚众斗殴罪和寻衅滋事罪比例略有上升，同比增长分别为 10.58% 和 14.08%。

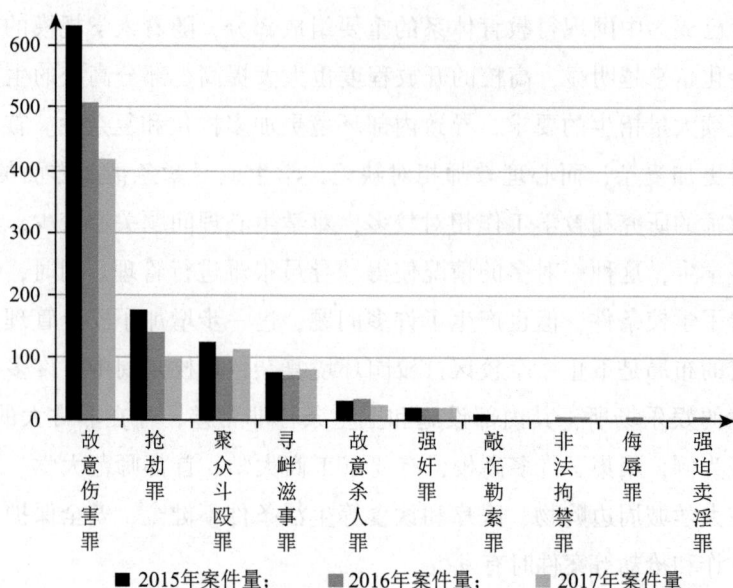

图 2　近六成校园暴力案件涉及故意伤害

如图 3 所示，55.12% 的学校暴力案件是由口角和小摩擦等琐事引起的。随着仪器、设备、学习和生活用品的增加，高等教育机构越来越成为许多不法分子的目标。为满足个人欲望所进行的抢劫、敲诈勒索、强迫卖淫、侮辱、强奸等犯罪高达 18.08%，性质十分恶劣。社会上的黑暗邪恶势力已经将他们的魔爪伸向了还未踏足社会的大学生。

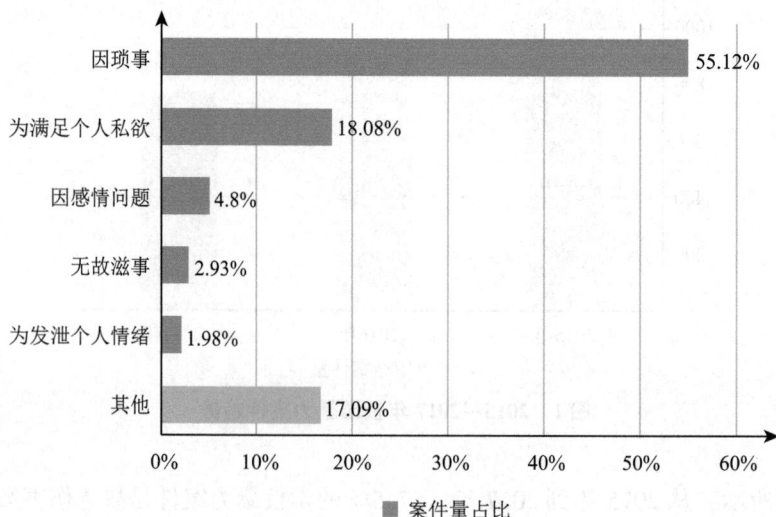

图 3　五成校园暴力案件因琐事而起

基于对教室、宿舍和校园内其他场所的词频分析,如图 4 所示,在 35.31% 的校园暴力案件中包含"宿舍"一词,并且其中大多数情况的案发地就是宿舍。在涉及故意杀人罪的学校暴力案件中,"宿舍"一词出现频率更高,有 65.12% 的案件都包括它。绝大多数发生在宿舍的案件诱因都非常微小,如在宿舍大声说话、吃东西等情况。学校也应重视起来,加强宿舍的安保措施,加派人员定时查寝、查收管制刀具等。

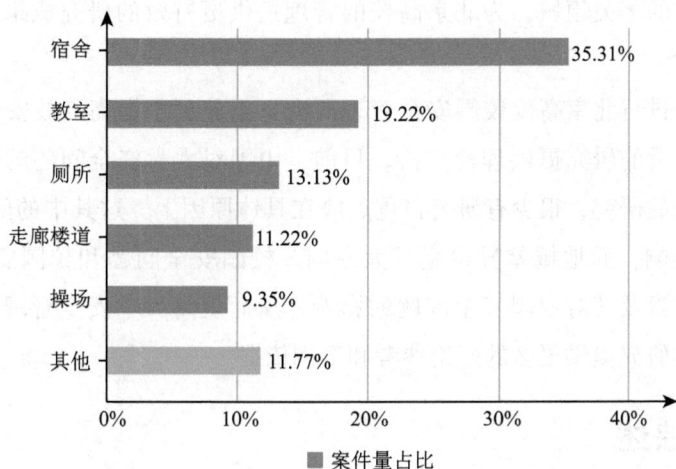

图 4 "宿舍"已成为校园暴力案件中的高频词语

1.2 研究意义

1.2.1 现实意义

首先,进行北京高校校园安全管理研究可以为北京大学生提供安全可靠的学习和生活环境。全面系统地研究北京高校安全,特别是大学生安全评估体系和大学校园安全理念的建立,为北京高校学生提供一个安全稳定的学习和生活环境。通过及时有效地解决大学生在实际校园环境内的心理问题,来帮助其解决一些生活问题,避免冲突发生,降低学生的受伤风险,提高安全意识,帮助年轻大学生健康成长。

与此同时,进行北京校园安全管理研究,有利于解决当下复杂社会环境中高校安全问题,提高高校的管理水平。良好的大学校园安全管理体系有利于学校的发展,解决大学生的安全问题;能够有效控制大学安全事件的发生,降低安全事故对学生和学校造成的损失,更好地进行管理。

此外,还可以帮助高校改善素质教育,大学生安全素质水平在人才综合素质的衡量标准中有着举足轻重的地位。高校校园安全研究有助于全面地为大学生安全教育提供素材和措施，从而在某些方面提高大学生的安全水平，也进一步提升高校的素质教育水平。

1.2.2 理论意义

这个课题的理论意义主要在于使高校校园安全研究内容更加多样，程度也更深入。

一方面，北京校园安全研究是大学管理研究的重要组成部分。通过研究，可以深入探索此类研究的相关领域，为北京高校的管理提供更有效的研究成果，使其更具有先进性和系统性。

另一方面，进行北京高校校园安全管理研究，十分利于提高高校安全问题研究的理论水平，为之后的研究提供理论支持。目前，中国对大学安全问题的研究更侧重于解决方案和方法的研究，很少有研究将重点放在具体原因上，这其中的问题十分复杂，受各种因素的影响，而地域差异也是一大原因。校园安全问题和校园安全管理系统，重点分析各种因素及其对校园安全问题的影响，从而提高大学安全管理水平，为高校安全问题的整体研究提供更多的理论参考和案例依据。

1.3 文献综述

1.3.1 国外研究文献综述

关于校园安全问题的研究，各国学者根据实际情况，从不同角度开展了研究工作，总结了许多成功经验，并提出了一些可供参考的方法。从研究团队收集的文献来看，国外大学校园安全问题的研究很丰富，在研究的广度和深度方面都有相当大的发展。其中，菲利普·库姆斯在《世界教育危机》一书中应用案例和历史数据的分析方法，采用实地调查、问卷调查和模型计算等来客观呈现校园安全问题的现状和存在的问题，并进行了深入的探讨分析，提出的现代安全预警机制、法律政策法规的完善、专业团队的建设、人性化管理措施的实施等，都得到了世界各国学者的借鉴和进一步研究。

1.3.2 国内研究文献综述

1. 对校园安全的实证研究

中国高等教育管理体制改革广泛推行，使校园安全问题呈现出新形势和新特点。基于此，许多学者通过实地调研、发布问卷调查、制作图表模型等方法进行了广泛的调查和实证研究，探讨了新时期校园安全问题的现状。例如，学者丁青在《校园安全的现状与对策》一文中搜集并处理了高校安全状况的数据，通过数学方法对其进行了分析和实证研究，总结了高校公安情况的新趋势，即案件的数量正在增加，并且偶尔会发生突发案件。

2. 对校园安全影响因素的研究

学者们普遍认为影响校园安全的因素是多种多样的。学者窦俊杰撰写的《当代大学生教育》认为，影响校园安全的因素主要是以下三方面：校园安全教育、团队素质和安全意识。刘建华的《关于建立新校园安全防控体系的思考》认为，影响校园安全的因素是有主观和客观之分的。主观因素主要是高校领导的关注、安全制度建设和安全意识；客观因素主要包括物流社会化和大学扩张。另外，学者冯巧丹的《关于进一步加强校园安全的思考》指出，外部环境安全、学校资金投入和安全防护措施是与校园安全最密切的三方面。孙玉坚的《校园安全问题与对策研究》表明，社会因素、家庭因素和学校因素是影响校园安全的三个主要因素。

3. 对校园安全管理措施的研究

促进校园安全管理的有效运行，归根结底要根据校园的实际情况，采取有效措施，解决校园安全管理不足的问题。因此，学者们通过不同的角度，对校园安全管理措施提出了很多见解。例如，徐文的《多校区高校学校形式与问题及管理策略的初步研究》提出了一种将推广管理与区域管理相结合的管理模式。采取此类管理模式，有利于明确管理权限和责任，避免相互推诿责任，解决管理真空问题初有成效。同时，由于管理中心的下移，极大地调动校园保安员的积极性，使安全保障工作得到了有效的推进。在《美国校园安全管理现状的调查与启示》中，张仁军充分调查了美国的成功经验，提出了几种可供参考的解决方案。一是开放安全防护信息，提高安全管理的透明度；二是加强安全防范能力建设，重点建设安全防范机制；三是动员校园各方人员力量，建立完善的校园安全机制。学者们对欧美主要国家高校的安全管理进行了考察实践和比较研究，总结了欧美校园安全的不同管理办法，并分析了参考意义，如英国的村庄安全系统、加拿大校园的全天候安全服务系统以及俄罗斯的防火墙系统。

1.4　基本概念

1.4.1　校园安全概念与内涵

安全通常的意思是指个体没有受威胁、没有风险，并且没有受到伤害和损失的状态。学术界对安全有不同的理解。其中具有代表性的是：第一种，安全是指人们在生活和社会生产中没有或免于受伤和威胁的情况；第二种，安全是指人们可以接受事物危险程度的状态；第三种，倾向于人类活动的过程和结果，其不会造成人身伤害或物质损失。安全是指一个客体状态，在这个状态下，个人不会受到伤害，财产不会丧失，精神也不会受到威胁，人身安全、财产安全和精神安全都包含在内。随着人们生活水平的不断提高，安全问题越来越凸显，个人的安全要求也在不断提高，人身安全和财产安全已成为安全标准的最低门槛。人们开始进一步追求精神安全，渴望生活在安全的环境中。同时，安全不仅局限于传统生产过程中会发生的损害，还包括人们在日常生活和生产的各个方面。

结合安全的定义，校园安全是指个人不受伤害、个人财产不损失、精神没有受到威胁、校园财产不受损失的状态。校园安全是相对状态，而非理想状态下的绝对安全。

1.4.2 校园安全管理概念与内涵

管理涉及社会和生活的各个方面，大到整个国家，小到各人家庭，都需要有管理层的参与和决策。管理是一种创造性行为，人类在各种环境、情形中发挥主观能动性。它指的是个人对现有人力资源、物质资源、财力资源和其他资源的规划、使用、整合、调度和控制，以在一定的客观环境中实现预设目标的处理，最终达到设定目标。在当今社会，管理不仅是实践的经验，也是科学的方法论。科学的管理模式有助于协同作用的形成，也可提高工作效率，从而实现既定目标。美国学者 Keflo 和 Sadman 将安全管理定义如下：广义上的安全管理是指使用系统的管理方法来处理事故。在安全管理过程中，管理者必须居安思危，即保持随时可能发生各种事故的心态，并及时制定预警措施和解决方案。由此可得，安全管理是管理者心理计划和实际措施的结合。无论是防止发生危险还是实际处理事故，都属于安全管理的范畴。美国危机管理大师 C·罗伯特在《危机管理》一书中详细描述了安全管理，书中写到安全管理包括从预先规划到事故后处理的五个过程。只有把控好每个流程，在各环节中实施安全管理，才能从根本上降低风险和损失。安全管理是指以现有的人力资源、物质资源、财力资源和其他资源进行规划、使用、整合、调度和控制的科学管理活动，以安全为最终目标预防和控制风险及事故。

张玉堂教授对校园安全管理的定义有了更全面深刻的解释。他认为，高校校园安全管理应分为两种：狭义的高校校园安全管理和广义的高校校园安全管理。高校校园安全的整体管理是指高校在教育工作中，为了预防和控制危险事故的发生，尽量减少事故造成的损失，进行预防和控制、科学决策、机构和人员协调、资源整合活动的过程。其中，从狭义上讲，高校校园安全管理是指预防和控制危险事故的发生，减少事故造成的损失，在教学过程中，进行预防控制，确定科学决策的目的，协调机构和人员，以及整合资源等活动的过程。由此可见，校园安全管理的最终目标是通过预防和处理危险事故，对学生有条不紊地进行教育活动，实现高校教育教学的和谐发展。

因此，所谓的高校校园安全管理，就是高校的主管部门和管理人员，严格遵守国家有关法律法规，保障师生的人身安全，保证教学活动不受影响地有序进行，使得校园风气良好。总体目的是运用科学的管理方法来预防和控制突发事故造成的危害，妥善处理问题，领导和协调全校师生实施的安全维护活动。

1.5 研究内容及研究方法

1.5.1 研究内容

高校保障体系管理是高校教育管理的重要内容之一，它是高校保卫工作不可或缺的组成部分，也是大学教育、管理和保护大学生，促进大学生健康成长的重要形式。其包含四个项目：一是工作团队素质优良、结构合理、专业水平高；二是与校园功能相匹配，确保师生安全，满足校园安保工作所需的基础设施；三是实际的规章制度，以及确保安全稳定的工作制度顺利运作，有妥善应对各种突发危机事件的机制；四是确保学校安全稳定地工作，为学校提供优质的安保服务和保障体系。

研究小组将以北京高校保卫工作现状为出发点，着眼于高校管理体制建设的四个基本要素，全面阐述高校管理体制建设的特点、成因和问题。通过北京高校安全体系管理与中外高校安全体系管理中存在问题的研究比较，本文提出了北京高校保障体系管理的对策和构建模式，希望以此推动全国校园保障体系管理的实施，提高教师的安全服务水平，保障校园安全。

1.5.2 研究方法

1. 研究采用定性以及定量结合的方法

本文主要采用定性分析的研究方法，把规范方法与实证方法两部分相结合。基于这种研究方法进行客观分析，能够反映出对象的本质。在进行定性分析的同时，还进行了定量分析，主要采用图和表格的方法。定量分析研究方法用数据说话，既科学又准确，定性分析研究方法能弥补定量分析的不足，让研究更深入，更有说服力。两者相得益彰，缺一不可。

2. 研究采用系统性以及重点性结合的方法

北京高校的安全管理涉及很多因素，本文对所有这些因素做出反应显然是不可能和不现实的。因此，在对高校安全管理问题的研究和分析中，有必要严格限制相关的研究和分析体系，对最具代表性的问题进行研究，避免浪费人力物力。本文在管理学、政治学和社会学相关理论的基础上，分析了北京市高校校园安全管理的现状和主要内容，提出了改善北京高校校园安全管理问题的对策和建议。

3. 研究采用文献资料法以及经验总结的方法

本文收集并深入研究了高校校园安全管理问题的文献和相关文章，使本课题的相关内涵更加丰富、研究方向更加清晰、研究的作用更加显著。通过对相关数据和各种问题的分析，梳理和总结了北京高校实用、高效的校园安全管理策略。

1.6　创新点

首先，本文收集了比较丰富的学生身边的案例资料，对近几年发生在学生身上的案例进行了梳理总结，并从学生的视角总结了经验教训，此案例汇编成册力求成为学生喜闻乐见的安全知识手册，希望为大学生安全教育探索出新的手段和路径。

其次，近几年高校校园安全管理较为零散，本文从基本概念、组织领导体系、法律体系、评价标准和主要内容等方面进行了总结和分析，并发现了问题，致力于学校的安全管理研究，希望能对相关管理部门起到参考和借鉴价值。

第二章　北京高校校园安全管理存在的主要问题

2.1　北京高校安保工作立法制度不健全

2.1.1　教育法律体系不完善，使校园立法无充分依据

我国的教育法在多个方面都涉及校园安全工作的管理，但由于教育法涉及的面很广，在很多方面并没有详尽的规定。而随着社会的迅速发展，校园安全问题管理不得不提上日程，但教育法在校园安全管理中的实际效用已经捉襟见肘，因为有教育法律体系的存在，相关部门在高校安全管理方面有所滞后；同时由于教育法律体系的不尽完善，校园安全法的制定没有充分的依据，处于进退维谷的境地。

2.1.2　校园安全法在法律体系中的地位有待进一步明确

《中华人民共和国校园安全法》（以下简称《校园安全法》尚处于提案阶段。2017年2月，中共中央妇女和青年工作委员会在第十二届全国人大五次会议上提交了《关

于改进学校欺凌防控机制的建议》，要求正规化，借鉴国外立法模式，制定校园安全法，完善相关法律法规。

而由于种种原因，《校园安全法》的制定还没有提上议程，这就意味着《校园安全法》在法律体系中的地位不是很明确。因为不明确的法律地位，其在以后的制定以及使用过程中不能被很好地接受，对更好地制定完善详尽的《校园安全法》无疑是一个很大的障碍。所以，明确《校园安全法》在法律体系中的地位极其迫切且至关重要。只有明确了其地位，才能更好地着手进行制定。

2.1.3 学校安全管理的基本职责不明确

在我国，尽管《中华人民共和国刑法》《中华人民共和国民法典》《中华人民共和国未成年人保护法》《中华人民共和国预防未成年人犯罪法》《中华人民共和国教育法》《中华人民共和国义务教育法》《中华人民共和国教师法》都制定了不少保护学生在校人身安全的法律规定，这些法规在一定程度上也发挥了作用，但仍有许多校园安全问题无法通过上述法律解决，仍存在立法空白和法律盲区。原因就是这些法律没有涉及对学生人身伤害案件的归责和处理原则；没有法律规定在教育和教学活动期间保护中小学生的主体，并系统地执行主体的权利和义务；综合规范并非针对学校应履行的具体管理职能。这导致有关各方的责任不明确，相互推诿，安全保护意识不强，以至于造成安全事故的隐患。就目前情形分析，迫切需要加快立法进程，制定详细、具体、有针对性的校园安全法来解决这一系列问题。

2.1.4 高校安全管理的复杂性

这几年来，随着高等教育的普及，中国高等教育规模不断扩大。此外，中国的高校一般处于半开放状态，高校和社会环境很容易相互融合，外来者更有可能进入校园，这给犯罪分子提供了机会。另外，校园周边的情况也比较复杂，这在一定程度上增加了大学安保管理的难度，影响着高校的安全秩序，对教师和学生们的人身和财产安全多多少少构成了威胁。因此，制定一部能够对症下药的法律就很有难度。

2.2 北京高校安保工作案例运用在德育矫正过程中面临困难

2.2.1 大学生心理健康状况恶化给高校安全带来新的冲击

在大学生活中，要面对不同学生生活习惯的差异、地域文化的差异、家庭经济条件的差异、情感的混乱和冲突、学习的压力和就业的压力。当在某方面遭受挫折时，如果不能自行解除压力或者被有效地引导，就有可能演变成安全事件。这样的例子并不少见，"马加爵事件"就是这个问题的极端表现。

马加爵，广西南宁宾阳县人，云南科技大学生物技术专业 2000 级学生，他曾获得全国奥林匹克物理竞赛二等奖，并被评为"省三好学生"，但 2004 年他在宿舍杀死了四人，引发了轰动全国的"马加爵事件"。云南省高级人民法院经复核认为，马加爵无视国家法律，因不能正确处理人际关系，因琐事与同学积怨，产生了报复心理，经精心策划和准备，先后将 4 名同学残忍杀害，主观上具有非法剥夺他人生命的故意，客观上实施了非法剥夺他人生命的行为，已构成故意杀人罪。在整个犯罪过程中，马加爵决心杀人，作案手段残忍。犯罪行为对社会危害极大，后果十分严重，应依法严惩。

复旦投毒案是指 2013 年 4 月，发生在上海复旦大学上海医学院的案件，研究生黄洋因嫌疑人投毒而死亡。犯罪嫌疑人林森浩是被害人室友，他通过投放剧毒化学品 N－二甲基亚硝胺，将被害人残忍杀害，这是一起有预谋的故意伤人案。

2014 年 2 月 18 日，上海市第二中级人民法院一审宣判，被告人林森浩犯故意杀人罪，判处死刑，剥夺政治权终身。2015 年 1 月 8 日，上海市高级人民法院依然维持原判，并依法报请最高人民法院核准。同年 12 月 11 日，林森浩被依法执行死刑。

当代社会大学生的心理问题越来越多，对父母的依赖心理、从小到大被父母溺爱而形成的自负心理、自私狭隘心理等都是造成大学生心理脆弱而后因承受不了打击做出伤害他人或自己的事情的主要原因。

2.2.2 互联网时代，犯罪来得防不胜防

互联网时代的到来，使得不法分子的犯罪手段日益增多，网上诈骗、网贷等犯罪手段层出不穷。

互联网是一个虚拟而富裕的世界，在这个世界里，没有警察、军队甚至是贫困。所以有了这个虚拟的自由世界以后，有些不法分子开始为所欲为。例如，有些人开始在互联网上传播病毒，损害他人的利益；有些人冲进他人的系统中偷窥别人的隐私；甚至有些人在互联网上传播一些个人的不满情绪，不断发表攻击他人的言论，并宣传他人的隐私；有些人则是由网络利益驱动窃取金钱或进行其他网络犯罪活动。以上行为的出现直接为高校安保工作的开展带来了新的挑战。

1. 反动组织通过网络进行宣传

这里提到的反动组织也包括邪教组织。以多年前话题最热的邪教组织"法轮功"为例来说，其创始人李洪志正是通过互联网的形式进行反政府、反社会和反党的宣传，肆意在互联网上制造是非，制造谣言，并扰乱网民的是非观念。随着时间的推移，它

导致网民对谣言半信半疑，给高校思想政治工作的发展带来了严重的困难。

2. 西方文化透过互联网进行渗透

互联网已经覆盖了整个世界，政治多极化的发展通过互联网的形式直接相互影响。在互联网上，多种文化的泛滥和侵蚀是非常普遍的。以美国为首的大多数西方发达国家都试图采用各种方法和途径将他们的思想渗透到中国文化中，其中的主要方式就是使用互联网。最主要的原因是互联网是最快、最直接的传输，且成本最低。他们直接在互联网上传播西方意识形态、价值观和政治制度等，希望能够使中国人民群众吸收，实现分化与和平演变的目的。现在的大学生生活完全离不开网络，这种损害极易威胁到大学生的思想安全。

3. 网络安全管理不够完善

现有的高校校园网，大多对内部信息处理较低级，管理工作存在问题，目前不能做到有效地区分哪些是有利信息，哪些是有害信息；还有一些大学校园网直接删除了一些敏感词。由此可以看出，在网络安全管理方面，高校出现了两极分化的情况。对于能深层次掌握网络技术的人员来讲，一般无法识别哪些信息有害；反过来，对于能区分信息好坏的人员来讲，一般网络技术是其短板，由此陷入了一个尴尬的境地。

2.2.3 家庭环境、背景及家庭教育

俗话说：父母是孩子的第一个老师，父母为子女创造的家庭环境以及给予孩子的家庭教育将对孩子的未来产生一定的影响，比如孩子的价值观和人生观。

1. 父母对抗

（1）热对抗

父母之间有很明显的矛盾和冲突，并以不同的形式表现出来。双方互相不尊重，经常发生激烈的争吵和对抗。在对抗中，一些父母将孩子作为一种工具来发泄自己的情绪并殴打自己的孩子；有些父母还试图让孩子加入自己的一方与另一方进行对抗。结果，孩子成为父母冲突的替罪羊。生活在这样家的孩子往往有两种异常行为：第一种有强烈的攻击心理，易怒、易自负、易自卑；第二种就是产生犯罪行为，很多研究佐证，青少年犯罪和家庭暴力有很大关联。由此有人推测，家庭暴力对下一代的影响极大，应及时遏制。

（2）冷对抗

这样的家庭表面上好像很平静，父母之间不会争吵。然而，他们在心理和情感上彼此充满敌意，很少互相交谈，甚至根本不想说话。丈夫和妻子之间的关系只是名义

上的。在这种冷暴力的家庭环境中长大的孩子往往会产生心理抑郁，主要致病原因是家庭的沉闷气氛。一位外国学者的研究发现，此类家庭的成员，尤其是孩子，很容易出现精神分裂的症状。

2. 父母分居

研究表明，父母分居家庭子女的心理异常更为显著。在父母分居的家庭中，与母亲一起生活的孩子在心理上比与父亲一起生活的孩子更不正常。女孩的心理异常比男孩更突出。这些孩子的心理异常是：容易哭闹，缺乏勇气，不团结，很容易紧张，分离焦虑（指由于害怕与父母分离而引起的一种明显的焦虑）。

3. 父母离异

父母离异是造成孩子心理异常的一个不可忽视的原因。父母离异的子女的心理异常程度明显高于父母和睦的子女。因为幼儿没有能力区分是非，但他们与父母却形成了纯粹的情感。在父母离异后，家庭将崩溃。孩子必须与父母其中一方分开，这对孩子来说无疑是极其沉重的打击和创伤。有些孩子晚上会哭很长时间（小孩子更常见）；有些孩子很敏感；有些孩子害怕和退却（在女孩中更常见）；有些孩子感到自卑和怀疑；有些孩子会具有攻击性或产生犯罪行为（男孩更常见）。

4. 父母再婚

中国这几年的离婚率明显上升，导致再婚情况的多发。再婚父母的子女与其他孩子相比有更多的心理问题，仅次于成长在父母离异家庭的孩子。父母再婚导致孩子最大的心理问题是很难适应新的家庭环境的。孩子随父母再婚时，本身的原始环境与新环境之间相互抗衡，存在巨大矛盾。孩子社会经验匮乏，人生阅历不足，适应能力差。因此，许多孩子抵制这种家庭关系，甚至不接受这种关系。这些都会导致孩子出现异常行为，主要表现在以下两方面：

（1）情绪混乱

主要表现为情绪波动大，有时情绪低落，有时过度活跃，咄咄逼人，对父亲（或母亲）怀有敌意，容易怀疑他人。

（2）个性混乱

主要表现为没有信心，比较自卑，厌恶学习等。

2.2.4 学生在外兼职，打工

在就业形势日趋严峻的情况下，一些欺诈者利用大学生的求职心理以及缺乏理性思考，闯入校园，在校园内张贴各种招聘广告来欺骗大学生。有些人的目的是收取各种费用，一旦他们拿到钱，就会迅速"蒸发"；有些人以试用期的名义来骗取大学生的廉价劳动力；有些人以招聘导师和服务员的名义，欺骗女大学生"扯网"并实施强奸、绑架或强迫卖淫；有些人发布虚假的高薪招聘广告，等学生自动踏上"传销"的贼船。除了欺骗财产和伤害人身外，身陷传销的人员还被强迫寻找"下线"，引诱他人踏上非法和犯罪的道路。至于校园内的身份制作，花钱购买假冒伪劣商品或以交朋友的名义结交朋友，这种情况也不少见。与此同时，在校园周边的抢劫伤人案件时有发生，性质十分恶劣。

校外出租房已成为一个非常容易发生事故的地区。大学周围的一些非法建筑、无照企业以及廉价住房，为大学生提供了一个发展迟到、早退、旷课、放纵游戏、赌博和滋扰等不良习惯的环境；校外住宿使男生、女生的思想更加开放，缺乏理性认知，从而使大学生未婚同居现象更为普遍，这极大地影响了传统的情感伦理，对其身心也产生了负面影响。一些女大学生由于怀孕流产而缺乏相应的保健，从而产生健康隐患，造成许多社会问题。大学生校外住宿已成为许多高校的难题和盲点。

文化娱乐市场喜忧参半，学生良莠不齐。夜总会、卡拉OK酒吧、歌舞厅、录像厅、足浴中心、台球室，以及散落在大学周围的"地下"书摊、网吧等，吸引着一些学生。这些地方激发了学生无拘无束的高消费，严重侵蚀了学生的灵魂，扭曲了学生的人生观和价值观，是滋生金钱崇拜、享乐主义和个人主义的温床。它们也是黄色、赌博、毒品的滋生地。这些学生中的一些人参与赌博和社交活动，从而导致威胁生命的暴力事件的发生，走上非法犯罪的道路；还有少数人被黄书毒害，或沉迷于互联网，或沾染毒品，从而失去生命。它影响了校园的正常学习和生活秩序，影响了学术氛围，使得学校和家长都非常头疼。

2.3 北京高校安保工作经费难以保障

2.3.1 学校重视不够，安全管理经费投入不足

高校作为教育的场所，其主要的工作是教育学生，因此从学校存在的那一刻到目前为止，学校工作有重教育而轻视其他方面的惯性，即历史上就有不重视学校安全管理的现象存在，历史的因素影响高校安保工作的发展，因此，造成了学校领导不够重视、安全管理投入不足的现象。现在学校的安全管理部门作为辅助的部门很难受到重视，安保工作经费保障内动力不足，这给学校的安保部门带来了很多问题。

高校安保队伍在维护校园稳定、保障校园安全等方面发挥着重要作用，各高校开始重视安保队伍建设，逐年加大对安保工作经费的投入。但受到分配到的经费数量有

限的制约，各高校安保工作经费保障水平存在较大差异，进而导致各个高校安保队伍装备配备、安全管理水平、设施建设等方面的差别，使各高校缺乏横向交流的动力和能力，从而不利于高校安保工作的发展。

2.3.2　北京高校安保专项资金管理不规范

高校安保工作专项资金在加强安全管理建设、促进高校安全发展、改善学生生活的校园条件、维护校园稳定等方面发挥着重要作用。但是，高校保障工作专项资金的分配、管理和使用仍存在诸多问题，如保障工作专项资金预算管理、资金使用管理、项目实施管理、会计和财务管理等方面的问题。大多数高校安保部门缺乏整体规划的概念，财务管理的概念也很薄弱。随着高校的发展，一方面，各高校安保部门争先创优意识增强，从部门利益和个人利益出发，更多的是如何获取财政资金，改善各方面的待遇，而不是考虑如何合理安排支出，发挥资本支出的经济和社会效益。另一方面，定期做预算和支出计划。需求的突出矛盾迫使一些经常性资金以项目管理费的名义列入项目资金。大多数高校安保部门都有广泛的预算管理和不充分的体制机制，安保工作专项资金预算编制缺乏科学合理的项目论证，存在着项目预算申请不严肃、项目预算申报失控、项目的子门户管理难以平衡等问题。

2.4　北京高校校园活动审批与管理制度不够完善

2.4.1　缺乏对活动组织人员的有效调动

目前，校园文化活动的组织和实施一般采用自上而下的模式。基本上，共青团首先指定特定学生骨干作为活动负责人，并指定具体活动，然后负责人带领其他学生完成组织和实施工作。工作的百分比导致整体计划过于强大且缺乏灵活性。一方面，它加剧了集团组织和活动指导员的负担；另一方面，活动负责人的责任逐渐消失，不利于调动学生的主观能动性，使得学生在组织活动期间无法进行有效的锻炼。

2.4.2　缺乏对活动经费的科学管理

在当前市场经济条件下，校园文化活动的发展也需要注重投入与产出的比例，以最低的成本实现最佳效果。但是，那些没有经济独立的学生还没有全面的成本概念，在开展工作的过程中，他们只是片面地追求活动的效果，却忽视了对活动成本的控制，使得资金的使用和管理不科学，导致不必要的浪费。

2.4.3 缺乏对活动进度的有效控制

学校组织在某学年或某学期缺乏对校园文化活动发展的全面考虑，活动安排缺乏有效的整体控制，很容易出现一段时间内活动过于密集，而在一段时间内活动又太少的情况。就单个活动而言，也没有有效地对组织进程进行控制。一般来说，活动的进程是根据活动的实际组织安排的，如果缺乏紧急情况的应急响应计划，则会导致活动质量下降。

2.4.4 缺乏对活动绩效的科学评价机制

团体组织缺乏对校园文化活动的绩效评估，不能完全理解参与活动的学生的真实想法，很难掌握活动的有效性。指导员对工作过程中活动负责人的具体风格和工作能力缺乏深刻理解，负责人不可避免地会产生"做得越多，做得越好"的负面想法。由于没有科学的绩效评估机制作为参考，"推动优势"和"奖励"等激励机制可能缺乏公平性和公正性，这将在一定程度上影响群体组织形象，以及一些学生，尤其是学生骨干工作的热情。

2.5 北京高校学生治保队伍建设长效机制面临挑战

2.5.1 经费相对不足影响队伍素质

高校校卫队的工作性质决定了这支队伍具有一定的特殊性，除日常安全工作外，团队成员还需要处理火灾、安全和团体活动。特别是在重大灾害的情况下，团队的质量起着关键作用。因此，除了需要具备一定的防火和安全知识外，学校警卫还必须具备一定的文化素质、身体素质和因工作而须具备的军事素质。特殊行程聘任在团队年龄、身高、健康、文化素质、军队素质等方面都有较高的要求。但是，许多高校投入的资金缺乏对安全团队建设的投入，导致招聘的高素质人才的收益相对较低。大学生作为新时代下思想活跃、身体强健的青年，对流入校园的新潮文化、新潮活动感知敏锐，并具有独到的见解，因此建设一支学生治保队伍，能更迅速、更直接地了解学生群体间的信息流动情况和价值观念定位。同时，该构架也能缓解安保队伍经费不足的问题。

2.5.2 人员流动性大影响队伍稳定

高校投入经费相当有限，想要扩大学校管理范围非常困难，从而造成了安全局势与相对薄弱的安全部队之间的严重冲突。此外，高校校卫队是一个由来自五湖四海的临时工组成的团队，文化水平相对较低。高校校卫队的安保工作要求较高，管理严格，但待遇一般，部分素质较高的人员无法长期坚持在这一岗位，超过三分之一的人员更换是大多数高校长期缺少校卫队人员的主要原因之一。所以，若考虑编入一支学生治保队伍，则可以有效提高安保队伍的稳定性及人员素质，其优势体现在以下几点：

① 近几年高校扩大招生数量，在面对不断上升的在校生人数的情况下，利用学生来自治安全问题，可以给更多的学生提供一种在校期间实习的机会；

② 学生在校期间参与自治安保，可以促进学生之间的互助交流，并且会使安保队伍长期保证在年轻状态，有效提高了队伍素质；

③ 学生对学生群体间信息流传递更加敏锐，能更迅速地了解到全国地区各高校出现的新问题，达到早了解、早规范的效果；

④ 学生同教师之间互相配合，可以使校园安保更加深入群众，施展面更广。

第三章　校园安全管理的制度化建设

3.1　校园安全管理制度体系

3.1.1　校园安全管理制度建设的重要性

随着中国高等教育体制改革的不断深入，高等教育从过去的"精英教育"模式转向了"大众教育"，高等教育机构的发展规模、人才培养水平、办学形式、管理模式以及计划经济时代都发生了重大而深刻的变化。高校在快速发展过程中遇到的问题和矛盾也越来越多。在这里，最引起社会关注的是大学校园安全稳定问题，这与大学生的人身安全息息相关。"安全是人类永恒的主题。"社会发展是经济增长和物质财富积累的过程，物质财富的积累是靠人类物质生产活动来实现的。在马斯洛的"需求理论"中，安全需求仅次于生理需求，是第二个最基本的需求。他甚至认为"几乎所有东西都没有安全那么重要"。因此，在新形势下加强校园和学生安全管理，维护学校安全稳定是学校工作的重要组成部分，"学校安全管理是学生生活、生存权和尊重的关注点"。学生的生命价值，是学生生活的积极保障，也应成为学校工作的基本要求。加强大学校园建设和学生安全管理体系，消除各种校园安全隐患，维护校园秩序，在新形势下建设安全和谐的校园。建设健康的大学，是快速发展的重要举措。

3.1.2　北京高校安保工作立法的必要性

　　和谐的校园是一个宁静的校园和文明的校园。宁静、安全的环境有利于老师心无旁骛地教书育人，对学生产生正面影响，促使学生健康成长，顺利完成学业。但是，由于信息化社会的迅猛发展，高校安全面临着极其严峻的形势，我们不得不开始重视高校安全问题。现如今依法治国的理念已经成为主流，各个领域的法制建设都取得了显著成就，但校园安保立法仍不完善，面临的问题迫切需要解决。中国的大学通常处于半开放状态，大学几乎融入社会环境，校外人员更有可能进入校园，从而给了犯罪分子可乘之机，威胁到全校师生的人身和财产安全。因此，制定一部能够对症下药的法律很有必要。

3.2　北京高校学生治保队伍建设

3.2.1　北京高校学生治保队伍的性质与作用

　　学生治保队伍的工作主要以高校安全保卫部门为核心，通过与学校领导及相关部门的沟通联系、与学校保卫队伍的相互协作、与教师学生的活动互动，来达到维护学校正常秩序、宣传高校安全意识的目的，成为维护安全校园、稳定校园、和谐校园的重要组成部分。虽然不同的高校其学生治保队伍的名称不相同，但其根本任务都是维护学校安全稳定。除此之外，要制定一套完善全面的规章制度，统筹整个安保工作，使其有条不紊地进行。其作用主要包括以下几点：

　　① 能够弥补学校在安保力量方面的缺失与不足；

　　② 可以协助学校相关部门以更合理的方式宣传安全教育以及相关规章制度和法律法规；

　　③ 能及时反映学生对安保部门的意见与建议，发现安保工作中的不足之处并加以改正完善；

　　④ 能够更快速准确地传递危害校园安全稳定的消息，使学校的保卫部门及时采取相应措施，从而防患于未然。

3.2.2　北京高校学生治保队伍建设的必要性

　　随着高校合并之风的盛行，各个高校普遍存在保卫人员尤其是专业的保卫人员缺少的问题。此外，很多高校占地面积大、教学楼多，使本就数量不足的保卫人员分布更为分散，从而让校内的防范基础力量更为薄弱，制约了校园安全保卫工作的正常开展。在这种情况下，作为高校主体的大学生是增强基层安全防控力量的最合适人选。组建一支由在校大学生组成的学生治保队伍，可以发挥熟悉环境、积极性高的优势。从这个角度来看，一方面可以壮大安保力量，解决人手不够的问题；另一方面还能增加学生的参与感，与学校共荣辱、同进退，有利于"综合治理、群防群治"工作的深入开展。

因为高校学生治保队伍的主要成员来自学生，所以治保队伍拥有良好的群众基础，与学生的联系也更为紧密。因此，治保队伍更能倾听学生的心声，了解学生的行为，同时治保队伍作为联系学校安全保卫部门与学生之间的桥梁，能够将学校领导和相关部门想要传达给学生的安全意识或安全管理制度以一种更易被学生接受的方式传达，并能够带动广大学生更积极地参与到校园的治保活动中，使每一个人都能参与其中，每一个人都成为维护校园安全不可或缺的一部分。

在高校安全保卫工作中，信息的及时更新和传递极为重要。一条及时、可靠的信息，不但能提前做好工作，还可以使矛盾得到解决，可以使校园处于稳定状态；相反，如果没有及时获得信息，或者获得了错误的信息，将导致工作中的重大错误以及校园安全的不稳定性。学校治理协会的成员应在各个年级和专业选出代表，来及时反映学生的建议和要求。这些代表应是群众基础广泛、乐于助人的热心同学，他们提出的意见应被学校重视，学校应有则改之无则加勉，切实解决学生身边的安全问题。此外，学生治保队伍能及时将突发性事件、治安事件向学校保卫部门、公安机关报告。由于学生熟悉他们所处的环境，他们更了解周围的人和事，时刻保持警惕心态，及时发现问题，及时报告和解决，杜绝安全隐患。校园发生突发事件或治安事件时，学生健康保险协会可以组织同学及时保护现场，积极提供线索，协助公安部门调查案件或防止事态发展。在战斗中，如不法分子入侵校园，应及时向学校保安办公室报告，或者组织学生参加战斗。

3.2.3　北京高校学生治保队伍制度改革的意见

① 各个高校的校级领导以及安全保卫部门的相关负责人必须对"学生治保队伍"这个概念有一个深入的认识。只有认识到在社会发展的新形势下，学生治保队伍是维护校园安全必不可少的一部分，是高校安保制度改革完善过程中必须经历的一个过程，是未来高校保卫力量不可或缺的一部分，才能真正重视学生治保队伍在维护治安方面的积极作用，才能真正让学生治保队伍发展起来，使其发挥最大的作用。

② 要敢于开拓创新，敢于争先。结合本校自身实际情况，为了避免弱点，发挥优势，充分利用自身的便利，可以采用多种方法。建立具有鲜明特征并符合本校实际的学生治保队伍，来推动本校学生治保队伍的建设与发展。

③ 必须建立相应完善的规章制度，强化组织管理，从而保证每个人各司其职，各尽其能。相应的规章制度主要涉及组织章程、负责人选拔制度、新成员加入组织的审批制度、学习培训制度、财务管理制度以及最重要的考评激励制度。

④ 要加强治保队伍的自身建设，树立良好的形象。治保队伍在保卫部门的指导下，对于自身要高标准、严要求。要强化治保队伍成员在法律、治安方面知识的培训与学习，以提升组织的整体素质，提高工作能力。例如，加强对消防知识的宣传，一年组织两次消防演习。当火灾发生时，人人都有能力冷静处理，保障自己和他人的生命财产安全。

⑤ 要做好宣传教育工作。例如在新生入学教育时，可以专门针对安全问题举办讲座，或者组织安全知识测试，设置名次荣誉，让新生参与进来。在培养新生校园安全意识的同时，可以宣传本校的学生治保队伍，让更多的人了解学生治保队伍的重要性，并愿意加入其中，为学生治保队伍注入新鲜血液，使学生治保队伍能一直保持奋发向上、勇往直前、敢于争先的精神与活力。

3.3　校园安全问题的具体案例

3.3.1　校园共享单车

1. 校园共享单车的便利

从 2015 年起，ofo 小黄车开始进入华北电力大学，且目前只允许这一种共享单车进入校园，实行车牌尾号双号可以骑出校园，单号只能在校内使用的原则，大大方便了学生的出行，并且解决了学生出校门的"最后一公里"问题，给学生带来了极大的便利。ofo 小黄车还针对大学生群体，推行"学生 0 元月卡""学生认证享打折优惠"等多种价格优惠条件，减轻大学生的经济负担。因其方便、快捷、智能、经济实惠等特点，迅速在大学生群体中打开了市场。

2. 校园共享单车的安全隐患

首先，有些同学利用密码锁设计的漏洞，骑车不连接手机定位，这会对学校财产安全和学生人身安全造成威胁。密码锁的形式是手动式，先扫码进入公众号，输入单车号码，获取密码，然后手动调试密码并打开车锁，结束行程后在手机上确认用车结束，结算金额并手动上锁，打乱密码。有些同学不上锁或不打乱密码，或通过记录某台车的静态密码的方式直接输入密码，或直接通过"试密码""撬锁"的方式打开等各种现象都成为安全隐患。车可以不通过手机直接骑走，如果骑出校园，没有与手机连接，就无法获取学生定位，遇到紧急情况无法及时救援，学生的人身安全得不到保障。

手动的开锁和上锁方式会成为逃避使用费的漏洞，不过现在解决了部分问题，ofo 小黄车的新型车锁较之以往完全不同，外观上就让人很舒适，而且实用性更强。车牌号数字键和二维码全部设计在锁盘上，更加简洁。这种类型车锁的解锁密码通过 1、2、3、4 中的 4 个数字循环，按顺序输入即可。此外，骑行结束后，只需要锁定，不用再打乱密码。它简化了运营的步骤，提升了用户体验，并且开锁上锁时有蜂鸣器提示。但是，车本身还是没有 GPS，这依然是个很大的漏洞，也很考验用户的素质。

通过对 100 人进行问卷调查，调查 ofo 小黄车的使用情况，得到的数据如下：42.11% 的人认为 ofo 小黄车质量不好导致经常损坏；68.42% 的人认为对使用者的责任追究制度不完善，使得大多数人对共享单车缺乏爱护；63.16% 的人认为车辆管理力度不够，ofo 小黄车得不到及时维修；还有 39.47% 的人认为数量不多，有时急用而找不到车，如图 5 所示。

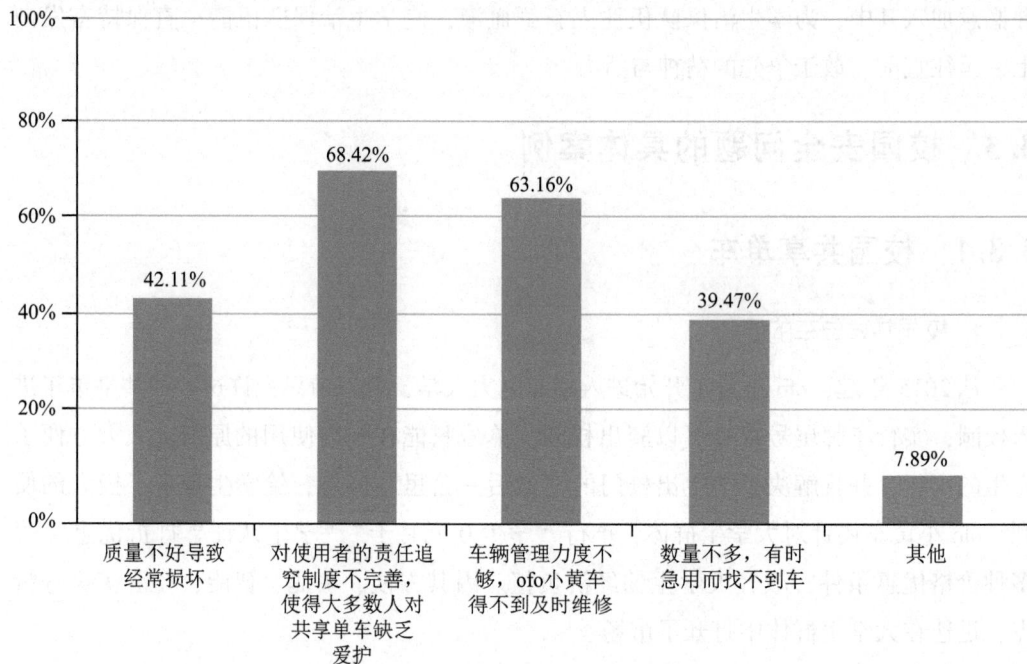

图 5　ofo 小黄车使用问题的调查情况

另外，目前 ofo 小黄车校内维修人员不多，维修周期长，影响了学生的正常使用，刹车失灵、轮胎没气、车把不正等因素都带来安全隐患，某些人为破坏也时有发生，将车放倒在路边并踹坏，把车扔在河里、挂在树上，在车座上插针等，而且占为己有的情况比比皆是，拔掉座椅、卸掉轮胎、上私锁是最常见的。由此可见，共享单车对于学生的使用还是有些局限性的，可使用的车的数量由于外界因素的干扰而骤减，并且无法保证学生的人身安全。

3. 高校安保针对校园共享单车问题采取的措施

校园共享单车大大方便了学生的出行，应当进入校园，服务学生群体，但要控制种类和数量，做好相应的安保措施，不允许校园外的共享单车进入校园，要对校园内的单车进行良好管理。

目前校园共享单车带给学生的问题主要是刹车不灵、座椅损坏等人为破坏所造成的伤害，学生的安全没有保障。高校的安保部门应组织宣传活动，提倡文明用车，正常连接定位付费开锁，防止出现意外发生时救援不及时等情况，开展安全讲座，让学生重视共享单车安全问题，不破坏单车，提升自身素质。高校安保部门应联系好共享单车的维修人员，组织定期维修，并将报废的共享单车回收，清理损坏严重的单车，及时将其恢复至可使用的状态，保证学生的正常使用。

3.3.2 滴滴出行及"黑车"

1. 滴滴出行的便利

滴滴出行自身的优势在于，打破了传统的路边概念，过去乘客只能在路边招手拦出租车，或者通过电话联系出租车解决预约出行问题；有了滴滴出行的概念后，基本上人人都可以成为司机，人人都可以通过手机成为乘客，从开始打车的阶段就立刻生成订单，乘客和司机的交流可以在线发消息或者打电话，直到最后线上完成支付，线上商品和线上服务结合很紧密。通过线上预约大大缩短了乘客的等待时间，也避免了附近司机空驶的情况，时间效率大大提高，拼车或优惠券等服务也为乘客带来了经济上的实惠。而信息的交互使得司机可以根据自己的时间，考量乘客的目的地和预约时间等，按自己意愿接单，有订单时再行驶，缓解了交通压力，保护了大气环境。

2. 滴滴出行及"黑车"的安全隐患

作为一种新兴产品，它仍然存在一些缺点，主要有以下几方面：

① 硬件设施不完善。滴滴打车的软件设施目前已有了许多完善，但其硬件设施还有待加强，如果订单过多，例如新年跨年活动、演唱会散场、大量学生下课回家等，网络容易陷入瘫痪困境。

② 存在交通安全隐患。司机为了接单在行驶过程中看手机、接电话，乘客上车后，司机不停地看导航等情况比比皆是。注意力不集中是交通安全的头号敌人，大大降低了安全性。

③ 信用危机。软件中的部分服务产品附加加价功能，订单高峰期、特殊天气或路途遥远等情况司机要求增加小费，或者乘客拒绝付过路费等正常附加费用，造成司机

和乘客间的信用危机。

④ 部分群体出行不方便。滴滴出行只能用于智能设备，主要服务于知识人群，有些不熟悉手机软件的人例如老人和小孩等，基本的打车服务都难以得到，出租车被网约软件占据，打不到车，更不要说享受红包优惠券的优惠了。

近年来，随着优步、滴滴等网络约车、用车服务的兴起，打车平台的一些弊端逐渐暴露出来。自从网约车实施以来，由此发生的抢劫和强奸案件，给消费者造成无法弥补的伤害。2016 年 5 月 2 日晚，深圳某女教师使用滴滴出行被害；2018 年 5 月 5 日，祥鹏航空 95 后女员工搭乘顺风车遇害。这些痛心的事件血淋淋地摆在大众眼前，滴滴出行回应责任并对自己的平台进行了更正和改进。例如，加强驾驶员的背景审查，取消隐藏车牌号功能，并暂时封锁了深圳 8000 名车主的账号，其中包括操作不规范的司机，滴滴快车自行改为拼车的司机，故意拖延乘客的返款时间的司机，严重的还有动手打人的司机等。滴滴出行采用 C2C 模式，个人和个人间直接产生商务往来，其实公司本身不实际拥有某一具体车辆，这种模式的弊端是建立监管机制太难，只要注册司机就可以接单，某些证件甚至可以造假。

虽然滴滴出行事件频发，但滴滴还有一个平台监管，"黑车"就更加没有保障了（"黑车"是指没有在交通运输管理部门办理任何相关手续、没有领取营运牌证而以有偿服务实施非法运营的车辆）。尤其是在大学门口，"黑车"经常停在路边揽客拉活。由于华北电力大学位置偏僻，有时不好打车，再加上大学生在经济上一般都比较拮据，"黑车"司机依据这种心理把车费降到出租车的一半以下，从而很好招揽到生意，并且绝大多数都是拼车。司机为了挣更多的车费，甚至超载拼车，从而造成极大的交通安全隐患。司机没有健康证明，其运营不受正规平台监管，车上的乘客没有保障。

3. 高校安保针对滴滴出行等问题采取的措施

滴滴出行等约车软件虽然方便，但司机毕竟属于社会外来人员，安全问题得不到保障，所以应禁止网络约车车辆入校。

目前，滴滴出行整改之后有了初步的成效，首先在京注册的滴滴司机必须为北京本地人，车牌必须是北京牌照，车牌号经过审查必须真实符合，监测平台车牌号与实际情况是否一致，随机抽查乘客的评价，乘客评分过低的滴滴司机无法进入高端车服务，甚至停运整改。安全中心可以进行实名认证提升账号安全，保障合法权益；开启实时位置保护，守护人身财产安全；授权形成录音保护，使纠纷有据可依；保护隐私号码，保护乘客的个人信息等。除上述服务外，还具有添加紧急联系人和一键报警服务，当开启自动分享行程或使用一键报警功能时，行程信息会通过短信自动分享给紧急联系人。紧急情况下，紧急联系人也可以联系滴滴客服来获取乘客的行程信息。单击"一键报警"呼叫110后，可以直接拨打本地110，滴滴页面将直接提供车辆颜色、型号、车牌号和司机姓名等信息，以及乘客当前所在位置，以便与警方沟通。另外，顺风车服务将无限期停止运营。

高校安保部门应设立专人值岗，配合该功能专门解决此类问题，可让学生将值班电话设为紧急联系人电话，一旦学生遇到危险呼叫紧急联系人，学校安保部门立即报告警方，并派出人员到达学生位置，保护学生的安全。平时开设讲座，做好宣传工作，教导学生要懂得保护自己，尽量不坐黑车，更不要单独夜晚乘坐，遇到紧急情况必须要乘坐时，要给亲人朋友报告自己的行程和位置信息，随时保持联系，时刻保持警惕。

3.3.3 外 卖

1. 外卖的优势

由于大学生课业重，学校餐厅食品种类少，餐厅座位有限，下课时间集中，导致餐厅人多拥挤，没有座位，且现代人的物质要求又高，使得点餐外卖方式盛行。有很多同学下课不想去食堂吃，直接点外卖。目前，外卖 App 克服了一系列传统电话点餐的缺点，菜单、交付条件和评估一目了然。另外，用户可以通过下载应用程序或关注官方微信来订购和付款，方便快捷；而且外卖 App 还为商家提供了易于操作的取出系统。以美团外卖为例，在线订购平台只需单击即可接收订单和打印文件，大大提高了商家处理订单的效率。由于操作方便、市场前景好，大多数商家都开通了外卖业务，学生也有了更多选择，可以足不出户享受美食。

2. 外卖的劣势

外卖最大的劣势之一是物流，目前其覆盖了全国绝大多数的地方，市场很大，但也失去了配送地点集中的优点，成本大大增加，效率却下降了。如果增收配送员，一是增加了人员成本，二是要加强对外卖人员的监管力度。关于外卖送餐员犯罪的报道屡见不鲜，如外卖送餐员入室性侵女子，外卖送餐员暗中监视消费者并入室抢劫等，这些都是由于外卖平台监管力度不够，对外卖送餐员的审查资格要求过低，没有很好地实行赏罚分明、严格把控政策的原因。

除此之外，外卖还存在食品安全隐患，有许多无良商家在线下无照经营，不提供正规凭证发票，使用"毒餐盒"、地沟油、口水油等。在这种情况下，食品卫生状况无法保证。国家监管力度不够，例如，掉落在地上的食材直接捡起来不清洗、用脚和面做面条、后厨环境脏乱差、老鼠蟑螂肆意爬行等，这些问题由于外卖买家无法实地了解情况，再加上外卖平台入驻门槛低，没有实地考察，非常容易发生食物中毒、危害身体健康的问题。尤其是大学生还没有步入社会，明辨是非和生活自理能力还有待加强，更加容易受到食品安全问题的侵扰。

3. 高校安保针对外卖问题采取的措施

考虑到环境保护、食品安全以及学校教学秩序等情况，学校无法监管外卖的食品安全，学生的身心安全没有保障，并且外卖人员随时骑电动车提着外卖进出校园，影响了学校的良好校风。因此，校园内不允许外卖人员进入，只能在学校门口送餐，并且每个门口都有专人值守，安保巡逻分队加强监管力度，防止配送员混入学校或危害学生的安全，维护校园秩序。

学校同时应提高食堂菜品质量，增加菜品种类，注重色香味和营养均衡搭配，对就餐环境进行温馨简洁的布置，让学生在食堂吃得开心，吃得放心。

3.3.4 毒 品

1. 毒品的危害

毒品一直是社会上顽固的毒瘤。中国司法大数据研究院研究表明，2016 年毒品犯罪案件一审审结案件数量为 11.76 万件，2017 年审结案件数量为 11.32 万件，同比下降了 3.74%，但对社会来说，案件数量还是十分庞大，如图 6 所示。2016 年涉及网络的毒品犯罪案件占全部毒品犯罪案件的 3.21%，2017 年则增加到 8.82%，如图 7 所示。网络毒品犯罪占比大幅增加，公安应加大网络贩毒的监管力度。

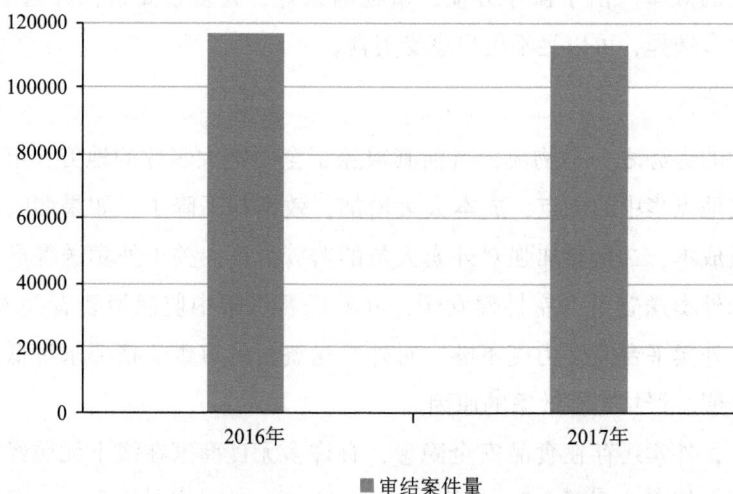

图 6 2016 年和 2017 年毒品案件数量

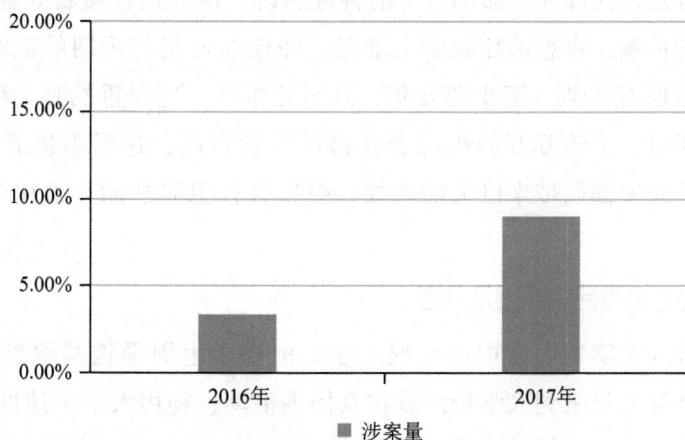

图7　2016年和2017年网络贩毒涉案量比例

　　据中国最高人民法院司法大数据统计，2016年和2017年审结的毒品犯罪案件中，被告人较多触犯的关联犯罪包括盗窃罪，非法持有、私藏枪支、弹药罪，故意伤害罪，寻衅滋事罪，开设赌场罪等，如图8所示。

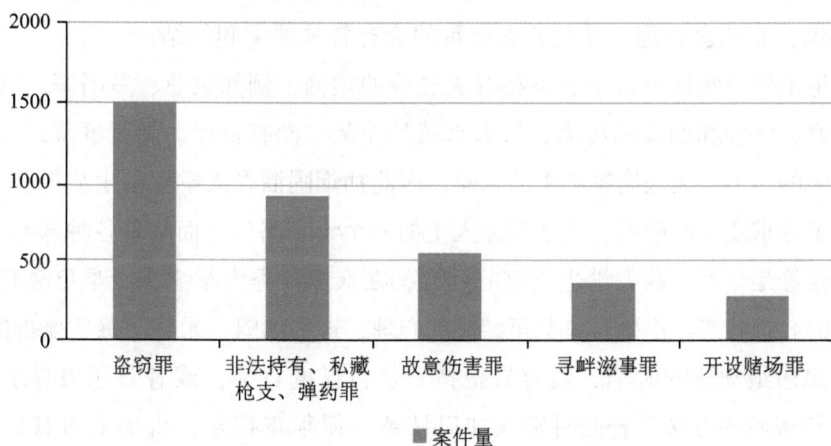

图8　毒品犯罪的关联犯罪情况

　　2015年8月，浙江温州警方破获一起特大网络贩毒案，涉案毒品200余公斤。在此次案件中，警方发现大量高校学生涉案吸毒，涉及全国数十所高校，还有部分高中生涉案。首先，吸毒需要大量资金，一旦沾染，就是一个无底洞，轻则无法正常工作和生活，重则债务缠身，家破人亡。其次，吸毒严重危害身体健康，当停止药物摄入后，沾染毒品的人的身体机能会出现严重问题，其被称为戒断反应。为缓解这种痛苦，不仅必须定时用药，还要不断加大剂量，最终使吸毒者终日离不开毒品。除此之外，毒品一旦进入人体就会影响自身的神经系统，使其拥有强烈渴望毒品的想法。只要产生了精神依赖，再想治疗就难上加难，即便能控制住短期的戒断反应，但如果想重新恢复至原有体质，至少要几年，甚至几十年。更严重的是，很难消除对药物的依赖性。所以，千千万万的吸毒者会再次吸食毒品，这亟需世界医药界解决。最后，毒品也给公安部门带来巨大的麻烦，引发各种犯罪活动，给社会稳定带来巨大威胁。

2. 高校学生沾染毒品的原因及危害

虽然毒品进入大学生生活中的情况不多，但在学生周围这些隐患早就存在了，如社会上一些涉毒人员来到大学校园或在其周围活动，利用大学生涉世未深的特点，找准机会对他们下手。分析吸毒人员的吸毒原因和心理发现，大部分人是因为好奇而放纵自己偷尝禁果，还有一部分是显示富有的纨绔子弟，其他的原因还有无知被诱、消愁解闷、被人暗算等。这些都可能成为大学生吸毒的理由。除此之外，大学生本身也有沾染毒品的潜在因素。由于大学生正处于青春期后期与成年初期阶段，此时身心都经历着迅速又显著的变化，虽然大学生的文化水平普遍较高，思维活跃、智商高，但他们的社会经验少、阅历浅，对很多事情缺乏正确而全面的认识，很容易随波逐流，有从众心理，并且心思沉重的会有各种冲突和纠结。

大学生不像一些社会人士有各种有关经济的烦恼，例如失业、贫困等，但是会面临来自家庭、学校和朋友的压力，对未来感到迷茫，没有目标、无所事事，无法排解积压在心中的压力，无法逾越心中的障碍，因此抽烟喝酒在大学生的生活中已是常态，大多是为了寻求意识的解脱。大学就像人生的一个十字路口，面临着各种选择，交友、恋爱和就业等是令大多数大学生头疼的问题，在众多优秀大学生中，难免会有些同学有不健康的心理状态，产生自卑甚至嫉妒的心理，这些烦闷、无聊又感到挫折的时期，是大学生思想最动荡的时期，最容易把持不住自己的行为，或者自愿去寻求让自己暂时放松和解脱的方法。若此时别人加以诱惑，便很难抗拒，再加上对其危险性没有正确的认识，就会很快地陷入毒品的麻醉中。有些大学生单纯因为好奇，缺乏对事情的全面认识，一味地冒险装酷，出于好奇心，标新立异等，这些都成了吸毒的理由。

3. 抵制毒品的措施

由图9可知，2016至2017年间，住所地、酒店、路边、街道成为查获毒品案件数量较多的地点。大学生应对这些地方保持警惕，尽量不去不熟悉的地方或最好结伴而行，不随便与陌生人接触，不与陌生人去陌生的地方，提高安全意识。

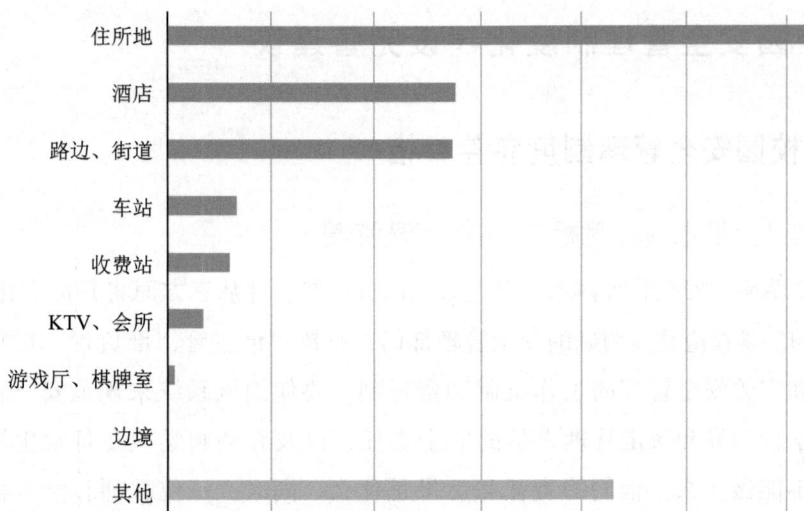

图9　查获毒品地点

虽然政府严厉打击，但是如果自身不加强防范，不养成抵制毒品的意识，对于高校学生来说，这将是一个巨大的威胁。"珍爱生命，远离毒品"不仅仅是一句口号，每个大学生都应该铭记于心，作为自己的准则，远离高危场所。鉴于以上对毒品和大学校园两者的情形分析，对大学生开展禁毒教育是十分必要的。毒品预防教育应以课堂或讲座的形式纳入爱国主义教育、法学教育、科教教育，以及人生观、世界观和其他教育，应采取多种形式开展禁毒工作并要长久坚持。

同时，毒品预防教育是素质教育的重要组成部分，从源头上对学生的思想进行毒品抵制教育，让大学生能自觉远离毒品，这对打击毒品工作有很大帮助。在教学实践过程中，应总结并编制适合大学生阅读的禁毒教育书。如今，中学和小学都已有禁毒教育书籍，并被列入多个省市的学校日常教学中，而大学在这一点却仍是空白。但是，在调查工作中不难看出，大学生也需要开展毒品预防教育，并且由于其受过高等教育，要用更深入的方式使禁毒知识渗透进他们的思想，理论知识应该与实际事例相结合。医学院校的学生也应该增加学习与毒品有关的知识，使他们不仅可以自觉远离毒品，还要承担开展毒品预防教育的责任。作为未来的医务工作者，他们可能会在未来的工作中接触毒品受害者，应该结合自身的医学知识，学会识别并引导他们。当自己遇到这种问题时，不至于茫然无知，更不至于缺乏禁毒知识，并试图以自己的意志与毒品的依赖性作斗争，最终成为毒品的囚徒。争取与公安部门合作，定期向学生展示毒品样本，介绍贩毒的手段和方法。有条件时，还可以组织学生参观戒毒所。此外，应加强大学生的身心健康和心理健康的普通教育及咨询活动，使他们在遇到挫折和压力时得到适当的排解，减少吸毒的动机。家庭、学校和社会都应重视起来，共同抵制毒品。

3.4　校园安全管理制度化建设完善建议

3.4.1　校园安全管理制度完善举措

1. 职能清晰和责、权、利相结合的安全管理制度

要建立明确的安全管理体系，首先必须区分职能，并从三方面将其标准化：责任、权力和利润。学校应建立明确的安全管理部门，坚持"谁主管、谁负责"的原则，进一步建立和完善安全管理的工作机制和责任制。要使用该系统来规范安全责任，有必要明确学校领导和特定管理人员的安全责任，以及教师和学生在日常生活中可以做什么，不能做什么，他们的责任和后果是什么。同时，每位教师和学生都有了解且享有安全稳定的校园环境的权利。只有更好地承担责任，教师和学生才能享有更多的权利。只要教师和学生认识到这一立场并明确责任，学校和师生的安全就会得到保障。

2. 建立师生共同参与的安全管理制度

只有师生共同努力，才能更好、更快地实现高校的和平与和谐。通过建立教师和学生参与的科学安全管理体系，可以最大限度地发挥他们参与学校安全管理的主动性和创造性，提高他们的安全管理能力。目前，许多高校已建立了师生参与的安全组织，如教师志愿者消防队、团体防卫组、自我保护组织、学生安全部、校园110、校园119，大学生法律保障协助咨询还开发了相应的安全管理系统，使这些组织能够有序地开展工作。通过师生共同管理，形成了一个充分参与，对所有人负责，明确目标和责任的安全机制。这不仅可以增强师生的责任感和主观能动性，还可以引导师生树立新的安全观。安全工作可以形成一个纵向和横向的安全网络，从而可以实现学校的安全工作。

3.4.2　校园安保工作立法问题对策

1. 加强校园文化建设，提高校园文明水平

加强校园文化建设，提高校园文明水平，尽可能提高学校学生的文化素质。教会学生之间和谐相处，减少冲突，避免不利于学校发展和学生团结的事情发生，尽可能不发生需要提升到法律层次解决的问题。构建一个和谐文明的学校文化氛围极其重要，所有的学校都应重视这一点并采取相关措施，不断加强校园文化建设，提高全体师生的道德修养和文化水平。

2. 规定立法的宗旨、立法原则、概念术语

所谓"没有规矩，无以立方圆"，制定高校安全法律体系，就是为高校安全管理提供理论依据，而在制定校园安全的同时，必须规定立法的宗旨、立法原则、概念术语等相关概念，从而确保所有的受众能够产生共识，不会在最基础的问题上产生争议和不解。只有达成了共识，法律体系本身才不会受到质疑，不会出现不能服众或者有漏洞的情况，对于遵守该法律的任何人都确保绝对的公平，便达到了制定法律的初衷。

3. 设置管理机构，明确其职权

随着高校安全管理法律体系的不断完善，需要产生与之相符合的相关部门，践行法律的威严与严谨。应增强管理部门和机构的活力，使其适应发展需要。对于管理机构的设置与管理效益高低之间的关系要考虑周到，要简化体系，撤销不必要的部门。建立合适的管理机构，需要明确相关机构对应的职权，实行责任监督制度，确保有法可依，有法必依，实现有关部门各司其职，不辱使命，维护校园安全法的威严和实用效果。

4. 坚持正当程序原则

在法律依据下，坚持正当程序原则，确保高校的安全管理行为公开、公平、公正。通过适当的程序控制管理过程，规范权力的运作秩序，权力的行使可以遵循符合法治精神的规范步骤和方法，避免管理运作的混乱，确保管理行为的合法性和效率。

第四章　校园活动安全管理机制研究

4.1　校园安全活动的主要特征

4.1.1　教育性

高等教育的主要目的是传道授业解惑，最终培养出新时代所需要的人才。新时代新要求，高等教育被赋予了更多更深刻的意义，将迎来更多的机遇和挑战。学生在学习知识的同时也需要更精彩更有益的课外文体活动。积极向上的大学校园文化活动可以起到补充、拓展课堂教育的作用，开阔学生的眼界，提高学生自主分析和

解决问题的能力，激发各种潜能，还可以使学生学到课堂上学不到的社会经验和能力，全方位地促进学生能力的发展，为其适应社会并发挥自己的潜能造福社会奠定良好的基础。

4.1.2　试点性

作为一个青年学生和知识分子聚集的教育场所，大学一直是多元文化相遇和碰撞的地方，是一个产生和传播新文化、新思想的场所。中国共产党诞生于"五四"新文化运动时期，陈独秀、李大钊等人将这场文化运动的发源地——北京大学作为试点，向人们宣传马克思主义。那段时期，校园里涌现了众多学术团体和政治团体。正是大学校园活动中思想、理论、概念和思潮的多样性，吸引了许多学生，并巧妙地引导学生树立起正确的价值观，形成集体主义价值观，从而影响学生对自己的角色定位和行为规范等。

4.1.3　继承性

文化始终具有传承性和创新性，而大学校园将其发挥得淋漓尽致，既保证了文化的延续，又创造出更适于当今时代的文化。大学是传统文化的重要守护者，将上下几千年的文明串在一起，时间越长，大学承载的重量和岁月的变迁就越多。这不仅体现在其图书馆的藏书中，也体现在大学的精神、思想和宗教伦理，以及民族传统价值观和道德认同感上。校园文化活动作为校园文化的载体，以学生喜爱的形式继承了文化的精髓和民族的本质特征。无论在哪个国家的校园文化活动发展中，真正的生命建设品牌校园文化活动在全国都是众所周知的。民族文化和校园文化的真正传播正是在活动的规划、组织和开展中突现的。每个年代的学生都肩负着国家和民族的文化希望。

4.1.4　创新性

校园文化活动中的师生从事教学、科研、管理和娱乐等活动，以吸收营养，在校园环境的不断转变中生存和发展。在灵感迸发的年代，受过高等教育的人对于生活有更多的想法，他们中的大多数人都希望进行创造性思维活动，创造与时俱进的精神产品和文化财富。教师和学生处于文化信息最集中的高校环境中。他们重视精神生活，孜孜不倦地思考生活、探索社会、研究现实、塑造未来。这也是校园文化活动的意义所在。

4.2 对高校校园文化活动实施项目化管理的必要性和可行性

4.2.1 对高校校园文化活动实施项目化管理的必要性

首先，高校的教育对象发生了深刻的变化。随着高等教育从精英教育向大众化教育的转变，随着入学人数的增加，学生的素质良莠不齐，文化需求也变得更加多样化。这对大学文化活动管理者提出了挑战。正视这些变化，创新校园文化活动的内容，更有参与感和进步性。

其次，传统的大学校园文化活动管理模式已不能适应新形势的需要。传统的校园文化活动管理者包括三个层次：学校、部门和班级。这种管理模式往往导致活动的主题、形式、资金利用和场所的交叉及重复，这不仅会造成资源的浪费，而且也可能导致校园文化活动的失败。随着高校的扩招，面对大量的大学生，提高资源利用效率，加大校园文化活动的延伸性，深化校园文化活动的内涵，面对规模化文化活动的重要性和融合，是高校校园文化活动管理的重要内容，也是管理者面临的新挑战。

与此同时，时代的发展为高校毕业生带来了许多机遇，也带来了很多挑战。而要把握这些机遇，迎接挑战，他们就要增强自己的能力，这些能力是课堂上很难学到的，基本靠校园文化活动来获得。由此可见，在新时代，改变传统的高校文化活动模式，对其进行创新是必要的。

4.2.2 对高校校园文化活动实施项目化管理的可行性

项目管理是一种系统的管理方法，通过高效规划、组织、指导和控制项目，实现对项目全过程的动态管理和项目目标的优化。可对高校校园文化活动实施项目化管理的原因在于：

（1）大学文化活动管理的主体是大学生

大学生具有高素质、积极主动等特点，校园文化活动的设计、实施和传承交给大学生再合适不过了。

（2）大学文化活动管理的对象是校园文化活动

高校的大部分文化活动都是在一段时间内完成的，如学校的庆祝活动、各种竞赛等，可以围绕项目本身组织资源、适合进行项目化管理。

（3）高校校园文化活动管理的组织

学校管理者可以不必建立长期的机构来管理校园文化活动，因为这些活动往往都是独立且临时性的。项目管理工作的组织是临时和灵活的，它根据项目的实施情况进行协调，从而完成组织的使命。

（4）高校校园文化活动的管理过程

高校校园文化活动大多分几个阶段：规划、实施和总结，这几个阶段缺一不可，都具有不可替代的作用。项目管理也是如此，将整体看作一个完整生命周期，每个环节都有至关重要的作用，这要求管理者不忽略任何一个阶段，确保整体的成功。

（5）高校校园文化活动的管理方式

高校校园文化活动的管理与其目标紧紧相连、息息相关。项目管理 WBS 可用于分解高校校园文化活动的目标成果。围绕活动目标开展文化活动可提高活动的效力。

通过以上分析可以看出，利用项目管理方式来实施对高校校园文化活动的管理有其理论基础和现实意义。

4.3 校园活动的分类

校园活动可分为社会组织进校园活动和校内活动，校内活动又可大致分为以下几类：

1. 国际校园活动

此类活动不常见，举办的目的一般是进行国际学术交流，大多在世界各国层次较高的学校间开展。

2. 国家级校园活动

此类活动的目的是宣传国家政策，弘扬中华民族精神，对大学生进行思想洗礼。它和第一类活动类似，也是在水平比较高的高校举行，一般是全国各省具有代表性的高校。

3. 高校官方活动

这类校园活动分两类，一类是为了响应国家号召和当地政府的行政举措而开展的活动，另一类是学校自身的活动，比如毕业典礼、开学仪式等。

4. 院系活动

这类校园活动规模不大，其中一些是为了增进班级/院级师生之间的感情和同学们之间的感情，另一类是院系自身的活动，比如院篮球比赛等。

5. 社团类活动

此类活动往往是自下而上的活动，由学生自发组织的社团提议策划活动。此类活动往往不像上述活动有官方背景，但社团的特点就在于可以帮同学们找到具有同类兴趣的人，更能丰富同学们的课外生活，学生们的积极性在此类活动中也最高。

4.4 校园安全活动的审批与管理机制

项目管理的实施要基于大学文化活动本身的特色，选择适用于项目管理的活动；然后依据选定的活动内容、主题和条件来组织此项目的管理团队；按照应有的程序对文化活动进行项目管理。

1. 高校校园文化活动的项目决定

在选定实施项目化管理的学校文化活动时应注意以下几方面：

（1）选择相对独立的校园文化活动

一些校园文化活动相对简单，相对独立和完整。例如，学校的庆祝活动、企业竞赛等，这种文化活动可以作为"项目"进行管理。

（2）选择有明确时间限制的校园文化活动

一些校园文化活动是暂时的或有时间限制的。学校不需要为此目的设立一个常规的机构，如为两个协会开展的主题教育活动、围绕热门话题组织的全校讨论等。

（3）选择实施较为困难的校园文化活动

学校文化活动较为多样，缺乏经验或新型的活动更适合以项目的形式进行管理。

2. 高校校园文化活动的项目化管理团队

实施项目管理的组织是项目团队，一般情况下，其由一个核心团队和一个扩展团队组成，由此可见其通常是临时、灵活的，因此协调控制功能显得尤为重要。在文化活动管理过程中，团委和学生会应承担起作为管理核心团队的责任，负责组织和协调；其他的学校机构或个人即成为扩展团队。

3. 高校校园文化活动项目化管理的程序

到目前为止，已经有些高校开展了对校园文化活动的项目化管理，为其他学校提供了案例和借鉴。通过对《吉林大学校园文化活动项目管理实施办法》和《对外经济贸易大学校园文化活动管理办法》的总结，可以看出中国高校校园文化活动的项目化管理主要包括三个阶段：项目申请和审批阶段、项目执行和管理阶段、项目总结和评估阶段。

4.5　校园安全活动项目化管理的具体实施流程

图 10 为校园安全活动项目化管理的具体实施流程图。

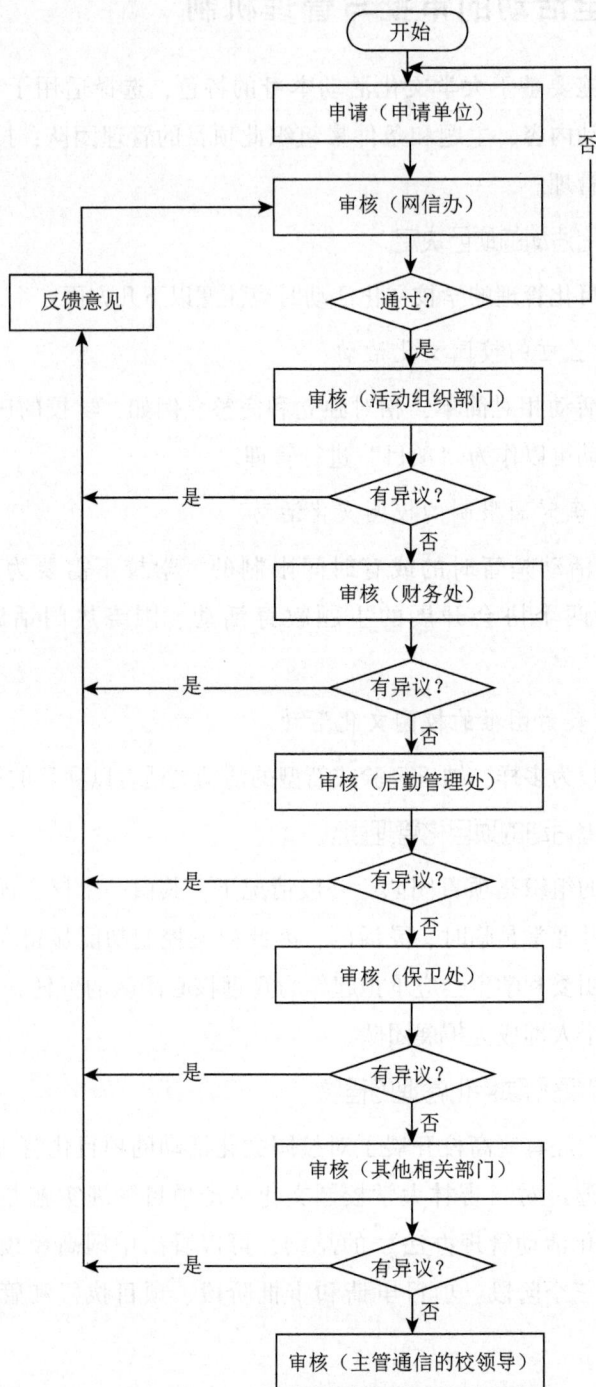

```
                          ┌──────────┐
                          │   开始    │
                          └────┬─────┘
                               │
                     ┌─────────▼────────┐
                     │  申请（申请单位） │◄──────────┐
                     └─────────┬────────┘        否 │
                               │                    │
              ┌────────▼───────┐                    │
    ┌────────►│  审核（网信办） │                    │
    │         └────────┬───────┘                    │
    │                  │                            │
    │            ◇ 通过？ ◇──────────────────────────┘
    │                  │是
    │        ┌─────────▼──────────┐
┌───┴────┐   │ 审核（活动组织部门）│
│反馈意见│   └─────────┬──────────┘
└───┬────┘             │
    │          ◇ 有异议？ ◇──── 是
    │◄─────────────────┘
    │                  │否
    │        ┌─────────▼──────────┐
    │        │  审核（财务处）     │
    │        └─────────┬──────────┘
    │          ◇ 有异议？ ◇──── 是
    │◄─────────────────┘
    │                  │否
    │        ┌─────────▼──────────┐
    │        │ 审核（后勤管理处）  │
    │        └─────────┬──────────┘
    │          ◇ 有异议？ ◇──── 是
    │◄─────────────────┘
    │                  │否
    │        ┌─────────▼──────────┐
    │        │  审核（保卫处）     │
    │        └─────────┬──────────┘
    │          ◇ 有异议？ ◇──── 是
    │◄─────────────────┘
    │                  │否
    │        ┌─────────▼──────────┐
    │        │ 审核（其他相关部门）│
    │        └─────────┬──────────┘
    │          ◇ 有异议？ ◇──── 是
    │◄─────────────────┘
                       │否
           ┌───────────▼─────────────┐
           │ 审核（主管通信的校领导） │
           └─────────────────────────┘
```

图 10　校园安全活动项目化管理的具体实施流程图

第五章 开展校园安保工作的保障机制

5.1 校园安全保卫管理部门的职责

实施管理的先决条件是对责任和义务进行明确。校园安全管理也不例外。就大学校园而言，执行校园安全管理的职能部门一般是安全部（部门或科室），其履行义务的过程实际上是行使安全管理权的过程。

首先是披露信息的义务。知情权是公民享有的重要权利，作为社会的重要组成部分，高校当然享有知情权。在校园安全保卫方面，高校师生的知情权主要集中在校园安全状况和违法犯罪信息等方面。校园安全管理部门有义务定期向学校师生公布有关安全情况和违法犯罪信息。这方面既是对管理部门工作的监督，又可以使师生产生警惕意识、提高安全防护能力并严于律己。

其次是危险通知的义务。安全管理部门具有危险通知义务，且必须履行，以此为在校师生的人身和财产安全做保障。其主要包括：通告学校内存在隐患的设施和场所，并采取必要措施，妥善预防，做好日常预警和预防工作；及时就学校周围的安全环境进行沟通和警告，避免生活在周围的师生遭受人身和财产损失。就学校开展的各种校外活动和大型集体活动进行危险警告，以防止问题发生。

5.2 校园安保工作的难点

5.2.1 安全保卫部门履行的义务和所需权力不对称

目前，高校安全保卫部门只是大学内部的一个职能部门。它没有明确的法律地位，也没有相应的执法权力。在执法能力方面，高校安全保卫部门只能按照大学内部的规章制度相应执行。在辖区方面，高校安全保卫部门只能在学校管辖范围内开展相关安保工作，不得超出大学的管理范围。与此同时，高校聚集了社会精英，这些人依赖的研究设备和研究成果对高校的安全工作提出了更高的要求。正是在这种要求下，大学的安全保卫部门承担了大量类似于公安机关和其他执法机构的执法工作。

5.2.2 安全保卫部门得不到师生的信任

长期以来，学校的安保部门在师生心中的地位都很低。有些师生甚至瞧不起安保部门的工作人员。

1. 在做学校后勤保障工作时，无法得到每个人的理解

从广义上讲，学校安全保卫部门的工作也体现出了一些后勤部门的职能。例如，对于学生户籍的管理，必须确保学生账户的顺利转移；另外，还须做好学校集体账户的管理，加强学校水、电、供暖设施的维护，确保维持正常的生活和学习秩序。对于为校园内的食堂、保健中心及学生提供服务的商业机构，有必要进行及时注册和管理。对于在餐馆和其他餐饮部门工作的人，须检查健康证明，以确保师生可以食用安全的膳食。在工作中，有时无法得到每个人的理解。

2. 在做师生思想安全教育工作时，大家爱理不理

面对有许多风险因素可能对生命构成威胁的情况，要加强对学生的思想教育，并以各种方式向学生传达国家的法律法规和学校的规章。但是，有些人并不会注意到这些，对安全保卫部门下发的通知也不重视，或者只是敷衍了事。

5.3 与德育工作相结合的安保机制

5.3.1 安全保卫工作在高校德育工作中的独特作用

高校的安全保卫机构要从各个方面开展道德教育工作，这是党和国家赋予的政治责任、法律责任和社会责任。《中共中央关于进一步加强和改进学校德育工作的若干意见》强调：进一步发挥全体教职员工的教育作用，必须在整个教育过程中实施道德教育，并在教学、管理和物流服务的各个方面实施。道德教育是学校所有部门和所有教育工作者的共同任务。学校安全保卫组织是学校内的执法单位，具有特殊功能并承担特殊任务，可以在道德教育中发挥独特作用，这主要体现在以下几个方面：

1. 定期深入作用

根据专业的特点和需要，安全保卫机构必须定期深入学生和群众中，在处理各种问题的过程中，通过倾听、调查研究、收集信息，了解学生的思想状态，及时进行积极引导，尽可能将问题解决在萌芽状态，要尽量避免因冲突加剧导致事故发生，影响高校的稳定与团结。

2. 广泛性作用

首先，学校中有专科生、本科生、研究生、成人教育学生等，有学校的工作人员，也有其他常住人口，他们都是学校安全保卫组织捍卫的对象。其次，学校安全保卫组

织的工作常涉及从道德教育质量到政治活动，从人身安全到各种预防措施，从学校规则到国家法律等多个方面。如果有涉及安全或侵权的情况，学校安全保卫组织必须进行思想教育或采取适当措施。

3. 针对性作用

所谓针对性就是在工作中要针对不同的人、不同的事、不同的情况，具体问题具体分析，有的放矢地做好工作。学校安全保卫组织在根据自身工作的特点开展德育工作时，不仅可以有针对性地谈论具体事务，还可以有所作为；不仅可以谈论事实，还可以讲理论；不仅可以传授知识，还可以普及法律法规。

4. 深刻性作用

安全保卫组织完成的任何工作都与人有关。在处理违法、违纪和违规人员时使其受到教育、深入了解自己，这比一般的说服教育能起更深刻的作用。

5.3.2 安全保卫工作在高校德育工作中的运用

高校安全保卫组织的职能包括四个方面：纪律执行功能、安全管理功能、安全服务功能、法制教育职能。其德育作用体现在这四大职能中。

1. 在执纪执法中开展德育工作

学校安全保卫组织协助公安机关和司法机关采取有效措施，严厉打击各类犯罪活动，严厉打击侵害大学生人身、财产安全的违法行为，维护学校的正常教育和生活秩序。安定的校园环境本身就是对道德教育的贡献。

每年都有少数高校学生有违法行为，如偷窃少量公私财产、打架、破坏校园秩序等。如果不及时调查处理这些行为，很有可能进一步犯罪行，走向更严重的犯罪道路。为了挽救他们，在处理案件的过程中，辩护干部会与违法学生进行一对一对话，对其进行思想教育，并帮助他们分析错误的原因及其违法违纪行为的危害，鼓励他们改过自新，重建信心、完成学业，成为对社会和人民有用的人才。

2. 在公安管理中开展德育工作

为了维护校园的正常教学和生活秩序，高校安全保卫组织承担了维护校园安全的重要任务。安全保卫组织通过警卫建筑物、关键部件，以及进行文件管理、交通管理和临时人口管理来维护学校的正常秩序；在管理过程中制定一系列规章制度，并组织和动员师生、家属及临时居民参与学校管理，维护学校安全。为了提高每个人的公共安全意识，还利用海报、橱窗、电视等来进行宣传和教育，使他们能够建立安全感，自觉遵守法律法规，并成为遵守法律法规的典范。

除正面教育外，高校安全保卫组织还严格按照学校规章制度处理违反校园安全管理规定的学生，并通告处理人员。这也是一项强制性的矫正教育，可以作为对其他学生的警示。

3. 在风险防范中开展德育工作

保障新时代的政策是："先预防，确保关键点，打击敌人，确保安全。"预防工作是保障工作的重要任务。在预防工作中，不仅要建立和完善各种安全管理制度，还要实行岗位责任制，要求全校师生积极参与，切实承担各自的责任。教师和学生必须带头遵守法律法规，必须配合安全部门对违法违规者进行帮助和教育，并采取监管措施，减少再次歧视的可能性。

当大学生在学校学习时，他们使用学校的设施，自然就要承担保护这些设施的义务。高校安全保卫组织对学生开展"四防"教育，并采取预防措施，这也是为了教育学生保护公共财产。理论与实际相结合的教育方式的效果更好。

当大学生在学校生活中相互接触时，冲突和纠纷将不可避免，但如果处理不当，则可能会导致斗殴。安全保卫组织可使用一些案例来进行集体主义、团结友爱和道德教育，以使学生学会正确处理矛盾，而不是使其演变成"手工操作"并伤害他人。

减少学生违反法律和纪律的行为本身就是对学生的生动道德教育。

4. 在法学教育中开展德育工作

这里主要涉及对学生进行安全教育、党的基本路线教育、法制教育，以及遵守校规校纪教育等。

5.4 北京高校安保工作经费保障机制及其必要性

5.4.1 北京高校加强安保工作经费保障的必要性

随着中国经济的快速发展和国家实力的不断增强，高等教育规模不断扩大，外来者进出大学变得更加容易。大学生的思想相对单纯，因为与社会接触较少，缺乏相应的社会经验，因而难免有犯罪分子把高校当成违法犯罪的场所。外来的涉黑、邪恶势力有可能逐渐渗透到高校，对学生的生活和学习以及学校的管理产生不利影响。此时，高校的安全保卫工作负担相对较重，因而需要做好高校安全队伍建设，才能使高校的安全秩序得到保障。与此同时，加强高校安保工作经费保障能推动高校安保队伍在保障高校校园安全、服务高校发展上发挥更大的作用。

5.4.2　北京高校安保工作经费保障机制

1. 高度重视高校安全保卫工作

高校安全无小事。高校的安全稳定或多或少都影响着社会的稳定。各级党委和政府以及学校党政领导一定要深刻理解高校安全稳定的举足轻重的地位，认真有效指导安全工作。要从高校安全保卫工作的实际出发，首先解决高校保安制度设置、团队建设、设备设施等问题；然后加强社会治安综合治理，优化校园环境，确保高校安全。另外，还要增加对高校安全工作的人力、物力的大力支持，给予足够的经费，使高校安保工作有源源不断的内动力，从而不断可持续发展下去。

2. 深化高校安全保卫专项资金管理改革

高校安全保卫专项资金管理中遇到的困难和问题，实质上是供需矛盾，体现为高校发展与系统管理滞后之间的矛盾。要解决这些困难和问题，关键是应以科学的发展观和政绩观念为指导，构建和谐有力的金融运行体系和透明高效的制度化金融监管体系。高校有关安全保卫部门应依法改变观念，提高认识，加强财务管理；树立正确的发展观念，统筹处理好当前发展和长远发展的关系；转变对高校安全保卫专项资金的管理观念，提高对加强高校安全保卫专项资金管理重要性的认识，建立和完善宏观层面的专项资金管理制度，主要包括项目申报、项目分类管理、可行性评估、项目预算、资金管理、项目实施和监督；要为每个项目级别的每个项目基金建立具体的管理方法，并明确职责和资金的使用范围。

3. 把好人员入口关，控制人员支出过快增长

加强高校安保队伍专项编制管理是控制高校安保机关人员支出过快增长的重要手段。一是由高校负责编制的部门结合安保机关的职责分工，综合考虑学生人数、治安和高校周围环境状况等因素，合理确定安保人员配备标准，并以此为基础测算高校安保队伍编制总额和各部门的数额。二是严把人员入口关，对新成立的机构或部门，首先应从安保部门现有的编制进行调剂，如确需增加编制须由高校负责编制的部门批准。要建立政法编制的调整机制，每年由高校负责编制的部门根据安保工作的实际需要有计划地调整安保队伍编制，确保安保机关人员的合理配备；要加强对政法编制的监督，每年由高校负责编制的部门会同财政处对编制的落实情况进行检查，对擅自增编或超编安排人员的情况给予严肃处理。

参考文献

[1] 华进浦，朱永生．高校安全保卫工作存在的主要问题及对策研究[J]．扬州大学学报（高教研究版），2008（1）.

[2] 张啸．新型校园安全防控体系的构建思路[J]．新西部（下半月），2008（4）.

[3] 魏冀明，吴康．京津冀城市群的功能联系及复杂网络演化[J]．城市规划学刊，2014（01）.

[4] 于越，王艳．高校校园安全防控体系综述[J]．经济师，2009（10）.

[5] 胡超．浅析校园安全防控体系的构建[J]．商场现代化，2010（16）.

[6] 周立新，王丽芳．论高校校园安全问题及对策[J]．中国安全科学学报，2006（3）.

[7] 张秉福．大学生安全防范体系的构建[J]．中国教育技术装备，2005（9）.

[8] 何伟，胡莹莹，朱必法．基于大数据分析的高校学生安全预警管理模式建设初探[J]．学校党建与思想教育，2015（4）.

[9] 温艳红．大学突发事件及危机产生原因及预防[J]．南阳师范学院学报（社会科学版），2007（8）.

[10] 金文斌．高校发展的新特点对大学生安全的影响[J]．山东省青年管理干部学院学报，20（1）.

[11] 杨芳．切实加强对在校大学生的安全教育[J]．思想政治教育研究，2006（2）.

[12] 郝盼．京津冀城市群高等教育与区域经济发展协调度实证研究［D］．四川：西华师范大学，2015．

[13] 薄文广，陈飞．京津冀协同发展：挑战与困境[J]．南开学报（哲学社会科学版），2015．

[14] 吴心正．美国高校的安全立法和警察制度[J]．武汉水利电力大学学报（社会科学版），2000（3）.

[15] 余宏明．美国高校安全管理及启示[J]．中国安全科学学报，2004（8）.

[16] 孙照．高校突发事件应急管理法律机制创新研究［D］．青岛：青岛科技大学，2014．

[17] 走向世界，面向未来：中国高等教育学会保卫学专业委员会赴美代表团考察报告[J]．中国高教研究，2000（1）.

[18] 尹晓敏．美国如何加强校园安全管理[J]．中小学管理，2007（4）.

[19] 王宏宇．高校校园安全管理影响因素和对策研究［D］．郑州：郑州大学，2013．

[20] 杨惠栋．高校校园安全管理问题与对策研究：以华东政法大学为例［D］．上海：华东政法大学，2015．

[21] 朱海波．我国高校安全管理存在的问题与解决措施[J]．长江大学学报（社科版），2014，37（4）.

[22] 苏宏杰．英国中小学校的风险评价[J]．劳动保护，2003（2）.

[23] 罗侃．新西兰中小学校园安全管理[J]．基础教育参考，2007（11）.

[24] 张丽娜，邹丹丹，张广科．依托大数据构建京津冀高校图书馆协同发展平台[J]．图书馆理论

与实践，2016（6）．

［25］乔晓阳．中华人民共和国立法法讲话（修订版）［M］．北京：中国民主法制出版社，2008．

［26］林臻．机动化背景下我国大学校园交通的优化策略研究［D］．上海：同济大学，2007．

［27］雷玉堂．交通监控智能化的实现方案［J］．中国公共安全（综合版），2009（11）．

［28］蒲向军，陈剑．高校校园动态交通和静态交通规划研究［J］．华中建筑，2007，25（10）．

［29］谢施莹．信息化背景下高校突发事件应急管理机制研究［D］．兰州：兰州大学，2014．

［30］汪益纯，陈川．我国交通安全宣传教育的问题分析与建议［J］．中国公共安全（学术版），2009（4）．

［31］国务院法制办政法司．中华人民共和国道路交通安全法释义［M］．北京：人民交通出版社，2003．

［32］金磊．综合减灾立法：京津冀协同发展的重中之重［J］．减灾论坛，2016（1）．

［33］人民交通出版社．中华人民共和国道路交通安全法实施条例［M］．北京：人民交通出版社，2004．

［34］国务院法制办政法司．中华人民共和国道路交通安全法实施条例释义［M］．北京：人民交通出版社，2004．

［35］赵珊珊．瞄准京津冀协同发展　推动京津冀高校经济学教研合作［J］．北京教育，2016（6）．

［36］冯陈澄．基于协同理论的科技资源配置对国家创新能力提升机制研究［D］．陕西：陕西师范大学，2014．

［37］郭威．基于流程再造视角下的我国高校一站式服务中心发展现状研究［D］．北京：首都师范大学，2013．

［38］高原．美国高校应急预案建设及其启示［D］．石家庄：河北大学，2013．

［39］蓝姝．福建高校安全管理问题研究［D］．福州：福建农林大学，2013．

［40］丁宝．我国高校安全管理的政策需求分析与政策设计［D］．北京：中国地质大学，2012．

［41］丰蕊．高校在校园伤害事故中的侵权责任探讨［D］．北京：首都经济贸易大学，2012．

［42］Gordana Pesakovic, Sarastoa. FL Cross-Cultural Competence：The Role of International Project in US Business［J］．The Business Review，2007．

［43］SINGH M. A Study on Implementing Food Safety Management System in Bottling Plant［J］．Procedia-social and behavioral science，2015（189）．

［44］Keiko Yokoyama. The effect of the research assessment exercise on organizational culture in English universities：collegiality versusmanagerially［J］．Tert Education Management，2006．

［45］Vocational Colleges Based on HSE Management System［J］．Sci-tech Innovation and Productivity，2016（2）．

［46］Wayne D. Moore. Campus Fire Alarm System Upgrades［J］．Electrical Contractor，2009（2）．

［47］Gary Rhodes. Risk Management for Study Abroad Programs：Issues and Resources to Inform Program Development，Administration，and Training［J］．New Directions for Student Services，2014（146）．

［48］Ludwing, Sarah E. Keeping Students Safe in a Caring Environment ［J］. Security, 2015, 52 (11).

［49］Wang Wei, Dai Guanglong, Lü Chen. University Campus Safety Based on the AHP-Fuzzy Evaluation ［J］. Applied Mechanics and Materials, 2014.

［50］Nzoka J M, Muthama N M, Mung'ithya N M. Taita Taveta University College E-Voting System: A Web Based Approach to Elections Manaement ［J］. International Journal of Intelligent Information Systems, 2013.

［51］Eugene L, Kathleen Donohue Rennie. An Analysis of Image Repair Strategies: A University in Crisis ［D］. South Orange: Seton Hall University, 2005.

学生安全类社团组织在高校安全工作中的作用研究
——以清华大学为例

清华大学"学生安全类社团组织在高校安全工作中的作用研究"课题组

摘 要：随着高校开放程度的不断加大，校园安全问题凸显，一流大学的建设不仅仅需要教学科研硬实力的提升，整个校园文化的软实力也要与之相匹配。校园安全文化作为校园文化建设急需得到重视，需要高校安全管理工作者努力构建多种渠道，发动师生参与其中，营造浓厚的氛围。

让学生参与高校安全工作是对学生主体的信任和尊重，能增强学生的高校主人翁意识；能锻炼和提升学生理论结合实践的能力；能增加学生对大学的积极体验和对事务的正确认识；能增强学生对集体的认同感和对校园的满意度。

学生安全类社团是一种多方合作的高校安全管理模式，学生积极参与学校安全工作，不仅改善了高校安全管理工作现状，还可以站在学生的角度为高校安全建设提出更多可行性管理措施，寻求更好的管理策略。但学生安全类社团仍存在一些需研究和解决的问题，如如何彻底转变以教师为主体的传统高校安全管理观念、如何扩大学生安全类社团的影响力、如何调动学生安全类社团中学生的积极性等。研究学生安全类社团在高校安全工作中所起的作用，对提升高校平安校园建设具有非常重要的意义。通过调研可总结梳理更有益于学生安全类社团发展并更好发挥其在高校安全工作中作用的方式方法。

关键词：高校安全工作；学生安全类社团；社团管理；育人实效

习近平总书记针对安全生产工作指出"人命关天，发展决不能以牺牲人的生命为代价"。对于清华大学来说，在新形势下基于更具创新性、更国际化及建设国际一流大学的发展需求，安全同样是不能逾越的"红线"，是不能"应付了事"的"硬活"。清华大学把校园安全建设与育人相挂钩，与建设世界一流大学相联系。教书育人是学校的中心工作，也是一流大学建设的根本，而育人工作跟灵魂有关、跟未来有关，跟学生的全面成长发展有关。校园安全文化建设是创建"人文、开放、绿色、智慧"的校园文化的重要组成部分。如果校园没有安全文化、师生没有安全意识，一流大学建设就没有保障，"以人为本"地培养人就无法落实。没有安全保障，就没有学校的改革发展；没有安全意识和安全文化，也就没有一流大学。

近年来，随着高校开放程度的不断加大，安全问题凸显，电信诈骗、校园贷、物品丢失、女生安全问题、交通安全事故纠纷等情况时有发生，这些均表明学生安全意识培养和安全教育仍是高校教育的一个重要环节。一流大学的建设不仅仅需要教学科研硬实力的提升，整个校园文化的软实力也要与之相匹配。学生自身的安全意识淡薄、安全技能欠缺、安全行为不够规范，这些都表明校园安全文化建设作为校园文化建设的一部分急需得到重视，需要高校安全管理工作者努力构建多种渠道，发动师生参与其中，营造浓厚的氛围。

让学生参与学校管理工作，能增强学生的高校主人翁意识；能锻炼和提升学生理论结合实践的能力；能增加学生对大学的积极体验和对事务的正确认识；能增强学生对集体的认同感和对校园的满意度；有利于学生把集体的目标内化为自身的追求，并在参与集体活动的过程中主动调适自我和悦纳自我。

学生安全类社团是一种多方合作的高校安全管理模式，学生积极参与学校安全工作，不仅改善了高校安全管理工作现状，还可以站在学生的角度为高校安全建设提出更多可行性管理措施，寻求更好的管理策略。但学生安全类社团仍存在一些需研究和解决的问题，如如何彻底转变以教师为主体的传统高校安全管理观念、如何扩大学生安全类社团的影响力、如何调动学生安全类社团中学生的积极性等。研究学生安全类社团在高校安全工作中所起的作用，对提升高校平安校园建设具有非常重要的意义。

一、高校安全工作现状

高校学生安全管理工作是一项复杂的系统工程，随着高等教育改革的不断深化，高校逐步向开放型社会机构发展，未来校园规模、生源结构和学生素质也将发生巨大的变化，加快转变高校学生安全管理工作模式和管理理念变得越来越迫切。大部分高校的学生安全管理工作主要包括两部分：一是管理层面上的校园安全责任落实制度，二是教育层面上的校方安全教育引导及校园安全文化建设。这两方面的工作相互融合，管理与教育同时进行、相辅相成。但是，目前在高校安全工作中，通常存在以下两种情况：

1. 安全管理呈现出校方单方面工作的状况

高校日益增强对学生安全管理工作的重视程度，不断完善组织架构、管理制度、安全教育、维稳体系等方面的工作，还逐渐构建起防控硬件体系，从严格的门禁到 24 小时全方位监控，从不间断值班巡逻到 24 小时校园"110"服务，力图堵塞安全监管漏洞，消除盲区，降低安全事故发生的风险。在这种形势下，校方的安全责任不断强化并得到落实，高校校园安全程度不断提高，教育教学设施和生活设施日益完善，安全服务不断细化。在构建的此校园环境中，学生只需遵守规定，照章行事，不必考虑安全问题，大学校园成为保护学生安全的保育箱。但学校的这种全方位安全体系建设，有可能导致学生自我安全管理、自我安全意识的缺失。

2. 学生安全教育呈现被动状态

目前，大部分高校主要按照《普通高等学校学生安全教育及管理暂行规定》以及其他通知要求，通过广泛宣传和强化教育相结合的方法来促进广大学生安全意识的形成。一是通过新媒体、宣传报、宣传栏、LED 展示屏等形式多样的宣传方式，来增强安全教育知晓率；二是通过专题讲座、播放宣传视频等活动，介绍近年来发生在校园里或有关学生安全事故的具有教育意义的事件，生动、直观地向学生进行专题安全知识宣传；三是将学生安全教育纳入教学计划，结合环境、季节及节假日等重要时间段进行防盗、防火、防恐、防诈骗等方面的专题性集中教育，为学生系统讲授防范措施和应对方法等。

这种安全教育模式虽然形式多样，但在具体的实施过程中，往往易忽视大学生生理、心理、认知等方面的特征，单纯把大学生当作安全知识的被动接受者，仅向大学生灌输大量安全知识，效果可能不太理想。原因在于，大学生刚脱离中学封闭式教育，存在社会实践经验不足、安全防范意识较差、社会认知能力较低等情况，因此，单纯靠教很难意识到安全和风险防范知识的重要性，更难使其主动、认真学习安全知识。安全行为离不开学生自身安全意识的养成。因此，尽管安全教育形式多种多样，但仍会存在类似校园网络诈骗、宿舍火情、盗窃等校园安全事故。

二、学生参与校园安全管理工作情况

高校是培养高素质人才的场所，安定、文明、和谐的校园环境是能否培养造就高素质国家建设人才的一个重要影响因素。维护安全稳定的校园环境，是高校保卫部门、学生管理部门等的职责，但面临复杂多变的社会大环境和校园小环境，仅靠职能部门的努力是远远不够的。创建平安稳定校园文化是一项系统工程，要搞好这项工程，必须全员参与。大学生是高校的主体，在校园安全管理和风险防范中起着举足轻重的作用，是任何其他职能部门都无法替代的。因此，要从观念上影响师生，改变以往不规范的安全行为习惯，从而实现从根本上预防的目标。

1. 大学生参与高校安全工作是现实的迫切需要

校长治校、教授治学、学生自治是建立现代大学制度的基本方向，充分认识依靠大学生自治加强高校安全管理工作的必要性，对于指导和落实各项安全管理工作及风险防范措施具有重要的意义。要从大学生自身的理性思维和遵纪守法观念着手，必须依靠大学生自治。加强高校安全管理与每个学生息息相关，同时也是每个学生自己的事，他们有权参与管理，以保障自己的安全。作为国家未来和民族希望的大学生以多种形式参与自治组织，在团体目标和集体行为的影响下，公民意识、文明意识以及良好的行为习惯能逐步培养出来，从而使个体素质得到提高，也能从根本上增强风险防范和隐患及时处理的意识，提高对安全事件的应变能力，从而实现人人安全。大学生作为社会主义现代化建设的重要力量，必须完善自身能力结构，提高对各项工作和社会生活的适应能力。

高校内部安全保卫工作的方针是"预防为主，确保重点，打击犯罪，保障安全"，要通过采取各种措施及时有效地预防和制止校园内的违反法律、法规、校规的行为。尤其是在国家法律、法规逐渐健全、日臻完善的情况下，高校保卫工作的打击职能逐渐弱化，内部保卫防范职能日渐增强，预防性特点日渐明显。这就需要高校安全保卫专员与群防组织人员紧密配合，充分发动师生员工积极参与，共同维护学校的治安秩序，给大学生创造一个安全稳定的学习环境。

由于学校规模增大、人数增多，造成平安校园建设工作点多面广、任务繁重，光靠校园安全保卫力量是不能适应形势发展的，不管怎样加强管理、值班、巡逻都难以完全预防各种案件发生。所以，我们必须动员广大师生，依靠广大群众——学生来直接参与平安校园建设工作，使校园里到处充满群防人员，形成有组织、有纪律的群防网络。

2. 学生安全类社团的建立是学生参与高校安全工作的有效途径

创建平安有序的校园是一个动态的过程，它不断由低级到高级、由局部到全面、由简单到复杂地发展着，一个阶段有一个阶段的特点。它需要凝聚全体师生员工的集体智慧和共同意志来实现。建立大学生安全类社团组织，充分发挥其治保作用，是一项一举多得的有效措施。学生社团是高校学生组织的重要形式和校园文化的重要创建者。高校学生社团组织发展迅速，已经成为校园文化建设的重要组成部分，其具有广泛的群众基础，在大学生中有很强的吸引力和影响力。学生安全类社团组织是高校安全工作的一种新的尝试，也是一个新的探索过程，需要广大师生的共同努力，需要及时更新理念、加强引导、创新机制、完善体制和健全制度。

大学生安全类社团作为平安校园建设中群防群治组织的一部分，是维护校园安全保卫工作的一支自治力量。发动学生参与平安校园建设工作，是密切贯彻党的群众路线的典范。当前，校园安全保卫组织一方面自身力量不足，另一方面忽视对学生保卫队伍的建设，不能充分有效地调动学生保卫力量并使其发挥作用，导致学生安全管理和风险防范问题不能从根本上得到解决，学生当中的各种隐患和各类案件时有发生。在平安校园建设过程中，需要大学生发挥自身保卫力量的作用，因此，建立一支忠诚、坚定的大学生保卫队伍是学生参与平安校园建设的有效途径。

三、学生安全类社团发展现状

前期问卷调研结果显示，在调研的35所高校中，仅有15所有学生安全类社团。这15所高校的学生安全类社团形式丰富，例如中国石油大学（北京）的"平安石大"，中央财经大学的"学生安全委员会"，对外经济贸易大学的"贸大平安志愿团"，北京石油化工学院的"校学生会安全监督部"，九江学院的"禁毒志愿者""交通安全志愿者"等。

在这15所高校中，有7所高校的学生安全类社团人数在21~50人，有3所高校的学生安全类社团人数在80人以上（见图1）。

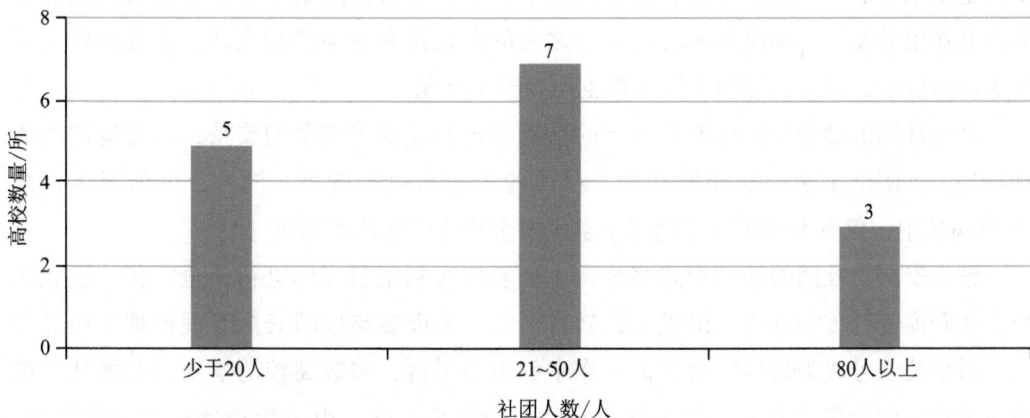

图1　各高校学生安全类社团固定人数

高校中主要存在两种属性的学生安全类社团：一种也是占较大比例的是具有勤工俭学属性的——由各高校团委、学生处或学生勤工助学指导中心等部门设置相应岗位，接纳校内学生，并予以一定的劳动报酬；另一种是具有志愿公益属性的学生社团，指导部门主要为各高校保卫处（部）、校团委及学生处（部）。问卷调研也显示了这一点：在15所高校中，有12所高校的学生安全类社团是由校保卫处（部）指导的，有8所高校的学生安全类社团是由校团委指导管理的（见图2）。

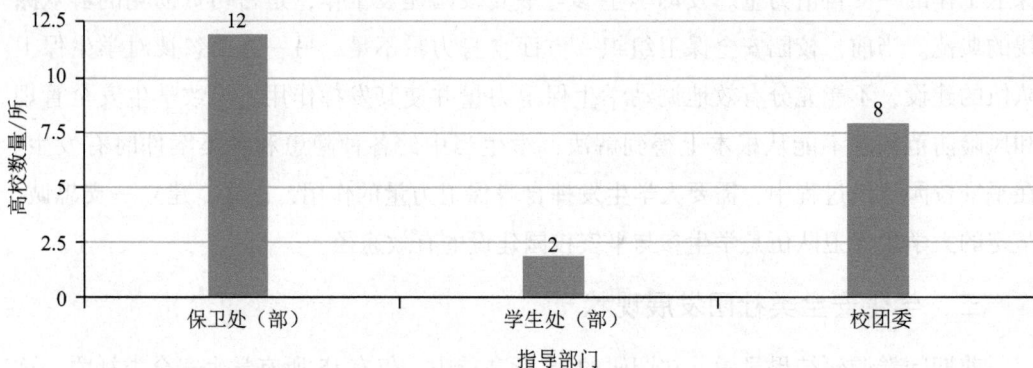

图 2　各高校的学生安全类社团的具体指导部门情况

高校学生社团的经费来源多为会费、社会赞助费、团委经费拨款、项目经费等。不同于其他专业型、理论型社团，学生安全类社团的活动多围绕校园安全有序、为建设平安校园添砖加瓦等主题开展，赞助较少，多需依靠高校团委及保卫处（部）的经费拨款。如果没有足够的社团实践经费，学生安全类社团就很难组织大型活动，宣传工作也很难开展，只能以小型、简单的活动为主，这大大限制了学生安全类社团的发展及其作用的发挥。调研显示，有三分之二的高校没有专项经费支持，在有经费支持的 3 所高校中，每年的专项支持经费也均少于 5 万元。

学生社团的健康发展离不开稳定的活动场地和经费等资源的支持，没有稳定的活动场地，社团就无法定期开展活动，社团的凝聚力也会降低。同样，调研显示，在15 所高校中，仅有 5 所设有专门用于学生安全类社团活动的场所。

学生安全类社团的活动形式多样，主要表现在利用新媒体进行安全宣传、设立展板、在橱窗进行传统宣传、组织专题教育活动、积极参与校园安全管理治理工作等方面。微信公众号成为高校安全宣传工作中的重要平台，多数高校的学生安全类社团均有自己独立的微信公众号，用于开展日常宣传推广工作。由于活动场地受限等原因，较少学校有条件组织长期或大规模的学生安全论坛或沙龙活动，但基本每年都会组织安全知识竞赛活动，或根据实际需求开展安全创意设计等方面的活动。

加入安全类社团的同学，参加活动的积极性还是比较高的。社团在高校中也有一定的影响力。但由于种种原因，例如受场地、经费、活动内容、口碑等方面的影响，可能存在新入社团成员积极性高，但经过一段时间后，热情有所降低，甚至社团自我认同感降低的情况。如何调动学生安全类社团成员的积极性，如何提升学生安全类社团在高校中的整体影响力，如何提升学生安全类社团在高校安全工作中所起的作用，是值得高校各部门研究和探讨的问题。

四、新形势下高校学生安全类社团的探索与实践——以清华大学学生安全类社团为例

（一）清华大学学生安全类社团现状

1. 清华大学治安服务队

1987 年，清华大学建立自发性的学生组织——学生治安服务队，至今已有 37 年。20 世纪 80 年代的校园并不太平，经常有一些不法青年在学校的公共教室、操场、舞会等场所不服从管理，甚至寻衅滋事，无故殴打学生，扰乱了学校的正常秩序。于是，一部分有正义感、有勇气的大学生自发地组织起来维护同学的利益，并将滋事的人员扭送到保卫处或派出所，在很短的时间里就使得学校公共场所的秩序有所好转。1987 年暑假，校团委、学生会聘请保卫部干部为指导员，对学生骨干进行培训，为成立有组织的学生护校组织做好了准备。1988 年 5 月 20 日，"学生纠察队"正式命名为"学生治安服务队"。1998 年，学生治安服务队正式加入学校勤工助学大队。人员由初期的 35 人增加到 1996 年的 100 人，目前已经有近 5000 多名在校生参与其中。

图 3 和图 4 所示分别为清华大学治安服务队队旗和队徽。

图 3　治安服务队队旗

图 4　治安服务队队徽

在新时代高校安全工作的高要求下，校园安全环境不断改善，校园安保的人防、技防体系进一步强化。近年来，因不提倡学生参与安全保卫一线的工作，学生治安服务队由原来从事纯事务性工作逐渐转变为引导学生参与安全宣传教育和安全文化建设工作。为了使学生治安服务队职能更加优化，发挥更大作用，达到育人实效，结合学校安全工作和师生的安全需求，学校对学生治安服务队队伍架构进行了重组优化，现将其设计为三个部门，即宣传教育部、综合部和业务部。

宣传教育部负责队内活动新闻稿、信息简报的撰写及对外宣传；大活动展板、海报、视频宣传品的制作；微信公众号的日常管理和运营；安全知识方面的教育培训工

作；并负责调查研究校园安全热点，做安全活动预案。

综合部主要负责治安服务队的日常活动策划、文献资料整理、活动组织举办，负责失物招领与咨询、日常队部维护、队内联谊、校友联系、安全形象大使联系，以及其他沟通工作。综合部下设组织组、外联组和办公室。组织组负责组织活动、租借场地、邀请嘉宾等；外联组负责联系形象大使和往年队友；办公室负责失物招领、整理电子资料、维护失物招领平台并整理推送相关信息。

业务部下设消防监督分队和治安巡逻分队。消防监督分队负责检查学生公寓、各系馆、图书馆、体育馆消防设施的可靠性，发现隐患及时上报并排除。治安巡逻分队负责在校内重点区域进行巡逻以消除安全隐患，在教室记录无人看管电脑情况，在操场记录无人看管书包情况，防止丢失。

2. 清华大学学生勤工助学大队交通协管分队

清华大学学生勤工助学大队交通协管分队是一个由校学生处勤工助学指导中心和保卫处交通科联合设立的学生组织，归属于学生勤工助学大队。交通协管分队成立于2003年夏季，是校园交通和谐秩序的守卫者之一，致力于食堂周边的交通、治安、环境秩序的维护工作，同时负责宣传校园交通安全工作，为全校广大师生守卫一份安全。图5所示为交通协管分队队徽。

图5 交通协管分队队徽

交通协管分队在稳步发展的同时根据实际工作的需要，不断调整工作的内容和方式，逐渐向多元化、自主化转变。分队下设三个基础岗位，分别是校园交通调研规划组、交通科工作助理岗位和学生交通协管岗位。校园交通调研规划组是近年来新设立的，是分队发展的一次尝试，关注校园交通热点问题，已完成的项目有校园交通热力图的绘制、车棚问题调研、人物采访和旧车回收等。交通协管分队目前负责两个微信公众号的运营及维护：一个是由保卫处交通科和工作助理共同维护的"行在清华"，另一个是由分队宣传副分队长维护的"THU学生交通协管分队"。"行在清华"主要关注校园交通热点问题，及时发布校园相关交通管理及服务信息，贴近师生的工作、学习和生活，同时其"中英双语"的形式也使公众号更具吸引力。"THU学生交通协管分队"更多关注分队内部的重要事务，同时也会发送一些交通安全小贴士。

3. 清华大学学生安全文化协会

清华大学学生安全文化协会是由清华大学学生自发组建、自主管理的非营利性学生团体，现挂靠于清华大学保卫处，由保卫处宣传教育科指导。学生安全文化协会以校园安全文化宣传为主线，结合多种形式，以各种成形活动为核心，以项目制方式开展特色活动，辅以常务组负责日常运营工作。

学生安全文化协会的宗旨是倡导和营造安全文化，践行安全行为。具体工作内容有：①对校园安全形象大使的具体管理和服务。②微信公众号的运营维护，打造品牌。③策划组织安全主题的校级社会实践。④联合多家高校做校园安全文化大家谈的论坛。⑤举办安全主题公益设计大赛。协会通过宣传和特色活动的举办营造校园安全文化氛围，吸引更多学生参与其中，发挥学生的创造力和智慧，扩大协会影响力，打造校内品牌，起到引领作用，正面引导学生提升安全意识。

常务组主要负责协会的日常运营工作。其职能包括会务、协会财务制度的制定执行、社团活动材料整理收集、公众号日常管理、外联信息收集、协会内部团队建设工作等；同时，常务组还负责与学校上级社团部的对接工作。

宣传是安全文化建设中最常规也是最重要的一环。为保证协会有良好的宣传输出，一方面，常务组需要做好公众号运营工作，维护好线上宣传秩序；另一方面，活动宣传也需要成体系并且提升质量，以用良好的口碑和深刻的影响力打造校园文化品牌。为此，对协会内每一名会员都需要进行适当的宣传技能培训，并鼓励其多参与日常的宣传工作。此外，树立协会良好的形象作为一项长期工作，起步很重要，坚持也很重要。协会视觉识别形象包括微信公众号形象、协会 logo、协会会服、招新宣传册、吉祥物、奖品设计等方面。

外联工作决定了协会所能触及的校内、社会资源，间接决定了协会筹办活动的难度和活动的质量。为了让活动能尽可能地符合设计时的预期，外联工作也需要得到重视。要确保每一届会长、副会长人选中都有外联经验丰富的同学，并且由这些同学指导项目筹备期间的外联工作。

（二）清华大学学生安全类社团管理模式

清华大学学生安全类社团始终坚持以生为本理念和"自我管理、自我教育、自我服务"（以下简称"三自"）的模式，体现学生的主人翁意识，培养其"自律、自信、自强"的品质，使其积极参与维护校园安全稳定工作，服务平安校园建设，满足师生员工需求。经过 30 多年的发展，清华大学学生安全类社团已成为组织合理、管理有序、制度相对健全、有自己独特文化并在师生中具有一定影响力的学生组织，在学校平安校园建设中发挥积极作用，逐渐成为学校开辟第二课堂、实施实践育人的平台，并取得了显著成效。

1. 学生安全类社团管理理念

（1）以生为本，注重发展

学校的中心任务是培养社会主义事业的合格建设者和可靠接班人。学校育人不单单是指课堂教学，实践锻炼也是重要的一环。教育的中心是学生。学生治安服务队作为学生勤工助学大队中人数最多的一支队伍，对其的管理和指导也是始终坚持以生为本的理念，努力做到发展为一切学生、一切为学生发展。

（2）专人指导，全力支持

清华大学学生安全类社团由保卫处和学生处等部门联合指导。学生处主要负责队内学生的思想教育、心理辅导、干部选拔和培养。保卫处负责对学生进行必要的业务指导和培训，安排和指导具体工作。一直以来，保卫处对清华大学学生安全类社团的指导工作高度重视，挑选处里业务强、作风好、耐心细致并有较强组织管理能力的工作人员担任治安服务队指导员，从队伍发展实际出发，指导学生开展工作，关心队伍发展。为创造良好育人环境，保卫处还在财力、物力上提供大力支持，不断改善队部办公和队员工作条件，确保工作安全，真正做到对于一切利于学生成长和发展的工作都尽可能地创造条件保障其开展。

（3）创造机会，助力成长

队员和骨干的成长与队伍的发展紧密相连。保卫处、学生处不断创造多种机会促进学生发展。根据实际工作需要，清华大学学生安全类社团由原先仅有巡逻队一支队伍发展为现在由五个部门组成的多功能、系统化的学生勤工组织。治安服务队创出了品牌，在学生中享有较高的知名度，这也为参加这支队伍的学生提供了更好的锻炼机会和更高的发展平台。另外，保卫处还发挥自身资源优势，及时多方联系，为学生们提供高水平的业务培训和参观学习机会。

（4）合理安排，育人为要

清华大学学生安全类社团的工作内容与其他勤工队伍有很大不同，它要求参加该项工作的学生自己首先要掌握一定的安全常识和防范技能，在保证自身安全的前提下开展工作。由于很多工作具有一定危险性，工作中需要充分权衡利弊，合理安排工作岗位，掌控学生参与工作的程度，规避风险，使学生在确保安全的情况下受到教育。

2. 学生安全类社团管理机制

清华大学学生安全类社团在工作中主要突出"三自"模式，充分发挥学生主观能动性，力求达到最佳育人效果。高校学生基数大涉及范围广，学生安全类社团可以深入各院系各班级。安全教育需要深入广大学生中，简单的集会式安全教育讲座不适合频繁开展，但是安全教育需要根据不同的安全隐患进行对点防御，而学生安全类社团就可以利用其人数优势深入学生群体内部。新时期的大学生思维更加活跃，个性比较突出，加之各高校越来越重视第二课堂的素质能力拓展，学生的班级观念逐渐淡化，学生安全类社团、公寓寝室、图书馆等将成为学生学习、思想文化交流的重要场所，较之保卫处，学生安全类社团能更贴近学生的学习、生活进行安全教育及宣传。学生安全类社团能够广泛利用多媒体多渠道，采取学生更喜闻乐见的宣传方式实施安全教育。

（1）自我管理

清华大学学生安全类社团的组织和管理者全部由勤工助学的学生担任。在队伍管理上，保卫处和学生处指导老师大胆放权，尽量少干涉，而让学生自己根据实际需要实施管理。经过多届学生的不懈努力，目前治安服务队在制度建设、文化建设和工作创新等诸多方面走在了全校勤工助学队伍的前列，管理日渐规范化，凝聚力和工作效率逐步提高。

在实际工作过程中，不断完善考勤制度、会议制度、骨干培训选拔制度、财务制度和奖惩制度等，并组织专门力量编写工作流程书，强化队伍内部管理，极大地提升了管理工作的可操作性。在各项制度的执行中，队长、队委带头遵章守纪、自觉按制度办事，队员也都能自觉遵守落实，管理育人实现良性互动。多年来，清华大学学生安全类社团坚持自我管理，充分体现了尊重管理、理解管理和用心管理，极大地锻炼了学生的管理能力和协调能力。

（2）自我教育

自我教育旨在通过岗位锻炼使学生在德育、智育、体育、安全防范意识与技能等方面得到全面均衡发展。

清华大学学生安全类社团队员和队委以实际行动参与队伍管理和校园治安秩序管理，通过新生安全知识竞赛的筹办、校园巡逻、大型活动的秩序维护等形式获得在专业课课堂上无法学习到的安全知识与技能，增强了安全防范意识；同时，队内的排班管理、信息沟通和财务管理等环节也锻炼了学生的综合能力。

清华大学学生安全类社团中的治安服务队的工作很多是面向全校学生提供安全管理服务，如操场存包服务、浴室借锁服务、失物招领服务、毕业搬家和寒假护送服务等。要做好这些服务工作，参加者就必须具有主动服务的意识，懂得换位思考，只有这样才能赢得同学们的认可。治安服务队的大多数队员之前都是被服务者，没有为别人提供服务的经历。这些安全服务工作促使队员建立服务意识，提高服务质量；另外，学校的很多大型活动也需要治安服务队的支持，要求参与队员能够服从活动整体安排，从大局出发，做好治安秩序维护工作。

（3）自我服务

清华大学学生安全类社团已经成为学校治安秩序综合治理、实行群防群治的重要力量，在文明校园建设中发挥了重要的作用，先后经历奥运会、国庆 60 周年庆典和百年校庆活动的考验，圆满完成了上级交给的任务，多次被评为服务保障先进集体。百年校庆前夕，学校实施新的《校园参观管理办法》，为配合该办法的实施，清华大学学生安全类社团的成员在校内设点开展校园义务讲解；在《清华大学校园机动车管理暂行办法》工作落实中，队员们加班加点，审查校园机动车申领办证资料；暑假期间，队员们在学校西门和东门引导自行车存放和车辆行人通行；平时进行校园巡逻；在教学楼和宿舍楼、图书馆和餐厅等公共场所悬挂张贴文明安全提示等，这些都为营造校园文明安全氛围起到了很好的促进作用。

清华大学学生安全类社团积极参与校园安全文化建设工作，在每年的 4·15 国家安全教育日、11·9 消防主题宣传日和 12·2 交通宣传日都通过线上推文、答题及线下海报、路演、竞赛等不同宣传形式开展安全教育及宣传。作为加强校园安全文化建设的积极尝试，保卫处协同清华大学学生安全类社团的成员，正式启动"校园安全形象大使"系列工作。2017 年，邀请在同学中具有较大影响力的 7 位在校生（清华大学年度风云人物、特等奖学金获得者、校园十佳歌手冠军、少数民族杰出代表、学生治安服务队代表等）及 1 位校友作为校园安全形象大使，注意发挥他们的影响力，并邀请他们参与到校园安全宣传教育活动中。通过他们与同学们的良好互动，加强了同学们的安全意识和校园安全文化建设，促进了校园安全的全面提升。

（三）清华大学学生安全类社团在校园安全工作中发挥的作用

清华大学学生安全类社团在保卫处、学生处、团委等各部门的联合指导下，坚持生本理念和"三自"模式，针对校园安全秩序管理开展了大量卓有成效的工作，无论是队伍骨干还是普通队员的协调能力和整体素质都得到了很大提升。社团不仅协助保卫处承担校园重大活动的安保执勤任务，还负责校园"失物招领"平台和"存包处"等的工作，并承办校级安全知识竞赛，在学校开展的防诈骗、防盗、防火、防毒品等宣传活动中起到了示范作用。

1. 拓展了校园安全工作的广度

清华大学从培养学生安全意识、态度、技能和价值观出发，结合校园安全工作，通过安全教育与培训演练、安全日及重大专题宣传、线上线下安全课程、教育视频宣传、新媒体宣传及安全特色项目等形式，推进安全素质教育与安全文化氛围营造的全覆盖。

清华大学治安服务队协助大学保卫处完成安全教育、灭火器实操训练、消防疏散演习及反恐防爆疏散演习等任务，针对本科生通过送课到课堂、针对研究生通过"入学第一课"进行集中宣传教育，达到校内新生全覆盖。此外，保卫处通过对国际新生、港澳台地区的新生及新入校国际学者进行专题安全教育培训，实现了安全教育全覆盖。

学生安全类社团的成员通过组织和参与各类安全工作或活动，提升了自身的安全意识和主人翁意识。学生安全意识及主人翁意识的提升对于校园的安全稳定具有重要意义。同时，通过开展各类安全宣传活动，能够创建良好的校园安全文化氛围，在这种氛围中，在校师生能够不自觉地想到安全、重视安全、发现安全隐患和安全事故苗头。由于学生安全类社团是学生自发组织的社团，其成员具有较强的自律性。社团在保卫处等安全部门的引导和组织下开展活动，一方面能使其成员更加了解政治安全、国家安全等方面的重要知识，树立政治安全、国家安全意识；另一方面也能通过自身的自律性去感染在校师生。

治安服务队负责承办每一年的大型校级新生安全知识竞赛，从每年8月份新生入学开始，分为初赛、复赛、决赛。初赛覆盖所有本科新生，采用线上学习答题的方式。复赛时组织每个院系的代表班级进行创意推送、创意海报展示并评分。决赛采用现场答题的形式。大型活动现场秩序维护面向全校招募志愿者，治安服务队参与了校园歌手大赛、新年晚会等大型活动的现场秩序维护和安全检查工作。在活动的参与和协办中，同学们的安全意识进一步增强，也提高了队伍的影响力。

2. 挖掘了校园安全工作的深度

学生安全类社团直接参与日常安全工作，为学校安全宣传工作提供了更为贴合学生实际、深入学生内部的工作途径和方式，创新了安全教育和文化建设的形式，更贴近当下师生阅读及身心特点。治安服务队积极参与由保卫处宣教科策划的《校园参观专题纪实》《在你身边》《校园安全体验日》的制作，配合团委拍摄《零点后的清华》，配合后勤拍摄后勤宣传片及《最美后勤人》。其中《在你身边》MV邀请校园安全形象大使宿涵作词作曲，由学生导演刘西洋指导，将安全知识融入歌曲中，通过说唱形式制作MV，贴近学生身心特点，取得了较好的反响。

自2017年起，保卫处启动校园安全形象大使项目，邀请特等奖学金获得者、校园十佳歌手冠军、网络大V等知名学生和校友代表做安全大使，带动4000余人参与4·15国家安全教育日在线答题活动，且安全代言等活动受到央视报道；结合形象大使自身特点，除邀请宿涵作词作曲创作校园安全公益宣传片《在你身边》外，还邀请王刚参与大一新生导引课课程校友分享环节，使安全教育工作从单方面的校管逐渐转变为学生参与配合。

由清华大学校团委指导的"学生安全文化协会"专门组织安全主题宣传推广活动，设计协会 logo、队旗，与治安服务队相互配合共同开展特色活动，如联合开展法制宣传日、反电诈宣传等活动。学生社团策划组织了校园安全体验日活动——作为加强师生对保卫处工作深度了解的重要尝试，策划并建立了安全体验日报名、培训、实施和评估机制。2018 年 4 月和 9 月共组织两次，共有 8 名同学参与，并由学生拍摄《校园安全体验日》视频，由学生媒体《清新时报》发文报道，参与的学生对校园安全有了更深入的了解。

2018 年，美术学院学生参与安全日主题宣传活动，手绘出国家安全、网络安全、消防安全长图，并推送给广大师生，深受欢迎并获大量转发；建筑学院学生手绘校园参观景观图，并将其嵌入校园参观微信小程序、融入校园参观书签，使其成为与社会沟通及宣传的重要渠道；治安服务队学生参与暑期校园参观调研工作，完成 900 份问卷调研和近 1000 条留言工作，加强了参观人员对学校政策的了解，赢得了 88% 的认可率，强化了学生的主人翁意识。

3. 强化了安全工作的育人成效

高校教育的最终目的是促进学生的全面和谐发展。多年来，通过学生安全类社团的工作，全校学生的安全意识得到了显著增强。社团通过举办各种活动、进行网络宣传、张贴安全提示、制作展板、微信公众号推送等方式，对全校学生进行潜移默化的安全教育和普法宣传。因为社团成员同是学生，使得社团进行的这种安全教育和普法宣传更容易被其他学生关注和接受，并且具有连续性和鲜活性，在一定程度上弥补了学校职能部门安全教育工作的不足。此外，参加过治安服务队工作的学生在了解一定的安全知识后也会带动周围同学增强安全防范意识。

学生安全类社团是安全保卫部门贯彻"预防为主"，实行群防群治的重要力量，也是学生自我管理、自我教育、自我服务的大课堂。多年来，无数学生通过这个课堂增强了自己的安全意识，学到了防范技巧，磨炼了意志，找到了自信，提升了个人综合素质。通过参与学校安全工作的锻炼，涌现出了一批爱岗敬业、有较强工作能力、较高思想觉悟、自立自强、富有奉献精神的学生，培养出了一批又一批优秀学生干部。

学生治安服务队是一支活跃在清华大学校园内维护校园秩序的积极力量，是一支有广泛群众基础的群众性治保组织，它以科学、民主、严谨、高效、雷厉风行的作风，历经风雨坚守阵地护卫校园、服务师生。多年的实践证明，校园的主人——学生，直接参与学校安全工作是一种行之有效的组织创新机制。

五、高校学生安全类社团发展困境

（一）学生安全类社团专业指导缺位

近年来，学生社团发展迅速，人数众多，指导和协助社团管理的部门一般为校团委，调研显示，仅一半的学生安全类社团有校保卫处参与指导。在这样的情况下，虽然社团指导主体和层次相对清晰，但各级团委老师由于经历和专业限制，指导工作往往停留在社团运营的基本管理层面，包括社团成立、活动审批、财务管理、组织建设、后勤保障等。学生安全类社团的日常运行和实践活动由于都是由学生组织进行，因而缺乏专业的教师指导或因为教师事务繁忙没有精力参与社团活动，这样就造成了部分社团缺乏指导的对口性和科学可行性，有可能出现重管理轻指导的情况。

（二）学生安全类社团支撑资源匮乏

问卷调研结果显示，在调研到的有学生安全类社团的15所高校中，有10所高校没有专门用于安全类社团活动的场地，13所高校对于安全类社团的专项支持经费每年少于5万元。学生社团的健康发展离不开稳定的活动场地和经费等资源的支持，没有稳定的活动场地，社团就无法定期开展活动，凝聚力也会降低。

同时，大多数社团都面临活动经费不足、来源单一的困境。通常情况下，学生社团经费来源多为会费、社会赞助费、团委经费拨款、项目经费等。赞助费多来自社会商业机构，是以营利和商业利益为驱使的，这往往与社团管理相矛盾。学生安全类社团因为其活动主要围绕校园安全有序展开，为建设平安校园添砖加瓦，如果没有足够的经费就很难组织大型活动，宣传工作进行也困难，就只能以小型、简单的活动为主，这大大局限了安全类社团的发展及其作用的发挥。

（三）学生安全类社团凝聚力、活力不足

高校中的学生社团数量庞大，但是有的学生社团呈现出活跃度不高，组织凝聚力弱化，队员的责任心不足、归属感不强的状态。有的学生安全类社团还仅限于从事低层次机械重复性工作，创新性差，成员不能有效利用自身专业知识，个人发展缺乏持续性，这导致社团吸引力不足，消磨成员对社团活动的认同感，难以形成品牌，甚至使成员严重流失，造成社团整体活力不足。

每年社团招新阶段是社团活力较强的阶段。开学伊始，成员对于日常活动表现出踊跃积极的态度，但随着时间的推移，这份积极的态度会随之削弱，社团内部负责人及各部门成员之间的沟通也会减少，没有有效的沟通，队员间的关系就不能进一步融合和凝聚，这可能会导致社团内部产生隔阂，甚至使成员没有归属感和责任感。

学生安全类社团的活动主要面向校园师生，具有管理和服务的双重职能，活动中需要社团成员有自信心和荣誉感。虽然许多高校针对社团、社团干部和社团成员设立了评比、活动项目资助等激励措施，也有一定的成效，但仍存在部分社团成员缺失社团荣誉感，对安全类活动缺乏自信心的情况。

六、充分发挥学生安全类社团在高校安全工作中的作用

（一）配备专业教师，提升学生安全类社团专业性

健全的学生社团须有详尽的社团管理办法，细化的社团活动、宣传、组织、财务监督等方面的具体细则，完善的社团成员反馈机制。虽然高校社团具有自主性、自发性特征，但其成立流程仍须严格按照各高校的制度和要求进行，高校职能部门有义务和责任对学生社团予以监督和指导。

针对学生安全类社团，为保证社团发展与高校建设平安校园的目标一致且更具有专业性、规范性和科学性，各高校保卫部门应主动承担起学生安全类社团的指导和联合协作任务。

学生安全类社团的活动往往只局限于校内，其与国家各对口单位如警察系统、消防系统、交管系统等接触较少，也没有途径取得一定联系，这不利于社团开展更专业、更有针对性的实践活动。在保证学生安全类社团学生自主属性的前提下，高校保卫部门应主动参与，作为相应的指导和协作单位，扩大安全类社团实践活动的范围，使其不仅仅局限于高校安全工作中，还有机会参与到国家安全工作中。

（二）优化资源供给，保障学生安全类社团高品质发展

学生安全类社团与高校教育教学、人才培养工作存在紧密联系，不仅能强化学生特长、促进学生综合素质提升，还在高校平安校园建设工作中起到了不可替代的作用，是高校日常安全工作的补充和深入。

高校中学生社团众多，但校园资源有限，开辟新的活动场地或予以大量经费支持可能存在一定的困难，但高校保卫部门可通过各种形式增加学生安全类社团成员的归属感，利用闲置场地或设施设备予以支持，以提高社团整体凝聚力，增强学生社团与高校保卫部门的联系和协作。高校安全工作内容丰富、形式多样，保卫部门可在保证学生社团成员基本学业需求的情况下，拟定适合学生社团成员参与的校园安全管理或实践工作并给予适当的资金资助，以便充分发挥学生安全类社团的优势。

（三）注重评价激励，激发学生安全类社团积极性

高校学生安全类社团不同于其他专业型或理论型社团，它不是针对某项特长或专业技能的社团，为保证其不断向更高质量发展，高校应对其采取适当的激励措施。适当的政策激励是社团发展的基础，能提升学生安全类社团的吸引力、凝聚力和校园影响力，吸引高校学生自愿加入并积极主动参加相关活动，感受社团的活力。同时，也要做好对社团成员及指导单位、教师的激励工作，例如可以定期开展学生安全类社团

优秀活动、优秀组织者、优秀指导教师等的评比，这样不仅可以激发社团成员和指导教师的积极性，也能在高校内进行有效的宣传。

高校保卫部门可适当加强对学生安全类社团的指导工作，协助整合校内有效资源，协同组织具有影响力的活动，增强学生安全类社团在校内的影响力，提升其成员的自信心和获得感，从而直接影响到身边的同学。社团成员自信心和社团凝聚力的增强，不仅能增强社团成员对团队的认同感，还能够使他们用更积极阳光的态度面对学习和生活。

（四）创新活动理念，促进学生安全类社团品牌化发展

任何一个学生社团的队伍建设和活动理念的不断发展都至关重要。学生安全类社团想要持续发展，就必须与时俱进，打造自己的品牌。选拔、培养、储备社团骨干，进行有针对性的定期培训，加强业务指导，充分发挥社团干部的积极性、主动性、创造性，打造一支素质过硬、能力强、业务熟练的学生安全类社团骨干队伍。

以往的学生安全类社团活动容易陷入形式老套、参与热情不高等困境，随着新媒体与社交平台的快速发展，安全类实践活动有了更丰富的形式和内容，而增强社团活动的感染力是必须思考的话题。学生安全类社团在开展活动时，要在高校各部门的指导下准确定位、贴近学生、贴近主题、特色鲜明、内涵丰富、张扬个性，打造出既能满足学生需求又能体现社会价值的品牌活动。品牌的综合体效应要求品牌必须与品牌产品和品牌服务结合起来，也就是要求学生社团要不断创新，开展具有高校社团特色和社会价值的精品活动，从而增强社团的实力。品牌的社团需要品牌的活动来支撑，没有精品活动的社团就没有生命力和影响力。

综上所述，学生社团作为高校校园文化的重要组成部分，作为高校第一课堂的重要补充，正呈现出生机勃勃的景象。在深化教育领域综合改革的大背景下，学生群体的内生性要求多样化的发展，新形势也对高校培养模式提出了新要求。作为高校第二课堂的重要载体，学生社团能使学生开阔视野、丰富知识、增长智慧，同时也能培养创造性思维、塑造品格、提高综合能力。只有深入了解学生社团的深刻内涵、组织形式、活动原则、目标要求，才能充分挖掘学生社团作为高校第二课堂重要载体的巨大育人作用。因此，高校应该充分重视学生社团，通过在内容、方法、功能上不断创新，探索育人的新路径。

著名教育家陶行知说："用生活来教育，为生活向前向上的需要而教育。"学生社团是培养学生良好安全素质，符合学生发展特点的有效管理模式，同时也是顺应高等院校安全教育工作发展和指导学生快速融入社会的具有生命力的管理模式。

高校学生安全类社团通过组织社团活动，使学生亲身体验、亲自动手，不仅增强了学生的安全意识，还培养了学生的集体意识和团队精神，能有效提升学生对社会、对国家的责任感，从而促进平安校园、和谐社会的建设。学生安全类社团在潜移默化中发挥了育人的作用，不仅增强了大学生对国家、对社会的责任感，还使其树立坚定的理想信念，不会偏离方向。

参考文献

[1] 胡金平. 陶行知的学生自治观及其现实意义[J]. 江西教育科研，2007（10）.

[2] 袁本新. 高校人本德育研究[D]. 广州：中山大学，2009.

[3] 李新红. 大学生社团活动的问题及对策[J]. 淄博学院学报（社科版），2002，18.

[4] 曾献辉，陈昕. 高校学生社团管理模式创新研究[J]. 法制博览，2015（29）.

[5] 佛丽，王军，周长会，等，高校学生社团管理模式问题研究[J]. 亚太教育，2016（1）.

[6] 章琼. 高校学生社团管理模式创新研究[J]. 当代教育理论与实践，2015（2）.

[7] 刘少华. 学生治保部对高校安全的作用探析[J]. 教育现代化，2018（49）.

[8] 陈钟，刘婷. 以生为本教育理念下的高校社团活动特点探究[J]. 知识经济，2014（24）.

[9] 章琼. 高校学生社团管理模式创新研究[J]. 当代教育理论与实践，2015（2）.

[10] 李妍. 对完善高校学生社团的几点思考[J]. 理论界，2008（1）.

[11] 柏海川. 新媒体背景下学生安全保卫工作的思考[J]. 知识经济，2015，（21）.

[12] 张宁励. 高校安全保卫工作制度建设浅析[J]. 经贸实践，2015，（10）.

高校安全稳定管理相关法律法规适用研究

中国政法大学"高校安全稳定管理相关法律法规适用研究"课题组

第一章 学生权利保障篇

一、高校应当如何行使学生惩戒权?

(一) 案例介绍

近日,S大学在学校公告栏处发布公告,对于十余名未按要求参加运动会的学生分别给予通报批评、警告、取消评优资格等处分。该公告称,李某、孙某两名学生未按照要求参加学校第八届田径运动会,根据学校相关规定,给予通报批评处分,取消本次党课培训资格。李某、吴某、王某、刘某、骆某五人在受到通报批评后,仍不知悔改,未按要求参加学校第八届田径运动会,给予警告处分。吴某、张某、杨某三人因未参加学校运动会,被通报批评,取消学校本年度评优资格。

该公告引发在校学生的争议,认为参加运动会系学生的自主选择,有些学生身体素质不适合参加运动会;还有些学生确实不想参加,通过处分的手段强制参加确有不妥;而且学校处罚过重,学生一旦受到纪律处分,会被记入档案,将会影响学生的一生。

对此,学校管理人员认为,举办运动会属于教学活动,学校在教学时间举办运动会,倡导学生都来参加这种集体活动,可以作为运动员参与比赛,也可以作为观众活跃气氛。不遵守规定、私自外出逃避运动会,属于旷课行为,经学校讨论决定给予相关学生处罚是必要的。本次处罚是以批评教育为主,警告、通报批评、取消评优等,均属于学校内部教育处罚措施,不会记入学生档案。

(二) 法理剖析

本案反映了高校行使惩戒权限范围问题,即高校能否以惩戒的手段强制要求学生参加运动会等非课堂教学活动，其法律焦点在于：①高校能否扩大惩戒适用的范围？②高校能否自设惩戒手段？③如何认识惩戒对于学生产生的不利影响或后果？

第一，高校应当依法行使惩戒权，不能擅自扩大惩戒适用范围。

根据《普通高等学校学生管理规定》，对于有违反法律法规、本规定以及学校纪律行为的学生，学校可以给予批评教育和纪律处分等相应惩戒。由于惩戒对学生具有强制性，一些高校在管理实践中，会通过制定校内规章制度，以惩戒为手段强制要求学生服从学校管理和遵守相应的行为规范，如本案例中所提到的参加运动会；另外，还有参加志愿服务、献血，禁止奇装异服、校园亲昵行为，等等。对这些情况争议颇多。

学校能否对以上学生行为实施惩戒呢？其关键在于法律法规是否给予高校相应授权。《普通高等学校学生管理规定》作为学校制定修改本校学生管理规定或纪律处分规定的依据，校内规章制度必须与《普通高等学校学生管理规定》相一致，不能违反上位法。目前，《普通高等学校学生管理规定》中关于惩戒权使用范围，是以强制性、禁止性条款的形式集中在校园秩序管理和教育教学秩序管理等方面，对学生可能影响公共秩序或带来他人利益损害的行为进行处罚。对于参加志愿服务、献血、个人衣着等涉及学生品德修养的内容，《普通高等学校学生管理规定》中多为倡导性规定，并无明确的强制性规定。如严格根据"法无授权不可为"的法治原则，学校无权对于以上行为进行惩戒。但这也确实造成了现实中学校管理中的难题，出现了少数学生不参加学校运动会、班会等学校活动，不注重个人卫生和举止，缺乏体育锻炼，集体观念和责任意识淡薄等问题，影响了学生健康成长成才。而对于这部分学生，学校的思想教育工作效果并不显著。

能否用强制手段要求学生参加呢？如本案例中学校管理人员提出运动会系教学活动，已经纳入教学计划，学生必须参加，否则按旷课处理，给予纪律处分。笔者认为，这实际上是如何将思想教育工作由"软任务"变为"硬指标"的问题。当然不能以纪律处分代替思想教育，这混淆了对学生进行道德要求和尽法律义务的界限，但可以将思想教育的具体要求依法纳入学校教育管理工作中来。如对于学生参加体育运动的要求，目前国家已经出台《国家学生体质健康标准》。《普通高等学校学生管理规定》亦明确规定，学生体育成绩评定要突出过程管理，可以根据考勤、课内教学、课外锻炼活动和体质健康等情况综合评定。据此授权，学校可制定学生参加体育运动的要求，并普及大众体育运动，提供丰富多样的体育课程、课外体育运动供学生选择，避免出现本案例中少数人参赛，多数人只是围观的局面。对于志愿服务、献血等要求，学校可根据《普通高等学校学生管理规定》的思想品德考核、鉴定的规定，制定相应的实施细则，作为学生评奖评优等教育教学要求。

第二，高校不能自设惩戒种类，更不能因此给学生带来不利后果。

根据《普通高等学校学生管理规定》，学校对有违反法律法规、本规定以及学校纪律行为的学生，可以给予批评教育，并可视情节轻重，给予警告、严重警告、记过、留校察看和开除学籍等纪律处分。据此规定，法定的惩戒种类只有两大类六种类型。除此之外，学校无权自设惩戒种类。在实践中也曾出现学校对学生罚款的情况。依据《行政处罚法》的相关规定，其严重违法，罚款应返回；依据相关规章制度，自设惩戒也应被废除。

本案例中所提及的通报批评，目前为各高校广泛采用。通报批评即学校对学生予以书面形式的谴责和告诫，指明其错误所在，避免再犯，其作为学校批评教育的一种方式，本质上也属于惩戒的范围。相对纪律处分而言，通报批评一般不记入学生档案，对学生影响较小，不会产生长久不利的后果。在这一点上学校管理人员的说法是符合法律法规要求的。但警告作为《普通高等学校学生管理规定》中明确规定的惩戒类型，其作为纪律处分应当记入学生档案。对此，学校管理人员提到的警告属于内部教育处罚措施，不记入档案的说法不正确。

在本案例中值得探讨的是取消评优资格的性质。严格意义上，取消评优资格并非法定的惩戒类型，但被学校广泛使用。笔者认为，学校作出取消一切评优资格的决定有违法之嫌。根据《普通高等学校学生管理规定》，学生享有在思想品德、学业成绩等方面获得科学、公正评价的权利，学生因其在德、智、体、美等方面全面发展或者在思想品德、学业成绩、科技创造、体育竞赛、文艺活动、志愿服务及社会实践等方面表现突出，国家和学校应予以表彰。学校对学生进行表彰，应当明确条件，设定程序，其规章制度依据《高等学校信息公开办法》的规定要全面公开。学生是否具有评优资格只能严格依据规章制度，学校不能在法定条件和程序之外取消学生的评优资格，否则，就侵犯了学生的受奖励权，也带来学校规章制度之间的冲突。笔者认为，取消评优资格不能作为惩戒形式，学校无权创设此类惩戒形式。学校适用取消评优资格只能是在学生行为确实符合规章制度中明文规定的评奖评优的禁止性条件，丧失评奖评优资格的情况下。学校对其行为的性质和后果的说明和重申，不能作为一种限制和剥夺学生权利的管理方式。

第三，高校应当健全完善惩戒解除制度，避免对学生成长发展产生不利影响。

惩戒作为对学生负面性评价，根据《普通高等学校学生管理规定》，惩戒记录应记入学生档案。在当前我国人事管理制度下，惩戒记录记入档案，对于学生的影响是长久的，会对学生就业产生诸多不利的影响。当前一些高校还将准予毕业、授予学位与惩戒记录相关联，导致了部分学生因受过处分无法正常毕业和授予学位。惩戒的不利后果，正是本案例中学生的担心所在。

而从当前高校学生受到惩戒的情况分析，行为人情节极其恶劣、主观恶性大的情况仍属例外，绝大多数违纪违法行为是因为行为人心智不成熟，规则意识与责任意识不强造成的，而这正是大学生所处的特定生理和心理发展阶段的特点。大学阶段作为青年学生规则意识和责任意识形成的关键期，高等教育的基本任务是立德树人，培养大学生正确的世界观、人生观和价值观。学校惩戒也旨在教育和帮助学生成长，惩戒应当是阶段性的教育措施，能够给予学生自我发展和重新选择的机会。《普通高等学校学生管理规定》也明确规定了处分解除制度，即除开除学籍以外，其他处分应当设置期限，到期解除。解除处分后，学生获得表彰、奖励及其他权益，不再受原处分的影响。

（三）对策和建议

惩戒作为限制甚至剥夺学生权益的行为，对学生影响巨大。在当前高校学生管理实践中，确实存在着以罚代管，以惩戒替代教育的现象。而个别高校出台校规，未经过仔细调研和合法性审查，不仅违背教育规律，而且违反法律规定。对此，学校应当依法完善规章制度建设，依法行使惩戒权，保障学生合法权益。

第一，高校行使惩戒权应当严格依据法律法规授权。学校规章制度作为学校实施惩戒权的直接依据，应当按照法律优先与法律保留原则，相关章程及校规校纪的制定应在宪法、法律、法规及规章的授权范围内进行，不得与上位法相抵触，相抵触的内容均归于无效。诸如剥夺限制人身自由、罚款等均属于学校不能行使惩戒的方式，学校章程及相关规章制度也无权创设法定之外的惩戒方式。

第二，高校应当推进校内规章制度法治化建设。学校根据法律法规授权制定相关规章制度时，不仅要确保其合法性，还要保证体系完整性。校内规章制度之间要避免存在内容冲突、位阶不明的情况。对于一些涉及学生重大权益的规章制度，应当依据法定程序制定。如当前一些涉及学生处分的规定不能仅以部门通知或文件的形式出台，需经学校民主讨论，集体决策。

第三，高校行使惩戒权应当遵循教育管理和学生成长规律，保障学生合法权益。学校惩戒蕴含着丰富的思想政治教育内容，其通过禁止性规定对学生行为规范有指引作用，而受惩戒学生通过参与申诉、听证等程序，在维护合法权益中树立民主法治意识。学校应本着立德树人的根本宗旨，从教育学生和帮助学生成长的角度出发，均衡惩罚与教育双重价值，给予学生改过自新的机会，通过惩戒实现责任教育、纪律教育等法治社会的公民教育。

（四）法规政策链接

1.《中华人民共和国教育法》

第二十八条　学校及其他教育机构行使下列权利：

……

（四）对受教育者进行学籍管理，实施奖励或者处分。

第四十二条　受教育者享有下列权利：

……

（三）在学业成绩和品行上获得公正评价，完成规定的学业后获得相应的学业证书、学位证书；

（四）对学校给予的处分不服向有关部门提出申诉，对学校、教师侵犯其人身权、财产权等合法权益，提出申诉或者依法提起诉讼。

2.《中华人民共和国行政处罚法》

第十四条　除本法第九条、第十条、第十一条、第十二条以及第十三条的规定外，其他规范性文件不得设定行政处罚。

3.《中华人民共和国高等教育法》

第四十一条　高等学校的校长全面负责本学校的教学、科学研究和其他行政管理工作，行使下列职权：

……

（四）聘任与解聘教师以及内部其他工作人员，对学生进行学籍管理并实施奖励或者处分。

第五十三条　高等学校的学生应当遵守法律、法规，遵守学生行为规范和学校的各项管理制度，尊敬师长，刻苦学习，增强体质，树立爱国主义、集体主义和社会主义思想，努力学习马克思列宁主义、毛泽东思想、邓小平理论，具有良好的思想品德，掌握较高的科学文化知识和专业技能。

高等学校学生的合法权益，受法律保护。

4.《普通高等学校学生管理规定》（中华人民共和国教育部令第41号）

第四条　学生应当拥护中国共产党领导，努力学习马克思列宁主义、毛泽东思想、中国特色社会主义理论体系，深入学习习近平总书记系列重要讲话精神和治国理政新理念新思想新战略，坚定中国特色社会主义道路自信、理论自信、制度自信、文化自信，树立中国特色社会主义共同理想；应当树立爱国主义思想，具有团结统一、爱好和平、勤劳勇敢、自强不息的精神；应当增强法治观念，遵守宪法、法律、法规，遵守公民道德规范，遵守学校管理制度，具有良好的道德品质和行为习惯；应当刻苦学习，勇于探索，积极实践，努力掌握现代科学文化知识和专业技能；应当积极锻炼身体，增进身心健康，提高个人修养，培养审美情趣。

第十四条 学生思想品德的考核、鉴定，以本规定第四条为主要依据，采取个人小结、师生民主评议等形式进行。

学生体育成绩评定要突出过程管理，可以根据考勤、课内教学、课外锻炼活动和体质健康等情况综合评定。

第五十一条 对有违反法律法规、本规定以及学校纪律行为的学生，学校应当给予批评教育，并可视情节轻重，给予如下纪律处分：

（一）警告；

（二）严重警告；

（三）记过；

（四）留校察看；

（五）开除学籍。

第五十七条 除开除学籍处分以外，给予学生处分一般应当设置 6 到 12 个月期限，到期按学校规定程序予以解除。解除处分后，学生获得表彰、奖励及其他权益，不再受原处分的影响。

第五十八条 **第一款** 对学生的奖励、处理、处分及解除处分材料，学校应当真实完整地归入学校文书档案和本人档案。

5.《高等学校信息公开办法》（中华人民共和国教育部令第 29 号）

第七条 高等学校应当主动公开以下信息：

……

（四）各层次、类型学历教育招生、考试与录取规定，学籍管理、学位评定办法，学生申诉途径与处理程序；毕业生就业指导与服务情况等。

二、高校应当如何适用开除学籍的纪律处分？

（一）案例介绍

X 大学的两名同宿舍学生李某和赵某因琐事在宿舍内发生争执，赵某先用凳子打了李某，李某与赵某打斗过程中拿起水果刀，造成赵某头面部外伤，多处缝合，右小指血管神经肌腱损伤，左前臂肌肉断裂，住院一周。赵某出院后，李某与赵某两家达成赔偿协议，由李某一次性赔偿赵某医疗费、交通费、精神抚慰金等合计人民币 60000 元。进而赵某与李某达成调解协议，赵某前往当地派出所撤销报案。

两个月后，X 大学对赵某作出了留校察看处分的决定，对李某作出了开除学籍处分的决定。对李某开除学籍的处分决定书未报学校所在地省教育厅备案。李某在收到开除学籍的处分决定后，向 X 大学学生申诉处理委员会递交书面申诉书，对该处分决定提起申诉。X 大学学生申诉处理委员会在收到李某的申诉书之日起，12 天内作出《学生申诉处理答复书》，并将该答复书送达给了李某。在该答复书中，X 大学学生申诉处理委员会作出维持原处分决定的处理意见。李某不服，向省教育厅提出申诉。省教育厅经调查，作出《申诉处理决定书》，维持了 X 大学开除学籍的处分决定。李某坚持认为学校对其处分过重、处理不当，遂向法院提起行政诉讼，请求依法判令撤销 X 大学对其作出的开除学籍处分决定，另行作出或改变为其他适当处分。法院审理认为，X 大学在处分过程中未能听取李某的陈诉申辩，属于程序违法，判决撤销 X 大学处分决定，责令重新作出处分决定。

（二）法理剖析

本案例作为一起因开除学籍引发的纠纷，其法律焦点在于：①高校作出开除学籍的纪律处分决定依据是否恰当？②高校作出开除学籍的纪律处分决定程序是否合法？③法院介入并以司法判决的形式改变学校的决定是否合法？

第一，高校应当依法严格适用开除学籍的纪律处分，不得超越法律授权的范围。

开除学籍作为对学生权益有重大影响的惩戒行为，《普通高等学校学生管理规定》明确了学校可以适用开除学籍的七种情形。根据法律保留原则，学校不能超越法律法规授权范围适用开除学籍处分。在管理实践中，高校会出于严格管理，提高人才培养质量的目的，将适用开除学籍的标准降低，如将可以开除学籍规定为必须开除学籍；扩大开除学籍的适用事由，如规定考试作弊一律开除学籍等。对此，如因事由扩大导致学生开除学籍，则该惩戒决定应被撤销，其所依据的学校规定亦无效；而降低标准，提高要求，将可以给予开除学籍的情形规定为必须给予开除学籍的，其增加了学生义务要求，违背了法律保留原则，其惩戒行为和惩戒所依据的校规校纪同样违法。学校作出处分决定，还应当坚持遵循错责相适应的原则，即"学校给予学生处分，应当坚持教育与惩戒相结合，与学生违法、违纪行为的性质和过错的严重程度相适应。"学校应当在充分查明行为人的行为时主观状态和客观后果的前提下，综合考虑行为人一贯表现、事后认错等各方面因素，而给予适当的纪律处分，不宜一味从严。

在本案例中，李某对赵某故意伤害的行为，虽然经双方和解，未追究其行政或刑事责任，但属于《普通高等学校学生管理规定》中侵害其他个人、组织合法权益，造成严重后果的情形，学校依法可以给予开除学籍的处分。如考虑到被害人赵某确实有过错，加害人李某有悔过表现，开除学籍的纪律处分确有些严厉。

第二，高校适用开除学籍的纪律处分应当严格依照程序，切实维护学生权益。

开除学籍的纪律处分一旦作出会严重影响学生的受教育权，应该严格按照法定程序执行。对此，《普通高等学校学生管理规定》明确规定："学校对学生的处分，应当做到证据充分、依据明确、定性准确、程序正当、处分适当"，既要保证学生陈述和申辩的权利，学校也要事先进行合法性审查，通过由校长办公会等有权机构研究决定。作出决定后还要依法送达学生。而为了保障学生陈述和申辩的权利，《普通高等学校学生管理规定》第六章以专章形式规定了学生申诉，明确学生校内申诉、教育行政部门申诉、行政复议和诉讼等诸多的权利救济途径。在本章中，《普通高等学校学生管理规定》甚至授予了学生对于学校制定的规章制度与法律法规和本规定抵触的，可以向学校所在地省级教育行政部门投诉的权利。

在本案例中，根据《普通高等学校学生管理规定》，学校在对学生作出处分决定之前，应当听取学生或者其代理人的陈诉和申辩。X大学在对李某作出开除学籍的纪律处分时未能听取学生的陈诉和申辩，违反了正当程序原则，导致学生丧失了救济的权利。事后，李某进行了校内申诉和教育行政部门的申诉，最后付诸司法都是其依法维护自身权益的行为，其值得肯定。

第三，对涉及学生重要权利的事项应当允许司法救济，以司法手段作为学生最后的权利保障。

开除学籍直接涉及学生的重大利益，虽然并没有剥夺学生的受教育权，但因其限制了学生特定阶段的重要权利，会对学生的发展造成重大不利影响。随着教育部《全面推进依法治校实施纲要》的实施、《行政诉讼法》的修改以及教育行政诉讼案件列入最高人民法院公报公布的第九批指导性案例，教育行政案件纳入行政诉讼受案范围在实践中已经非常明确。在当前全面依法治国的背景下，对于开除学籍等涉及公民受教育权的实现、人身自由权的保护等十分重大的、具有宪法意义的权利事项，允许学生对高校管理行为提起诉讼，以司法手段作为最后的权利保障是法治原则的体现。

在本案例中，法院审理认为，X大学在处分过程中未能听取李某的陈诉和申辩，属于程序违法，判决撤销X大学处分决定，责令重新作出处分决定。其正体现了对学生的权利充分救济。当然，我们也必须认识到，并非所有纠纷都可以纳入司法救济的范围，对高校大量的、并非涉及学生重大利益的日常管理行为，如日常教学安排、思想教育等，则适宜通过其他途径解决，以充分保障高校的办学自主权，维持高校校园原有的和谐秩序。

（三）对策和建议

开除学籍作为直接剥夺学生身份的惩戒类型，其对学生的受教育权影响巨大。当前我国并没有制定学生申诉期暂缓执行处分的制度，《普通高等学校学生管理规定》只是原则性规定"学生申诉处理委员会认为必要的，可以建议学校暂缓执行有关决定"，因此就会出现学生赢了诉讼，但却无法恢复学籍的情况。

第一，适用开除学籍的纪律处分应当坚持合法性原则。学校应当依据《教育法》《高等教育法》《普通高等学校学生管理规定》等法律法规或部门规章，制定明确而合法的规章制度，校规校纪不能违背上位法规定。学校作出开除学籍的决定要适用规章制度且具体准确，不得笼统表述甚至混用，以确保决定的合法性。

第二，适用开除学籍的纪律处分应当坚持程序正当原则。学校行使惩戒权必须严格依照程序性规定，不仅要关注处分或处理结果的合法性，更要关注程序的合法性。要通过完善申诉、送达等制度切实保障学生申辩、陈述和知情的权利。

第三，适用开除学籍的纪律处分应当坚持立德树人的根本宗旨。对于学生违规违纪行为的处分应本着立德树人的根本宗旨，不宜一味求严，应从学生的成长成才出发，给予学生悔改的机会。当然也不能有错不惩，要注意学生责任意识的养成，只有错责相当、宽严相济，才能更好地实现立德树人的教育目的。

第四，适用开除学籍的纪律处分应当严格坚持错责相适应原则。应当谨慎适用开除学籍的纪律处分，严格掌握其适用对象，必须是严重违法、违规、违纪的学生，其行为应当是严重损害了国家、社会、集体的利益或其他公民的合法利益，严重扰乱了校园秩序或社会秩序，才适用开除学籍。

（四）法规政策链接

1.《普通高等学校学生管理规定》（中华人民共和国教育部令第41号）

第五十二条 学生有下列情形之一，学校可以给予开除学籍处分：

（一）违反宪法，反对四项基本原则、破坏安定团结、扰乱社会秩序的；

（二）触犯国家法律，构成刑事犯罪的；

（三）受到治安管理处罚，情节严重、性质恶劣的；

（四）代替他人或者让他人代替自己参加考试、组织作弊、使用通讯设备或其他器材作弊、向他人出售考试试题或答案牟取利益，以及其他严重作弊或扰乱考试秩序行为的；

（五）学位论文、公开发表的研究成果存在抄袭、篡改、伪造等学术不端行为，情节严重的，或者代写论文、买卖论文的；

（六）违反本规定和学校规定，严重影响学校教育教学秩序、生活秩序以及公共场所管理秩序的；

（七）侵害其他个人、组织合法权益，造成严重后果的；

（八）屡次违反学校规定受到纪律处分，经教育不改的。

第五十三条 学校对学生作出处分，应当出具处分决定书。处分决定书应当包括下列内容：

（一）学生的基本信息；

（二）作出处分的事实和证据；

（三）处分的种类、依据、期限；

（四）申诉的途径和期限；

（五）其他必要内容。

第五十四条 学校给予学生处分，应当坚持教育与惩戒相结合，与学生违法、违纪行为的性质和过错的严重程度相适应。学校对学生的处分，应当做到证据充分、依据明确、定性准确、程序正当、处分适当。

第五十五条 在对学生作出处分或者其他不利决定之前，学校应当告知学生作出决定的事实、理由及依据，并告知学生享有陈述和申辩的权利，听取学生的陈述和申辩。

处理、处分决定以及处分告知书等，应当直接送达学生本人，学生拒绝签收的，可以以留置方式送达；已离校的，可以采取邮寄方式送达；难以联系的，可以利用学校网站、新闻媒体等以公告方式送达。

第五十六条 对学生作出取消入学资格、取消学籍、退学、开除学籍或者其他涉及学生重大利益的处理或者处分决定的，应当提交校长办公会或者校长授权的专门会议研究决定，并应当事先进行合法性审查。

第五十九条 学校应当成立学生申诉处理委员会，负责受理学生对处理或者处分决定不服提起的申诉。

学生申诉处理委员会应当由学校相关负责人、职能部门负责人、教师代表、学生代表、负责法律事务的相关机构负责人等组成，可以聘请校外法律、教育等方面专家参加。

学校应当制定学生申诉的具体办法，健全学生申诉处理委员会的组成与工作规则，提供必要条件，保证其能够客观、公正地履行职责。

第六十条　学生对学校的处理或者处分决定有异议的，可以在接到学校处理或者处分决定书之日起 10 日内，向学校学生申诉处理委员会提出书面申诉。

第六十一条　学生申诉处理委员会对学生提出的申诉进行复查，并在接到书面申诉之日起 15 日内作出复查结论并告知申诉人。情况复杂不能在规定限期内作出结论的，经学校负责人批准，可延长 15 日。学生申诉处理委员会认为必要的，可以建议学校暂缓执行有关决定。

学生申诉处理委员会经复查，认为作出处理或者处分的事实、依据、程序等存在不当，可以提出建议撤销或变更的复查意见，要求相关职能部门予以研究，重新提交校长办公会或者专门会议作出决定。

第六十二条　学生对复查决定有异议的，在接到学校复查决定书之日起 15 日内，可以向学校所在地省级教育行政部门提出书面申诉。

省级教育行政部门应当在接到学生书面申诉之日起 30 个工作日内，对申诉人的问题给予处理并作出决定。

第六十三条　省级教育行政部门在处理因对学校处理或者处分决定不服提起的学生申诉时，应当听取学生和学校的意见，并可根据需要进行必要的调查。根据审查结论，区别不同情况，分别作出下列处理：

（一）事实清楚、依据明确、定性准确、程序正当、处分适当的，予以维持；

（二）认定事实不存在，或者学校超越职权、违反上位法规定作出决定的，责令学校予以撤销；

（三）认定事实清楚，但认定情节有误、定性不准确，或者适用依据有错误的，责令学校变更或者重新作出决定；

（四）认定事实不清、证据不足，或者违反本规定以及学校规定的程序和权限的，责令学校重新作出决定。

第六十四条　自处理、处分或者复查决定书送达之日起，学生在申诉期内未提出申诉的视为放弃申诉，学校或者省级教育行政部门不再受理其提出的申诉。

处理、处分或者复查决定书未告知学生申诉期限的，申诉期限自学生知道或者应当知道处理或者处分决定之日起计算，但最长不得超过 6 个月。

三、高校对于学生的论文造假、抄袭等应如何惩戒？

（一）案例介绍

Z 大学学生金某以其署名为第二作者的 2 篇论文参加某国际学术会议。之后，Z 大学收到该国际会议的举报信。举报信指出，金某的 2 篇论文系采用网上软件生成的造假论文，希望 Z 大学对此查证，并对相关责任人员作严肃处理。

Z 大学据此展开调查并查证，金某通过不正当手段获取 10 篇论文，除上述发表的 2 篇外，剩余 8 篇分别给了其他同学。Z 大学学风建设委员会作出了《关于金某等学术论文造假的调查处理意见》，并经校务会议研究，认为金某等人的行为构成学术不端，决定给予金某开除学籍的处分，同时也给予论文第一作者和其他 8 名同学相应的处分。金某不满校方的决定，向法院提起行政诉讼，请求予以撤销处分决定。

一审法院认为，Z 大学对金某作出开除学籍的处分并无不当，判决驳回金某的诉讼请求。宣判后，金某不服提起上诉。在上诉书中，金某承认 2 篇论文是论文生成软件生成的造假论文，第一作者为本人导师，第二作者为本人，Z 大学校风委员会的调查结论完全符合事实。但金某认为，Z 大学对其作出开除学籍的处分，法律依据不足，所依据的校内规章制度没有立法依据，请求二审法院对 Z 大学制定的《Z 大学学术道德管理规定（试行）》是否符合上位法进行审查，并依法撤销开除学籍的处分。

（二）法理剖析

本案例是因学生论文造假引发的纠纷。对此，本案的法律焦点在于：①金某的论文造假行为是否构成学术不端行为？②学校惩戒学术不端行为的规章制度是否合法？③学术不端行为能否适用开除学籍的纪律处分？

第一，金某论文造假属于科学研究中的学术不端行为，应当依法给予惩戒。

高等教育的特殊性决定了学术研究作为学生完成学业的基本方式之一。但学术研究中出现剽窃、抄袭、造假等行为，与考试作弊一样严重影响学生的学术诚信这一良好道德品质的形成，助长了急功近利、浮躁浮夸的学术风气，造成了负面的社会影响。为此，教育部近年来先后出台《关于严肃处理高等学校学术不端行为的通知》《学位论文作假行为处理办法》《关于切实加强和改进高等学校学风建设的实施意见》（教技〔2011〕1 号）等文件。

教育部《高等学校预防与处理学术不端行为办法》以部门规章的形式明确了高校学术不端行为的性质。学术不端行为是指高等学校及其教学科研人员、管理人员和学生，在科学研究及相关活动中发生的违反公认的学术准则、违背学术诚信的行为。该办法对学术不端行为进行了定义，并列举了学术不端行为的具体范围，包括"剽窃、抄袭他人学术成果；篡改他人研究成果；伪造科研数据、资料、文献、注释，或者捏造事实、编造虚假研究成果；未参加研究或创作而在研究成果、学术论文上署名，未经他人许可而不当使用他人署名，或者多人共同完成研究而在成果中未注明他人工作；在申报课题、成果、奖励和职务评审评定等过程中提供虚假学术信息；有偿发表论文、买卖论文、由他人代写或为他人代写论文的；其他严重违反公认的学术准则、违背学术诚信的行为，根据相关学术组织或者高等学校制定的规则，属于学术不端行为的。"① 该办法还对学术不端情节严重作出了规定："造成恶劣影响的；存在利益输送或者利益交换的；对举报人进行打击报复的；有组织实施学术不端行为的；多次实施学术不端行为的。"②

在本案例中，金某的论文造假行为发生在国际学术会议学术交流中，属于学术研究领域，学校认定其构成学术不端行为是恰当的。在实践中出现的学生课程考试论文造假的情况，据此规定，其不属于科学研究领域，是教学计划的考核过程，则不宜认定学术不端行为。如适用学术不端的条款给予惩戒则属于适用法律不准。现实中也确有类似案例，如有学校以学术不端行为的条款惩戒学生在课程考试中论文造假而败诉的情况。

第二，高校有权制定规章制度，惩戒学生的学术不端行为。

对于学术不端行为的惩戒，《高等学校预防与处理学术不端行为办法》明确规定了从受理到监督的全部处理流程，并明确授权"高等学校应当根据本办法，结合学校实际和学科特点，制定本校学术不端行为查处规则及处理办法，明确各类学术不端行为的惩处标准。有关规则应当经学校学术委员会和教职工代表大会讨论通过"。《普通高等学校学生管理规定》已明确学校要建立对失信行为的约束和惩戒机制；对有严重失信行为的，可以规定给予相应的纪律处分；对违背学术诚信的，可以对其获得学位及学术称号、荣誉等作出限制。因此，高校有权制定规章制度，惩戒各种类型的学术不端行为。

在本案例中，金某认为学校作出的开除学籍的处分决定的法律依据不足，所依据的校内规章制度没有立法依据，并要求法院予以撤销《Z 大学学术道德管理规定（试行）》的诉求是没有法律根据的。

第三，严重的学术不端行为属于开除学籍的适用范围，高校所作开除学籍处分适用法律正确。

《高等学校预防与处理学术不端行为办法》中规定，学生有学术不端行为的，还应当按照学生管理相关规定，给予相应的学籍处分。而《普通高等学校学生管理规定》第五十二条第（五）项亦规定剽窃、抄袭他人研究成果，情节严重的，学校可以给予开除学籍的处分。

金某通过不正当手段获取造假论文 10 篇，并将其中 2 篇论文投送国际学术会议，该行为属于抄袭与剽窃行为，而且情节严重，影响比较坏，学校依据《Z 大学研究生学术道德规范（试行）》第八条第（一）项的相关规定，给予金某开除学籍处分并无

---

① 《高等学校预防与处理学术不端行为办法》第二十七条。
② 《高等学校预防与处理学术不端行为办法》第二十八条。

不当。当然在这里还要指出，随着当前对学术诚信越来越重视，如果是学位论文造假，将面临更严厉的处罚。《学位条例》《学位论文作假行为处理办法》《普通高等学校学生管理规定》均有相关规定。《高等学校预防与处理学术不端行为办法》明确规定，学术不端行为与获得学位有直接关联的，由学位授予单位作暂缓授予学位、不授予学位或者依法撤销学位等处理。

（三）对策建议

有效预防和严肃查处高等学校发生的学术不端行为，对于维护学术诚信，促进学术创新和发展具有重要意义。对于学术不端行为的惩戒同样应当严格依法办事，遵守相关程序要求。

第一，高校应依据上位法制定和完善学术规范规章制度。

高校针对学术不端行为，需要通过制度规范，以学术道德规范进行制约。完善高校内部的学术道德规范，将学术不端行为与惩戒挂钩，使学生意识到行为的严重后果而不敢为。对于严重的学术不端行为，学校制定规章制度时，应当注意惩戒的合法性问题，不应违反上位法的规定，更不能超越上位法的规定。根据上位法的规定，制定合适的学术不端惩戒规定，力争做到适用法律正确，证据充分，处分适当。

第二，高校应对学术不端，应以预防为主，教育与惩戒结合。

对于学术不端行为，仅仅依靠惩戒是无法完全禁止的，主要还是以预防为主。高校可以通过诚信教育，提升学生诚信道德理念。全方位多途径地运用校园网、官方微信微博平台、橱窗、讲座、班会等形式，广泛开展学术规范的宣传教育，提高学生的防范意识。同时，高校也可以通过课堂教育，培养和提高学生的创新和写作能力。导师在课堂上要加强学生创新能力和写作能力的培养，使学生摒弃抄袭、剽窃他人论文成果的做法。

第三，健全学术不端的监督机制，营造良好社会氛围。

随着科技迅速发展，尤其是大数据的运用，论文造假、剽窃等学术不端行为已很难隐藏。要依靠先进的科学技术手段和信息手段，开展论文查重检测，完善论文评价和监督机制。建立相关的文献资料库，利用信息技术手段将论文与已发表的书籍、期刊论文作对比。一旦发现确实存在学术不端行为的学生或老师，应予以坚决严肃的处理。社会上也要营造反对学术不端行为、追究学术不端行为人责任的氛围，建立起良好的监督机制，防范学术不端行为的发生。

（四）法规政策链接

1.《中华人民共和国教育法》

第二十八条　第四项　学校及其他教育机构行使下列权利：

......

（四）对受教育者进行学籍管理，实施奖励或者处分。

2.《中华人民共和国学位条例》

第十七条 学位授予单位对于已经授予的学位，如发现有舞弊作伪等严重违反本条例规定的情况，经学位评定委员会复议，可以撤销。

3.《普通高等学校学生管理规定》（中华人民共和国教育部令第41号）

第二十条 学校应当开展学生诚信教育，以适当方式记录学生学业、学术、品行等方面的诚信信息，建立对失信行为的约束和惩戒机制；对有严重失信行为的，可以规定给予相应的纪律处分，对违背学术诚信的，可以对其获得学位及学术称号、荣誉等作出限制。

第五十二条第五项 学生有下列情形之一，学校可以给予开除学籍处分：

......

（五）学位论文、公开发表的研究成果存在抄袭、篡改、伪造等学术不端行为，情节严重的，或者代写论文、买卖论文的。

4.《学位论文作假行为处理办法》（中华人民共和国教育部令第34号）

第七条 学位申请人员的学位论文出现购买、由他人代写、剽窃或者伪造数据等作假情形的，学位授予单位可以取消其学位申请资格；已经获得学位的，学位授予单位可以依法撤销其学位，并注销学位证书。取消学位申请资格或者撤销学位的处理决定应当向社会公布。从做出处理决定之日起至少3年内，各学位授予单位不得再接受其学位申请。

前款规定的学位申请人员为在读学生的，其所在学校或者学位授予单位可以给予开除学籍处分；为在职人员的，学位授予单位除给予纪律处分外，还应当通报其所在单位。

第八条 为他人代写学位论文、出售学位论文或者组织学位论文买卖、代写的人员，属于在读学生的，其所在学校或者学位授予单位可以给予开除学籍处分；属于学校或者学位授予单位的教师和其他工作人员的，其所在学校或者学位授予单位可以给予开除处分或者解除聘任合同。

5.《高等学校预防与处理学术不端行为办法》（中华人民共和国教育部令第40号）

第二条 本办法所称学术不端行为是指高等学校及其教学科研人员、管理人员和学生，在科学研究及相关活动中发生的违反公认的学术准则、违背学术诚信的行为。

第三条 高等学校预防与处理学术不端行为应坚持预防为主、教育与惩戒结合的原则。

第五条　高等学校是学术不端行为预防与处理的主体。高等学校应当建设集教育、预防、监督、惩治于一体的学术诚信体系，建立由主要负责人领导的学风建设工作机制，明确职责分工；依据本办法完善本校学术不端行为预防与处理的规则与程序。

高等学校应当充分发挥学术委员会在学风建设方面的作用，支持和保障学术委员会依法履行职责，调查、认定学术不端行为。

第七条　高等学校应当将学术规范和学术诚信教育，作为教师培训和学生教育的必要内容，以多种形式开展教育、培训。

教师对其指导的学生应当进行学术规范、学术诚信教育和指导，对学生公开发表论文、研究成果和撰写学位论文是否符合学术规范、学术诚信要求，进行必要的检查与审核。

第八条　高等学校应当利用信息技术等手段，建立对学术成果、学位论文所涉及内容的知识产权查询制度，健全学术规范监督机制。

第十条　高等学校应当遵循学术研究规律，建立科学的学术水平考核评价标准、办法，引导教学科研人员和学生潜心研究，形成具有创新性、独创性的研究成果。

第二十七条　经调查，确认被举报人在科学研究及相关活动中有下列行为之一的，应当认定为构成学术不端行为：

（一）剽窃、抄袭、侵占他人学术成果；

（二）篡改他人研究成果；

（三）伪造科研数据、资料、文献、注释，或者捏造事实、编造虚假研究成果；

（四）未参加研究或创作而在研究成果、学术论文上署名，未经他人许可而不当使用他人署名，虚构合作者共同署名，或者多人共同完成研究而在成果中未注明他人工作、贡献；

（五）在申报课题、成果、奖励和职务评审评定、申请学位等过程中提供虚假学术信息；

（六）买卖论文、由他人代写或者为他人代写论文；

（七）其他根据高等学校或者有关学术组织、相关科研管理机构制定的规则，属于学术不端的行为。

第二十八条　有学术不端行为且有下列情形之一的，应当认定为情节严重：

（一）造成恶劣影响的；

（二）存在利益输送或者利益交换的；

（三）对举报人进行打击报复的；

（四）有组织实施学术不端行为的；

（五）多次实施学术不端行为的；

（六）其他造成严重后果或者恶劣影响的。

第二十九条 高等学校应当根据学术委员会的认定结论和处理建议，结合行为性质和情节轻重，依职权和规定程序对学术不端行为责任人作出如下处理：

（一）通报批评；

（二）终止或者撤销相关的科研项目，并在一定期限内取消申请资格；

（三）撤销学术奖励或者荣誉称号；

（四）辞退或解聘；

（五）法律、法规及规章规定的其他处理措施。

同时，可以依照有关规定，给予警告、记过、降低岗位等级或者撤职、开除等处分。

学术不端行为责任人获得有关部门、机构设立的科研项目、学术奖励或者荣誉称号等利益的，学校应当同时向有关主管部门提出处理建议。

学生有学术不端行为的，还应当按照学生管理的相关规定，给予相应的学籍处分。

学术不端行为与获得学位有直接关联的，由学位授予单位作暂缓授予学位、不授予学位或者依法撤销学位等处理。

第三十八条 高等学校对本校发生的学术不端行为，未能及时查处并作出公正结论，造成恶劣影响的，主管部门应当追究相关领导的责任，并进行通报。

高等学校为获得相关利益，有组织实施学术不端行为的，主管部门调查确认后，应当撤销高等学校由此获得的相关权利、项目以及其他利益，并追究学校主要负责人、直接负责人的责任。

四、纪律处分能否作为高校准予毕业和授予学位的禁止性条件？

（一）案例介绍

H 大学的某级金融专业应届毕业生小路近期准备起诉母校，原因是讨要学位证书。小路在大一上学期的宏观经济学考试补考中，用手机将一些考试重点拍照下来，开考后被老师发现随身携带手机并有其记录的重点，学校认定其使用手机作弊。小路被处以留校察看一年的处分。现临近毕业，学校依据《H 大学学士学位授予工作细则》中受到留校察看处分的学生不能被授予学士学位的规定，决定不授予他学位。小路认为，他被处分后，努力学习，在校期间所有的课程均已合格，毕业论文也通过，曾获得校内创业大赛三等奖，学校应授予他学士学位。小路母亲也认为，学位对于学生的重要意义不言而喻。小路犯错时值刚入学，后期表现很好，学校应以教育为主，给予改过的机会。与小路情况相类似的还有小董等几个同学，他们因打架受到留校察看处分。

学校认为，学生犯了错就应当承担责任。给予小路等人留校察看的处分已是从轻处罚。学校指出，根据学校处分解除办法的规定，因考试作弊等违纪行为受到纪律处分满12个月的，获得奖学金、三好学生、省级科技学科竞赛三等奖以上、毕业设计为优等的学生按学校规定程序予以解除。小路并未达到相应条件，学校严格执行《H大学学士学位授予工作细则》的规定不授予学位是恰当的。

对此，有专家认为，学校依据校内规章制度，对曾受留校察看处分的学生不授予学士学位的规定，与《学位条例》和《学位条例暂行实施办法》的规定相抵触，不能作为学校不授予学士学位的依据。小路使用手机记录而非通讯功能作弊，受到留校察看的纪律处分，处罚过重，属于适用法律错误。小路等人虽然受到处分，但成绩均符合"毕业"的条件，学校不能因此拒绝授予学位。

（二）法理剖析

本案例作为学生因受到惩戒而影响毕业和学位的情况，其法律焦点在于：①高校是否有权决定对受过纪律处分的学生不准予毕业和授予学位？②如何界定手机作弊的行为性质？③小路能否适用学校制定的处分解除办法？

第一，高校设置准予毕业和授予学位的禁止性条件，应当严格依据法律授权。

准予毕业和授予学位是教育法赋予高校行使学业评价的重要内容，我国《高等教育法》《学位条例》等法律法规只有原则性的规定。《高等教育法》中规定高等学校的学生思想品德合格，在规定的修业年限内学完规定的课程，成绩合格或者修满相应的学分，准予毕业。《学位条例》相关条文则规定了毕业、政治合格[①]以及达到相应学术水平等条件。[②]《普通高等学校学生管理规定》则规定"学生在学校规定学习年限内，修完教育教学计划规定内容，成绩合格，达到学校毕业要求的，学校应当准予毕业，并在学生离校前发给毕业证书。符合学位授予条件的，学位授予单位应当颁发学位证书"。

实践中各高校依据《学位条例暂行实施办法》的法律授权，制定了本校学位授予的细则。很多高校以规章制度明确将涉及学生思想品德素质的违纪行为作为准予毕业和授予学位禁止性条件。如本案例中对受到留校察看处分的学生，即使修完培养方案规定内容，成绩合格后只准予毕业，不授予学位。由于《学位条例》和《学位条例暂行实施办法》并未明确提出把思想品德作为授予学位的条件，因此也导致了争议。如本案例的专家所认为，学校的规章制度违背了法律保留原则，属于"法无授权不可为"。

此种说法确有可取之处。但如从立法逻辑来看，考虑到准予毕业作为授予学位的前置条件，准予毕业已经有道德品质方面的要求，授予学位的条件设置中也应有相关

---

① 《学位条例》第2条规定："凡是拥护中国共产党的领导、拥护社会主义制度，具有一定学术水平的公民，都可以按照本条例的规定申请相应的学位。"

② 参见《学位条例》授予学士、硕士、博士学位的条件相关条文。

要求。而国务院学位办出台的一系列文件中也提出了具体要求。2003年国务院学位委员就浙江大学"学位条例等相关法规中是否涵盖了对授予学位人员思想道德品行方面的要求"的请示作出的《关于对〈学位条例〉等有关法规、规定解释的复函》中明确指出:《学位条例》第2条的规定,其本身内涵是相当丰富的,涵盖了对授予学位人员的遵纪守法、道德品行的要求。笔者认为,学校将思想品德要求作为学位授予的前提条件,将受到处分作为学位授予的禁止性条件是其行使自主权的体现。从当前司法实践来看,虽然授予学位被认为是学校实施的具体行政行为,但很多类似案件高校败诉。败诉的原因基本是程序问题,法院认定高校程序违法,但对于学校制定学位授予实质条件并没做否定性评价。本案例中,H大学的学位授予细则并无违法之处,如程序正当,其不授予学位的决定也合理合法。

第二,高校实施惩戒权,应当做到适用法律准确。

正如本篇第一个案例所指,学校应当依法实施惩戒权,前提就是适用法律准确。准确认定学生违纪违法行为的性质,正确适用法律是学校实施惩戒权的关键和前提。

本案例中,小路在考试中作弊,根据《普通高等学校学生管理规定》,学校可以将该课程考核成绩记为无效,并视其违纪或者作弊情节,给予相应的纪律处分。而由于小路在考试中使用了手机,学校认为属于使用通讯工具的严重考试作弊行为,根据《普通高等学校学生管理规定》可以给予开除学籍的规定,学校给予留校察看处分确属从轻处理。但随着技术的进步,手机功能日益丰富,其集通讯、摄影、记录多种功能于一身。而小路确实只使用了手机记录功能,并没有使用其通讯功能。从《普通高等学校学生管理规定》的条文来看,使用通讯工具作弊是与组织作弊、代考等行为一并规定,其立法本意旨在处罚多人参与的共同作弊行为。小路没有使用手机的通讯功能实施作弊行为,学校的处分确实适用法律不准。当然在实践中,也有学生利用手机上网功能进行作弊,在网上查阅资料从技术层面是手机上通讯功能的具体运用,应当视为使用通讯工具作弊。

第三,高校应当依法制定学生纪律处分解除办法,保障学生合法权益。

《普通高等学校学生管理规定》明确了学校应当制定处分解除办法,即除开除学籍处分以外,给予学生处分一般应当设置6到12个月的期限,到期按学校规定程序予以解除。解除处分后,学生获得表彰、奖励及其他权益,不再受原处分的影响。而对学生的奖励、处理、处分及解除处分材料,学校应当真实完整地归入学校文书档案和本人档案。

在本案例中,H大学确实制定了处分解除办法,但比《普通高等学校学生管理规定》的规定更为细致,其在设置期限以外,还增加了诸如获得奖学金的实质条件,即要求学生必须表现优秀,才能解除处分。学校初衷确实不错,但由于《普通高等学校学生管理规定》只赋予了学校按规定程序解除处分的权力，而学校的解除办法则是明确规定了实质条件，确有扩大解释之嫌。对此，H 大学的处分解除办法应依法修订，在不额外增加学生义务的前提下，根据《普通高等学校学生管理规定》设定解除处分的前提条件和程序规定。

（三）对策建议

准予毕业和授予学位作为学籍管理中的重要内容，关系到学生的切身权益，也是最容易引发争议的问题。在我国高等教育法治化进程中具有典型意义的田永案和刘燕文案其焦点都与毕业证书和学位证书相关。

第一，全面完善学历学位立法，为高校依法治校提供法律依据。当前由于相关法律法规不完善，各类纠纷矛盾频出。完善学历学位立法，进一步明确准予毕业和授予学位的条件，并明文规定两者的禁止性条件，便于高校制定相应的细则，避免出现不同行为在不同高校出现大相径庭的处理结果。而基于立德树人的根本任务，宜在学位授予条件中明确遵纪守法、道德品行等方面的要求，并赋予高校一定的自主权限。

第二，高校应公正合理依法实施学业评价权。高校作为法律法规授权主体，其行使学业评价并颁发学业证书和学位证书的行为属于行政行为，其应当遵守正当程序原则，不能超越法律法规的权限。在现有法律规定下，学校可以细化准予毕业和授予学位的条件，但是应当分别评价，前者应侧重于对学生综合素质的考量，后者应侧重于对学生学术水平的考量。如针对打架、考试作弊之类的行为比较适合放在准予毕业禁止性条件中进行考量，而对于学术不端行为则比较适合放在授予学位禁止性条件进行考量。

第三，进一步完善学生处分解除制度，增强惩戒的育人功能。修订后的《普通高等学校学生管理规定》增加了处分解除制度，体现了对学生权益的保护。但因法律位阶较低等原因，立法者设定的处分解除制度并没有实现真正解除，处分和解除处分的记录均应归入学生档案。这在实践中对于学生的影响还是很大的，建议在处分解除制度中借鉴青少年前科消灭制度的概念，处分和解除处分记录由学校保留，不再记入学生本人档案，由学校留存。

（四）法规政策链接

1.《中华人民共和国教育法》

第二十一条 国家实行学业证书制度。

经国家批准设立或者认可的学校及其他教育机构按照国家有关规定，颁发学历证书或者其他学业证书。

第二十二条 国家实行学位制度。

学位授予单位依法对达到一定学术水平或者专业技术水平的人员授予相应的学位，颁发学位证书。

2.《中华人民共和国高等教育法》

第五十八条 高等学校的学生思想品德合格，在规定的修业年限内学完规定的课程，成绩合格或者修满相应的学分，准予毕业。

3.《中华人民共和国学位条例》

第二条 凡是拥护中国共产党的领导、拥护社会主义制度，具有一定学术水平的公民，都可以按照本条例的规定申请相应的学位。

第四条 高等学校本科毕业生，成绩优良，达到下述学术水平者，授予学士学位：

（一）较好地掌握本门学科的基础理论、专门知识和基本技能；

（二）具有从事科学研究工作或担负专门技术工作的初步能力。

第五条 高等学校和科学研究机构的研究生，或具有研究生毕业同等学力的人员，通过硕士学位的课程考试和论文答辩，成绩合格，达到下述学术水平者，授予硕士学位：

（一）在本门学科上掌握坚实的基础理论和系统的专门知识；

（二）具有从事科学研究工作或独立担负专门技术工作的能力。

第六条 高等学校和科学研究机构的研究生，或具有研究生毕业同等学力的人员，通过博士学位的课程考试和论文答辩，成绩合格，达到下述学术水平者，授予博士学位：

（一）在本门学科上掌握坚实宽广的基础理论和系统深入的专门知识；

（二）具有独立从事科学研究工作的能力；

（三）在科学或专门技术上作出创造性的成果。

4.《中华人民共和国学位条例暂行实施办法》

第二十五条 学位授予单位可根据本暂行实施办法，制定本单位授予学位的工作细则。

5.《普通高等学校学生管理规定》（中华人民共和国教育部令第41号）

第三十二条 学生在学校规定学习年限内，修完教育教学计划规定内容，成绩合格，达到学校毕业要求的，学校应当准予毕业，并在学生离校前发给毕业证书。

符合学位授予条件的，学位授予单位应当颁发学位证书。

学生提前完成教育教学计划规定内容，获得毕业所要求的学分，可以申请提前毕业。学生提前毕业的条件，由学校规定。

第五十七条 除开除学籍处分以外，给予学生处分一般应当设置6到12个月期限，到期按学校规定程序予以解除。解除处分后，学生获得表彰、奖励及其他权益，不再受原处分的影响。

第五十八条第一款　对学生的奖励、处理、处分及解除处分材料，学校应当真实完整地归入学校文书档案和本人档案。

五、高校公开学生纪律处分决定是否侵犯学生隐私权？

（一）案例介绍

A 大学六名学生因男女酒后同宿失态受到学校处分，校领导在全校学生大会上公开对其进行批评。六名学生据此以学校侵害名誉权起诉至法院，索赔精神损失费、经济损失费及学杂费合计 30 多万元。一审法院认为被告构成了对原告的名誉侵权，判令校方赔偿经济损失费和精神损失费 20 多万元。

一审判决后，A 大学不服，向当地中级人民法院提出上诉。经中院二审审理认为，校领导在全校学生大会上对该六名学生作出的公开批评的行为属职务行为；校方对六名学生的行为作出处分决定，并就其行为在大会上提出批评，是依职权而进行的内部管理行为，其行为后果应由 A 大学承担。《最高人民法院〈关于审理名誉权案件〉若干问题的解释》第四条规定："国家机关、社会团体、企事业单位等部门对其管理的人员作出的结论或者处理决定，当事人以其侵害名誉权向人民法院提起诉讼的，人民法院不予受理。"据此，二审法院认定，六名学生提起的名誉权纠纷案，不属人民法院民事案件受案范围，故作出了撤销一审判决，驳回起诉的裁定。

（二）法理剖析

本案例是一起典型的学校行使惩戒权和学生隐私权保护之间冲突的情况。学生认为学校公开处分决定侵犯了其隐私权，按照当时法律提起了名誉权纠纷的民事诉讼。虽然本案二审法院撤销了一审判决，驳回了六名学生的起诉，但其反映出的学生管理中的常见问题是值得深思的。其法律焦点在于：①高校是否应当将学生纪律处分决定公开？②高校公开纪律处分决定是否侵犯学生隐私权？③司法是否能介入此类事件？

第一，是否公开学生的纪律处分决定属于学校惩戒权的组成部分，由高校依据情况自主行使。

是否公开学生的纪律处分决定，目前法律法规尚无明确规定。《普通高等学校学生管理规定》中只明确规定了处分决定书需要送达本人，但并没有明确规定处分结果是否应予以公示。而根据《高等学校信息公开办法》，只要求公开各类规章制度、学生申诉途径与处理程序等，对具体的学生纪律处分决定未作要求。据此，学校可以视学生的违纪事实和处理决定等情况，决定是否主动公开、依申请公开或是不公开。（建议增加《教育法》中的惩戒权依据，惩戒包含了公开惩戒决定的权力。就像行政处罚一样，行政处罚权保护了公开行政处罚决定书的权力。）

但从惩戒的性质来看，《教育法》赋予了学校对学生管理惩戒的权利，是高校依法行使管理的重要内容，其必须遵循公开、公正的行政法原则，公开相关信息对于学生本人和其他学生都有警示教育作用。实践中，多数高校虽然在公开方式上有所区别，但基本都采取公开的方式。其中校内公开最为常见；还有对社会公开，较为典型的是清华大学将违纪研究生处分的决定对社会公开。另外，还有采用申请公开的方式。笔者认为，学校是否公开学生纪律处分决定是学校管理自主权的体现，学校可以结合实际，综合考虑教育效果，采用公开为原则，不公开为例外的方式。本案例中，学校对于六名学生予以纪律处分属于学校依法行使惩戒权，校领导在大会上公开批评属于公开纪律处分决定，其程序并不违法。

第二，高校公开学生纪律处分决定时，应当注意方式方法，保障学生合法权益。

虽然学校有权公开学生纪律处分决定，但毕竟纪律处分决定作为对学生的负面评价，认定的学生违法违纪事实可能涉及学生的隐私，学生不愿意让公众知晓。这就导致两者之间的冲突。学校在公开学生纪律处分决定时，应当注意方式方法，保障学生的合法权益。

惩戒记录是否是学生个人隐私就成为问题的关键。《民法总则》明确规定了公民享有隐私权。隐私权作为一种基本人格权利，是指自然人享有的私人生活安宁与私人信息秘密依法受到保护，不被他人非法侵扰、知悉、收集、利用和公开的人格权利，权利主体对他人在何种程度上可以介入自己的私生活，对自己的隐私是否向他人公开以及公开的人群范围和程度等具有决定权。如果从广义而言，隐私就是人们不想让他人知道、不愿让他人知道的私事；对于学生而言，其受到纪律处分当然不愿意被他人知晓，被视为自己的隐私。但是隐私权作为受到法律保护的个体权利，其不能违反公共利益、公共道德。对于学生因违纪违法行为而受到纪律处分的事实而言，其虽然是个人隐私，但并非是隐私权所保护的范围。公众有权知道学生的奖惩情况，并基于此进行合理评价。而如果学生违纪违法涉及个人身体状况、性隐私等诸如此类的内容，则根据《高等学校信息公开办法》，属于涉及个人隐私的信息不应公开。

在本案例中，六名学生认为学校公开处分决定是侵犯自己隐私权。笔者认为，其应当视具体情况而定。如果学校只是公开了学生受纪律处分的情况和所依据的基本事实，则并未侵犯学生隐私权。而如果学校在公开纪律处分决定时，将学生违纪违法行为涉及的个人身体状况、性隐私等内容进行详细全面公开，或者以挖苦、嘲讽等负面语言给予评价，或者夸大事实、扩大影响给予评价时，则侵犯隐私权。

第三，司法作为最终权利救济程序，应当谨慎介入高校学生管理领域。

随着学生权利意识的觉醒，通过司法诉讼维权已经成为高校学生管理领域面临的新问题。在本案例中，学生对于学校公开其纪律处分决定并当众批评的行为不满，依据当时法律提出名誉权之诉。对此案件，一审法院认为学校构成侵犯隐私权，其判决书认为，学校作为被告在不适当的场合且缺乏事实依据的前提下，公开宣扬有害于六原告的身心健康的言语并造成较大社会影响，确已对六原告的名誉权构成侵害，应承担相应的法律后果。在此判决中，法院认为学校实施惩戒，对学生作出纪律处分决定和本案无关，但认定了学校公开纪律处分决定的方式和内容不当。

而二审法院根据《最高人民法院〈关于审理名誉权案件〉若干问题的解释》中第四条规定作出不予受理的裁定，即"国家机关、社会团体、企事业单位等部门对其管理的人员作出的结论或者处理决定，当事人以其侵害名誉权向人民法院提起诉讼的，人民法院不予受理"。虽然从本案例的学生诉求来看，二审人民法院适用法律有回避问题之嫌，但体现了司法对于高校学生管理领域的谨慎介入态度。二审法院认为，学校公布决定实际上是作为处理决定的一部分。因此依据相关法律属于不予受理的名誉权之诉。虽然学校胜诉，但本案例值得高校管理者思考，在当前学生对纪律处分提起行政诉讼已经非常普遍的情况下，随着时代发展，惩戒中涉及的学生受教育权之外的民事权利在不久的将来可能会纳入行政诉讼的范围。

（三）对策建议

在高校学生管理实践中，确实存在高校公开纪律处分决定与保护学生隐私权之间的冲突。当然，学校不能因担心出事，就以保护隐私为由不予公开纪律处分决定，这必然导致惩戒警示教育作用大打折扣。但这对学校规范惩戒程序，避免纠纷和依法解决纠纷提出了更高要求。

第一，高校应当规范行使惩戒权，保护学生合法权益。

纪律处分决定是对学生的负面评价，其被公开必然会影响学生的隐私、名誉等个体权利。但个人权利不能违背社会公共利益和社会公德，学生的处分决定被公开是其违纪违法行为所必然承担的责任。公开纪律处分决定作为学校惩戒权的组成部分，其合法合理。但考虑到惩戒作为教育手段，与刑罚、行政处罚等有着本质的区别，不宜对学生打上标签，造成长期不良影响。高校应当坚持最小侵害的行政法原则，将公开纪律处分决定对学生造成的影响控制在最小范围内。学校应在合理的范围之内，以合理的方式公开学生处分决定。对学生的严重违法犯罪，已经受到刑事制裁或行政处罚的，应当予以公开。但在公开方式上可以灵活选择在校园范围内主动公开，避免信息不受控制地扩散；在公开内容上宜公开纪律处分的结果、基本事实依据，不宜公开可能涉及学生隐私的事件细节；在公开内容表述上宜采用客观的文字描述，不宜采用负面甚至挖苦等否定性的文字，避免公众产生负面认知。

第二，转变观念，强化管理者的法治和权利意识。

虽然学校在本案例中胜诉，但也暴露出学校管理者的法治意识淡薄的情况，其大会公开批评的方式以及可能涉及的不当言语确实有侵犯学生权利之嫌。因此，一方面要转变管理思维，通过讲座、培训等方式加强教职工法治宣传，增强保护学生权利的意识，提高依法治校水平；另一方面要提升学生的法治意识，让学生了解隐私权保护的相关法律知识。让学生在隐私权受到侵害时能够知晓并合理维护自身权益，也防止学生因为缺乏对隐私权的了解滥用隐私权。

第三，完善立法，健全高校学生隐私权保护的法律制度。

当前，《民法总则》已经明确公民隐私权等人格权利的保护，并在相关司法解释有所涉及。但整体而言并不完善，隐私权的法律界定不明确，保护不力。《教育法》《高等教育法》也只是概括地提到保护学生合法权益，对隐私权等近年来日益被关注的人身权利涉及很少。这就需要从立法层面完善隐私权保护，教育立法明确学生隐私权的范围，健全相关的法律制度，健全对学生个人信息等方面的隐私权保护。

（四）法规政策链接

1.《中华人民共和国宪法》

第三十八条　中华人民共和国公民的人格尊严不受侵犯。禁止用任何方法对公民进行侮辱、诽谤和诬告陷害。

2.《中华人民共和国民法总则》

第一百一十条第一款　自然人享有生命权、身体权、健康权、姓名权、肖像权、名誉权、荣誉权、隐私权、婚姻自主权等权利。

3. 最高人民法院印发《关于贯彻执行〈中华人民共和国民法通则〉若干问题的意见（试行）》的通知

140. 以书面、口头等形式宣扬他人的隐私，或者捏造事实公然丑化他人人格，以及用侮辱、诽谤等方式损害他人名誉，造成一定影响的，应当认定为侵害公民名誉权的行为。

以书面、口头等形式诋毁、诽谤法人名誉，给法人造成损害的，应当认定为侵害法人名誉权的行为。

4.《最高人民法院关于审理名誉权案件若干问题的解答》（最高人民法院审判委员会1993年6月15日第579次会议讨论通过　法发〔1993〕15号）

一、问：人民法院对当事人关于名誉权纠纷的起诉应如何进行审查？

答：人民法院收到有关名誉权纠纷的起诉时，应按照《中华人民共和国民事诉讼法》（以下简称民事诉讼法）第一百零八条的规定进行审查，符合条件的，应予受理。对不符合起诉条件的，应裁定不予受理；对缺乏侵权事实坚持起诉的，应裁定驳回起诉。

5.《最高人民法院关于审理名誉权案件若干问题的解释》（法释〔1998〕26号）

四、问：国家机关、社会团体、企事业单位等部门依职权对其管理的人员作出的结论引起的名誉权纠纷，人民法院是否受理？

答：国家机关、社会团体、企事业单位等部门对其管理的人员作出的结论或者处理决定，当事人以其侵害名誉权向人民法院提起诉讼的，人民法院不予受理。

6.《普通高等学校学生管理规定》（中华人民共和国教育部令第41号）

第六条　学生在校期间依法享有下列权利：

……

（六）对学校给予的处理或者处分有异议，向学校、教育行政部门提出申诉，对学校、教职员工侵犯其人身权、财产权等合法权益的行为，提出申诉或者依法提起诉讼。

第五十五条　在对学生作出处分或者其他不利决定之前，学校应当告知学生作出决定的事实、理由及依据，并告知学生享有陈述和申辩的权利，听取学生的陈述和申辩。

处理、处分决定以及处分告知书等，应当直接送达学生本人，学生拒绝签收的，可以以留置方式送达；已离校的，可以采取邮寄方式送达；难以联系的，可以利用学校网站、新闻媒体等以公告方式送达。

7.《高等学校信息公开办法》（中华人民共和国教育部令第29号）

第七条　高等学校应当主动公开以下信息：

……

（四）各层次、类型学历教育招生、考试与录取规定，学籍管理、学位评定办法，学生申诉途径与处理程序；毕业生就业指导与服务情况等。

第十条　高等学校对下列信息不予公开：

（一）涉及国家秘密的；

（二）涉及商业秘密的；

（三）涉及个人隐私的；

（四）法律、法规和规章以及学校规定的不予公开的其他信息。

其中第（二）项、第（三）项所列的信息，经权利人同意公开或者高校认为不公开可能对公共利益造成重大影响的，可以予以公开。

六、高校能否使用校园监控录像作为惩戒学生的依据？

（一）案例介绍

D大学出于公共安全考虑，在校园、教学楼等公共区域设置了多个监控摄像头。某日，一监控摄像头拍摄到大学生贾某随地吐痰的不文明行为，学校通报贾某所在学院，辅导员在全院大会上对其公开批评。对此，贾某虽然承认错误，但认为学校安装监控摄像头不合法，辅导员的公开批评侵犯了自己的隐私权。

后又一监控摄像头拍摄到男生李某和女生张某在教学楼走廊牵手亲吻的行为，D大学根据《D大学学生违纪处分办法》中的规定"男女交往过于亲昵，包括牵手、搂抱、亲吻、嬉戏、行为不端等应给予记过处分"，经校务办公会研究决定给予李某和张某记过处分，并全校公示。李某、张某两位学生认为学校安装监控摄像头，监控学生行为，侵犯学生的隐私权，属于非法收集证据，不能作为作出处分的依据；同时认为学校作出处分依据的《D大学学生违纪处分办法》规定不合理，不符合上位法精神。对此，学校认为，安装校园监控摄像头是合法行为，拍摄的画面可以成为合法证据，适用《D大学学生违纪处分办法》相关规定，给学生处分合情合理。

（二）法理剖析

本案例中，高校出于公共安全考虑在校园内设置监控摄像头，并以录像作为惩戒学生的依据的做法，引起了争议。其法律焦点在于：①高校在公共区域设视频监控是否侵犯学生隐私权？②高校能否将公共区域设置的监控录像作为惩戒学生的证据？③对于学生不文明行为给予公开批评教育乃至纪律处分是否合理合法？

第一，高校在公共区域设置视频监控于法有据，但应当注意保护学生隐私。

当前在各高校普遍运用的公共视频监控，即公共安全视频图像信息系统，是对涉及公共安全的场所和区域进行图像信息采集、传输、显示、存储和管理的系统。依据当前法律法规，安装视频监控系统作为学校行使管理权，维护校园安全的重要措施是于法有据的。目前虽没有全国性统一的法律法规要求高校必须安装视频监控系统，但各地地方政府规章中均明确要求学校应当安装监控，其中如《北京市公共安全图像信息系统管理办法》（北京市人民政府令第185号）明确规定，学校作为公众活动和聚集场所的重要部位应当安装监控，安徽、广东等地也有类似规定。公安部于2016年底发布《公共安全视频图像信息系统管理条例（征求意见稿）》中明确了"社会公共区域的重点部位以及法律、行政法规规定的有关场所或者部位，应当建设公共安全视频图像信息系统"。而教育部相关文件中，亦明确了安装视频监控系统是学校落实校园安全工作的要求之一。本案例中，高校在校园、教学楼等公共区域安装视频监控系统确实于法有据。

但视频监控系统的使用确实涉及到每个人的隐私。学校安装视频监控系统所依据的是地方政府规章，法律层次较低，而隐私权作为人格权的一种，其为宪法、民法等基本法律确认。因此，安装视频监控系统不能违反法律法规，不能侵犯公民隐私权。当前已有的地方政府规章也大都明确规定，设置公共安全图像信息系统，不得侵犯公民个人隐私；也明确了诸如学生宿舍、公共浴室等涉及公民个人隐私的场所和区域禁止安装。社会公共区域的视频图像采集设备，应当设置提示标识，标识应当醒目。在案例中，学校在设置监控视频区应当安置提醒标识，不能在宿舍、卫生间、浴室等场所设置摄像头，否则将侵犯学生隐私。在教学楼以及宿舍楼道内等公共场所，学校安置摄像头是合理合法的。

第二，高校应当依法合理使用监控视频的图像信息，不得滥用相关信息。

在重点公共区域安装监控视频旨在提高预防和处置突发公共事件的能力，保障公共安全，保护公民的合法权益。而使用相关图像信息，亦不能违背这一宗旨。对此，已经出台的地方政府规章中都明确对涉及公民个人隐私的图像信息，应当采取保密措施。应依法使用采集的图像信息，遵守相关保密制度，任何人不得擅自查阅、复制、提供、传播。如果出现以上行为的，则应当依法承担行政法律责任甚至刑事法律责任。

而对于学校而言，学校安装监控摄像头是为了维持教育教学秩序，维护校园安全稳定，其并非为了监控学生的不文明行为、亲昵行为。而在本案例中，学生行为虽有违反校规校纪之嫌，但并未涉及到学校的公共安全，学校运用采集到的图像信息给予学生处罚，已经超出了依法合理使用图像信息的范围，是超越法律权限滥用的表现。如果采集到的信息涉及到学校公共安全，如出现伤人毁物、盗窃财物等违法犯罪的情况，学校可以依法使用采集到的信息给予学生处罚。

第三，学校应当尊重学生隐私等人格权利，依法合理行使管理权限。

对于大学生而言，举止文明是基本要求。《普通高等学校学生管理规定》《高等学校学生行为准则》中都有明确规定，大学生应当自觉遵守公民道德规范，自觉遵守学校管理制度，创造和维护文明、整洁、优美、安全的学习和生活环境。对于学生的不文明行为，乃至违纪违法行为，学校有权进行批评教育或者给予相应的纪律处分。本案例中贾某随地吐痰、李某和张某牵手亲吻的亲昵行为确不文明，有违于社会公共道德和大学生的形象。对此，学校有权对其进行教育引导。

在一般情况下，辅导员对于以上不文明行为进行批评，属于行使教育管理权的表现，并不构成对学生隐私的侵犯。但对此类行为在全院大会上给予公开批评，尤其给予男女之间亲昵行为以纪律处分，确实有些严苛和不合时宜。在实践中，个别高校在全校范围内公开学生校园不文明行为的照片、视频，虽然做了某些技术处理，但仍然能够辨识行为人特征，确实侵犯了学生隐私权，其做法是不合适的。一些高校出台过于严厉的措施，对于在校园里异性牵手、背人、拥抱、接吻等给予严厉处分。其出发点虽好，但基于管理思维，对学生日常生活不涉及他人和公共权益部分的私人生活加以过于严苛的限制，忽视了学生主体地位，不仅效果很难保障，还容易引发学生反感。学校管理人员在行使管理权时，应当培养以人为本的意识，尊重学生的基本人格权利，在合理范围内行使管理权，应当对学生不文明行为进行教育引导，但要注意方法、场合和分寸，不应当简单一禁了之，以罚代管。

（三）对策和建议

当前各类传统安全和非传统安全复杂交织在一起，高校面临的安全挑战日益增多，加强技防工作已经成为了高校安全稳定工作的重要内容。安装校园视频监控设备，与加强管理和维护学生权益之间确实有难以避免的冲突，基于此，学校应当做到在行使管理权和保护学生合法权益之间进行平衡。

第一，严格规范，依法合理使用校园监控设备。学校应当按照相关法律法规的要求，安装校园监控设备，并严格规范其管理、使用制度。对于采集到的信息，不得超越其权限使用，更不能随时传播、复制，提供给别人。对其中可能涉及到学生隐私的信息，应严格保护，不得随时泄露和使用。

第二，坚持以人为本，做好对学生的教育引导工作。高校应当注意将行使管理权与保护学生合法权益相结合。在行使管理权的过程中，坚持以人为本，提高依法治校的理念和法治的意识；管理方式和手段以合法为前提，保护学生的合法权益。在对学生进行批评和处分时，把握适度原则，注意场合，注意分寸。

（四）法规政策链接

1.《北京市公共安全图像信息系统管理办法》（北京市人民政府令第185号）

第五条 下列单位和区域，应当安装公共安全图像信息系统：

……

（二）宾馆、饭店、商场、医院、学校、幼儿园、文化娱乐场所，举办体育赛事的场馆、场地，住宅区、停车场等人员聚集的公共场所。

第九条 设置公共安全图像信息系统，不得侵犯公民个人隐私；对涉及公民个人隐私的图像信息，应当采取保密措施。

涉及国家秘密、商业秘密的公共安全图像信息系统的建设，按照国家有关规定执行。

第十四条第二款 与图像信息监看工作无关的人员不得擅自进入监看场所。留存的图像信息除按照本办法的规定使用外，任何人不得擅自查阅、复制、提供、传播。

第十五条　在公共场所设置公共安全图像信息系统，应当设置标识。

2.《公共安全视频图像信息系统管理条例（征求意见稿）》

第九条【建设范围及主体】　社会公共区域的重点部位以及法律、行政法规规定的有关场所或者部位，应当建设公共安全视频图像信息系统。

第十条【明示标识】　社会公共区域的视频图像采集设备，应当设置提示标识，标识应当醒目。

第十一条【合理设置】第二款　旅馆客房、集体宿舍以及公共浴室、更衣室、卫生间等可能泄露他人隐私的场所、部位，禁止安装视频图像采集设备。

3.《高等学校学生行为准则》（教学〔2005〕5号）

六、明礼修身，团结友爱。弘扬传统美德，遵守社会公德，男女交往文明；关心集体，爱护公物，热心公益；尊敬师长，友爱同学，团结合作；仪表整洁，待人礼貌；豁达宽容，积极向上。

4.《普通高等学校学生管理规定》（中华人民共和国教育部令第41号）

第四十一条　学生应当自觉遵守公民道德规范，自觉遵守学校管理制度，创造和维护文明、整洁、优美、安全的学习和生活环境，树立安全风险防范和自我保护意识，保障自身合法权益。

第五十一条　对有违反法律法规、本规定以及学校纪律行为的学生，学校应当给予批评教育，并可视情节轻重，给予如下纪律处分：

（一）警告；

（二）严重警告；

（三）记过；

（四）留校察看；

（五）开除学籍。

第五十四条　学校给予学生处分，应当坚持教育与惩戒相结合，与学生违法、违纪行为的性质和过错的严重程度相适应。学校对学生的处分，应当做到证据充分、依据明确、定性准确、程序正当、处分适当。

5.《教育部办公厅关于做好2013年学校安全工作的通知》（教发厅〔2013〕1号）

四、加强消防安全工作。进一步贯彻落实《消防法》和《高等学校消防安全管理规定》（教育部公安部令第28号），加大消防设施设备投入，对学校老建筑的消防设施进行改造，完善视频监控系统和应急报警系统建设，购置安保器材和消防装备，提高消防工作的科技含量和防范能力。有森林林场的学校加强森林防火能力，确保森林防火安全。

七、高校损毁、丢失学生档案、泄露档案内容等应承担何种责任?

(一) 案例介绍

张某、李某、孙某均系 C 大学 2010 级法律系本科生。张某于 2014 年通过当地公务员考试被 B 市中级人民法院录取。同年 6 月,B 市中级人民法院对张某进行政审。政审过程中发现张某档案内容不完整,其党员材料缺失。后经查证,由于 C 大学学生档案平时均由学院负责存放,只是在就业时移交到就业部门统一转递。因学院并无专门的档案管理人员和档案管理设备,导致包括张某在内的多名在校生档案受到不同程度的损毁,且档案内容无法恢复。党员材料的丢失造成了张某入职受到了影响。李某履行完毕业手续后,去就业部门办理档案转寄时,发现自己的档案学院并没有移交,多方面寻找也未果。经查,李某入学时,学校并未及时对其档案归档,造成李某档案无迹可寻。而孙某作为毕业生求职时,多次接到诈骗电话,其父母因接到冒名电话被骗去一笔钱财。事后经查,孙某的个人信息被前来学院政审查档的某公司泄露,导致其被不法分子利用。

(二) 法理剖析

本案例作为一起因学生档案损毁、遗失和内容泄露引发的纠纷,其法律焦点在于:①学生档案应当如何管理?②出现损毁遗失,高校应当承担何种责任?③对于学生信息泄露,高校应当承担何种责任?

第一,高校应当健全学生学籍档案管理制度,不断提高档案工作水平。

学籍档案管理作为学籍管理的重要内容,《普通高等学校学生管理规定》明确规定学校应当健全学生学业成绩和学籍档案管理制度。《高等学校档案管理办法》则更是明确了学生档案材料明细,并对于机构设置、人员配备、建档、归档、存放、公布、利用、场地要求等档案管理制度作了明确要求。这些规定也是《档案法》《档案法实施办法》等法律法规在学校档案管理制度中的具体化。高校管理学籍档案应当严格依据以上法律法规开展。

在本案例,C 大学学生档案管理工作存在严重问题,没有专门机构、人员、场地管理,由学院临时存放,导致档案损毁遗失。档案的查阅制度也不健全,不严格,导致学生个人信息泄露。在实践中,高校毕业生档案转递时出现错装、漏装材料,甚至错发档案的情况也不少见,的确暴露出当前高校学生学籍档案管理中普遍存在的问题。

第二,高校应当依法承担因学生档案遗失、损毁产生的法律责任。

学生学籍档案作为学生在校的最原始最完整的文件,其记载着学生成长经历,对于学生就业发展具有重大影响。学校作为学生学籍档案的管理部门，依据《档案法》《档案法实施办法》的规定，应当加强对本单位档案工作的领导，保障档案工作依法开展。如出现学生档案遗失、损毁的情况，学校负有民事赔偿等法律责任。学校因管理失误导致学生权益受损的，学校应当积极补救，补齐材料，并做好后续的协助工作，确保学生就业等权益不受到损害。对由此可能产生的费用，学校应当依法承担。如因工作人员失职导致档案遗失、损毁的，学校还应当依据《档案法》《高等学校档案管理办法》予以追责，承担相应的行政责任乃至刑事责任。

在本案例中，张某档案损毁，李某档案遗失，是学校没有履行《高等学校档案管理办法》规定的接收（征集）、整理、鉴定、统计、保管学校的各类档案及有关资料的管理职责，尤其是李某档案遗失，更是违背了《高等学校档案管理办法》中明确的归档时间要求，学校应该承担相应的责任。学校有责任予以补齐，并有义务承担后续可能发生的证明等义务，对补齐档案产生的相关费用学校应当全部承担。

第三，高校应当严格档案信息查阅制度，依法保护学生个人信息。

学生学籍档案中有大量的学生个人信息，学校在档案信息查阅和公布中应当非常谨慎。《高等学校档案管理办法》规定，前来查阅档案应当是持有合法证明的单位或者持有合法身份证明的个人，需要表明利用档案的目的和范围并履行相关登记手续。而对于涉及到个人隐私的档案信息，学校则是不予以公布的。

在实践中，确实存在学校执行档案信息查阅制度不严的情况。由于学生档案缺少专人管理、专门场地和设备，对就业政审等档案查阅工作做得不够细，尤其是面对一些来电或是委托查阅，难以准确辨别身份，存在着学生个人信息泄露的隐患。如果学生个人信息泄露是因学校管理工作失误造成的，则学校应当承担相应的法律责任。

本案例中孙某档案个人信息的泄露，关键是看学校是否履行了对政审单位的审核和告知义务，是否进行了严格的登记制度，否则学校应当承担连带责任。

（三）对策建议

高校学生档案作为学籍管理的基础内容，其各类争议虽然少见于报端，但实践中问题却不少。学生档案工作在各高校并没得到足够的重视，由于学生档案数量大且周转快，各高校档案管理制度也大相径庭。比较规范的是由学校档案馆统一管理，也有的是学生工作部门或教务部门管理，另外还有的是由学院管理。场地设施的情况更是千差万别，除学校档案馆管理之外，其他档案场地与《高等学校档案管理办法》的标准要求相差甚远。体制机制不顺和场地设施匮乏，严重制约学生档案管理工作的开展，带来了诸多纠纷的隐患。

第一，建立健全高校学生档案管理机制体制。学校应当严格依据《档案法》《档案法实施办法》《高等学校档案管理办法》等法律法规，健全完善本校的学生档案管理制度。学校应当采用档案馆统一管理的形式，制定《学校档案管理实施办法》《档案归档范围与保管期限表》等规章制度，规范档案的归档、使用、查阅、保管、检查、转递制度，落实责任制。

第二，加强档案管理的场地设施建设和人员投入。档案馆舍是档案实体生成、保管、利用与发展的重要基础。档案馆舍是否设施齐全直接影响到学籍档案管理工作的质量，也是高校教学质量的保证。学校应当依据相关法律法规，严格按照《档案馆建设标准》（建标103—2008）建设符合标准的档案管理场所。尤其当前高校学生档案基本都是短期流转的纸质材料，馆舍的耐潮性、防火安全、虫鼠防治等必须达标。对于档案借阅工作，要做好档案管理工作室以及配套的阅览室的建设，保证档案的借阅以及变动在可控的空间内操作，做到"档案不出户"，保证档案安全。学校必须配齐具有专业素质的专职管理人员，并定期对档案进行复查，保证学生档案的安全性和准确性，发现问题及时处理。

第三，积极利用信息技术加速档案管理电子化。当前无纸化办公已经成为趋势。运用信息化技术，积极推进数字化校园建设，将纸质档案电子化管理更加安全高效，避免了其损毁、丢失后而无法补救的情况；更实现了信息共享和部门联动，方便了归档、查阅、转递等工作，提高了工作效率。

（四）法规政策链接

1.《中华人民共和国档案法》

第七条　机关、团体、企业事业单位和其他组织的档案机构或者档案工作人员，负责保管本单位的档案，并对所属机构的档案工作实行监督和指导。

第九条第一款　档案工作人员应当忠于职守，遵守纪律，具备专业知识。

第十三条　各级各类档案馆，机关、团体、企业事业单位和其他组织的档案机构，应当建立科学的管理制度，便于对档案的利用；配置必要的设施，确保档案的安全；采用先进技术，实现档案管理的现代化。

第二十四条　有下列行为之一的，根据情节轻重，给予行政处分；造成损失的，责令赔偿损失；构成犯罪的，依法追究刑事责任：

（一）损毁、丢失或者擅自销毁属于国家所有的档案的。

2.《中华人民共和国档案法实施办法》（国家档案局第5号令）

第五条第二款　机关、团体、企业事业单位和其他组织应当加强对本单位档案工作的领导，保障档案工作依法开展。

第九条　机关、团体、企业事业单位和其他组织的档案机构依照《档案法》第七条的规定，履行下列职责：

（一）贯彻执行有关法律、法规和国家有关方针政策，建立、健全本单位的档案工作规章制度；

（二）指导本单位文件、资料的形成、积累和归档工作；

（三）统一管理本单位的档案，并按照规定向有关档案馆移交档案；

（四）监督、指导所属机构的档案工作。

第二十二条 《档案法》所称档案的利用，是指对档案的阅览、复制和摘录。

中华人民共和国公民和组织，持有介绍信或者工作证、身份证等合法证明，可以利用已开放的档案。

第二十七条 有下列行为之一的，由县级以上人民政府档案行政管理部门责令限期改正；情节严重的，对直接负责的主管人员或者其他直接责任人员依法给予行政处分：

……

（五）明知所保存的档案面临危险而不采取措施，造成档案损失的；

（六）档案工作人员、对档案工作负有领导责任的人员玩忽职守，造成档案损失的。

3.《普通高等学校学生管理规定》（中华人民共和国教育部令第41号》

第十八条 学校应当健全学生学业成绩和学籍档案管理制度，真实、完整地记载、出具学生学业成绩，对通过补考、重修获得的成绩，应当予以标注。

4.《高等学校档案管理办法》（中华人民共和国教育部令第27号）

第二条 本办法所称的高等学校档案（以下简称高校档案），是指高等学校从事招生、教学、科研、管理等活动直接形成的对学生、学校和社会有保存价值的各种文字、图表、声像等不同形式、载体的历史记录。

第七条 高校档案机构是保存和提供利用学校档案的专门机构，应当具备符合要求的档案库房和管理设施。

第八条 高校档案机构的管理职责是：

……

（三）负责接收（征集）、整理、鉴定、统计、保管学校的各类档案及有关资料。

第十条第一款 高等学校应当为高校档案机构配备专职档案工作人员。

第十四条 高等学校应当建立、健全档案工作的检查、考核与评估制度，定期布置、检查、总结、验收档案工作，明确岗位职责，强化责任意识，提高学校档案管理水平。

第十五条 高等学校应当对纸质档案材料和电子档案材料同步归档。文件材料的归档范围是：

……

（三）学生类：主要包括高等学校培养的学历教育学生的高中档案、入学登记表、体检表、学籍档案、奖惩记录、党团组织档案、毕业生登记表等。

第二十八条第一款 凡持有合法证明的单位或者持有合法身份证明的个人，在表明利用档案的目的和范围并履行相关登记手续后，均可以利用已公布的档案。

第三十七条 高等学校应当为档案机构提供专用的、符合档案管理要求的档案库房，对不适应档案事业发展需要或者不符合档案保管要求的馆库，按照《档案馆建设标准》（建标 103—2008）的要求及时进行改扩建或者新建。

第三十八条 高等学校应当设立专项经费，为档案机构配置档案管理现代化、档案信息化所需的设备设施，加快数字档案馆（室）建设，保障档案信息化建设与学校数字化校园建设同步进行。

第四十条 有下列行为之一的，高等学校应当对直接负责的主管人员和其他直接责任人员依法给予处分；构成犯罪的，由司法机关依法追究刑事责任：

（一）玩忽职守，造成档案损坏、丢失或者擅自销毁档案的；

（二）违反保密规定，擅自提供、抄录、公布档案的。

八、学生在校外兼职出现意外伤害事故应当如何处理？

（一）案例介绍

张某，系 G 大学国际政治系 2015 级学生。父母均为农民，没有固定收入，且母亲长期卧病在床，家庭生活困难。辅导员了解到其情况后，开学前即向其邮寄路费，并开通绿色通道。而在入学后第一时间通知张某申请"家庭经济困难学生"，学校同时安排了校内勤工助学岗位，一些校内临时勤工助学岗位的机会也给了张某。学校考虑到张某的实际情况，还定期发放困难补助，并通过社会类助学金给予其资助。张某本人也申请了助学贷款，通过以上举措基本满足了张某的日常学习、生活需要。为增加收入补贴家用，张某还利用课余时间到某培训机构兼职做家教。2016 年 9 月，张某在去家教途中遭遇交通事故，造成左小腿骨折。随后，其父母要求该培训机构承担赔偿责任，同时以学生参加校外勤工助学时发生意外为由要求学校承担相应责任。

（二）法理剖析

本案例是因学生校外兼职发生意外伤害产生纠纷，其法律焦点在于：①高校对于张某的资助工作是否尽到责任？②校外兼职是否属于勤工助学？③高校对于张某的意外受伤是否应当承担责任？

第一，高校已经履行对张某资助的责任，给予其比较全面的帮扶。

根据《教育法》《高等教育法》《普通高等学校学生管理规定》等法律法规，国家对于家庭经济困难学生有资助的义务，学生有申请助学金、助学贷款和进行勤工助学的权利。而随着《关于建立健全普通本科学校、高等职业学校和中等职业学校家庭经济困难学生资助政策体系的意见》（国发〔2007〕13号）《关于完善研究生教育投入机制的意见》（财教〔2013〕19号）等系列文件的出台，国家对于高校奖助的制度框架、组织机构、运行机制、基本措施和制度保障都有了明确规定，这为高校建立多元化育人体系提供了坚实的保障。

在本案例中，学校积极做好张某帮扶工作，通过邮寄路费和开放绿色通道避免了张某因家庭经济原因而失学；而入学后根据其申请，认定其"家庭经济困难学生"的资格，通过勤工助学岗位、助学金和困难补助等给予全方位的帮扶，切实解决了张某的实际困难，为其在校学习提供了物质保障。综上，学校对于张某的资助工作比较到位，已经能够满足张某的日常学习生活需要。

本案例中值得探讨的情况是，学校在满足张某基本需要的情况下，是否应考虑张某家庭情况，再给予专项资助，让张某安心学习，无须外出兼职补贴家用。对此，笔者认为高校资助对象具有特定性，只能是在校大学生。张某家庭确实有困难，但其更需要政府和社会实施的精准帮扶，学校可以和相关部门沟通配合，从根本上解决张某的后顾之忧。资助本身就是育人的过程，通过勤工助学等形式引导学生自强自立，避免"等靠要"思想。因此，学校可以考虑情况，给予相应的资助，帮助张某及其家庭度过难关，但不宜长期专门资助其家庭，其超越了学校权限，也违背了高校资助育人的宗旨。

第二，校外兼职不属于勤工助学岗位，学校不承担相应的法律责任。

勤工助学作为高校资助体系的重要组成部分，《高等教育法》《普通高等学校学生管理规定》对此均有明文规定，学校对勤工助学应当鼓励和支持，并给予引导和管理。教育部、财政部《高等学校勤工助学管理办法》（教财〔2007〕7号）则明确规定了勤工助学工作中学校的职责、岗位设置、酬金和相关法律责任等事项，为学校开展勤工助学提供了直接依据。

在本案例中，张某参加学校的固定岗位和临时岗位均属于校内勤工助学岗位。如张某在这些岗位上出现意外伤害的事件，根据《高等学校勤工助学管理办法》有关规定，应按照事先签订的协议协商解决。如不能达成一致意见，则按照《民法总则》《侵权责任法》《学生伤害事故处理办法》等予以解决。但张某从事的校外兼职并不在勤工助学之列，属于未经学校组织的个人打工行为。根据《高等学校勤工助学管理办法》的规定，学生私自在校外打工的行为，不属于勤工助学的管理范围。因此，张某不能适用《高等学校勤工助学管理办法》的规定。

对于张某的意外伤害，应首先根据《侵权责任法》《道路交通安全法》等法律法规认定责任，向有关当事人索赔。另外，虽然张某是在去兼职的路上发生交通事故而造成意外伤害的，但由于张某作为在校大学生，根据《〈中华人民共和国劳动法〉若干问题的意见》中"在校生利用业余时间勤工助学，不视为就业，未建立劳动关系，可以不签订劳动合同"的规定，不属于劳动者范围，不具有劳动者主体资格，其无法适用《劳动法》中劳动保障的条款。其兼职行为在法律性质上属于民法上的雇佣合同，基本不涉及劳动保险的条款，而且意外伤害并非发生在雇佣劳动中，很难据此向培训机构索要赔偿。在此兼职法律关系中，其发生纠纷也只是学生和用人单位之间的关系，学校也无权参与。因此，对于张某的意外伤害，学校不承担法律责任。

如果张某从事的校外家教是由学校统一组织的，根据《高等学校勤工助学管理办法》，属于校外勤工助学岗位，对此类事件，学校和用人单位需要协商解决。我们必须关注的是，学生从事勤工助学需要签订协议的规定在实践中执行得并不好，尤其是在校内勤工助学岗位管理上，很少签订协议。如果出现纠纷，则很难处理。

第三，高校应当加强校外兼职的管理教育工作，给予张某以人文关怀和帮扶。

学校虽然没有法律责任，但在教育管理方面，学校对此类学生自发打工的行为应当加强安全和法律方面的培训。当前，不少学生利用课余时间，去企业事业单位实习、兼职，由于法律意识不强，很多时候并不签订正式合同，这直接导致了诸多安全隐患，出现了人身受到伤害，财产受到损失等事件。对此，增强学生法律安全和自我保护意识势在必行。考虑到本案中张某的家庭情况，学校虽然没有责任，但应给予张某及其家庭以人文关怀和必要帮扶，帮助其解决面临的问题。

（三）对策建议

当前我国已经形成较为完善的大学生资助体系，对于保障在校大学生的受教育权起到了重要的作用。但因相关法律法规的不完善和滞后等原因，实践中也出现了学生合法权益受到损害的情况，对此，我们建议：

第一，完善相关制度。针对当前学生勤工助学的规定范围过窄，学生兼职出现意外难以维护合法权益的情况，建议出台相关制度，对于学生勤工助学、兼职等行为参照劳动法管理，明确勤工助学的法律性质、管理部门、工作时间、最低工资标准、救济途径等，一旦出现纠纷，做到有法可依。

第二，完善勤工助学管理机制。学校应当进一步规范勤工助学管理工作，制定规章制度，明确勤工助学岗位的岗位职责和性质，规范工作流程，通过协议的形式明确各方权利、义务。学校应定期对勤工助学岗位跟踪考察，确保学生权益不受侵犯。勤工助学管理中心应成立相应的法律服务机构，接受和反馈学生的投诉，维护学生的合法权益。

第三，增强学生法治安全意识。要全面加强学生的法治安全教育，无论对于勤工助学还是校外兼职，都应通过法律基础课程和岗前培训等多种形式，向学生讲解相关法律法规，清楚自身的合法权益以及了解合法的权利救济途径。学校可成立法律援助中心为学生提供法律服务，代理学生参与纠纷调解、申请劳动仲裁或向法院提起民事诉讼。

（四）法规政策链接

1.《中华人民共和国教育法》

第三十七条 国家、社会对符合入学条件、家庭经济困难的儿童、少年、青年，提供各种形式的资助。

2.《中华人民共和国高等教育法》

第五十五条第二款 国家设立高等学校学生勤工助学基金和贷学金，并鼓励高等学校、企业事业组织、社会团体以及其他社会组织和个人设立各种形式的助学金，对家庭经济困难的学生提供帮助。

第五十六条 高等学校的学生在业余时间可以参加社会服务和勤工助学活动，但不得影响学业任务的完成。

高等学校应当对学生的社会服务和勤工助学活动给予鼓励和支持，并进行引导和管理。

3.《普通高等学校学生管理规定》（中华人民共和国教育部令第41号）

第六条 学生在校期间依法享有下列权利：

……

（二）参加社会实践、志愿服务、勤工助学、文娱体育及科技文化创新等活动，获得就业创业指导和服务；

（三）申请奖学金、助学金及助学贷款。

第四十五条第三款 学生参加勤工助学活动应当遵守法律、法规以及学校、用工单位的管理制度，履行勤工助学活动的有关协议。

4.《关于贯彻执行〈中华人民共和国劳动法〉若干问题的意见》

在校生利用业余时间勤工助学，不视为就业，未建立劳动关系，可以不签订劳动合同。

5.《高等学校学生勤工助学管理办法》（教财〔2007〕7号）

（内容略）

第二章　学生活动和校园秩序管理篇

一、高校应如何应对学生的集会游行示威等群体性事件?

(一) 案例介绍

近期,某邻国无视历史事实,违背国际公约,持续在属于我国固有领土的岛屿上制造争端,引发我国社会公众的强烈不满。A市X大学师生对此反响强烈,校园网上、校园公告栏等处多次出现号召游行示威的帖子和倡议书,号召全体学生于×年×日×时在校园门口集合,沿市区主要干道游行一圈,以实际行动表达爱国热情。一些学生代表还向学校提交请愿书,希望能支持学生的爱国行动。对此,学校高度重视,一方面通过座谈会、辅导员走访等多渠道了解学生的思想动态,另一方面积极和当地政府、公安机关协调沟通。经慎重考虑和反复沟通,学校决定在校内举办集会,先期还举办了多场形势与政策教育报告会,邀请多位权威专家向师生分析研判国际形势,倡导理性爱国。

(二) 法理剖析

本案例反映的是学校如何应对学生的大规模游行示威,其法律焦点在于:①学生能否举行集会游行示威?②高校如何应对此类集会游行示威?③如何界定集会游行示威中的相关法律责任?

第一,学生享有集会游行示威的权利,但应当依法行使。

集会游行示威作为宪法赋予公民的基本权利之一,大学生有权通过集会游行示威的方式来表达自己的诉求,但集会游行示威应依法进行。无论是在公共场所还是在校园内举行集会游行示威,都应当向主管部门申请并获得许可。前者依据《集会游行示威法》的规定,一般为公安机关审批;后者依据《高等学校校园秩序管理若干规定》《普通高等学校学生管理规定》,一般由高校的保卫部门负责。集会游行示威获得审批后,必须按照主管机关许可的目的、方式、标语、口号、起止时间、地点、路线进行,并且服从管理,不得违反治安管理法规,不得进行犯罪活动或者煽动犯罪。

本案例中学生的爱国热情值得肯定,但通过网络、校园公告发出号召举行集会游行示威的做法是不可取的,其未经申请,未获法定许可,属于非法聚集,一旦发生,属于影响社会正常秩序的违法行为。当然,学生代表向学校请愿的行为,属于正常的意见表达。

第二，高校应当尊重学生合法权利，积极引导和妥善化解。

实践中，除政治原因引发集会游行示威外，还有奖学金政策争议、后勤服务质量差等学校管理原因导致的学生聚集等群体性事件，此类事件涉及人数多，社会影响大，处置难度很大。对此，学校应当尊重学生的合法权利，不能一味压制，要坚持依法办事和思想教育工作相结合处理的原则，把握政策的界限，提前预防，理性疏导，及时化解矛盾纠纷。

在本案例中，学校及时和相关部门沟通，相关部门积极了解学生思想动态，进而采用校内集会的形式疏导学生爱国热情，还以专家的权威解读来引导学生理性爱国，不仅尊重了学生权利，还维护了校园和社会的和谐稳定，其做法是可取的。

第三，明确法律责任，依法处理非法集会游行示威。

集会游行示威应当依法进行，对于非法集会游行示威，法律法规有着明确的法律责任规定。对于公共场所集会游行示威未获许可或是违反许可，不听制止的，公安机关可以对其负责人和直接责任人员进行行政处罚。如出现冲击、破坏公共秩序甚至打砸抢等严重违法犯罪的，要按照刑法追究法律责任。对于校园非法集会，学校可以责令其组织者以及其他当事人立即停止活动。经过劝告、制止仍不改正的师生员工，学校可视情节给予行政处分或者纪律处分；属于违反治安管理行为的，由公安机关依法处理；情节严重构成犯罪的，由司法机关处理。损害国家财产的，学校可以责令其赔偿损失。

（三）对策建议

集会游行示威作为学生在校园内或公共场所集群表达意见或诉求的事件，其涉及人数多，易扩散，如不能及时妥善处置，可能诱发恶性治安事件，甚至升级为影响社会稳定的骚乱、动乱。对此，学校应当做到以下几点：

第一，完善信息收集、分析研判和预警机制。学校平时应注重学生思想动态，完善信息收集和反馈渠道，做好重要时期、关键节点、重点人群、特殊事件的分析研判工作，增强预警能力，实现分级分类的处置。如对公共场所的集会游行示威，尤其是涉及政治问题可能影响社会稳定的，要及时通知政府部门和公安机关，并做好配合工作。而对于校园内的师生聚集行为，则根据事态情况，做好信息通报，及时反馈学生诉求，将事态影响控制在萌芽状态。

第二，依法应对和妥善处置集会游行示威，避免矛盾激化升级。注重现场疏导和控制，通过劝阻和教育，避免事件恶化和矛盾激化，平息事态。处理中要注意工作方式方法，找准核心人物和关键问题，点面结合，做好说服教育工作，多种途径解释政策法规。

第三，做好善后处置。现场疏导后，要依法追究相关人员的责任，给予相应行政处分或纪律处分，或由相关部门追究其法律责任。还要有针对性地开展工作，从源头化解矛盾。如涉及国际形势和社会问题的，要通过报告会等形势与政策教育为学生答疑解惑，疏导学生的思想和情绪；而因校内矛盾诱发的集群事件，要有针对性地解决矛盾，改进工作，满足学生的合理诉求。

（四）法规政策链接

1.《中华人民共和国宪法》

第三十五条　中华人民共和国公民有言论、出版、集会、结社、游行、示威的自由。

2.《中华人民共和国刑法》

第二百九十六条　举行集会、游行、示威，未依照法律规定申请或者申请未获许可，或者未按照主管机关许可的起止时间、地点、路线进行，又拒不服从解散命令，严重破坏社会秩序的，对集会、游行、示威的负责人和直接责任人员，处五年以下有期徒刑、拘役、管制或者剥夺政治权利。

3.《中华人民共和国集会游行示威法》

第二十八条　举行集会、游行、示威，有违反治安管理行为的，依照治安管理处罚法有关规定予以处罚。

第二十九条　举行集会、游行、示威，有犯罪行为的，依照刑法有关规定追究刑事责任。

4.《中华人民共和国治安管理处罚法》

第五十五条　煽动、策划非法集会、游行、示威，不听劝阻的，处10日以上15日以下拘留。

5.《高等学校校园秩序管理若干规定》（国家教育委员会令第13号）

第十二条　在校内举行集会、讲演等公共活动，组织者必须在七十二小时前向学校有关机构提出申请，申请中应当说明活动的目的、人数、时间、地点和负责人的姓名。学校有关机构应当最迟在举行时间的四小时前将许可或者不许可的决定通知组织者。逾期未通知的，视为许可。

集会、讲演等应符合我国的教育方针和相应的法规、规章，不得反对我国宪法确立的根本制度，不得干扰学校的教学、科研和生活秩序，不得损害国家财产和其他公民的权利。

第十六条　违反本规定第十二条、第十三条、第十四条和第十五条的规定的，学校有关机构可以责令其组织者以及其他当事人立即停止活动。违反本规定第十二条第二款的规定，损害国家财产的，学校有关机构可以责令其赔偿损失。

第十八条 对违反本规定，经过劝告、制止仍不改正的师生员工，学校可视情节给予行政处分或者纪律处分；属于违反治安管理行为的，由公安机关依法处理；情节严重构成犯罪的，由司法机关处理。

6.《普通高等学校学生管理规定》（中华人民共和国教育部令第41号）

第四十六条 学生举行大型集会、游行、示威等活动，应当按法律程序和有关规定获得批准。对未获批准的，学校应当依法劝阻或者制止。

二、高校如何管理校园内无证摆摊、推销？

（一）案例介绍

正值新生报到，H大学校园变得热闹异常。一些在校生感觉到商机来了，从小商品批发市场购置了一批毛巾、脸盆以及被褥等生活用品，在宿舍周围摆摊售卖给新生。还有些学生购置了移动电源、耳机等电子产品，借新生入学时宿舍门禁开放的机会，前往新生宿舍兜售。对此，学生处、后勤等部门认为，学生未经允许的摆摊、推销行为扰乱了校园秩序，校外人员借机进入校园，给校园安全带来了严重隐患。有新生反映所购买的被褥等用品存在质量问题，要求退换赔偿。学校随后发布公告，禁止未经学校允许的校园内的摆摊和推销行为，学校将会同城管、工商、公安等部门进行检查，对于违反者，将没收其物品并给予罚款等行政处罚；对于不听劝阻的学生，学校还将给予纪律处分。

公告引发了学生的热议，一些学生认为，摆摊、推销虽然影响校园秩序，但作为大学生自主创业、勤工助学的重要途径，对于培养学生独立自主意识，解决经济问题有很大帮助。他们还认为，当前国家鼓励大学生创新创业，学校不仅不支持，还要给处分，有些过分。当然，也有不少学生赞成学校的做法，认为浓厚的商业氛围扰乱了校园环境，摆摊、推销的物品无质量保障，学校应该严格管理。

（二）法理剖析

该案例中的校园摆摊、推销物品作为校园秩序管理中的常见问题，其法律焦点在于：①校园摆摊、推销是否合法，其法律性质为何？②高校是否有权管理此类行为？③校园摆摊中学生应当承担何种法律责任？

第一，校园摆摊、推销系无证无照经营行为，应当依法予以取缔。

首先，学生的校园摆摊、推销并非勤工助学。根据《高等学校学生勤工助学管理办法》的规定，勤工助学是指学生在学校的组织下利用课余时间，通过劳动取得合法报酬，用于改善学习和生活条件的社会实践活动。考虑到勤工助学具有扶贫济困的性质，目前国家对勤工助学收入实际上是免收个人所得税等税费的。《高等学校学生勤工助学管理办法》同时规定，勤工助学活动由学校统一组织和管理。由此可见勤工助学的基本特征是组织性，即必须由学校资助管理机构来统一安排。如学校考虑到学生的生活学习需要，设置了专门场所，在毕业等特定时间组织学生进行二手物品流通的"跳蚤市场"，不具有营利性质，不涉及商品流通领域，这种行为可视为具有勤工助学的性质。但校园摆摊、推销多为自发行为，未经学校批准，并非法律政策意义上的勤工助学。

其次，学生的校园摆摊、推销也非大学生创新创业。当前国家为鼓励大学生创业，对于符合规定条件的大学生创业，可享受注册资金优惠、小额担保贷款、税费减免等扶持政策。其前提是大学生应当遵守相关法律法规，如开设小微企业就应达到市场准入标准，明确经营范围，有经营场所，进行工商税务登记。但大学生校园摆摊、推销属于经营范围、营业地点不固定的短期行为，基本上没有履行工商税务注册登记手续。

对此，校园摆摊、推销作为兜售商品牟利的行为，本质是以营利为目的的商品交换行为，属于经济流通领域的商业行为。在我国当前采用民商合一的立法体例下，应当适用商事行为的法律规定，即《民法总则》《合同法》《个体工商户条例》等法律法规、部门规章中的相关规定。大学生校园摆摊进行商品交易，作为实际上的个体工商户，就应当依法申请营业执照，办理税务登记，承担相应的法律责任。如果不按相关规定履行申请手续，大学生校园摆摊、推销在法律意义上就是无固定场所的无证无照经营，通俗来讲就是校园内的"游商"，其应当依据《无证无照经营查处办法》依法取缔。

第二，高校为维护校园管理秩序，管理校园摆摊、推销于法有据。

校园摆摊、推销作为无证无照经营行为，依据《无证无照经营查处办法》的规定，应当由工商行政管理部门及时查处其管辖范围内的无照经营行为。在实际执法中，工商行政管理部门一般负责管理具有固定合法经营场所的经营者，综合执法部门（一般是指城管部门）来管理露天摆卖的商品。如《北京市实施城市管理相对集中行政处罚权办法》就明确规定城管部门负有对流动无照经营行为的处罚权。但综合执法部门的管理权限主要是城市管理和公共事业领域。当前校园多采用封闭式管理，其摆摊、推销不同于公共场所，一般由高校自己管理。《高等学校校园秩序管理若干规定》规定，禁止无照人员在校园内经商。设在校园内的商业网点必须在指定地点经营。对于违反者，学校有关机构可以责令其停止经商活动或者离开校园。由于高校不具有执法权，没有行政处罚的权力，在管理摆摊、推销等时，只能采用劝阻和教育的手段。

目前，高校对于校园摆摊、推销大都持否定态度，通过以严格审批制度来规范校园经商，禁止校园摆摊、推销。而对校园内勤工助学和公益性活动涉及经商摆摊时，则一般由学生资助管理机构及后勤、保卫部门共同管理。现在有些高校在尝试着规范校园摆摊、推销，如设置校园集贸市场，颁发经营许可证，由学生组成的"工商""税务""城管"等模拟部门进行管理等。这些做法对于维护校园秩序确有可取之处，但法律上却值得商榷。学校设置摊位，实际上是开办一个商品流通市场，允许未经履行相关法律登记注册手续、不具备商事主体资格的大学生进行经营。而根据《无证无照经营查处办法》的规定，在县级以上地方人民政府指定的场所和时间，销售农副产品、日常生活用品，才不需要依法注册登记。因此，学校的授权不具有法律效力，经营者也不能提供发票等凭据，不利于消费者权益保护。学校作为市场组织者，还应当承担因商品质量引发纠纷的连带责任。

第三，因校园摆摊、推销引发纠纷应由行为人承担相应的法律责任。

校园摆摊、推销作为违反法律法规的无证无照经营行为，其影响了正常校园秩序。对此，学校有权依法制止。如不听劝告、制止仍不改正的，根据《高等学校校园秩序管理若干规定》，对于学校师生员工，学校可视情节给予行政处分或者纪律处分；属于违反治安管理行为的，由公安机关依法处理；情节严重构成犯罪的，由司法机关处理。校外人员则由公安、司法机关根据情节依法处理。

除此之外，校园摆摊、推销的经营者还应当对其售出商品承担法律责任。由于校园摆摊、推销并非正规商家，进货渠道混乱，导致其所售出的商品往往存在质量隐患，其中不乏可能影响消费者人身健康的伪劣产品。对此，依据《中华人民共和国产品质量法》《中华人民共和国消费者权益保护法》等法律法规，经营者不仅要承担因产品质量给消费者带来的民事侵权责任，还可能要承担被没收违法所得、罚款等行政法律责任，情节严重构成犯罪者，应追究其刑事责任。

（三）对策建议

校园摆摊、推销作为违法现象，对于学校正常学习和生活秩序带来一定冲击。但现实中存在着学生自主创业的主观要求，以及相对封闭的校园经济与学生需求之间相矛盾等因素，很难一禁了之。因此，应坚持教育引导相结合的原则，综合治理大学生校园摆摊、推销行为，营造良好的校园环境，鼓励学生自主创业的积极性，满足学生的多样化需求，实现多方共赢。

第一，依法治理校园摆摊、推销，营造良好校园环境。为维护良好校园秩序，对于无序违规的校园摆摊、推销，无论其是由校外人员或是在校大学生经营的，都应当一律禁止。但在处理时应当注意方式方法，尤其是面向学生时，应加强说服教育，解释相关法律政策，让其认识到行为的性质和危害。还应当向其说明当前国家创业政策，引导学生去依法注册，合法经营。必要时可以协调工商等部门帮助学生退货，挽回经济损失。如出现不听劝阻、不服从管理的情况，则可以依据校规校纪给予纪律处分，必要时会同城管、工商和公安等部门进行联合执法。

第二，加强宣传教育，培育正确的创业观念和生活安全观念。校园摆摊、推销存在着诸多安全隐患，学校应当加强创业教育和消费者权益保护知识宣传。虽然校园摆摊、推销简单易行，利于创业大学生积累经验和资金，给同学带来购物便利，但其并不合法，会影响学业，还可能侵害其他同学的合法权益。对此，一方面可以通过就业创业教育，培养学生正确创业观念和良好创业意识，鼓励其主动运用专业知识，有目的性地去创业，有选择性地进入相关行业，提高锻炼自己；另一方面要加强安全教育，让学生认清校园摆摊、推销的性质和危害，能够自觉抵制伪劣产品。

第三，搭建创业实践平台，引导学生创业积极性。对于学生创业的主观要求，学校应当搭建多渠道创业实践平台，引导大学生创业的积极性。学校可利用校园内场地设置创业孵化基地，为在校大学生提供注册用的办公场地，同时争取当地政府、社会的创业孵化基地向在校生开放。学校还可面向学生开放校园商品服务设施或业务等项目，鼓励符合规定的学生参与招标，合法竞争、合法经营；设立具有公益服务性质的校园服务设施，交由学生自我管理经营，提升、锻炼其创业能力。

（四）法规政策链接

1.《无证无照经营查处办法》（中华人民共和国国务院令第684号）

第二条 任何单位或者个人不得违反法律、法规、国务院决定的规定，从事无证无照经营。

第三条 下列经营活动，不属于无证无照经营：

（一）在县级以上地方人民政府指定的场所和时间，销售农副产品、日常生活用品，或者个人利用自己的技能从事依法无须取得许可的便民劳务活动；

第六条 经营者未依法取得营业执照从事经营活动的，由履行工商行政管理职责的部门（以下称工商行政管理部门）予以查处。

2.《个体工商户条例》（中华人民共和国国务院令第596号公布 中华人民共和国国务院令第648号修订）

第二条 有经营能力的公民，依照本条例规定经工商行政管理部门登记，从事工商业经营的，为个体工商户。

第八条 申请登记为个体工商户，应当向经营场所所在地登记机关申请注册登记。申请人应当提交登记申请书、身份证明和经营场所证明。

个体工商户登记事项包括经营者姓名和住所、组成形式、经营范围、经营场所。个体工商户使用名称的，名称作为登记事项。

3.《高等学校校园秩序管理若干规定》（国家教育委员会令第13号）

第十七条　禁止无照人员在校园内经商。设在校园内的商业网点必须在指定地点经营。违反前款规定的，学校有关机构可以责令其停止经商活动或者离开校园。

第十八条　对违反本规定，经过劝告、制止仍不改正的师生员工，学校可视情节给予行政处分或者纪律处分；属于违反治安管理行为的，由公安机关依法处理；情节严重构成犯罪的，由司法机关处理。

师生员工对学校的处分不服的，可以向有关教育行政部门提出申诉，教育行政部门应当在接到申诉的三十日内作出处理决定。

对违反本规定，经劝告、制止仍不改正的校外人员，由公安、司法机关根据情节依法处理。

第十九条　各高等学校可以根据本规定制定具体管理制度。

4.《高等学校学生勤工助学管理办法》（教财〔2007〕7号）

第四条　本办法所称勤工助学活动是指学生在学校的组织下利用课余时间，通过劳动取得合法报酬，用于改善学习和生活条件的社会实践活动。勤工助学是学校学生资助工作的重要组成部分，是提高学生综合素质和资助家庭经济困难学生的有效途径。

第六条　勤工助学活动由学校统一组织和管理。任何单位或个人未经学校学生资助管理机构同意，不得聘用在校学生打工。学生私自在校外打工的行为，不在本办法规定之列。

三、学生组织拉赞助时发生纠纷应当如何处理?

（一）案例介绍

Q大学E学院学生会拟举办系列校园文体活动，但因学院学生活动经费紧张，经学院分团委负责老师同意，学生会安排外联部的同学外出拉赞助。几经周折，Y培训中心同意赞助该活动1万元，但中心要求有活动独家冠名权和协办单位的署名权，其负责人要求出席活动并做讲话，新闻宣传时也应突出该中心。经学院负责老师同意后，学生会以自己的名义和该中心签订了赞助协议，并加盖双方公章。随后，中心依据协议支付1万元，学生会出具收据。举办活动时，注明E学院主办，学生会承办，Y培训中心协办的字样，并进行宣传报道。不久，学校接到举报，称Y中心在招生宣传中称其和E学院有合作关系，并刊登了其参加赞助的活动照片为证。对此，学院认为，Y中心只是赞助了学生会组织的活动，和学院没有任何合作关系，要求Y中心撤下照片，停止相关招生宣传，并公开说明和道歉。Y中心则认为，学生会系学院管理的学生组织，其活动经学院同意，且协议中明确了Y中心有权使用新闻报道进行宣传。

（二）法理剖析

该案件系因学生组织拉赞助，双方因权利义务不明确而产生的纠纷，其法律焦点在于：①该赞助协议是否合法，法律性质如何？②对出现的纠纷应当如何解决？③学校应当承担何种法律责任？

第一，该赞助协议属于具有公益性质的附义务赠与合同，如协议内容和形式不违背法律强制性规定，其合法有效。

本案例中 Y 培训中心赞助的活动系高校的校园文体活动，根据《公益事业捐赠法》规定，此类活动属于非营利的公益事业。Y 中心出资时，以协议的形式要求学生会履行宣传等义务，据《合同法》的规定，此类协议系附义务赠与合同，即受赠人将财产给予受赠人附有一定义务，受赠人应当按照约定履行义务。因此，从法律性质上分析，该赞助协议属于具有公益性质的附义务赠与合同。

因目前法律法规并没有明确学生会等高校学生组织的法律地位，这带来了协议签订和履行中的诸多法律难题。如严格依据《民法总则》《合同法》等法律法规，学生会等学生组织不具有独立法人地位，不能以自己的名义独立从事民事活动。其签订协议因主体不适格，属于不具有法律效力的无效合同。但实践中，学生会作为校党委领导下的群众性学生组织，实质上承担了校园文化建设的部分职能。因此，学生会如经学校同意，开展相关活动时，可视为学校授权的内设机构，其在授权范围内活动视为代表学校开展工作。

在本案例中，E 学院学生会经负责老师同意，签订赞助协议，其实质上履行了学校授权的内设机构职能。该协议作为附义务的赠与合同，内容形式也不违反法律的强制性规定，协议合法有效。当然，学生会负责人如未经学校同意就擅自签订协议，或签订协议内容未经授权、超出授权范围，则协议无效。

第二，如出现纠纷，协议双方应当依据约定承担相应的法律责任。

在本案例中，学生会以自己的名义签订协议，约定接受赞助后给予中心以冠名权和相关宣传报道，其行为经学院同意，协议合法有效。如出现纠纷，双方应当依据协议规定承担法律责任。因此，E 学院认为 Y 中心只与学生会有合作关系，和学院没有关系的看法是不对的。学生会在接受赞助后，已按协议履行义务，给予 Y 中心活动冠名权和宣传报道署名权，并无违约行为。Y 中心后期利用宣传报道进行招生宣传，有误导公众之嫌，超出了协议的约定范围。对此，Y 中心应当停止侵权行为，并承担相应的法律责任。

当然，在本案例中学生会如擅自签订协议或协议内容未经授权而导致纠纷的，则应视情况处理。如学生会实施的无授权行为确使 Y 中心有理由相信取得授权，则依据法律上表见代理的规定，该协议有效；如 Y 中心明知学生会未经授权，或是授权超过范围，签订的协议属于无效合同，出现纠纷，应依据双方过错来认定法律责任。

第三，高校应当依据法律规定和协议约定履行管理义务和承担法律责任。

根据《民法总则》《高等教育法》等法律法规，高校具有独立法人资格，但其内设机构不具有独立法人资格。本案例中学生会以及 E 学院均不具有独立法人地位，其作为 Q 大学的内设机构，在履行学校授权范围内职责时，如因赞助协议导致法律纠纷，只能由学校作为法人承担相应责任。本案例中的 E 学院、学生会如不能与 Y 中心协商解决的话，进入诉讼程序，则只能由学校作为事业单位法人应诉，学院和学生会并不具备诉讼主体资格。

学校作为独立法人，应当对其内设机构的法律行为承担法律责任。因此，学校应当进一步加强内部管理，对于学院以及学生组织的类似行为严格授权管理，如出现相关纠纷，其在承担相应法律责任的同时，应追究相关责任人的行政责任。如学院、学生会签订赞助协议时未经授权，或授权超过范围，学校和对方当事人可以按过错原则承担相应法律责任。而如有个人冒用学校或者学校相关组织的名义的行为，学校有权予以制止，并依法追究其法律责任。

（三）对策建议

当前学生会、社团等学生组织拉赞助情况在各高校非常普遍，团中央、教育部等部门出台的文件中也鼓励学生社团争取社会赞助。但一些社会赞助附带商业条件甚至有其他目的，这会给学校良好育人环境带来负面影响。在当前学生组织法律地位尚未明确的情况下，一旦出现纠纷，会一定程度影响学校的声誉。对此，我们建议：

第一，依法加强管理和审查，规范学生会等学生组织拉赞助的行为。共青团中央、教育部、全国学联下发的《高校学生社团管理暂行办法》明确指出，高校团委应做好社团经费来源、经费使用情况的监督指导工作，加强对学生社团接受校外资金的合法合规性审查和管理。对此，学校应当结合本校实际，出台制定相关管理办法，规范学生组织拉赞助的工作流程和经费使用要求，明确审查管理的机构和权责，确保各类社会赞助资金来源和用途的合法性，尤其是对所附义务条件应提交法律专家予以审核，明确双方权利义务，避免风险。

第二，依法解决纠纷和矛盾，维护学校育人环境和声誉。学校在依法加强社会赞助等校外资金管理的同时，应当加强监督。一方面学校应严格按照约定使用社会赞助，履行义务；另一方面要督促赞助方依约定交付赞助，并在约定范围内行使权利。对于超越约定范围，冒用学校名义进行宣传，或在校园内进行无关活动的，学校应当制止，必要时可以诉诸法律，要求其承担相应法律责任。

第三，加强法治宣传，提升学生的法治观念。学校在加强管理的同时，要做好学生的宣传引导工作。要规范学生组织的拉赞助行为，增强其成员的法治意识，教育其合理合法引入校外资金。要明确告知其争取社会资金应当遵守法律法规和校规校纪，争取资金时，不得做虚假承诺，应如实告知赞助方应享有的权利。可由学校经征求法律专家意见，制定出社会赞助的协议范本，明确双方的权利义务，由学生组织统一使用。

（四）法规政策链接

1.《中华人民共和国民法总则》

第五十七条 法人是具有民事权利能力和民事行为能力，依法独立享有民事权利和承担民事义务的组织。

第五十八条 法人应当依法成立。

法人应当有自己的名称、组织机构、住所、财产或者经费。法人成立的具体条件和程序，依照法律、行政法规的规定。

设立法人，法律、行政法规规定须经有关机关批准的，依照其规定。

2.《中华人民共和国合同法》

第一百八十五条 赠与合同是赠与人将自己的财产无偿给予受赠人，受赠人表示接受赠与的合同。

第一百九十条 赠与可以附义务。

赠与附义务的，受赠人应当按照约定履行义务。

第一百三十一条 民事主体行使权利时，应当履行法律规定的和当事人约定的义务。

3.《中华人民共和国高等教育法》

第三十条 高等学校自批准设立之日起取得法人资格。高等学校的校长为高等学校的法定代表人。

高等学校在民事活动中依法享有民事权利，承担民事责任。

4.《中华人民共和国公益事业捐赠法》

第二条 自然人、法人或者其他组织自愿无偿向依法成立的公益性社会团体和公益性非营利的事业单位捐赠财产，用于公益事业的，适用本法。

第三条 本法所称公益事业是指非营利的下列事项：

（一）救助灾害、救济贫困、扶助残疾人等困难的社会群体和个人的活动；

（二）教育、科学、文化、卫生、体育事业；

（三）环境保护、社会公共设施建设；

（四）促进社会发展和进步的其他社会公共和福利事业。

5.《高校学生社团管理暂行办法》

（内容略）

四、学生参加假期社会实践出现意外伤害如何应对？

（一）案例介绍

暑期，D 高校团委组织学生支教团前去某偏远山区支教。经过选拔，十余名学生在团委老师带领下，前往某偏远山区小学进行了为期一个月的支教。同学们到达后，热情很高，积极开展各项活动，帮助当地小学生复习功课，进行家访，等等。但因当地条件艰苦，一行人生活上遇到了很大困难，不少学生因水土不服和饮食习惯问题，出现了上吐下泻、虚弱无力的情况，还有个别同学被蛇虫咬伤；且当地地处山区，时值雨季，支教的学生要走数十里泥泞陡峭的山路接送小学生。尽管带队老师做了周密安排，每次都亲自带队，安排身强力壮的男同学前往，但还是出了意外。一天早上因为雨比较大，一位学生因山路陡峭湿滑摔到山沟里，小腿严重骨折。虽及时送医，但当地医疗条件有限，经治疗后仍有残疾的可能。

（二）法理剖析

本案例作为典型的社会实践中学生意外伤害事件，其法律焦点在于：①如何界定社会实践中学校和学生之间的权利义务关系？②出现意外伤害事件时，学生和学校应当承担何种法律责任？

第一，因社会实践的组织形式不同，学校和学生之间权利义务关系大相径庭。

社会实践作为大学生深入社会，促进理论联系实际，实现全面发展的重要途径，当前越来越受到重视。大学生社会实践活动呈快速发展态势，形式和内容日益多样，除本案例中由团委、学院等学校部门统一组织的暑期社会实践之外，还有根据教育部的文件要求被纳入教学活动之内、计入学分的社会实践活动，以及学生党团组织、班级、社团等学生组织及学生个人自发开展的各类社会实践活动。

社会实践活动因组织形式不同，其参与各方的权利义务关系不同。一般而言，由学校部门统一组织或是纳入教学计划的社会实践活动，学校负有管理教育的职责和保障学生安全的义务，学生应当服从学校管理；而由党团组织、班级、社团或学生个人开展的活动，则要看是否经过学校许可，如活动已经相关部门或负责老师批准、备案，则学校应当承担指导、安全保障等管理教育责任；如活动由学生自发进行，未经批准或备案，则学校只承担一般意义上的安全教育义务。就本案例而言，该支教活动是由学校统一组织的活动，学校应当承担安全教育和采取必要安全措施的法律义务。

第二，社会实践中出现的学生意外伤害事件，应根据各方的过错来判定法律责任。

根据《学生伤害事故处理办法》的规定，因学校组织学生参加教育教学活动或者校外活动，未对学生进行相应的安全教育，并未在可预见的范围内采取必要的安全措施造成的学生伤害事故，学校应当依法承担相应的责任。就此，无论是学校统一组织，还是纳入课堂教学，抑或批准备案的社会实践活动，学校均负有管理教育的法律责任。如由研究生导师组织的社会调研活动，系研究生的教育教学活动。在调研过程出现交通意外等，除交通事故当事人应当承担法律责任之外，应视导师是否履行其安全义务的情况，由学校承担相关法律责任。事后学校可根据导师的过错情况，依法向其追偿。当然如果系导师自己行为或者第三者行为导致意外伤害的，则学校并无法律责任。

在本案中，本次支教活动在组织方面确实存在问题。对于艰苦的条件，学校和学生都准备不足。对于学生的意外伤害，学生本身并无过错；带队老师做了相应安排，但安全措施不足。应当依据《侵权责任法》的相关规定，学校承担人身损害赔偿责任。如果带队老师已经尽到安全教育的义务，是因地震、雷击、台风、洪水等不可抗的自然因素造成学生意外伤害的，学校则不承担法律责任，但应本着立德树人的目的，给予人道主义帮助。

对于学生组织或是个人自发、未经学校批准备案的社会实践活动，学校需要尽到一般安全教育的义务，对学生进行安全提醒或是警示。而实践中较为常见的是，学生虽然参与的是学校组织的社会实践，但因其间外出游玩等自行活动而导致意外伤害的事件。对于此类学生违反学校安排，自行外出或是擅自离校期间出现的意外伤害事件，学校如果尽到安全教育管理责任，是因学生未按学校和老师的要求自行活动而导致的，学校不承担法律责任；否则，根据学校和学生的过错分别承担相应法律责任。

（三）对策建议

当前因法律政策不完善，处理社会实践中的学生意外伤害等事件仍然是高校面临的难题。虽然团中央等部门采用通知的形式要求对于所有参加社会实践的学生应当购买人身意外保险，但因资金和财务管理等因素，其效果和覆盖面不甚理想。

第一，建立健全大学生社会实践保障制度建设。当前实践育人工作受到了社会高度关注，教育部等部门出台《关于进一步加强高校实践育人工作的若干意见》（教思政〔2012〕1号）中已经明确了相关要求。可在此基础上，建立健全大学生社会实践保险制度，对于参加学校组织的社会实践等教育教学活动的学生，由学校统一购置人身意外保险；而对于学生自发组织的活动，按学校动员、学生自愿的原则购置保险，来防范抵御风险。

第二，加强统一管理，做好安全教育，落实安全责任。《关于进一步加强高校实践育人工作的若干意见》（教思政〔2012〕1号）中明确提出要制定安全预案，大力加强对学生的安全教育和安全管理，确保实践育人工作安全有序。对此，高校在开展社会实践工作时，应加强安全教育，增强师生的安全意识和自救意识，同时做好各类社会实践活动管理工作，做好工作预案，落实安全责任。

第三，高校师生应当增强自身法治意识。师生应当遵守法律法规和学校相关规定开展社会实践，涉及集体外出等活动时，应当按要求进行批准或备案。在社会实践期间，应当提高安全防范意识，做好自身安全防范，建立与实践地区单位的沟通机制，做到预防为先，避免发生各类意外事件。

（四）法规政策链接

1.《学生伤害事故处理办法》（中华人民共和国教育部令第12号）

第九条　因下列情形之一造成的学生伤害事故，学校应当依法承担相应的责任：
……

（四）学校组织学生参加教育教学活动或者校外活动，未对学生进行相应的安全教育，并未在可预见的范围内采取必要的安全措施的。

第十二条　因下列情形之一造成的学生伤害事故，学校已履行了相应职责，行为并无不当的，无法律责任：

（一）地震、雷击、台风、洪水等不可抗的自然因素造成的。

第十三条　下列情形下发生的造成学生人身损害后果的事故，学校行为并无不当的，不承担事故责任；事故责任应当按有关法律法规或者其他有关规定认定：
……

（二）在学生自行外出或者擅自离校期间发生的。

第十四条　因学校教师或者其他工作人员与其职务无关的个人行为，或者因学生、教师及其他个人故意实施的违法犯罪行为，造成学生人身损害的，由致害人依法承担相应的责任。

第二十七条　因学校教师或者其他工作人员在履行职务中的故意或者重大过失造成的学生伤害事故，学校予以赔偿后，可以向有关责任人员追偿。

2. 教育部等部门《关于进一步加强高校实践育人工作的若干意见》（教思政〔2012〕1号）

13. 加强考核管理。……各高校要制定实践育人成效考核评价办法，切实增强实践育人效果。要制定安全预案，大力加强对学生的安全教育和安全管理，确保实践育人工作安全有序。

五、学生参加学校的文体活动意外伤害应如何处理？

（一）案例介绍

A 高校一年一度的学校运动会落幕。作为组织者的负责老师却为几件棘手的事情要进行善后。一件是在运动会开幕式文艺表演上，有一位参演女同学因摔倒导致小腿骨折。另外两件则是比赛中的意外伤害，在跨栏比赛中，有一位男选手摔倒后，和其他选手相撞，一人轻伤，一人小腿骨折；另外在五千米决赛中，有三名同学出现缺水、虚脱的症状，其中有一名同学情况十分严重，因其体质较为特殊，仍在医院抢救未脱离危险。学校已经安排对受伤同学的治疗，并将相关情况通知其家属。学生家属来到后，要求学校应当承担法律责任，给予赔偿。

（二）法理剖析

学生参加学校的体育比赛以及文艺演出等活动中发生的意外伤害事件并不少见，其法律焦点在于：学校是否应当承担法律责任，以及承担何种法律责任。

第一，学校组织文体活动中出现的意外伤害事件，应根据法律关系性质明确责任主体。

在本案例中，虽然几起意外伤害事件均出现在运动会期间，但其法律性质不同，其法律责任主体亦不同。这几起意外事件分为两类，第一类是学生参加学校组织的文艺演出而出现意外伤害，即女生在参加开幕式演出时受伤的情况；第二类则是学生在体育竞赛中意外伤害，即运动员在比赛过程中意外伤害的情况。对于后者，根据《学校体育工作条例》的相关规定，学生参加学校组织的运动会，属于非体育课堂教学的课外体育活动。依据《学生伤害事故处理办法》的规定，学生在对抗性或者具有风险性的体育竞赛活动中发生意外伤害的，学校已履行了相应职责，行为并无不当的，无法律责任。而对于前者，属于学生参加的学校组织的活动，适用过错原则，由过错方的当事人承担法律责任。

因此，在本案例的几起意外伤害事件应当分类处理，对于参加开幕式文艺表演的女生受伤事件，要看作为组织方的学校在所提供的场地、设备、活动安排上是否存在过错，如果存在，应当承担法律责任。而对于在运动会上因参加比赛而受到意外伤害的学生，除非有特殊情况，如场地设备存在重大缺陷、学校组织混乱、出现意外伤害后学校救治不及时导致严重后果等，学校并无法律责任。

第二，高校应当依法妥善处理文体活动中出现的学生意外伤害事件，积极化解矛盾纠纷。

意外伤害事件关系到学生本人的人身健康，对于学生家庭也有重大影响。学校如不能依法妥善处理此类事件，很容易激化矛盾，给学校正常的教育教学秩序和生活秩序带来负面影响。一旦出现学生意外伤害事件，学校应当及时组织救治，并告知其家属，还要视情况严重程度上报主管部门。而解决此类事件，可采用协商、调解和诉讼方式，调解是在双方自愿的情况下申请由教育行政部门主持，调解并不影响诉讼。依据《学生伤害事故处理办法》相关规定，对于学生意外伤害事件中，学校对学生伤害事故负有责任的，根据责任大小，适当予以经济赔偿，但不承担解决户口、住房、就业等与救助受伤害学生、赔偿相应经济损失无直接关系的其他事项。如无责任的，如果有条件，可以根据实际情况，本着自愿和可能的原则，对受伤害学生给予适当的帮助。

在本案例中，对于在体育比赛中出现意外伤害的学生，学校并无法律责任，但学校可以根据实际情况，给予学生适当的补偿和帮助，安抚其家属情绪，避免矛盾的激化。而对于参加文艺演出受伤的女生，学校则可根据法律责任的大小给予经济赔偿。

（三）对策建议

学生参加学校组织的文体活动中出现意外伤害是学校日常管理中较为常见的现象，当前还屡屡出现学生参加马拉松比赛猝死的重大伤亡事件。对此，学校应当做好学生安全教育工作，做好文体活动的组织筹备工作，确保场地、设施等安全，并做好安全预案，能够及时应对突发事件。而对于高风险的文体活动，学校可以通过统一购置人身意外保险等措施保护学生的权益，防范风险。而出现意外伤害事件后，学校应当及时救治，依法妥善处理，避免矛盾激化。

（四）法规政策链接

1.《学生伤害事故处理办法》（中华人民共和国教育部令第12号）

第五条 学校应当对在校学生进行必要的安全教育和自护自救教育；应当按照规定，建立健全安全制度，采取相应的管理措施，预防和消除教育教学环境中存在的安全隐患；当发生伤害事故时，应当及时采取措施救助受伤害学生。

第十一条 学校安排学生参加活动，因提供场地、设备、交通工具、食品及其他消费与服务的经营者，或者学校以外的活动组织者的过错造成的学生伤害事故，有过错的当事人应当依法承担相应的责任。

第十二条 因下列情形之一造成的学生伤害事故，学校已履行了相应职责，行为并无不当的，无法律责任：

……

（五）在对抗性或者具有风险性的体育竞赛活动中发生意外伤害的。

第二十六条 学校对学生伤害事故负有责任的，根据责任大小，适当予以经济赔偿，但不承担解决户口、住房、就业等与救助受伤害学生、赔偿相应经济损失无直接关系的其他事项。

学校无责任的，如果有条件，可以根据实际情况，本着自愿和可能的原则，对受伤害学生给予适当的帮助。

2.《学校体育工作条例》（中华人民共和国国家教育委员会令第8号）

第十四条 学校体育竞赛贯彻小型多样、单项分散、基层为主、勤俭节约的原则。学校每学年至少举行一次以田径项目为主的全校性运动会。

六、高校取消校园讲座引发争议如何处理？

（一）案例介绍

F高校微博协会拟邀请一位知名网络大V来校做讲座，经向学校提出申请并获批准。微博协会前期做了大量宣传，考虑到主讲人具有较高社会知名度，于是安排了一个能容纳八百人的学校礼堂作为讲座地点。但没想到，讲座当天异常火爆，近两千人前来听讲座，将礼堂挤得水泄不通。协会负责人及时将该情况报告学校负责老师，希望能调换大些的场地。而经查阅，所有场地均已安排活动。对此，学校负责老师和协会负责人在现场和同学们进行了沟通，对于晚到没有座位的同学进行了劝离；但效果不佳，仍有大量学生陆续赶来，拥挤在安全通道和出口处。考虑到学生安全，防止出现踩踏等意外事件，学校负责老师经与协会负责人、主讲人沟通征得同意后，决定取消本次讲座，择日再办。随后协会负责人现场发布通知，学校安排保安疏散了现场同学。第二天，该大V在网络发帖指责学校无故取消讲座，干涉言论自由，侵犯学生知情权。该帖在社会上引发热议，校园里一些学生也对取消讲座表示不理解，该帖给学校的声誉带来不良影响。

（二）法理剖析

本案例反映的是校园讲座管理中高校和学生的权责关系。其法律焦点在于：①该校是否有权取消已经批准的校园讲座？②因不实网帖给学校带来的不良影响，应由谁对此承担法律责任？

第一，校园讲座必须依法举办，管理校园讲座是学校的法律职责。

讲座作为高校校园文化生活的重要组成部分，是拓宽学生知识面、促进学生全面发展的重要平台。校园讲座必须依法进行，学校作为管理方必须依法履行职责。《高等学校校园秩序管理若干规定》《普通高等学校学生管理规定》对于校园讲座举办的内容和申请程序等有着明确规定，举办讲座应当由学校批准，讲座内容不得违反法律法规，不得影响学校正常的教育教学秩序和生活秩序。而对于举办讲座未经批准，或是影响到学校正常教育教学秩序和生活秩序的，学校有权予以制止，责令其停止活动。

在本案例中，微博协会虽然履行了讲座申请程序并获批准，但其活动准备不足，存在着严重安全隐患，影响了学校正常的教育教学和生活秩序。对此，学校出于校园安全的考虑，有权停止该活动。如果学校不履行管理职责，一旦发生踩踏等安全事故，学校以及相关负责人应当承担相应的法律责任。而如讲座涉及反对我国宪法确立的根本制度，违反我国的教育方针，或是宣传封建迷信、宗教活动等违反法律法规的内容，学校也有权不予以批准和临时叫停。对于未经批准擅自举行的讲座，学校应当予以制止，并有权对当事学生给予相应处分，涉及违法犯罪的交由公安机关处理。

第二，因不实网帖给学校带来负面影响，应由发帖人承担相应的法律责任。

管理校园讲座作为学校应当履行的法律职责，本案例中学校的行为并无不当之处，因讲座存在严重安全隐患，且无法更换场地，学校经和主讲人、负责的学生沟通，征得其同意后做出临时取消的决定合理合法。对此，某网络知名人士在明知事实的情况下，发帖指责学校无故取消讲座，其行为违反了《网络安全法》的有关规定，属于捏造事实，侵犯了学校的名誉权，应当依据《侵权责任法》有关规定承担侵权责任。而如果该行为情节严重，造成严重后果的，则应依据《治安管理处罚法》《刑法》承担相应的法律责任。因此，对于该网络大 V 发布的不实网帖，学校有权追究其法律责任。

当然在本案例中，学校的做法也有诸多可以改进之处。对于此类参加人数较多的讲座，学校可以采用网络直播等方式分流人群，避免现场的安全隐患。而对于讲座改期这类突发事件，学校可以通过微信、微博等新媒体进行网络公告，并在线下做好相关通知、疏导工作，通过线上和线下相结合的方式让学生第一时间了解实情，避免错误信息的传播。而在网络大 V 发帖时，学校也应当第一时间应对，及时公布真实情况，避免谣言的进一步传播。

（三）对策建议

校园讲座管理对于维护学校良好教育教学秩序和生活秩序有着重要意义。对此，学校应当全面规范校园讲座秩序管理，依据法律法规制定管理办法，明确机构职责和工作流程，落实工作责任，尤其要明确讲座组织者的安全责任，要制定详尽的安全预案，避免各类突发事件。

（四）法规政策链接

1.《普通高等学校学生管理规定》（中华人民共和国教育部令第 41 号）

第四十四条

……学生团体邀请校外组织、人员到校举办讲座等活动，需经学校批准。

第四十五条

……

学生进行课外活动不得影响学校正常的教育教学秩序和生活秩序。

2.《高等学校校园秩序管理若干规定》（国家教育委员会令第 13 号）

第十三条 在校内组织讲座、报告等室内活动，组织者应当在七十二小时前向学校有关机构提出申请，申请中应当说明活动的内容、报告人和负责人的姓名。学校有关机构应当最迟在举行时间的四小时前将许可或者不许可的决定通知组织者。逾期未通知的，视为许可。

讲座、报告等不得反对我国宪法确立的根本制度，不得违反我国的教育方针，不得宣传封建迷信，不得进行宗教活动，不得干扰学校的教学、科研和生活秩序。

第十六条 违反本规定第十二条、第十三条、第十四条和第十五条的规定的，学校有关机构可以责令其组织者以及其他当事人立即停止活动。违反本规定第十二条第二款的规定，损害国家财产的，学校有关机构可以责令其赔偿损失。

3.《中华人民共和国刑法》

第一百三十五条之一 举办大型群众性活动违反安全管理规定，因而发生重大伤亡事故或者造成其他严重后果的，对直接负责的主管人员和其他直接责任人员，处三年以下有期徒刑或者拘役；情节特别恶劣的，处三年以上七年以下有期徒刑。

4.《中华人民共和国侵权责任法》

第三十六条 网络用户、网络服务提供者利用网络侵害他人民事权益的，应当承担侵权责任。

5.《中华人民共和国网络安全法》

第十二条第二款 任何个人和组织使用网络应当遵守宪法法律，遵守公共秩序，尊重社会公德，不得危害网络安全，不得利用网络从事危害国家安全、荣誉和利益，煽动颠覆国家政权、推翻社会主义制度，煽动分裂国家、破坏国家统一，宣扬恐怖主义、极端主义，宣扬民族仇恨、民族歧视，传播暴力、淫秽色情信息，编造、传播虚假信息扰乱经济秩序和社会秩序，以及侵害他人名誉、隐私、知识产权和其他合法权益等活动。

6.《最高人民法院 最高人民检察院关于办理利用信息网络实施诽谤等刑事案件适用法律若干问题的解释》（法释〔2013〕21 号）

第五条第二款 编造虚假信息，或者明知是编造的虚假信息，在信息网络上散布，或者组织、指使人员在信息网络上散布，起哄闹事，造成公共秩序严重混乱的，依照刑法第二百九十三条第一款第（四）项的规定，以寻衅滋事罪定罪处罚。

第三章　大学生心理健康教育篇

一、大学生因心理问题自杀、自伤事件应如何应对？

（一）案例介绍

C 大学本科生小涛，平时性格较为孤僻，与同学交往较少。期末考试期间因学习压力较大而出现焦虑症状。辅导员发现后，安排其前往心理咨询中心进行咨询，心理咨询中心老师经评估后，建议其到专科医院就诊。经专科医院评估诊断后，建议其进行药物治疗，学校通知其家长陪读，并在心理咨询中心接受辅助的心理辅导。小涛接受咨询后，状态逐步开始好转，其父母认为其已经没有问题，随后返家，没有陪读。在此期间，老师也安排同宿舍同学予以关注。然而在最后一门考试结束后，小涛在毫无征兆的情况下，突然从宿舍楼跳下。虽经抢救后挽回生命，但致身体伤残。学校第一时间发现后，及时开展救治，第一时间通知家长，上报有关部门，并全面开展心理危机排查工作和舆论引导工作。其父母认为学校未能尽到管理责任，向学校索要巨额赔偿。未果后父母以小涛的名义将学校诉至法院，索赔医疗费、护理费、残疾赔偿金等共 300 万余元。法院审理后认为学校已尽责，驳回其全部诉讼请求。

（二）法理剖析

本案例作为典型的学生因心理问题自杀自伤的事件，其法律焦点在于：学校是否有过错？是否应当承担法律责任？对此，《学生伤害事故处理办法》中规定，对于学生自杀、自伤的，学校已履行了相应职责，行为并无不当的，无法律责任。

第一，学校应当履行学生心理健康教育的法定职责。

在此类因心理问题学生自杀、自伤事件中，学校是否承担法律责任的关键在于是否履行了心理健康教育的相应职责。依据《精神卫生法》等法律法规以及教育部《普通高等学校学生心理健康教育工作基本建设标准（试行）》等规定，学校应当履行以下心理健康教育的法定职责：是否在日常工作中及时关注学生心理健康状况，正确引导、激励学生；是否与学生父母或者其他监护人、近亲属沟通学生心理健康情况，是否有着完善的心理健康教育的机制体制，是否依照执业规范开展心理咨询工作，是否对有较为严重精神障碍的学生落实了危机干预的措施，是否按规定指导和帮助学生与其法定监护人进行转介，是否及时上报并及时向主管教育行政部门及有关部门报告，等等。如果学校已经履行以上职责，则学校无责任。

在本案例中，学校无论是在平时关注，还是在早期发现和处理，以及危机事件的应对中，并无不当之处。因此，其父母虽提出巨额赔偿的诉讼请求，被法院驳回也在情理之中。

第二，如学校未能尽责，则要承担相应法律责任。如学校未能尽到以上法定职责，则应根据《侵权责任法》《学生伤害事故处理办法》的相关规定予以赔偿，根据责任大小，适当予以经济赔偿，但不承担解决户口、住房、就业等与救助受伤害学生、赔偿相应经济损失无直接关系的其他事项。学校无责任的，如果有条件，可以根据实际情况，本着自愿和可能的原则，对受伤害学生给予适当的帮助。本案中，小涛以及父母索赔虽无法律依据，但学校可视情况给予其适当帮助。

当然由于心理健康问题的复杂性和隐秘性，相对于本案小涛表现出明显的心理症状之外，还有一些学生心理问题表现并不明显，甚至不易被发觉。在实践中也有一些平时表现正常的学生突然发生意外的案例。对此，《学生伤害事故处理办法》中也将学生有特异体质、特定疾病或者异常心理状态，学校不知道或者难以知道的作为学校的免责条款。

（三）对策建议

因心理问题导致学生自杀作为高校常见事件之一，其受到社会高度关注，且易出现有关人员上访闹访等次生问题。如不能妥善处置，不仅影响学校的安全稳定，而且严重影响学校乃至整个高等教育的社会声誉和形象。对此，我们建议：

第一，学校应加强日常心理健康教育工作，通过心理健康课程、讲座、个体心理咨询、团体心理辅导等活动全面普及心理健康知识，提高学生自我心理健康意识。进一步完善心理健康教育的工作机构和人员配备、经费支持等，提高学校心理健康教育工作的水平。

第二，加强学生心理普查和危机排查工作，做好对重点人的工作。平时要做好预案，建立台账，做到一人一案，责任到人。

第三，一旦发生此类事件，要迅速启动预案，及时抢救伤员，报告有关部门，通知其父母、近亲属或是法定监护人，并做好相关信息通报工作，高度关注舆情。

第四，法理情并用做好善后工作。事件发生后，全面查清事实，明确法律责任，及时通报和安抚其家属，并视情况进行相应的舆论引导工作；而在依法解决事件的基础上，要贯彻立德树人宗旨，要切实解决学生家庭困难，尽可能给予帮扶，避免矛盾的转移和激化，产生新的社会不稳定因素。

（四）法规政策链接

1.《中华人民共和国精神卫生法》

第十六条 各级各类学校应当对学生进行精神卫生知识教育；配备或者聘请心理健康教育教师、辅导人员，并可以设立心理健康辅导室，对学生进行心理健康教育。

学前教育机构应当对幼儿开展符合其特点的心理健康教育。

发生自然灾害、意外伤害、公共安全事件等可能影响学生心理健康的事件，学校应当及时组织专业人员对学生进行心理援助。

教师应当学习和了解相关的精神卫生知识，关注学生心理健康状况，正确引导、激励学生。地方各级人民政府教育行政部门和学校应当重视教师心理健康。

学校和教师应当与学生父母或者其他监护人、近亲属沟通学生心理健康情况。

2.《学生伤害事故处理办法》（中华人民共和国教育部令第12号）

第十二条 因下列情形之一造成的学生伤害事故，学校已履行了相应职责，行为并无不当的，无法律责任：

......

（三）学生有特异体质、特定疾病或者异常心理状态，学校不知道或者难以知道的；

（四）学生自杀、自伤的。

3.《普通高等学校学生心理健康教育工作基本建设标准（试行）》（教思政厅【2011】1号）

（内容略）

二、严重心理障碍和心理疾病的学生应如何转介？

（一）案例介绍

李丽系G大学某学院二年级硕士研究生。李丽入学后，其专业学习比较吃力，难以跟上课程进度，在期末考试时多门课程缓考。而因其性格比较孤僻，其多次和同宿舍同学发生争执并有肢体冲突。她认为同学联合起来欺负她，偷了她的钱财和饭卡，让她无法在宿舍中立足。学院为缓和同学关系，为其安排单人宿舍，安排学生骨干予以关注，并建议其前往心理咨询中心接受咨询。李丽并没有到心理咨询中心咨询。而在宿舍居住期间，其多次和宿管人员发生冲突，认为有人潜入宿舍偷盗其财物。有一次在楼道内和宿管人员发生冲突，并打伤前来制止的保安。经报警后，公安将李丽带到医院就诊，医生经初步诊断为重性精神病，建议其住院治疗。对此，学校多次通知李丽父母前来，告知李丽的情况后要求他们带李丽到精神疾病专科医院诊断评估。但父母认为李丽并没有心理疾病，以各种借口拖延不到。李丽父母在学校强烈要求下来校后，在未告知学校的情况下很短时间内就自行返家。后李丽多次在学校发病，并有打砸物品的举动，学校也报警处理，公安机关也多次出面，但因没有监护人同意，无法安排其到专科医院诊疗。学校也一直联系其父母，要求他们履行监护责任。其父母则始终回避，或不接电话，或拒不承认李丽患病实情。而李丽因多次在宿舍中有打砸物品的举动，引发同楼层学生不安，联名要求学校及时处理。在此情况下，学校外请两名专科医院的精神科专家到学校对李丽的情况进行初步评估，初步评估的结果为李丽有患有严重精神疾病的倾向，建议到专科医院进行诊断治疗。

（二）法理剖析

本案例作为患有严重精神疾病的学生的转介典型，其法律焦点在于：李丽作为精神病患者，其父母、学校以及公安机关应当对其人身安全、送医治疗等承担何种法律责任？

第一，李丽父母作为法定监护人，其应当履行监护责任。

《精神卫生法》对于患有精神障碍患者的诊断、就诊等有着明确规定，除个人自愿前往外，近亲属可以将其送往医疗机构进行精神障碍诊断。住院治疗采取自愿原则，而对于出现自伤情况的严重精神障碍者，其住院治疗必须经过监护人同意，如监护人不同意住院治疗，则应当对在家居住的患者做好看护管理，按照医嘱督促其按时服药、接受随访或者治疗。对于出现危害他人安全行为或是危险情况的，则应当住院治疗。对于监护人未尽到监护责任的情况，《精神卫生法》规定，医疗机构出具的诊断结论表明精神障碍患者应当住院治疗而其监护人拒绝，致使患者造成他人人身、财产损害的，或者患者有其他造成他人人身、财产损害情形的，其监护人依法承担民事责任。

在本案例中，李丽经医院诊断为重性精神病，经医生初步诊断，建议住院治疗。其在学校里出现伤人毁物的行为，已经危害他人安全，属于应当住院治疗的情况。其父母作为其法定监护人逃避监护义务，不仅没有送其住院而且也没有妥善看护，对于李丽的行为造成他人人身财产权利的损害，其父母应当承担相应法律责任。

第二，高校应当积极指导学生就医治疗，并依法对学生进行转介。

对于在校学生，学校负有开展心理健康教育的法律责任，要关注学生心理健康状况，正确引导、激励学生。根据《精神卫生法》的规定，高校心理健康教育者无权进行精神障碍的诊断，只能建议疑似精神障碍者就医，对诊疗康复后的精神障碍患者进行咨询，否则心理健康教育者将面临行政处罚。《普通高等学校学生心理健康教育工作基本建设标准（试行）》中明确规定，对有较严重障碍性心理问题的学生，应及时指导学生到精神疾病医疗机构就诊；对有严重心理危机的学生，应及时通知其法定监护人，协助监护人做好监控工作，并及时将学生按有关规定转介给精神疾病医疗机构进行处理。转介过程应详细记录，做到有据可查。而对于出现的严重精神疾病可能对他人造成伤害的学生，《普通高等学校学生管理规定》也明确学校可以依法采取或者协助有关部门采取必要措施。

本案例中李丽属于严重心理危机的情况，学校已经发现了并给予李丽教育指导，通知了作为监护人的父母，并在住宿等方面给予便利和关注；而在李丽出现伤人毁物违法行为时，及时制止并报警，配合公安机关送医治疗，已经尽到法律责任。对于李丽父母不配合导致无法住院治疗的情况，学校应当明确告知其应当履行监护的法律责任。当然考虑到高校育人的目的，学校要尽可能和其监护人进行充分沟通，为学生的病情改善争取机会。当然，学校必须依法进行转介，如果监护人拒不履行监护责任的话，学校可以通过法律途径解决。

第三，公安机关应依法履行维护公共安全，保障精神障碍患者权利的法律职责。

《精神卫生法》规定，精神障碍患者违反治安管理处罚法或者触犯刑法的，依照有关法律的规定处理。虽然严重精神障碍患者因其疾病不具备完全的责任能力，但其行为仍然具有社会危害性。因此，公安机关对于疑似精神障碍患者发生伤害自身、危害他人安全的行为，或者有伤害自身、危害他人安全的危险的，应当立即采取措施予以制止，并将其送往医疗机构进行精神障碍诊断。而对于已经发生危害他人安全的行为，或者有危害他人安全的危险的应当住院治疗的严重精神障碍患者，如果监护人阻碍实施住院治疗或者患者擅自脱离住院治疗的，可以由公安机关协助医疗机构采取措施对患者实施住院治疗。

在本案例中，对于李丽出现的危害他人安全的行为，公安机关接到报警后将其送往医院治疗是其履行法律职责的表现。而对于李丽此类已经有危害他人安全行为的应当住院治疗，监护人拒绝履行法律职责的，公安机关则应当采取措施协助医疗机构对其实施住院治疗，学校应做好相关配合工作。而如果李丽的情况涉及违反《刑法》《治安管理处罚法》，则应追究其法律责任。

（三）对策建议

对于在心理辅导或心理咨询中发现存在严重心理障碍和心理疾病的学生，学校应当及时转介到专业医疗机构予以治疗。但由于种种原因，现实中学生以及家庭的不理解、不配合的情况并不少见，一些学生甚至抗拒咨询和治疗，本案例中李丽是较为典型的情况。这导致学校心理健康教育工作开展非常困难，也带来了巨大的安全隐患。对此，学校要积极做好心理健康教育知识普及工作，要让学生及其父母了解心理健康的重要性。同时还要依法开展心理健康教育工作，按法律规定办事，不失职，不越权，切实保障学生权利，维护校园安全稳定。当然考虑到学生的情况，对于不配合的学生，在工作中还要注意方式方法，需要跟学生深入沟通，帮助学生解决学习、生活中的实际问题；同时与家长保持充分的沟通，尽力说服学生寻求帮助，为学生争取更多的改善契机，但也要注意接纳学生的选择，保持关注，不抛弃、不放弃。

（四）法规政策链接

1.《中华人民共和国精神卫生法》

第九条 精神障碍患者的监护人应当履行监护职责，维护精神障碍患者的合法权益。

禁止对精神障碍患者实施家庭暴力，禁止遗弃精神障碍患者。

第二十八条 除个人自行到医疗机构进行精神障碍诊断外，疑似精神障碍患者的近亲属可以将其送往医疗机构进行精神障碍诊断。对查找不到近亲属的流浪乞讨疑似精神障碍患者，由当地民政等有关部门按照职责分工，帮助送往医疗机构进行精神障碍诊断。

疑似精神障碍患者发生伤害自身、危害他人安全的行为，或者有伤害自身、危害他人安全的危险的，其近亲属、所在单位、当地公安机关应当立即采取措施予以制止，并将其送往医疗机构进行精神障碍诊断。

第三十条 精神障碍的住院治疗实行自愿原则。

诊断结论、病情评估表明就诊者为严重精神障碍患者并有下列情形之一的，应当对其实施住院治疗：

（一）已经发生伤害自身的行为，或者有伤害自身的危险的；

（二）已经发生危害他人安全的行为，或者有危害他人安全的危险的。

第三十一条 精神障碍患者有本法第三十条第二款第一项情形的，经其监护人同意，医疗机构应当对患者实施住院治疗；监护人不同意的，医疗机构不得对患者实施住院治疗。监护人应当对在家居住的患者做好看护管理。

第三十五条第二款 再次诊断结论或者鉴定报告表明，精神障碍患者有本法第三十条第二款第二项情形的，其监护人应当同意对患者实施住院治疗。监护人阻碍实施住院治疗或者患者擅自脱离住院治疗的，可以由公安机关协助医疗机构采取措施对患者实施住院治疗。

第五十一条 心理治疗活动应当在医疗机构内开展。专门从事心理治疗的人员不得从事精神障碍的诊断，不得为精神障碍患者开具处方或者提供外科治疗。心理治疗的技术规范由国务院卫生行政部门制定。

第五十三条 精神障碍患者违反治安管理处罚法或者触犯刑法的，依照有关法律的规定处理。

第七十九条 医疗机构出具的诊断结论表明精神障碍患者应当住院治疗而其监护人拒绝，致使患者造成他人人身、财产损害的，或者患者有其他造成他人人身、财产损害情形的，其监护人依法承担民事责任。

2.《普通高等学校学生管理规定》（中华人民共和国教育部令第41号）

第四十二条第二款　学校发现学生在校内有违法行为或者严重精神疾病可能对他人造成伤害的，可以依法采取或者协助有关部门采取必要措施。

3.《普通高等学校学生心理健康教育工作基本建设标准（试行）》（教思政厅〔2011〕1号）

18. 高校应制定心理危机干预工作预案，明确工作流程及相关部门的职责。应积极在院（系）、学校心理健康教育和咨询机构、校医院、精神疾病医疗机构等部门之间建立科学有效的心理危机转介机制。有条件的高校可在校医院设立精神科门诊，或聘请精神专科职业医师到校医院坐诊。对有较严重障碍性心理问题的学生，应及时指导学生到精神疾病医疗机构就诊；对有严重心理危机的学生，应及时通知其法定监护人，协助监护人做好监控工作，并及时将学生按有关规定转介给精神疾病医疗机构进行处理。转介过程应详细记录，做到有据可查。

三、心理咨询中的大学生隐私权如何保护？

（一）案例介绍

文丽是 G 大学大一新生，刚一入学，她有些不适应大学的学习和生活方式，感到很迷茫，觉得每天就是程式化地教室、宿舍、食堂三点一线，同学们也只是忙于自己的事情，平时交流很少；而且上课都是老师讲，下课需要自己看书，她也不知道要看什么书，明显感觉跟不上进度。对此，她的心情很压抑郁闷，特别想向人倾诉。这时候，她想起了在新生入学教育中，辅导员老师所提到的心理咨询中心可以帮助学生疏导。于是，她就电话预约了心理咨询。当时接待她的老师特别友善，耐心听取了她的心事，还给了她不少的建议。通过这次咨询，她感觉受益匪浅。但是，过了一段时间，她觉得周边的环境发生了一些变化，以前她和同学交往不是特密切，现在有几个班干部经常来找她聊天谈心，而且辅导员也几次找她到办公室谈心，父母打电话的次数也比较多，言语中流露着关心和担忧。这让她很是不理解，甚至有些不适应，到底发生了什么事情呢？后来，她在和班干部聊天中，无意中才知道，原来她因心情压抑，去做过心理咨询的事情被辅导员知道了，老师认为要重点关注她，要多方面给予她帮助。对此，辅导员就安排学生干部、同学多接触她，并和家长做了沟通，因此出现了此前同学们高度关心的情景。对此，文丽虽然知道老师的好意，但总感觉被同学们以异样的眼光看待，视为不正常的人。对此，文丽很不理解，当初咨询时，老师确实说了要为文丽保守秘密，不会告诉别人，她才愿意敞开心扉，那到底是谁泄露秘密的？文丽感觉非常生气，认为自己的隐私权受到了侵犯。

（二）法理剖析

本案例涉及心理咨询中学生的隐私权保护的问题，其法律焦点在于：①心理咨询中应当遵循的职权范围和工作程序是怎样的？②学校对于涉及到学生隐私的内容应当如何运用？

第一，心理咨询中的学生的隐私权依法受到保护。

隐私权作为公民依法享有的人格权利，作为隐私的个人信息或秘密依法受到保护，未经权利人允许不受他人非法知悉、收集、利用，等等。隐私具有私密性，一旦为人所知，可能因社会道德或普遍习惯影响对隐私人的社会评价。在本案例中，文丽在接受心理咨询时基于对心理咨询师的信任，所说的内容属于个人隐私，其不愿让别人知道，对此，从事心理咨询的老师应当为其保守秘密，不应让第三人知道。虽然辅导员老师出于好意了解到文丽的情况，并给予文丽帮助，但泄露和传播文丽信息的行为均属于侵犯其隐私权的行为。在本案例中，尚未造成对文丽不良影响和严重后果，相关行为人应当向文丽道歉；如果造成严重后果，心理咨询师作为履行学校职责的职务行为，学校和相关行为人都应承担相应法律责任。

第二，学校应当依法开展心理咨询工作。

心理咨询具有特殊性。对于包括心理咨询师在内的所有心理健康工作者而言，都要遵守特定的职业准则和伦理。《精神卫生法》规定，心理咨询人员应当提高业务素质，遵守执业规范，为社会公众提供专业化的心理咨询服务。而其中最为重要的就是应当尊重接受咨询人员的隐私，并为其保守秘密。而对于高校心理健康教育工作者而言，其应当遵守法律规定，遵守执业规范。《普通高等学校学生心理健康教育工作基本建设标准（试行）》中指出，高校应加强心理咨询个案记录与档案管理工作，坚持保密原则，按规定严格管理心理咨询记录和有关档案材料。如果因心理咨询师个人原因或是心理咨询记录等档案材料使用不当，导致学生隐私受到侵犯，则根据有关规定追究相关责任人的法律责任。这也要求高校必须依法开展心理咨询工作，要尊重来访者的隐私。

第三，隐私保密原则的例外情形必须严格适用。

保密原则要求心理健康咨询人员负有保护学生隐私的法律义务，未经学生允许不能泄露其在心理咨询中获得的学生隐私。但在实践中，也有保密原则的例外。《中国心理学会临床与咨询心理学工作伦理守则》中明确了四种情形：（1）心理咨询师发现寻求专业服务者有伤害自身或伤害他人的严重危险时。（2）寻求专业服务者有致命的传染性疾病等且可能危及他人时。（3）未成年人在受到性侵犯或虐待时。（4）法律规定需要披露时。对于前三种情形，心理咨询师有向对方合法监护人或可确认的第三者预警的责任；在第四种情形时，心理咨询师有遵循法律规定的义务，但须要求法庭及相关人员出示合法的书面要求，并要求法庭及相关人员确保此种披露不会对临床专业关系带来直接损害或潜在危害。

对此，大学生心理咨询中，心理咨询师应当掌握隐私界限。除该隐私可能严重危及学生生命或人身安全，应当及时采取措施之外，必须保护学生隐私。当然，在实践中，会有学生透露自身的违纪违法行为，如作弊、盗窃等行为。心理咨询师作为高校教师，如果该事件未达到保密原则例外的程度，则要在保护学生隐私的前提下，通过咨询来引导学生认识并改正自己的错误，形成正确的认知观。本案例中文丽的情况并非属于保密原则的例外，其应当依法受到保护。

（三）对策建议

在大学生心理健康咨询中，来访学生通常需要广泛地向心理咨询师透露其个人信息。对此，无论基于法律规定，还是职业伦理规范，心理咨询师都具有保护学生隐私的义务。因此，在日常心理咨询中，学校应当立足心理健康咨询工作的特殊性，规范工作流程，明确工作职责，增强教师的法治意识，切实保护学生的隐私。除法律规定或严重危及学生生命或人身安全之外，心理咨询师不得主动披露学生的隐私，其他教师也不得随意打听或者使用学生的隐私。应当完善学生心理咨询室的设施建设，实现隔音等基本功能，规范档案管理制度，妥善保管涉及学生隐私的访谈记录等档案材料，避免因学生信息的泄露，导致侵犯学生隐私权事件的发生。

（四）法规政策链接

1.《中华人民共和国精神卫生法》

第二十三条 心理咨询人员应当提高业务素质，遵守执业规范，为社会公众提供专业化的心理咨询服务。

......

心理咨询人员应当尊重接受咨询人员的隐私，并为其保守秘密。

2.《普通高等学校学生心理健康教育工作基本建设标准（试行）》（教思政厅〔2011〕1号）

15. 高校应加强心理咨询制度建设，遵循心理咨询的伦理规范，保证心理咨询工作按规定有效运行。应建立健全心理咨询的值班、预约、重点反馈等制度。应加强心理咨询个案记录与档案管理工作，坚持保密原则，按规定严格管理心理咨询记录和有关档案材料。应定期开展心理咨询个案的研讨与督导活动，不断提高心理咨询的专业水平。

3.《中国心理学会临床与咨询心理学工作伦理守则》

2 隐私权与保密性

心理师有责任保护寻求专业服务者的隐私权，同时认识到隐私权在内容和范围上受到国家法律和专业伦理规范的保护和约束。

2.1 心理师在心理咨询与治疗工作中，有责任向寻求专业服务者说明工作的保密原则，以及这一原则应用的限度。在家庭治疗、团体咨询或治疗开始时，应首先在咨询或治疗团体中确立保密原则。

2.2 心理师应清楚地了解保密原则的应用有其限度，下列情况为保密原则的例外：（1）心理师发现寻求专业服务者有伤害自身或伤害他人的严重危险时。（2）寻求专业服务者有致命的传染性疾病等且可能危及他人时。（3）未成年人在受到性侵犯或虐待时。（4）法律规定需要披露时。

2.3 在遇到2.2中的（1）、（2）和（3）的情况时，心理师有向对方合法监护人或可确认的第三者预警的责任；在遇到2.2中（4）的情况时，心理师有遵循法律规定的义务，但须要求法庭及相关人员出示合法的书面要求，并要求法庭及相关人员确保此种披露不会对临床专业关系带来直接损害或潜在危害。

四、在校学生因心理疾病致人伤害的，学校是否应当承担责任？

（一）案例介绍

肖明系 L 大学大三学生，平时表现良好。最近，肖明因失恋，情绪极度不稳定，出现了在宿舍内大哭大闹，打砸物品等冲动行为。对此，辅导员老师也多方做工作，督促其前往进行心理咨询，安排同学关注，并将肖明的情况告知其家长。后肖明在家长陪同下，前往专科医院就诊，被诊断为"双向情感障碍"，即躁狂抑郁症。学校老师建议肖明休学治疗，并由家长带其回家休养，换个环境，家长亦表示同意。而在即将回家的前一天，肖明在校园里碰到前女友，发现其和一男生举止亲密。肖明无法控制情绪，冲上去对前女友和男生进行殴打，导致一人重伤，一人轻伤。事后，肖明被公安机关依法逮捕，经鉴定为限制刑事责任能力人。而后学校依据校规校纪给予其开除学籍的处分。但受害学生的父母认为，在肖明已经明显出现心理症状的情况下，学校未能进行教育和监管，对于受害人未能进行提醒和保护，学校负有赔偿的责任。

（二）法理剖析

本案例作为在校大学生致人伤害的典型案件，其行为人肖明应当依法承担相关法律责任是毫无疑问的。但肖明是因情感问题导致故意伤害犯罪行为的，学校是否尽到心理健康教育等教育管理职责，就成为本案例的法律焦点。

对此，笔者认为，学校已经履行了心理健康教育等教育管理职责，在本案例中，肖明出现心理症状后，学校及时通过谈话、心理咨询、通知其父母等方式尽到了相应教育管理责任，不应当承担赔偿责任。而在肖明被确定为患有精神疾病后，学校及时建议其休学，回家治疗，其并无失职之处。对于肖明伤害他人的行为，经司法鉴定确定不能完全辨认和控制自己的行为，属于限制刑事责任能力人，依据《刑法》《精神卫生法》等规定应强制医疗和严加看管，其父母作为法定监护人应当承担相应的责任，而并非学校。

当然，肖明的犯罪行为如果是由思想认识问题导致的，其在能够辨认和控制自己行为的情况下实施的故意伤害行为，应当承担相应刑事责任，并依法进行民事赔偿。对此，《学生伤害事故处理办法》明确规定，因学生故意实施的违法犯罪行为，造成学生人身损害的，由致害人依法承担相应的责任。

（三）对策建议

当前，学生因情感等问题导致违法犯罪并不鲜见，其中不乏因心理疾病导致的严重恶性案件。对此，学校应当高度重视大学生健康人格的塑造，加强法治和道德教育，树立学生遵纪守法的法治意识和良好的道德品质；开展心理健康教育，引导学生养成良好的心理品质和自尊、自爱、自律、自强的优良品格，增强学生克服困难、经受考验、承受挫折的能力，有针对性地帮助学生处理好学习成才、择业交友、健康生活等方面的具体问题，提高思想认识和精神境界。要高度关注因心理疾病导致的学生行为异常，及时通知其监护人，并配合有关机构送医治疗，避免一些意外事件的发生。当然对于出现的违法犯罪现象，学校应当依法严格处理。

（四）法规政策链接

1.《中华人民共和国刑法》

第十八条 精神病人在不能辨认或者不能控制自己行为的时候造成危害结果，经法定程序鉴定确认的，不负刑事责任，但是应当责令他的家属或者监护人严加看管和医疗；在必要的时候，由政府强制医疗。

间歇性的精神病人在精神正常的时候犯罪，应当负刑事责任。

尚未完全丧失辨认或者控制自己行为能力的精神病人犯罪的，应当负刑事责任，但是可以从轻或者减轻处罚。

2.《中华人民共和国精神卫生法》

第五十三条 精神障碍患者违反治安管理处罚法或者触犯刑法的，依照有关法律的规定处理。

第七十九条 医疗机构出具的诊断结论表明精神障碍患者应当住院治疗而其监护

人拒绝，致使患者造成他人人身、财产损害的，或者患者有其他造成他人人身、财产损害情形的，其监护人依法承担民事责任。

3.《中华人民共和国高等教育法》

第五十三条 高等学校的学生应当遵守法律、法规，遵守学生行为规范和学校的各项管理制度，尊敬师长，刻苦学习，增强体质，树立爱国主义、集体主义和社会主义思想，努力学习马克思列宁主义、毛泽东思想、邓小平理论，具有良好的思想品德，掌握较高的科学文化知识和专业技能。

4.《普通高等学校学生管理规定》（中华人民共和国教育部令第 41 号）

第七条 学生在校期间依法履行下列义务：

（一）遵守宪法和法律、法规；

（二）遵守学校章程和规章制度；

……

第四十二条 学生不得有酗酒、打架斗殴、赌博、吸毒，传播、复制、贩卖非法书刊和音像制品等违法行为；不得参与非法传销和进行邪教、封建迷信活动；不得从事或者参与有损大学生形象、有悖社会公序良俗的活动。

5.《学生伤害事故处理办法》（中华人民共和国教育部令第 12 号）

第十四条 因学校教师或者其他工作人员与其职务无关的个人行为，或者因学生、教师及其他个人故意实施的违法犯罪行为，造成学生人身损害的，由致害人依法承担相应的责任。

第四章　大学生网络行为规范篇

一、大学生入侵学校教务系统修改成绩应当如何处理？

（一）案例介绍

A 大学电子信息工程技术专业学生张某，因期末考试多门课程不及格，无法满足学校规定的毕业条件。张某在多次研究学校教务管理系统后，偶然间发现该校教务管理系统存在漏洞，可以通过远程控制的手段对系统中存储的数据进行修改。张某遂通过此种方式修改了自己的成绩，使其满足毕业条件。后来，张某在与好友李某聚餐时不小心说漏嘴，将学校教务管理系统存在漏洞的事情告知了李某，李某是该校新闻传播学院的学生，李某遂提出由自己作为中介，双方合作，替其他同学修改成绩并牟利。在随后 1 年间，张某通过网络远程控制的手段非法为 20 名学生修改了 118 门课程的成绩，获利 44 000 元；李某为篡改成绩提供"中介服务"，获利 24 000 元。事发后，张某和李某因触犯破坏计算机信息系统罪被依法追究刑事责任。

（二）法理剖析

本案的法律焦点在于：①张某入侵高校教务系统为他人修改成绩并获利行为的法律性质如何？②李某为篡改成绩提供"中介服务"行为的法律性质如何？③学校给予张某和李某开除学籍的处分是否于法有据？

第一，张某入侵高校教务系统为他人修改成绩而获利的行为构成破坏计算机信息系统罪。

根据《中华人民共和国刑法》第 286 条规定，违反国家规定，对计算机信息系统功能进行删除、修改、增加、干扰，造成计算机信息系统不能正常运行，后果严重的，以及违反国家规定，对计算机信息系统中存储、处理或者传输的数据和应用程序进行删除、修改、增加的操作，后果严重的，均构成破坏计算机信息系统罪。

张某利用 A 大学教务管理系统的漏洞，使用网络远程控制手段非法为 20 名学生修改了 118 门课程成绩，获利 44 000 元，其行为构成刑法第 286 条规定的破坏计算机信息系统罪。认定张某行为的关键有三点：一是大学教务管理系统是否属于刑法 286 条规定的"计算机信息系统"范围？二是张某使用网络远程控制手段为他人修改成绩的行为本身是否构成"破坏计算机信息系统"？三是张某通过为他人修改成绩并获利的行为后果是否构成 286 条规定的"后果严重"？

其一，根据《最高人民法院、最高人民检察院关于办理危害计算机信息系统安全刑事案件应用法律若干问题的解释》（以下简称《解释》），"计算机信息系统"和"计算机系统"，是指具备自动处理数据功能的系统，包括计算机、网络设备、通信设备、自动化控制设备等。高校教务系统储存有大量高校学生的相关数据信息，包括学籍、成绩等，学生可通过教务系统实现网上选课、退课、成绩查询等功能，明显是具备自动处理数据功能的系统。破坏计算机信息系统罪规定的计算机信息系统并不局限于国家事务、国防建设、尖端科学技术领域的计算机信息系统，高校教务系统属于其规定的范围之内。

其二，张某使用网络远程控制手段为他人修改成绩的行为本质是修改了教务系统内存储的该校学生的成绩数据，其通过网络远程控制手段入侵教务系统，构成了对计算机信息系统功能进行干扰，造成计算机信息系统不能正常运行，同时，其修改成绩的行为还构成了对计算机信息系统中存储、处理或者传输的数据进行删除、修改、增加的操作。因此，张某的行为构成了破坏计算机信息系统罪。

其三，张某通过入侵教务系统为他人修改成绩获利 44 000 元构成《刑法》286 条规定的"后果严重"。根据《解释》，刑法第286条规定的"后果严重"包括违法所得5 000元以上，而违法所得数额达到25 000元则应当被认定为"后果特别严重"。

因此，张某入侵高校教务系统为他人修改成绩并获利，构成破坏计算机信息系统罪。

第二，李某为篡改成绩提供"中介服务"亦构成破坏计算机信息系统罪。

根据《解释》，明知他人实施破坏计算机信息系统罪的犯罪行为，为其提供10人次以上的，应当被认定为共同犯罪，依照刑法第286条规定的破坏计算机信息系统罪处罚。张某通过李某的"中介服务"，共计为20名同学修改了118门课程成绩，即张某明知李某在实施破坏计算机信息系统罪的犯罪行为，为其提供了20人次，应当被认定为共同犯罪，适用刑法第286条的规定。李某因其"中介服务"共获利24 000元，根据《解释》，刑法第286条规定的"后果严重"包括违法所得5 000元以上，因此其为篡改成绩提供"中介服务"构成破坏计算机信息系统罪。

第三，学校给予张某和李某开除学籍的处分于法有据。

根据《普通高等学校学生管理规定》的规定，学生触犯国家法律，构成刑事犯罪的，学校可以给予开除学籍的处分。张某和李某的行为触犯了《刑法》第286条，犯了破坏计算机信息系统罪，受到了刑事处罚，学校给予张某和李某开除学籍的处分于法有据。

综上所述，本案中张某和李某实施了破坏计算机信息系统的行为，其不仅通过入侵高校教务系统为他人了修改成绩，两人还因此分别获利44 000元和24 000元，达到了"后果特别严重"和"后果严重"的程度，构成犯罪，依法应当追究其刑事责任，学校给予两人开除学籍的处分也是于法有据的。而如果其入侵教务系统修改成绩的行为，并未获利或者获利低于5 000元未达到"后果严重"，则根据《治安管理处罚法》第29条的规定，即违反国家规定，对计算机信息系统中存储、处理、传输的数据和应用程序进行删除、修改、增加的，处五日以下拘留；情节较重的，处五日以上十日以下拘留，依法承担行政责任。当然根据《普通高等学校学生管理规定》，对于违反治安管理规定受到处罚、性质恶劣的学生，学校同样可以给予开除学籍的处分。因此，只要是为了修改成绩而入侵高校教务系统，一旦被发现，无论是否获利，其均可能受到学校开除学籍的处分。

（三）对策建议

近年来，高校教务系统受到侵犯的现象屡见不鲜。少部分学生因专业背景掌握了较高水平的网络技术，出于营利、报复、炫耀、好奇等心理，通过制造网络病毒或者其他方式入侵计算机系统，因而受到法律严惩。高校应当通过依法完善网络安全管理，加强网络法治教育，避免此类情况的发生。

第一，健全校园网络安全管理。当前，高校校园网络迅速普及，其在丰富教育教学方式和提升高校的管理服务水平的同时，安全问题日益凸显。相较于国防科技等重要领域计算机系统，校园网络安全系数较低，容易受到入侵。因此，应当完善校园网络安全建设，加强技术防范，尽早发现、及时处理各类安全事件，避免引起严重后果。就本案例而言，倘若学校在学生首次入侵教务系统修改成绩时能够发现，并及时处理，通过教育帮助学生及时认识到自身的错误，张某也许就不会走向犯罪的道路。就此而言，学校网络安全管理也确实存在漏洞。

第二，加强学生网络行为规范和法律意识培养。大学生网络行为规范和法治意识的缺失是导致此类行为频发的原因之一。在本案例中，张某和李某并未意识到入侵学校教务系统为他人修改成绩来牟取利益是违法犯罪行为。这与高校开展网络行为规范和法律法规教育不足有关。当前，学校开展法律法规教育多集中在网络造谣、网络诈骗等，对于网络技术性法律法规涉及甚少。对于本案中张某这类计算机专业大学生而言，相关教育更应贯穿于专业学习的始终，让他们充分了解其网络技术运用规范，培养他们规范和自律意识；而对于其他专业的学生，也应当将其作为重要内容纳入到网络法律法规教育中，避免出现不懂法而触犯法律底线的情况。

第三，营造良好的校园网络文化氛围。高校应高度重视校园网络法治文化建设，全面在学生中普及网络法律法规知识，让学生了解网络行为的法律性质，可以通过模拟法庭、辩论赛等大学生喜闻乐见的方式，不断增强宣传的实效性。

（四）法规政策链接

1.《中华人民共和国刑法》

第二十五条 共同犯罪是指二人以上共同故意犯罪。

第二十七条 在共同犯罪中起次要或者辅助作用的，是从犯。

对于从犯，应当从轻、减轻处罚或者免除处罚。

第二百八十六条 违反国家规定，对计算机信息系统功能进行删除、修改、增加、干扰，造成计算机信息系统不能正常运行，后果严重的，处五年以下有期徒刑或者拘役；后果特别严重的，处五年以上有期徒刑。

违反国家规定，对计算机信息系统中存储、处理或者传输的数据和应用程序进行删除、修改、增加的操作，后果严重的，依照前款的规定处罚。

……

2.《全国人大常委会关于维护互联网安全的决定》

第五条 利用互联网实施本决定第一条、第二条、第三条、第四条所列行为以外的其他行为，构成犯罪的，依照刑法有关规定追究刑事责任。

第六条 利用互联网实施违法行为，违反社会治安管理，尚不构成犯罪的，由公安机关依照《治安管理处罚法》予以处罚；违反其他法律、行政法规，尚不构成犯罪的，由有关行政管理部门依法给予行政处罚。

3.《中华人民共和国治安管理处罚法》

第二十九条 有下列行为之一的，处五日以下拘留；情节较重的，处五日以上十日以下拘留：

（一）违反国家规定，侵入计算机信息系统，造成危害的；

（二）违反国家规定，对计算机信息系统功能进行删除、修改、增加、干扰，造成计算机信息系统不能正常运行的；

（三）违反国家规定，对计算机信息系统中存储、处理、传输的数据和应用程序进行删除、修改、增加的；

……

4.《中华人民共和国网络安全法》

第二十七条 任何个人和组织不得从事非法侵入他人网络、干扰他人网络正常功能、窃取网络数据等危害网络安全的活动；不得提供专门用于从事侵入网络、干扰网络正常功能及防护措施、窃取网络数据等危害网络安全活动的程序、工具；明知他人从事危害网络安全的活动的，不得为其提供技术支持、广告推广、支付结算等帮助。

5.《最高人民法院、最高人民检察院关于办理危害计算机信息系统安全刑事案件应用法律若干问题的解释》

第四条 破坏计算机信息系统功能、数据或者应用程序，具有下列情形之一的，应当认定为刑法第二百八十六条第一款和第二款规定的"后果严重"：

……

（三）违法所得五千元以上或者造成经济损失一万元以上的；

实施前款规定行为，具有下列情形之一的，应当认定为破坏计算机信息系统"后果特别严重"：

（一）数量或者数额达到前款第（一）项至第（三）项规定标准五倍以上的；

……

第九条 明知他人实施刑法第二百八十五条、第二百八十六条规定的行为，具有下列情形之一的，应当认定为共同犯罪，依照刑法第二百八十五条、第二百八十六条的规定处罚：

（一）为其提供用于破坏计算机信息系统功能、数据或者应用程序的程序、工具，违法所得五千元以上或者提供十人次以上的。

实施前款规定行为，数量或者数额达到前款规定标准五倍以上的，应当认定为刑法第二百八十五条、第二百八十六条规定的"情节特别严重"或者"后果特别严重"。

第十一条　本解释所称"计算机信息系统"和"计算机系统"，是指具备自动处理数据功能的系统，包括计算机、网络设备、通信设备、自动化控制设备等。

6.《中华人民共和国计算机信息系统安全保护条例》（中华人民共和国国务院令第147号）

第七条　任何组织或者个人，不得利用计算机信息系统从事危害国家利益、集体利益和公民合法利益的活动，不得危害计算机信息系统的安全。

7.《普通高等学校学生管理规定》（中华人民共和国教育部令第41号）

第四十七条　学生应当遵守国家和学校关于网络使用的有关规定，不得登录非法网站和传播非法文字、音频、视频资料等，不得编造或者传播虚假、有害信息；不得攻击、侵入他人计算机和移动通讯网络系统。

第五十二条　学生有下列情形之一，学校可以给予开除学籍处分：

……

（二）触犯国家法律，构成刑事犯罪的；

（三）受到治安管理处罚，情节严重、性质恶劣的。

8.《高等学校学生行为准则》

第五条　诚实守信，严于律己。履约践诺，知行统一；遵从学术规范，恪守学术道德，不作弊，不剽窃；自尊自爱，自省自律；文明使用互联网；自觉抵制黄、赌、毒等不良诱惑。

二、高校管理校园自媒体是否侵犯学生合法权利？

（一）案例介绍

A大学近日在学校官网发布通知，将对学校内正在运营的新媒体平台加大整治力度，要求校内各单位（院系）或个人开设、运营的微博、微信公众号向学校宣传部进行备案，未备案的新媒体平台将被"清理"。备案后的新媒体平台如出现不良影响或者后果，学校将停止其运营，追究相关人员的责任。

此举引起了A大学部分同学的不满，有同学认为，学校管理校内新媒体的方式过于简单粗暴，对于校内各单位（院系）开通的新媒体平台和同学个人开设运营的新媒体平台应当区别对待；还有些同学认为，学校名义上是管理校内新媒体平台，实质是限制同学们发表言论，侵犯了学生言论自由权。而学校相关部门的工作人员则认为，面对当前日益发达的校园新媒体和复杂的舆论环境，学校管理校内新媒体平台的措施十分必要，是出于保护学生的目的。虽然要求大家备案，但备案后的新媒体平台仍然可以正常运营，学校并未限制同学们对学校的批评、吐槽甚至发泄，只是希望同学们把握好尺度。

（二）法理剖析

本案例反映了高校对校园新媒体的管理权和学生权利之间的冲突问题，其法律焦点在于：①高校管理校园新媒体是否于法有据？②高校强制要求校园自媒体备案是否侵犯师生的言论自由权？③高校停运出现不良影响或者后果的校园新媒体并追究相关人员的责任是否妥当？

第一，高校管理校园新媒体于法有据。

近年来，为进一步加强校园新媒体建设管理，充分发挥新媒体在提供信息服务、展示学校形象、传播校园文化等方面的积极作用，根据国家相关法律、法规及文件要求，各高校纷纷结合学校实际，制定了校园新媒体建设与管理办法。但高校管理校园新媒体是否于法有据，仍然存在争议。如案例所示，高校有关校园新媒体管理办法的出台引起了师生热议甚至社会的关注。

当前，法律法规对高校管理校园新媒体的授权确实不明，但这并不意味着高校无权管理。其一，高校管理校园新媒体属于国家法律赋予高校的自主管理权。《教育法》《高等教育法》均赋予高校在学校章程规定范围内的自主管理权，在校师生不仅要遵守法律、法规，同时也应当遵守学校的管理制度。校园新媒体一般是指以学校某单位、部门以及某项工作业务、团学组织的名义开通并经网站实名认证的各类新媒体，以及在校师生开通的各类新媒体，包括微博、微信、QQ 工作群号、易信、人人、手机报、App 客户端、网络视频、移动电视等新媒体平台。从校园新媒体的定义不难看出，其涉及事项和主体仍旧属于高校自主管理权的范围内。其二，国务院及相关部委以一般规范性文件的形式明确了高校管理校园新媒体的权限。2004 年，教育部、团中央就联合下发《关于进一步加强高等学校校园网络管理工作的意见》（教社政〔2004〕17 号）就明确要求各高校充分认识加强高校校园网络管理工作的重要性和紧迫性，切实增强使命感和责任感；2013 年，教育部、国家互联网信息办公室又联合下发了《关于进一步加强高等学校网络建设和管理工作的意见》（教思政〔2013〕3 号），在要求高度重视高校网络建设和管理工作的同时，更是明确要求构筑高校网络思想文化阵地，推进辅导员博客、思政课教师博客、校务微博、班级微博及校园微信公共账号建设，加强组织领导。各高校要建立由学校负责同志担任组长的工作领导小组，完善党委统一领导、党政齐抓共管的工作格局，明确党委宣传部门对这项工作的牵头职责，充实工作力量，会同学生工作部门、信息化建设部门抓好组织实施。而《关于进一步加强和改进新形势下高校宣传思想工作的意见》（中办发〔2014〕59号）等政策文件也规定了校园新媒体建设的内容。因此，高校管理校园新媒体是于法有据的。

第二，高校不加区别地强制要求校园自媒体备案有侵犯师生的言论自由权和通信自由权之嫌。

根据《宪法》规定，公民具有言论、通信的自由。在当前网络时代，师生依法注册和使用微博、微信等新媒体平台，是行使言论自由和通信自由权利的体现，任何组织或者个人不得以任何理由侵犯公民的言论自由和通信自由。高校管理校园新媒体虽然于法有据，但其依法行使《教育法》《高等教育法》规定的自主管理权时，不能侵犯《宪法》赋予公民的言论自由和通信自由等基本权利。

在本案例中，高校以通知的形式，要求校内各单位（院系）或个人开设、运营的微博、微信公众号向学校宣传部进行备案，未备案的新媒体平台将被"清理"，这种不加区分的强制要求确有侵犯师生权利之嫌。根据校园新媒体的运营主体，我们可以将校园新媒体分为校园官方媒体和校园自媒体，前者是指校内以某单位、部门以及某项工作业务、团学组织的名义开通并经网站实名认证的各类新媒体，后者是指师生自媒体。对于前者而言，学校强制要求备案，属于符合法律法规的履行管理职责行为。但对师生自媒体而言，学校无权强制要求备案。师生使用新媒体如不违反法律法规和校规校纪，学校无权干涉。如以微信个人公众号为例，只要满足个人注册平台账号的基本条件，并且同意腾讯公司为用户提供的《微信公众平台服务协议》，即可注册并且使用微信公众号，通过已经注册的微信公众号进行法律法规允许的图文、语音、视频推送，则是属于用户的言论自由和通信自由，学校无权强制要求备案，更无权"清理"未备案的新媒体平台。

第三，高校停运出现不良影响或者后果的校园新媒体并追究相关人员的责任应视具体情况而定。

高校停运出现不良影响或后果的校园新媒体并追究相关人员的责任应当视校园新媒体的性质以及影响后果的严重程度而定。对于校内以某单位、部门以及某项工作业务、团学组织的名义开通并经网站实名认证的各类新媒体而言，因其作为代表着学校，学校承担着管理监督职责，若因其发布虚假、暴力甚至反动言论，引起不良的社会影响或者严重后果时，其运营主体不仅要接受因为违反法律法规而进行的处罚措施，学校也有权要求其停止运营，并追究相关人员的责任。

但对师生自媒体而言，学校要求其停运并且追究相关运营者责任的问题比较复杂。因为当前师生自媒体多通过第三方新媒体平台运营，运营者与第三方平台间签订了用户服务协议，在运营的同时需要遵守《即时通信工具公众信息服务发展管理暂行规定》《互联网用户账号名称管理规定》《互联网用户公众账号信息服务管理规定》等法律法规以及用户协议，高校并不掌握平台申请、注册、审批、运营的管理权限，仅能通过反馈申诉的方式，而且在符合第三方平台规定的"停运"条件下才能由第三方平台"停运"涉案的师生自媒体。如师生在不违反法律法规和用户协议的情况下，学校强制要求"停运"自媒体确实不妥。当然如果师生自媒体的言论违反了相关法律法规和校规校纪，产生了不良的社会影响和严重后果，学校有权依据校规校纪对其进行追责。

（三）对策建议

校园新媒体的出现和发展，在为高校学生管理、校园文化建设提供便利的同时，其传播的无屏障性、广泛性、虚拟性给高校教育管理工作也带来了巨大的挑战。对校园新媒体进行有效管理，是加强和改进新形势下高校宣传思想工作的重要内容之一，对此，高校不能照搬对校内报纸杂志等传统媒体的管理模式，更不能不重视、不管理，放任校园新媒体自我发展。

第一，完善相关规章制度，依法治理校园新媒体。面对新媒体的迅速发展，高校应当与时俱进，积极转变管理思维为治理思路，通过完善规章制度，将新媒体治理纳入法治的轨道。学校应当结合学校特点出台校园新媒体管理专门规定，明确新媒体审批备案、运营责任等要求，构建起权责清晰、全面覆盖、适用面广、灵活性强的校园新媒体治理体系，增强治理能力，并采用多种激励方式引导师生自媒体自愿登记备案。

第二，建立和相关部门的联动机制，及时应对突发事件。校园新媒体的治理涉及高校、教育部门、互联网信息内容主管部门、第三方平台运营商以及广大师生等多元主体。学校治理新媒体应和相关机构建立联动机制，实现协同配合，及时通报信息，及时处理突发事件。

第三，进一步强化校园新媒体治理中法治素养的培育。通过法治宣传大力倡导文明用网，依法上网，充分发挥校园新媒体运营主体的自律作用，通过建设校园新媒体联盟，以联盟章程的形式，规范约束师生自媒体的运营；通过联盟成员内定期的沟通交流制度，第一时间掌握师生自媒体的运营状况。

（四）法规政策链接

1.《中华人民共和国宪法》

第三十五条 中华人民共和国公民有言论、出版、集会、结社、游行、示威的自由。

第四十条 中华人民共和国公民的通信自由和通信秘密受法律的保护。除因国家安全或者追查刑事犯罪的需要，由公安机关或者检察机关依照法律规定的程序对通信进行检查外，任何组织或者个人不得以任何理由侵犯公民的通信自由和通信秘密。

2.《中华人民共和国教育法》

第二十九条　学校及其他教育机构行使下列权利：

按照章程自主管理……

第四十四条　受教育者应当履行下列义务：

（一）遵守法律、法规；

……

3.《中华人民共和国高等教育法》

第十一条　高等学校应当面向社会，依法自主办学，实行民主管理。

第五十三条　高等学校的学生应当遵守法律、法规，遵守学生行为规范和学校的各项管理制度，尊敬师长，刻苦学习，增强体质，树立爱国主义、集体主义和社会主义思想，努力学习马克思列宁主义、毛泽东思想、邓小平理论，具有良好的思想品德，掌握较高的科学文化知识和专业技能。

4.《普通高等学校学生管理规定》（中华人民共和国教育部令第41号》

第七条　学生在校期间依法履行下列义务：

（一）遵守宪法和法律、法规；

（二）遵守学校章程和规章制度；

……

5.《关于进一步加强和改进新形势下高校宣传思想工作的意见》（中办发〔2014〕59号）

要着力加强高校宣传思想阵地管理。强调要加强校园网络安全管理，加强高校校园网站联盟建设，加强高校网络信息管理系统建设。

6.《关于进一步加强高等学校校园网络管理工作的意见》（教社政〔2004〕17号）

（内容略）

7.《关于进一步加强高等学校网络建设和管理工作的意见》（教思政〔2013〕3号）

（内容略）

三、高校学生将课件上传网络是否侵犯教师的著作权？

（一）案例介绍

A大学法学专业本科生张某在"民法总论"课后向教授李某请求拷贝课件用以课后复习交流，遭到了李某婉拒，理由是保护知识产权，怕学生拿到网上传播。张某十分不解，认为自己仅是打算拷贝课件用以班级内部交流学习，不应当遭到教授拒绝，于是在自己运营的班级微信公众号上就此事发表了有关图文推送，结果在校园里引起师生广泛热议。

学生陈某表示，大学生拷贝课件甚至上网交流已非常普遍，许多同学均向老师拷贝课件上传至校园课件网上，方便资源共享、学习交流；学生刘某表示，同学习惯在课后拷贝课件，老师一般会叮嘱不要将资料外传，一些原创性的图片、数据都属于老师的研究成果。教授罗某表示，曾经因学生拷贝课件，导致自己未公开发表的研究成果在网上传播，此后一般不再允许学生拷贝；而教授方某则表示，自己对于学生拷贝课件并上网用于学习交流一般不会拒绝，至于对研究成果泄密的担忧，自己会在制作课件时做模糊处理。

（二）法理剖析

本案的争议实质是学生将教师课件上传至网络，是否侵犯了教师的著作权，其法律焦点在于：①教师对上课使用的课件是否具有著作权？②学生将教师课件上传至网络是否侵权？③除了上传课件外，未经允许将教师的课堂录音甚至录像上传至网络是否侵权？

第一，教师对于自己上课的课件一般享有著作权。

笔者认为，高校教师对于自己上课时使用的课件在一般情况下是享有著作权的。教师对自己使用的课件享有著作权，应当符合以下条件：其一，其课件符合我国《著作权法》规定的"作品"要求。根据我国《著作权法实施条例》的规定，著作权法上所称作品，是指文学、艺术和科学领域内具有独创性并能以某种有形形式复制的智力成果。著作权法意义上的作品，其核心强调的是独创性，要求作品具有一定的"智力投入"，是一种"智力成果"。课件制作者通过课件表达自己的思想，选取适当的文字、图片，甚至音频、视频相结合的方式进行创作，应当被认为是"作品"；还有一些课件是制作者通过将公共领域或他人成果进行重新选择、编辑、提炼并通过另一种方式呈现，其也构成著作权法意义上的作品。但是，如果课件内容只是简单地将公共领域或他人的作品进行剪辑，粘贴形成，不具有独创性，那么此类课件不属于著作权法意义上的"作品"范围，因此，并不受著作权法保护。其二，课件是教师创作并且属于教师个人的作品，即非职务作品。如果课件是学校为特定事项专门安排或组织而创作的，则应当被归类于职务作品，其著作权属于学校。课件与教案在此有所不同，教案是具体课程的教学计划，无论其表现形式如何，或繁或简，或规范或随意，均是教师为了完成学校安排的教学计划而必须完成的，应当属于教师为了完成工作任务而创作的职务作品。而课件，从这个意义上来讲，并非教师完成教学任务之必需，它只是教师为了表达自己的观点或者表现其上课内容的一种形式，并非职务作品，而属于教师的个人作品。因此，除教师根据学校专门安排的课件创作任务之外创作的课件均非职务作品而属于教师个人作品，享有著作权。而在实际的教学过程中，绝大部分课件均是教师基于自己的意愿创作的具有独创性的作品，因此，一般情况下，教师对于课堂使用的课件享有著作权。

第二，学生将教师课件上传至网络涉嫌侵犯著作权。

判断学生将教师课件上传至网络是否侵权实质是对作品是否合理使用的问题。我国《著作权法》明确规定，为个人学习、研究或者欣赏，使用他人已经发表的作品，或者为学校课堂教学或者科学研究，供教学或者科研人员使用，可以不经著作权人许可，不向其支付报酬，但应当指明作者姓名、作品名称，并且不得侵犯著作权人依照著作权法享有的其他权利。学生向教师拷贝课件用于个人学习、研究是不侵权的，但是若将拷贝的课件上传至网络，已经超出合理使用的范围。其形式无论是直接上传至公共论坛，还是通过百度云等网盘共享的形式，均涉嫌侵犯教师甚至是他人的著作权，具体情形主要包括侵犯教师的信息网络传播权或发表权、学校的信息网络传播权以及他人已发表作品的信息网络传播权。

学生上传课件还可能侵犯教师的发表权。发表权即决定作品是否公之于众的权利。当学生上传课件的内容涉及教师部分正在研究但尚未发表的研究成果时，则上传行为侵犯了教师的发表权。

如果学生未经允许上传的课件中有他人已发表的作品，还涉嫌侵犯他人已发表作品的信息网络传播权。信息网络传播权，即以有线或者无线方式向公众提供作品，使公众可以在其个人选定的时间和地点获得作品的权利。学生未经允许，将教师课件上传网络，只要课件构成著作权法意义上的"作品"，即侵犯了课件制作者的信息网络传播权。若课件属于职务作品，则侵犯了学校的信息网络传播权；若课件属于教师个人作品，则侵犯了教师的信息网络传播权；若课件内容涉及他人已经发表的作品，教师制作课件时虽然合理使用，也构成对他人已发表作品的信息网络传播权的侵权。

上述情形属于学生不以营利为目的，将教师课件上传至网上用以学习交流之目的，因此仅涉及侵犯教师、学校或者他人已发表作品著作权的问题。当个别学生以营利为目的，收集教师课件并且上传至网络，其行为则还可能涉嫌构成我国《刑法》规定的侵犯著作权罪。

第三，除了上传课件外，未经许可，将课堂录音或者录像上传也涉嫌侵权。

鉴于课堂录像需要较高的设备要求，学生如果未经教师允许进行录像，较容易被教师发现得到及时制止；而课堂录音往往具有设备要求低、隐蔽性强等特点，很难被教师发现，因此学生未经许可进行课堂录音的情况更为严重。

如课件相同，课堂录音录像被上传是否侵权关键还是在于课堂录音是否构成著作权法意义上的作品。如果老师的讲课内容是严格遵循事先拟好的讲义或课件进行讲解，并且讲义或者课件具有独创性，那么属于对讲义或者课件这一文字作品的"表演"，根据我国《著作权法》的规定，录音录像制作者制作录音录像制品，应当同表演者订立合同，并支付报酬。一般情况下，未经表演者的允许，是不能进行录制的，因此，在此情况下，未经作为"表演者"的教师的同意，是不能进行录制的。如果录音，则除《著作权法》规定学生供个人学习研究的合理使用之外，不能上传至网络，一旦上传就涉嫌侵权了。而如果教师的讲课内容虽是以相关的大纲、教材为基础，但是具体的授课内容系教师独立构思并口头创作完成的，乃即兴发挥，并且内容具有独创性，则属于教师的口述作品，学生除了合理使用外，如果上传网络，同样涉嫌侵权。此外，无论教师的上课内容是否具有独创性，一旦教师在讲课过程中合理使用了他人已经发表的作品，学生一旦将其录音并且上传至网络，也可能涉嫌侵犯第三人的著作权。

（三）对策建议

由于互联网的快速发展，学生将课件、课堂录音、录像上传网络已成为普遍的现象，这在给学生带来便利的同时，确实也有侵犯学校、教师甚至是第三人的著作权之嫌。这导致高校教师与学生之间产生争议和矛盾，甚至诱发校园舆论事件。对此，学校应当高度重视，积极采取措施避免此类矛盾的产生。

第一，加强普法宣传，提高大学生知识产权意识。当前很多大学生并未意识到上传教师上课时的课件、录音、录像是侵犯他人知识产权的行为，其无法体会高校教师为其科研成果以及相关作品著作的辛苦付出。高校应当以多种形式加强知识产权普法宣传，强化大学生的著作权意识，尊重教师智力成果。

第二，明确课堂行为规范，培养良好的课堂风气。当前因为智能手机的广泛使用，使得录音和拍摄课件成为平常。对此，应当明确学生课堂行为规范，未经教师允许，不得拍照、录音、录像，要引导学生关注、参与到教师讲授中来，而非单纯记录讲授内容，培养良好的课堂教学风气。

第三，丰富网络教学资源，为学生学习提供便利。当前，网络技术高速发展，为满足同学们随时随地学习的需求，学校应组织相关专业的教师，通过慕课、微课等多种形式开展网络视频教学，为学生提供学习资源。

（四）法规政策链接

1.《中华人民共和国著作权法》

第三条　本法所称的作品，包括以下列形式创作的文学、艺术和自然科学、社会科学、工程技术等作品：

（一）文字作品；

（二）口述作品。

第十条　著作权包括下列人身权和财产权：

（一）发表权，即决定作品是否公之于众的权利；

……

（十二）信息网络传播权，即以有线或者无线方式向公众提供作品，使公众可以在其个人选定的时间和地点获得作品的权利；

……

第十一条　著作权属于作者，本法另有规定的除外。

创作作品的公民是作者。

由法人或者其他组织主持，代表法人或者其他组织意志创作，并由法人或者其他组织承担责任的作品，法人或者其他组织视为作者。

第二十二条　在下列情况下使用作品，可以不经著作权人许可，不向其支付报酬，但应当指明作者姓名、作品名称，并且不得侵犯著作权人依照本法享有的其他权利：

（一）为个人学习、研究或者欣赏，使用他人已经发表的作品；

……

（六）为学校课堂教学或者科学研究，翻译或者少量复制已经发表的作品，供教学或者科研人员使用，但不得出版发行。

第四十一条　录音录像制作者制作录音录像制品，应当同表演者订立合同，并支付报酬。

2.《中华人民共和国刑法》

第二百一十七条　以营利为目的，有下列侵犯著作权情形之一，违法所得数额较大或者有其他严重情节的，处三年以下有期徒刑或者拘役，并处或者单处罚金；违法所得数额巨大或者有其他特别严重情节的，处三年以上七年以下有期徒刑，并处罚金：

（一）未经著作权人许可，复制发行其文字作品、音乐、电影、电视、录像作品、计算机软件及其他作品的；

……

3.《中华人民共和国著作权实施条例》

第二条　著作权法所称作品，是指文学、艺术和科学领域内具有独创性并能以某种有形形式复制的智力成果。

第四条　著作权法和本条例中下列作品的含义：

（一）文字作品，是指小说、诗词、散文、论文等以文字形式表现的作品；

（二）口述作品，是指即兴的演说、授课、法庭辩论等以口头语言形式表现的作品。

四、高校如何应对校园网络谣言？

（一）案例介绍

A 大学 BBS 论坛上突然出现了一个帖子，声称近期学校通往某教学楼的通道时常出现一名黑衣男子，连续骚扰过往的女学生，并有暴露裸体等猥亵行为。该帖子一经发布，迅速得到大量关注，上升为热门帖。众多校园新媒体账号纷纷转载，在学生的微信朋友圈、微信群中迅速传播，在学生中引发恐慌情绪。有学生向学校保卫部门电话求证，学校宣传部门第一时间发现后，也迅速联系学校保卫部门。经保卫部门调取涉事路段近半个月监控视频，核实该帖系谣言。宣传部门迅速进行了删帖处理，并另开置顶帖向同学解释真相。学校保卫部门则通过校园网、微信公众号等方式澄清该事件，并公开了所涉及地段的监控录像。学校也通过辅导员、班主任、学生干部等积极了解学生思想动态，并做好解释工作。后经查证，该帖系校外人员盗取学生账号发布的谣言，学校已向公安机关报警。

（二）法理剖析

这是一起典型的"网络造谣"案件。网络谣言作为一种新型的造谣方式，是指利用互联网作为媒介捏造事实并进行传播。与传统谣言相比，网络谣言借助互联网，传播迅速而广泛，其后果很难预料，很容易诱发紧张的社会气氛，影响社会秩序的稳定甚至国家安全。

在本案例中，这则由 BBS 帖产生的谣言迅速引发师生广泛关注，并造成了同学们尤其是女生的恐慌情绪。对此，本案例的法律焦点在于：①如何依法规制网络谣言？②如何应对网络谣言带来的公众负面情绪？

第一，学校应当依法规制校园网络谣言。

网络谣言虽然作为新型造谣方式，但归根结底仍是谣言的一种类型。当前法律法规对于规制谣言有着明确规定，《治安管理处罚法》明确规定，对于散布谣言，谎报险情、疫情、警情或者以其他方法故意扰乱公共秩序的，给予相应的行政处罚。《刑法》修正案就在第 291 条增加了投放虚假危险物质，编造、故意传播虚假恐怖信息的罪名。而《全国人大常委会关于维护互联网安全的决定》《网络安全法》更是明确了任何个人和组织不得利用网络编造、传播虚假信息扰乱经济秩序和社会秩序。在本案例中，盗取学生账号发布谣言的校外人员已经违反了相关法律法规，学校已经报案，一旦被公安机关抓获，必将受到相应的法律制裁。

而在当前频发的校园网络谣言事件中，在校大学生编造传播谣言的情况也不少见。对《普通高等学校学生管理规定》中明确要求大学生不得编造或者传播虚假、有害信息。《高等学校学生行为准则》则要求大学生文明使用网络。大学生因缺乏法律意识，误以为玩笑却造成严重后果。对于造谣者，学校有权根据《普通高等学校学生管理规定》给予该学生纪律处分，后果严重者，追究其行政乃至刑事法律责任。

此外，在本案例中还需关注的是，在学校经调查证实，涉事的 BBS 帖中的内容系谣言并作出澄清后，各类校园公众号等新媒体、微信群和个人微信或微博也应及时删除涉及谣言的相关微信推送或微博，不得在明知其为谣言的情况下继续传播，否则根据《互联网群组信息服务管理规定》与《互联网用户公众账号信息服务管理规定》的规定，也将作为"传谣者"，承担相应的法律责任。

第二，学校应妥善处置网络谣言，维护校园安全稳定。

网络谣言由于互联网的特性，具有易发性、广泛性和快速传播性，很容易在现实中产生发酵作用，对于正常的社会秩序产生负面影响。因此，学校应当妥善处置网络谣言，要做到及早发现，第一时间处置，迅速澄清事实，及时通报进展，做好相关人员的安抚和善后工作，确保校园安全稳定。

正如本案例所示，学校宣传部门、保卫部门以及学生工作部门等一经发现，第一时间采取行动。由保卫部门进行调查，确定所涉事件是否是虚构而成的谣言；宣传部门第一时间对事件调查进度进行发布，若确属谣言，及时澄清，做好网络舆论的疏导工作；学生管理部门、学院、辅导员则在线下通过各种形式向学生解释，安抚学生的情绪。在事件的后续处理中，倘若造谣者是校外人员，应及时报警，由公安机关依法追究其法律责任；倘若造谣者是校内学生，学校应当及时制止，并对该学生进行批评教育，学校有权予以纪律处分，后果严重者，追究其相应的法律责任。

（三）对策建议

网络谣言的危害性不言而喻。对于高校而言，校园网络谣言事件，因其受众的特殊性，很容易诱发各类突发事件，对此，学校应当高度重视，建议做好以下工作：

第一，构建校园新媒体监督预防机制。针对网络谣言易发的特点，学校应当密切关注校园新媒体的实时动态，建立信息沟通渠道，便于师生及时反馈信息。进一步明确新媒体平台管理责任，按照"谁主办，谁负责"的原则进行日常管理，落实网络安全责任。

第二，健全新媒体快速反应机制。学校应当明确部门负责，一旦发现网络谣言，做到部门联动，第一时间第一处置，通过线上和线下多种方式，及时将真相反馈给师生，控制谣言的进一步蔓延。同时要上报有关部门，积极和公安等部门配合，做好后续安抚和依法追责工作。

第三，强化师生的网络规范意识和安全意识。学校应当加强网络道德规范和法律法规教育，培养大学生的网络道德规范，知法、懂法、守法，让他们遵守网络行为规范，不造谣、不传谣，杜绝诽谤侮辱他人、散播虚假信息等行为。同时，还要提醒学生增强网络安全意识，做好防范措施，避免被盗号等情况。

（四）法规政策链接

1.《中华人民共和国刑法》

第二百九十一条之一 编造虚假的险情、疫情、灾情、警情，在信息网络或者其他媒体上传播，或者明知是上述虚假信息，故意在信息网络或者其他媒体上传播，严重扰乱社会秩序的，处三年以下有期徒刑、拘役或者管制；造成严重后果的，处三年以上七年以下有期徒刑。

2.《中华人民共和国治安管理处罚法》

第二十五条 有下列行为之一的，处五日以上十日以下拘留，可以并处五百元以下罚款；情节较轻的，处五日以下拘留或者五百元以下罚款：

（一）散布谣言，谎报险情、疫情、警情或者以其他方法故意扰乱公共秩序的；

……

3.《全国人大常委会关于维护互联网安全的决定》

二、为了维护国家安全和社会稳定，对有下列行为之一，构成犯罪的，依照刑法有关规定追究刑事责任：

（一）利用互联网造谣、诽谤或者发表、传播其他有害信息，煽动颠覆国家政权、推翻社会主义制度，或者煽动分裂国家、破坏国家统一；

……

4.《中华人民共和国网络安全法》

第十二条第二款 任何个人和组织使用网络应当遵守宪法法律，遵守公共秩序，尊重社会公德，不得危害网络安全，不得利用网络从事危害国家安全、荣誉和利益，煽动颠覆国家政权、推翻社会主义制度，煽动分裂国家、破坏国家统一，宣扬恐怖主义、极端主义，宣扬民族仇恨、民族歧视，传播暴力、淫秽色情信息，编造、传播虚假信息扰乱经济秩序和社会秩序，以及侵害他人名誉、隐私、知识产权和其他合法权益等活动。

5.《最高人民法院、最高人民检察院关于办理利用信息网络实施诽谤等刑事案件适用法律若干问题的解释》

第五条 编造虚假信息，或者明知是编造的虚假信息，在信息网络上散布，或者组织、指使人员在信息网络上散布，起哄闹事，造成公共秩序严重混乱的，依照刑法第二百九十三条第一款第（四）项的规定，以寻衅滋事罪定罪处罚。

6.《互联网群组信息服务管理规定》

第九条 互联网群组建立者、管理者应当履行群组管理责任，依据法律法规、用户协议和平台公约，规范群组网络行为和信息发布，构建文明有序的网络群体空间。

互联网群组成员在参与群组信息交流时，应当遵守法律法规，文明互动、理性表达。

第十条 互联网群组信息服务提供者和使用者不得利用互联网群组传播法律法规和国家有关规定禁止的信息内容。

7.《互联网用户公众账号信息服务管理规定》

第十条 互联网用户公众账号信息服务使用者应当履行信息发布和运营安全管理责任，遵守新闻信息管理、知识产权保护、网络安全保护等法律法规和国家有关规定，维护网络传播秩序。

第十一条第一款 互联网用户公众账号信息服务使用者不得通过公众账号发布法律法规和国家有关规定禁止的信息内容。

8.《普通高等学校学生管理规定》（中华人民共和国教育部令第41号）

第四十七条 学生应当遵守国家和学校关于网络使用的有关规定，不得登录非法网站和传播非法文字、音频、视频资料等，不得编造或者传播虚假、有害信息；不得攻击、侵入他人计算机和移动通讯网络系统。

第五十一条 对有违反法律法规、本规定以及学校纪律行为的学生，学校应当给予批评教育，并可视情节轻重，给予如下纪律处分：

（一）警告；

（二）严重警告；

（三）记过；

（四）留校察看；

（五）开除学籍。

第五十二条 学生有下列情形之一，学校可以给予开除学籍处分：

（一）违反宪法，反对四项基本原则、破坏安定团结、扰乱社会秩序的；

（二）触犯国家法律，构成刑事犯罪的；

（三）受到治安管理处罚，情节严重、性质恶劣的；

……

（六）违反本规定和学校规定，严重影响学校教育教学秩序、生活秩序以及公共场所管理秩序的；

（七）侵害其他个人、组织合法权益，造成严重后果的。

……

9.《高等学校学生行为准则》（教学〔2005〕5号）

五、诚实守信，严于律己。履约践诺，知行统一；遵从学术规范，恪守学术道德，不作弊，不剽窃；自尊自爱，自省自律；文明使用互联网；自觉抵制黄、赌、毒等不良诱惑。

五、高校如何应对校园舆论突发事件？

（一）案例介绍

近日，E大学在其校园网上发布公告称，聘任某体育界知名人士担任学校兼职教授。通知公告发布后不久，就受到校内个别师生的质疑，认为该知名人士不符合学校兼职教授的聘任条件，学校的聘任是出于领导的私人关系。而学生杨某针对此事件，于次日凌晨1时许，在其个人微信公众号上发布致学校领导的公开信，提出学校应当就聘任依据、理由以及决策程序进行公开说明。公开信的内容迅速在师生朋友圈中疯狂转载，并引起社会媒体的广泛关注。学校于当日中午12时通过校园网、官方微博、微信进行回应，说明聘任该体育名人为兼职教授旨在推动学校体育工作发展，其聘任条件和程序均符合学校规定。同时，学校还通过学院、辅导员与该学生接触，向其解释情况。该学生最后自行删去所发布的文章，事件逐渐平息。

该事件引发师生广泛争议。有人认为，杨某要求学校进行信息公开，是行使自身知情权；也有人认为，杨某的行为给学校社会声誉带来不良影响，应当批评教育，必要时给予纪律处分；还有人认为，对于此类引发争议的网文，学校有权要求微信公众平台直接删除，无须向发文学生解释。

（二）法理剖析

这是一起典型的网络舆情突发事件。本案的法律焦点在于：①学生发网文质问学校的行为是否合法合理？②高校能否采取删除网文的方式简单应对此类事件？③高校对于该生的行为应当如何处理？

第一，学生发网文是其行使民主参与学校管理权利的表现，并不违法，但方式方法不恰当。

根据《普通高等学校学生管理规定》的有关规定，学生有权参与学校管理，对学校与学生权益相关事务享有知情权、参与权、表达权和监督权。而学校聘任兼职教授，是属于和学生权益相关的教学管理工作，学生有权知情并表达自己的意见。学校采用通知公告的形式将聘任事件公开，学生有权依据《高等学校信息公开办法》的有关规定，要求学校进一步公开相关信息的行为于法有据。对此，教育部《关于公布〈高等学校信息公开事项清单〉的通知》（教办函〔2014〕23号）明确要求高校确保信息真实及时，公民、法人或其他组织对公开的信息有疑问的，可以申请向高校查询。

但该学生申请高校信息公开应当遵守法定程序，其采用微信公众号发布公开信的行为并不合适。《高等学校信息公开办法》明确规定，除高等学校已公开的信息外，公民、法人和其他组织还可以根据自身学习、科研、工作等特殊需要，以书面形式（包括数据电文形式）向学校申请获取相关信息。该学生申请进一步了解该事件信息，应当依法以书面形式（包括数据电文形式）向学校申请获取。

第二，高校无权删除网文，应当及时反馈控制事态进一步演变。

网文是否能删除，关键在于其内容是否违反了相关法律法规的规定。微信作为网络即时工具，其使用者发布内容必须遵守《即时通信工具公众信息服务发展管理暂行规定》规定的遵守法律法规、社会主义制度、国家利益、公民合法权益、公共秩序、社会道德风尚和信息真实性等"七条底线"，如果违反"七条底线"，则服务提供者有权根据《互联网用户公众账号信息服务管理规定》等规定和协议采取警示、限制发布、暂停更新直至关闭账号等措施，并保存有关记录，履行向有关主管部门报告的义务。

在本案例中，学生使用微信公众号发布微文，和上一案例的网络谣言有着根本区别，尽管方式不对，引发了社会关注，但仍属于正常意见的表达，并非违反法律法规的有害言论。学校和网络平台服务者都无权删除。对此，学校需要通过教育引导的方式加以解决。在本案例中，一方面学校通过官方途径第一时间回应，让公众了解事实真相；另一方面，积极与学生沟通，解答学生提出的问题，通过学生主动删帖，化解争议的方式的确可取。

第三，学校应当尊重学生的合法权利，无权给予学生相应纪律处分。

根据《高等教育法》《普通高等学校学生管理规定》等法律法规，学校有权给予有违反法律法规、校规校纪的学生予以批评教育，乃至纪律处分。而杨某发布公开信的目的在于要求学校对聘用该体育知名人士为兼职教授的依据、决策过程进行公开，是行使其作为该校学生，对与之权益相关事务享有知情权、参与权、表达权和监督权，尽管其要求信息公开的方式不适当，但并不违反法律法规和校规校纪，其本身没有过错。虽然杨某的行为使得学校受到了社会高度关注，但在网络媒体高度发达的今天，高校应当具备接受社会监督和公众关注的信心和勇气，应当主动接受批评建议，而不能靠压制和删帖来解决问题。

（三）对策建议

随着互联网新媒体的迅速发展，应对网络突发舆情已成为高校面临的常态。相对传统突发事件，网络舆情具有易发性、广泛性和高度社会关注性等特征，高校往往处在信息不对称的状态，获得有效信息滞后，这增加了应对网络舆情突发事件的难度。一些校园热点事件经网络的迅速传播和放大，其对学校的声誉和形象影响很难控制。针对网络舆情突发事件，建议高校可从以下方面加强管理：

第一，预防为先，要增强网络舆情监测能力，依托大数据手段实现准确预警、研判。要完善工作预案，实现应对及时，事实准确，提升学校的公信力。

第二，积极应对，主动引导网络舆论。面对网络突发舆情，学校应当以实事求是的态度，第一时间应对，统一宣传，明确观点和立场，引导舆论，避免事件恶化。在本案中，学校在当日中午就作出正面官方反应，较为迅速地回应了质疑，对于社会公众起到了引导作用，避免了事件在猜疑中继续发酵。

第三，妥善处置，做好相关善后工作。学校在主动引导舆论的基础上，要进一步查明事实，主动披露相关信息和后续处理措施，主动设置议题，引导舆论方向，避免公众猜疑。尤其在事后处理时，要依法规制恶意炒作，依法追究相关人员的法律责任。

第四，优化环境，营造良好新媒体环境。学校平时重视校园新媒体建设，通过校园新媒体联盟进一步规范网络言行，加强对于学生新媒体平台负责人的培训，提升其法治意识。形成师生之间良好的舆论互动机制，听取师生意见，将矛盾化解在线下和平时。另外，还要注重培养网络意见领袖，发挥其能力，增强对舆论的引导能力。

（四）法规政策链接

1.《中华人民共和国宪法》

第三十五条　中华人民共和国公民有言论、出版、集会、结社、游行、示威的自由。

2.《高等学校信息公开办法》（中华人民共和国教育部令第 29 号）

第九条　除高等学校已公开的信息外，公民、法人和其他组织还可以根据自身学习、科研、工作等特殊需要，以书面形式（包括数据电文形式）向学校申请获取相关信息。

3.《普通高等学校学生管理规定》（中华人民共和国教育部令第 41 号）

第六条　学生在校期间依法享有下列权利：

……

（五）在校内组织、参加学生团体，以适当方式参与学校管理，对学校与学生权益相关事务享有知情权、参与权、表达权和监督权；

……

第五十四条　学校给予学生处分，应当坚持教育与惩戒相结合，与学生违法、违纪行为的性质和过错的严重程度相适应。学校对学生的处分，应当做到证据充分、依据明确、定性准确、程序正当、处分适当。

4.《教育部关于公布〈高等学校信息公开事项清单〉的通知》（教办函〔2014〕23号）

一、确保信息真实及时。各高校要把清单实施工作作为完善内部治理、接受社会监督的重要内容，对清单所列各项信息公开的真实性、及时性负责，切实保障人民群众的知情权、参与权和监督权。公民、法人或者其它组织有证据证明公开的信息不准确的，高校应当及时予以更正；对公开的信息有疑问的，可以申请向高校查询。

5.《即时通信工具公众信息服务发展管理暂行规定》

第六条 即时通信工具服务提供者应当按照"后台实名、前台自愿"的原则，要求即时通信工具服务使用者通过真实身份信息认证后注册账号。

即时通信工具服务使用者注册账号时，应当与即时通信工具服务提供者签订协议，承诺遵守法律法规、社会主义制度、国家利益、公民合法权益、公共秩序、社会道德风尚和信息真实性等"七条底线"。

第八条 即时通信工具服务使用者从事公众信息服务活动，应当遵守相关法律法规。

对违反协议约定的即时通信工具服务使用者，即时通信工具服务提供者应当视情节采取警示、限制发布、暂停更新直至关闭账号等措施，并保存有关记录，履行向有关主管部门报告义务。

6.《互联网用户公众账号信息服务管理规定》

第十三条 互联网用户公众账号信息服务提供者应当对违反法律法规、服务协议和平台公约的互联网用户公众账号，依法依约采取警示整改、限制功能、暂停更新、关闭账号等处置措施，保存有关记录，并向有关主管部门报告。

互联网用户公众账号信息服务提供者应当建立黑名单管理制度，对违法违约情节严重的公众账号及注册主体纳入黑名单，视情采取关闭账号、禁止重新注册等措施，保存有关记录，并向有关主管部门报告。

六、对未经允许使用学校名义的新媒体，高校应当如何处理？

（一）案例介绍

一天，L大学宣传部的舆情中心工作人员发现在一个名为"L大学子"的微信公众号发布的"这些年重修费都到哪里去了"在学生的朋友圈疯传，一些学生在校园BBS、微博也进行了转载。该文质疑学校按照一学分50元的标准，近年来收取了因考试不及格而重修的学生的大量费用，这些费用并没有用到学生教学上，而是被学校挪为他用。而无独有偶，工作人员同时还接到了一个自称为某公司负责人的电话举报，其声称L大学某学生在其实名微信公众号发布不负责任的文章，污蔑公司制假售假，要求学校给予严惩，必要时将付诸法律起诉学校。对此，学校高度重视，经查证，"L大学子"公众号系某社会机构的自媒体，和学校没有任何关系，其找到了学生关注热点，在不了解事实的情况下杜撰了文章，旨在博取关注，增加粉丝量。对此，学校通过官网、官微郑重声明：学校收取重修费已经物价部门批准，没有任何截留分摊和挪用。声明还指出涉及L大学的全称和简称都系学校注册商标，仅限校内官媒、有关学生团体授权使用。"L大学子"作为自媒体，未经学校授权使用。学校严禁其使用，并按程序向有关部门进行举报。学校强调涉事公众号发布信息片面不实、误导网民，应立即删除相关信息并公开道歉，澄清事实，消除负面影响。影响恶劣的，学校将通过法律途径进行维权。而对于某公司负责人电话举报，经学校查实，该微信公众号确系本校学生的自媒体，该学生因在网购时与该公司就产品质量发生矛盾，就在自己的公众号吐槽该公司。就此，学校建议学生与该公司就所发生的事件协商解决。

（二）法理剖析

本案例反映的是高校名称未经授权而被校外新媒体使用，学校应当如何处理相关后果。其法律焦点在于：①高校应当如何处理社会机构冒用学校名称开设新媒体的情况？②对于学生以高校名义注册自媒体，学校应当如何处理？③因未经授权使用学校名称的新媒体导致的侵权事件，学校是否承担连带责任？

第一，社会机构未经授权，冒用学校名称开设自媒体的情况属于侵权行为，应当承担法律责任。

根据《民法总则》《高等教育法》等规定，高校作为事业单位法人，其享有名称权，并不受他人侵犯。而且由于高校特殊的地位，学校名称具有广泛的社会影响力，其作为高校的知识产权，属于高校非常重要的无形资产。对此，《高等学校知识产权保护管理规定》中就明确规定高等学校的校标和各种服务标记属于学校的知识产权。而当前很多高校在认识到学校名称、标志具有的重要意义后，基于教育推广、宣传及长期发展等方面的考虑，已经将其注册为商标，其校名受到了商标法律法规的保护。

在本案例中，某社会机构与学校没有任何关系，未经授权就使用L大学名义注册新媒体，并且在无事实根据的情况下杜撰文章，其不仅侵犯了学校的名称权，也侵犯了学校的名誉权，对此，学校有权依据《侵权责任法》《互联网用户账号名称管理规定》等法律法规要求删号并令其承担相应的法律责任。本案例中，L大学具有较强保护自己知识产权的意识，提早将本校的名称、简称、标志等注册为商标，其做法值得肯定。学校要求社会机构公开赔礼道歉，停止使用学校名称，删除涉事网文的要求合理合法。

第二，对于学生以高校名义注册自媒体的行为，学校应视具体情况来处理。

根据相关法律法规，学校对自己名称、简称、标志等享有知识产权，任何机构和个人未经许可不得使用，其本校学生也不例外。随着新媒体的快速发展，学校一般通过制定本校新媒体建设和管理办法来规范名称使用，大都规定任何个人未经允许不得以该学校及所属各单位、部门、任何组织等名义开通各类新媒体。对于在校学生而言，如果是以自己的名义，如"L大学××"开通个人的自媒体，其言论仅代表个人，并不会被公众误解为学校及其所属单位等的行为，无须学校许可。但如果学生以"L大学工会""L大学生体育协会"等此类明显以机构命名，可能使社会公众误解为学校以及所属单位的名称，则应当经学校授权许可。

在本案例中，该学生发表意见是在本人实名的微信公众号上，系个人言论的表达，和学校并无法律关系，其无须经学校许可。当然作为在校学生，其在发表言论时应当遵守法律法规和校规校纪，不得违反"七条底线"①。如果该学生确实存在对投诉公司的诽谤、污蔑等言论，则应当承担相应法律责任。

第三，对未经授权使用学校名义的新媒体平台实施的其他侵权行为，高校不承担法律责任。

新媒体平台未经授权使用学校名义，其已经侵犯了学校的名称权。如果其再实施其他侵权行为，学校与其没有任何法律关系，无须承担任何法律责任。但是由于高校的名称具有广泛的社会关注度，冒用学校名义在新媒体发布相关信息可能会引起社会关注，可能给学校带来负面影响。对此，学校应当加强管理，做好舆论监测以及法律维权工作。在本案例中，L大学要求某社会机构停止使用公众号于法有据，根据《互联网用户账号名称管理规定》，对冒用、关联机构或社会名人注册账号名称的，互联网信息服务提供者应当注销其账号，学校可通过向第三方新媒体平台提供者反馈，将其注销。

当前由于学校各职能部门、学生社团等都在建设自己的新媒体平台，其大都通过新媒体运营第三方平台的实名认证，并由学校以备案形式给予使用学校名称的许可。对于此类已经授权，以学校及所属各单位、部门、任何组织等的名义开通的各类新媒体，学校具有使用权、管理权或监督权。而一旦出现侵权责任，新媒体平台不具备独立法人地位，学校作为法人应当承担相应法律责任。而对于实践中存在虽经学校备案，但未经新媒体运营平台实名认证的新媒体平台，学校作为授权许可和管理监督方，同样应当承担相应法律责任。

---

① 法律法规底线、社会质疑制度底线、国家利益底线、公民合法权益底线、社会公共秩序底线、道德风尚底线和信息真实性底线。

（三）对策和建议

当前以微信、微博为代表的校园新媒体平台发展迅速，其中不乏"李逵""李鬼"难辨的各类复杂情况。尤其新媒体相对于传统媒体而言，其运营和管理难度更大。在当前复杂的舆论环境下，即使学校正规新媒体也难以保证不出问题。对此，建议学校从以下方面加强管理：

第一，高校要强化知识产权保护和法律维权意识。高校名称、简称、标志等作为学校重要的无形资产，还关系到学校的社会形象和声誉。在当前相关法律法规没有明确规定的情况下，学校应该主动通过注册商标等法律手段来强化自身知识产权保护，其不仅是在新媒体平台方面，在其他相关领域亦是如此。而对于他人侵权行为，学校应当积极运用法律武器保护自己。

第二，高校应依法完善校园新媒体管理机制。高校作为校园新媒体管理的主导者，依法管理是促进校园新媒体健康发展的重要手段。学校应当根据新媒体平台的性质，区分管理，不仅鼓励各职能部门、学生组织建设，而且要鼓励师生个人开设新媒体，通过重点扶持等方式鼓励各平台多元、特色发展，丰富校园文化生活，满足大学生全方位成才需求。

第三，高校应当建立和新媒体平台运营商、互联网信息主管部门的联动机制。面对当前海量的微信公众号以及网络信息，学校很难一一掌握舆情动态，学校可以通过和新媒体平台运营商、互联网信息主管部门等建立联动机制，利用其大数据的技术优势，及时发现异常；对于可能冒用学校名义，会给学校带来负面影响的，及时掌握及时处理，避免事件恶化。

（四）法规政策链接

1.《中国人民共和国民法总则》

第一百一十条第二款 法人、非法人组织享有名称权、名誉权、荣誉权等权利。

2.《中华人民共和国高等教育法》

第三十条 高等学校自批准设立之日起取得法人资格。高等学校的校长为高等学校的法定代表人。

高等学校在民事活动中依法享有民事权利，承担民事责任。

3.《中华人民共和国侵权责任法》

第二条 侵害民事权益，应当依照本法承担侵权责任。

本法所称民事权益，包括生命权、健康权、姓名权、名誉权、荣誉权、肖像权、隐私权、婚姻自主权、监护权、所有权、用益物权、担保物权、著作权、专利权、商标专用权、发现权、股权、继承权等人身、财产权益。

4.《高等学校知识产权保护管理规定》（教育部令第3号）

第三条 本规定所称的知识产权包括：

……

（四）高等学校的校标和各种服务标记。

5.《互联网用户账号名称管理规定》

第八条 对冒用、关联机构或社会名人注册账号名称的，互联网信息服务提供者应当注销其账号，并向互联网信息内容主管部门报告。

第八章　后勤安全管理服务篇

一、高校宿舍安全检查是否侵犯学生合法权利？

（一）案例介绍

寒假将至，A大学在学生考试期间，组织了宿舍安全突击检查。学校管理人员用备用钥匙打开学生宿舍后，发现个别学生仍在宿舍内休息，并从学生床底、储物柜等处发现热得快、电炉等违禁电器。对此，学校有关部门决定没收、查获的违禁电器，对逃课的学生予以批评教育，对藏有违禁电器的学生给予警告处分。而为进一步警示学生，学校将所没收的违禁电器在操场集中展示并销毁，并将受处分的同学信息予以公示。

此举引发了学生的强烈反响：一些学生认为，学校未经告知突击检查，乱翻乱拿学生私人物品，侵犯了学生隐私权，集中销毁违禁电器更侵犯了学生财产权。也有学生认为，负责检查的男老师直接进入女生宿舍，当时还有女生在宿舍休息，十分不合适。对于学生们的意见，学校管理人员也有些无奈。时值冬季火灾高发期，学校三令五申禁止使用违禁电器，但效果很不明显。如通知后检查，违禁电器都被藏匿起来，很难发现安全问题。当前各高校高度重视安全，火灾的惨痛教训让学校不敢有丝毫懈怠。

（二）法理剖析

本案例实质反映了高校行使宿舍管理权和学生权利之间的冲突。其法律焦点在于：①学校是否有权进行宿舍的安全卫生检查？②学校没收并销毁违禁电器是否妥当？③学校未经允许进入宿舍，并检查储物柜等学生私人空间，是否侵犯了学生隐私权？④学校处分使用违禁电器的学生是否于法有据？

第一，学校开展宿舍安全卫生检查于法有据，是学校管理权的重要体现。

《普通高等学校学生管理规定》规定高校应当建立健全学生住宿管理制度，消防安全和卫生则是其中的重点。《消防法》明确了机关、团体、企业、事业等单位应当履行消防安全职责，高校作为事业单位承担着预防灾害、安全教育等法定职责。《高等学校消防安全管理规定》明确规定学生宿舍作为消防安全重点部位，学生宿舍管理部门应当履行消防演练、安全教育和检查等管理职责。《教育部关于进一步加强高等学校学生公寓管理的若干意见》（教发〔2002〕6 号）中指出，要切实加强学生公寓的住宿、用电、用水、饮食、防火、防盗等方面的安全工作。《教育部关于切实加强高校学生住宿管理的通知》（教社政厅〔2004〕6 号）则明确要防止火灾发生，并要求学校安全保卫部门要加强对学生宿舍和公寓安全保卫工作的业务指导、培训、监督和检查，加强巡逻，深入排查安全保卫工作中存在的问题，及时整改。同时根据《学校卫生条例》等相关法律法规，学校应当建立卫生制度，加强对学生个人卫生、环境卫生，以及教室、宿舍卫生的管理。

据此，学校有关部门做好安全卫生检查，消除事故隐患，保障学生人身财产安全是学校的法定职责。学校应当依据《中华人民共和国消防法》等法律法规，健全并落实执行消防等安全管理制度。在本案例中，学校进行安全卫生检查，检查违禁电器，是学校履行管理职责的重要措施，其于法有据。但在突击检查中出现男老师直接进入女生宿舍等情况，确实存在着管理上的瑕疵，有欠妥当，应注意检查方式和方法的合理化。

第二，高校没收并销毁违禁电器的行为违法，侵犯了学生的财产权。

违禁电器在管理实践中一般是指电热毯、电磁炉、热得快、电吹风等大功率易引发火灾的电器。《高等学校消防安全管理规定》中明确规定，学生宿舍、教室和礼堂等人员密集场所，禁止违规使用大功率电器。《教育部关于加强高等学校学生公寓安全管理的若干意见》（教社政〔2002〕9 号）提出要加强管理，特别是注意杜绝私拉乱接电话线、电源线和电脑线，以及违章用电、私自使用大功率电器和违规使用各种电器造成线路超负荷的现象。据此，各高校制定宿舍管理制度都明确规定禁止使用此类电器。《高等学校消防安全管理规定》等虽明文禁止使用违禁电器，但对禁止的措施没有明确规定。实践中一些高校出于严格管理，不仅明令禁止使用此类电器，并明确规定没收此类电器并对使用者予以纪律处分等惩戒。

这种做法固然出于公共安全的考量，但从保护学生合法权益而言，违禁电器虽被法律法规禁止在学生宿舍中使用，但其作为学生个人财产，所有权受到宪法法律的保护。同时学校没收甚至销毁电器的行为直接违反了《行政处罚法》的相关规定。根据《行政处罚法》的相关规定，行政处罚由具有行政处罚权的行政机关在法定职责范围内实施。无法定依据或是不遵循法定程序的，行政处罚无效。同时，行政处罚只能由法律、法规和规章在法定范围内设定，其设定权限受到严格限制。高校作为事业单位，不是合法的行政主体，不具有行政处罚权，学校规章制度更是无权设定没收等行政处罚。因此，学校实施没收甚至销毁违禁电器的行为违法，侵犯了学生的财产权。

第三，学校未经允许进入宿舍，检查学生储物柜等私人空间的做法需要进一步规范。

在本案例中，学校突击检查安全的做法并不违法，但采用备用钥匙进入学生宿舍，打开学生储物柜的做法确有不妥。宿舍作为学生集体生活起居的地方，其不仅具有公共属性，还具有个人隐私性。宿舍安全卫生管理作为学校的法定职责，如对宿舍内的走廊、大厅等公共空间进行全面检查，无须经学生同意。但对于学校是否能有权检查涉及学生起居房间、床铺、储物柜等具有个人隐私性的空间，目前《高等学校消防安全管理规定》等法律法规只是较为概括地规定要加强学生宿舍用火、用电安全教育与检查，并没有明确规定检查的程序、范围等具体方式。

使用违禁电器的学生确为少数，学校在无明确指向、无提前通知的情况下，对所有学生进行检查的确有侵犯学生隐私之嫌。对此，学校应当规范宿舍管理权的行使。基于公共安全，贯彻"最小侵害原则"，即管理措施应当适当，兼顾公共利益和当事人合法权益，以最小侵害当事人权益为限度。学校在进行宿舍安全检查，涉及学生房间、储物柜等个人空间时，应当尊重学生的权益，按照一定的程序进行检查。如检查宿舍时提前通知，可要求学生宿舍留人；打开储物柜时应提前征得学生同意，并在有学生见证的情况下进行检查，如需要对于大功率电器进行查收，则应出具正式函件，并要求所有人签字，等等。当然，出现可能严重危及人身财产和公共安全等特殊情况时，学校有权采取紧急措施，进入学生宿舍进行检查或是救助。

第四，学校处理使用违禁电器的学生于法有据，但应适当，切实起到教育警示作用。

《普通高等学校学生管理规定》中明确指出学生应当遵守学校关于学生住宿管理的规定。《教育部关于加强高等学校学生公寓安全管理的若干意见》（教发〔2002〕9号）中强调要把对学生的安全教育经常化、制度化，在节假日和重大活动期间，都要有针对性地提出安全要求，对违法违纪的学生及时进行批评教育或给予必要的处罚。在宿舍中使用违禁电器为法律法规所明令禁止，各高校基本都出台了相应的管理规定，对于违禁电器的使用进行较为严格的处罚。

对此，学校处理使用违禁电器的学生符合法律法规和学校规章制度，其法理依据充足。但在处理中，学校还是应当区分一般违规、严重违法违纪等诸多情况，做到处分适当。如对于首次或偶尔使用违禁电器的情况，可以考虑其悔改表现给予批评教育；

对于屡教不改的，故意违反学校规章制度的，则应给予纪律处分。如果因使用违禁电器导致失火，出现人身财产损失等严重后果时，其不仅应当承担相应民事赔偿责任，而且应当依据《消防法》《刑法》等法律由相关部门追究其行政乃至刑事责任。而学校也可以根据承担的法律责任情况，给予开除学籍等相应的纪律处分。

（三）对策建议

学生公寓作为学生日常生活与学习的重要场所，其不仅是学生日常起居的住所，还是学校育人的重要阵地。而宿舍的安全问题直接关系到学生人身财产安全，学校应当依法完善管理制度，落实相关要求，切实做好包括宿舍安全在内的教育和管理工作。

第一，依法完善宿舍管理的规章制度。学校的规章制度中应当严格依据上位法，如对于使用违禁电器等违规行为的处理，学校不能采用没收等超越法律法规规定的权限来进行。学校可采用代为保管的方式限制学生在宿舍中使用，在假期或是毕业离校时予以返还。

第二，全面规范宿舍管理的工作流程。对于在实践中易引发争议的突击检查等情况，应当进一步规范检查的方式、步骤、规程和时限。检查女生宿舍时，检查人员应当明确人数和性别要求；检查应当注意时间安排，通过提前通知等方式避免影响学生的正常起居；而对涉及学生个人空间的检查时，一般应征得学生的同意，并有相关人员见证；检查过程中，应当做好记录，如条件允许，可以全程录音录像。

第三，完善宿舍基础设施建设，满足学生的生活需求。学校应当按照国家标准加强宿舍基础设施建设，完善相关安全设施和设备，通过改造电力设备，设立火灾预警监视系统、恶性用电识别装置等技术装备，增强安全防范的能力。同时坚持解决思想问题与实际问题相结合的原则，解决学生在宿舍学习、生活中的实际问题，可在条件允许的情况下，配备开水炉、微波炉等生活设施，减少违禁电器使用的概率，消除隐患存在的土壤。

第四，全面加强师生的安全法治教育，提升安全防范意识和灾害自救能力。学校要通过各种途径加强安全教育，普及安全知识，让学生从内心意识到安全的重要性，增强自身救护能力。充分发挥学生自我管理和自我教育作用，通过学生组织、学生代表的民主参与和监督，增强学生的自律意识。还要加强对学生公寓等管理人员和保卫人员的法制与道德教育，努力提高安全防范意识。

（四）法规政策链接

1.《中华人民共和国刑法》

第一百一十五条 放火、决水、爆炸以及投放毒害性、放射性、传染病病原体等物质或者以其他危险方法致人重伤、死亡或者使公私财产遭受重大损失的，处十年以上有期徒刑、无期徒刑或者死刑。

过失犯前款罪的，处三年以上七年以下有期徒刑；情节较轻的，处三年以下有期徒刑或者拘役。

2.《中国人民共和国行政处罚法》

第三条　公民、法人或者其他组织违反行政管理秩序的行为，应当给予行政处罚的，依照本法由法律、法规或者规章规定，并由行政机关依照本法规定的程序实施。

没有法定依据或者不遵守法定程序的，行政处罚无效。

第十四条　除本法第九条、第十条、第十一条、第十二条以及第十三条的规定外，其他规范性文件不得设定行政处罚。

3.《中华人民共和国消防法》

第十六条　机关、团体、企业、事业等单位应当履行下列消防安全职责：

（一）落实消防安全责任制，制定本单位的消防安全制度、消防安全操作规程，制定灭火和应急疏散预案；

（二）按照国家标准、行业标准配置消防设施、器材，设置消防安全标志，并定期组织检验、维修，确保完好有效；

（三）对建筑消防设施每年至少进行一次全面检测，确保完好有效，检测记录应当完整准确，存档备查；

（四）保障疏散通道、安全出口、消防车通道畅通，保证防火防烟分区、防火间距符合消防技术标准；

（五）组织防火检查，及时消除火灾隐患；

（六）组织进行有针对性的消防演练；

（七）法律、法规规定的其他消防安全职责。

单位的主要负责人是本单位的消防安全责任人。

第六十四条　违反本法规定，有下列行为之一，尚不构成犯罪的，处十日以上十五日以下拘留，可以并处五百元以下罚款；情节较轻的，处警告或者五百元以下罚款：

……

（二）过失引起火灾的。

4.《普通高等学校学生管理规定》（中华人民共和国教育部41号令）

第四十八条　学校应当建立健全学生住宿管理制度。学生应当遵守学校关于学生住宿管理的规定。鼓励和支持学生通过制定公约，实施自我管理。

第五十二条　学生有下列情形之一，学校可以给予开除学籍处分：

（一）违反宪法，反对四项基本原则、破坏安定团结、扰乱社会秩序的；

（二）触犯国家法律，构成刑事犯罪的；

（三）受到治安管理处罚，情节严重、性质恶劣的；

……

（六）违反本规定和学校规定，严重影响学校教育教学秩序、生活秩序以及公共场所管理秩序的；

（七）侵害其他个人、组织合法权益，造成严重后果的；

（八）屡次违反学校规定受到纪律处分，经教育不改的。

5.《学校卫生工作条例》（中华人民共和国国家教育委员会令第10号）

第八条　学校应当建立卫生制度，加强对学生个人卫生、环境卫生以及教室、宿舍卫生的管理。

6.《高等学校消防安全管理规定》（中华人民共和国教育部 中华人民共和国公安部令第28号）

第十三条　除本规定第十一条外，学生宿舍管理部门还应当履行下列安全管理职责：

（一）建立由学生参加的志愿消防组织，定期进行消防演练；

（二）加强学生宿舍用火、用电安全教育与检查；

（三）加强夜间防火巡查，发现火灾立即组织扑救和疏散学生。

第十四条　学校应当将下列单位（部位）列为学校消防安全重点单位（部位）：

（一）学生宿舍、食堂（餐厅）、教学楼、校医院、体育场（馆）、会堂（会议中心）、超市（市场）、宾馆（招待所）、托儿所、幼儿园以及其他文体活动、公共娱乐等人员密集场所……

第十八条　地下室、半地下室和用于生产、经营、储存易燃易爆、有毒有害等危险物品场所的建筑不得用作学生宿舍。

生产、经营、储存其他物品的场所与学生宿舍等居住场所设置在同一建筑物内的，应当符合国家工程建设消防技术标准。

学生宿舍、教室和礼堂等人员密集场所，禁止违规使用大功率电器，在门窗、阳台等部位不得设置影响逃生和灭火救援的障碍物。

第三十六条　学校应当采取下列措施对学生进行消防安全教育，使其了解防火、灭火知识，掌握报警、扑救初起火灾和自救、逃生方法。

（一）开展学生自救、逃生等防火安全常识的模拟演练，每学年至少组织一次学生消防演练；

（二）根据消防安全教育的需要，将消防安全知识纳入教学和培训内容；

（三）对每届新生进行不低于 4 学时的消防安全教育和培训；

（四）对进入实验室的学生进行必要的安全技能和操作规程培训；

（五）每学年至少举办一次消防安全专题讲座，并在校园网络、广播、校内报刊开设消防安全教育栏目。

7.《教育部关于进一步加强高等学校学生公寓管理的若干意见》（教发〔2002〕6 号）

五、切实加强学生公寓的安全保卫工作

学生公寓安全保卫工作关系到学生的人身和财产安全。各类学生公寓都要按照国家和当地人民政府有关部门的规定，制定完善的安全保卫制度。对学生公寓的住宿、用电、用水、饮食、防火、防盗等方面的安全工作……

8.《教育部关于加强高等学校学生公寓安全管理的若干意见》（教社政〔2002〕9 号）

二、进一步建立健全高等学校学生公寓安全管理的体制和机制（内容略）

三、切实做好思想政治工作进公寓（内容略）

9.《教育部关于切实加强高校学生住宿管理的通知》（教社政厅〔2004〕6 号）

三、切实加强管理机制与规章制度建设（内容略）

四、切实加强学生宿舍和公寓的安全保卫工作（内容略）

二、学生出租出借宿舍（床位）是否合理合法？

（一）案例介绍

大学生小赵系 B 大学大四学生，住在校内学生宿舍的一个四人间内。因其在离校很远的地方实习，他考虑到方便就在校外租房，宿舍内的床位就空了出来。不久，一个外地来京考研学生经人介绍要来租他的床位。开始时，小赵还有些犹豫，当他看到床位出租获利颇丰后，也就动了心。考虑到自己在外租房的确花费较大，每年还要向学校缴纳住宿费两千元，就以每月八百元的价格将床位租于该学生。

学校发现小赵的情况后，辅导员和宿舍管理老师对其进行了批评，要求其按学校规定，补办校外居住申请手续，将其违规出租的床位腾空后，办理退宿手续。对此，小赵感到非常不满。他在查阅相关网络资料后，认为在当前高校后勤社会化的大背景下，自己入住学生宿舍，和学校是租赁关系，缴纳住宿费后即有权处置自己的床位。而自己在外租房，更是个人自由，学校无权干涉。对此，学校明确表示，出租出借学生宿舍存在着安全隐患，其在学校和学生签订的入住公寓协议已经明确规定，小赵未经允许在校外居住并出租床位已违反校规校纪，其必须尽快清空床位，办理退宿。

（二）法理剖析

本案例的核心问题在于学生住宿管理中高校与学生之间法律关系的性质，其为民事法律关系？还是行政法律关系？法律关系性质的不同决定了双方权利义务的差异。本案例的法律焦点在于：①学生是否有权自主处理宿舍（床位），而无须征得学校同意？②学生在校外居住是否需要取得学校同意？

第一，学生住宿管理中的高校与学生之间并非简单的民事租赁合同关系，其具有教育行政管理关系。

学生缴费入住宿舍，高校提供管理服务，双方签订住宿协议。如从行为表象分析，是较为典型的平等民事主体之间租赁合同关系，但事实并非如此。首先从学生宿舍（公寓）的法律性质分析，其并非民事法律意义上的租赁房屋。学生虽然缴纳住宿费，但教育部等部门的规章文件明确了住宿费是以成本补偿和非营利的原则进行收取，并强调要做好宿舍分配工作，确保新生入住，还要防范制止一切违规乱收费现象。另外，国家还给予学生宿舍（公寓）税收和财政上诸多优惠政策。由此可见，高校为学生提供宿舍（公寓）具有公共服务的性质，其具有教育公益性，而并非小赵理解的市场化民事行为。另外，高校作为宿舍管理部门，其不仅要按合同约定来提供服务，还承担着法律赋予的公共卫生管理等法定职责。这些职责见于《中华人民共和国消防法》《学校卫生条例》等法律法规。学校行使相应的管理权，实际上和学生之间形成了行政管理的法律关系。这种法律关系我们称为教育行政管理关系，其与行政法律关系同样具有单方性、强制性和专属性。高校无须征得学生同意，即可行使法律法规所授予的职权，并对学生具有强制性。虽然当前高校后勤社会化不断深入，但高校对于学生宿舍（公寓）的管理仍是重要的法定职责。《教育部关于进一步加强高等学校学生公寓管理的若干意见》（教发〔2002〕6号）中明确指出，对学生公寓内学生的管理，特别是对学生的思想政治工作和日常行为管理，始终是高等学校的一项主要责任，决不能简单地推向社会。由此可见，高校在学生住宿管理中承担着法定的管理责任，高校和学生之间不仅存在着租赁关系，还存在着管理关系，其问题不能单纯地以相关民事法律来解决。

第二，学生入住宿舍应当遵守学校管理制度，不得违规处置宿舍（床位）

综上，学生入住宿舍后，应当遵守学校规章制度，其违规出租、出借宿舍（床位）的行为不仅违反学校规章制度，也违反相关法律法规。学生宿舍具有教育公益性质，决定了其作为大学生享有的特定教育权利，不能转让，更不能以此牟利。学生进行转租的行为不受法律保护，宿舍（床位）的性质决定了其并非租赁的合法标的物。从法律行为上来看，根据《中华人民共和国合同法》《城市房屋租赁管理办法》等法律法规，其未经出租人同意转租的，出租人可以解除合同。学生转租的行为并没有取得房屋所有权人——学校的同意，其出租行为无效。同时由于出租、出借宿舍（床位）的对象具有不确定性，其背景往往比较复杂，存在着安全隐患。《高等学校校园秩序管理若干规定》中明确规定学生一般不得在学生宿舍留宿校外人员。学生违规出租、出借宿舍（床位）的情况也违反了校园安全的规定。对于违规出租、出借宿舍（床位）的学生，学校有权要求其腾空宿舍，并根据其表现给予退宿等处理，对于宿舍（床位）的使用者，学校则有权要求其离开。当然由于学生出租出借行为可能引发的租金赔偿等民事责任，应由学生本人承担。

依据法律法规，学生无权出租、出借宿舍（床位），那么学生能否自主调整宿舍（床位）？根据教育部文件的要求，高校学生的住宿条件和标准应一律由学校统一安排，原则上是按班级分配学生住宿，并坚决反对按学生经济状况分配住房的做法。各高校的宿舍管理制度中也都明确了学校具有调整宿舍管理的权限，并对个人申请宿舍调换做了严格规定。但实践中因学校整体安排和学生个人原因出现调整宿舍的情况并不少见。如据媒体报道，某大学将校内住宿学生大规模地统一调整到校外公寓，因学校通知晚，调换宿舍条件差、不安全、路程远等问题，引发学生极度不满。对此，笔者认为，学生应当服从学校住宿安排，未经允许不能随意调整宿舍（床位）。另一方面，学校也应当尊重学生的权利，在宿舍管理中认真听取意见和提供便利，减少不利影响。

第三，学生在校外居住应遵守学校规定，履行申请程序。

当前大学生基于种种理由，在校外居住的现象并不少见。案例中小赵认为其在校外租房居住是个人自由，学校无权干涉的说法值得商榷。根据教育部文件要求，各高校应积极创造条件为学生解决住宿问题，原则上不允许学生自行在校外租房居住。对特殊原因在校外租房的学生，要履行相关备案手续，加强信息沟通，严格教育管理。而各高校出于安全的原因，对于学生的校外居住申请也采取谨慎的态度和严格管理的方式，采取学生申请、家长同意和学校备案的制度。当前确实存在着和小赵类似的观点，认为大学生作为成年人，已经具备完全行为能力，其只要不违反法律法规，在校外居住的行为是学生个人自由，学校应当尊重学生的自主择房权。

笔者认为，高校以规章制度的形式要求学生校外居住履行程序不仅于法有据，而且符合当前我国国情。《高等教育法》等相关法律法规中明确规定，高等学校的学生应当遵守法律、法规，遵守学生行为规范和学校的各项管理制度。高校基于安全等原因，要求学生原则上在校内居住，如在校外居住，必须履行相关程序的做法是高校行使管理自主权的重要体现，并不违背上位法的规定，也没有实质上限制学生的人身自由等基本权利。选择校外居住固然是学生个人的权利，但没有无义务的权利，学生行使自身权利必须遵守法律法规和规章制度。对此，学生在校外居住应遵守学校规定，履行相关申请程序。

（三）对策建议

学生违规出租、出借宿舍以及校外居住问题一直是高校学生住宿管理中的重点，尤其对校外居住问题，教育部多次发文强调要高度重视，切实加强管理。对于高校管理者而言，针对实践中的问题，建议做好以下工作：

第一，全面加强宿舍管理。通过配备专职管理人员，安装门禁系统，严格登记制度等措施，避免校外人员无故进入学生宿舍；及时掌握学生在校居住情况，避免各类意外事件的出现。

第二，进一步加强与学生的沟通。建立完善的和学生沟通的机制，尤其是在做出可能影响学生的管理决定时，应通过听证等方式认真听取学生的意见，积极改进宿舍硬件和管理方式，为学生住宿营造良好的氛围。

第三，多举措增强学生的法治和安全观念。落实教育部有关要求，通过各种措施进行法治和安全宣传，要结合学校的规章制度，让学生懂法、守法和用法，树立权利和义务相统一的观念。

第四，依法妥善处理各类事件。对于学生出现出租、出借宿舍（床位）等各类违规事件，要坚持依法处理和说服教育相结合的原则，不仅要切实地化解矛盾，消除隐患，还要让学生得到教育。

（四）法规政策链接

1.《中华人民共和国高等教育法》

第五十三条 高等学校的学生应当遵守法律、法规，遵守学生行为规范和学校的各项管理制度……

2.《中华人民共和国合同法》

第二百二十四条 承租人经出租人同意，可以将租赁物转租给第三人。承租人转租的，承租人与出租人之间的租赁合同继续有效，第三人对租赁物造成损失的，承租人应当赔偿损失。

承租人未经出租人同意转租的，出租人可以解除合同。

3.《城市房屋租赁管理办法》（中华人民共和国建设部令第42号）

第二十八条 房屋转租，应当订立转租合同。转租合同必须经原出租人书面同意，并按照本办法的规定办理登记备案手续。

4.《高等学校校园秩序管理若干规定》（国家教育委员会令第13号）

第九条 学生一般不得在学生宿舍留宿校外人员，遇有特殊情况留宿校外人员，应当报请学校有关机构许可，并且进行留宿登记，留宿人离校应注销登记。不得在学生宿舍内留宿异性。

违反前款规定的，学校保卫机构可以责令留宿人离开学生宿舍。

5.《高等学校收费管理暂行办法》（教财〔1996〕101号）

第十三条 学校为学生提供的住宿收费，应严格加以控制。住宿费收费标准必须严格按照实际成本确定，不得以营利为目的。具体收费标准，由学校主管部门提出意见，报当地物价部门会同财政部门审批。

6.《财政部国家税务总局关于继续执行高校学生公寓和食堂有关税收政策的通知》（财税〔2016〕82号）

……

一、自2016年1月1日至2018年12月31日，对高校学生公寓免征房产税；对与高校学生签订的高校学生公寓租赁合同，免征印花税。

二、对按照国家规定的收费标准向学生收取的高校学生公寓住宿费收入，自2016年1月1日至2016年4月30日，免征营业税；自2016年5月1日起，在营改增试点期间免征增值税。

7.《教育部关于进一步加强高等学校学生公寓管理的若干意见》（教发〔2002〕6号）

四、认真对待并处理好切实加强学生公寓收费和服务管理工作。（内容略）

8.《教育部关于切实加强高校学生住宿管理的通知》（教社政厅〔2004〕6号）

五、切实加强学生校外租房的管理。（内容略）

9.《教育部办公厅关于进一步加强高校学生住宿管理的通知》（教社政厅〔2005〕4号）

……原则上，有条件的高校要进一步落实学生按班级住宿；尚有困难的高校要创造条件，保证2005级新生按班级住宿。对在校内宿舍和公寓安排确有困难，而须在校外租房的学生，学校也要制定切实措施，加强教育管理。

10.《教育部办公厅关于进一步做好高校学生住宿管理的通知》（教思政厅〔2007〕4号）

……

1. 认真落实按班级住宿的工作要求。（内容略）

2. 杜绝按学生经济状况安排住房。（内容略）

3. 严格校外住宿学生的教育和管理。（内容略）

三、在校外学生公寓居住的学生因公共设施致伤谁来负责？

（一）案例介绍

新生小李是C大学大一新生，因校内学生宿舍紧张，所有新生被学校安排在校外的明光公寓内居住。由于明光公寓系学生首次入住，各项设施仍在完备和建设过程中。一天晚自习后，小李途经宿舍楼下时，道路中间的一个窨井井盖突然松动，导致小李踩空摔倒，小腿骨折，并有轻微脑震荡，随身携带的手机和电脑也被摔坏。随后，小李被同行同学紧急送往医院，虽经治疗后恢复良好，但也花费了不少的医疗和营养费用。虽然学校给予了临时补助，也给家庭情况一般的小李带来不小的经济负担。

经查，小李所住的明光公寓是学校和明光物业公司签订租用协议，而并非学校的房屋，日常物业维护也是由该公司负责。而导致小李受伤的井盖则属于某通讯公司，用于通讯光缆的日常维护。小李受伤由于涉及多方的责任，其赔偿处理拖延了很长时间。

（二）法理剖析

该案例是一起典型的因公共设施管理不善导致人身伤害和财产损失的侵权案件，相关责任方应当负有依法赔偿小李的责任。但涉及多方责任，导致处理不及时。本案例的法律焦点在于：①学校、物业公司以及通讯公司之间的法律责任如何认定？②此类纠纷通过何种途径能合理合法解决？

第一，学校、物业公司以及通讯公司对于小李的人身财产损失应当承担连带责任。

该案是一起因公共设施管理不善而导致人身财产损害的侵权案件。《中华人民共和国侵权责任法》有明文规定，管理人如不能证明尽到管理职责的，应当承担侵权责任。因此确定高校、物业公司和通讯公司的管理责任是本案例的关键。

首先，对高校而言，伤害事故是发生在由学校安排的宿舍区内，而根据《教育法》《学生伤害事故处理办法》的有关规定，学校应当提供符合安全标准的校舍、场地、其他教育教学设施和生活设施。对于不符合国家规定的标准，或者有明显不安全因素造成的学生伤害事故，学校应当依法承担相应的责任。其次，对于物业公司而言，物业公司和学校签订合同，作为宿舍房屋的承租方和日常管理者，应当根据法律法规和合同约定承担管理责任，而提供符合安全的生活设施是其中重要的一项责任。导致小李人身财产损害的井盖位于物业公司管理范围内，物业公司未能及时发现、设置警示标志，并进行报修，因其未尽到管理责任应承担相应的法律责任。最后，对于通讯公司而言，其作为井盖的实际使用者，根据《物业管理条例》的规定，应当依法承担物业管理区域内相关管线和设施设备维修、养护的责任。

综上，学校、物业公司和通讯公司对于导致小李人身财产损害的井盖均负有管理责任，根据《侵权责任法》的规定，三者应当负连带责任，即连带责任人中任何一人对违反法律义务的后果都必须负全部责任。而小李可以向三者的全部和部分要求侵权赔偿。

当前，类似小李的事件在学生宿舍管理中并不少见。除因宿舍公共设施导致学生伤害之外，还有诸如学生在宿舍内被掉落的床板砸伤，保洁人员因工作失误导致学生摔伤，还有较为常见的因盗窃、火灾等导致学生人身财产损失的事件。对此，都可以参照本案例，依据《侵权责任法》《学生伤害事故处理办法》等相关规定明确责任，进行处理。

第二，该纠纷应依法解决，维护学生的合法权益。

作为典型的人身财产损害赔偿的民事侵权案件，受害方的小李可以通过诉讼、调解、协商等途径来维护自己的合法权益，学校、物业公司和通讯公司作为连带责任人，应当依法承担小李的人身财产损失。这包括小李的医疗费、营养费，以及手机、电脑等财产损失，等等。在此，学校应当主动承担责任，虽然给予了临时补助等人文关怀，但这并非法律责任。而为了切实维护学生权益，学校可以先行赔付，然后再向承担连带责任的物业公司、通讯公司索赔。

（三）对策建议

学校为学生提供安全的宿舍等生活设施，是学校的职责，也是学生应有的权利。而在当前后勤社会化的背景下，学生公寓（宿舍）管理出现了诸多新问题，学生在校外居住的现象已经较为普遍。对此，《教育部关于进一步加强高等学校学生公寓管理的若干意见》（教发〔2002〕6号）中明确提出了要重视抓好对校外学生公寓的管理工作。而为了避免发生在小李身上的类似事件再度发生，提出以下建议：

第一，健全管理体制，落实管理责任。学校、学生、业主、物业管理等相关单位人员要依据法律法规和合同约定明确责任，健全制度，完善管理，保障入住学生的日常生活，保证各项生活设施的正常使用，维护公寓正常的生活秩序。

第二，依法解决问题，妥善化解矛盾。针对实践中出现的学生人身财产伤害事件，学校作为管理方，应当在依法明确责任的前提下，积极主动处理，避免事件恶化，尤其是面对出现学生人身伤害的情况，更应当依法处理，维护学生的合法权益，还要给予人文关怀，避免事件恶化，妥善化解矛盾。

第三，加强安全教育，增强法治素养。要广泛宣传法律安全知识，并通过签订住宿协议等方式明确师生的权利义务，强化责任意识，提升法治素养，以法治方式来解决各类问题。

（四）法规政策链接

1.《中华人民共和国教育法》

第二十七条 设立学校及其他教育机构，必须具备下列基本条件：

（三）有符合规定标准的教学场所及设施、设备等。

2.《中华人民共和国侵权责任法》

第八条 二人以上共同实施侵权行为，造成他人损害的，应当承担连带责任。

第十三条 法律规定承担连带责任的，被侵权人有权请求部分或者全部连带责任人承担责任。

第九十一条 ……窨井等地下设施造成他人损害，管理人不能证明尽到管理职责的，应当承担侵权责任。

3.《物业管理条例》（中华人民共和国国务院令第504号）

第三十五条 物业服务企业应当按照物业服务合同的约定，提供相应的服务。

物业服务企业未能履行物业服务合同的约定，导致业主人身、财产安全受到损害的，应当依法承担相应的法律责任。

第五十一条 供水、供电、供气、供热、通信、有线电视等单位，应当依法承担物业管理区域内相关管线和设施设备维修、养护的责任。

4.《学生伤害事故处理办法》（中华人民共和国教育部令第12号）

第四条 学校的举办者应当提供符合安全标准的校舍、场地、其他教育教学设施和生活设施。

第八条 发生学生伤害事故，造成学生人身损害的，学校应当按照《中华人民共和国侵权责任法》及相关法律、法规的规定，承担相应的事故责任。

第九条 因下列情形之一造成的学生伤害事故，学校应当依法承担相应的责任：

（一）学校的校舍、场地、其他公共设施，以及学校提供给学生使用的学具、教育教学和生活设施、设备不符合国家规定的标准，或者有明显不安全因素的。

5.《教育部关于进一步加强高等学校学生公寓管理的若干意见》（教发〔2002〕6号）

二、要重视抓好对校外学生公寓的管理。（内容略）

三、建立健全管理机制，全面改进和加强学生公寓的管理。（内容略）

6. 教育部回答网友问题录

问题：目前大部分高校都已经实现了后勤社会化，大学生宿舍的管理也大部分归各高校后勤集团公司。那么我们的大学生在学生宿舍被盗、发生火灾时该由谁来负责？是学校？是所在系？是辅导员？还是学校后勤集团的宿舍管理公司？教育部对此有何规定？

答复：关于学生宿舍失窃或失火由谁来负责的问题，属于法律责任问题，教育部没有明文规定，要根据具体情况确定，主要应该看是由于谁的过失引发的问题，谁的过失就应该由谁来承担责任。若属于校方或宿舍管理方安全管理工作的过失，自然应该由校方或管理方承担责任。比如，寝室门锁损坏，报修后没有及时维修而被盗，学生委托校方或管理方代为保管的物品丢失，学生在正常用电的情况下由于电路或学校配置的宿舍固有电器故障引起火灾，则校方或管理方应承担责任。若校方或管理方在安全告知（教育）、安全管理上尽到了应尽的责任，被窃或失火是由于学生的过失造成的，则应由学生承担责任。如校方或管理方在安全管理上有过失，同时学生也存在过失，则看双方过失的大小承担相应的责任。如过失方是另外的学生（如出去不锁门、违反安全用电规定导致），则由过失学生承担责任。

四、高校如何应对食堂就餐学生食物中毒事件？

（一）案例介绍

晓明系 H 大学大一学生，某天晚饭后，突然出现了呕吐、腹泻、发烧等症状，其到校医院就诊时，发现同时还有十来个同学和他症状一样，随后还有一些同学也出现了类似症状。校医院发现该情况后，及时通报学校和卫生部门。学校得知相关情况后，一方面配合卫生部门开展工作，另一方面积极开展治疗工作，并通过辅导员在学生中进行全面排查，发现是否还有类似症状的同学。经多方努力，最终所有同学都康复，没有出现严重后果。

经调查，出现本次症状的同学均为在食堂就餐时，购买某风味小吃窗口售出的食品。后经卫生部门检验，这些食品在加工过程中被污染，才导致了此次集体食物中毒的突发公共卫生事件。学校根据调查结果，对食堂管理进行全面整改，处理了相关责任人，并对涉及的同学给予补助。

（二）法理剖析

本案例作为学生在学校食堂就餐出现的集体食物中毒事件，涉及食品安全以及公共卫生问题，是高校学生管理中较为典型的突发事件，其法律焦点在于：①高校在食品中毒这类公共突发事件中承担何种法律职责？②此类公共突发事件的相关责任如何追究？

第一，高校应当依法履行法律职责，主动应对食物中毒突发事件。

对于食品中毒等食品安全涉及公共突发卫生事件的处置，国家有着明确而详细的法律规定。依据《中华人民共和国食品安全法》《中华人民共和国突发事件应对法》《中华人民共和国食品安全法实施条例》《突发公共卫生事件应急条例》等法律法规，国务院出台的《国家突发公共事件总体应急预案》《国家食品安全事故应急预案》《国家突发公共卫生事件应急预案》中对于食品安全事故、突发公共卫生事件处置的组织机构、管理体制、工作机制，处置流程、责任认定等都有着明确规定。而《食物中毒事故处理办法》则更为具体地规定了食物中毒的紧急报告制度、调查控制以及罚则等。

对于高校而言，依据《学校卫生工作条例》《学校食堂与学生集体用餐卫生管理规定》的规定，学校应当建立食物中毒或者其他食源性疾患等突发事件的应急处理机制和报告制度。当发生食物中毒或疑似食物中毒事故后，学校应采取下列措施：立即停止生产经营活动，并向所在地人民政府、教育行政部门和卫生行政部门报告；协助卫生机构救治病人；保留造成食物中毒或者可能导致食物中毒的食品及其原料、工具、设备和现场；配合卫生行政部门进行调查，按卫生行政部门的要求如实提供有关材料和样品；落实卫生行政部门要求采取的其他措施，把事态控制在最小范围。

从本案来看，学校发现事件后，及时上报、配合卫生部门开展工作并进行全面排查的做法是学校履行法律职责的必然要求。而正因为学校处理及时，按法律要求履行职责，为妥善处理突发事件打下了良好的基础。

第二，明确法律责任，妥善处理突发事件。

对于食品安全以及突发公共卫生事件的法律责任，法律法规有着明确规定。而在处理时应根据其行为性质依法判定其法律责任。如在食品安全的法律责任方面，可以依据《刑法》《食品安全法》等给予处理；而在应对突发事件中出现的问题，则可以依据《突发事件应对法》《突发公共卫生事件应急条例》等予以处理。

对于高校而言，高校不仅承担着食品安全的法律责任，而且还承担着应对突发事件的法律责任。对于前者，根据《学校卫生工作条例》的规定，学校应当认真贯彻执行食品卫生法律、法规，加强饮食卫生管理。除了法律法规之外，国家有关部门还出台了大量的食品卫生规范性文件，如《餐饮服务许可管理办法》《餐饮服务食品安全监督管理办法》等。而针对学校食堂管理，教育部制定了《学校食堂从业人员上岗卫生知识培训基本要求》（教体艺厅〔2006〕7 号），北京、上海等地也出台了本地区的学校食堂的标准和要求。对于涉及食品安全的责任问题，《学校食堂与学生集体用餐卫生管理规定》明确了学校应建立健全食品卫生安全管理制度和食品卫生责任追究制度，并明确了相关单位和个人的法律责任。而一旦出现食物中毒等突发公共卫生事件时，则根据《学校食物中毒事故行政责任追究暂行规定》，追究相关责任人的行政责任，构成犯罪的，则依据相关法律追究其刑事责任。而如在突发事件应急处理工作中，未履行报告职责、不配合相关部门调查等情况，则将依据《突发事件应对法》《突发公共卫生事件应急条例》等规定给予单位和个人以处罚。

在本案例中，学校虽然出现学生集体食物中毒事件，但依据相关规定，属于一般的食物中毒事件，学校及时报告，处置及时，没有产生严重后果，高校履行公共突发事件中的法律责任，并无过错。但在食品安全方面，高校确实在管理中存在着过错，应当依据《中华人民共和国食品安全法》等法律法规承担行政责任，应当依法整改。而对于相关责任人，则应根据其行为性质，承担行政法律责任，或是由高校给予纪律处分。对于涉及的学生，《中华人民共和国食品安全法》《国家食品安全事故应急预案》中都明确规定造成食品安全事故的责任单位和责任人应当按照有关规定对受害人给予赔偿，承担受害人后续治疗及保障等相关费用。对此，应当根据《中华人民共和国侵权责任法》《学生伤害事故处理办法》等规定，学校不仅要给予学生人文关怀意义上的补助，如果学校作为食堂的经营方，还要承担相关治疗、保障等费用。如果食堂外包，其承包方应当承担相应法律责任；学校作为管理者，承担连带责任。

对于食物中毒等突发公共卫生事件，在高校学生管理实践中，还有传染病防治的问题，可以参照本案的情况，依据《传染病防治法》等相关法律法规予以处理。

（三）对策建议

食以安为先。高校食堂由于规模大，人群集中，一旦出现食物中毒等公共卫生突发事件，如处置不当，很容易导致严重后果，进而影响社会稳定，因此，加强食品卫生管理，保障食品安全是高校后勤的一项很重要的任务。

第一，健全高校食品卫生安全管理制度，防患于未然。学校应当严格依据法律法规，在食堂的场地设施、人员培训、工作流程等方面贯彻执行国家和地方的有关安全卫生标准，以完善的规章制度，明确要求，落实责任，从源头上把握住食品安全的关口，避免各类食品安全事故的发生。

第二，健全高校突发事件的应对机制，及时妥善处置。当前国家高度重视突发事件的应对，并出台相关法律法规，高校应当依据法律法规的要求，健全校园突发事件的应对机制和与相关部门的沟通协调机制，制定和完善工作预案，明确工作责任，规范工作流程，及时、妥善应对突发事件。

第三，加强食品安全和突发事件的宣传教育工作。在师生中普及食品安全知识，并加强师生应对突发事件的能力培训，增强自我防范和救护能力。

（四）法规政策链接

1.《中华人民共和国刑法》

第一百四十三条　生产、销售不符合食品安全标准的食品，足以造成严重食物中毒事故或者其他严重食源性疾病的，处三年以下有期徒刑或者拘役，并处罚金；对人体健康造成严重危害或者有其他严重情节的，处三年以上七年以下有期徒刑，并处罚金；后果特别严重的，处七年以上有期徒刑或者无期徒刑，并处罚金或者没收财产。

2.《中华人民共和国食品安全法》

第一百二十六条　违反本法规定，有下列情形之一的，由县级以上人民政府食品药品监督管理部门责令改正，给予警告；拒不改正的，处五千元以上五万元以下罚款；情节严重的，责令停产停业，直至吊销许可证：

（十二）学校、托幼机构、养老机构、建筑工地等集中用餐单位未按规定履行食品安全管理责任。

第一百四十八条　消费者因不符合食品安全标准的食品受到损害的，可以向经营者要求赔偿损失，也可以向生产者要求赔偿损失。接到消费者赔偿要求的生产经营者，应当实行首负责任制，先行赔付，不得推诿；属于生产者责任的，经营者赔偿后有权向生产者追偿；属于经营者责任的，生产者赔偿后有权向经营者追偿。

3.《中华人民共和国突发事件应对法》

第六十四条 有关单位有下列情形之一的，由所在地履行统一领导职责的人民政府责令停产停业，暂扣或者吊销许可证或者营业执照，并处五万元以上二十万元以下的罚款；构成违反治安管理行为的，由公安机关依法给予处罚：

（一）未按规定采取预防措施，导致发生严重突发事件的；

（二）未及时消除已发现的可能引发突发事件的隐患，导致发生严重突发事件的；

（三）未做好应急设备、设施日常维护、检测工作，导致发生严重突发事件或者突发事件危害扩大的；

（四）突发事件发生后，不及时组织开展应急救援工作，造成严重后果的。

前款规定的行为，其他法律、行政法规规定由人民政府有关部门依法决定处罚的，从其规定。

4.《突发公共卫生事件应急条例》（中华人民共和国国务院令第376号）

第五十一条 在突发事件应急处理工作中，有关单位和个人未依照本条例的规定履行报告职责，隐瞒、缓报或者谎报，阻碍突发事件应急处理工作人员执行职务，拒绝国务院卫生行政主管部门或者其他有关部门指定的专业技术机构进入突发事件现场，或者不配合调查、采样、技术分析和检验的，对有关责任人员依法给予行政处分或者纪律处分；触犯《中华人民共和国治安管理处罚法》，构成违反治安管理行为的，由公安机关依法予以处罚；构成犯罪的，依法追究刑事责任。

5.《国家食品安全事故应急预案》

6.1 善后处置

……造成食品安全事故的责任单位和责任人应当按照有关规定对受害人给予赔偿，承担受害人后续治疗及保障等相关费用。

6.2.2 责任追究

对迟报、谎报、瞒报和漏报食品安全事故重要情况或者应急管理工作中有其他失职、渎职行为的，依法追究有关责任单位或责任人的责任；构成犯罪的，依法追究刑事责任。

6.《学校卫生工作条例》（国家教育委员会令第10号、中华人民共和国卫生部令第1号）

第九条 学校应当认真贯彻执行食品卫生法律、法规，加强饮食卫生管理，办好学生膳食，加强营养指导。

7.《学校食堂与学生集体用餐卫生管理规定》（中华人民共和国教育部 中华人民共和国卫生部令第14号）

第二十四条 学校应建立健全食品卫生安全管理制度。

第三十二条 学校应当建立食物中毒或者其他食源性疾患等突发事件的应急处理机制。发生食物中毒或疑似食物中毒事故后，应采取下列措施：

（一）立即停止生产经营活动，并向所在地人民政府、教育行政部门和卫生行政部门报告；

（二）协助卫生机构救治病人；

（三）保留造成食物中毒或者可能导致食物中毒的食品及其原料、工具、设备和现场；

（四）配合卫生行政部门进行调查，按卫生行政部门的要求如实提供有关材料和样品；

（五）落实卫生行政部门要求采取的其他措施，把事态控制在最小范围。

第三十三条 学校必须建立健全食物中毒或者其他食源性疾患的报告制度，发生食物中毒或疑似食物中毒事故应及时报告当地教育行政部门和卫生行政部门。

当地教育行政部门应逐级报告上级教育行政部门。

当地卫生行政部门应当于6小时内上报卫生部，并同时报告同级人民政府和上级卫生行政部门。

第三十四条 要建立学校食品卫生责任追究制度。对违反本规定，玩忽职守、疏于管理，造成学生食物中毒或者其他食源性疾患的学校和责任人，以及造成食物中毒或其他食源性疾患后，隐瞒实情不上报的学校和责任人，由教育行政部门按照有关规定给予通报批评或行政处分。

对不符合卫生许可证发放条件而发放卫生许可证造成食物中毒或其他食源性疾患的责任人，由卫生行政部门按照有关规定给予通报批评或行政处分。

对违反本规定，造成重大食物中毒事件，情节特别严重的，要依法追究相应责任人的法律责任。

8.《食物中毒事故处理办法》（中华人民共和国卫生部令第8号）

第五条 发生食物中毒或者疑似食物中毒事故的单位和接收食物中毒或者疑似食物中毒病人进行治疗的单位应当及时向所在地人民政府卫生行政部门报告发生食物中毒事故的单位、地址、时间、中毒人数、可疑食物等有关内容。

9.《学校食物中毒事故行政责任追究暂行规定》（卫监督发〔2005〕431号）

第二条 对学校食品卫生负有监管责任的地方卫生行政部门、教育行政部门以及学校的主要负责人和直接管理责任人不履行或不正确履行食品卫生职责等失职行为，造成学校发生食物中毒事故的，应当追究行政责任。

本规定适用于各级各类全日制学校以及幼儿园。

第三条　学校的主要负责人是学校食品卫生管理的第一责任人。

第五条　本规定中的食物中毒事故按照严重程度划分为：

（一）重大学校食物中毒事故，是指一次中毒100人以上并出现死亡病例，或出现10例及以上死亡病例的食物中毒事故。

（二）较大学校食物中毒事故，是指一次中毒100人及以上，或出现死亡病例的食物中毒事故。

（三）一般学校食物中毒事故，是指一次中毒99人及以下，未出现死亡病例的食物中毒事故。

第六条　行政责任追究按照现行干部、职工管理权限，分别由当地政府、教育行政部门、卫生行政部门以及学校实施。应当追究刑事责任的，依照相关法律法规的规定执行。

五、学生集体罢餐的事件如何应对和处理？

（一）案例介绍

近期，在 M 大学 BBS 上的一篇号召同学罢餐的帖子引起了学校高度重视。该帖谈及学校新校区食堂饭菜质量差、价格高，而且近期还要大幅涨价。帖子历数食堂的几宗"罪"，号召同学要团结起来，采用罢餐的形式抵制食堂，迫使食堂进行全面整改。该帖发表后还有大量跟帖，除少数同学提出要冷静对待之外，绝大多数帖子是吐槽食堂的内容，甚至有个别同学提出不仅要有网上抗议，还要有线下的实际行动，要贴大字报，组织静坐表示抗议。而该帖内容也在微信中广泛传播。

后经调查，该帖系今年入住新校区的某大一新生所发，其所说的食堂情况也基本属实。由于学校新校区刚投入使用，各项配套生活设施建设相对滞后，食堂采用承包的形式由校外公司负责，确实存在着饭菜质量差和服务态度不好的情况。对此，学校在做学生工作的同时，要求承包方进行整改。对此，承包方也做了相关保证，但同时提出，公司进行的市场运营，由于成本提高等原因，为保持正常运营和合理利润其必须要涨价，而且原因已经提前告知学生，学生不理解也没办法。

（二）法理剖析

本案例集中反映了高校餐饮服务价格调整中各方权责的矛盾和冲突，学生需要质优价廉的餐饮服务，食堂的承包公司追求利润，学校则要保障正常的教学生活设施的运行。此案的法律焦点在于：①高校食堂是何种法律地位，是市场化运营，还是公益服务？②高校餐饮服务价格调整需要通过何种程序？③学生应通过何种途径来维护自身合法权益。

第一，高校食堂应当体现公益性，为学生健康成长成才服务。

高校食堂由于其服务对象的特殊性，其绝非完全市场化运营。对此，教育部等部门《关于进一步加强高等学校学生食堂工作的意见》（教发〔2011〕7号）（以下简称《意见》）中强调，要坚持学生食堂为学生健康成长服务的方向，系统建立既体现公益性又适应市场规律，保障学生食堂可持续发展的长效运行机制，为我国高等教育事业的改革发展创造和谐稳定的校园环境。而对此，该意见还明确体现了食堂公益性的投入责任和优惠政策，包括水电气价格、税收等政策优惠，以及学校给予食堂实体运营免收管理费，承担设施的维修改造等运营费用等优惠，并规定学校不得以任何形式从学生食堂营利。

但由于高等教育改革的深入，高校后勤社会化的不断普及，以及在国家教育投入相对有限的情况下，高校食堂的确也必须尊重市场规律，如开放市场，引进优质企业，融入社会服务业，等等，但这些都应以服务于学校育人为目的。

基于此，本案中学校将食堂外包的做法并无问题。但作为食堂承包方在享受相关优惠的前提下，应当履行合同约定为学生提供优质服务，而学校作为管理方应当加强监管。对于出现学生所抱怨的问题，学校和承包公司都负有责任。

第二，高校餐饮服务的价格调整应当在适应市场规律的基础上，实现合理浮动。

由于高校食堂的公益性，《意见》对于食堂所提高餐饮服务价格问题做出了明确规定，即保证学生食堂饭菜价格明显低于校外同类餐饮价格，保证在物价大幅上涨的情况下，学生食堂饭菜价格基本稳定，家庭经济困难学生基本生活不受影响；并提出规范价格形成机制，强化监控措施，建立并完善学生食堂成本调查和定期公开制度，规范定价、调价的程序和成本核算办法。而针对物价上涨的情况，要建立联动机制，根据物价上涨的情况，适时对家庭经济困难学生进行临时补贴或提高资助标准，学校设立学生食堂饭菜价格平抑基金，根据价格上涨的情况，适时对学生食堂基本大伙（包括社会企业经营的食堂）进行补贴，抑制饭菜价格过快上涨。

因此，承包方未经学校同意，未经广泛征求意见，就决定大幅涨价，已经违背了相关政策要求和合同约定。对此，学校应当要求其进行改正。对于承包方提出由于成本上升必须要提升价格的问题，首先应从公司管理经营上找问题，从提高公司效率、节省成本入手。如确实存在着物价上涨等外界不可抗力因素，则应按照文件要求，进行成本公开说明，按照程序提升价格。而与此同时，相关部门和学校应当依据政策要求，加大补助力度，采取措施平抑价格。

第三，学生应当依法维护自身合法权益，避免过激和不理智行为。

高校餐饮服务与学生日常生活密切相关，也直接关系到学生的切身利益；另外，还有浴室收费等问题。由于此类生活问题引发校园群体性事件、突发事件并不少见，学生集体罢餐乃至最后发展为打砸等情况也并非没有。对此，学生应当通过合法途径维护自身权益，冷静理智地表达自身诉求。

在本案中，学生在 BBS 发帖表达对食堂的不满实在情理之中，但发出集体罢餐、静坐示威等煽动性的号召已经触犯了法律法规和公共秩序的底线。对此，《刑法》《游行示威法》《治安管理处罚法》《高等学校校园秩序管理若干规定》《普通高等学校学生管理规定》等法律法规有着明确规定，如果出现非法聚集乃至打砸抢等违纪违法犯罪行为，行为人应承担相应法律责任。

而对于学生意见的表达，《意见》也明确指出，要通过组织学生伙食管理委员会参与学生食堂管理等措施，建立学校和学生畅通的沟通渠道，深入细致地做好学生的思想教育工作，增进学生对食堂工作的理解。对此，学校应当健全学生意见表达机制，广泛听取学生的意见。

（三）对策建议

高校餐饮服务关系到学生直接利益，易成为诱发矛盾的问题所在。对此，学校在提供餐饮服务时，应当全面落实国家的有关政策要求，在尊重市场规律的基础上，体现食堂的公益性，坚持让利于师生、服务于师生。可以采取以下措施：

第一，完善高校食堂的管理制度。进一步完善高校食堂的管理制度，通过各类优惠政策支持食堂健康发展，通过价格联动、成本公开，市场准入、退出及日常管理等制度加强对食堂的监管，不断提高运行效率和服务质量。

第二，提供多元化的餐饮服务。在保障食品安全和价格稳定的前提下，可以通过市场竞争等方式，进一步拓宽服务，给予师生以更多的选择。

第三，完善与师生沟通机制。要主动吸纳师生参与到食堂管理中来，通过学生伙食管理委员会等学生组织积极听取意见，及时主动公开信息并给予反馈；对于餐饮服务涨价问题，可以通过座谈会、听证会等方式，广泛征求师生的意见，取得师生理解和信任，避免因沟通渠道不畅通引发矛盾积聚。

（四）法规政策链接

1.《普通高等学校学生管理规定》（中华人民共和国教育部令第 41 号）

第四十条　学校应当建立和完善学生参与管理的组织形式，支持和保障学生依法、依章程参与学校管理。

第四十六条　学生举行大型集会、游行、示威等活动，应当按法律程序和有关规定获得批准。对未获批准的，学校应当依法劝阻或者制止。

第四十七条　学生应当遵守国家和学校关于网络使用的有关规定，不得登录非法网站和传播非法文字、音频、视频资料等，不得编造或者传播虚假、有害信息；不得攻击、侵入他人计算机和移动通讯网络系统。

2. 教育部 国家发展改革委 财政部 国家食品药品监督管理局国家税务总局《关于进一步加强高等学校学生食堂工作的意见》（教发〔2011〕7 号）

六、学生与校医院发生医疗纠纷如何处理?

(一) 案例介绍

小洪系 Q 大学的大四学生，一天上午在教室自习时，感觉腹部阵阵疼痛。一开始小洪并没在意，后来疼痛一直持续。不得已他在同学的陪同下到校医院就诊。因当时已经是晚上，接诊的是急诊室内科医生，在不能确诊又转到外科后，也不能确诊。最终通知到了外科的主任医生，经医生的例行询问和验血验尿、胸腔透视等一系列检查后，医生确诊为急性阑尾炎，建议马上动手术，否则将可能引起肠穿孔。对此，小洪提出异议，认为自己平时身体很好，而且就在生病的当天自己还打了场篮球，希望能转到附近的三甲医院进行确诊。对此，校医院医生表示没有必要，不同意给其开具转诊证明。小洪考虑到如没有转诊证明，后期的很多医疗费用都将由自己承担，只能作罢，接受校医院安排进行手术。

而当校医院在按急性阑尾炎进行手术中，却突然发现肠外壁有肿块，而校医院并不具备这种手术条件只能中止手术将其转诊对口三甲医院。后经 CT、B 超、透视腹腔等全方位检查，确诊小洪病情为慢性阑尾炎性包块，需要做第二次手术。小洪在康复后，认为校医院未按照规程进行充分检查，直接诊断为急性阑尾炎，并拒绝其转诊的要求，致使自己先后两次手术，具有过错，应当承担法律责任。他要求校医院赔礼道歉并赔偿，并表示若有必要将向法院提起诉讼。

(二) 法理剖析

该案作为学生和校医院之间的一起医疗纠纷事件，其法律焦点在于：①该案中承担法律责任主体的是高校还是校医院？②该案应如何界定相关方的法律责任？③该案应通过何种法律程序解决？

第一，高校医疗纠纷的法律责任主体应当根据高校医疗保健机构的性质来确定。

依据《学校卫生工作条例》关于普通高等学校设校医院或者卫生科的规定，当前高校大都设立校医院向在校师生提供日常医疗保健服务。而根据《高等学校医疗保健机构工作规程》（教体〔1998〕4 号）的规定，校医院承担着师生健康体检、社区医疗服务、传染病防治、健康教育课程、卫生监督指导、公费医疗改革和管理等职责。从机构设置而言，校医院一般是作为学校内设机构，属于《医疗机构管理条例》中所提到的法人和其他组织设置的为内部职工服务的门诊部、诊所、卫生所（室），接受主管校长的直接领导，或由主管校长委托总务部门领导，在业务上则接受当地卫生行政部门监督指导，不具有独立法人资格，不能独立承担法律责任。但由于当前后勤社会化的发展，高校医疗保健机构已经呈现出多元化运营模式的发展趋势，有的则在逐步提高综合医疗水平的基础上承担起社区卫生服务功能，依法经过许可和变革登记，并从高校组织体系转入社会公共卫生体系。此类高校医疗保健机构已经具备独立法人的资格，应当独立承担法律责任。据此，如本案中校医院仍属于学校内部机构，则应由学校承担法律责任；否则，则由校医院独立承担责任。

第二，明确该医疗纠纷的法律性质是明确当事双方法律责任的前提。

医疗纠纷作为当前医患关系的难题，在现实中呈现出比较复杂多样的情况。其中既有公众非常关注的给患者带来严重伤害的医疗事故，也有因轻微损害甚至未带来损害，但医患双方对诊疗护理结果、原因认定有分歧，当事人提出追究责任或经济赔偿的一般纠纷。另外从广义而言，还有因医疗服务态度、收费引发的纠纷。虽然校医院等高校医疗保健机构在服务对象上有所限定，但是其面临的医疗纠纷并不少见。

当前，引发高校医疗纠纷的较多是因为学生对服务态度不满，现媒体上也多有学生吐槽校医院设施落后，服务态度差，医疗水平低，收费不合理等报道。而发生在小洪身上的因医疗质量引发的矛盾也不少见。对此，界定此类医疗纠纷的法律性质就成为了处理该案件的关键。对于医疗事故的认定和处理，我国《医疗事故处理条例》有着明确的规定，医疗事故指的是医疗机构及其医务人员在医疗活动中违反医疗卫生管理法律、行政法规、部门规章和诊疗护理规范、常规，过失造成患者人身损害的事故。《医疗事故处理条例》对于医疗事故的鉴定、赔偿等也有着相应的规定。对于医疗纠纷中出现的人身损害，如经鉴定确定为医疗事故，可以依据相关法律法规予以赔偿；如不是，可以按一般侵权案件处理。

第三，依法解决医疗纠纷是维护高校和学生双方合法权益的根本途径。

在明确医疗纠纷的法律性质之后，则可以根据相关法律法规明确法律责任，依法解决医疗纠纷，维护双方当事人的合法权益。如经鉴定确系医疗事故，则根据《医疗事故处理条例》，当事人可以书面向卫生行政部门申请处理，但是当事人如果既向卫生行政部门提出处理申请，又向人民法院提起诉讼的，则卫生部门不予受理，已经受理的应当终止处理。而在发生医疗事故的赔偿等民事责任争议的情况下，除了医患双方协商解决外，还可以向卫生行政部门提出调解申请，也可以直接向法院提起民事诉讼。如果只是一般的医疗纠纷，则可以人身损害赔偿为由，或协商，或调解，或诉讼。

在这里需要关注的是，依据《医疗事故处理条例》《侵权责任法》等法律法规以及《最高人民法院关于民事诉讼证据的若干规定》《第八次全国法院民事商事审判工作会议（民事部分）纪要》等规定，如提起医疗侵权诉讼，患者一方请求医疗机构承担侵权责任，应证明与医疗机构之间存在医疗关系及受损害的事实。对于是否存在医疗关系，应综合挂号单、交费单、病历、出院证明以及其他能够证明存在医疗行为的证据加以认定。医疗机构则就医疗行为与损害结果之间不存在因果关系及不存在医疗过错承担举证责任。

在本案中小洪经历两次手术，其认为校医院存在过错，应当承担赔偿责任。对此，双方可以和学校或校医院协商解决，如确实协商不能解决，小洪如认为构成医疗事故，可以申请医疗事故鉴定，也可以直接向法院提起诉讼。在诉讼中小洪应当依法提供相关证据。而校医院则应当依法提供病历等相关证据。而如果构成医疗事故，学校或校医院不仅要承担相关民事赔偿责任，还要依据《医疗事故处理条例》的相关规定，机构和相关责任人要承担相应的行政责任；而如果出现严重后果，则可能要承担刑事责任。

（三）对策建议

化解医疗纠纷一直是当前的难点。虽然校医院等高校医疗保健机构服务对象有限，影响也较小，但由于医疗行为本身具有风险性，当前确实也出现了学生伤亡等严重事件，因此，依法妥善解决医疗纠纷，是高校良好育人环境的重要保障。

第一，进一步完善学生医疗保险制度和校医院管理制度。当前由于资源投入有限，校医院确实在专业技术、人员配置、资金支持等方面存在巨大差距。这直接影响了其医疗服务水平。在现有普遍实施的公费医疗的情况下，进一步推进学生医疗保险制度改革，理顺校医院等高校医疗保健机构的管理体制，加大资源投入，是解决学校和学生之间医疗纠纷的根本途径。

第二，提升高校医疗保健机构的管理水平，强化育人作用。目前大多数校医院仍属于学校职能部门，医务人员作为学校教职员工，不仅承担着治病救人的职业责任，还担负着育人责任。要通过制度建设、业务培训等措施加强学校医务人员的业务能力培训，提升服务意识，强化育人责任，切实减少乃至避免医疗纠纷的产生。

第三，依法化解纠纷，避免矛盾激化。对于出现的医疗纠纷，学校应高度重视并妥善解决。如对因服务水平引发的纠纷，学校应当及时整改，向学生说明情况。而如果出现人身损害的医疗纠纷乃至医疗事故时，则学校应当依法办事，维护学生合法权益；同时还要坚持以人为本，给予学生人文关怀。

（四）法规政策链接

1.《中华人民共和国刑法》

第三百三十五条 医务人员由于严重不负责任，造成就诊人死亡或者严重损害就诊人身体健康的，处三年以下有期徒刑或者拘役。

2.《中华人民共和国侵权责任法》

第五十四条　患者在诊疗活动中受到损害，医疗机构及其医务人员有过错的，由医疗机构承担赔偿责任。

第五十七条　医务人员在诊疗活动中未尽到与当时的医疗水平相应的诊疗义务，造成患者损害的，医疗机构应当承担赔偿责任。

3.《医疗机构管理条例》（中华人民共和国国务院令第 149 号）

第十四条　机关、企业和事业单位按照国家医疗机构基本标准设置为内部职工服务的门诊部、诊所、卫生所（室），报所在地的县级人民政府卫生行政部门备案。

4.《医疗事故处理条例》（中华人民共和国国务院令第 351 号）

第二条　本条例所称医疗事故，是指医疗机构及其医务人员在医疗活动中，违反医疗卫生管理法律、行政法规、部门规章和诊疗护理规范、常规，过失造成患者人身损害的事故。

第三十七条　发生医疗事故争议，当事人申请卫生行政部门处理的，应当提出书面申请。申请书应当载明申请人的基本情况、有关事实、具体请求及理由等。

当事人自知道或者应当知道其身体健康受到损害之日起 1 年内，可以向卫生行政部门提出医疗事故争议处理申请。

第四十条　当事人既向卫生行政部门提出医疗事故争议处理申请，又向人民法院提起诉讼的，卫生行政部门不予受理；卫生行政部门已经受理的，应当终止处理。

5.《学校卫生工作条例》（中华人民共和国国家教育委员会令第 10 号）

第二十条　普通高等学校设校医院或者卫生科。校医院应当设保健科（室），负责师生的卫生保健工作。

6.《最高人民法院关于民事诉讼证据的若干规定》（法释〔2001〕33 号）

第四条　下列侵权诉讼，按照以下规定承担举证责任：

（八）因医疗行为引起的侵权诉讼，由医疗机构就医疗行为与损害结果之间不存在因果关系及不存在医疗过错承担举证责任。

7.《第八次全国法院民事商事审判工作会议（民事部分）纪要》

（三）关于医疗损害赔偿责任问题

11. 患者一方请求医疗机构承担侵权责任，应证明与医疗机构之间存在医疗关系及受损害的事实。对于是否存在医疗关系，应综合挂号单、交费单、病历、出院证明以及其他能够证明存在医疗行为的证据加以认定。

8.《高等学校医疗保健机构工作规程》（教体〔1998〕4号）

第二条 高等学校医疗保健机构指设在高等学校内、主要为师生员工提供医疗保健服务的机构，按学校规模大小及服务对象多少分别设置校医院或卫生科。

第十四条 高等学校医疗保健机构受主管校长直接领导，或由主管校长委托总务部门领导，业务上接受当地卫生行政部门的监督和指导。

七、在校大学生因预防接种产生异常反应如何处理？

（一）案例介绍

大学生小明系A大学大一新生，其在入学体检合格后，根据学校统一安排，到校医院接种某疫苗。在医生指导下，小明填写了《知情同意书》并签字，在接种后，经医生观察并无异常，小明就离开了。但接种两天后，小明出现了高烧不退的情况，被送往医院治疗。后几经反复，小明高烧退后，出现了视力严重下降的情况，并对其学习生活造成很大的影响。后根据相关规定和程序，经专家鉴定，小明接种的疫苗属于国家一类疫苗，该批次疫苗在质量、流通、接种等环节均符合国家相关规定，小明出现的症状不排除与疫苗接种有关，属于预防接种异常反应，并鉴定小明为三级伤残。

在治疗过程中，学校考虑到小明家庭经济状况一般，在按规定报销其医疗费的情况下，还多方筹措资金解决其自费项目。同时还通过临时困难补助、助学金等多种方式帮助小明积极解决学习、生活上的困难。但由于目前小明的状况对于今后的学习生活影响非常大，其家属要求学校给予赔偿。

（二）法理剖析

本案是一起典型的在校大学生因预防接种产生异常反应导致人身损害的事件，其法律焦点在于：①高校是否应当承担相关法律责任？②小明应当如何维护自身的合法权益？

第一，预防接种异常反应导致的人身损害应当由国家或相关企业负责补偿。

根据我国《传染病防治法》《疫苗流通和预防接种管理条例》，预防接种是国家的一项基本卫生制度；而根据《学校卫生工作条例》《高等学校医疗保健机构工作规程》，高校医疗保健机构具体承担在校大学生的预防接种工作。由于预防接种工作的特殊性，国家以及地方都出台了相关预防接种规范，如《预防接种工作规范》，学校开展预防接种工作必须遵守以上规范。

由于疫苗本身存在风险性，所以预防接种中会出现异常反应的可能。《疫苗流通和预防接种管理条例》中，预防接种异常反应是指合格的疫苗在实施规范接种过程中或者实施规范接种后造成受种者机体组织器官、功能损害，相关各方均无过错的药品不良反应，因预防接种异常反应造成受种者死亡、严重残疾或者器官组织损伤的，应当给予一次性补偿。而补偿费用则根据疫苗的种类由国家或相关企业赔偿，具体补偿办法由省、自治区、直辖市人民政府制定。

小明的情况经鉴定属于一类疫苗的预防接种异常反应，负责接种的高校医疗保健机构并无过错，因此应该由国家负责补偿。但学校作为接种单位，应当履行《疫苗流通和预防接种管理条例》等法律法规的要求，及时上报并做好配合工作。

当然，根据《疫苗流通和预防接种管理条例》的规定，如果出现了以下六种情况则不属于异常反应：①因疫苗本身特性引起的接种后一般反应；②因疫苗质量不合格给受种者造成的损害；③因接种单位违反预防接种工作规范、免疫程序、疫苗使用指导原则、接种方案给受种者造成的损害；④受种者在接种时正处于某种疾病的潜伏期或者前驱期，接种后偶合发病；⑤受种者有疫苗说明书规定的接种禁忌，在接种前受种者或者其监护人未如实提供受种者的健康状况和接种禁忌等情况，接种后受种者原有疾病急性复发或者病情加重；⑥因心理因素发生的个体或者群体的心因性反应。而其中因疫苗质量不合格给受种者造成损害的，依照药品管理法的有关规定处理；因接种单位违反预防接种工作规范、免疫程序、疫苗使用指导原则、接种方案给受种者造成损害的，依照《医疗事故处理条例》有关规定处理。

第二，小明可以通过向相关部门提出补偿申请等途径依法维护自身权益。

对于预防接种异常反应的处置，《疫苗流通和预防接种管理条例》等法律法规都作了明确的规定。其中《预防接种工作规范》的第五章专门规定了预防接种异常反应与事故的报告及处理，明确了其报告、调查、判定和处置的程序和内容。《预防接种异常反应鉴定办法》则明确了鉴定专家、申请和处理等相关内容。而《全国疑似预防接种异常反应监测方案》（卫办疾控发〔2010〕94号）和《关于进一步做好预防接种异常反应处置工作的指导意见》对于预防接种异常反应监测和处置作了更为详细的规定。其中后者明确要求依法落实预防接种异常反应补偿政策，并扎实做好预防接种异常反应病例后续关怀救助工作。

本案中小明的情况，经法定程序鉴定为预防接种异常反应，其有权向卫生行政等有关部门申请补偿。而对于申请程序、补偿标准，各地都陆续出台了相关办法，如北京市出台了《北京市预防接种异常反应补偿办法（试行）》。除依照相关规定申请补偿之外，小明还可以通过司法途径来维护自身权益，按照医疗损害赔偿提起侵权民事诉讼。

（三）对策建议

预防接种工作作为我国一项重要的卫生制度，其对于维护人民生命健康安全起到巨大的作用。但由于个体差异等多种原因，极少数受种者可能会发生严重预防接种异常反应，其发生概率虽然小，但其影响不可低估。当前高校学生管理实践出现的大学生预防接种异常反应问题，给学生和家庭带来严重影响，对学校的正常秩序也造成了冲击。我们建议：

第一，规范接种预防的管理工作，避免意外发生。由于预防接种本身存在着风险性，高校医院等医疗保健机构在预防接种工作过程中应当严格按照相关规范要求进行操作，绝不能出现责任事故。同时还要在学生中进行广泛宣传，让学生了解预防接种方面的知识，避免因不懂、不了解而导致意外伤害。

第二，注重对学生的人文关怀。预防接种异常反应可能给学生及其家庭带来严重影响，虽然学校没有过错，并不承担法律责任，但无论是从高校所承担的育人职责，还是从维护社会稳定的大局而言，学校都要做好相关帮扶工作，多举措解决其生活上的困难，并在其毕业后续的帮扶工作上做好衔接工作。

第三，完善预防接种异常反应的补偿和善后政策帮扶。当前国家非常重视预防接种异常反应工作，《关于进一步做好预防接种异常反应处置工作的指导意见》提出，要依法落实预防接种异常反应补偿政策、扎实做好预防接种异常反应病例后续关怀救助工作。《国务院办公厅关于进一步加强疫苗流通和预防接种管理工作的意见》更是明确指出完善预防接种异常反应补偿机制，提出鼓励建立通过商业保险等形式对预防接种异常反应受种者予以补偿的机制，逐步建立包括基础保险、补充保险在内的多层次保险补偿体系，提高预防接种异常反应补偿效率。

（四）法规政策链接

1.《中华人民共和国传染病防治法》

第十五条 国家实行有计划的预防接种制度。国务院卫生行政部门和省、自治区、直辖市人民政府卫生行政部门，根据传染病预防、控制的需要，制定传染病预防接种规划并组织实施。用于预防接种的疫苗必须符合国家质量标准。

2.《疫苗流通和预防接种管理条例》（中华人民共和国国务院令第434号）

第五章 预防接种异常反应的处理（后略）

3.《学校卫生工作条例》（中华人民共和国国家教育委员会令第10号）

第十七条 学校应当认真贯彻执行传染病防治法律、法规，做好急、慢性传染病的预防和控制管理工作，同时做好地方病的预防和控制管理工作。

4.《高等学校医疗保健机构工作规程》（教体〔1998〕4号）

第十条 贯彻执行传染病防治法规，做好学校社区内传染病预防和管理工作。

5.《预防接种工作规范》(卫疾控发〔2005〕373号)

第五章　预防接种异常反应与事故的报告及处理（后略）

6.《关于进一步做好预防接种异常反应处置工作的指导意见》(国卫疾控发〔2014〕19号)

五、依法落实预防接种异常反应补偿政策（后略）

六、扎实做好预防接种异常反应病例后续关怀救助工作（后略）

7.《国务院办公厅关于进一步加强疫苗流通和预防接种管理工作的意见》(国办发〔2017〕5号)

一、完善疫苗管理工作机制

……

（二）完善预防接种异常反应补偿机制。各地区要加强疑似预防接种异常反应监测和报告工作，提高预防接种异常反应调查诊断及鉴定水平。鼓励建立通过商业保险等形式对预防接种异常反应受种者予以补偿的机制，逐步建立包括基础保险、补充保险在内的多层次保险补偿体系，提高预防接种异常反应补偿效率。在预防接种异常反应补偿保险机制建立前，应当按现有规定开展补偿工作。国家卫生计生委要会同相关部门在总结预防接种异常反应补偿保险试点工作经验的基础上，制定完善预防接种异常反应补偿机制的指导意见。

第六章　学生争议解决篇

一、学生违纪处分的听证应当如何进行？

（一）案例介绍

F大学近期进行期末考试，学生纪某在某门课程考试过程中，进入卫生间后约15分钟后未返回。引起监考老师怀疑，遂进入卫生间查看，发现窗台处有记录与该课程考试有关内容的笔记本。由此，监考老师断定，纪某系借前往卫生间的机会，偷看与考试内容有关的笔记本，并将该行为记录在案。根据学校考试违纪处分办法规定，在考试中翻阅与考试相关内容的书籍、笔记等，应给予记过处分。F大学教务处对纪某送达了书面告知书，告知其在考试中翻看了与考试内容相关笔记，拟给予记过处分，其有权对此提出陈述和申辩。纪某对该事实不服，表示并没有考试作弊，监考人员并没有当场发现自己翻看笔记本行为，不能凭空推断，遂向学校学生听证与申诉委员会申请听证。学校学生听证与申诉委员会组织由相关部门人员、教师代表、学生代表组成的听证会，并公开举行听证。纪某提出该笔记本不是自己所有，并由同宿舍王某、孙某等多人为其做证，纪某还提供自己的笔迹供听证会人员鉴别。经过评议，听证会得出结论：认定纪某考试中翻看笔记的违纪行为的证据不足。根据听证结论，学校最终没有给予纪某处分。

（二）法理剖析

本案例反映了学生违纪处分听证制度建立、运行以及效果问题。其法律焦点在于：①听证制度建立的法理依据是什么？②学生申请听证的范围和程序是什么？③听证的效果如何？

第一，建立学生违纪处分听证制度于法有据，有利于保障学生的合法权益。

我国法律上听证制度见于《行政处罚法》和《行政许可法》的相关规定，即行政机关为了查明案件事实、公正合理地实施行政处罚，在作出行政处罚、行政许可等影响行政相对人重大权益的决定前通过公开举行由有关利害关系人参加的听证会广泛听取意见。听证相对于申诉而言，属于事前的权利救济，在未对相对人权利处分前听取其意见。高等教育法律制度中并没有明确规定学生违纪处分的听证制度。《普通高等学校学生管理规定》中明确了学校在对学生作出处分或者其他不利决定之前，学生享有陈述和申辩的权利，应当听取学生的陈述和申辩。而如何听取学生的陈述和申辩，各高校做法不一。多数高校在其学生违纪申诉办法中详细规定了书面申诉制度，而对于听证只是简单提及或者根本没有涉及，没有明确的听证机构设置。这导致了实践中学生申请听证无据可依，只能被动选择书面申诉，甚至放弃前期的陈述和申辩的权利，这导致申诉制度的效果不佳。

对此，笔者认为，高校依据法律法规授权，行使影响学生重大权益的学籍管理、惩戒等权力，其具有强制性和单方性的特点。相对书面申诉，听证更加规范了学校权力的行使和学生权益的保障，学校可以向学生说明将受处分的依据、理由，学生可以当面申诉、辩驳。这样不仅能避免管理者的决策失误，也能保证程序公平、公正、公开，避免事后因程序问题引发不必要的纠纷。在本案例中，F大学召开听证会听取纪某的陈述和申辩，与学校调查部门认定的证据两相质证，使事实更加明晰，保障了学生合法权益。

第二，听证作为学生权利救济程序，应当严格遵循正当程序原则进行。

正当程序原则作为法治原则重要内容，其要求行政活动必须公开、公正、高效，保证相对人的参与权利。听证制度作为正当程序原则的重要体现，《行政处罚法》等法律法规对于听证范围、组织、参与人等进行了明确规定。借鉴以上法律规定，高校学生违纪处分的听证在程序设计上应当注重以下几个方面：

一是听证范围应当有所限定。当前制约听证制度普及的重要因素就是作为一种事前的权利救济制度，需要学校投入相当的人力物力，而且导致一些违纪行为不能及时处分，警示和教育作用减弱。对此，学生申请听证的事项应当有合理界定。如《行政处罚法》中就已明确，听证适用于责令停产停业、吊销许可证或者执照、较大数额罚款等对当事人权益有重大影响的行政处罚。鉴于此，学生违纪处分听证也应当限定在对学生有重大影响的处分。根据《普通高等学校学生管理规定》和从工作实践来看，应当界定记过（含记过）以上处分较为合理。另外，学生申请听证应当是对事实认定、证据采纳和规章制度适用确有异议，但当事学生对基本事实和规章制度适用无异议，只是为了减轻处分提出申请，则不宜适用听证。当然，实践中确实存在着学校无法拒绝学生听证申请的情况，在此可借鉴司法审判中"庭前证据开示"制度，学生申请听证应提出与拟给处分的认定事实和适用规章制度的异议，如提出新的证据或事实，否则将驳回听证申请。在本案例中，纪某确有人证、物证证明其没有违纪行为，应当举行听证。

二是听证应当公开进行。除当事人申请不公开，或涉及隐私等特殊情形外，听证都应当公开进行，允许其他人旁听。公开是对听证有效的监督，也可以通过个案让广大同学受到教育。当然，对于学生违纪处分的听证公开范围也应当有所限定，原则上是面向校内师生，旁听人员也应当事先予以报名登记才能参加听证。在本案例中，纪某可就是否进行公开听证进行申请，学校应当尊重学生的权益。

三是听证应当坚持回避原则。《行政处罚法》第42条明确规定：听证由行政机关指定的非本案调查人员担任主持人。《行政许可法》第48条也明确规定，行政机关应当指定审查该行政许可申请的工作人员之外的人担任听证主持人。依据正当程序原则，听证会的组成人员应当排除前期参与调查的人员以及可能有利害关系的人。对此，一般而言，听证会组成人员应当具有代表性和全面性，不仅有学校管理部门人员，还应当有专任教师和学生代表，这样可从不同角度来分析问题，避免偏见。前期调查部门也应当出席听证会，听取学生陈辩和申诉，并对拟作出处分决定的依据进行说明。在本案例中，学校组织的听证会组成坚持了回避原则，人员结构也比较合理。

当然，在学校组织的听证中，还应当明确期限等时间要求，让学生诉求及时得到反馈，并能充分地准备听证所必需的材料。

第三，应当切实发挥听证作为学生权利事前救济的效应，避免沦为形式。

听证过程中，调查部门应对学生陈述和申辩中提出的质疑和疑问予以回应并作出答复。听证会的组成人员也应在充分评议当事学生和调查部门双方意见的基础上，及时作出结论，并在听证会后一定时间内向当事学生公开，避免听证无结果。此结论应作为学校作出/不作出处分决定的重要依据。如果听证结论认为对学生作出处分决定的证据不足，则学校应当重新调查取证，如无新的确凿证据不能作出处分决定。

当前违纪处分听证中确实存在着走形式、走过场的情形，听证会并没有认真听取学生的意见，采纳学生合理的陈述和申辩，或者是维持原决定，或者是不做结论，这使得听证失去了意义。在本案例中，听证结论是纪某考试中翻看笔记的违纪行为证据不足。学校采纳了听证结论，并没有给予纪某处分，其符合法治原则，确实保障了学生的合法权益。

（三）对策建议

行政听证制度作为当前被较为广泛运用的事前救济程序，其对于维护程序公正公平和公民合法权益有着重要意义。而建立健全学生违纪处分的听证制度，是保障学生陈述和申辩权利落到实处的重要举措。

第一，完善学生听证机构建设。高校应建立独立的听证机构，将听证机构设为学校办公室、监察处、学生处等部门的内设或附属机构的做法，实际忽视了听证机构的独立性。根据《普通高等学校学生管理规定》，学生申诉处理委员会应当承担学生听证职能，学校可以制定具体办法并明确其人员组成、机构职责和运作机制。如明确听证会组织者、主持人、参与人的选拔流程和职责要求，明确当事学生和调查部门的权利和义务，确立回避原则等。

第二，规范学生听证的工作流程。学校应当根据公开公正和程序正当的原则，完善整个听证程序，对于听证申请、听证的组织、听证的举行、听证笔录制作以及听证结论的形成，制定较为具体和具有可操作的规定，应当依照听证程序展开听证活动。

第三，推广听证的运用，培养师生法治意识。要积极转变学校管理思维，尊重学生的主体地位，推进依法治校，保障学生的合法权益，规范管理行为。对于学生而言，应当积极通过合法途径来维护自身权益。听证制度不仅可以用在学生违纪处分上，而且食堂价格调整、相关规章制度的制定等方面也同样适用。

（四）法规政策链接

1.《中华人民共和国行政处罚法》

第四十二条 行政机关作出责令停产停业、吊销许可证或者执照、较大数额罚款等行政处罚决定之前，应当告知当事人有要求举行听证的权利；当事人要求听证的，行政机关应当组织听证。当事人不承担行政机关组织听证的费用。听证依照以下程序组织：

（一）当事人要求听证的，应当在行政机关告知后三日内提出；

（二）行政机关应当在听证的七日前，通知当事人举行听证的时间、地点；

（三）除涉及国家秘密、商业秘密或者个人隐私外，听证公开举行；

（四）听证由行政机关指定的非本案调查人员主持；当事人认为主持人与本案有直

接利害关系的，有权申请回避；

（五）当事人可以亲自参加听证，也可以委托一至二人代理；

（六）举行听证时，调查人员提出当事人违法的事实、证据和行政处罚建议；当事人进行申辩和质证；

（七）听证应当制作笔录；笔录应当交当事人审核无误后签字或者盖章。

当事人对限制人身自由的行政处罚有异议的，依照治安管理处罚条例有关规定执行。

第四十三条 听证结束后，行政机关依照本法第三十八条的规定，作出决定。

2.《中华人民共和国行政许可法》

第四十六条 法律、法规、规章规定实施行政许可应当听证的事项，或者行政机关认为需要听证的其他涉及公共利益的重大行政许可事项，行政机关应当向社会公告，并举行听证。

第四十七条 行政许可直接涉及申请人与他人之间重大利益关系的，行政机关在作出行政许可决定前，应当告知申请人、利害关系人享有要求听证的权利；申请人、利害关系人在被告知听证权利之日起五日内提出听证申请的，行政机关应当在二十日内组织听证。

申请人、利害关系人不承担行政机关组织听证的费用。

第四十八条 听证按照下列程序进行：

（一）行政机关应当于举行听证的七日前将举行听证的时间、地点通知申请人、利害关系人，必要时予以公告；

（二）听证应当公开举行；

（三）行政机关应当指定审查该行政许可申请的工作人员以外的人员为听证主持人，申请人、利害关系人认为主持人与该行政许可事项有直接利害关系的，有权申请回避；

（四）举行听证时，审查该行政许可申请的工作人员应当提供审查意见的证据、理由，申请人、利害关系人可以提出证据，并进行申辩和质证；

（五）听证应当制作笔录，听证笔录应当交听证参加人确认无误后签字或者盖章。

行政机关应当根据听证笔录，作出行政许可决定。

3.《行政法规制定程序条例》（中华人民共和国国务院令第321号）

第十二条 起草行政法规，应当深入调查研究，总结实践经验，广泛听取有关机关、组织和公民的意见。听取意见可以采取召开座谈会、论证会、听证会等多种形式。

第二十二条 行政法规送审稿直接涉及公民、法人或者其他组织的切身利益的，国务院法制机构可以举行听证会，听取有关机关、组织和公民的意见。

4.《规章制度制定程序条例》（中华人民共和国国务院令第 322 号）

第十四条 起草规章，应当深入调查研究，总结实践经验，广泛听取有关机关、组织和公民的意见。听取意见可以采取书面征求意见、座谈会、论证会、听证会等多种形式。

第十五条 起草的规章直接涉及公民、法人或者其他组织切身利益，有关机关、组织或者公民对其有重大意见分歧的，应当向社会公布，征求社会各界的意见；起草单位也可以举行听证会。听证会依照下列程序组织：

（一）听证会公开举行，起草单位应当在举行听证会的 30 日前公布听证会的时间、地点和内容；

（二）参加听证会的有关机关、组织和公民对起草的规章，有权提问和发表意见；

（三）听证会应当制作笔录，如实记录发言人的主要观点和理由；

（四）起草单位应当认真研究听证会反映的各种意见，起草的规章在报送审查时，应当说明对听证会意见的处理情况及其理由。

第二十三条 规章送审稿直接涉及公民、法人或者其他组织切身利益，有关机关、组织或者公民对其有重大意见分歧，起草单位在起草过程中未向社会公布，也未举行听证会的，法制机构经本部门或者本级人民政府批准，可以向社会公布，也可以举行听证会。

举行听证会的，应当依照本条例第十五条规定的程序组织。

5.《普通高等学校学生管理规定》（中华人民共和国教育部令第 41 号）

第五十五条 在对学生作出处分或者其他不利决定之前，学校应当告知学生作出决定的事实、理由及依据，并告知学生享有陈述和申辩的权利，听取学生的陈述和申辩。

第五十九条 学校应当成立学生申诉处理委员会，负责受理学生对处理或者处分决定不服提起的申诉。

学生申诉处理委员会应当由学校相关负责人、职能部门负责人、教师代表、学生代表、负责法律事务的相关机构负责人等组成，可以聘请校外法律、教育等方面专家参加。

学校应当制定学生申诉的具体办法，健全学生申诉处理委员会的组成与工作规则，提供必要条件，保证其能够客观、公正地履行职责。

二、学生校内申诉应当如何进行?

（一）案例介绍

A 大学硕士研究生马某在某学期期末考试时，有两门必修课考试成绩均未达到 60 分。根据《A 大学研究生学籍管理办法》中"一学期有两门必修课考试不合格者，应予退学"的规定，A 大学校长办公会研究决定给予马某退学处理。A 大学向马某送达了书面退学决定书。马某收到决定书后第二天，以"该规定存在不合理之处，且其所在学院老师没有及时通知其参加补考"等为由，向 A 大学学生申诉委员会提出申诉。马某认为，A 大学规定的自己所修专业培养方案中，一个学期设置 9 门必修课，该规定没有考虑到学生实际课业负担，而且一门课程不及格是因为任课教师过于严格，给予一半以上同学不及格。A 大学学生申诉处理委员会受理了该学生申诉，并组成调查小组进行复查。由于马某提出申诉时已经临近放假，调查小组成立后，复查工作在放假期间停止，开学后一周之内形成了书面结论，结论是对马某作退学处理的事实清楚，证据充分，适用法律准确，并告知马某。A 大学学生申诉委员会根据复查结论，作出维持原退学决定的书面决定，并送达马某。马某不服，认为学校作出退学决定不合理，其申诉程序和结论违法，拟向法院提起诉讼。

（二）法理剖析

这是一起典型的学生对于学校处理决定不服提起校内申诉的案例。其法律焦点在于：①马某是否有权提出申诉，其申诉理由是否成立？②学校受理马某申诉的程序和作出结论是否合法？

第一，申诉作为学生的基本权利，其申诉理由成立与否不影响其提出申诉。

申诉作为学生的基本权利，为《教育法》《高等教育法》等法律法规明确保障。《普通高等学校学生管理规定》第六章专章规定了学生申诉制度，明确规定，学生对学校的处理或者处分决定有异议的，有向学校学生申诉处理委员会提出书面申诉的权利。而这也明确了学生申诉的范围是处理和处分决定。一般而言，处理包括取消入学资格、取消学籍、予以退学等；处分则是指警告、严重警告、记过、留校察看、开除学籍等纪律处分。受到批评教育等其他原因，根据《普通高等学校学生管理规定》则不在校内申诉的受理范围内。

在本案例中，马某一学期内两门必修课不及格，根据 A 大学的学籍管理规定，学校予以退学，属于《普通高等学校学生管理规定》中的学业成绩未达到学校要求，学校可予退学处理的情形。马某就此退学处理决定向学生申诉委员会提出申诉属于行使其正当权利。当然，申诉作为事后救济程序，其与前一案例中听证要求有所不同，学校不能因马某在申诉中没有提出新的证据或事实而不予受理。只要学生提出异议，学校就应当受理。对于马某提出学校规定没有考虑到学生实际课业负担，其规定不合理的理由成立与否，关键在于学校学籍管理规定是否违法，超越了《普通高等学校学生管理规定》中的学校可予退学处理的权限范围。笔者认为，学校对于学业成绩的要求只要没有重大而明显超出一般人能力的不合理之处，均属于学校自主权范围。学校可以制定较为严格的成绩要求，并对于不符合条件的学生予以退学处理。当然法律不能强人所难，学校不能制定过高的学业标准导致只有少部分人能符合标准。马某提出其中一门必修课程任课教师要求过严，一半人未及格的情况确实存在。但出现一学期两门必修课程不及格的现象仍属于少数，因此学校相关学籍规定并不违法且有其合理依据。对于马某提出所在学院老师未及时通知其参加补考的理由，除非马某确有证据证明由于学院的管理失误导致其丧失补考机会，并且导致其退学后果，一般不予认可。

第二，学校应当依法受理学生申诉，切实保障学生的合法权益。

申诉作为学生权利救济的重要途径。学校应当严格执行《普通高等学校学生管理规定》，依法保障学生的合法权益。

一是要尊重和保护学生的知情权。学校在作出处分决定前须告知学生陈述申辩的权利。处分决定作出后，学校也应当告知学生权利救济的途径和期限。即在本案例中，A大学的书面退学决定书应当包含告知学生提出申诉及申诉期限的内容，并及时送达学生。如果该决定书中没有对学生进行权利告知或者没有及时送达，则属于程序违法，学生可据此要求学校撤销原有决定，重新作出决定。

二是要严格按照程序要求进行复查。《普通高等学校学生管理规定》对于学生申诉的负责机构、工作流程都进行了明确要求。学生申诉处理委员会负责对学生提出的申诉进行复查，如认为作出处理或者处分的事实、依据、程序等存在不当，可以作出建议撤销或变更的复查意见，要求相关职能部门予以研究，重新提交校长办公会或者专门会议作出决定。学生申诉处理委员会认为必要的，可以建议学校暂缓执行有关决定。

三是要严格执行申诉的期限要求。学生须在收到学校决定之日起的10日之内提起书面申诉，学生申诉处理委员会一般应当在接到书面申诉之日起15日内作出复查结论并告知申诉人，特殊情况下经学校负责人批准可以延长15日。如果学生未能在10日内提起申诉，则视为放弃权利，学校不予受理。学生申诉处理委员会也应当在15日之内，最长不得超过30日完成复查并告知申诉学生。在这里值得注意的是，以上是按日而非工作日计算。因此本案例中，学生申诉处理委员会在放假期间停止工作，违反了《普通高等学校学生管理规定》，马某提出复查程序违法确实有道理。

当然如果学生错过时间未能及时向学生申诉处理委员会提出申诉，或者复查结果维持原决定的，也并不意味着学生权利救济的穷尽，学生有权向学校所在地省级教育行政部门提出书面申诉，或者如本案例中马某一样提起司法诉讼。

（三）对策建议

学生申诉制度由有关各方代表组成的学生申诉处理委员会受理学生申诉，对于处理或处分决定的异议予以复查，这对于保障学生合法权益具有重要意义。但《普通高等学校学生管理规定》只是原则性规定了学生申诉处理委员会的组成和申诉的程序，其指出各学校应制定学生申诉的具体办法，健全学生申诉处理委员会的组成与工作规则，提供必要条件，保证其能够客观、公正地履行职责。对此，学校应当结合本校实际，根据《普通高等学校学生管理规定》的相关规定，出台本校的申诉制度，使得学生权利救济体系更加完备，申诉渠道更为合理、畅通、便捷。

第一，进一步明确学生申诉处理委员会的机构地位和人员构成。学校应明确参与职能部门和人员范围，师生代表的比例和人数，组成人员的选拔产生等，进而设立常设的学生申诉处理委员会。学校还应当设置专门办公室，安排办公场地，负责日常事务处理，避免学生"申诉无门"。

第二，进一步规范学生申诉程序和工作流程。学校应明确复查的调查人员、调查范围和调查程序等基本工作要求，制定学生申诉处理委员会议事规则等制度，采用书面材料审查等各种方式充分听取各方意见，形成公正的调查结论。

第三，进一步明确复查结论的效力以及后期处理。由于复查意见只是建议撤销或变更原处理或处分决定，其他还得由相关职能部门予以研究，重新提交校长办公会或者专门会议作出最终决定。为避免久拖不决，应明确相关职能部门接到复查决定后的处理期限和工作流程，如果不能合理解释处理或决定的事实、依据、程序不当之处，不能提出新的事实或证据，校长办公会或专门会议应当依据复查意见撤销或变更原处理或处分决定。

（四）法规政策链接

1.《中华人民共和国教育法》

第四十二条　受教育者享有下列权利：

……

（四）对学校给予的处分不服向有关部门提出申诉，对学校、教师侵犯其人身权、财产权等合法权益，提出申诉或者依法提起诉讼。

2.《普通高等学校学生管理规定》（中华人民共和国教育部令第41号）

第六条　学生在校期间依法享有下列权利：

……

（六）对学校给予的处理或者处分有异议，向学校、教育行政部门提出申诉，对学校、教职员工侵犯其人身权、财产权等合法权益的行为，提出申诉或者依法提起诉讼。

第五十三条　学校对学生作出处分，应当出具处分决定书。处分决定书应当包括下列内容：

（一）学生的基本信息；

（二）作出处分的事实和证据；

（三）处分的种类、依据、期限；

（四）申诉的途径和期限；

（五）其他必要内容。

第五十九条　学校应当成立学生申诉处理委员会，负责受理学生对处理或者处分决定不服提起的申诉。

学生申诉处理委员会应当由学校相关负责人、职能部门负责人、教师代表、学生代表、负责法律事务的相关机构负责人等组成，可以聘请校外法律、教育等方面专家参加。

学校应当制定学生申诉的具体办法，健全学生申诉处理委员会的组成与工作规则，提供必要条件，保证其能够客观、公正地履行职责。

第六十条　学生对学校的处理或者处分决定有异议的，可以在接到学校处理或者处分决定书之日起 10 日内，向学校的学生申诉处理委员会提出书面申诉。

第六十一条　学生申诉处理委员会对学生提出的申诉进行复查，并在接到书面申诉之日起 15 日内作出复查结论并告知申诉人。情况复杂不能在规定限期内作出结论的，经学校负责人批准，可延长 15 日。学生申诉处理委员会认为必要的，可以建议学校暂缓执行有关决定。

学生申诉处理委员会经复查，认为做出处理或者处分的事实、依据、程序等存在不当，可以作出建议撤销或变更的复查意见，要求相关职能部门予以研究，重新提交校长办公会或者专门会议作出决定。

第六十二条第一款　学生对复查决定有异议的，在接到学校复查决定书之日起 15 日内，可以向学校所在地省级教育行政部门提出书面申诉。

第六十四条　自处理、处分或者复查决定书送达之日起，学生在申诉期内未提出申诉的视为放弃申诉，学校或省级教育行政部门不再受理其提出的申诉。

处理、处分或者复查决定书未告知学生申诉期限的，申诉期限自学生知道或者应当知道处理或者处分决定之日起计算，但最长不得超过 6 个月。

3.《教育部关于加强依法治校工作的若干意见》（教政法〔2003〕3 号）

三、切实采取有力措施，大力推进依法治校工作

（六）……对学生的处分应当做到事实清楚、证据充分、依据合法，符合规定程

序；建立校内学生申诉制度，保障学生申诉的法定权利。高等学校依法对学生做出处分决定应当经过校长办公会议讨论通过，保障学生的知情权、申辩权，并报主管教育部门备案。

4.《全面推进依法治校实施纲要》（教政法〔2012〕9 号）

20. 完善教师学生权利救济制度。……完善学生申诉机制。学校应当建立相对独立的学生申诉处理机构，其人员组成、受理及处理规则，应当符合正当程序原则的要求，并允许学生聘请代理人参加申诉。学校处理教师、学生申诉或纠纷，应当建立并积极运用听证方式，保证处理程序的公开、公正。

5.《依法治教实施纲要（2016—2020 年）》（教政法〔2016〕1 号）

五、深入推进各级各类学校依法治校

（三）完善师生权益保护机制。……鼓励依托教职工代表大会、学生代表大会制度，健全完善学校的学生申诉、教师申诉制度，设立师生权益保护、争议调解委员会、仲裁委员会等机构，吸纳师生代表，公平、公正调解处理纠纷，化解矛盾。

三、学生向教育行政部门申诉应当如何处理？

（一）案例介绍

张某系 B 大学博士研究生，按照规定修完所有课程和完成学位论文后，其于 2016 年 5 月 9 日顺利通过博士学位论文答辩。但 6 月 7 日接到 B 大学的通知，论文答辩委员会报请学校授予其学位的报告被学校学位评定委员会否定，因此只予颁发毕业证而不授予博士学位。张某向 B 大学提出申诉，认为自己已经通过博士论文答辩，证明自己已经符合相应的条件，应当授予学位。B 大学的学生申诉处理委员会经复查后认为，根据 B 大学的学位授予规定，张某虽然通过博士论文答辩，但并没有通过学校学位委员会的审议评定，其不符合授予博士学位的要求，作出维持原决定的复查意见。张某不服，就此向 B 大学所在地 B 省教育厅提出申诉，B 省教育厅的职能部门——学位委员会，以信访的形式给出维持 B 大学复查意见的决定。张某再次向 B 省教育厅提起书面申诉申请，B 省教育厅根据《学位条例》《学位条例暂行实施办法》等相关规定，认为学位授予系高校学位委员会行使学术权力，属于高校自主管理权范围，以张某提出的申诉不属于学生申诉的受案范围为由决定不予受理。张某遂向法院提起诉讼，法院予以立案。在法院立案后，B 省教育厅撤销了原不予受理的决定，决定对张某的申诉请求进行调查处理。

（二）法理剖析

相对于第二个案例所涉及的校内申诉，本案例属于典型的校外申诉，即学生对于学校的处理或处分决定有异议，向教育行政部门提出申诉。其法律焦点在于：①学位授予是否属于申诉处理的范围？②校内申诉和校外申诉之间的关系如何？③校外申诉应当如何进行？

第一，学位授予的处理应当属于申诉范围，学生如对此持异议可依法提出申诉。

学生依法享有申诉的权利，但学生提起申诉应当具备一定的前提。如上一案例分析，申诉范围涉及的处理包括取消入学资格、取消学籍、予以退学等；处分则是指警告、严重警告、记过、留校察看、开除学籍等纪律处分。对于不授予学位或者不准予毕业的学校决定，《普通高等学校学生管理规定》中并没有明确界定其法律性质，而在实践中，也确有一些省级教育行政部门并未将其纳入申诉的范围。[①] 这是否意味着不授予学位和不准予毕业不能纳入申诉的范围呢？

依据《教育法》《普通高等学校学生管理规定》等法律法规，学生不仅能对学校的处理或者处分决定有异议提出申诉，对学校、教职员工侵犯其人身权、财产权等合法权益的行为亦有权提出申诉。而准予毕业和授予学位作为学生受教育权的重要内容，《教育法》亦明确规定，受教育者享有"在学业成绩和品行上获得公正评价，完成规定的学业后获得相应的学业证书、学位证书"的权利，学校不授予学位或不准予毕业属于对学生的合法权益的重大影响的行为。因此，申诉的范围除了处理和处分决定之外，其不授予学位和不准予毕业应当纳入申诉范围。学生不仅能够进行校内申诉，也可以向教育行政部门提出申诉。

在本案例中，B 大学不授予博士学位的决定属于对张某的合法权益的重大影响，根据相关法律法规，张某有权依法通过申诉等途径行使救济权利。对此，张某在校内提出申诉，得到答复后向省级教育行政部门 B 省教育厅提出申诉属于行使自身权利。教育厅先采用信访的形式对待，后以《学位条例》的规定为由拒绝申诉，其均无法律依据，应当依法受理申诉。

第二，学生有权选择向学校申诉抑或向教育行政部门申诉，两者之间并无必然联系。

根据《普通高等学校学生管理规定》，学生可以向学校提出申诉，也可以向教育行政部门提出申诉。学生对复查决定有异议的，在接到学校复查决定书之日起 15 个工作日内，可以向学校所在地省级教育行政部门提出书面申诉。那么，这是否意味着校内申诉是学校申诉的前提？学生在向省级教育行政部门提出申诉之前必须先经过校内

---

① 2005 年上海市教育委员会制定的《上海市教育委员会关于受理、处理、答复本市高校学生申诉暂行实施办法》中明确规定："本市高校在籍学生向市级教育行政部门提出申诉的事由范围，包括申诉人所读学校对申诉人作出的取消入学资格处理、退学处理和违规、违纪处分事项，其中违规、违纪处分事项包括警告、严重警告、记过、留校察看、开除学籍五项处分。除此以外的事由，不作申诉受理。"

的申诉程序，而且学校已经作出了复查决定？对此，根据 2005 年教育部高校学生司组织编写的《〈普通高等学校学生管理规定〉解读》，其中提到："学生申诉，应当先向所在学校提出，对学校复查决定有异议，再向学校所在地的省级教育行政部门申诉"。[①]

笔者认为，校内申诉并非校外申诉的必要前提。修订后的《普通高等学校学生管理规定》明确了"学生对学校给予的处理或者处分有异议，向学校、教育行政部门提出申诉，对学校、教职员工侵犯其人身权、财产权等合法权益的行为，提出申诉或者依法提起诉讼"。以上规定采用并列式，并无前后之分。而在实践中有些省级教育行政部门受理申诉并没有严格要求需要经过学校的复查。[②] 因此，校内申诉和复查决定不是向教育行政部门提出申诉的必经程序。如果学生经过校内申诉但没有得到复查决定，或未经校内申诉直接向教育行政部门提出申诉，只要符合申诉受理范围，教育行政部门都应当受理。

第三，学生依法提出申诉，教育行政部门应当依法受理并回复。

对于学生申诉，教育行政部门应当依法受理。《普通高等学校学生管理规定》明确规定了教育行政部门受理申诉的时限、程序和结论的做出。省级教育行政部门在接到学生书面申诉之日起 30 个工作日内，应当对申诉人的问题给予处理并作出决定。省级教育行政部门应当听取学生和学校的意见，并可根据需要进行必要的调查。根据审查结论，区别不同情况，分别做出维持原决定，责令学校撤销、变更或者重新作出决定的处理。

教育行政部门接受申诉也有法定期限要求，即《普通高等学校学生管理规定》规定的，学生接到学校复查决定书之日起 15 日内提起申诉。如果超过时间，则视为放弃申诉。学校在送达复查决定书中应当明确申诉期限，否则申诉期限为自学生知道或者应当知道处理或者处分决定之日起 6 个月。而如果学生不提起校内申诉，直接向教育行政部门提起校外申诉的话，则应当在学校送达处理或处分决定的期限内提出申诉；如果处理或处分决定未明确校外申诉的期限，则按 6 个月计算。如果超过了申诉期限，学生丧失了申诉权利，但学生仍然有权对处理或处分等决定的异议提起行政复议，或者提起诉讼。

在本案例中，教育厅应当依法受理张某的申诉，并在 30 日内，组织对学校、当事学生的调查，充分听取当事双方的意见，查明事实，给出相应的结论。如果学生对于

---

① 教育部高校学生司：《〈普通高等学校学生管理规定〉解读》，北京第二外国语学院旅游教育出版社，2005 年 4 月，第 21 页。

② 北京市教育委员会对学生的申诉受理办事流程中规定，"学生对学校的处分不服"可以提出申诉。参见北京市教育委员会办事服务—学生申诉—办事流程。

教育行政部门的申诉处理结果不服的话，可以依法提出行政复议或者诉讼。

（三）对策建议

有别于向学生申诉处理委员会提出的校内申诉，向省级教育行政部门提出的校外申诉，其作为学生权利救济的另一种途径，为保障学生权益的提供了更进一步的手段，也进一步规范了各高校的管理。《普通高等学校学生管理规定》中明确指出，教育主管部门在处理申诉、投诉过程中，发现学校及其工作人员有违反法律、法规及本规定的行为或者未按照本规定履行相应义务的，或者学校自行制定的相关管理制度、规定，侵害学生合法权益的，其具有监督和职责职能。但毕竟《普通高等学校学生管理规定》的规定较为原则，而实践中各省级教育行政部门的执行情况千差万别，因此建议做到以下方面：

第一，完善立法规定，明确校外申诉范围。当前的立法明确了两类教育行政部门的申诉受理范围，一是对高校处理或处分决定有异议的，二是对学校、教职员工侵犯学生人身权、财产权等合法权益的。对于前者，处分决定的法律含义已经非常明确，但对于如何界定"处理"这一法律概念仍然很模糊。笔者认为，"处理"应当包括取消入学资格、予以退学、取消学籍，以及不予获得学历学位证书等对学生基本受教育权有重大影响的，由学校行使法律授权行为为限。而对于后者，人身权、财产权纠纷多属于民事纠纷，用民事法律规定更为适宜，其如果与学校管理行为并无直接必然联系，建议不宜扩大教育行政部门的申诉范围，可通过调解、信访的方式化解矛盾纠纷。

第二，统一申诉规则，规范办事流程。因为立法不明确，也造成了在实践中对法律法规解读的不一致，做法的不统一。如各地省级教育行政部门关于校内申诉与校外申诉之间衔接、申诉负责部门等规定大相径庭。建议由有关部门就《普通高等学校学生管理规定》相关条文作更加权威的解读，制定出台全国性的关于学生申诉规范性文件，进一步规范各地教育行政部门受理申诉的办事流程，统一实践中的做法。

第三，强化法治观念，保障学生权益。申诉作为学生权利救济途径，其是正当程序法治原则的具体体现。对此，学校和教育行政部门应当充分保障学生在申诉中的知情权，依法受理、按时处理和答复学生申诉，在规定时间内完成相应的工作，以保障学生的基本权益，维护高校和社会秩序的稳定。

（四）法规政策链接

1.《中华人民共和国教育法》

第四十二条 受教育者享有下列权利：

......

（三）在学业成绩和品行上获得公正评价，完成规定的学业后获得相应的学业证书、学位证书；

（四）对学校给予的处分不服向有关部门提出申诉，对学校、教师侵犯其人身权、财产权等合法权益，提出申诉或者依法提起诉讼。

2.《中华人民共和国学位条例》

第八条　学士学位，由国务院授权的高等学校授予；硕士学位、博士学位，由国务院授权的高等学校和科学研究机构授予。

授予学位的高等学校和科学研究机构（以下简称学位授予单位）及其可以授予学位的学科名单，由国务院学位委员会提出，经国务院批准公布。

3.《中华人民共和国学位条例暂行实施办法》

第十八条　学位授予单位的学位评定委员会根据国务院批准的授予学位的权限，分别履行以下职责：

……

（六）作出授予博士学位的决定。

4.《普通高等学校学生管理规定》（中华人民共和国教育部令第 41 号）

第六条　学生在校期间依法享有下列权利：

……

（六）对学校给予的处理或者处分有异议，向学校、教育行政部门提出申诉，对学校、教职员工侵犯其人身权、财产权等合法权益的行为，提出申诉或者依法提起诉讼。

第六十二条　学生对复查决定有异议的，在接到学校复查决定书之日起 15 日内，可以向学校所在地省级教育行政部门提出书面申诉。

省级教育行政部门应当在接到学生书面申诉之日起 30 个工作日内，对申诉人的问题给予处理并作出决定。

第六十三条　省级教育行政部门在处理因对学校处理或者处分决定不服提起的学生申诉时，应当听取学生和学校的意见，并可根据需要进行必要的调查。根据审查结论，区别不同情况，分别作出下列处理：

（一）事实清楚、依据明确、定性准确、程序正当、处分适当的，予以维持；

（二）认定事实不存在，或者学校超越职权、违反上位法规定作出决定的，责令学校予以撤销；

（三）认定事实清楚，但认定情节有误、定性不准确，或者适用依据有错误的，责令学校变更或者重新作出决定；

（四）认定事实不清、证据不足，或者违反本规定以及学校规定的程序和权限的，责令学校重新作出决定。

第六十四条　自处理、处分或者复查决定书送达之日起，学生在申诉期内未提出申诉的视为放弃申诉，学校或者省级教育行政部门不再受理其提出的申诉。

处理、处分或者复查决定书未告知学生申诉期限的，申诉期限自学生知道或者应当知道处理或者处分决定之日起计算，但最长不得超过 6 个月。

第六十五条 学生认为学校及其工作人员违反本规定，侵害其合法权益的；或者学校制定的规章制度与法律法规和本规定抵触的，可以向学校所在地省级教育行政部门投诉。

教育主管部门在实施监督或者处理申诉、投诉过程中，发现学校及其工作人员有违反法律、法规及本规定的行为或者未按照本规定履行相应义务的，或者学校自行制定的相关管理制度、规定，侵害学生合法权益的，应当责令改正；发现存在违法违纪的，应当及时进行调查处理或者移送有关部门，依据有关法律和相关规定，追究有关责任人的责任。

5.《教育部关于加强依法治校工作的若干意见》（教政法〔2003〕3 号）

三、切实采取有力措施，大力推进依法治校工作

（一）……要依法健全和规范申诉渠道，及时办理教师和学生申诉案件，建立面向社会的举报制度，及时发现和纠正学校的违法行为，特别是学校、教师侵犯学生合法权益的违法行为。

6.《全面推进依法治校实施纲要》（教政法〔2012〕9 号）

九、转变政府职能，加强对学校依法治校的保障

……

28.……进一步健全教师、学生的行政申诉制度，畅通师生权利的救济渠道，改革完善行政监管机制。要建立学校规章和重要制度的备案制度，及时纠正学校有悖法律规定和法治原则的规定。

7.《依法治教实施纲要（2016—2020 年)》（教政法〔2016〕1 号）

三、深入推进教育部门依法行政

……

（六）健全教育领域纠纷处理机制。……制定《教师申诉办法》《学生申诉办法》，健全教师和学生申诉制度。

四、学校如何应对学生提出的行政复议？

（一）案例介绍

C 大学女生李某与其男友——同校学生王某在外出旅游途中同居，后李某怀孕。事情发生后，学校告知李某和王某，依据《高等学校学生行为准则》《普通高等学校学生管理规定》以及该校《学生违纪处分条例》中关于"道德败坏，品行恶劣""发生

不正当性行为者，给予留校察看直至开除学籍处分”的规定，学校将给予他们开除学籍的处分。两名学生当场提出申辩，认为他们是男女朋友，没有所谓不正当性行为，不能依此规定给予开除学籍处分。后学校又多次与两名当事学生谈话，李某和王某仍然认为其没有违反校规校纪，不应给予纪律处分。

2016 年 1 月，经学校校长办公会研究，决定给予李某和王某勒令退学的处理决定，并将文件送达李某和王某。李某、王某对该处分决定均表示不服，并将该事件发布到了校园 BBS，在校园内引起极大的争议。学校为平息此事，删除了校园 BBS 上所有相关发帖，并禁止学生讨论此事。2016 年 2 月，李某、王某就该处分决定向 C 大学所在地教育厅申请行政复议，教育厅受理该案。

（二）法理剖析

本案例是学生受到学校处理提出行政复议的情况，李某和王某虽经过申辩，但学校仍然作出勒令退学的处理决定，学生不服，没有采取申诉的方式，而以行政复议的方式寻求权利救济。本案的法律焦点在于：①学生就勒令退学提出的申请是否属于行政复议的范围？②行政复议在高校与学生的纠纷解决中的作用、地位如何？③学校作出的勒令退学的决定是否合适？

第一，学生对于学校作出的处理或处分决定有权提起行政复议。

根据《行政复议法》的规定，行政复议作为解决行政争议，实现权利救济的重要途径，是指公民、法人或者其他组织不服行政主体作出的具体行政行为，认为其侵犯了其合法权益，依法向法定的行政复议机关提出复议申请，要求复议机关依法对该具体行政行为进行合法性、适当性审查，并作出行政复议决定的行政行为。高校作为法律法规授权的组织，其在管理学生中作出处理或处分决定属于具体行政行为，学生有权提出行政复议。

在本案例中，对于李某和王某的行为，学校作出了勒令退学的处理决定，对于学生权益有着重大影响，学生认为其侵犯了受教育权，其有权向行政复议机关提起复议。而在实践中，教育行政复议多由教育厅法规部门来负责。因此，两人向教育厅提起行政复议符合相关规定。

第二，行政复议并非法定必经的争议解决程序，学生可依法自行选择申诉、复议等权利救济途径。

相对于申诉，行政复议在《教育法》《高等教育法》《普通高等学校学生管理规定》中都未见明文规定，行政复议并非高校与学生解决纠纷的必经程序，学生可以依法自行选择。同时，根据《行政复议法》的相关规定，行政复议较申诉范围更广，高校没有依法履行对学生人身权、财产权和受教育权保护的法定职责，或是侵犯当事人其他合法权益，属于具体行政行为，均可提出行政复议。申诉和行政复议的申请时限亦不同，申诉是在学校复查决定送达后 15 个工作日内申请，行政复议是在知道具体行政行为之日 60 日内提出申请。

在本案例中，李某和王某不服学校勒令退学的处理决定，直接向当地教育厅申请行政复议，而并没有提出申诉，其合理合法。当然，李某和王某也可以选择先申诉复议，无论是学校出具复查决定，还是省级教育行政部门出具申诉处理结论，学生均可以提出行政复议。当前省级教育行政部门在受理申诉和行政复议申请上多为同一个部门，应采取回避原则，避免两者在调查人员等方面出现程序不公的情况。

而省级教育行政部门接受复议申请后，应当严格依据《行政复议法》等法律法规作出决定。如在受理时，对不属于行政复议受理范围的，应在法定期限内作出不予受理的书面决定，说明不予受理的理由。对属于受理范围的，应当依法予以受理。规范调查取证，责成行政复议被申请人提交答复意见、相关证据、依据和其他有关材料。对经书面审查发现案件存在事实不清、证据材料相互矛盾、双方争议较大以及其他需要调查取证情形的，可通过实地调查或者听证等方式核实证据。重大、复杂或者专业性较强的案件，应邀请有关专家、技术人员参与。同时还要在法定期限内，依法作出行政复议决定。对主要事实不清、证据不足、适用法律错误、违反法定程序、超越或滥用职权等情形的行政行为，依法予以撤销、确认违法。行政复议决定应当告知当事人享有的法律救济权利，并依法及时送达。行政复议决定要使用规范的文本格式并加盖教育行政部门公章。

第三，学校作出勒令退学的处理决定属于适用法律错误，应当依法撤销、确认违法。

根据《普通高等学校学生管理规定》，学校对有违反法律法规、本规定以及学校纪律行为的学生，可以给予纪律处分，但学校给予学生处分，应当坚持教育与惩戒相结合，与学生违法、违纪行为的性质和过错的严重程度相适应，做到证据充分、依据明确、定性准确、程序正当、处分适当。

在本案例中，李某和王某作为男女朋友同居怀孕，其行为确实有悖于《高等学校学生行为准则》关于男女交往文明的规定，但是学校使用《违纪学生处分条例》对于"道德败坏，品行恶劣"，"发生不正当性行为者，给予留校察看直至开除学籍处分"的规定，给予勒令退学的处理决定，却是违法的。首先，其校规校纪的规定超越了《普通高等学校学生管理规定》中关于开除学籍的适用事项的授权范围，其本身违法。其次，除警告、严重警告、记过、留校察看、开除学籍之外，学校无权自设勒令退学这一纪律处分类型。最后，学校作出的退学处理，其属于学籍管理范畴，应当严格按《普通高等学校学生管理规定》执行，不能以处理代替处分，属于适用法律错误。对此，教育厅应当根据适用法律不准，确认学校勒令退学的处分违法，责令其撤销决定。

另外，必须指出的是，学校虽然作出决定前听取了王某和李某的陈诉申辩，但对于王某和李某事后 BBS 的发言采用一禁了之的态度确实不妥，而是应当告知其通过合法途径寻求救济，同时加强教育引导，在尊重事实和当事人隐私的前提下，向广大师生说明处理事实和依据，将其作为法治教育的机会。当然，因 C 大学删帖禁言的行为不是并非指向特定人的具体行政行为，因而李某和王某只能对勒令退学的处理提出复议。

（三）对策建议

行政复议作为公民权利救济、解决行政纠纷的途径之一，在当前《教育法》等法律法规中并没有明确规定，在高校的争议解决实践中是依据《行政复议法》的基本原则来执行的，运用不多。因此，健全制度、明确学生申请行政复议的规定就成为必然要求。建议修订现行法律法规，《教育法》等法律明确行政复议作为学生救济途径。而通过规章文件进一步明确规定学生申请行政复议受理部门、具体适用范围，申请具体程序、时效等，明确申诉、行政复议和行政诉讼之间的关系，建立健全完善的学生权利救济途径，切实做到妥善解决高校与学生之间争议，实现有法可依、有章可循。

（四）法规政策链接

1.《中华人民共和国行政复议法》

第二条 公民、法人或者其他组织认为具体行政行为侵犯其合法权益，向行政机关提出行政复议申请，行政机关受理行政复议申请、作出行政复议决定，适用本法。

第五条 公民、法人或者其他组织对行政复议决定不服的，可以依照行政诉讼法的规定向人民法院提起行政诉讼，但是法律规定行政复议决定为最终裁决的除外。

第六条 有下列情形之一的，公民、法人或者其他组织可以依照本法申请行政复议：

……

（九）申请行政机关履行保护人身权利、财产权利、受教育权利的法定职责，行政机关没有依法履行的；

……

（十一）认为行政机关的其他具体行政行为侵犯其合法权益的。

第九条 公民、法人或者其他组织认为具体行政行为侵犯其合法权益的，可以自知道该具体行政行为之日起六十日内提出行政复议申请；但是法律规定的申请期限超过六十日的除外。

因不可抗力或者其他正当理由耽误法定申请期限的，申请期限自障碍消除之日起继续计算。

2.《普通高等学校学生管理规定》（中华人民共和国教育部令第41号）

第三十条 学生有下列情形之一的，学校可给予退学处理：

（一）学业成绩未达到学校要求或者在学校规定的学习年限内未完成学业的；

（二）休学、保留学籍期满，在学校规定期限内未提出复学申请或者申请复学经复查不合格的；

（三）根据学校指定医院诊断，患有疾病或者意外伤残不能继续在校学习的；

（四）未经批准连续两周未参加学校规定的教学活动的；

（五）超过学校规定期限未注册而又未履行暂缓注册手续的；

（六）学校规定的不能完成学业、应予退学的其他情形。

学生本人申请退学的，经学校审核同意后，办理退学手续。

第五十一条 对有违反法律法规、本规定以及学校纪律行为的学生，学校应当给予批评教育，并可视情节轻重，给予如下纪律处分：

（一）警告；

（二）严重警告；

（三）记过；

（四）留校察看；

（五）开除学籍。

第五十二条 学生有下列情形之一的，学校可以给予开除学籍处分：

（一）违反宪法，反对四项基本原则、破坏安定团结、扰乱社会秩序的；

（二）触犯国家法律，构成刑事犯罪的；

（三）受到治安管理处罚，情节严重、性质恶劣的；

（四）代替他人或者让他人代替自己参加考试、组织作弊、使用通讯设备或其他器材作弊、向他人出售考试试题或答案牟取利益，以及其他严重作弊或扰乱考试秩序行为的；

（五）学位论文、公开发表的研究成果存在抄袭、篡改、伪造等学术不端行为，情节严重的，或者代写论文、买卖论文的；

（六）违反本规定和学校规定，严重影响学校教育教学秩序、生活秩序以及公共场所管理秩序的；

（七）侵害其他个人、组织合法权益，造成严重后果的；

（八）屡次违反学校规定受到纪律处分，经教育不改的。

第五十四条 学校给予学生处分，应当坚持教育与惩戒相结合，与学生违法、违纪行为的性质和过错的严重程度相适应。学校对学生的处分，应当做到证据充分、依据明确、定性准确、程序正当、处分适当。

3.《高等学校学生行为准则》（教学〔2005〕5号）

六、明礼修身，团结友爱。弘扬传统美德，遵守社会公德，男女交往文明；关心集体，爱护公物，热心公益；尊敬师长，友爱同学，团结合作；仪表整洁，待人礼貌；豁达宽容，积极向上。

五、学校应当如何应对教育行政诉讼？

（一）案例介绍

近期，N大学法律事务办公室相继接到法院的行政诉讼应诉通知书。第一起案件是四名新生联合起诉学校撤销休学决定。事情起因是今年新生入学体检中，共有50余名新生没有通过乙肝检查，学校要求他们休学一年进行治疗，休学期间保留入学资格，一年后视复查结果决定是否复学。后55名学生全部离校。在休学后不久，四名学生联合提起行政诉讼，要求学校撤销休学决定，让学生重返校园。原告认为，他们属于经过相关医院检查，证明其为健康的乙肝病毒携带者，可以参加正常的学习、生活和工作，目前不需要治疗，而卫生部已经宣布取消入学和就业体检中的乙肝检测项目，学校仍然要求休学属于违法歧视。但学校坚持认为，依据教育部、卫生部制定的招生工作体检指导意见和学校学籍管理规定，作出的休学决定是合适的。学生如要复学须经过学校指定的医疗单位出具健康证明，学校复查合格，方可重新办理入学手续，复查不合格或逾期不办理入学手续者，取消入学资格。而学生的健康证明并非指定医院，其不符合要求。据此，学校不能撤销休学决定。

第二起案件是一名学生因降格留级起诉学校。吴某系本校七年制本硕连读的学生，其重考课程学分达到17.5分，根据学校学籍管理中关于七年制学生在校期间累计补考课程超过两门或重考课程学分超过15分以上者，根据课程衔接情况，将被淘汰出七年制，原则上转至本专业下一年级五年制学习。据此，学校做出吴某降格留级的决定。该同学不服，认为补考前校方未书面通知他及父母，未尽到告知义务；校方在作出降格决定前未通知本人，也没有听取他的陈述。其相继向学校的学生申诉处理委员会、所在地省级教育行政部门提出申诉，均维持原决定。吴某遂向法院提起行政诉讼，要求撤销学校的处理。

（二）法理剖析

本案例是两起较为典型的教育行政诉讼案件，前者是因为学校作出休学决定可能影响到学生的入学资格而引起，后者则是因为学校的降格留级可能影响到学生学位的取得，两者均对学生受教育权有重大影响。其法律焦点在于：①学校作出休学、降格留级的处理决定是否为可诉的行政行为？②学校作出以上决定是否合理合法？③学校应当如何对待行政诉讼。

第一，学校做出的休学、降格留级等学籍处理属于可诉的行政行为，学生可依法提起行政诉讼。

可诉行政行为是指属于人民法院行政诉讼受案范围的行政行为。最高人民法院第九批指导性案例 38 号"田永诉北京科技大学拒绝颁发毕业证、学位证案"中所指出的：根据我国法律、法规规定，高等学校对受教育者有进行学籍管理、奖励或处分的权力，有代表国家对受教育者颁发学历证书、学位证书的职责。高等学校与受教育者之间属于教育行政管理关系，受教育者对高等学校涉及受教育者基本权利的管理行为不服的，有权提起行政诉讼，高等学校是行政诉讼的适合被告。指导案例还明确了"高等学校对受教育者因违反校规、校纪而拒绝颁发学历证书、学位证书，受教育者不服的，可以依法提起行政诉讼"作为裁判要点。

在本案例中，学校根据《教育法》等法律法规的授权，做出的休学、降格留级的处理，依据《行政诉讼法》有关规定，其仍然属于教育行政管理行为的范畴，体现了学校教育行政职权的性质，属于可诉行政行为，应当纳入司法审查范围，由法院对其开展合法性审查。

在此，应当注意的是，如申诉、行政复议一样，行政诉讼的提起也有诉讼期限的要求，即直接向法院提起诉讼的，应当在自知道或者应当知道学校做出行为之日起 6 个月内提出，最长不得超过 5 年。在实践中，也有学生在学校作出处理或处分决定后，首先向教育行政部门提出申诉和行政复议的，对于此类选择行政复议后诉讼的，在接到复议决定书之日起 15 日内提出。如复议机关逾期不作决定的，申请人可以在复议期满之日起 15 日内向人民法院提起诉讼。如果行政复议改变了原有学校决定，则诉讼案由从学校的处理或处分决定变成了教育行政部门作出行政复议决定；否则，诉讼案由不变。

第二，学校依法行使教育管理的自主权，但不能超越法律法规的授权范围。

最高人民法院指导性案例中指出，高等学校依法具有相应的教育自主权，有权制定校纪、校规，并有权对在校学生进行教学管理和违纪处分，但是其制定的校纪、校规和据此进行的教学管理和违纪处分，必须符合法律、法规和规章的规定，必须尊重和保护当事人的合法权益。本案例的关键点是学校做出休学、降格留级的处理是否在法律法规授权范围内。

第一个案件中，学校对新生入学体检属于《普通高等学校学生管理规定》中法定的入学复查内容。而体检应当依据《普通高等学校招生体检工作指导意见》和《关于进一步规范入学和就业体检项目维护乙肝表面抗原携带者入学和就业权利的通知》等文件要求执行。根据《普通高等学校学生管理规定》，如果体检中发现学生身心健康状况不符合报考专业或者专业类别体检要求，则复查不合格，应当取消学籍。如果发现学生身心状况不适宜在校学习，经学校指定的二级甲等以上医院诊断，需要在家休养的，可以保留入学资格。保留入学资格的学生在保留入学资格期满前应向学校申请入学，经学校审查合格后，办理入学手续。审查不合格的，取消入学资格；逾期不办理入学手续且未有因不可抗力延迟等正当理由的，视为放弃入学资格。综上，学校开展新生入学体检于法有据，但体检中乙肝病毒项目却违反了文件要求。《关于进一步规范入学和就业体检项目维护乙肝表面抗原携带者入学和就业权利的通知》明确要求，各级各类教育机构、用人单位在公民入学、就业体检中，不得要求开展乙肝项目检测。据此，学校根据体检结果作出休学决定，其属于超越法律法规授权范围，是违法的。而且学校适用法律法规不当，对于此类身体不适宜在校学习的，应当作出保留入学资格的决定，而非休学的决定。如果学校因专业、职业特殊要求需要检查乙肝病毒，其因乙肝病毒不符合专业要求的，学校可以取消学籍，不予录取。在本案例中并无专业的特殊要求，学生身心健康状况符合复查要求，诉求应当被支持，学校应当撤销不合理决定，给予其注册学籍，让其重返校园。

在第二个案件中，学校依据学籍规定对吴某做出的降格留级处理，并无违法之处。根据《普通高等学校学生管理规定》等法律法规，制定留级、降级等规定系学校自主管理权范围内。但是由于留级、降级等对于学生权益有重大影响，学校应当遵循正当程序原则，保障学生陈述申辩等合法权益。本案例中学校对于吴某的处理事实清楚，但程序确实存在瑕疵：未能听取其申诉和陈辩，有违反法定程序之嫌。但是，该程序瑕疵并不能对原告权利产生实际影响，因此申诉、行政复议均维持原决定，有其合理合法之处。

第三，学校应当积极应诉，主动接受司法监督。

随着社会经济的快速发展，当前教育领域纠纷日益复杂多样，学校和学生的法律地位和法律关系发生了巨大变化。尤其随着学生权利意识和法治意识的不断提升，高校面临着行政诉讼呈现快速增加趋势。而推进依法治校，尊崇法律、尊重司法就成为对高校发展的必然要求。对难以在校内完全解决的纠纷，应当按照法定程序，提交有关行政机关、仲裁机构、社会调解组织或者司法机关依法解决。对师生与学校发生的法律争议，学校应当积极应诉，认真落实法律文书要求学校履行的义务。

在本案例中，无论学校作出的决定是否合法，学校都应当积极应诉，相关部门应当准备好相关材料。而对于法院作出具有法律效力的法律文书，应当依法履行。

（三）对策建议

近年来，行政诉讼日益成为高校与学生争议解决的重要途径。招生录取、授予学历学位、纪律处分和退学处理等都已被纳入了司法审查的范围。而随着法院立案登记制的实施以及最高人民法院第九批指导案例的出台，学生通过司法诉讼途径维护自身权益的做法，更日益成为趋势。

第一，高校应当强化法治观念，依法应诉。随着国家民主法治发展的深入，学生通过司法途径寻求争议解决已成为正常现象。对此高校尤其是管理者必须牢固树立法治观念，正确认识对待诉讼案件，不应谈诉色变，要依法应对行政诉讼。

第二，积极推进依法治校，妥善化解纠纷矛盾。司法作为最终的救济，其本身有着局限性。但司法监督对于维护学生权益、提高依法治校的水平和能力具有重要意义。学校应当加强依法治校，确保规章制度的合法性，健全听证、申诉等权利救济途径，切实维护学生合法权益。

第三，严格遵循正当程序原则，避免工作失误。程序问题是当前导致大量诉讼案件学校败诉的重要因素。学校行使法律法规赋予的权力，应当严格依照法律法规开展工作。做到程序公正公平公开，才能真正做到定纷止争。

（四）法规政策链接

1.《中华人民共和国教育法》

第二十九条　学校及其他教育机构行使下列权利：
……

2.《中华人民共和国行政诉讼法》

第二条　公民、法人或者其他组织认为行政机关和行政机关工作人员的行政行为侵犯其合法权益，有权依照本法向人民法院提起诉讼。

前款所称行政行为，包括法律、法规、规章授权的组织作出的行政行为。

第六条　人民法院审理行政案件，对行政行为是否合法进行审查。

第四十五条　公民、法人或者其他组织不服复议决定的，可以在收到复议决定书之日起15日内向人民法院提起诉讼。复议机关逾期不作决定的，申请人可以在复议期满之日起15日内向人民法院提起诉讼。法律另有规定的除外。

第四十六条　公民、法人或者其他组织直接向人民法院提起诉讼的，应当自知道或者应当知道作出行政行为之日起6个月内提出。法律另有规定的除外。

因不动产提起诉讼的案件自行政行为作出之日起超过20年，其他案件自行政行为作出之日起超过5年提起诉讼的，人民法院不予受理。

第四十八条　公民、法人或者其他组织因不可抗力或者其他不属于自身的原因耽误起诉期限的，被耽误的时间不计算在起诉期限内。

公民、法人或者其他组织因前款规定以外的其他特殊情况耽误起诉期限的，在障碍消除后 10 日内，可以申请延长期限，是否准许由人民法院决定。

第七十条 行政行为有下列情形之一的，人民法院判决撤销或者部分撤销，并可以判决被告重新作出行政行为：

（一）主要证据不足的；

（二）适用法律、法规错误的；

（三）违反法定程序的；

（四）超越职权的；

（五）滥用职权的；

（六）明显不当的。

第七十四条第一款 行政行为有下列情形之一的，人民法院判决确认违法，但不撤销行政行为：

……

（二）行政行为程序轻微违法，但对原告权利不产生实际影响的。

3.《普通高等学校学生管理规定》（中华人民共和国教育部令第 41 号）

第九条 学校应当在报到时对新生入学资格进行初步审查，审查合格的办理入学手续，予以注册学籍；审查发现新生的录取通知、考生信息等证明材料，与本人实际情况不符，或者有其他违反国家招生考试规定情形的，取消入学资格。

第十条 新生可以申请保留入学资格。保留入学资格期间不具有学籍。保留入学资格的条件、期限等由学校规定。

新生保留入学资格期满前应向学校申请入学，经学校审查合格后，办理入学手续。审查不合格的，取消入学资格；逾期不办理入学手续且未有因不可抗力延迟等正当理由的，视为放弃入学资格。

第十一条 学生入学后，学校应当在 3 个月内按照国家招生规定进行复查。复查内容主要包括以下方面：

……

（四）身心健康状况是否符合报考专业或者专业类别体检要求，能否保证在校正常学习、生活；

……

复查中发现学生存在弄虚作假、徇私舞弊等情形的，确定为复查不合格，应当取消学籍；情节严重的，学校应当移交有关部门调查处理。

复查中发现学生身心状况不适宜在校学习，经学校指定的二级甲等以上医院诊断，需要在家休养的，可以按照第十条的规定保留入学资格。

复查的程序和办法，由学校规定。

第十五条　学生每学期或者每学年所修课程或者应修学分数以及升级、跳级、留级、降级等要求，由学校规定。

第五十五条　在对学生作出处分或者其他不利决定之前，学校应当告知学生作出决定的事实、理由及依据，并告知学生享有陈述和申辩的权利，听取学生的陈述和申辩。

4.《依法治教实施纲要（2016—2020 年)》（教政法〔2016〕1 号）

三、深入推进教育部门依法行政

（六）健全教育领域纠纷处理机制

……要尊崇法律、尊重司法。对难于在校内完全解决的纠纷，应当按照法定程序，提交有关行政机关、仲裁机构、社会调解组织或者司法机关依法解决。对师生与学校发生的法律争议，学校应当积极应诉，认真落实法律文书要求学校履行的义务。

5.《普通高等学校招生体检工作指导意见》（教学〔2003〕3 号）

（内容后略）

6.《关于进一步规范入学和就业体检项目维护乙肝表面抗原携带者入学和就业权利的通知》（人社部发〔2010〕12 号）

（内容后略）

六、如何运用调解、信访等非诉方法解决高校和学生纠纷？

（一）案例介绍

近期，L 大学遇到了一起棘手事件。学生孙某在上体育课过程中，突然晕倒，被学校紧急送往医院后抢救不治身亡，经医院鉴定为心源性猝死。学校认为该同学在正常活动量的体育课上突发心脏病，经抢救无效身亡属意外事件，学校并无责任，但出于人道精神，学校愿意给予死者家属一定抚慰。而家长并不认同，认为学校必须承担责任，并出现一些过激行为，给学校正常教学秩序带来冲击。其家长还多次前往当地教育厅上访，要求教育行政部门给予公道。学校多次与其协商未果，建议可走司法程序，其家属并不采纳，认为学校故意推脱责任。

（二）法理剖析

这是一起典型的因学生意外伤害引发学校和学生之间的纠纷。其法律焦点在于：①学校是否应当承担学生猝死的法律责任？②除案例中提到协商和诉讼之外，学校还能通过何种途径解决纠纷？③对于家长非理性、过激行为，学校应当如何处理？

第一，应当依法认定学生意外伤害事件的相关法律责任。

对于如何认定学生意外伤害事件学校的责任，《学生伤害事故处理办法》已有明确规定，即学生伤害事故的责任，应当根据相关当事人的行为与损害后果之间的因果关系依法确定。根据学校、学生或者其他相关当事人的行为过错程度的比例及其与损害后果之间的因果关系承担相应的责任。

在本案例中，学校和家长双方争执焦点在于学校是否有责任，其关键点是学校在本起学生意外伤害中是否有过错。孙某是在体育课上发生猝死，体育课是属于学校教育教学活动。《学生伤害事故处理办法》规定，学校进行教育教学活动，应当进行相应的安全教育，并在可预见的范围内采取必要的安全措施；而对于学生有特异体质或者特定疾病，不宜参加某种教育教学活动的，学校知道或者应当知道的，也应当提前采取预防措施。在本案例中如果孙某平时表现正常，不存在异常表现，学校进行体育教学中也尽到了相应安全教育和防护措施，那么学校在孙某发病这个环节并无法律责任。当孙某发病后，《学生伤害事故处理办法》亦明确了学校有义务及时送医，避免情况恶化。如果因学校救治措施不当，导致孙某未得到及时救治而病情恶化的，则学校应当对加重结果承担责任。如果孙某发病确因学校难以知道的特异体质、特定疾病，学校行为并无不当的，不承担事故责任。

第二，综合运用调解和信访等非诉方式，妥善化解纠纷、矛盾。

依据《学生伤害事故处理办法》规定，发生学生伤害事故的，学校与受伤害学生或者学生家长双方可以协商解决，也可以申请教育行政部门调解，还可以依法直接提起诉讼。对于申请教育行政部门调解的，教育行政部门应当安排专人在规定的60天期限内完成调解，在双方意见一致的基础上形成调解协议。调解协议不具有强制力，一方当事人不履行或者反悔的，双方可以依法提起诉讼。

在本案例中，学校和学生家长双方协商无法达成一致。学生家长可能考虑到诉讼周期长、诉讼费用高等因素，不愿意去诉讼。对此，高校可以与学生家长协商，双方书面向当地教育行政部门提出调解申请，由教育行政部门安排专人调解。调解由第三方介入，且程序简便易行，其虽然不具有强制力，但对于当事双方都有利。当前实践中，各地也在尝试设立由各部门参加，专业人士参与，各方代表组成的调解委员会，在学生伤害事故认定和赔偿中具有相当专业性、公正性，其协议内容也易被双方接受。

另外要提到的，学生家长到教育行政部门上访反映诉求，如果符合信访的要求，教育行政部门应根据《信访工作条例》《教育信访工作规定》等相关法律法规依法处理，及时解决信访人的合理要求。而对于不能解决的，要讲清道理，耐心说服；对于要求不合理的，要做好说服教育和思想疏导工作。

第三，学校应"法理情"并用应对家长的不理智过激行为。

学生伤害事件给其家庭带来巨大痛苦。对此，学校在明确责任、依法处理的前提下，理解其本人或家属面临的痛苦，注重人文关怀，给予必要安慰和帮助。在《学生伤害事故处理办法》中也有相应的条文。在学生伤害事件处理中，学校应当尊重学生或学生家长的合法权益，但理解宽容并不意味着放纵，对于不理智的过激行为，学校应当依法应对，维护校园正常秩序。

在实践中确实出现了一些因学生意外伤害引发的过激事件，严重影响了校园的正常教学秩序，带来不良的社会影响。对此类事件，学校应当依法办理。《高等学校校园秩序管理若干规定》明确规定，任何人都不得破坏学校的教学、科研和生活秩序，不得阻止他人根据学校的安排进行教学、科研、生活和其他活动。对于扰乱校园秩序者，学校有权制止，并给予批评教育，违反治安管理规定的，由公安机关依照《中华人民共和国治安管理处罚法》予以处罚；构成犯罪的，交司法机关依法追究刑事责任。

（三）对策建议

学生意外伤害事故在当前高校学生管理中较为常见，其往往牵涉面广，涉及利益多，处理难度大，甚至引发诸多次生问题，给校园的安全稳定和学校的社会声誉都带来负面影响。对此，学校应当"法理情"并用，综合运用多种手段妥善化解矛盾。

第一，明确责任，依法办事。目前相关民事法律法规和教育法律法规对于学生意外伤害事故的责任认定和赔偿都有明确规定，这为学校依法办事提供了法律前提。学校应当严格履行法律义务，做好学生意外伤害事件的预防、应对和善后工作。

第二，人文关怀，维护稳定。学校应当充分尊重学生或家长的合法权益，在明确责任的前提下，做好安抚和帮扶工作，给予相应的补助，不仅有利于维护校园稳定，也有利维护社会稳定。

第三，多措并举，妥善化解。针对学生伤害事故的特点，应当综合运用协商、调解和诉讼方式妥善化解矛盾。在现有常用的协商和诉讼的基础上，建立健全学生伤害事故调解制度，鼓励在市（地）或者县（区）设立由司法、教育部门牵头，公安、保监、财政、卫生等部门参加的学校学生伤害事故调解组织，吸纳具有较强专业知识和社会公信力、知名度、热心调解和教育事业的专业人员、家长代表等，组成调解委员会，发挥人民调解在学校学生伤害事故认定和赔偿中的作用。

（四）法规政策链接

1.《学生伤害事故处理办法》（中华人民共和国教育部令第12号）

第八条 学生伤害事故的责任，应当根据相关当事人的行为与损害后果之间的因果关系依法确定。

因学校、学生或者其他相关当事人的过错造成的学生伤害事故，相关当事人应当根据其行为过错程度的比例及其与损害后果之间的因果关系承担相应的责任。当事人的行为是损害后果发生的主要原因，应当承担主要责任；当事人的行为是损害后果发生的非主要原因，承担相应的责任。

第九条 因下列情形之一造成的学生伤害事故，学校应当依法承担相应的责任：

……

（四）学校组织学生参加教育教学活动或者校外活动，未对学生进行相应的安全教育，并未在可预见的范围内采取必要的安全措施的；

……

（七）学生有特异体质或者特定疾病，不宜参加某种教育教学活动，学校知道或者应当知道，但未予以必要的注意的；

（八）学生在校期间突发疾病或者受到伤害，学校发现，但未根据实际情况及时采取相应措施，导致不良后果加重的。

第十二条 因下列情形之一造成的学生伤害事故，学校已履行了相应职责，行为并无不当的，无法律责任：

……

（三）学生有特异体质、特定疾病或者异常心理状态，学校不知道或者难于知道的。

第十八条 发生学生伤害事故，学校与受伤害学生或者学生家长可以通过协商方式解决；双方自愿，可以书面请求主管教育行政部门进行调解。成年学生或者未成年学生的监护人也可以依法直接提起诉讼。

第十九条 教育行政部门收到调解申请，认为必要的，可以指定专门人员进行调解，并应当在受理申请之日起 60 日内完成调解。

第二十条 经教育行政部门调解，双方就事故处理达成一致意见的，应当在调解人员的见证下签订调解协议，结束调解；在调解期限内，双方不能达成一致意见，或者调解过程中一方提起诉讼，人民法院已经受理的，应当终止调解。调解结束或者终止，教育行政部门应当书面通知当事人。

第二十一条 对经调解达成的协议，一方当事人不履行或者反悔的，双方可以依法提起诉讼。

第二十四条 学生伤害事故赔偿的范围与标准，按照有关行政法规、地方性法规或者最高人民法院司法解释中的有关规定确定。

教育行政部门进行调解时，认为学校有责任的，可以依照有关法律法规及国家有关规定，提出相应的调解方案。

第二十六条　学校对学生伤害事故负有责任的，根据责任大小，适当予以经济赔偿，但不承担解决户口、住房、就业等与救助受伤害学生、赔偿相应经济损失无直接关系的其他事项。

学校无责任的，如果有条件，可以根据实际情况，本着自愿和可能的原则，对受伤害学生给予适当的帮助。

2.《高等学校校园秩序管理若干规定》（国家教育委员会令第13号）

第十四条第一款　师生员工应当严格按照学校的安排进行教学、科研、生活和其他活动，任何人都不得破坏学校的教学、科研和生活秩序，不得阻止他人根据学校的安排进行教学、科研、生活和其他活动。

第十八条　对违反本规定，经过劝告、制止仍不改正的师生员工，学校可视情节给予行政处分或者纪律处分；属于违反治安管理行为的，由公安机关依法处理；情节严重构成犯罪的，由司法机关处理。

3.《教育信访工作规定》（教办〔2004〕15号）

第二十八条　对于信访人的合理要求，能够解决的，要及时给予解决；一时不能解决的，要讲清道理，耐心说服；对于要求不合理的，要做好说服教育和思想疏导工作。

4.《中华人民共和国治安管理处罚法》

第二十三条　有下列行为之一的，处警告或者二百元以下罚款；情节较重的，处五日以上十日以下拘留，可以并处五百元以下罚款：

（一）扰乱机关、团体、企业、事业单位秩序，致使工作、生产、营业、医疗、教学、科研不能正常进行，尚未造成严重损失的。

5.《中华人民共和国刑法》

第二百九十条第一款　聚众扰乱社会秩序，情节严重，致使工作、生产、营业和教学、科研、医疗无法进行，造成严重损失的，对首要分子，处三年以上七年以下有期徒刑；对其他积极参加的，处三年以下有期徒刑、拘役、管制或者剥夺政治权利。

首都高校保卫干部职业发展现状与策略研究

北京交通大学"首都高校保卫干部职业发展现状与策略研究"课题组

一、课题背景和现实意义

（一）研究背景

高校是知识分子集中的地方，是社会的重要组成部分，文化层次高，政治上最敏感，是各种文化、信息和观点的交汇点和集散地。高校保卫干部作为维护高校治安与校园安定的主力军，承担着保障校园政治稳定，维护校园教学、科研、生活秩序的重要任务。当前，首都高校正处于转型的关键时期，社会政治、经济、文化领域的深刻变革，多样化的思想观念、多元化的价值取向对高校保卫干部产生了深刻影响，很多高校保卫干部在职业成长和追求职业成功的道路上体验不到快乐和幸福，反而感受到越来越大的职业压力，对于自己的职业选择和未来职业发展感到迷茫而未知。因此，加强高校保卫队伍建设，关注高校保卫干部职业发展显得十分迫切和需要。

有关保卫干部的研究多从传统的人力资源管理方式上进行修正，缺乏从源头上、长远性上对保卫干部职业发展支持进行探讨。如何为首都高校保卫干部职业发展"筑梦"，尝试个人职业和团队价值观的和谐统一，成为高校重点关注的问题，也是本课题重点研究的内容。

（二）研究内容

本课题主要采取理论分析、实证研究设计以及应用分析等方式进行研究：

① 文献解析职业发展的内涵，探讨组织支持、组织氛围、职业认同与职业素质对其的作用机制，进行逻辑推演得到课题的理论综述和架构；

② 面向首都重点高校进行问卷调查和深度访谈，梳理总结首都高校保卫干部队伍的现状和特征，得出保卫干部职业成长和职业成功的内涵和评价指标，在此基础上演绎和分析出首都高校保卫干部在职业发展过程中可以提升和完善的方面；

③ 从组织和个体层面分别针对理论与实证的研究结果提出首都高校保卫干部获得

职业成功和职业成长，实现职业发展的策略建议方案，从而加强首都高校保卫干部队伍建设，提高保卫干部在队伍中组织认同感和归属感，提升保卫干部个人的素质能力和胜任能力。

（三）国内外研究现状

1. 职业发展概念

"职业发展理论研究"源于西方发达国家，兴起于 20 世纪 60 年代，早期关注的重点在于员工制定行之有效的发展战略实现自身职业目标。进入 80 年代，"管理"进入职业发展研究范畴，员工职业发展与规划管理成为管理者提高组织运行的有效方法。90 年代之后，职业发展理论的关注点转向寻求组织与员工二者之间的平衡，从业者开始重视自身的职业发展，并努力将其与组织目标统一融合。

伴随着实践不断发展，职业发展理论在 50 多年的发展历程中，逐渐形成一系列有代表性的经典理论观点，其中较为著名的可以分为三大类，即职业选择理论、职业发展阶段理论、职业构建理论。

梳理以上理论，可以将职业发展分为两方面：一方面指从业者在不同的发展阶段，选择对自己更有价值的工作，即职业成长；另一方面指从业者累积起来的工作相关或者心理上的成果与成就，即职业成功。

2. 职业成长与职业成功

职业发展理论演进显示，职业发展由两方面构成，即职业成长和职业成功。

Graen（1997）较早地描述了员工在工作转换时的职业成长问题，后人继而在此基础上修正不足。翁清雄和胡蓓（2009）通过对企业员工职业化成长问题的操作化界定，指出职业成长应该由组织内职业成长和组织间职业成长组成。

M. London 和 S. A. Stumpf（2005）将职业成功定义为个体在其工作的过程中累积起来的与工作相关的成就或者积极的心理成果。这一定义得到了学者们的广泛认同。在此基础上，Nigel Nicholson 等（2005）对职业成功的客观标准作了更深层次的研究，他们认为职业成功的成果可从两个方面来考察：物质成功、社会声誉影响力。

职业发展、职业成长和职业成功三者关系中，职业发展研究的主要是个人在不同职业阶段的发展问题和发展任务，是一个持续的发展过程。在这个过程中，个人经历了一系列具有不同问题、主题和任务的职业生涯阶段。职业成长的研究则相对比较微观。职业成功是一个人职业经历的结果，是在任一点某人的工作经历随着时间的推移所获得的工作累积。因此，相对于职业成长和职业成功，职业发展是一个更为宏观的概念。

二、课题项目的研究内容

（一）研究思路

本课题将理论研究与实证调研相结合，研究首都高校保卫干部职业发展的现状特征。通过文献综述解析职业发展的内涵并深入分析组织支持、组织氛围、职业认同以及职业素质的理论内容，构建和推演理论逻辑，完成文献综述报告。通过调查问卷等方式进行实地调研，从组织层面和个人层面两个角度对高校保卫干部职业发展现状和内在影响因素进行深度了解与总结，并针对此结论提出有建设性的策略建议。

课题研究总体框架如图 1 所示。

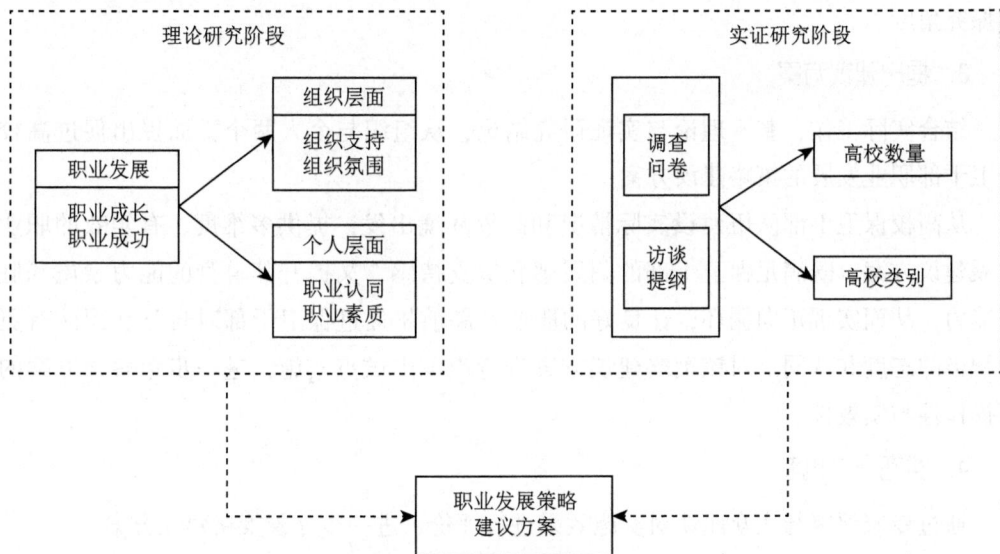

图 1　课题研究总体框架

1. 开展理论研究

通过文献的阅读和检索阐述职业发展的内涵，探讨组织支持、组织氛围、职业认同与职业素质的理论内容，构建首都高校保卫干部职业发展内涵及影响机制的理论框架，为后续研究奠定理论基础。

通过文献检索和研究分析，探讨职业发展的重要内涵，并结合以往的研究结果和工作经验，分析作用于职业发展的两个重要方面：组织层面和个人层面。从组织层面出发梳理组织支持和组织氛围理论对团队建设的影响；从个人层面出发探讨成员职业认同、干部职业素质的增强和提高对个人能力的影响，从而结合职业发展理念构建和推演课题重要的理论逻辑和框架，为课题的实证研究奠定重要的理论基础。

2. 开展实证研究

通过调查问卷和访谈的方式，实地调研基于组织层面和个人层面两个角度的首都高校保卫干部职业发展的现状，总结梳理出可以提升和完善的方面。

通过对首都高校保卫干部队伍的问卷调查和访谈，对保卫干部基本情况和职业发展现状有了更加直观和全面的了解，尽量扩大问卷和访谈的覆盖范围和学校类别，使得所获得的实证研究结果更加具有说服力和直观性。结合问卷调查与访谈内容所获取的大量样本数据和实际情况，完善首都高校保卫干部职业发展，并从组织层面和个人层面两个不同角度出发寻找作用于职业发展的影响机制以及可以提升和完善的阶段与内容，找到重要的突破点，为促进保卫干部职业发展提出建议，提供宝贵的实证基础和探究角度。

3. 提出建议方案

结合实际工作，基于理论与实证研究结论，从组织与个人两个方面提出促进高校保卫干部职业发展的策略建议方案。

从高校保卫干部队伍建设实际情况和高校环境出发，提供多维度、有实效的职业发展建议方案，既满足保卫干部的归属感和被支持感，又提升其自身的能力素质和胜任能力，从而实现正向循环，让良好的职业发展前景促进保卫干部对自身和团队有更加积极的态度和认同。对该策略建议方案进行小范围试点实施，进一步考察该方案的可操作性与实效性。

4. 实施评价机制

通过专家评审与大众座谈对实施效果进行评价，进一步完善策略建议方案。

对于已经试点实施的策略建议方案，课题组通过邀请专家小组评审以及召开大众座谈会的方式，建立较为客观的评价体系，对策略建议方案进行反馈，并对不足之处、与实际不符之处进行修改和完善，以期本策略建议方案更具推广价值和示范效应。

（二）研究方法

1. 文献调查法

课题筹备阶段，课题组从校内图书馆、中国知网（CNKI）等渠道查阅相关文献，并对文献进行分类、整理、梳理与分析，了解当前学者对于职业发展的研究情况与方法、对高校保卫干部职业发展的现状和研究结论，寻找与借鉴与本课题研究相关的内容，进行归纳整合，完成文献综述。在此基础上提出创新性的观点与内容，搭建研究高校保卫干部职业发展策略及重要理论框架。

2. 问卷调查法

基于课题组研究总结的职业发展研究文献综述与理论框架，设计调查问卷并在小范围内进行问卷测试，依据测试结果不断对问卷内容进行修正与完善。在正式调查中，有计划地发放、回收问卷，并利用 SPSS 等统计软件对问卷数据进行分析，总结研究出当前高校保卫干部在职业发展方面存在的问题与现状。

3. 案例访谈法

为了使首都高校保卫干部职业发展现状结论更具真实性和全面性，课题组采用案例访谈的方式，对不同高校的部分保卫干部进行了点对点访谈。融合调查问卷的广泛性和案例方案的针对性，将广泛数据与主观感受进行有效结合，对首都高校保卫干部职业发展现状的研究进一步完善与修正，使研究结果更加具备科学性，可信度进一步提高。

（三）研究重难点

1. 课题理论框架的联系与搭建

创新性理论框架是课题重要的理论基础。研究过程中依托组织与个人两个层面来探讨对保卫干部职业发展的重要影响，但现有研究中鲜少有对本部分理论作过详细的阐述。因此，该部分理论框架需要课题组根据相关概念的前因变量与结果变量进行理论创新，搭建本课题研究适用的理论框架，从组织层面出发梳理组织支持与组织氛围对队伍建设的影响，从个人层面出发探讨成员职业认同与干部职业素质对个人发展的影响，以及这两个方面如何作用于干部职业发展。这是课题研究的重要理论基础。

2. 调查问卷与访谈提纲的设计与实施

数据调研环节是课题重要的实证基础。本课题在实证研究环节需要设计调研现状的调查问卷和访谈提纲，通过简单易懂的题目反映被调研者的想法与意图。其设计过程中需要以大量理论文献、现状研究作为基础，并结合心理学、统计学、社会学等多学科内容，因此这成为了难点之一。

调查问卷发放与回收过程中，为了保证调研高校的种类多样、覆盖面广泛，需要联系多所有代表性的高校。在回收过程中因其存在一定程度的损耗，因此有效控制问卷发放与回收率成为保证实证研究顺利进行的关键之一。

调查问卷和访谈回收后的统计中，利用统计学知识，通过定量与定性分析相结合的方式，对回收问卷和访谈数据进行分析，撰写调研分析报告，数据分析的代表性、有效性、真实性为课题后续研究奠定了重要基础。

3. 课题建议方案评价体系的建立

方案反馈与评价是课题内容完善的重要保障。本课题在研究后期将根据理论与实证研究提出促进首都高校保卫干部职业发展的策略建议方案，对建议方案进行小范围的试点实施，并对实施效果进行反馈与评价，从而进一步完善建议方案。因此建立有效的评价体系客观真实地评价策略建议方案的实施效果，成为方案反馈过程中的重要内容。专家评估与大众座谈相结合可以有效提高评价与反馈的全面性，短期评价与长期预估相结合可以有效提高评价与反馈的长效性。因此综合多种因素，建立客观全面的方案评价体系成为保障方案实施的重要内容。

（四）研究创新点

1. 研究理论方面，开拓研究领域空白，搭建科学理论框架

本课题以职业发展为落脚点，以团队和个人两个角度作为出发点，探索保卫干部的职业发展现状与策略，开拓研究当前领域的空白，这是本课题的理论创新。

2. 研究方法方面，扎根理论与实证研究，提高研究的科学性

本课题在研究设计上，采取理论推理和实证验证相结合的方法，探讨职业发展与组织层面和个人层面的作用机制。在实证研究中创新性引入质性研究方法，对高校保卫干部当前现状进行深入研究，同时兼用数据统计分析工具，质性与量化相结合，提高课题研究的科学性和可靠性，这是本课题的方法创新。

3. 研究成果方面，有效覆盖与帮扶，实现有益探索

本课题致力于解决高校保卫干部的职业发展问题，而不是简单地提高保卫干部的工作积极性等。通过组织支持与氛围、职业认同与素质两大角度探讨保卫干部在职业发展过程中的规律，从根本上提高保卫干部的幸福感、价值感、凝聚力和竞争力，有效打造全新的保卫干部队伍，实现领域内的有益探索，这是本课题的成果创新。

三、课题项目的实施

（一）成员构成和分工

为加强研究工作的过程管理，保证研究工作顺利、扎实有序深入开展，课题组将研究团队分为课题领导组、专家顾问组以及研究组，并针对不同小组安排不同分工，制定不同管理要求。其中：

课题领导组：丁鹏玉。作为课题负责人，对课题完成时间、内容、进度等进行整体设计，加强对研究过程的把控和督促检查，发现问题及时解决，并提供必要的研究环境、时间和经费保障。

专家顾问组：文映春、郭名。定期进行专业指导，听取研究组汇报研究进度，实地进行检查指导，使研究沿着正确的方向进行。其中，文映春依托工作经验和已有课题研究成果，对组织支持、组织氛围、职业认同、职业素质等方面内容提出专业指导与建议；郭名依托管理学理论与学术研究背景，对职业成功与职业成长等方面内容提

出专业指导与建议。

研究组：张欣颖、邓小凤、陈思晓。张欣颖负责理论研究部分，包括相关文献的收集与整理，理论内容的深入挖掘与研究框架搭建；邓小凤负责实证研究部分，包括调研量表的设计，调研高校的选择与量表的投放回收，调查量表的分析，结合实际工作提出策略建议方案；陈思晓负责结合实际工作提出策略建议方案，整理会议记录，撰写论文相关部分。成员之间团结协作，分工明确，定期探讨研究方向与内容、进展情况、经验教训、研究心得等，对工作中出现的困难与问题，及时汇报解决，确保研究工作按照计划有序开展。

（二）课题项目的实施过程

1. 理论研究阶段

2017年5月至2017年8月，构建课题总体框架，查阅相关文献深度剖析研究课题的背景意义与研究价值。探讨组织支持、组织氛围、职业认同及职业素质的理论内容对团队建设与个人能力的影响，与职业发展构建重要的理论逻辑和框架，撰写《职业发展研究文献综述和理论框架》。

2. 调研分析阶段

2017年8月至2017年12月，开展实证研究，设计与制作《首都高校保卫干部职业发展现状调查问卷》与《首都高校保卫干部职业发展现状访谈提纲》，基于组织层面与个人层面两个角度对首都高校保卫干部职业发展的现状进行调研，并对大量样本数据进行整理分析，撰写《首都高校保卫干部职业发展情况调研分析报告》。

3. 方案制定阶段

2017年12月至2018年3月，结合实际工作，基于现有的理论研究与实证研究结论，从组织与个人两个方面出发，结合高校保卫干部队伍建设的实际情况与现状环境，提供多维度、有实效的职业发展建议方案，撰写完成《促进首都高校保卫干部职业发展的策略建议方案》。

4. 实施及效果评价阶段

2018年3月至2018年5月，针对前期研究成果，对《促进首都高校保卫干部职业发展的策略建议方案》进行小范围内试点，进行跟踪观察，邀请领域内专家对保卫干部职业发展进行测评，并提出相关意见与建议。对方案实施对象开展座谈，了解实施情况，最终进一步完善课题的建议方案，撰写完成课题总报告《首都高校保卫干部职业发展现状与策略研究》。

四、课题成果

（一）《职业发展研究文献综述和理论框架》

通过大量文献阅读和检索，形成了《职业发展研究文献综述和理论框架》（附件一）。课题组从职业发展概念入手，梳理了西方职业发展理论，大致分为三大类，即职业选择理论、职业发展阶段理论、职业构建理论。通过对职业发展理论研究发现，职业发展由两方面结构组成，即职业成长和职业成功。职业成长是一个持续的发展过程，在这个过程中，个人经历了一系列具有不同问题、主题和任务的生涯阶段。职业成功是一个人职业经历的结果，它是在任一点某人的工作经历随着时间的推移所获得的工作成就，是个人在职业历程不同时点上职业成长的累积。而职业发展的概念更为宏观。

研究影响职业发展的前因变量。通过梳理相关文献，明晰职业发展的研究维度为组织与个人两个层面。现有研究成果从组织层面出发，梳理出组织支持与组织氛围的结果变量中对队伍建设的重要影响，从个人层面出发，发现成员职业认同和干部职业素质的结果变量中对个人成长和发展的影响。

搭建职业发展研究的理论框架和研究体系。着重研究了职业发展的两大组成部分——职业成长和职业成功，研究了影响职业发展的前因变量——组织层面前因变量和个人层面前因变量，意在为后续的实证研究提供重要的理论基础，并为高校保卫干部以及其他相关团队和领域提供重要的管理与发展的理论借鉴。

（二）《首都高校保卫干部职业发展情况调研分析报告》

通过问卷和访谈，充分调研，完成了《首都高校保卫干部职业发展情况调研分析报告》（附件二）。课题组通过问卷和访谈等方式，对首都高校保卫干部职业发展的现状进行调研，调研尽量确保覆盖应有范围与学校类别，以保证调研数据和结果具有说服力与直观性。

采用李克特量表制作调查问卷，通过对每一项相关问题的陈述了解积极程度，受访者对于自己的职业发展以及组织层面和个人层面两方面的看法，问卷的方式保证了数据的直观有效和真实性。面向 24 所首都高校发放调查问卷 135 份，回收有效问卷 122 份，回收率 90.37%。

对问卷调查结果，课题组采用 SPSS 20.0 软件进行数据的信度效度分析、主成分分析、交叉对比分析。通过信度效度分析，发现整体的量表数据表现是较为积极的，说明高校保卫干部对于所处职业和岗位的职业发展整体感受是比较乐观的。通过主成分分析，发现从组织层面来说，对职业发展影响最为显著的因素从高至低分别为社群支持、公平性支持、情感性支持、上级支持和工具性支持；从个人层面来说，对职业发展影响最为显著的因素从高至低分别为职业素质、工作满意度、组织承诺、离职倾向和压力释放。通过交叉对比分析，得到了不同年龄阶段和工作资历的保卫干部对于不同问题的不同看法。以此为基础，课题组进一步结合实际工作对调研结果进行深度剖析和解读，从组织层面和个人层面两个角度进行总结和归纳，得到了细分类别的重要调研结论。

课题组通过精心制作访谈提纲，对不同高校保卫干部进行了一对一的访谈，从调研方式上来说更加侧重调研的主观性和特殊性。通过对不同高校、不同资历保卫干部的访谈，进一步挖掘浅层次现状下的个人主观感受和原因，并对实证得到的结论进一步完善与修正。

最终，课题组形成了较为全面真实的当前《首都高校保卫干部职业发展情况调研分析报告》。报告从积极和消极两个方面对首都高校保卫干部的现状作了归纳与总结，得到了保卫干部职业发展的重要影响因素以及亟待改善和提高的方面，提出了改善保卫干部职业发展的宝贵建议，为深入研究首都高校保卫干部职业发展奠定了理论和实践基础。

（三）《促进首都高校保卫干部职业发展的策略建议方案》

根据文献研究与现状调研结果，课题组完成了《促进首都高校保卫干部职业发展的策略建议方案》（附件三）。结合当下高校保卫干部队伍建设实际情况与高校环境，本方案意在整理总结出改善高校保卫干部职业发展的建议与意见。

本方案中，课题组提出了构建高素质、多元化保卫干部队伍的重要性，实现目标导向机制与人员互动机制的双融合；加强保卫干部入职审查，从源头上保证保卫干部队伍素质水平；增加工作交流分享机会，形成案例资源库，实现培训资源分享与互质，通过培训分散化带动人员专业化，强化保卫干部对于职业内容和知识了解程度；加强保卫部门与其他不同部门的沟通联络，从不同角度实现保卫干部自身素质的提升和个人主观能动性的启发，从而促进保卫干部个人的职业成长与职业发展。

搭建知识、技能与职业认同相结合的保卫干部培训体系。建议首都高校将保卫干部进行不同维度的划分，不同梯度的区分，将培训课程进行不同模块的设置，实现培训体系的全面性、针对性与有效性，以期更好地提升保卫干部队伍的整体素质与自发欲望，对部分保卫干部在团队中脱颖而出或积极表现率有着非常重要的促进作用。在此基础上，保卫干部更容易实现职业的成功与成长，提升其对职业的认可度、依赖度和忠诚度，实现保卫干部队伍的传承、延续、提升与优化。

建立科学公正的保卫干部考核激励体系。坚持服务群体作为评价主体，强化高校师生的意见作用，坚持客观事实与工作实效相结合，坚持工作内容考量化、工作实效主观化的评价方式。一方面完善队伍管理制度和规则，提高队伍的工作效率与工作责任感；另一方面完善激励机制，从多方面考核保卫干部的工作效果，帮助其进一步提升和完善，促进其职业成长。

提升保卫干部职业幸福感与职业认同感。通过多种途径加强保卫干部自我职业价值认识，培养保卫干部职业情感，进一步提升保卫干部理论知识水平，帮助保卫干部在所处岗位找到归属感和幸福感。调研发现，高校保卫干部对于所在团队的社群支持与职业的幸福感、认同感期待很高，这对职业发展有着重要的意义。

本方案旨在通过科学有效的制度方案促进高校保卫干部的职业发展，并在各高校具有更高的推广价值和示范效应。

五、课题今后研究方向

本课题创新性讨论和构建了组织层面、个人层面以及职业发展三者之间的重要联系，并形成具有研究意义的理论综述。在此理论研究的基础上，通过问卷、访谈等方式调研了不同高校保卫干部队伍在职业发展方面的现状，并根据存在的问题和情况提出了具有针对性的可行性方案。

（一）完善理论研究基础，强化建议方案针对性

现有的研究理论综述有效地构建了高校保卫干部队伍组织层面、个人层面及职业发展三者的联系和逻辑，并通过实证研究等方式对该理论研究进行了证实。在课题研究理论中，组织支持、组织认同与职业成长是相辅相成、互相影响的，职业认同、职业素质与职业成功也存在重要联系。在此基础上，将进一步研究不同类型高校不同保卫干部队伍在不同时期的职业发展方案，使方案更具个性化，同时提高方案实施队伍的理论水平，使其在方案实施过程中更好地把控实施重点、实施效果和方式，以期更好地改善保卫干部职业发展情况。

（二）推进建议方案实施反馈，提高研究成果普适性

有针对性地在不同类别的高校保卫干部队伍中实施，并进行长时间跟踪回访，制定有价值的评价体系，形成反馈报告。根据反馈情况，不断完善，使理论研究和实证方案更具普适性，从而提高课题组研究成果的影响范围和影响力度。

附件一：职业发展研究文献综述和理论框架
附件二：首都高校保卫干部职业发展情况调研分析报告
附件三：促进首都高校保卫干部职业发展的策略建议方案

【附件一】

职业发展研究文献综述和理论框架

高校保卫干部是高校安全稳定工作的中坚力量，在维护校园安全稳定中发挥着重要作用。近年来，保卫干部的职业化、专业化发展日益受到重视，专家学者对国内外高校保卫干部的职业发展现状以及策略相继展开了各类研究。

一、国内外高校保卫干部职业发展研究现状

（一）国内研究现状

闫红洁（2016）对国内高校保卫干部职业角色进行了认定，认为从职业主体和服务对象层面来说，他们同时兼顾着教师、管理人员和思想政治教育工作人员等多个角色。作者对高校保卫干部职业素质构成进行了分析，从教师、执法者、思想政治教育者的不同视角，分别指出了现阶段高校保卫干部职业发展中主要存在着职业道德素质不高、薪资待遇偏低等问题，提出了增强保卫干部职业价值认识、重视能力素质培养、提高知识理论水平以及培养职业情感等策略。

李坤、朱智文（2005）指出，高校保卫干部队伍问题主要体现在保卫人员职业素质亟待提高、待遇偏低、队伍不够稳定、职业认同感欠缺，以及保障经费不够、装备建设不能与时俱进，导致其弱化对组织支持的感受等方面；提出了加强思想政治理论学习、加大教育学习培训力度、落实各项待遇、购置必备的现代化装备等增进职业认同与组织认同，以及加强保卫队伍建设和制度建设等优化组织氛围的建议。

刘兴德、刘智等（2012）通过问卷调查的方式对北京 67 所高校保卫干部进行了深入调研，指出其队伍建设中存在建设规划缺失、素质和能力亟待提高、长效机制有待完善等问题，提出了提升保卫干部自身综合素质、健全激励机制以完善队伍管理体系、增加领导重视、政策支持、经费保障等以强化保卫干部建设长效保障机制的建议。

何家标、卢飞斌（2011）从胜任力的角度出发，对高校保卫干部从知识与技能、能力、自我概念、动机、人格特质五个维度进行了研究，提出了高校保卫干部胜任力模型，为高校保卫干部队伍从经验管理转向科学管理提供了重要的理论支持。

（二）国外研究现状

国外高校经过数百年的发展，基本形成了较为完善的保卫制度体系，以英美为代表的欧美国家最具典型性，国内学者对其展开了系列研究。

倪洪涛、韩玉婷（2013）研究发现，英国高校保卫模式主要包括驻校警察模式、校园警务大队（Constabulary）和"安保外包"（Outsourced Security）模式以及混合模式（Hybrid Model），主要职责有执行法律、学校治安巡逻、向学生提供解决心理困难的咨询意见等。美国以校园警察为主要模式，其职责主要包括保护高校财产、发现火情等。20世纪60年代中后期美国出现了民众反战运动和学生骚乱，各高校为了应对这种局面，模仿Klockars所谓的"职业警察"（vocational policing）模式重新配置高校的安保力量，到90年代基本定型。"9·11"事件后，美国大学的公共安全部门每天24小时为大学的教育社区提供警察和安全服务。

迄今为止，以美国、英国为代表的欧美国家校园警察已经成为一支职业化、专业化程度很高的队伍（黎慈，2010）。一方面，校园警察要求具有较高的文化程度，其队伍主要来源于高校毕业生、退役警察和军官等，文化程度在本科以上；另一方面，校园警察的聘任十分严格，首先要通过国家公务员考试，其次要接受14周至16周的业务培训，这就保证了他们的职业认同与职业素质水平，且当地警察局与高校联合起来可以为保卫人员提供充分的组织氛围与组织支持。

在国外高校保卫干部职业发展的相关研究中我们可以看出，相较于国内，国外高校保卫干部在个人层面的能力上素质较好，管理训练方面有较为成熟的体制，使工作能力有保障；组织层面上，学校与政府执法机关的联合营造了较普通环境有更好的组织氛围，组织支持也更为有力。

二、职业发展理论的研究现状

（一）职业发展概念

"职业发展理论研究"源于西方发达国家，兴起于20世纪60年代，早期关注的重点是为员工制定行之有效的发展战略以实现自身职业目标。进入80年代，"管理"进入职业发展研究范畴，员工职业发展与规划管理成为管理者提高组织运行的有效方法。90年代之后，职业发展理论的关注点转向寻求组织与员工二者之间的平衡，从业者开始重视自身的职业发展，并努力将其与组织目标统一融合。职业发展理论经过50余年的发展，逐渐形成一系列有代表性的经典理论观点，其中较为著名的可以分为三大类，即职业选择理论、职业发展阶段理论、职业构建理论。

职业选择理论中具有代表性的观点主要包括职业锚理论和人职匹配理论。1978年，麻省理工学院的施恩（Edgar. H. Schein）首次提出了"职业锚"理论，其主体思想是指当一个人面临职业选择时，最看重、所坚守的职业中蕴含的价值观是人们发展自己职业的职业定位。人职匹配理论包括帕森斯（F. Parsons）的特质因素理论与霍兰德（Holland）的职业性向理论。特质因素理论认为，个体首先应当清楚地了解自我，对自己的职业兴趣、人生观念、基本技能、发展目标有客观的认识；其次，对求职成功的条件、必备知识、今后的发展机会和前途有所了解；最后，根据前两个阶段的基本判断选择最佳职业发展方向。职业性向理论最具代表性的是霍兰德的人格类型论。

职业发展阶段理论主要包括三阶段论与五阶段论。1951 年，美国的金斯伯格（EliGinzberg）提出职业发展是贯穿于个体长期、连续的过程，并将人的职业发展阶段分为幻想期（11 岁之前）、尝试期（11~17 岁之间）、现实期（17 岁之后）三个阶段。1957 年，舒伯（Donald E. Super）将金斯伯格的三阶段理论进一步拓展为五阶段，即成长期（14 岁之前）、探索期（15~24 岁）、建立期（25~44 岁）、维持期（45~65 岁）和退出期（65 岁以后）。此后研究中，舒伯进一步拓宽视野，逐渐形成了一个新观点——"生活广度、生活空间"的职业发展观，将角色理论融入职业发展阶段理论中，认为人一生中必须扮演子女、公民、学生、工作者、配偶、父母等多重角色，着重分析了职业发展阶段与人生角色相互作用的关系，展示了个体生命的长度（阶段）、宽度（角色）、深度（个人对角色的投入程度）等职业发展的重要维度。

职业构建理论典型的代表人物是克朗伯兹（Krumboltz），他将班杜拉（Albret Bandura）的行为主义理论引入职业发展领域并进行创新，提出了影响职业决策的因素除了学习经验外，还有环境因素、遗传因素以及处理任务技能等，即"四因素"理论。四种因素相互影响，共同对个体的职业发展产生作用。1996 年，克朗伯兹提出了"主动构建理论"，该理论指出，当遗传环境条件一定时，个体自身的努力对职业发展起决定性作用，并强调主体的职业信念与发展目标是观察职业发展的重要点位。这就能解释一些常见现象：有些岗位热门，个体不努力，仍然绩效平平，而有些冷门的岗位却被努力的人干得风生水起，即职业发展是一个主动构建的过程。

（二）职业成长与职业成功

梳理以上关于职业发展的研究理论，可以发现职业发展由两方面结构组成：一方面指从业者在不同的发展阶段选择对自己更有价值的工作，即职业成长；另一方面指从业者累积起来的工作相关或者心理上的成果与成就，即职业成功。

1. 职业成长

Graen 等（1997）将职业成长定义为员工沿着对自身更有价值的工作系列的流动速度。这一定义较好地描述了员工在工作转换时的职业成长问题，但明显存在两点不足：一方面是忽略了员工未发生工作流动时也存在职业能力发展、薪酬增加等职业成长，另一方面是 Graen 的概念过于抽象，仍需进一步提高可操作性。翁清雄和胡蓓（2009）通过对企业员工职业化成长问题的操作化界定，指出职业成长应该由组织内职业成长和组织间职业成长组成。组织内职业成长是指员工在当前组织内部的职业发展速度，包括其职业目标进展速度、职业能力发展速度、晋升速度与薪酬增速；组织间职业成长则是员工在工作流动中所带来的职业成长。

2. 职业成功

M. London 和 S. A. Stumpf（2005）将职业成功定义为个体在其工作的过程中累积起

来的与工作相关的成就（权利、金钱、地位、身份）或者积极的心理成果（自我实现感等），这一定义涵盖了《牛津英语词典》对于"成功"的定义：对符合某人需求的一个对象的获取；财产的获取。前者侧重个人对成功的主观性理解，后者则强调财产的丰富，这也反映了职业成功包含心理上（主观）与工作上（客观）两个方面的成就。这一定义得到了学者们的广泛认同。Nigel Nicholson 等（2005）对职业成功的客观标准作了更深层次的研究，认为职业成功的成果可从几个方面来考察：物质成功（财产、收入能力），头衔与地位（等级位置），社会声誉、威望、影响力，知识技能，社交网络，健康与幸福。

职业成长、职业成功和职业发展的关系如附图1所示。按照格林豪斯的理解，职业发展（Career Development）指的是一个持续的发展过程，在这个过程中，个人经历了一系列具有不同问题、主题和任务的生涯阶段。Career Development 在英文中也常被用来表示职业发展规划和职业发展活动。如 Gilley 和 England 就在研究中写道，职业发展规划是组织的一种有组织、有计划的努力，它包含着可以促进个人与组织互动发展的系列活动。职业发展是一个系列的过程，它是整个人一生中的职业发展过程，既包含在进入职业领域之前的职业探索、职业目标的形成和发展，也包含进入组织后在各个组织中的职业成长。相对于职业成长来讲，职业发展是一个更为宏观的概念，研究的主要是个人在不同职业阶段的发展问题和发展任务，而职业成长的研究则相对比较微观。个人在不同组织中的职业成长（Career Growth/Advancement）差异很大，就是在同一组织内不同的时期，职业成长状况也会存在变化。

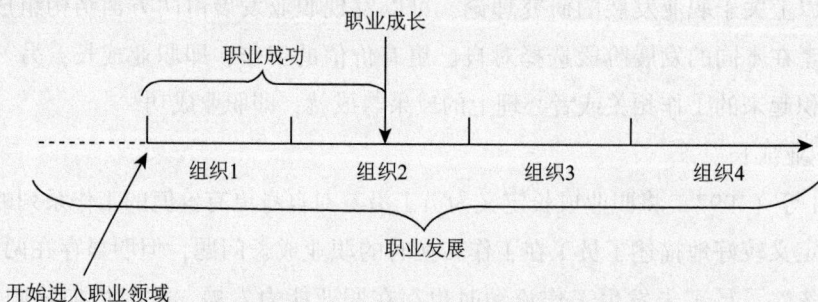

附图1　职业成长、职业成功和职业发展的关系

关于职业成功的概念，Arthur 等认为是一个人职业经历的结果，它是在任一点某人的工作经历随着时间的推移所获得的工作成就。也有学者认为，职业成功通常是一个人所累积起来的积极的心理上的或是与工作相关的成果或成就。可见，职业成长和职业成功都是一个时点的概念，职业成长指的是在时点上的职业进展状况，而职业成功反映的是在某个时点的个人整个职业经历所取得的成就。换句话说，职业成长是个增量的概念，而职业成功是个存量的概念；一个人之前的职业成功会影响到当前职业成长，而当前的职业成长影响到了下一阶段的职业成功。一个在目前的组织内职业成长状态一般，但在之前的组织里担任过高级职位的员工，我们可以认为他是比较成功的。也就是个人当前的职业成功状态不仅仅与他当前的职业成长相关，而且还与他之前的成功或失败的职业经历相关，它是个人在职业历程不同时点上职业成长的累积。

（三）职业发展的前因变量

杜映梅（2011）在《职业生涯管理》中指出，员工的职业生涯发展管理是以自身的准确定位为基本前提的，在这一过程中受到两个层面因素的影响——组织层面和个人层面。

1. 组织层面

（1）组织支持

组织支持是 EliGinzberg（1986）等以社会交换理论为基础提出的，着重反映员工对组织是否重视其贡献、是否关注其福利的感知。当员工对组织方面的支持产生积极的体验时，他们本身对组织也会产生比较正向的信念，促进其职业成功。Mcmillin（1997）认为组织支持具体表现不止一个方面，社会感情支持和工具性支持是两个不可或缺的维度。如果员工缺少进行工作的资源、信息、设备及培训等工具性支持，他们的工作质量和发展无疑会受到不利影响。组织支持传达了组织对员工的期望和对其成员的认可。侯光明、李维（2008）针对员工 ICM 的研究指出，组织培训制度能够加强员工目标及其胜任、职业发展准备等。杨翼（2011）研究显示，员工的组织支持感能够解释其职业发展轨迹的 26.7%，关心员工利益能显著影响其对职业目标、职业成功的探索。

（2）组织氛围

组织氛围也称为组织气候。最早是由行为学家 Tolman（1948）在《鼠与人的认知照射》（*Cognitive Mamps in Rats and Men*）中提出的，他认为认知地图是一张心理环境，是个体在理解周围环境时内心感知形成的图示。随后逐渐有学者将这一概念引入团体与组织中，K. Lewin（1939）提出"Social Climantes"的说法，认为人的行为是个体与环境的函数，组织氛围是该团体成员内心对所处环境产生的共同的知觉，这一知觉直接决定个体的行为，并且会随着组织氛围的变化而变化。

Croft（1963）认为组织氛围是组织环境的整体感知，应该包含绩效、疏远程度、士气、关心、亲密度、榜样等几个维度的因素。积极的组织气氛可以令员工对自己的角色有清晰、明确的期望，从而减少焦虑感。同时，良好的组织气氛也可以促进员工清晰且坚定地制定自己科学、合理的职业目标与生涯规划。这对职业发展会起到正向推动作用。

从组织层面出发，组织内部氛围员工的焦虑和抑郁情绪（Spell 和 Arnold，2007），公平的、友善的氛围对团队的组织承诺、满意度和组织公民行为有显著的正向影响（Liao 和 Rupp，2005）。另外，从竞争性氛围的角度，如果组织中的竞争被成员认为是公平的竞争，员工就会认为在这样的企业工作能够充分激发自己的潜能，因而就会充分激起对职业成功的追求热情。

2. 个人层面

（1）职业认同

国外进行职业认同的研究相对较早，在 1953 年伦敦将职业认同定义为个体对自身职业身份的认可程度。总结归纳国外关于职业认同的研究，发现对职业认同的界定主要有以下几种类型：第一，职业认同是区分本职业与其他职业群体的特征，该特征可以通过一定的工作条件来表示（Nixin，1996），也可以通过外界或职业群体本身来描述（Sachs，2010）；第二，职业认同是职业群体或个体对职业态度、价值观、信念、知识技能等职业构成要素的认识程度（Holland 等，1993；Kelchtermans 等，1994）；第三，职业认同是以职业环境为基础，受个体自身职业经历而形成状态的动态过程，强调是员工与组织交互作用的结果（Cole 和 Goodson，1993；Vandenberghe 和 Kelchtenrmans，1994），即认为职业认同是个体作为职业者的所感、所思和所为（Hirschy，2015）。

国内对职业认同的概念界定大体可分为两类：第一类是将职业认同看作比较稳定的心理状态，强调对职业内在价值感知的主观感受（蒋晓虹，2009），也包含感受到职业意义后产生正面情绪（张晔，2008）；第二类是将职业认同视为一种动态发展过程，强调个体成长经历、职业环境的相互作用，认识职业认同是个体逐步形成和发展的动态过程（高艳等，2011；赵伟，2013）。

前人的实证研究表明，职业认同作用于员工的心理资本，在动态过程中影响其工作态度、行为以及投入状态等，进而对员工生涯发展产生作用。例如，Maclntosh（2003）曾对 21 名护理人员进行过访谈和理论分析，研究将护理人员职业生涯发展中的良性职业认同进行了理想化的推演，将之清晰完整的划分成阶段，对护理人员的职业生涯发展起到了正向引导作用。

（2）职业素质

职业素质是从业者在一定心理、生理条件下，通过职业化实践、教育培训、自我修炼等途径形成与发展起来的，其状态相对稳定，是从事特定工作所具备的专业技能与道德操守的集合，在职业发展中起决定性作用。

美国心理学家麦克里兰（1973）对素质的概念进行了深刻的阐释，提出了著名的"素质冰山模型"：他将人的职业素质描绘成一座冰山，浮在水面上的是他所拥有的知识、行为、技能，即人的"显性素质"，占据冰山的 1/8，这些可以用学历、职业证书来证明；潜在水下的在职业活动中体现为职业道德、职业意识、职业态度、敬业精神和团队意识的东西，称为"隐性素质"，占据冰山的7/8。通常我们将显性素质称为"职业技能"，隐性素质称为"职业素养"，二者综合即构成从业者所具备的全部职业素质。个体行为的总和构成了自身职业素质，职业素质是从业者的内涵，个体行为是外在表现，二者在职业发展从成长到成功的过程中起到了不可或缺的作用。

三、理论框架

综上所述，国内研究者的研究结果从不同角度对国内高校保卫干部职业发展中存在的问题作了阐述，指出在我国高校保卫干部队伍当中，个人层面存在职业认同、职业素质不高，组织层面中存在组织支持、组织认同尚需加强等问题。研究者也对国外高校保卫体系进行了分析解读，旨在为我国高校保卫模式提供借鉴与参考，各有侧重，但大多停留在理论阶段，缺乏实证研究，且未紧密地联系比较系统的职业发展理论。

本课题力图克服以往研究的不足，将理论研究与实践研究相结合。在理论研究阶段，着重对前人职业发展的情况作分析，将其分解为职业成长、职业成功两个组成部分，根据其组织层面的前因变量——组织支持与组织氛围，以及个人层面的前因变量——职业认同与职业素质，设计量表与制作访谈模型。在实证研究阶段，将问卷与访谈相结合，覆盖文、理、工、农、商、医等28所北京高校，对其高校保卫干部的职业发展现状进行调查，最后提出增强首都高校保卫干部职业发展的策略建议方案。课题研究总体框架如附图2所示。

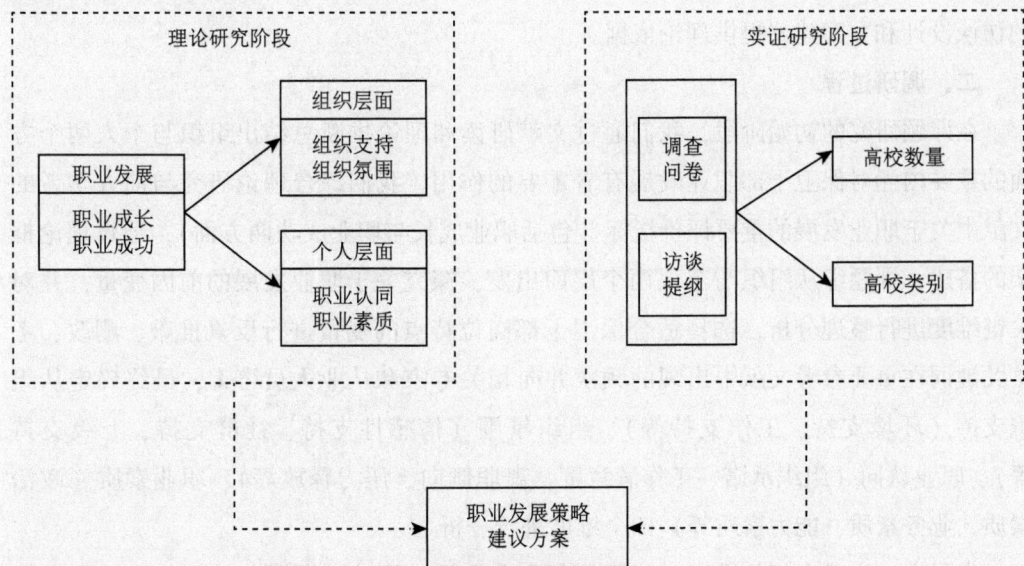

附图2 课题研究总体框架

【附件二】

首都高校保卫干部职业发展情况调研分析报告

一、调研目的与意义

在前一阶段，我们通过文献研读与理论推断总结出组织支持、组织氛围对首都高校保卫干部职业发展有着重要作用。我们综合理论研究与前人文献中关于组织支持的前因变量与职业认同，并对结果变量的关键维度进行整理分析，选择适合保卫干部岗位特点的变量进行反复推敲、删改，考察关键词在重要参考文献中出现频次并咨询相关专家和从业人员，最终确定从以下几个维度进行分析，分别是组织支持的前因变量（工作支持、社群支持、上级支持、公正性支持、尊重支持（员工价值认同）、亲密支持、关心利益等方面）以及影响职业认同度的结果变量（组织承诺、工作绩效、工作满意度、离职倾向、工作压力调适等方面）。为研究相关变量的关系以及在实际工作中的实际情况，我们制作测量量表进行定量分析，根据在此领域公认的权威量表——Survey of Perceived Organizational Support（Eisenberger，1986）和职业认同感普适量表（Kremer 与 Hofman，1981），进行修改并完成量表制作。量表的受众群为北京各高校的保卫干部，针对不同学校、不同入职时长的保卫干部进行分别分析。本量表的目的：一是对北京市各高校组织支持与保卫干部职业认同感现状进行量化考察，二是为后续的访谈设计和方案建议提供理论依据。

二、调研过程

在课题研究的初始阶段，我们通过文献研读和理论推断总结出组织与个人两个方面的重要内涵对保卫干部职业发展有着重要的作用。我们综合理论研究与前人学者的文献中关于职业发展的重要评价指标（包括职业成长与职业成功两方面），通过理论框架的搭建，课题组从组织与个人两个层面出发，探究关于职业发展的前因变量，并对关键维度进行整理分析，选择适合保卫干部岗位特点的变量进行反复推敲、删改，考察关键词在重要参考文献中出现的频次并向相关专家和从业人员咨询，最终确定从组织支持（环境支持、工作支持等）、组织氛围（情感性支持、社群支持、上级支持等）、职业认同（组织承诺、工作满意度、离职倾向、压力释放等）、职业素质（政治素质、业务素质、能力素质等）四个维度进行分析。

为了进一步确定相关维度对保卫干部职业发展的影响，课题组选择问卷调研和访谈调研两种方式，考虑到群体普遍性与个人特殊性，采用定量与定性两种方式，将它们与调研结果合理结合，总结研究出当前高校保卫干部职业发展的现状，并基于上述四个维度进行深入剖析和说明，完成高校保卫干部职业发展现状报告。

（一）量表调研

1. 研究设计

通过课题的理论研究，课题组确定与保卫干部发展相关的重要研究变量，并通过量表调研的方式进一步研究相关变量之间的关系，以及在实际工作中的具体情况。根据在此领域公认的权威量表（Survey of Perceived Organizational Support 和职业认同感普适量表），进行修改并完成量表制作。量表的受众群是首都高校的保卫干部，并针对不同学校、不同资历的保卫干部分别进行分析。

（1）样本来源

本次量表研究的样本来源为 28 所北京市高校，覆盖文、理、工、农、师、商、艺、医等多种类型的高校，目标群体为各高校的保卫干部，最终得到有效量表问卷 122 份。

（2）研究方法

本次研究所用量表为李克特量表（Likert scale），是由美国社会心理学家李克特（R. A. Likert）于 1932 年首先提出的，并因此而得名。李克特量表是社会调查和心理测验等领域中最常用的一种态度量表形式。这种量表由一组与主题相关的问题或陈述组成，用来表明被调查者对某一事物的态度、看法、评价或意向。实际应用中通常采用 5 级量表形式，即对量表中每一题目均给出表示态度积极程度等级的 5 种备选评语答案（如"非常不同意""不同意""中立""同意""非常同意"），并用 1 ~ 5 分别为 5 种答案计分。将一份量表中各题得分累加后即可得出态度总分，它反映了被调查者对某事物或主题的综合态度。量表总分越高，说明被调查者对某事物或主题的态度越积极。李克特量表可以用于个体或群体测量或评价，在社会调查中，人们常常更关心被调查群体的平均社会意向或态度，此时需将所有被调查者的量表总分累加后求平均值，后者即为该群体对某事物的平均意向。此外，通过这种累加平均量表还可以了解群体中个体态度总分的分布情况，因此成为社会调查中的通用做法。

2. 研究过程

（1）量表设计

在课题研究的初始阶段，我们通过文献研读和理论推断总结出组织与个人两个方面的内涵对保卫干部职业发展有着重要的作用。通过文献查阅、专家建议、数据筛选等方式确定四个重要维度作为保卫干部职业发展的前因变量进行分析，分别是组织支持、组织氛围、职业认同、职业素质四个方面。经过对大量文献的查阅，我们将其中相关且被多次提到的词汇定为关键词汇，加以修饰并以较为隐讳的方式陈述表达，聘请在心理学方面具有丰富经验的专家，打乱题目顺序并加入干扰项做成含有 40 个题目的统计量表。

（2）量表收集

在量表制作完成后，我们制作成电子版和纸质版问卷，通过线上和线下平台进行发布和调查，目标群体覆盖北京市几所重点高校的保卫干部，涵盖文、理、工、农、商、艺、医等专业学校。这些学校也涵盖了北京不同的地理位置，为样本的均衡性打下重要基础。

（3）数据处理

采用5级李克特量表形式（非常不同意、不同意、中立、同意、非常同意，分别对应为1~5分），并且规定对组织支持与职业认同有积极作用的为正向，量表中相应的有部分负向的问题，对其进行逆向处理（按5~1分赋值）后求出量表总分，作为组织支持与职业认同现状的综合评价。得到结果后，我们利用统计软件SPSS 20.0对数据进行信度效度验证与分析处理，从而得到实证性结论。

（4）结论分析

通过现有的实证性数据，课题组对前一阶段理论推断做出实证检验，全面分析组织与个人两个层面的变量对职业发展影响的不同程度；同时，根据不同高校、不同资历层样本的交叉对比，寻找不同学校、不同工作资历的保卫干部在职业发展中存在的显著性差距，最终初步形成分析性结论，从而对后续研究的开展提供重要的实证支持。

3. 量表描述

量表共有42道题目，前2道为样本分类题目，后40道题目基于李克特量表形式进行陈述，并将题目乱序排放加入干扰项形成量表。如附表1所列，根据前一阶段的理论推断，我们细化组织支持为公平性支持、工具性支持；细化组织氛围为情感性支持、社群支持、上级支持；细化职业认同为组织承诺、工作满意度、离职倾向、压力释放；细化职业素质为政治素质、业务素质、能力素质。通过对组织、个人二者概念内涵的分析，探究评价其效果的关键标准。量表中对每类描述的题目相对均衡，且题目顺序随机，以此来保证数据结果的可靠性。问卷量表详情可见附件。

附表1　量表问题分类表

项目＼描述	描述维度	描述要素	正向题目	反向题目
组织层面	组织支持	公平性支持	1,12,19	28
		工具性支持	2,13,20	29
	组织氛围	情感性支持	3,14	22,36
		社群支持	4,30	37
		上级支持	6,15,23	31

项 目\描 述	描述维度	描述要素	正向题目	反向题目
个人层面	职业认同	组织承诺	16,24,37	
		工作满意度	8,25,33	38
		离职倾向	18	9,26,39
		压力释放	27	34
	职业素质	政治素质	17,21	
		业务素质	32,5,40	
		能力素质	7	10
干扰项			11,35	

（二）访谈调研

1. 研究设计

在进行量表设计的同时，为了保证现状调研的准确性、完整性和全面性，课题组还采用了访谈调研的形式进行一对一的访谈，从而保证调研结果包含了个体性和特殊性。针对前期课题组确定的与保卫干部发展相关的重要研究变量，课题组联系实际工作完成访谈提纲，并通过线上或者线下访谈的方式，对保卫干部对于职业发展的认知和相关维度的理解作了更加深刻的了解。

（1）受众人群

本次访谈调研的受众人群为来自 10 所北京市高校的保卫干部，受众群体来自于保卫干部队伍不同层次、不同工作资历以及不同工作环境，最终得到有效访谈案例 25 个。

（2）研究方法

访谈是咨询获取信息的一个常用方法。通过与目标人群的接触谈话，能够获取有关研究目标的重要的主观问题。为了了解保卫干部对于目前组织支持和氛围与个人职业认同和素质的认知，以及对职业发展现状的主观感受，课题组从首都高校中抽取了几所比较有代表性以及覆盖性较好的大学，对其保卫干部进行了案例访谈。所抽取到的保卫干部涉及不同的年龄、性别、地区等。主要调查内容为基本情况、工作满意程度、选择保卫干部岗位的主要原因、本校在保卫干部队伍建设方面的工作等。

2. 研究过程

（1）提纲设计

在课题研究的初始阶段，课题组通过对评价体系的建立整理出组织支持、组织氛围、职业认同及职业素质四个方面对于职业成长与职业成功的影响和作用。通过与实际工作相联系，课题组对每一类别涉及的概念进行了描述性的问题提问，最终将类别相同、相似的问题进行归纳、整理、凝练，并邀请专业人员对问题表述进行修改，最终形成访谈提纲内容，以探求不同维度对于保卫干部职业发展的主观感受与影响。

（2）访谈收集

访谈提纲完成后，我们通过线上电话访谈和线下实地访谈两种方式对目标群体进行访谈。目标群体覆盖广泛，以求进一步增强调研的真实性和广泛性，并吸取更多高校的优秀方案和建议，为课题组后续研究提供重要的经验借鉴。

（3）案例整理

在访谈过程中，课题组会对访谈对话进行录音，并在访谈结束后将访谈过程整理成文字版案例报告，内容包括不同受访人群对于保卫干部职业发展情况的主观感受，研究维度对于保卫干部职业发展情况影响程度的主观描述，以此作为量表调研之外的另一重要经验性结论。

（4）结论分析

通过现有的案例整理，深度分析不同人群的主观感受，对比分析不同性别、不同年龄、不同资历的案例，借鉴不同高校实施的保卫干部队伍建设的工作方法、先进经验，整理访谈过程最终得出分析结论，与量表调研结论相结合，总结出当前保卫干部职业发展现状，合理涵盖定量与定性、共性与个性等方面，实现调研结果的真实性和可靠性。

3. 提纲描述

访谈提纲共有六类相关问题，每一类问题涉及 2~3 道小问题。主要询问保卫干部的基本情况、组织上的支持来源、队伍建设的方式方法、价值来源、能力提升的资源以及优秀的经验和建议等。进一步结合前期量表调研的问题，面对个性群体的主观性访谈问题，可以帮助课题组更好地归纳当前保卫干部职业发展现状与不足，并借鉴各高校的优秀方法提出具有可推广性的策略建议。访谈提纲详情可见"五、附录"。

三、首都高校保卫干部职业发展现状

（一）结合网上问卷调查分析现状

1. 样本描述性分析

（1）学校分布分析

问卷发放于北京市 28 所高校，参加量表问卷的高校保卫干部覆盖了文、理、工、农、师、商、艺、医等多种类型学校，分布较为均匀，说明在本次调查测试中，样本数据均衡，具有充分的代表性。得到的具体样本数据如附图3所示。

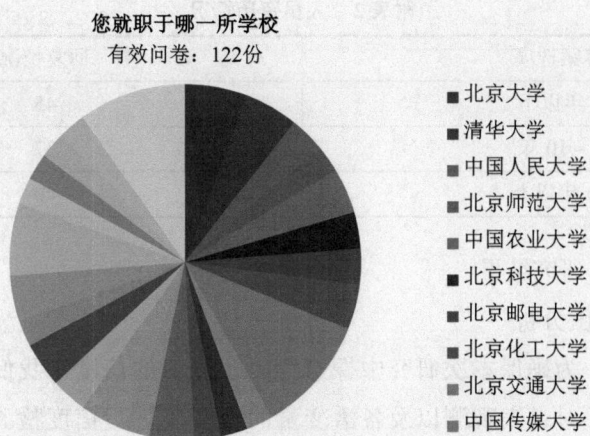

附图3　学校分布情况

（2）资历分布分析

问卷对调查对象进行了工作年限的统计，并得到统计结果，如附图4所示。

附图4与附表2结果显示，参加量表问卷的高校安全保卫干部中工作资历在5年以下的人数最多，工作资历在10年以上的人数次之，工作资历在5～10年的人数最少，但是整体人员分布较为均匀，没有明显的偏差，与实际情况比较相符。这说明，处于职业发展中坚力量的保卫干部容易出现较大的变动，很多年轻的保卫干部正在逐渐适应，资历深的保卫干部得到较好的晋升或者习惯于现有的工作模式，可以简单看出高校保卫干部的队伍已形成了较为均衡的"老—中—青"年龄梯队，但需要对中坚力量给予更多的关注，保证保卫干部队伍的稳定性。

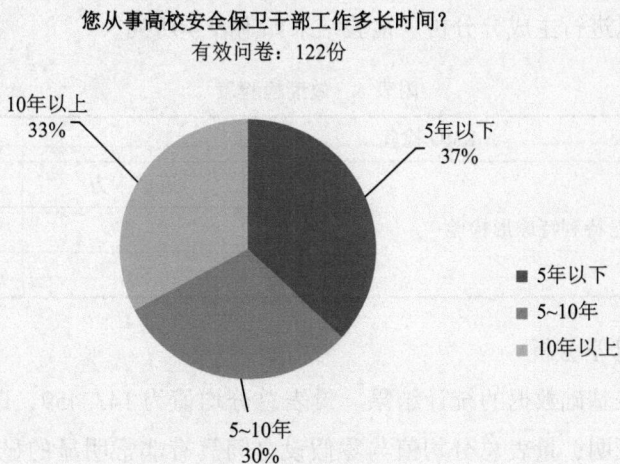

附图4　资历分布情况

附表 2　人员资历情况

答案选项	回复情况
5 年以下	45
5～10 年	37
10 年以上	40

2. 数据处理与研究结果

（1）信度与效度分析

A. 信度分析　为确保本次研究中探索性因子分析的信度，我们采用克伦巴赫系数（Cronbach's α）对量表观测以及各潜变量的分量表进行信度检验，得到结果如附表 3 所列。

附表 3　量表信度统计量

Cronbach's α	项　数
0. 810	40

量表的信度系数为 0. 810（>0. 8），所以认为量表的信度甚佳。在对比剔除某题之后得到的信度系数发现基本变化不大，所以认为该表不用修改，量表的问题能够很好地反映保卫干部职业在组织与个人两个层面上，在组织支持、组织氛围、职业认同及职业素质四个方面的现状，对问卷调查以及后续工作开展提供了重要的支持。

B. 效度分析　我们对数据进行 KMO（Kaiser-Meyer-Olkin）检验和巴特利特（Bartlett）球形检验，KMO 系数为 0. 859 > 0. 5，巴特利特球形检验数值为 1 453. 751，检验统计量拒绝的概率 P = 0. 000 < 0. 001，代表该量表符合显著性要求，因子间具有一定的相关性，可以进行主成分分析。检验结果如附表 4 所列。

附表 4　效度检验表

KMO 检验		0. 859
巴特利特球形检验	近似卡方	2 757. 666
	df	780
	Sig.	0. 000

（2）基础统计学分析

附表 5 为量表基础数据的统计结果。量表总分均值为 143. 459，以 3 × 40 = 120 为零假设，经检验证明，量表总分均值与零假设之间具有非常明显的显著性差异，且总量均值显著高于假设均值。因此说明，目标群体对目前所处的职业和岗位的职业发展（组织与个人两个层面）感受与态度相对而言是比较积极的。

附表5　量表基础数据统计量

变量指标	N		均　值	标准差
	有效	缺失		
Q1	122	0	3.34	1.089
Q2	122	0	3.40	0.915
Q3	122	0	3.95	0.770
Q4	122	0	4.11	0.702
Q5	122	0	4.16	0.594
Q6	122	0	3.94	0.826
Q7	122	0	3.55	0.804
Q8	122	0	3.52	0.947
Q9	122	0	2.79	0.902
Q10	122	0	3.02	0.975
Q11	122	0	3.99	0.733
Q12	122	0	3.77	0.831
Q13	122	0	4.06	0.647
Q14	122	0	3.85	0.746
Q15	122	0	3.95	0.691
Q16	122	0	3.93	0.677
Q17	122	0	4.34	0.555
Q18	122	0	3.12	0.950
Q19	122	0	3.52	0.795
Q20	122	0	3.39	0.849
Q21	122	0	4.16	0.575
Q22	122	0	3.25	0.973
Q23	122	0	3.65	0.792
Q24	122	0	4.20	0.638
Q25	122	0	3.30	0.953
Q26	122	0	2.84	0.823
Q27	122	0	2.84	1.004
Q28	122	0	3.02	0.904
Q29	122	0	3.42	0.898
Q30	122	0	4.02	0.636
Q31	122	0	3.16	0.948
Q32	122	0	4.07	0.526

变量指标	N		均　值	标准差
	有效	缺失		
Q33	122	0	3.77	0.811
Q34	122	0	3.48	0.805
Q35	122	0	3.45	0.834
Q36	122	0	3.75	0.764
Q37	122	0	2.14	0.753
Q38	122	0	3.67	0.931
Q39	122	0	3.63	0.784
Q40	122	0	3.90	0.797

（3）主成分分析

在分析组织层面和个人层面对职业发展的影响程度时，由于变量数量众多，不容易分析各个部分之间的关系，课题组决定采用主成分分析法，将多种变量转化为少数的综合指标，其中每个主成分都能够反映原始变量的大部分信息，且所含信息互不重复。

A. 评价方法介绍　在处理多变量问题时，经常会因指标数量繁多和指标间的相关性导致研究结果出现偏差。主成分分析方法是一种通过线性组合的方式，将复杂并具有相关性的多变量转化成几个线性无关的、能够最大可能提取原有变量信息的综合指标的统计方法。综合指标能反映原始变量的大部分信息，是原始变量的线性无关组合，所以称为原变量的主成分指标。主成分分析法具有降低数据空间的维数、简化系统结构、抓住问题本质的作用，因此被广泛应用在数据的处理分析研究工作中。

B. 组织层面主成分分析　通过因素分析得到样本数据的特征值和贡献率，从附表 6 可以看出 17 个指标共化为 5 个公因子（F1、F2、F3、F4、F5），这 5 个公因子对总体变量的解释度为 70%，说明这 5 个公因子基本可以载荷全部组织层面的指标。

附表 6　方差解释表

变量指数	成　分				
	F1	F2	F3	F4	F5
Q4	0.699	0.281	0.038	0.180	0.096
Q30	0.686	0.258	0.178	0.205	0.343
Q37	0.662	0.221	0.205	0.315	0.285
Q19	0.151	0.598	0.168	0.521	0.191
Q1	0.579	0.530	−0.090	0.029	0.126

变量指数	成　分				
	F1	F2	F3	F4	F5
Q12	0.526	0.693	0.180	0.292	0.449
Q28	0.118	0.793	0.098	0.197	0.127
Q14	0.117	0.357	0.618	0.206	0.347
Q3	0.361	0.075	0.661	0.203	0.080
Q22	-0.049	0.054	0.762	0.103	0.071
Q36	0.030	0.207	0.661	-0.079	-0.061
Q15	0.354	0.040	0.368	0.579	0.149
Q23	0.092	0.081	0.256	0.621	0.065
Q6	0.199	0.463	0.170	0.509	0.147
Q13	-0.189	0.005	0.162	-0.229	0.516
Q2	0.262	0.292	0.205	-0.322	0.623
Q29	-0.365	0.178	0.398	0.146	0.555

附表 6 中的 5 个公因子基本代表我们设计问卷之初关于组织层面方面的职业发展的五个维度，根据方差贡献值的高低分别为社群支持、公平性支持、情感性支持、上级支持和工具性支持，从而得到组织层面对职业发展影响最为显著的公因子从高到低的次序。我们可以得出结论，社群支持是作为组织层面中对职业发展影响较为显著的变量。

C. 个人层面主成分分析　使用相似的方法，在个人层面的分析上，从高至低我们得到这样的排序：职业素质、工作满意度、组织承诺、离职倾向和压力释放。由此我们可以得出结论，职业素质是作为个人层面中对职业发展影响较为显著的变量。

因此，我们通过量表的分析可以得到简单结论，从组织角度出发，社群支持即保卫干部队伍之间的经验交流、适当的工作氛围以及同事的各方面支持，成为个人在职业发展的职业成长中影响最关键的部分，可以更多地汲取到工作的乐趣和成长经验。从个人角度出发，职业素质包括政治素质、业务素质以及能力素质，成为个人在职业发展的职业成功中影响最关键的部分，可能会直接影响其在职业发展过程中的高度与职业发展的程度。

（4）样本的交叉对比分析

在交叉对比分析中，我们分别计算不同类别的样本代表在不同题目中所选分数的均值，以此代表该样本类别的情况，在交叉对比中选择相互之间差距最显著的题目与类别，基于正向或者负向的差距做出合理解释与分析。

　　在交叉对比分析中，最为显著的是不同资历高校保卫干部在相同题目下的不同选择，我们将工作 5 年以下、5～10 年以及 10 年以上的保卫干部分别进行对比，研究不同工作资历的保卫干部在职业发展方面组织与个人不同层面的差距。

　　对比保卫干部工作 5 年以下与工作 10 年以上的问题回答，我们发现差距最为显著的分别是 27 题（我在工作中的压力很难宣泄）、34 题（我觉得工作任务太多，无法完成）。这两个题目反映的都是关于压力释放部分，说明刚入职的保卫干部对于如何适应环境和宣泄工作压力非常在意。其中，年轻保卫干部对 17 题（对于工作的完成我一直尽我最大的努力）的回答，说明新入职的保卫干部在工作初期对待工作内容抱有极高的期待和热情，因此可以多利用该阶段的特点，关注其特征和发展。

　　对比保卫干部工作 10 年以上与工作 5 年以下、5～10 年的问题回答，我们发现 9 题（工作若干年后，我可能转行从事其他工作）、22 题（工作中的人际关系影响了我的正常工作）都较为显著。这两个题目分别体现了离职倾向和社群支持两部分，说明资历较深的保卫干部对于团队中的人际关系处理更加得心应手，适应了保卫干部队伍的发展方式。值得关注的是，资历较深的保卫干部更有倾向转行至其他工作，这说明对于保卫干部的职业发展当达到一定期限的工作经历时，容易出现发展瓶颈、成长空间狭小的可能性，因此要多关注资历较深保卫干部队伍的建设以及发展空间的拓宽。

　　对比保卫干部工作 5～10 年与工作 5 年以下、10 年以上的问题回答，我们发现 36 题（我认为在工作中与同事缺乏沟通）最为消极，说明社群支持和团队感受对于保卫干部的中坚力量在职业发展期间更加重要。另外对于 19 题（我认为我能及时获得应有的信息，并获得对于某个程序或者决策的合理解释），结果较为显著，说明对于职业发展期间的保卫干部，自身素质的提高也是他们比较在意和关注的。这些都符合在主成分分析中我们获得的重要结论。

　　根据量化的资历间差距，我们很容易总结得出，不同资历的高校保卫干部对于组织提供的支持期望重点不同。这为我们接下来提出的建议方案提供了有力的数据支持。

　　（二）具体现状分析

　　1. 组织支持

　　（1）公平性支持

　　根据回收得到的问卷调查统计结果可以看出，首都高校保卫干部在公平性支持，也就是环境支持方面，普遍具有较高的认可度。近半高校保卫干部认为组织在程序方面是相对公平公正的，原因在于目前首都高校保卫方面有较为明确规范的程序规定，因此高校保卫干部往往能够得到程序上公平的环境支持。还有 50.82% 的保卫干部认为在薪酬和晋升方面不能达到自己的期望，因此认为在分配方面具有一定的不公平性。根据分析发现，能提供程序公平的环境往往也能提供公平的分配，而认为程序不公的高校保卫干部同时也会认为自己无法享受公平的薪酬或者晋升待遇。由此可以看出，目前首都高校的保卫干部所处组织中的分配与程序公平是相互关联的，若一方有问题可能会影响到另一方的公正。

(2) 工具性支持

在工具性支持方面，问卷通过四个问题调查了首都高校保卫干部在工作过程中对组织支持的满意程度现状。其中47.54%的保卫干部认为工作岗位不利于个人职业发展，同时缺乏相应的资源和培训，这体现目前首都高校在保卫干部的职业发展，包括资源、渠道提供方面不能跟上日益增长的需求。由于经济文化的不断丰富发展，当今时代里个人的需求已经不再仅仅局限于物质层面，人们更多地希望能够在工作中实现自我价值。尽管高校保卫干部由于自身的学历等方面的限制处于基层岗位，进行较为基础的安保、巡逻等工作，但仍有不少保卫干部寻求自身能力的更大程度发掘。然而根据调查结果可以看出，在这种情况下组织往往无法提供足够的支持。仅有16.39%的保卫干部认为其所属的工作环境和条件设施不能令其满意，这说明高校保卫干部的基础设施和工作环境水平能够被大部分保卫干部所认可。但仅有18人认为工作过程中得到了上级和同事的帮助，比例只有14.75%，这说明在高校保卫干部非常在意在工作中与组织同级和上下级的关系与交流，对于其相互交流的标准和需求也比较大。附图5所示为环境设施满意情况。

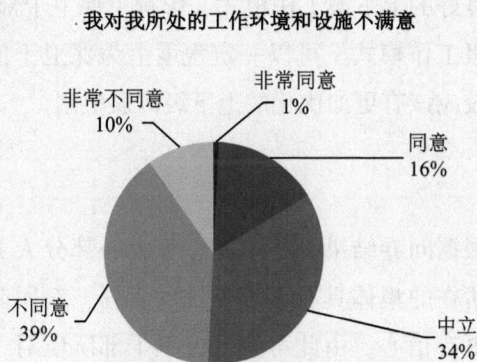

附图5 环境设施满意情况

2. 组织氛围

(1) 情感性支持

较少的保卫干部感受到了来自组织的亲密支持，即情感性支持。在调查过程中发现，只有少部分人表示自己的领导与同事会关注自己在工作之外所遇到的困难。但从另一方面来看，仅有23.77%的保卫干部认为工作中的人际关系影响其正常工作，仅9人认为在工作中与同事缺乏沟通。这说明保卫干部队伍中情感性支持依旧能为保卫干部的职业成长带来一定的影响，也从另一个角度反映出保卫干部队伍的情感性支持很大程度上受工作时间和范围限制。工作之外的困难和情况可能在团队内沟通得较少，这也是保卫干部队伍在情感性支持方面的重要特点。

（2）社群支持

在调研中有较多的高校保卫干部表示自己在有急事不能完成工作时，同事不能帮助自己完成紧急的工作。这一方面体现了部分保卫干部工作的不可替代性，另一方面也体现了保卫干部对于社群支持的需求较高。从调查数据中了解到，有75.41%的人认为自己已将集体视为自己生活中不可缺少的一部分。这说明大部分保卫干部对自己的团队和集体非常地负责任，并具有较高的忠诚度。因此，如果能够更好地维护保卫干部队伍的氛围和社群感受，将会对保卫干部的职业成长与发展有很重要的影响；营造良好的团队模式、和谐的工作氛围，可以更好地促进不同资历的保卫干部进行交流与工作感受的分享，可以很好地增强保卫干部对于工作的认可度与直观感受。

（3）上级支持

尽管大部分保卫干部可以从同级获得各方面的支持，但保卫干部从上级获得支持的情况却不容乐观。仅有8名的保卫干部认为上级能够原谅其无心之过，78.69%的保卫干部对上级的权威和决策表示质疑，8.2%的保卫干部能够获得上级的信任并取得决策自主权。这说明目前首都高校保卫干部在与上级沟通上仍存在一定问题，大部分保卫干部团队并没有建立良好的上下级工作模式，影响了保卫干部对于上级支持的判断。因此，具有良好的上下级工作模式，可以一定程度上为保卫干部提供工作的动力和自信心，在此方面首都高校应该有更加优化的上下级沟通机制。

3. 职业认同

（1）组织承诺

在组织承诺方面，根据问卷结果分析可知，很大一部分人关注自己所在集体的荣誉与利益，认为对自己所在的集体具有不可推卸的责任，对团队具有较高认可度的人对于自己的职业发展也更有信心。由此可知，保卫干部队伍对于组织集体的认同感和忠诚度，可以很大程度上提升其对于职业成长和成功的信心与期待，对其职业发展有着较为重要的影响。这与组织层面的社群支持有相似的结论和契合的解释方法，说明研究结论是理性且可分析的。

（2）工作满意度

在工作满意度方面，入职时间长短在保卫干部之间差距并不明显。认为当一名保卫干部非常有成就感，在入职时间较短和较长两种群体中其比例分别为13.33%和14.29%，这说明入职时间长短并没有影响保卫干部的工作成就感。但在岗位成长方面，认为自己在安全保卫工作岗位上可以获得成长的保卫干部中，入职较短的保卫干部比入职较长的保卫干部人数更多，这说明对于入职较长的保卫干部，他们在就职期间并未获得较多的职业成长和职业成就感。因此，这是影响保卫干部职业发展很重要的因素，与前一阶段工具性支持方面有一定的契合之处，应适当考虑对保卫干部有更多的培训与资源配置，让其感受到自己在职位上的成长和成功是其职业发展非常重要的部分。除此之外，在不同学校之间，保卫干部对工作的满意度也有较大区别，有些高校保卫干部具有较高的普遍工作满意度，而有些高校则普遍工作满意度较低，这是借鉴优秀经验做法的非常重要的途径。

（3）离职倾向

在离职倾向方面，38.52%的保卫干部认为自己在工作若干年后会转行其他行业，34.43%的保卫干部认为安全保卫工作并不是自己的第一选择；入职时间较长的保卫干部有更高的离职倾向，而入职时间较短的保卫干部认为自己"才能得不到发挥、发展空间小"。因此"若干年后，可能转行从事其他工作"。由此可知，需要更加注重发展空间的拓展和个人成长成功。

（4）压力释放

在压力释放方面，40.16%的保卫干部认为工作中的压力较大、任务较多。根据分析发现，刚入职的保卫干部更容易遇到压力无法释放的情况，而对比不同学校的保卫干部在压力释放方面得到的结论较为一致。结合保卫干部的实际工作可知，保卫干部经常要面对偶然突发的安全事故，甚至要经常在节假日执勤，保证高校24小时的安全。随着高校的扩招，大学生数量逐年增长，保卫干部工作任务、工作责任加重，带来了较大的工作压力。因此，在帮助保卫干部缓解压力方面需要更加完善，应该做得更多，并且随着他们资历的增长、工作经验的增多，很多困难问题的解决就会变得更加得心应手。这也是面临职业成长和成功的重要方面。附图6所示为压力释放情况。

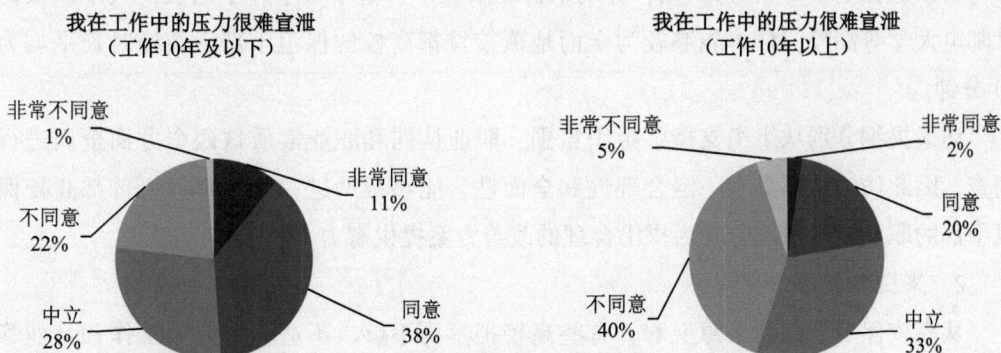

附图6　压力释放情况

4. 职业素质

（1）政治素质

根据统计结果分析可知，大部分的保卫干部对于自己所处岗位的职责是非常清晰的，并希望能够尽自己最大的努力去承担工作上的职责。这说明保卫干部在职责规范和政治素质方面具有较为乐观的体现。这将成为保卫干部进行职业发展的重要素质基础。

（2）业务素质

在业务素质方面，首都各高校的保卫人员呈现明显的由资历较老的保卫干部向刚入职的保卫干部递减的趋势，在刚入职的保卫干部中仅有不足35%的人认为自己具备相应的业务素质，而在资历较老的保卫干部中基本已经具备相应的处理问题的业务素质。这说明在保卫干部队伍建设过程中对于新晋保卫干部的培训非常重要，而个人的业务素质对于保卫干部处理问题、解决问题以及职业发展有着非常重要的影响。

（3）能力素质

在附加的能力素质方面，高校保卫干部队伍呈现出整体的消极状态，非常少的人认为自己具备较好的创新能力、语言表达能力、多任务管理能力等。而能力素质较低的人对于职业发展的认可度也普遍偏低，因此说明关于个人能力素质与保卫干部的职业发展呈现非常明显的正向相关关系。若想加强保卫干部职业发展能力，应广泛关注保卫干部的个人职业能力素质，这对其职业成功来说具有关键性的作用。

（三）结合分组访谈分析现状

1. 样本描述性分析

调查组通过访谈的方式对首都各高校保卫干部的职业发展现状进行了调查了解。参与访谈的保卫干部共有25人，分别来自北京大学、清华大学、中国人民大学以及北京邮电大学等高校，样本能够较为全面地覆盖首都高校的保卫干部。访谈时长平均为10分钟。

访谈提纲分别从组织支持、组织氛围、职业认同和职业素质这四个方面全面进行调查，因此访谈结果具有一定合理性和全面性，能够帮助进一步调查分析首都高校保卫干部的职业发展情况，并为提出合理的改善方案提供有力支持。

2. 来源与职业选择

从高校保卫干部的来源上看，有些高校把学历不够、不适合做业务工作和其他管理工作的人员调整到保卫部门；有些是从军队转业的人员，他们政治素质好，有一定的管理能力，但是缺乏高校保卫工作的实际锻炼，对高校的情况不熟悉；还有一些高校保卫干部是因为文化和业务素质不高，需要加强专业教育和训练。这些人员在面对职业选择时主要考虑的因素是保卫工作与自身情况的匹配性和岗位的薪酬、待遇条件。通过访谈，大部分保卫干部对于自己的岗位有一定的成就感，认为自己能在高校担任保卫干部并对大学生的人身安全做保障是一件有成就感的事情。

3. 能力与素质

受访者普遍认为重要的能力和素质包括侦察能力和突发情况的应变能力。几位受访者谈到了自己曾经在工作过程中遇到的一些突发情况，着重反映了应变能力在保卫工作中的重要性。提到相关培训时，大部分受访者反映很少甚至没有参加过相关培训，大部分工作处理方式都是从实践中摸索得到或借鉴同事做法得到的。保卫干部希望高校能够联合组织并开展类似首都高校保卫干部经验交流会的培训，通过不同高校保卫干部分享的经验和建议来完善和提升自己的业务素质，获得与职业发展相关的经验。

4. 组织交流

保卫干部普遍反映，在与上级的沟通过程中可能存在一定的障碍，比如一些具体的问题可能无法得到及时解决，交流形式过于正式和单一；而在同级之间的交流则比较轻松、容易接受。受访者表示，他们经常会在换班或者集中开会时与同事讨论工作上的问题，分享困难与经验并使彼此得到帮助；在节日或者年末的时候，一些高校的保卫中心或者工会会组织一些文化活动，他们可能会集结一些文化活动组织。在日常生活中，有固定的保卫干部文化组织的高校普遍较少。受访者表示，这些文化活动组织增加了同级之间的合作，为枯燥、日复一日的工作增加了一些调剂。甚至部分受访者通过这些组织和活动对工作变得更有热情，更能够融入组织。但是也有一些受访者对于一些组织持否定态度，认为一些没有实际意义的组织和活动会增加自己的工作和人际负担，给自己带来了压力。

5. 未来的工作规划

不同入职时长的保卫干部对于未来有不同的想法。大部分入职时间较长的保卫干部表示，如果能够看到自己未来的发展，可能会更好地发挥自己积累的经验和学习到的业务能力；但部分人也表示自己工作很久，感觉工作上升遇到了瓶颈或者障碍，因此逐渐萌生出想要更换职业的想法。大部分入职时间较短的保卫干部具有较高的工作热情，希望能够在自己的职业中获得较大的发展。资历在中间一部分的保卫干部在未来规划方面呈现比较平均的趋势，一方面想要继续在自己的行业获得较多的职业发展，另一方面又对现有的工作内容存在厌倦感，因此对于不同资历的保卫干部应该注重不同方面的培养与深化。值得注意的是，具有离职倾向的保卫干部会选择流向个体行业，比如自己出资做一些生意，或者进入其他企业或单位从事物业和安保工作。结合之前的情况，由于首都高校保卫干部中外地人口比例较高，很多保卫干部也会选择回到家乡从事其他职业。

6. 工作建设

很多受访者结合自己的经验提出了自己的建议。有些受访者提到保卫干部的待遇和关怀问题，有些时候一些体贴的关怀会增加保卫人员的幸福感和工作积极性。比如在天气较为寒冷的时候，一些高校会给保卫干部提供取暖物品，尽管不是很贵重，但是因为考虑到了人员的实际情况，这些行为成为让保卫人员的"暖心之举"。还有一些受访者认为目前高校保卫干部的队伍中人员素质参差不齐，因此对问题的看法和处理方式会不一致，可能容易导致工作过程中发生冲突和矛盾，希望高校在今后能够对保卫人员的入职进行更严格的筛选和考核，避免因招人不当导致今后的队伍建设出现较大障碍。对于学历、素质不高，但对工作有热情和进取心的保卫人员，组织应提供相应的培训和指导，帮助他们尽快融入队伍，提升他们的组织归属感。

四、现状总结性分析

（一）积极方面

根据调查问卷和访谈结果，我们得到了首都高校保卫干部职业发展方面的现状。随着各高校对于保卫干部队伍建设的重视程度日益增强，首都高校保卫干部的职业发展情况也逐渐好转。目前，从调查及校内外访谈结果来看，关于首都高校对保卫干部的组织支持等方面情况较为乐观，尽管仍存在一些不足，但其现有的积极作用以及正在通过不断挖掘新方法提出新政策等方式来对组织支持感进行提升的趋势也令人欣喜。关于其积极作用方面主要从以下三点进行概述。

1. 个人职业意识强

经过问卷调查和访谈可以发现，大部分的高校保卫干部对于自身的职业意识很强。大部分保卫干部都能意识到，高校安全是高校一切工作的前提和保障，而高校保卫干部是高校安全的规划者、构建者、执行者，自己的工作态度、工作技能、工作方法等直接影响到构建"平安校园"的效果。因此保卫干部均能够表现出对自己职业的责任感，能够在组织支持下坚守自己的职业操守，即使在恶劣的天气下仍然能够在自己的岗位上发挥作用，守护校园安全。这对于保卫干部的职业发展起到了非常积极的作用，个人职业意识较强可以很好地提升保卫干部对于职业的认可度和忠诚度，能够帮助他们在该职业上坚持和发展下去，为其职业成长提供重要的实践与经历基础。

2. 组织氛围良好

通过量表与访谈多方面的调研，发现很多高校保卫干部表示自己所在组织的同级和上下级之间一般都有良好、融洽的相处氛围，并且认为这种良好的相处模式对于其职业感受影响非常深刻。在保卫干部队伍中同事与同事之间，氛围尤其融洽，经常在工作之余进行交流谈心。同级间的交流在一定程度上能够帮助不同经历、不同资历的保卫干部进行经验的分享和互补，这可以帮助保卫干部在有限的工作内容中获得更多的经验积累和水平提升。同时，这种融洽的氛围也帮助高校保卫干部分散了自身的压力，能够让其对自己的职业有更高的认同感与舒适度。这种经验上和情感上的提升效果对保卫干部在职业发展中的职业成长与成功有着非常重要的作用。

3. 个人经验积累效果显著

根据调查问卷可知，在职时间越长的首都高校保卫干部越能够通过长期的在职过程总结出经验。这些经验有些来自于曾处理过的事务、担任过的岗位，还有很大一部分来源于组织的支持，包括培训、经历等多个方面。随着就职时间的增长，个人的经验积累就越多，同时自我的价值实现感就越强，这种感受既助于个人在工作晋升方面的自信心和期待，也有助于个人的进一步自我完善和提高，从而达到个人职业的成功和发展。

（二）消极方面

除了在积极作用方面，我们也根据调查问卷和访谈结果得到了一些对于保卫干部职业发展影响不利的方面。这些因素将在一定程度上降低保卫干部对于所处职业的发展信心和期待，降低依赖度和忠诚度。但如果能对此薄弱环节作出改善，对于首都高校保卫干部的发展将会起到重要的促进作用。下面将详细阐述相关因素和内容。

1. 个人基础素质有待提高

在调研过程中发现，大部分首都高校的保卫干部来源多样，并且个人素质参差不齐。对于保卫干部，应该具备的几项重要的素质包括政治素质、业务素质及能力素质。这些于当前的保卫干部队伍而言还有非常大的提升空间。很多保卫干部表示自己在调查能力、表达能力以及创新能力方面非常薄弱，而这些能力对于了解保卫安全现状、传递安全知识，甚至对工作模式的改善和完善上都具有非常重要的作用。而另外一面，对于自己职业发展积极性较高的保卫干部因为自己具备了这些素质会更有信心，说明个人的能力素质高与否在一定程度上决定了其在职业发展道路上的进程与高度，所以，为促进高校保卫干部职业发展对高校保卫干部通过多种途径提高个人素质，提升个人能力具有非常大的意义。

2. 组织支持方面仍有欠缺

通过调查发现，首都高校保卫干部对于现有的很多支持与现状存在一定的消极情绪，主要表现在认为专业的、帮助其职业发展的培训资源较少，与上级相处和沟通的模式存在一定程度的芥蒂。在硬件方面，有保卫干部表示自己能够接触到的培训资源非常有限，自己在职业方面的成长较为缓慢。这些对于工作一定年限的保卫干部来说会很大程度提高其离职倾向，不利于其职业发展。在软件方面，有部分保卫干部表示在与上级沟通过程中，因为工作性质的原因，上级很多时候采用命令的口吻，自己的工作存在很大程度的不自由性；也有部分保卫干部表示，自己在工作期间的反馈渠道很受限制，很难向上级表达自己所存在的困难和问题。这说明在保卫干部队伍中上下级的相处模式需要进一步改善和优化，因为过于严肃和紧张的相处模式对于保卫干部在职业中的发展存在严重的消极影响，会降低他们对工作发展的期待和信心。

3. 未来职业规划意识薄弱

通过课题组的访谈和调研，发现很多保卫干部对于自己未来职业发展的规划并没有特别清晰的目标和打算，自我成长与规划的意识较为淡薄。这主要是由于工作内容较为枯燥单调，工作成就感和价值感较为薄弱，工作挑战性较低等多种原因，因此很多保卫干部并没有对自己未来职业发展有计划性的目标，在自我成长与自我成功方面意识较为薄弱。因此在改善工作环境和提升个人能力的同时，一定程度上也要对保卫干部传达和灌输类似的概念和想法，从而激发保卫干部自我的主观能动性和创造性，激励保卫干部自发性地提升职业发展诉求，提高自我职业能力，促进个人的职业成长与成功。

4. 工作性质导致工作压力增加

由于保卫干部的工作性质的原因，他们的工作需要经常加班、值班，夜间有案子随时出警。工作时间与大众假期有错开，保卫岗位需要有干部进行24小时的值班和轮岗，包括节假日与周末。另外，当遇到有突发情况和极端事件时，保卫干部也需要做到随机应变、迅速处理、首当其冲。在这种情况下，保卫干部往往会感觉到在工作期间有较大的压力，而这主要体现在较为年轻的保卫干部身上，他们认为自己的压力难以释放。因此有效地疏导和缓解保卫干部的工作压力，对于其提升对职业的信心和认可度有较为积极的作用，并且也在一定程度上帮助保卫干部兼顾生活与工作，调整工作心态，获得重要的职业成长，从而促进保卫干部队伍的职业发展。

五、附录

首都高校保卫干部职业发展调查问卷

各位同仁：

您好！

我们是北京交通大学"首都高校保卫干部职业发展现状与策略研究"课题组。本问卷是为了研究首都高校保卫干部职业发展现状而进行的一项专门调查，请根据真实情况和看法来回答。其结果仅用于学术研究。您坦率而客观的意见和建议将是我们进行学术研究的重要基础。

谢谢您的支持！祝您工作顺利！

1. 您所就职的学校？

A. 部属高校　　　　　B. 市属院校

2. 您从事高校安全保卫工作多长时间？

A. 5 年以下　　　　　B. 5~10 年　　　　　C. 10 年以上

附表 7　首都高校保卫干部职业发展量表问卷

得分　态度 问题	非常同意 (5)	同意 (4)	中立 (3)	不同意 (2)	非常 不同意 (1)
1. 我认为在薪酬、晋升等方面我所处的环境相对公平					
2. 我的工作岗位有利于我个人的职业发展					
3. 领导与同事会关注我在工作之外所遇到的困难					
4. 同事能够营造出良好的、友善的工作氛围					
5. 我会主动解决自己和他人遇到的难题					
6. 上级能够原谅我的无心之过					
7. 我经常在众人面前表达自己的想法					
8. 我认为当一名保卫干部非常有成就感					
9. 工作若干年后，我可能转行从事其他工作					
10. 我在一个任务没有完成之前，不愿意开始一个新的任务					
11. 我认为我能掌握我所需的技能					
12. 我认为我的组织在各项程序上是公平公正的					
13. 当我在工作中遇到困难的时候，我会得到上级与同事的帮助					
14. 我的目标和价值观受到领导与同事的尊重					
15. 我认为我的上级很权威，决策很正确					

续附表7

问题 \ 得分 \ 态度	非常同意 (5)	同意 (4)	中立 (3)	不同意 (2)	非常 不同意 (1)
16. 我愿意为了所在的集体利益而牺牲个人利益					
17. 对于工作的完成我一直尽我最大的努力					
18. 我认为保卫干部职业的发展空间很大					
19. 我认为我能及时获得应有的信息，并获得对于某个程序或者决策的合理解释					
20. 为帮我发挥才能，我会得到我所需的资源和培训机会					
21. 我对自己所处岗位的社会责任非常清楚					
22. 工作中的人际关系影响了我的正常工作					
23. 我的工作得到上级的信任并获得决策的自主权					
24. 我很关注我所处集体的利益与荣誉					
25. 我满足于现有的工作和生活模式					
26. 保卫干部工作并不是我的第一选择					
27. 我在工作中的压力很难宣泄					
28. 我认为在工作中的付出超出我的收获					
29. 我对我所处的工作环境和条件设施不满意					
30. 如果我有急事不能完成工作，我的同事会帮助我完成紧急的工作					
31. 尽管我尽最大的可能做好工作，上级仍可能看不到					

问题 \ 得分 / 态度	非常同意（5）	同意（4）	中立（3）	不同意（2）	非常不同意（1）
32. 我会经常思考如何优化现有的工作方法					
33. 我在保卫干部的岗位上可以获得成长					
34. 我觉得工作任务太多，无法完成					
35. 我会经常阅读与保卫干部工作有关的书籍					
36. 我认为在工作中与同事缺乏沟通					
37. 我已经将我的集体视为我生活中不可缺少的一部分					
38. 保卫干部工作并不会为我带来快乐					
39. 我认为我的才能在工作中得不到发挥					
40. 我对自己所处岗位的业务技能非常熟悉					

首都高校保卫干部职业发展访谈提纲

被访谈者姓名：　　　　　　**访谈地点：**

访谈时间：　　　　　　　　**持续时间：**

访谈方式：

访谈说明： 您好，我是"首都高校保卫干部职业发展现状与策略研究"课题组成员。本次访谈是想了解您所在学校给予保卫干部的组织支持以及所在团队的组织氛围，个人职业能力与认同感的情况，有哪些经验和做法，以帮助我们更好地开展研究工作，为保卫干部队伍的建设提供借鉴和支持。为便于整理资料，我们将对本次谈话进行录音，并保证谈话内容仅供课题组研究之用，请予理解支持。谢谢！

访谈正式开始：

1. 您从事保卫干部工作多长时间了？当初选择这份职业您是出于哪些考虑？您在工作中，您的成就感和价值感主要来自哪些方面？

2. 您认为保卫干部工作需要具备哪些专业的能力和素质？您所在的学校为保卫干部提供了哪些培训机会？你觉得哪些类型或者形式的培训会更让你有兴趣并且有收获？

3. 工作中你感受到的组织支持都有哪些？例如来自学校和上级部门的、工作中的支持保障等。你们学校有哪些经验和举措？

4. 你所在的学校，保卫干部之间的沟通交流主要通过哪些方式进行？存在哪些保卫干部团体？例如工作研究的团体、文体活动的团体，等等。这些对您有什么影响？为更好地发挥这些团体的功能您有什么建议？

5. 您未来的工作规划是怎样的？你所在的学校在保卫干部职业通道上有哪些政策方面的支持？保卫干部如果存在离职、晋升或者换岗，一般都是流向哪些地方？

6. 你所在的学校在保卫干部队伍建设以及团队建设方面有哪些好的做法？您认为还可以做些什么加强保卫干部队伍的归属感和幸福感？

谢谢您的配合！祝您工作顺利！

【附件三】

促进首都高校保卫干部职业发展的策略建议方案

基于对首都各高校的调查研究，以及对各高校优秀方案的经验总结，结合实际工作情况，针对高校保卫干部队伍职业素质有待提高，职业认同度和忠诚度有待加强，职业资源有待增多等现象，课题组从保卫干部队伍建设、团队资源配置、考核方式等多个角度，提出有利于进一步促进保卫干部职业发展的方案和建议，意在能够为首都高校保卫干部团队提供较为科学有效的实施方案。

一、构建高素质、多元化保卫干部队伍

（一）目标导向机制

目标导向机制就是要在高校保卫干部队伍建设过程中坚持以建成优质团队为目标导向，在招聘、培训等方面学校提供资源及制度保障的机制。

目前，高校大多数在编的中青年骨干愿意去从事社会回报高的教学、科研等工作，来凸显自我价值。对于高校保卫处的工作，往往是在编中青年骨干不愿意前往的辛苦部门，因此在保卫干部的人员选择和选拔方面存在参差不齐的现象，这种现象影响了保卫干部整体的团队建设和工作效率。

因此，为提高高校保卫干部队伍整体的素质和能力，高校需要制定较为全面和完善的入职选拔机制，对即将入职的保卫干部进行详细的考察和选拔，由此保证新入职保卫干部的相关专业能力、职业素质以及职业责任感。在此基础上，有利于提高他们在职业发展初期对于本人所在职业的信心和期待，从而形成自发性的职业发展欲望，改善保卫干部队伍整体的职业发展前景。

（二）人员互动机制

高校保卫干部的共同目标就是保障高校校园的日常安全，保证学生在高校内的人身安全和健康发展。不同高校之间的相互交流学习可以提升彼此的专业化水平，促进彼此的发展。因此，同校保卫干部之间、不同高校保卫干部之间、保卫干部和高校其他部门之间需要进行资源共享和人员互动，达到资源最充分的利用。

1. 经验互动

高校保卫干部队伍可以形成定期经验互动机制，包括线上分享与线下分享。经验共享是指保卫干部队伍之间相互分享自己在工作中遇到的困难、问题以及自己曾经解决过的复杂事件的经历，形成不同资历保卫干部相互讨论分享经验的沟通圈。在此经验共享期间需要有专家定期给予交流指导以及问题解决建议方案，并定期获取与上级反馈和沟通的渠道，使得所提出的困难的解决获得更具实际性的制度保障。

线上分享，如借助微信平台、公众号等新媒体渠道进行发布和传播，扩大经验共享的受益群体范围。线下分享，如定期组织保卫干部队伍的交流会，对每一次分享会议进行记录和总结，对保卫干部经验共享的内容进行周期性总结，将所有的经验案例汇总形成案例库，建立长效性的传承与延续，从而达到经验交流的持续性，并从中获得有效的职业成长体验，促进个人进一步的职业发展。

2. 培训互动

高校保卫干部队伍可以形成定期的培训互动机制。团队官方搜索与保卫干部相关的业务培训资源，达到资源的分享与公开透明，并由团队组织定期派部分保卫干部参加国家或者省市组织的专业培训活动，包括保卫干部应具备的政治素质、业务素质、个人素质以及职业规划意识等方面，并将所获得的培训成果与培训经验返校后进行培训资源分享。

在此基础上，培训资源共享可以采取培训方向"分散化"带动受训人员"专业化"的培训方式，即将所有的培训资源进行不同专业方向的分类，并指派不同的团队或人员进行学习并逐渐提高培训的层次，加深学习内容的难度，从而形成不同人员对于不同专业方向的专业化了解。在这种培训方式下，会形成高校保卫干部队伍内部不同的专业化人群，可以在资源和时间有限的条件下，实现团队内部的培训学习，达到资源的互置与效益最大化。间接参与培训，对于受训者来说既可以节省经费与时间，获得职业成长，又可以获得更为直接有效的过滤后知识点；对于培训者来说，既可以获得职业发展方面的成就感，又可以将所学知识融会贯通加深理解，从而获得更加专业化的成长和成功。毫无疑问，这将有助于促进保卫干部队伍的职业发展。

3. 沟通互动

高校保卫干部队伍在团队内部建立沟通分享机制的同时也要与高校内其他部门建立有效的沟通互动机制。比如保卫干部需要与辅导员群体就突发事件进行信息共享，从学生主观性特点、事件客观性特点等多个角度出发探讨事件发生性质，制定学生特殊极端事件的处理预案等，尽量规避高校突发事件的发生，保证学生第一时间的人身安全。保卫干部需要与其他后勤部门进行交流，比如为保障学生安全，保卫干部需要与后勤打扫部门进行信息共享，在冬季进行提前除雪方案的交流会；对于宿舍内部安保、监控情况，需要有更深入的经验交流，进一步保障高校师生的人身安全和财产安全。

在与不同部门开展交流沟通的过程中，高校保卫干部队伍可提升存在感、成就感，从而激发他们的工作积极性和主动性，提升其职业成长欲望。

二、搭建知识、技能与职业认同相结合的保卫干部培训体系

（一）分层次规划培训对象

首先要对保卫干部做好两个维度的层次划分。一是工作年限维度，将保卫干部群体分为新入职保卫干部、普通保卫干部和骨干保卫干部，对应地，可将培训分为岗前培训、业务培训和提升性培训。其中岗前培训以适职适岗、职业角色转化为重点，主要聚焦操作层面的政策解读、业务讲解等内容。业务培训以学校学生工作重点要点为导向，提升整体高校保卫干部队伍在某些方面的业务能力，为队伍发展提供支持。提升性培训主要以选树拔尖型、旗帜型保卫干部为重点，提升保卫干部骨干的核心竞争力。二是兴趣爱好维度，每一名保卫干部应该有自己的爱好及发展方向，根据日常安全维护、突发事件处理、信息掌握维护、人员团队建设等内容将保卫干部对应其兴趣进行划分，学校应该结合这个方向予以重点支持和推广。在兴趣选择上，应在保卫干部个人意愿的基础上加强学校的引导工作，针对每类不同的兴趣爱好，尊重各项专项工作的培养规律，规划不同形式、不同主题、不同频次的培训重点。

（二）分模块设计培训课程

高校保卫干部的工作如防范、管理、教育、政保、服务和执法等，涉及方方面面的知识，需要与不同职业的人打交道。通常情况下，接触最多的是广大师生员工，因此在工作过程中应注意方式方法，讲求政策，依法循章，实事求是，公正严明，把执法和行政管理、服务，以及说服、教育、思想工作、宣传工作融为一体，这就必然要

求高校保卫干部要有较高的文化素养和理论水平，具备一定的语言表达能力和写作能力。要根据国家的法律、法令和党的政策把道理讲透，以理服人，做到逻辑性强、语言准确、措辞得当，以便更好地完成工作。

根据保卫干部的不同特点和不同需求，大体上可将其分为必修课和选修课。必修课程主要包括思想政治教育、日常事务管理、日常安全维护流程管理、初级危机事件处理、政策法规解读、写作表达能力培养、职业礼仪培养等。必修课的设置主要是针对新入职的保卫干部，通过提高理论水平，加强新入职高校保卫干部的基础知识学习，让新任保卫干部能充分地感受职业魅力，通过有力的组织支持，提高职业认同度，培养保卫干部的专业兴趣，增加工作专业性。选修课是在必修课的基础上发展而来的，是在必修课程上进一步凝练的专项选修课程，选修课更注重的是研究与实践，加强高校保卫干部在某一方面能力的提升。

（三）分梯队建设培训团队

针对不同情况的保卫干部队伍，应进行不同的梯队建设。对于已经具有较为完善管理体制的高校保卫干部队伍，高校可以聘请相关领域专家、保卫干部骨干等举办讲座和开展经验交流。同时，建立网课平台，保证保卫干部随时可以咨询相关专业问题，保障队伍的完善和整体专业能力的进一步提升。

对于不太成熟的保卫干部队伍，高校应该在建设时参考借鉴其他较为成熟的保卫干部队伍的建设经验，组织开展高校间工作交流会，避免在建设过程中因缺乏经验而浪费时间和人力财力。当团队建设达到下一阶段时，要能够保障资源的供给跟上，保障团队继续发展。

通过建立较为个性化、全面化的高校保卫干部培训体系，能够进一步提升保卫干部队伍的整体素质与个人能动性，对部分保卫干部在团队中脱颖而出或积极表率有着非常重要的促进作用。在此基础上，保卫干部会更容易实现职业的成功与成长，并对所在职业有着更高的认可度、依赖度和忠诚度，从而实现保卫干部队伍的传承、延续与提升，实现首都高校保卫干部队伍的优化。

三、建立科学公正的保卫干部考核激励体系

高校保卫工作已经形成一套较为完整的管理体系和行之有效的规章制度，并随着改革的深入日臻完善。在保卫干部考核方面目前的关键是执行，需要做到有章必依，执章必严，违章必罚。对个别有章不循，甚至有不轨行为的，就应该严格照章办事，无论是谁，一视同仁。对于不适合做保卫工作的，应调离保卫队伍。为了减少思想阻力，增加认同感，每个规章制度实施前，必须先做好宣传教育和组织学习，言明重要性、必要性，以提高认识。

在激励方面，高校党委、行政要多关心保卫人员，根据相关文件精神采取相应措施提高保卫干部的各项待遇。保卫处隶属于校机关党委，是一个有坐班机制的机关单位，同时保卫处也是有特殊性工作性质的部门，保卫干部长期在办公室外办公，应结合实际情况给予一定的补助。考虑到保卫干部工作辛苦，存在24小时不间断值班、突发性工作时间等较多情况，为了进一步提高保卫干部的工作积极性和稳定性，应该给予一定程度的激励补助，并兼顾制定保卫干部考核评价机制，实施奖惩。具体来说，科学化的保卫干部考核评价体系应该体现以下三个方面。

（一）坚持服务群体作为评价主体

作为保卫干部工作开展对象和服务群体，高校师生是评价保卫干部工作实效的重要力量。保卫干部的工作是否达到了保护高校师生进行正常教学、生活的目的？保卫干部面对危机事件的处理是否及时有效？保卫干部是否在解决问题过程中与学生进行有效交流？针对上述问题，可以最大限度参考高校师生的建议与意见。在具体实施过程中，为了突出服务群体在考核评价中的主体地位，应确保参与评价的高校师生能够达到全体的50%及以上。同时，为了提高评价效率，可以考虑与多部门沟通建立完善的制度联动，如将师生参与评价与报到系统、毕业离校系统相关联，确保通过多种渠道提高高校师生考核评价的参与率。

（二）坚持客观事实与工作实效相结合

对于保卫干部工作实效的评价，应该综合考虑两方面的因素：一方面是保卫干部对于工作的投入程度，即工作量；另一方面是保卫干部开展工作的实效。在具体实施过程中，应该将两种类型的评价方式统一量化于同一评价体系中。在评价保卫干部工作投入程度时，以客观事实为主，如周值班时长、解决问题数量等情况，以这些客观事实为标准进行评价。在评价保卫干部工作实效时，应以主观评价为主，评价对象可以参考多方面群体的考核建议，评价问题如效果是否显著、校内安全情况是否发生改善等。

（三）发挥考核能力提升作用

尽管考核有助于对保卫干部进行客观考察，但考核的目的不是对保卫干部进行监督，而是通过考核帮助保卫干部了解自身工作的问题并帮助他们推动工作。因此，针对保卫干部的考核评价体系，应不仅仅局限于对工作本身的事后评判，还应该聚焦于保卫干部自身的业务素质和职业能力究竟如何。对于日常工作而言，既要依靠保卫干部的自身经验，还要依靠其政策理论水平、应变反应能力等。因此，在保卫干部考核评价体系中，应增加突发问题实际解决思路考核、理论政策答卷考试、工作思路公开答辩等综合性考核方式，发挥考核导向作用，提升保卫干部队伍的业务水平和专业能力。

通过建立较为科学公正的保卫干部考核激励体系，一方面可以在保卫干部队伍中建立规则，实现队伍管理的制度化和规则化，提高保卫干部队伍的工作效率与工作责任感；另一方面可以进一步促进保卫干部工作的积极主动性，从多方面全面考核保卫干部的工作效果，可以帮助其工作进一步提升和完善，从而实现保卫干部队伍的职业成长，实现职业发展的进步。

四、提升保卫干部职业幸福感与职业认同感

结合调研现状可知，高校保卫干部对于职业幸福感和认同感的期待很高，并且对其职业发展有着非常重要的影响作用，大部分保卫干部对自身职业重要意义和价值的理解意识较为淡薄。因此，需要对高校保卫干部进行以下方面能力的培养和提高：

（一）加强保卫干部自身职业价值认识

保卫工作隶属于职业范畴，主要负责保护人类安全，消除危害因素，为满足保卫对象的安全需要，结合客观条件，使用物质、技术方面的手段，与危害因素抗衡。高校保卫工作作为保卫工作的基本组成部分，主要负责维持高校全体师生的安全，在校园内进行有效的防范活动，切实保护法律尊严，严厉打击所有违法违章行为。从职业主体和服务对象层面来说，高校保卫干部同时兼顾着教师、管理人员和思想政治教育人员等多个角色的职能。在教育方面，不同于专业教师，高校保卫干部服务于全体师生，应充分利用所有场合开展宣传教育，面向全体师生大力宣扬法制知识，指导全体师生应认真遵守法律规范，将学生培养成为合格的社会主义接班人。由此可以看出，高校保卫干部在高校内部具有不可忽略的重要作用。

但在实际工作中，大部分保卫干部认为自己的工作仅仅是简单"保安"工作，辛苦而且不需要过多的思想情感投入，因此会对自身的职业价值产生较大的低估。为做好分内工作，高校保卫干部应正确认识自身职业价值，构建和现代发展相一致的职业观念。因此，保卫干部应深入认识职业价值，进而形成强烈的工作动机，养成优秀的道德品质，指引高校师生以及其他工作人员形成正确的价值观和社会观，得到更多师生的认可和尊重，重新对自身职业价值进行合理评估，树立良好的职业观念。高校可以联合组织先进典型的经验交流会，"三百六十行，行行出状元"，通过交流会让更多的保卫干部了解到自己行业的"状元"，从而更好地了解自身的职业价值，推动保卫干部的职业成长与发展。

（二）重视保卫干部能力素质培养

保卫干部的职业能力决定了其团队工作的开展和推进、在校内威信的树立。但根据目前情况来看，高校保卫干部普遍能力素质不高。例如，保卫干部普遍缺少对自身工作的思考，缺乏工作创新力，对于现有的效果不擅长分析总结，等等，这在很大程度上阻碍了高校保卫干部的发展。

为了保证高校保卫干部的能力素质可以有所提高，高校应利用本身的优越条件，有计划、分步骤地安排保卫干部进修学习，选派有培养前途的同志到相关院校深造，等等。同时，单位内的业务学习、心得交流，鼓励保卫干部自觉成才等方式也是提高保卫干部业务素质很好的方法。单位领导和负责同志要根据不同时期的工作实际和具体情况，积极地为保卫干部创造有利条件并对其业务学习和文化学习加以指导，通过有目的、有计划的学习，使其在岗位上成长，在实际工作中得到提高。

在提升能力素质方面，高校可以选用团体辅导形式，即以招募的形式，使不同高校或负责不同工作领域的保卫干部组成小组，进行每周固定的经验交流和工作问题解决，促进建立有效的职业行动和习惯；恰当应对工作压力和冲突；解决工作中遇到的困难和问题；提升保卫干部专业化程度；提升保卫干部的职业认同感和幸福感，促进保卫干部个人成长等。

（三）提升保卫干部理论知识水平

因为高校保卫干部同时兼顾着教师、管理者和思想政治教育者等多个角色的职能，所以保卫干部自身的理论水平也应过关。为了不断提高保卫干部的理论水平，高校可组织保卫干部进行理论学习或者举办理论论坛等活动，组织保卫干部了解当前国家大事、国际事件，深层次了解当前国家形势，提升理论知识水平，增加知识积累量，拓宽视野。

同时，保卫干部还应学习相关其他学科内容，特别要注重信息技术的学习。自进入 21 世纪以来，犯罪手段呈现智能化的发展趋势，大部分犯罪活动和高新技术紧密相关，如果仍然采用传统手段，将会适得其反。当前高校保卫干部的专业水平、知识积累与时代发展存在一定差距，大部分人员的学历较低，这在某种程度上会影响保卫干部的形象，不利于保卫工作的开展。由此，更应积极改善知识结构，增加知识积累量，拓宽视野，这是新形势下构建职业道德素质的主要内容，保卫干部需要为改善自身不足开展相应的学习，通过及时的交流和探讨共同进步。

（四）培养保卫干部职业情感

人在受到外界刺激后会产生情感上的反应，高校保卫干部也是这样，一旦自己的工作得到了认可，就会产生对自身职业的认同感和自豪感。而高校保卫干部只有对职业生成浓厚的情感，认同工作职责和工作义务后，才能保持对团队的强烈的归属感、自豪感和荣誉感，在工作中更有动力和责任感。因此，我们应重视对高校保卫干部职业情感的培养。

在这方面，除了保卫干部自身努力消除自卑情绪，正确认识自身岗位之外，全体师生也应大力支持。例如，学生可以组织与保卫干部队伍进行共同素质拓展活动，在轻松愉悦的氛围中进行全面的互相了解；举行文体竞赛，以较为娱乐化的方式，缓解保卫干部工作压力，同时让保卫干部在娱乐的竞争中提高集体的荣誉感与责任感；在线上对保卫干部的工作进行宣传，让更多学生了解保卫干部的工作内容，拉近学生与保卫干部之间的距离，营造相对宽松的交流沟通环境，帮助学生为保卫干部的工作提出合理有用建议，打破各种界限增进双方交流互动，让全校师生与保卫干部之间能够相互信任，相互接纳，真诚对待，共同成长。

通过理论分析与现状调研，课题组结合实际工作情况凝练总结以上几方面作为促进首都高校保卫干部职业发展的策略建议方案，旨在能够帮助首都高校保卫干部队伍进行职业成长与成功的探索，从而促进其保卫干部个人的职业发展，以及团队的素质水平提升。策略方案需要不断地实践与时间的检验，来保证制度建议的可操作性与可持续性。另一方面，建议方案应根据不同学校的特殊情况进行个性化的修改和完善，以保证策略建议的针对性与有效性。这是在策略建议方案实施过程中需要不断修正与补充的方向。此建议方案也希望能够在首都各高校保卫干部队伍中具有较高的推广价值与示范效应，从而实现本课题重要的实践意义。

首都高校校园交通管理规范研究

北京科技大学"首都高校校园交通管理规范研究"课题组

1 引 言

随着我国高等教育事业的发展，高校规模持续扩大，师生人数不断增多，高校产学研发展向社会开放力度进一步加大，校园内外交往交流日益频繁，校园交通方式不再以传统单一的步行或骑自行车为主。由于机动车迅速发展，其他的各种代步工具也日益增多，人流与车流叠加导致的交通压力逐步增大，校园交通安全问题凸显。校园交通安全问题，关系到师生员工的生命、财产安全，关系到校园的环境秩序，关系到学校的安全与稳定。高校作为重要的教学、科研场所，保持安全、稳定、和谐的校园环境和良好的校园秩序是必需的，如何营造高校发展所需要的良好校园交通环境已成为当前高校改革和发展中一个非常重要的课题。

根据北京市委教育工委、高教保卫学会关于2016年研究课题申报指南，北京科技大学申报了"首都高校校园交通管理规范研究"课题，并获得批准立项。课题由保卫保密处长负责，课题组成员以主管交通安全工作的同志为主体，具有研究能力的其他同志参与共同组成。同时邀请北京海安停车管理有限责任公司相关人员作为技术专家，邀请北京市海淀区交通支队警官为咨询专家，共同完成课题研究工作。

1.1 课题研究背景

1.1.1 课题研究的必要性

高校是社会的一个重要组成部分，良好的安全环境既是高校正常教学、科研工作顺利进行的有力保证，也是确保学校集体和师生人身、财产安全的一个重要因素。高校交通安全是校园安全的重要内容之一，一旦发生交通事故很容易造成人员伤亡，成为校园安全稳定不利因素，也可能给社会整体稳定带来影响。

高校校园作为城市结构中的一个特殊部分，为社会服务的职能逐步加强，城市机动化所带来的道路交通问题已辐射至校园。同时，随着学校自身的快速发展及高校社会化的不断推进，高校校园开放程度不断加大，校园内机动车辆、非机动车辆及各种代步工具剧增，校园道路的交通流量逐年增加，校园道路出现机动车、非机动车、行人混行的局面，随之而来的校园交通压力剧增，给校园交通安全带来了诸多安全隐患。

近年来，随着大学校园车辆增多，校园交通秩序受到影响，交通事故也频频发生，给师生的生命财产安全带来了损失，有的还酿成群体性事件，一旦处置不当极有可能转化为社会热点，给学校的社会形象带来一定的负面影响，继而影响到学校正常的教学、科研、生活秩序。

《中华人民共和国道路交通安全法》明确规定，交通安全工作应当"遵循依法管理、方便群众的原则，保障道路交通有序、安全、畅通"。如何做好交通安全管理工作是摆在我们面前的一项重要工作任务。"安全第一，预防为主"是安全管理工作一贯坚持的方针，规范校园交通安全管理，维护校园交通秩序，预防预控交通事故，是交通安全管理工作的重要内容。我们开展"首都高校校园交通安全管理规范"课题研究，探讨校园交通安全管理问题，有的放矢，对症下药，对解决校园交通管理存在的问题极为重要且必要。

1.1.2 课题研究的目的及意义

随着高校校园交通安全隐患问题越来越突出，高校可持续发展所需要的良好校园交通秩序已成为当前高校改革和发展中亟待解决的问题，校园交通问题也受到司法部门、新闻媒体及社会舆论的关注，针对校园交通问题的探讨也越来越多。然而由于校园人员密集、空间有限、交通道路狭窄、机动车数量逐年增多、校园交通硬件设施不足，加之校园道路执法权的归属问题，如何规范校园交通管理成为亟待解决的难题。

校园交通管理不仅关系到学校可持续发展，也涉及社会城市发展，因此开展校园交通管理方面研究，一是可以了解当前校园交通管理现状，提炼总结好的管理经验，为规范校园交通管理，健全交通管理体制机制，完善管理措施提供好的借鉴；二是通过开展交通安全管理研究，制定可行的校园交通安全管理规范，使交通安全管理工作更加科学化、规范化和标准化，进一步提高交通安全管理工作的质量。从而能促进各类高等院校进一步加强校园交通安全管理，维护校园良好交通秩序，保证高校校园安全稳定，对解决校园道路交通存在的问题具有重要的现实意义。

1.2 交通安全管理现状

1.2.1 校园交通安全管理主体及法律依据

以美国为例，针对校园安全，美国制定有《校园安全法》，明确了校园安全的管理主体与法律依据，把高校交通安全管理纳入校园安全法内容，校园交通安全管理有法可依。校园安全管理人员由三部分组成：执法警察（以教工身份招聘，享有执法权）、安全管理人员（没有执法权）和保安人员（由校执法警察统一指挥）。

我国高校校园交通管理相关法律规定不明确，《中华人民共和国道路交通安全法》中的"道路"是指公路、城市道路和虽在单位管辖范围但允许社会机动车通行的地方，包括广场、公共停车场等用于公众通行的场所，其中没有明确涵盖校园内部道路，没有对高校交通安全管理做出有关规定。《企事业单位内部治安保卫条例》规定，高校作为企事业单位之一，其职能部门不再具有执法权，只有公安交通管理部门才有权处理各类交通事务，但是也没有具体授权交通警察进入校园开展高校交通安全管理。

1.2.2 校园交通管理实效

美国各高校由校园警察对校园车辆实施管理，校园警察在法律允许的框架内根据各自的特点实施交通管理。加州大学洛杉矶分校，在教学或科研活动中心周边区域修建停车场供师生及其他员工停放车辆；校园道路规划停车位，外来办事车辆停泊在临时停车位，通过打表收费。斯坦福大学，教学区禁止机动车行驶，同时学校配备公共车辆供校内师生免费乘坐，校车每天运行 20 小时，时速不超过 15 英里。奥克兰大学，在教学中心区，道路实行机动车禁行制度（消防车、救护车除外），即使特殊车辆在校园行驶，时速严格控制在 10 英里以内。佛罗里达大学，采取了限制在大学校园停车、提高停车费标准、加强交通服务水平以及无障碍设计等交通需求管理的措施。

我国高校校园道路与社会道路交通管理脱节，高校校园交通安全管理一般为自主管理，当前高校校园内的交通标牌都是学校自主设计并设置，各类交通标牌标线等标志约束力及法律效力不强，校园内各种车辆随意行驶、停放、超速现象屡禁不止。

针对国内校园交通安全管理现有特点，有关学者提出了相应管理措施：①高校应从有序控制外来车辆、加强校园内的车辆管理、健全校园内的交通安全设施、提高师生的交通安全意识等方面多管齐下，杜绝校园内交通事故的发生。②严控入校车辆，分时段禁止机动车通行，校园道路设置减速带、交通标志牌，整顿乱停乱放妨碍交通的车辆，加强宣传教育等方式预防校园交通事故的产生。③将《中华人民共和国道路交通安全法》引入校园，建议建立交警驻校制，进一步明确高校校园交通安全管理制度的法律效力等。

综合相关文献，校园交通安全管理缺乏统一的管理规范，各学校根据情况自行制定相应的一些措施，同样的交通问题，管理方式、方法、手段、措施不同，管理标准不同，交通行为人在不同的高校遵守不同的规定，常引发不安定事端。

1.2.3 影响交通安全的主要因素

提到交通安全，人们自然会将它与交通事故联系在一起，对于某一起交通事故，乍看起来是偶然的，实则必然性寓于偶然性之中。因此，某一起具体的交通事故必有它的必然性，必然性必须从人、车、路三方面进行分析。

一是人的因素。人是交通安全中最重要的因素。交通安全的关键是人，人是交通安全的核心。国内外的交通事故统计表明，有80%~85%的事故是由人造成的，包括驾驶人的驾驶失误、麻痹大意和违章行驶等；还包括行人不遵守交通法规等。根据道路交通事故的统计与资料分析，因驾驶人失误而发生的交通事故约占交通事故总数的70%，因此，人是道路交通中最重要的因素。

二是车的因素。交通安全的第二要素是车，包括机动车和非机动车。资料表明，由于车辆本身因素所造成的交通事故，在工业发达国家占5%左右，在发展中国家占10%左右。在交通事故中，车辆事故主要是由车辆的机械故障造成的，包括制动失灵或不合格，转向失灵或不合格，轮胎脱出或爆裂，灯光损坏、灯光眩目、连接失效等。近年来因车况不良而造成的交通事故大幅上升，因此车辆也是道路交通中的主要因素。

三是路的因素。路是交通安全的第三要素。道路是交通行为的载体，具有良好的道路环境，能够消除交通安全隐患，避免或减少交通安全事故。因道路客观条件造成的交通事故也经常发生，因此道路是交通安全中的客观因素。

1.3 研究内容和研究方法

1.3.1 课题研究内容

本课题依据国家全面深化改革和依法治国的战略部署，根据国家有关法律法规和依法治校，提升治理能力的高校自身发展对交通安全工作提出的新要求，结合高校校园交通安全管理存在的问题，针对不同校园周边环境和校内地理条件研究提出相应的校园交通管理模式，针对校内不同功能区域研究提出相应的交通管理措施和设施设备配置标准，针对重点时期重大活动研究提出相应的校园交通管制相关措施，提出校园交通管理规范要求。

1.3.2 课题研究方法

通过查阅文献资料和调查问卷方式，深入了解首都高校校园交通现状、校园交通模式、校园管理措施以及交通设施配置标准。本课题采用调查问卷的方式，对首都高校校园交通安全管理的现状调查，共发放问卷 750 份，收回有效问卷 455 份，回收率为 60.67%。根据调查统计数据，研究分析当前情况并进行对比分析，总结当前校园交通现状和存在的主要问题，从而提出可行性建议和对策。

2 校园交通安全存在的问题

2.1 交通安全管理体制机制不健全

2.1.1 交通安全组织机构不健全

学校交通管理是一项基础性工作，长期以来在高校各项工作中处于边缘地带，尽管校园交通问题日益凸显，但学校的重视程度和投入力度还远远不够。个别高校未成立交通安全管理组织领导机构，无专门工作机构，无专职交通安全管理工作人员。

通过对"是否设立校级交通安全委员会"及"是否设立交通安全委员会办公室及专职工作人员"等问题的调查显示，目前，84.40% 的学校已设立校级交通安全委员会（见图 1）；78.24% 的学校已设立交通安全委员会办公室（见图 2），其中只有 71.43% 的学校配置专职交通安全管理人员（见图 3）。

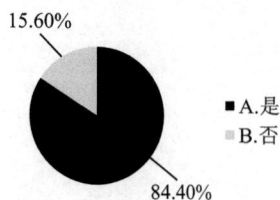

图 1　校级交通安全委员会设立情况统计图　图 2　交通安全委员会办公室设立情况统计图　图 3　专职交通安全管理人员情况统计图

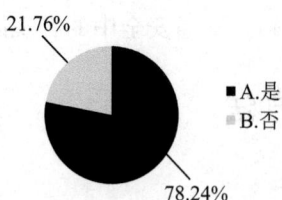

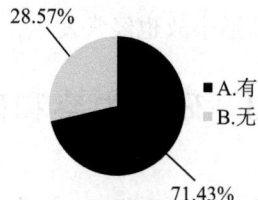

由此可以看出，依然有部分学校没有设立学校交通安全组织领导和工作机构，此问题的根源在于学校领导对校园交通安全工作重要性认识不足，重视不够。建立校园交通安全工作队伍是做好校园交通安全工作的前提，各高校领导应给予高度重视，充分认识校园交通安全形势，抓好交通安全工作队伍建设。

2.1.2　交通安全管理制度不健全

无规矩不成方圆，校园交通安全管理是一项系统工程，缺乏健全的规章制度，各项管理措施就无法落实到位。

通过对"校园交通安全管理制度有哪些"这一问题的调查，统计数据如图4所示：80.88%的学校建立交通安全责任制；71.43%的学校建立宣传教育制度；84.62%的学校建立机动车管理规定；58.24%的学校建立非机动车管理规定；47.25%的学校建立各类区域通行管理规定；58.46%的学校建立停车场管理制度；47.47%的学校建立重点时期管理办法；59.34%的学校建立大型活动管理办法。

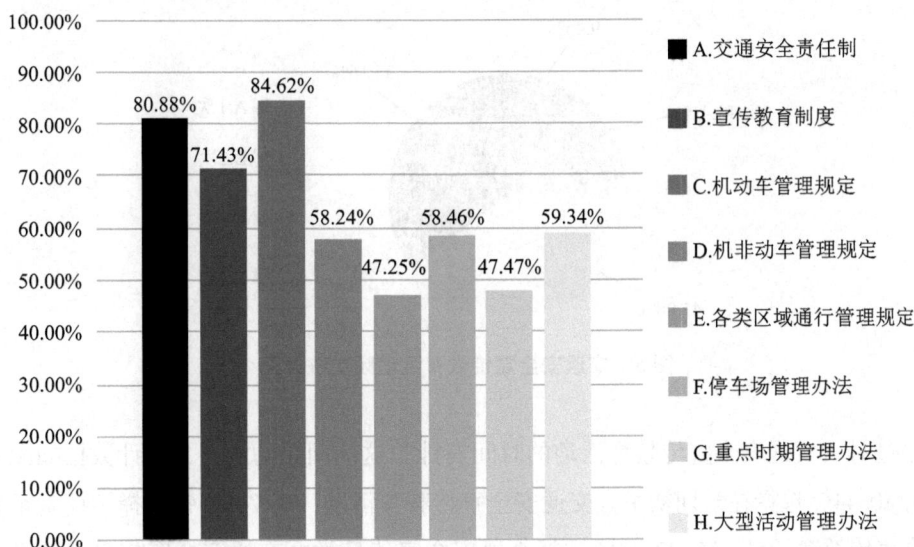

图4　交通安全管理制度情况统计图

由以上数据可以看出，各学校交通安全管理制度并不健全。《中华人民共和国高等教育法》没有对高校交通安全管理作出有关规定，《中华人民共和国道路交通安全法》也没有具体授权交通警察管理高校交通安全，这使得高校校园交通安全管理处于立法盲区。因此，缺乏上级部门可操作性强、有针对性的文件依据是造成制度不健全的主要成因。

2.1.3　交通安全管理责任不明确

在建立健全的规章制度基础上，应明确学校、二级单位、师生个人职责，将交通安全责任逐级分解，并做到层层落实，才能保证各项安全管理措施有效实施。通过调查显示，80.88%的学校建立了交通安全责任制，仍有部分学校未建立交通安全责任制，交通安全管理责任不明确。

2.2　校园交通安全宣教培训不到位

高校在校园交通安全宣传教育的过程中，虽然通过不断强化交通安全宣传力度，起到了一定的良好宣传效果，但总体上仍存在宣教培训不到位的问题，具体表现在宣传教育重视程度不够、宣传教育实效性不强、师生校园交通安全意识差等方面。

2.2.1　宣传教育重视度不够

通过对"学校每学期组织交通安全宣传教育活动的频次"这一问题的调查，统计数据如图5所示：有超过77%的师生认为学校每学期组织两次以下的活动就可以了。

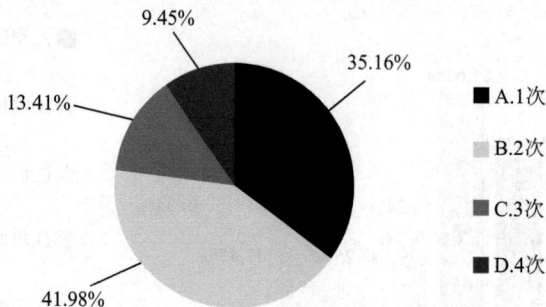

图5　交通安全宣传教育活动频次统计图

通过对"交通安全宣传教育活动的时间安排"这一问题的调查，统计数据如图6所示：有80.44%选择在学期初举办交通安全宣传教育活动，有74.95%选择学期末举办交通安全宣传教育活动，有22.42%选择交通安全宣传日举办交通安全宣传教育活动，有1.76%持有其他的观点。

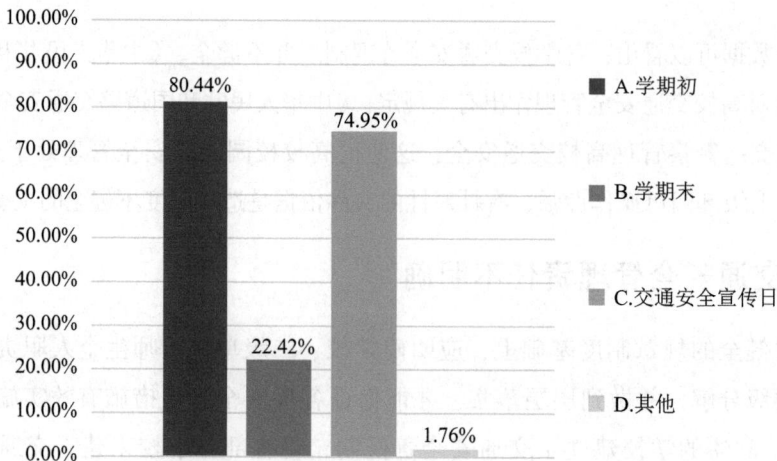

图6　交通安全宣传教育活动时间段统计图

综合上图调查数据说明，师生对交通安全宣传教育活动认识不高，重视不够，在交通安全宣传教育的频次和时间段选择上，师生普遍倾向于在学期初或学期末组织 1～2 次交通安全宣传教育活动，缺少日常交通安全宣传教育。

2.2.2　宣传教育实效性不强

通过对"学校组织的交通安全为主题的活动参与度"这一问题的调查，统计数据如图 7 所示：有超过 55％的师生很少参加或基本没有参加过学校组织的以交通安全为主题的活动。

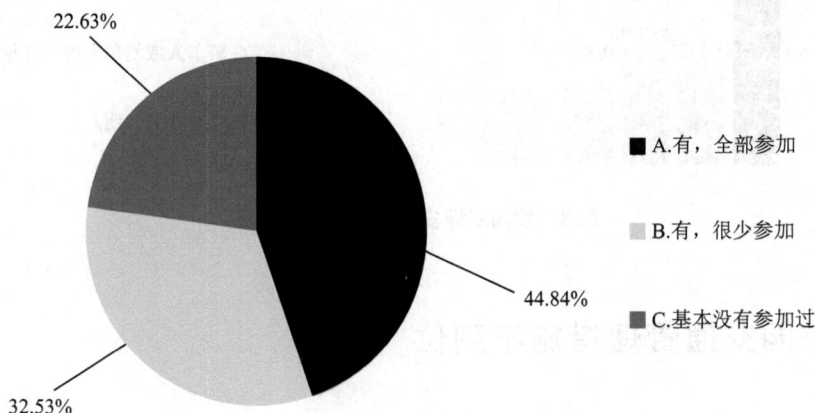

22.63%

44.84%

32.53%

- ■A.有，全部参加
- ■B.有，很少参加
- ■C.基本没有参加过

图 7　交通安全为主题的活动参与度情况统计图

校园交通安全宣传教育培训覆盖面不够，安全培训广度和深度还有欠缺之处，交通安全宣传教育实效性差。第一，尚未完全形成交通安全宣传阵地体系；第二，还没有充分利用电视台、广播电台、报刊、互联网搭建空间宣传平台，依托媒体，充分发挥媒体宣传的规模效应、聚焦效应和渗透功能；第三，沿袭传统的宣传教育方法和手段，发放宣传资料包括挂图、宣传单、安全提示标语横幅、提示性内容贺卡、提示性条幅、播放交通案例警示片等。

2.2.3　师生校园交通安全意识较差

综合前述宣传教育重视程度不够、实效性不强等问题，并通过对"校园交通安全隐患原因"的调查，反映出师生校园交通安全意识较差。调查统计数据如图 8 所示：60.88％为骑车人或驾车人遵规守纪意识淡薄，45.71％为师生安全意识不强。

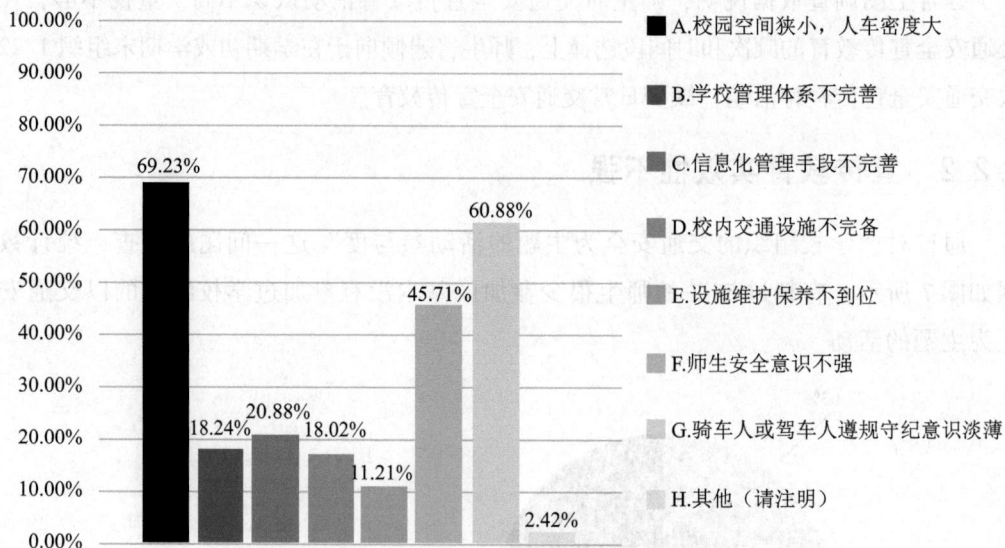

图8　校园交通安全隐患原因统计图

2.3　校园交通管理措施不到位

2.3.1　高校交通规划缺乏前瞻性

高等学校作为人员密集场所，校园人员密集，各类建筑物相对集中、功能复杂。校园规划中保卫部门参与度不够，校园规划中没有充分考虑交通安全因素，如目前随着社会进步、师生生活水平提高、车辆增加迅速，停车难是突出问题，交通管理方面无统一规划。多年的交通管理实践证明，不同功能区域交通安全管理措施应有所不同。

在"贵校校园区域划分"问题上，调查结果如图9所示：超过一半的高校设有教学区、学生宿舍区、办公区、体育场馆区和居民区；部分高校校园没有明确的功能区域划分，校园规划区域划分没有统一的标准。

在"贵校校园交通是否实现分区管理"问题上，调查结果如图10所示：有69.45%的校园实现分区管理，有30.55%的校园未实现分区管理。

在"校园分区管理缓解教学区交通压力"问题上，调查结果如图11所示：有84.61%认同校园分区管理的做法，超过15.39%的师生不认同校园分区管理的做法。

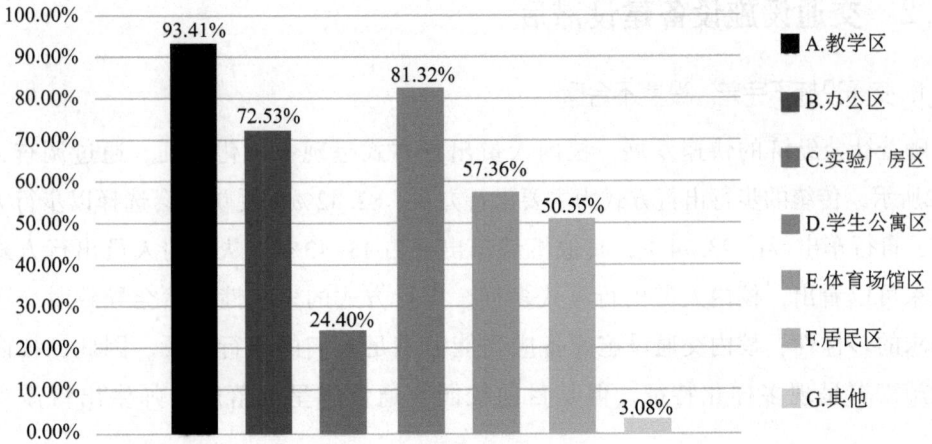

图 9　校园区域划分情况统计图

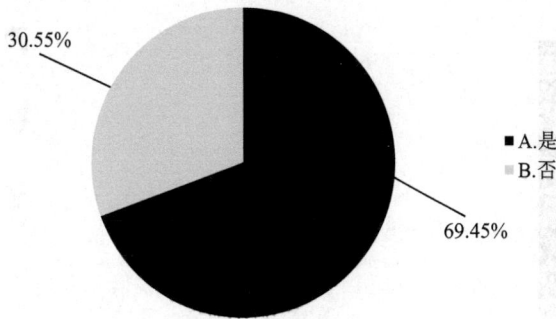

图 10　校园交通分区管理情况统计图

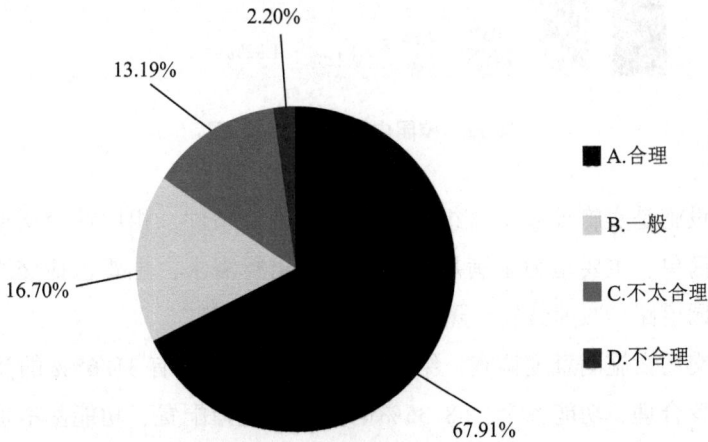

图 11　校园分区管理缓解教学区交通压力情况统计图

2.3.2 交通设施设备建设滞后

1. 交通设施不完善，设置不合理

随着社会经济的快速发展，校内人员出行方式呈现多样化特征。通过调查，如图12所示，传统的步行出行方式为主要出行方式。82.42%的受访者会选择以步行方式出行，自行车出行占23.74%，其他机动车出行占11.43%。从校内人员出行方式统计结果可以看出，校内人员出行方式多样。出行方式的多样性必然会导致对交通设施需求的多样性，校内交通设施配备应当能够满足人们的出行需要。因此，校内交通设施需求呈现多样化特征。但是目前校园交通设施呈现落后于师生出行需求的特点。

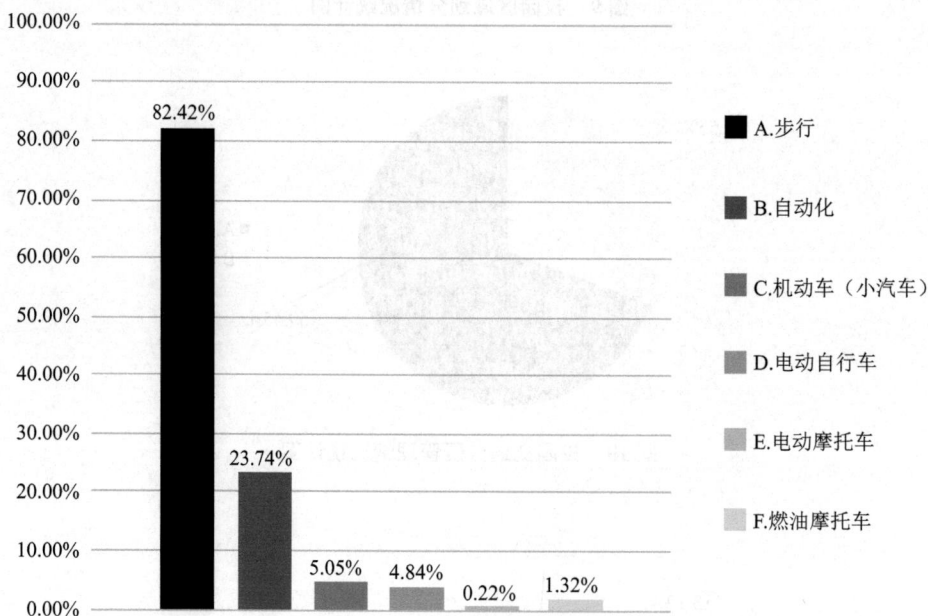

图12　校园内出行方式统计图

高校交通设施是实施校园交通组织和管理的硬件条件，相比社会交通而言，高校交通设施相对简单，主要是为了满足校内人员的出行需求，主要包括交通指示牌、道路通行线、校园道路、减速装置、隔离栏以及停车设施等。

针对校园交通设施满意度调查，结果如图13所示：只有31.65%的受访者选择校园交通设施设置合理，功能齐全；68.35%的受访者选择配置、功能基本适用和配置不合理，功能不全。由此说明目前校园交通设施设备的配备不健全。

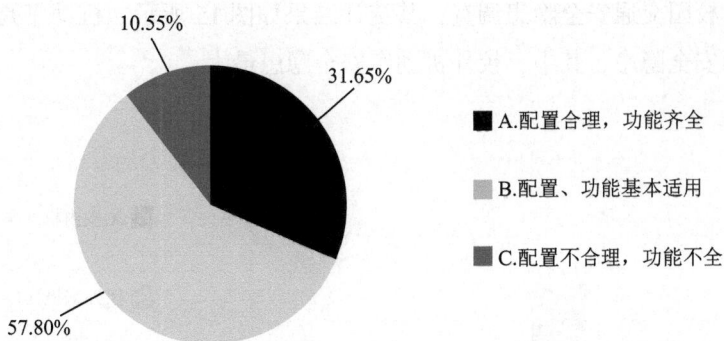

图13　校园交通设施情况满意度情况统计图

2. 校园停车位不足，停车问题凸显

由于高校建校历史较长，建校之初未预料机动车发展如此之快，加之受到校园空间规模限制，未规划设计充足的停车位，随着现在校内每日进出机动车数量的增加，校内停车位不足的问题突出。

调查统计结果如图14所示：停车位是目前与师生关系较为密切的交通设施，其次是共享单车和充电桩。因此需要加大对校园交通设施的投入力度，尽力满足师生的需求。

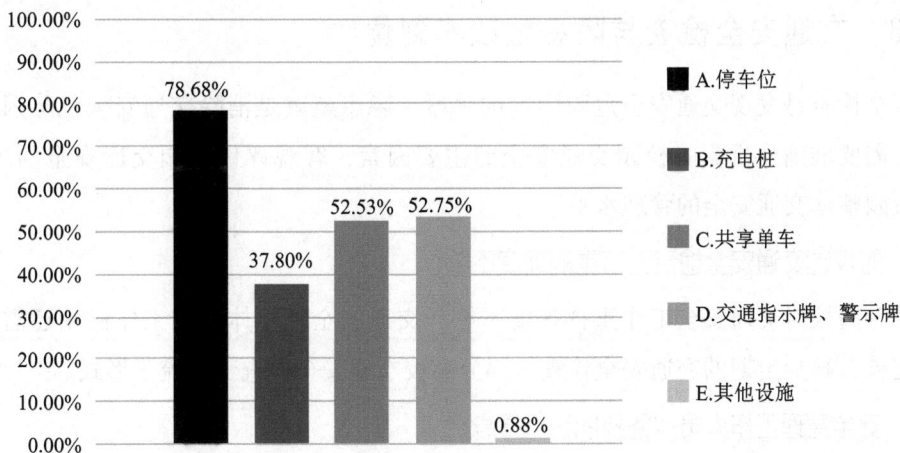

图14　交通配套设施调查情况统计图

3. 校内交通情况复杂，智能化管理水平不高

随着社会经济快速发展，学校与社会之间人员交往增多，更多的社会车辆会进入校园，新兴的共享单车正在迅速发展，导致校园内的机动车、共享单车大量增加，出现乱停乱放现象严重，从而凸显人力资源不足，缺少智能化管理手段对校内车辆进行

管理。通过对校园交通安全隐患调查，其统计结果如图 15 所示：机动车是目前师生认为最大的交通安全隐患，其中，校外机动车安全隐患最大。

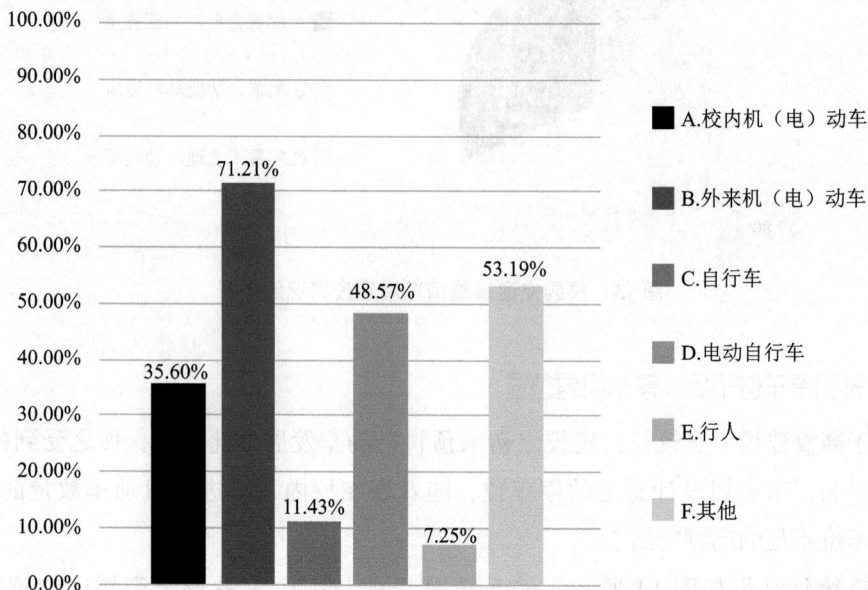

图 15　校园交通安全隐患情况统计图

2.3.3　交通安全检查与隐患整改不到位

安全检查是发现交通安全危险因素的手段，隐患整改是消除交通安全危险因素的措施。需要准确分析影响校园交通安全的主要因素，客观评价校园交通安全的现状，提高校园整体交通安全的管理水平。

1. 对校园交通安全检查工作重视程度不够

部分高校对交通安全工作重视程度不够，交通安全领导体系和工作机制还需要进一步完善，缺少定期的交通安全检查，部分高校交通安全检查工作流于形式。

2. 安全管理工作人员业务技能有待提高

交通检查是实践性很强的工作，对安全管理工作人员知识和技能有较高的要求。特别是近年来高校交通环境复杂，校内人员、车辆集中呈现在有限的空间环境下，交通检查人员对新的交通安全隐患、危险认识能力不够，在检查工作中不能发现交通安全隐患。

3. 交通安全监督检查责任落实不到位

高校内部对交通安全监督检查的认识不强，不能严格履行交通安全主体责任，对交通安全监督检查工作存在误区，不能有效开展单位内部交通安全检查，对身边的交通安全隐患不能及时消除，未建立校内考核奖惩机制。

通过对"贵校是否将交通安全工作纳入单位及个人考核内容"这一问题的调查，其统计如图 16 所示，虽然 54.67% 的高校已经将交通安全工作纳入单位及个人考核内容，但是还有 45.33% 的高校未将交通安全工作纳入单位及个人考核内容。

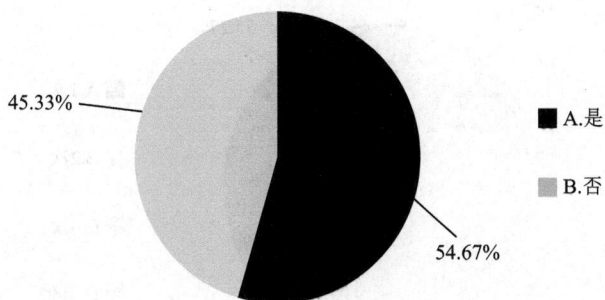

45.33%

■ A.是

■ B.否

54.67%

图 16　交通安全工作纳入单位及个人考核统计图

4. 高校应急预案与演练机制不健全

高校交通安全事件的最本质特征是突发性，经常让学校感到意外或处理困难。一旦发生突发事件，会给学校现有的学习、工作、生活和秩序造成一定的干扰或影响，具有一定的危险性和影响力。因此，有必要开展交通安全应急演练。在开展交通安全应急演练这个问题上，其统计如图 17 所示：47.27% 的高校开展了交通安全应急演练，而 52.73% 的高校未开展交通安全应急演练。因此，建立交通安全应急演练机制，能够推进高校交通安全管理，提升有效应对突发事件能力，是必要的。

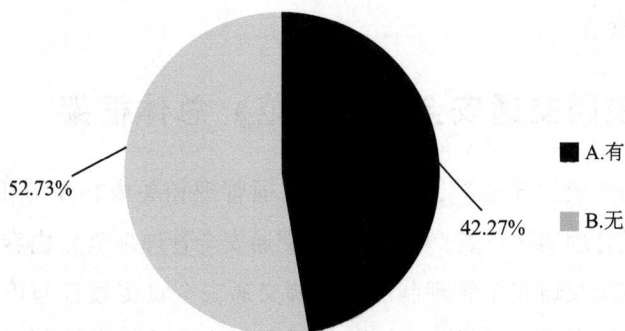

52.73%

■ A.有

42.27%

■ B.无

图 17　交通安全应急演练情况统计图

　　高校每年开展交通安全应急演练的次数，经过统计，如图 18 所示：47.29% 的高校每年进行 2 次交通安全应急演练，35.27% 的高校每年进行 1 次交通安全应急演练，只有 14.34% 的高校每年进行 3 次交通安全应急演练。应急演练频次偏低会造成高校师生应对突发事件能力不足，面对突发的交通安全事故束手无策。

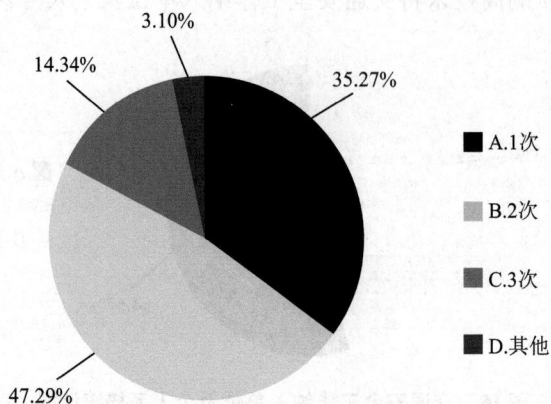

图18　高校每年开展交通安全应急演练次数统计图

3　校园交通安全管理对策

　　为有效解决校园交通安全管理方面存在的问题，做好校园交通安全管理工作，制定并建立《高校校园交通安全管理规范》是有效途径。通过制定《高校校园交通安全管理规范》，建立健全校园交通安全管理体制机制，提出校园交通安全管理措施，使交通安全管理工作更加规范化、制度化、科学化，有效维护校园良好的交通秩序。《高校校园交通安全管理规范》的制定要坚持"统筹规划、师生为本、因校因地、人物技相结合"的原则。

3.1　《高校校园交通安全管理规范》总体框架

　　根据有关交通安全法律法规，查阅道路交通管理相关内容及分析调查问卷结果，结合校园道路交通管理实际特点，《高校校园交通安全管理规范》内容应包括校园交通安全组织领导、校园交通安全管理制度、校园交通安全宣传教育与培训、校园交通安全管理与服务、校园交通安全设施设备、校园交通安全检查与问题整改、校园交通安全考核与奖惩及校园交通安全应急处置与条件保障等。

　　《高校校园交通安全管理规范》框架结构如图 19 所示。

组织领导 { 组织机构 / 具体职责

管理制度 { 基本制度 / 专项制度 / 二级制度

宣传教育与培训 { 宣传教育与培训原则 / 宣传教育方式 / 教育培训内容 / 宣传教育时间

交通安全管理与服务 { 校园交通管理模式 / 校园道路管理 / 机动车管理 / 非机动车管理 / 行人管理 / 停车场管理 / 校园区划管理 / 重要时期及大型活动管理

交通设施设备 { 科学规划和设计 / 基础设施 / 安全设施 / 交通智能管理系统建设 / 设施设备的维护和保养

安全检查与问题整改 { 安全检查 / 问题整改

考核与奖惩 { 考核 / 奖惩

应急处置与条件保障 { 应急处置 / 条件保障

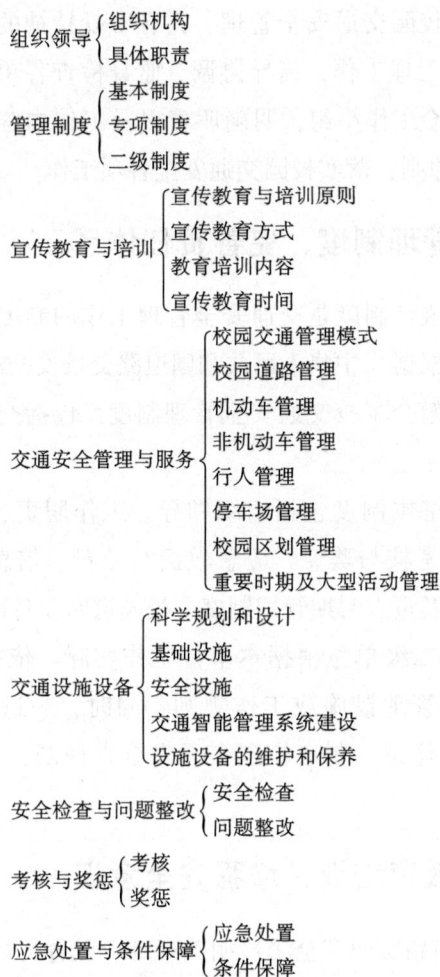

图 19 《高校校园交通安全管理规范》框架结构

3.2 《高校校园交通安全管理规范》要求

3.2.1 建立健全组织机构，明确工作职责

为做好校园交通安全管理，加强对校园交通安全工作的组织领导，需要建立健全校园交通安全组织机构，同时进一步明确工作职责，确保交通安全工作有效落实。学校要成立由主管安全的校领导为负责人、各相关职能部门主要负责人为成员的学校交通安全委员会（领导小组），加强对校园交通安全工作的领导，全面负责学校交通安全工作，对全校交通安全工作实施组织领导、统筹协调、监督检查等。主要职责是组织召开交通安全工作会议，学习贯彻交通安全方面的法规、政策及相关制度，研究制定学校交通安全防范措施，检查交通安全岗位责任落实情况等。同时设立交通安全管理

工作机构，并配备热爱校园交通安全管理、具有奉献精神的专职管理人员，负责校园交通安全委员会的日常管理工作，指导协调、监督检查各单位交通安全管理工作。另外，各学院成立交通安全工作小组，明确职责以及工作内容，并层层落实责任，坚持"谁主管，谁负责"的原则，落实校园交通安全各项工作。

3.2.2 建立健全管理制度，完善责任体系

校园交通安全管理规章制度是交通安全管理工作的制度保障，是开展校园交通安全管理工作的依据。要根据《中华人民共和国道路交通安全法》及其他相关法律法规，结合学校自身实际建立健全本校交通安全管理制度，包括交通安全基本制度、专项制度和二级制度。

校园交通安全管理基本制度包括组织领导、工作职责、管理措施、教育与培训、安全检查与隐患整改、考核与奖惩、应急救援与处置、信息报送及档案管理等内容。专项制度包括大型活动及重点时期管理制度、校园道路及各区域管理制度等。

二级制度是学校各二级单位根据本单位工作实际，依据学校基本制度和专项制度，制定本单位的具体管理措施或工作规则。同时，为进一步落实交通安全责任，需要完善交通安全责任体系，制定校园交通安全责任制，确保交通安全工作层层得到落实。

3.2.3 加强宣传教育培训，增强安全意识

《中华人民共和国道路交通安全法》明确规定"教育行政部门、学校应当将道路交通安全教育纳入法制教育的内容"，《北京市道路交通安全防范责任制办法》规定"学校应将交通安全教育纳入学校的教育内容，定期进行交通安全专题教育"。鉴于高校校园道路交通安全的严峻形势及未来交通面临的压力，营造人、车、路协调发展的校园交通环境，预防并减少交通事故的发生成为校园交通管理的重中之重，而加强宣传教育与培训，从源头上增强师生交通安全意识，提高自身防护能力，是做好校园交通管理工作的前提和保障。

交通安全重在安全意识的培养，通过对"提高师生交通安全意识有效途径"的调查，显示加强宣传教育是最有效的途径。调查统计数据如图20所示：80.22%的师生认为加强宣传教育力度是提高师生交通安全意识的有效途径，57.36%的师生认为丰富教育培训内容可以有效地增强师生的安全意识，规范其行为。因此，通过开展形式多样的安全宣传、教育、培训等活动，进一步加大宣传教育力度，可逐步提高师生交通安全意识。

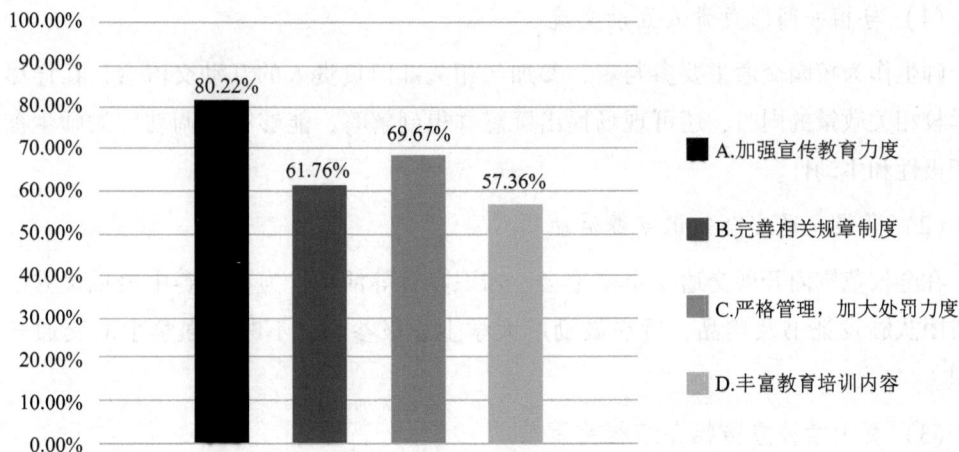

图 20　提高师生交通安全意识情况统计图

1. 宣传教育方式

采用适合的宣传教育方式，对取得工作实效十分重要。通过对"愿意参加与交通安全相关的活动"这一问题的调查，其统计数据如图 21 所示：45.49% 的师生希望参加与相关部门负责人互动的交流会；51.65% 的师生希望参加交通安全知识竞赛；61.32% 的师生希望通过学校宣传栏来了解相关知识；35.16% 的师生希望利用课余时间参与交通安全的宣传活动；18.90% 的师生希望以志愿者身份参加交通管理工作。调查数据反映学校交通安全宣传活动形式应多样化，从广大师生的培训需求出发，进一步加大宣传教育力度，切实增强师生的交通安全防范能力。

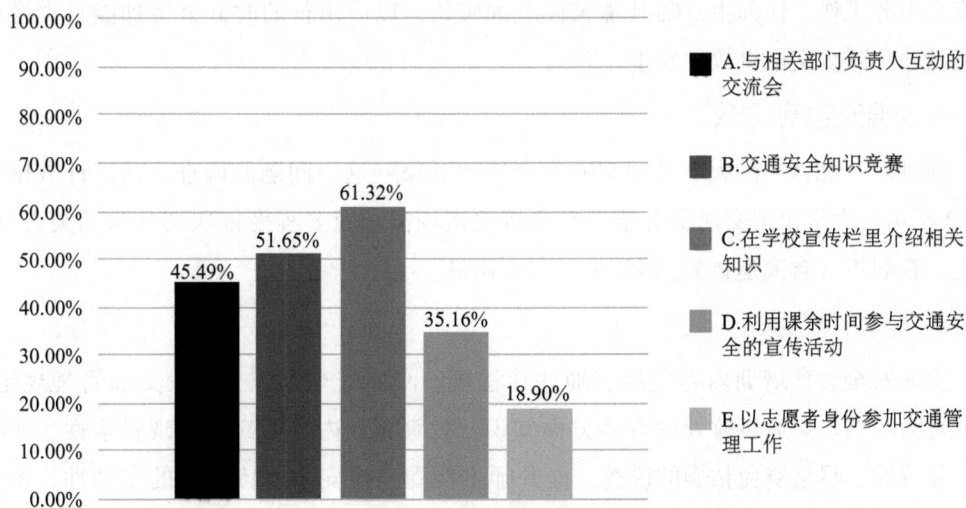

图 21　交通安全相关活动情况统计图

（1）与相关部门负责人互动交流

师生作为校园交通主要参与者，参加与相关部门负责人的互动交流会，在详尽了解学校相关政策的同时，还可现场提出疑惑并得到解答，能够充分调动广大师生参与的积极性和主动性。

（2）开展交通安全知识竞赛活动

在全校范围内开展交通安全辩论会、知识竞赛等活动，为在竞赛中表现优秀的同学或团队颁发证书及奖品，旨在鼓励广大学生积极参与，不断增强学生的交通安全意识。

（3）利用学校宣传栏介绍相关知识

学校宣传栏一般都设在人员流量较为密集的公共场所，通过宣传栏介绍交通安全的相关知识，让师生主动或被动了解交通安全知识，加深印象，达到掌握交通安全知识的目的。

（4）利用课余时间参与交通安全的宣传活动

师生在校园以教学、科研、学习为主，考虑到师生时间的不确定性，交通安全宣传活动应以营造氛围为主，让师生随时都有可能参与到活动中来，如征集交通安全宣传作品，利用学校 LED 屏滚动播放交通安全宣传片等。

（5）以志愿者身份参加交通管理工作

高校可以成立交通安全志愿者队伍，由师生自愿报名参加，利用课余时间在校园内或者校园周边，尤其是公交站、地铁站、十字路口等地协助维持交通秩序，义务承担安全引导工作，让师生身临其境来体验和感悟，以后出行的时候就更加能自觉遵守交通秩序，减少交通事故的发生。

2. 交通安全培训对象

通过对"您认为的大学校园交通安全培训对象"这一问题的调查，其统计数据如图 22 所示。大学校园交通安全培训对象按照培训需求重要程度依次划分为四类人群：学生、教职工（含离退休）、留学生、公车司机。

3. 教育培训内容

交通安全教育培训内容包括交通法律法规、交通安全知识、学校交通管理规定、交通行为习惯、交通事故处理等多方面知识。教育培训内容要充分体现科学性、趣味性、易读性，尽量避免枯燥的说教，提升师生接受交通安全宣传教育的主动性、积极性，从而提高交通安全宣传教育的实效性，切实提高师生的安全防范能力，预防和减少各类交通安全事故发生。

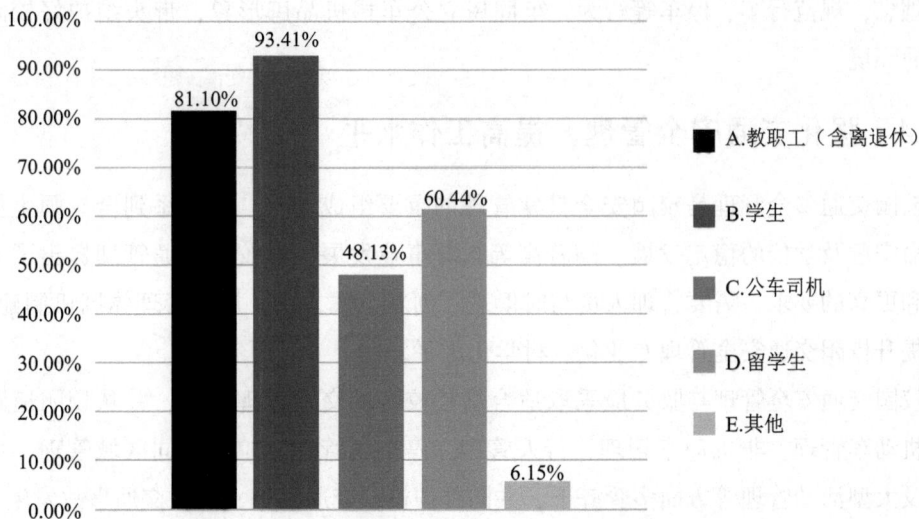

图 22　大学校园交通安全培训对象情况统计图

（图例：
A.教职工（含离退休）
B.学生
C.公车司机
D.留学生
E.其他）

4. 实施差异化教育和培训

校园交通安全应实施差异化的宣传教育和培训，要根据不同的培训对象和需求，制定有针对性的培训内容和培训方式。

对于教职工，突出开展"校园安全驾车"方面的教育培训。结合本校的典型事故视频资料，通过案例分析等方式，使广大教职工充分认识校园交通安全的重要性与关键点，主动配合学校交通安全管理。

对于在校学生，突出骑行自行车、道路通行方面的安全教育。针对大一新生的交通安全宣传教育，可通过设置安全教育课，开展社团活动、安全知识讲座、"校园交通志愿服务岗"等，让广大新生了解严格遵守交通法规的必要性，真正做到"会安全走路，会安全骑车，会安全乘车"。

对于留学生（特指在校学习的其他国家学生），突出国家法律法规、道路交通基本通行规则、机动车登记管理制度、机动车驾驶证申领使用规定、校纪校规（涉及校园交通安全规定），让留学生自觉规范道路交通行为，认识到违反法律法规和校纪校规的严重性，强化其交通安全意识，做到安全出行，文明出行，严防事故。

对于公车司机（学校公务用车专职驾驶人员），突出道路交通安全相关法律法规、学校公务车辆使用管理规定、安全意识和责任意识教育、事故案例教育等。定期举办交通安全教育培训讲座，剖析典型交通事故案例，讲述交通事故的成因和特点，讲授预防事故发生的技能等，让公车司机提高交通安全意识，模范遵守交通规则。公车司机集中进行安全学习与教育，每学期不得少于两次；通过学习与教育，强化公车司机服务理念，规范行车、停车等行为，牢固树立公车司机品牌形象，带头维护好校园道路交通环境。

3.2.4　强化交通安全管理，提高工作水平

校园交通安全管理是校园安全日常管理的重要组成部分，它关系到全校师生员工的生命安危及学校的稳定发展。随着高等教育事业发展，对校园交通管理提出了新的课题和更高的要求，需要管理人员与时俱进、创新方式方法，加强管理体制机制建设，逐步提升校园交通安全管理专业化、科学化水平。

校园交通安全管理与服务应采取适合高校校园的交通管理模式，并从校园道路管理、机动车管理、非机动车管理、行人管理、停车场管理、校园不同区域管理、重点时期及大型活动管理等方面多管齐下，共同维护校园交通秩序，防止交通事故发生。

1. 选择合适的校园交通管理模式

目前，首都高校校园交通管理模式各不相同。通过对"校园交通管理模式"这一问题的调查，其统计结果如图23所示：78.24%的学校选择自管，17.36%的学校选择委托专业公司管理，3.52%的学校选择物业管理，0.88%的学校另有其他选择。由数据分析得知，校园交通管理模式应根据学校独特的地理环境而有所不同。

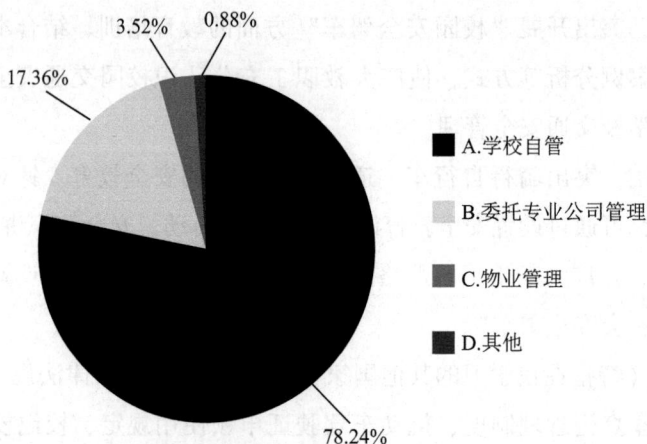

图23　校园交通管理模式情况统计图

① 校园具有独立的地理环境，校园交通安全管理由学校自管，便于学校进行统一的规划和管理，同时高校保卫部门管理力度较大，作用效果较为明显。

② 校园内有部分居民和其他单位，高校保卫部门管理力度有所弱化，可选择委托专业公司管理。因校园内不再是单纯的教职工和学生，所以学校的规章制度对居民、外来人员的约束力不强。

③ 全开放式的校园环境，高校交通管理更多依靠当地政府的职能部门，通过国家有关交通法规加以约束，此时可选择物业全权代理管理，同时可转嫁管理过程中产生的矛盾和风险。

综上所述，校园交通管理模式应根据各学校的实际情况，采用学校自管、委托专业公司管理、委托物业公司或者组合的方式进行管理。同时，校园区域有功能划分，可根据各区域特点实行分区管理。

通过调查，目前有六成以上学校采取分区域管理，有八成以上师生认为各区域管理是合理可行的。在分区管理措施上，通过对"您认为的校内各区域有效管理措施"这一问题的调查，其统计结果如图 24 所示：41.61% 的师生选择智能交通系统管理，30.54% 的师生选择人工管理，27.53% 的师生选择硬隔离（可移动）。由数据分析得知，校园各区域应根据校园道路功能布局和师生交通需求实行有针对性的管控措施。

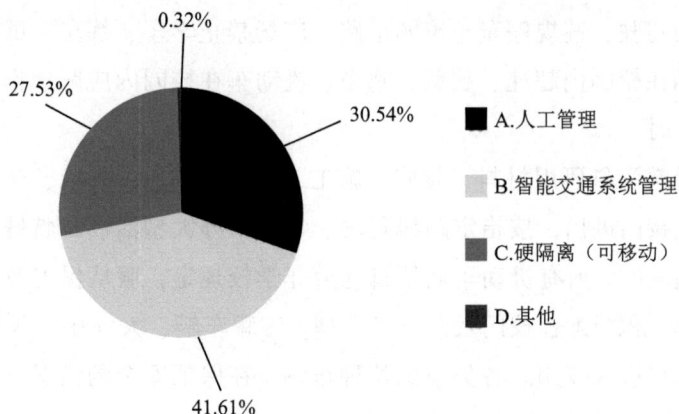

图 24　校园内各区域有效管控措施情况统计图

学校应根据校园实际情况，制定并完善校园各个区域、各类道路通行管理规定，校园内机动车、非机动车和行人应遵守的交通规则等，为校园交通管理部门执行交通管理提供依据，强化交通管理部门在校园交通管理方面的权利与责任，切实解决校园道路人车混行、乱停乱放、管理混乱等问题。

2. 校园道路管理

校园道路属公共安全通道，未经许可，任何单位和个人不得占用道路从事非交通活动。因工程建设需要占用、挖掘道路，或者跨越、穿越道路架设、增设管线设施，应当提前征得交通管理等相关部门同意，并制定完善的施工组织方案。施工作业单位应当在经批准的路段和时段内施工作业，并做好安全警示及防护措施；施工作业完毕，须迅速清除道路上的障碍物，消除安全隐患。校园道路范围内，在不影响行人、车辆通行的情况下，经学校交通安全管理部门同意，可停放车辆。校内道路两侧（施划停车线的除外）及人行道禁止停放机动车，禁止各种车辆占用、堵塞消防通道。

学校交通管理部门根据道路和学校实际，可以对机动车、非机动车、行人采取疏导、限制通行、禁止通行等措施。遇有大型活动、大范围施工等情况，需要采取限制交通措施，或者做出与公众道路交通活动直接有关的决定，应提前向学校师生员工公告。

3. 校内机动车管理

校园机动车辆包括汽车、摩托车（燃油、电动）、燃油或电动三轮车等。进入校园机动车辆须符合国家安全标准和规范。对进出校园机动车限定出入的校门，规划合理的行驶路线。在校园道路上行驶的机动车，应当自觉遵守道路交通法律法规和校园道路安全管理规定，坚持"非机动车和行人优先"原则，严格按照校内交通标志、标线安全驾驶、文明驾驶、遵规停车。校园道路、广场禁止学车、练车、试车，严禁酒后驾车，严禁车辆在校园内超速、超载、鸣笛。机动车在校园内应减速慢行，校内行驶限速15公里/小时。

运送设备及教学科研用材料、装修、施工、邮政、快递、外卖、送货等车辆，经学校批准从指定校门进出，按指定路线行驶。学校举办大型活动或特殊时期，需采取临时交通管制措施时，所有机动车辆须自觉遵守学校规定，服从保卫及相关管理人员管理，听从指挥、积极配合校门及停车场管理。工程车辆、大（中）型客车及共享机动车未经批准不得进入校园。各类应急特种车辆，在保证安全的情况下，可在校内各区域通行。

进入校园的各种机动车辆应遵守学校停车管理规定，停放在指定停车场或停车位。校园道路临时停车不得影响正常交通。

4. 非机动车管理

校园内人员密集，倡导师生员工健康绿色出行，尽量减少在校园交通中使用车辆。进出校门的非机动车应确保车况良好，非机动车（含电动自行车）行驶最高时速不得超过5公里/小时；未满12岁的儿童，不得在校园道路上骑行自行车。校园内应安全、文明骑行自行车、人力三轮车等，严禁逆向行驶、骑快车、相互追逐、急转猛拐、双手脱把、攀扶其他车辆以及骑车时使用手机等妨碍道路交通安全的行为，骑自行车进出校门应下车推行。

共享车辆坚持"规范、安全、适度、有序"的原则，选择性进入校园。共享车辆运营单位应采取有力管理措施，能够保障校园良好秩序，并符合学校有关规定和管理要求。

非机动车停放必须遵守校园安全管理规定，须在自行车棚或划定的停车线区域内有序停放，严禁乱停乱放。停放在校园里的各式非机动车辆必须配有车锁，自行车必须配备车撑脚，停车时必须锁好车辆，确保安全。停取车辆必须要有秩序，不得无故推动、破坏他人车辆和堵塞通道。

5. 行人管理

校园内行人应靠道路右侧通行，注意来往车辆；穿行道路或交叉路口时，应确认安全后再通行。严禁在校园内有以下影响校园道路交通安全的行为：在道路上溜旱冰、滑轮板等；在道路上坐卧、嬉闹、打球、放风筝等；在道路上摆设摊点从事经营活动等；影响校园道路交通安全和人身安全的其他行为。

6. 停车场管理

加强校园机动车停车场管理，维护静态交通秩序，也是保障校园交通畅通和车辆安全的有效措施。机动车停车场（以下简称停车场），是指各种立体、地下、室内或室外（含占道停车泊位）机动车停放的场所。机动车需要临时停放，应当按照有关规定在停车场停放，不准随意占道，妨碍道路交通安全、畅通。

经营性停车场应遵守国家和本市有关法律、法规和规章，建立健全经营管理制度和服务规范；按照规定向公共停车场主管部门备案，并接受其指导、监督和检查；工作人员和收费人员应当佩戴明显标志，按照市价格主管部门核准的收费范围和标准收费，明码标价，使用税务部门监制的统一票据。

保持校园停车场内良好的停车秩序，确保停车设施正常运行，规范停车标志、标线，保障停车安全。停车人自觉遵守校园停车场管理制度，爱护停车设备设施；按照规定交纳停车费；听从校园停车场工作人员的指挥调度，车辆有序停放。

7. 校园不同区域管理

随着高等教育理念的变化，学校规模的发展，在高校功能格局的规划上需要建立"理性的功能分区"格局，具体指全面考虑校园目前的实际发展状况，对当代大学校园的"大"规模、"大"分区进行消解、分散，采用相对集中的小功能区布局方式，各小功能区与配套设施之间空间距离缩短，减少校内师生日常出行对各种车辆的依赖，从源头上控制机动车与非机动车数量，同时减少各种车辆对行人的干扰。

根据校园道路交通特性和交通需求实行分区管理，可将校园道路分为主干道、支路、步行区等不同等级，依据校园道路等级结合学校各功能分区进行管理，具体分区可参照如下：

① 主干道仅用于连接校内外以及校内各功能区，不深入功能区域内部，在主干道上，机动车道与附属的自行车道并置，同时将二者进行有效的分隔。

② 支路是主干道通向各功能区和建筑物的道路，主要用于相对较近距离的各功能区与配套设施之间的联系，师生可自主选择非机动车或者步行出行。

③ 步行区仅适用于各功能区内部，应采用摆放石墩、栅栏等物理隔离措施限制机动车、非机动车通行，形成相对独立的步行专用路。

功能区域内部具体管理措施，应根据区域特点制定限行管理措施，采取限制车辆通行、规划步行区等。

8. 重点时期及大型活动管理

重点时期是指全国"两会"、特殊敏感日、重大政治活动等，为维护校园安全稳定，需要加强对车辆的管理。学校举办大型活动期间，校园人多、车辆多，为维护校园良好秩序，需要制定相应交通管理措施。为保证大型活动的顺利举办，制定可行的交通管理疏导方案，可通过疏导、限制通行、禁止通行等交通管制措施，保障校园道路交通安全畅通。具体管理措施如下：

（1）启动校园交通管制措施

① 张贴告示进行宣传。大型活动主办方采取线上、线下等方式提前发布大型活动出行提示，根据大型活动预计入场和散场时间，对校园进行交通管制，提醒校内师生及居民合理安排出行，建议来校参加活动的人员乘坐公共交通工具，驾车人员要将车辆有序停放在停车场或停车位。

② 实行停车证制度。根据活动现场停车场的设置情况、车辆泊位数量，制作停车证，可以通过不同颜色区分停车位置，车辆凭证进入相关区域。严格控制停车证的发放数量，控制总数，保证车证车位相符。

（2）交通引导管理

① 规划大型活动行车路线（如需要可通过路障限定进车与出车路线），同时制作交通导向标识。

② 保卫人员和师生志愿者可在学校入口、校园主干路交叉路段、停车场等位置负责疏导工作。

（3）车辆停放管理

① 应充分利用校内现有停车场，同时增加临时停车位（校园空地、活动场馆周边停车位），可考虑校园主干道单侧停车（路面宽度为 8 m 左右）。

② 如果停车场不能满足停车需求，可采取社会停车场互补等应急措施，或者临时开辟停车场。

3.2.5 完善交通设施设备，提升保障能力

1. 科学设计校园交通设施设备

为保证校园正常交通秩序，科学合理规划设计校园内交通设施设备的建设和配置，校园交通设施可以参考社会交通设备设置规范，根据校园的具体情况作出适当的调整。

（1）基础设施

学校校门口显著位置应设置机动车管理标志标牌，包括机动车、非机动车及行人道路指示，停车场标志，出入口标志，行车引导线等。

校园道路应设置机动车、非机动车及行人道路标线，行车引导线，禁行禁停等禁止标志、限速标志、停车场标志等。

停车场应设置停车场标志、行车引导线、停车泊位线。地下停车场内靠近电梯间、人行通道及其他显著位置处，应设置与停车场相符的平面示意图。地下停车场应在显著位置设置电梯间引导及其他行人引导标志，并注意与行车引导的区分；在满足净高要求的条件下，停车场应在场内车行道上方设置下垂式行车引导标识。经营性停车场应当在经营场所、收费地点醒目位置，使用标价牌等方式进行明码标价。

（2）安全设施

校门口或停车场出入口前应禁止停车，并设置明显的禁停标志。当校门及出入口停止使用时，应在停用的出入口设置相应的提示标志。

校园主要道路应设置隔离栏、隔离桩、减速带、禁行禁停等禁止标志、限速标志。十字路口或弯道处宜设反光镜、反光轮廓标、反光导向标、黑黄警示带等。人流主要路线与车行道交叉处应施画人行横道标线。

停车场应安装出入口控制系统，出入口坡道应做路面防滑处理，并加装遮光、防雨设施。停车场螺旋坡道宜设反光道钉、反光轮廓标、反光导向标、黑黄警示带等，直线坡道可参照螺旋坡道设置。停车位内应按标准设置挡车器，并且不应阻碍地面排水。

地下停车场和停车楼入口应设置限高装置。限高、限速等安全标志应置于场内显著位置。地下停车场或停车楼内柱体、阳角及凸出构件距地面适当高处，应设防撞设施；场内地面、墙体、柱体及其他设施的颜色不应影响警示线、标志、标牌的识别。

停车场应根据《中华人民共和国消防法》的有关要求配备完善的消防安全设施设备。

校园大门、主要道路及停车场宜根据自身需要配置符合《公共安全视频监控联网系统信息传输、交换、控制技术要求》（GB/T 28181）与《图像信息管理系统技术规范》（DB11/Z 384）规定的覆盖全场及全部停车位的视频监控系统，停车信息应当真实、完整，视频资料的保存期不少于 30 日。

2. 加强智能管理系统建设

校园交通应逐步实现信息化智能管理，主要达到以下需求：

① 安全管理方面：校内违章停车管理（占用消防通道）、校内道路超速管理、重点车辆（涉恐涉暴，涉维稳上访，公安部、交通局在逃协查）进校提醒、卡口安防系统（底盘扫描，360 度车辆扫描）、特殊车辆校园行车轨迹查询等。

② 日常管理方面：智能卡口收费系统（互联网支付、复杂收费逻辑、内部车辆车证管理、无人值守卡口、电子对账系统）、线上车证办理及缴费、会议车位预约系统、停车场诱导体系及空满率查询、停车场（车库）反向寻车系统、错时停放及停车位闲时发布。

③ 其他服务：后汽车服务对接（对教师增值服务，洗车、打蜡）、充电桩管理、分时租赁汽车服务、停车场自提柜、快递代收服务等。

3. 加强对交通设施设备的维护和保养

为了保证校内交通设施能够正常有效运行，要定期对交通设施设备进行必要的检查、维护和保养，选择有资质、有质量保证的施工队伍进行施工，施工完毕后应当及时组建高素质的交通设施设备管理队伍，保障交通设施的安全性和功能性有效。

3.2.6 认真开展安全检查，积极整改隐患

1. 建立交通安全检查制度，制定工作规程

① 高校根据国家现行交通法律法规，制定学校交通安全检查制度，明确交通安全检查职责、工作规程、具体要求。

② 各单位根据学校关于交通安全检查制度，制定本单位交通安全检查实施细则，有效开展本单位交通安全检查工作。

③ 学校每半年组织一次交通安全检查，全面梳理交通安全管理方面存在的问题。

2. 建立安全隐患风险评估机制，落实整改措施

① 对交通安全检查情况及时汇总，科学论证。发现交通安全隐患应以书面形式正式下发《交通隐患限期整改通知书》。

② 明确隐患整改责任，落实整改措施。通过有效途径，协调好交通安全隐患整改

过程中各方面的关系，解决矛盾，消除障碍，组织力量，统筹谋划，落实整改；认真贯彻"谁主管、谁负责"的原则，扎实制定具体整改措施。

③ 交通隐患整改坚持"安全第一"的原则。高校各级领导、各单位、各部门必须站在对广大师生员工利益负责的高度，切实做好重大交通安全隐患的整改工作，要坚决贯彻"安全优先"的原则。

3. 明确安全检查主体，逐级落实职责

应明确交通安全检查主体责任，交通安全责任人督促开展交通安全检查工作。交通安全检查人员主要由单位交通安全管理人组成，明确职责分工，有组织开展交通安全检查工作。

① 高校交通安全检查人员一般由学校交通安全管理人组成，对学校交通安全工作责任制、交通安全工作措施落实情况及隐患整改情况进行检查。

② 各二级单位交通安全检查人员由各单位交通安全责任人负责，对单位内部交通安全责任制和工作措施落实情况进行检查。监督检查所属区域交通设施、器材、标志等设施设备的完好情况。

③ 设施设备交通检查人员由学校交通安全管理部门及学校聘请的有资质的交通维保人员组成，对学校交通安全基础设施设备、器材进行日常检修、维护和保养。

3.2.7 完善交通考核机制，落实奖惩制度

1. 建立健全交通安全工作考核机制

高校校园交通管理工作考核要落实交通安全责任追究制度，将交通安全责任落实情况纳入年度绩效考核内容。建立高校校园交通管理综合业务能力测评体系和工作量化考核办法，建立科学的目标绩效管理机制。

结合高校交通管理工作实际，量化考核办法，细化考核标准，由学校交通管理部门牵头开展考评工作。具体考核细则内容如下：

（1）组织领导

按照上级交通安全管理文件要求，成立本单位交通安全工作领导小组；配备专职交通安全管理人员；制定年度交通安全工作计划、实施方案；健全交通安全工作责任制。

（2）制度建设

按照上级交通安全管理文件要求，结合本单位实际，建立健全各种交通安全管理制度和应急预案。

（3）安全教育培训

将学生交通安全教育纳入教学内容，积极开展针对学生的交通安全教育；举办校园交通安全知识宣传与讲座，营造校园交通安全文化氛围。开学初、放假前对学生开展一次交通安全教育；每学期组织开展一次交通安全教育周活动。按要求参加上级组织的培训及其他教育活动。制定教职工交通安全培训计划，组织开展交通安全知识技能培训。

（4）隐患排查与整改

高度重视校园交通安全隐患排查工作，建立校园交通安全隐患排查制度；每月至少组织开展一次交通安全隐患排查，排查记录要详实。建立"交通安全隐患整改责任人"制度，建立隐患整改台账，隐患整改应及时；隐患整改中整改事项、整改时间、整改结果、责任人等应记录详实；重大交通安全隐患或学校无力解决的，及时向当地政府及有关部门书面汇报并存档。

（5）演练与应急处理

交通安全演练预案制定符合要求，种类齐全；每学年至少组织两次突发事件应急演练，并且演练方案、演练过程、演练记录、工作总结等文字图片资料齐全。应急演练方案、设施等应符合要求。

（6）信息报送与档案管理

建立交通安全信息报送制度，配备专门的信息员；交通安全信息及校园交通安全材料、统计数据报送及时、准确。高度重视交通安全档案建设工作，将交通安全档案作为工作考核、责任追究和事故处理的重要依据。学校配备专门的交通安全档案管理人员、规范存放档案。

2. 完善高校交通安全奖励惩处机制

根据《中华人民共和国道路交通安全法》等有关法规，为了最大限度地减少交通事故，切实保障学校道路交通畅通和师生生命财产安全，高校应当落实交通安全管理奖惩制度。

① 高校校园交通安全体系奖惩机制的建立，要秉持物质奖励与精神激励并重的原则。

② 实行年度考核评比，对交通安全工作做出突出成绩的单位和个人给予表彰奖励。

③ 对违反交通安全法律法规和学校交通安全相关规定的行为，给予处罚。

3.2.8 健全应急处置机制，加强条件保障

高校交通安全事件不利于"平安校园"建设，妨碍高校教学秩序的正常运行，在

分工明确、责任清晰的基础上，以"积极预防、有效控制、妥善处置"为基本原则，不断修订完善校园交通应急预案，开展应急演练，完善应急处置机制，维护校园安全、和谐与稳定。另外，各学校应根据交通安全管理工作需要，提供交通安全管理工作经费等条件保障，规范加强档案管理工作。

1. 完善应急预案与处置机制

（1）建立健全应急组织体系

高校要明确交通安全工作责任制，明确具体责任人，逐步落实专（兼）职人员，健全应急管理网络，形成分类管理、分级负责的应急管理体制。

（2）建立健全应急预案体系

高校应当编制完成总体应急预案、专项应急预案，并对以上预案不断评估完善，从而不断完善学校交通管理应急预案体系。

（3）建立健全应急反应机制

进一步强化值班和信息报送，确保应急反应快捷有序，建立突发事件信息发布制度，落实突发事件信息报送时间、内容和要求。

（4）建立健全应急救援机制

要坚持"立足现实、着眼长远、专兼结合、整体联动"的原则，不断加强应急队伍建设，成立以交通安全管理干部为主体的综合应急救援队伍等。一旦发生突发事件，由学校交通管理部门统一指挥、调度和协调，应急救援队伍迅速赶赴事故现场，按照专业优势，密切配合、整体推进救援工作，实现各支应急队伍之间的分工协作、优势互补，形成有效处置突发事件的合力。

2. 完善应急演练机制

开展应急演练是加强应急管理，提高应急救援能力，全面提升应急处置水平的重要内容。高校应当根据学校实际，由交通安全管理部门牵头安排或组织每学期不少于1次的综合性演练。应急演练应从实战出发，以练备战，积累经验，锻炼队伍，提高应急救援能力，增强学校师生的交通安全意识和社会责任意识。

（1）完善应急演练体系建设

不断完善应急演练方案，确保应急体系"横到边、纵到底"。积极开展应急演练，增强演练的科学性和可操作性，提高统一领导、统一指挥应对突发事件的实战和处置水平。

（2）提高应急演练保障能力

高校应加大财政资金投入，健全长效规范的应急演练保障资金投入和拨付制度。

（3）加强应急救援队伍建设

切实抓好以交通管理干部为骨干力量的综合性队伍，以医疗救护为基本力量的专业队伍，以志愿者队伍为辅助力量的应急队伍建设，提高应急队伍综合协同应对能力。

3. 提供交通安全工作条件保障

（1）确保交通安全工作经费保障

学校应当设立交通安全管理工作日常经费和专项经费，并纳入学校年度经费预算，保证交通经费投入，保障交通管理工作的需要。日常经费用于宣传教育与培训、日常办公、交通管理等，专项经费用于交通安全管理设施设备建设与改造。

（2）完善交通安全工作档案

学校应当建立交通安全工作档案，由交通安全管理工作机构和业务部门分别建立。档案内容应真实完整，并按规定存档。

校园突发事件应急体系建设研究

清华大学"校园突发事件应急体系建设研究"课题组

第一章 总 则

1.1 指导思想与基本原则

本研究在新国家安全观的指导下，通过对国家法律法规和相关资料的文献调研，对各高校在对突发事件的应对措施、处理流程及归纳总结的基础上进行提炼深化，形成相对较稳定的校园突发事件应急操作指南（以下简称指南），以实现类似事件快速、高效预防和处置。

校园突发事件应急体系建设必须贯彻落实相关法律法规，健全应急管理配套法规与制度，坚持依法依规应对校园突发事件，将校园突发事件应急体系建设全面纳入法制化轨道；同时，还要兼具合理性，既要扎根高校实际，具有很强的现实性和可操作性，又要对实践有所突破，保持适度超前。

校园突发事件应急体系建设应当坚持以人为本、预防与应急并重、全过程管理的原则，倡导学校主责、政府主导、统一指挥、协同配合的校园突发事件应急体系，建立起高校、政府、社会一体化的应对突发事件的组织架构。

1.2 编制目的

为保证大学校园内各单位和部门日常工作的正常开展，共同抵御来自内部或外部的各类突发干扰乃至事件，特制定本指南以帮助建设并形成快捷、高效、科学、合理的相关突发事件应急体系，并指导各种事件应对过程中的具体实践，从而确保校园的安全有序、稳定和谐。

1.3　编制依据

本指南依据《中华人民共和国突发事件应对法》《国家突发公共事件总体应急预案》《高等教育法》等有关法律、法规进行制定。

1.4　校园突发事件界定和适用范围

本指南参考《国家突发公共事件总体应急预案》中国务院关于"突发公共事件"的相关定义，将突然发生的，可能严重干扰或影响校园各单位和部门正常业务和事务，以及已经造成严重后果的干扰或事件，统称为"突发事件"。

高校是年轻大学生密集的区域，而大学生普遍具有个性突出、思想活跃易冲动，爱国主义、民主主义意识强等特点。校园突发事件一般有：爆发传染性疾病引起的学生恐慌、停课，如非典时期；学生行为过激发生打架斗殴、砸酒瓶事件；学生违反学校宿舍禁用明火的管理规定酿成火灾；学生不堪学习、失恋的压力而自杀；或因国际、国内的大事诱发、学校管理失误引起学生与校方矛盾激化等原因造成聚众、游行、示威事件。凡此种种，均使得高校出现的突发事件比社会上的类型更为复杂，形式更为多样化，在概念上既有相同点，也有不同点。

本指南所研究的校园突发事件是指由自然的、人为的或社会政治的原因引发，由大学生起主导作用，并具有突发性，不以高校管理者的意志为转移，对学校的教学、工作、生活秩序造成一定影响、冲击或危害的事件。

1.5　总体目标

以《中华人民共和国突发事件应对法》《国家突发公共事件总体应急预案》《高等教育法》等相关法律法规为依据，以各高校突发事件应急体系建设的实践为基础，通过对突发事件、高校突发事件和高校突发事件应对处置等理论梳理，对各兄弟院校处理突发应急事件的实践调研，总结归纳出一套相对科学、合理、实用性和操作性较强的校园突发事件应急体系建设的指南，为各高校结合本校实际构建一套相对完整的校园突发事件应急体系，以更加妥善、及时、高效地预防和处置各类校园突发事件提供可供参照的指导和依据。

第二章　校园突发事件分级和分类

为便于风险事件的妥善处置，本指南将校园所面临的相关事件建立分级和分类管理。

2.1　校园突发事件分级

根据事件处理过程对相关资源需求程度的不同，按照其严重程度可分为 A、B 两级：

A 级（严重事件），学校需要借助外来救援力量进行干预，以及按照法规需要向政府有关部门报告的事件；相关事件的部分处置过程将由外来救援力量主导。需要说明的是，水、电、暖、通信、网络、电梯等基础设施或设备的维护、维修，尽管校园需要外援但如果风险完全可控，则不属"严重事件"范畴。

B 级（一般事件），学校主要依靠自身资源实现有效控制的事件；或在应对某些事件时，尽管需要外援专业队，但仍由校园管理层主导相关事件处置过程。

2.2　校园突发事件分类

为确保相关工作的对外可对接性和处置可延续性，本指南将依据国家相关预案的分类方法，对校园可能面临的风险事件分为如下五类：

自然灾害，指由于自然气候变化的直接原因所诱发的各类风险事件。如大风、暴雨、内涝、雷电、雨雪冰冻、暴雪等气象灾害，以及地震、地陷等地质灾害。

事故灾难，与校园的工作和生产等设备、设施是否正常运转直接相关的风险事件，如运行安全事故，包括特种设备故障、环境污染事故、建筑安全事故、供电故障、给排水故障、暖通故障、信息系统故障等；交通事故，包括冲撞剐蹭事件、交通拥堵事件等；火灾事故，包括重点聚集部位（教学楼、宿舍楼、居民楼、办公楼、校医院、体育场馆、食堂/餐厅等）的火灾、重点保障部位（实验室、器材库、核生化危险品区、网络机房、总配电室、锅炉房等）的火灾、其他重点部位（监控服务中心、档案室、财务室、银行/手机营业厅等）的火灾等。

公共卫生，可能直接影响或损害校园人员身体健康的风险事件。如食品安全事件、二次供水卫生事件、校内感染事件等。

社会安全，由于人员间矛盾可能导致的民事或刑事后果的风险事件。如影响学校工作秩序事件、内部管理矛盾事件、治安管理事件、人员意外伤害事件、刑事案件、恐怖袭击事件等。

其他安全，其他不属于上述性质范围的风险事件，如数据安全，包括通过互联网、局域网等数据载体，对校园的信息交互和存储构成威胁或造成损失，需要校园相应专职人员进行干预的事件。

第三章 校园突发事件应急体系的构建

3.1 应急管理系统的整体框架

校园突发事件由潜伏、爆发、恢复三个时期构成。因此，突发事件应急管理系统的整体框架应当是由各个阶段的运行机制体系及贯穿事件处理全过程的系统运行支持体系两大体系构成的整体运行框架。

与突发事件潜伏、爆发、恢复三个时期相对应的应急管理由爆发前的预警、爆发中的应对和爆发后的恢复三个阶段构成。相应的，应急管理系统的构建，至少应当包括事前预警机制、事中应对机制和事后恢复机制三个运行机制的构建。三个机制在应急管理系统中的地位可概括为：积极预警是应急基础，高效应对是管理核心，快速恢复是必要手段。

此外，在应急管理的预警、应对和恢复管理过程中，组织机构、安全保障平台及规章制度三个体系始终贯穿于应急管理全过程，在预警、应对及恢复各个阶段都发挥着基础性作用，并支持着三个机制的正常运转。三个体系在应急管理系统中的地位可概括为：组织机构是系统运行的载体，安全保障平台是系统运作的基础条件，规章制度体系是系统运行的程序规范或保障。离开了此三个体系，三个机制均无法全面实现其管理功能。为此，应急管理系统的体系应当由组织机构、安全保障平台、规章制度三个支持体系及预警机制、应对机制、恢复机制三个运行机制构成，如图1所示。

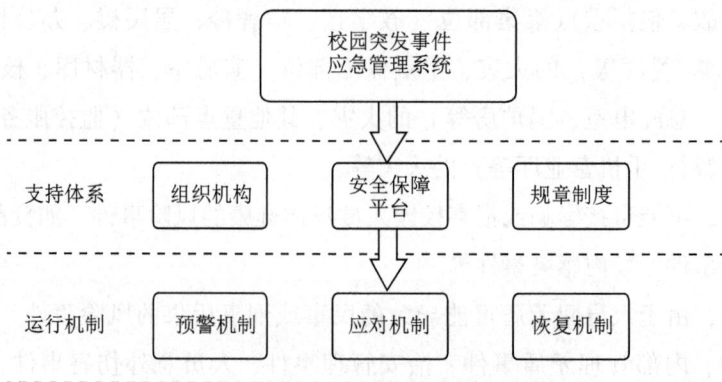

图1 校园突发事件应急管理系统运行模式

3.2 应急管理系统的组织机构

校园突发事件应急管理中心设主任一名，副主任两名。主任为校党委书记（或校长），负责突发事件应急管理的全面工作。副主任为分管学生工作的副校长（或副书记），主要负责突发事件的预警、应对与恢复。应急管理中心下设七个工作小组，组织机构图如图2所示。

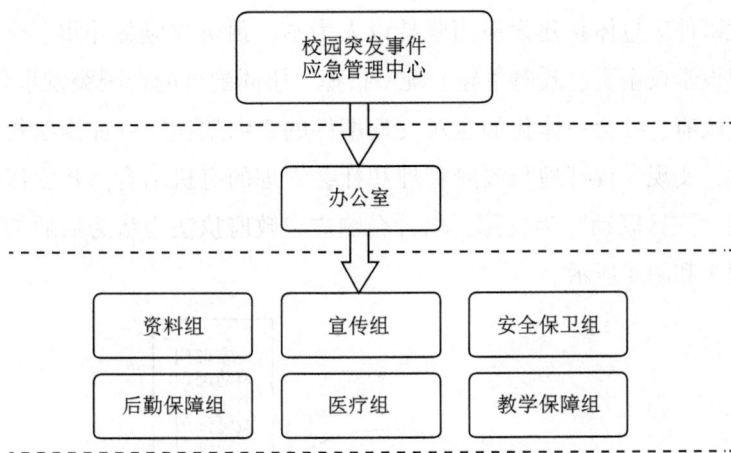

```
          校园突发事件
          应急管理中心

            办公室

  资料组      宣传组      安全保卫组

  后勤保障组    医疗组     教学保障组
```

图2 校园突发事件应急管理中心组织机构图

① 办公室：由保卫部部长兼任办公室主任，学生工作处、研究生院各派一名负责人加入，主要负责人员保障及培训；制度建设；向分管副主任汇报工作；统筹突发事件的预警、应对与恢复；定期组织师生开展安全法纪教育等活动；经验总结；业绩评估；工作奖惩等。

② 资料组：及时收集各组反映的有关防灾的信息，时刻掌握灾情动态，及时、准确地向应急办公室报告，并将办公室的指示和有关信息迅速传达给中心各小组。

③ 宣传组：由学校宣传部负责。主要职责：加强防灾知识的宣传，帮助师生和教职员工提高防灾、自救、互救能力；深入细致地做好教职工和学生的思想工作，引导他们增强防范意识，树立大局观念，积极参与，形成合力，使防灾成为全体师生的共识和自觉行动。宣传部负责统一向师生和教职员工公布各种实时信息和处理措施。

④ 安全保卫组：由学校的安全保卫处负责从学校的各中层单位抽调5人，组成应急抢险小分队。在灾害发生前后，通过有效的组织，带领师生员工，防范灾害，实施援救行动，最大限度地避免人员伤亡和财产损失；加强对校内人员的管理，维护特殊时期的校园秩序。

⑤ 后勤保障组：由财务处、后勤集团负责。根据防灾工作的需要，及时提供必要的资金和物质保障，保证各项工作的顺利进行。

⑥ 医疗组：由校医院负责。组织校医院医护人员或向其他医疗机构寻求援助，处理灾害中的医疗事件。

⑦ 教学保障组：由校教务处牵头，人事处和各学院教学秘书各一人组成。负责在灾情发生时确定是否调整教学、考试安排，若需要调整则要做好相应的教学、考试秩序维护工作，严格教师的考勤制度与考场纪律。

校园突发事件应急体系建设应当坚持以人为本、预防与应急并重、全过程管理的原则，倡导建设学校主责、政府主导、统一指挥、协同配合的校园突发事件应急体系，建立起高校、政府、社会一体化的应对突发事件的组织架构。应加强学校与政府和社会的联系互动，实现学校管理与政府管理和社会管理的有机结合。建立以学校管理力量为主体，以"三区联动"为支撑，以社会响应和政府执法力量为后盾的校园安全管理模式，如图 3 和图 4 所示。

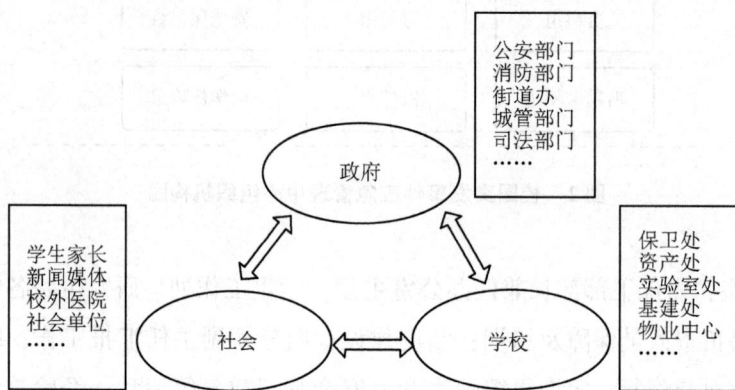

图 3　实现学校、政府、社会一体化应对突发事件

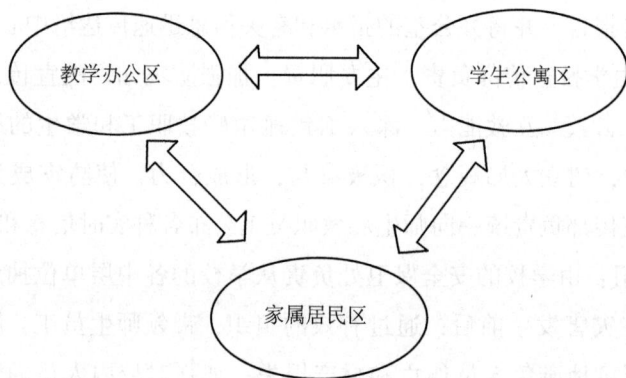

图 4　强化教学办公区、学生公寓区和家属居民区"三区联动"的应急防控模式

3.3 应急管理系统的安全保障平台

高校是社会群体中的一个特殊群体，具有人员集中且人流量大，科研设施和人员相对集中，安全意识和防范意识相对较薄弱，突发事件多发，实验危化药品多，信息传播快，社会关注度高等特点。高校校园突发事件应急管理与应对处置事关师生员工人身财产安全、高校校园安全、秩序与稳定，乃至社会和国家的安全稳定，因此，高校整合资源，建立统一管理平台，增强应急处置能力，具有重大意义。

校园安全保障平台应覆盖校园的安防、消防、食品安全、隐患治理、网络巡查、应急等业务，实现校园安全综合防控，引入物联网、大数据、图像识别等先进技术，以信息技术为支撑，是软硬件相结合的系统，以最大限度地满足校园消除隐患，减少事故，提高应急处置能力，建设平安校园的需求。

校园安全保障平台总体框架（见图5）可概括为：N＋1＋1，即N项业务应用、一个平台指挥中心和一套掌上安全APP。N项业务应用包括：日常业务管理系统，综合安全智库，校园网络舆情系统，隐患排查治理系统，网络巡查巡控系统，校园安防管理系统，校园消防管理系统，食品安全管理系统，实验室安全管理系统，大型活动安全管理系统，新生报到安全管理系统，校园应急管理系统，校园一张图。

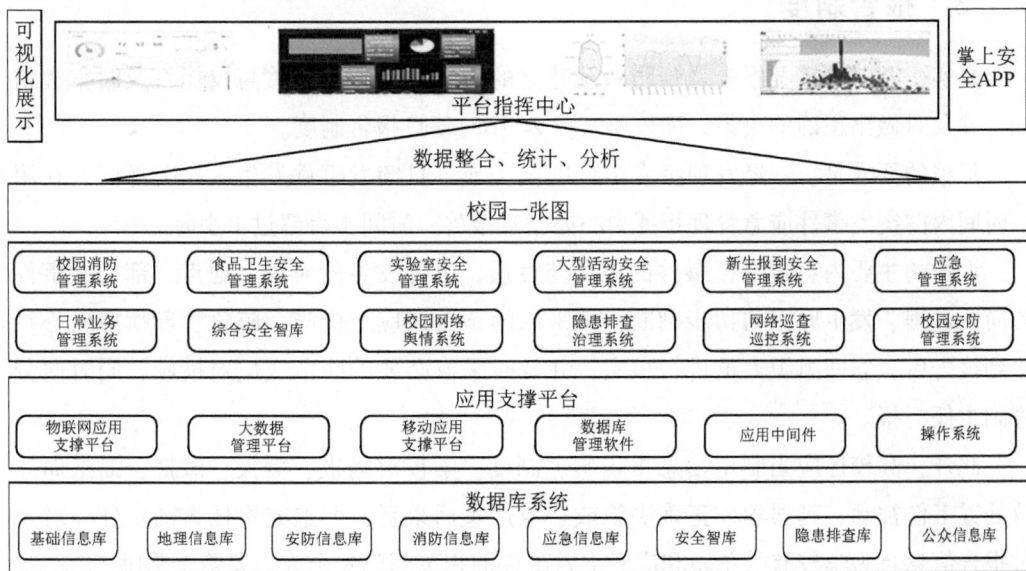

图5 校园安全保障平台总体框架

3.4 应急管理系统的规章制度体系

应急管理系统的规章制度体系构建，包括奖惩制度、值班制度、教育培训制度、资金保障制度等方面的建设。规章制度系统的构建，要依托"校园突发事件应急管理委员会办公室"，并纳入学校日常工作运行体系。

3.4.1　值班制度

24小时值班是高校预防突发事件的必要手段。学校行政办公室、学生管理部门、安全保卫部门、后勤保障部门、食堂公寓管理部门等相关部门，必须科学制定并严格遵守24小时值班制度，保持24小时的通信畅通，为预防突发事件的发生做好充分的准备。

3.4.2　安全检查制度

定期的安全检查是预防预警系统建立的重要环节，其中的隐患排查更是有效预防和妥善处置突发事件的基础性工作。因此，高校要集中力量开展安全检查，把学生宿舍、食堂、实验室、图书馆、楼梯间、消防疏散通道、安全出口、化学危险品、运送学生车辆、危房校舍等作为检查的重点，确保每学期进行两次安全大检查，并建立信息档案，全面掌握突发事件隐情，及时整改安全事故隐患。

3.4.3　报告制度

真实、及时的情况报告是预防系统建立的必要环节，其事关高校能否及时掌握情况，并及时做出正确的决策。高校要实行24小时信息报告制度。

汇报的要求是：一经发现突发事件的苗头或一旦突发事件发生，相关部门要在第一时间内向突发事件应急管理指挥中心办公室报告，时间不得超过1小时。

汇报的主要内容包括：事件的类型与性质，事件发生的时间、地点、部门，事件的简要过程、发生原因的初步判断，拟采取的预防或应对措施。应急管理指挥中心在接到报告后，立即组织人员进行核实，并及时采取必要的防范或应对措施，同时向分管副主任汇报。

此外，高校还应当制定信息报告奖惩制度。学校对瞒报、缓报、谎报、漏报而导致处置工作被动、延误学校正确决策或造成严重后果者，要追究责任人的责任；对及时报告信息且为学校有效预防和应对突发事件的相关部门及个人，要给予奖励。

3.4.4　奖惩制度

严格的奖惩制度是预防预警系统建立的激励保障。高校要切实实行责任追究制。对在突发事件应急管理预防、处置和恢复工作过程中成绩突出的部门和相关工作人员，要予以表彰；对在突发事件中迟报、谎报、瞒报或漏报重要情况，或在突发事件预防和处置工作过程中出现不作为、不负责任、推托应付的失职或渎职行为，或拒不执行处置命令的当事人，要予以处罚，并视其行为后果的严重程度，依法追究刑事责任。

3.4.5　安全教育培训制度

日常安全教育和培训是预防预警系统建立的工作重点。高校要建立学校教职工和学生的安全教育培训制度，并通过定期和经常性的安全教育培训，大力提高学校教职工和学生的安全意识及应对能力，全面提升学校安全工作管理水平。一是定期组织教职工和学生对校园安全知识和应急管理法律法规、突发事件应对常识等进行专题学习，定期请有关专家到校作专题讲座；二是充分利用广播、校报等媒介，广泛开展师生安全知识宣传教育工作，并经常组织开展安全教育及突发事件应急管理的宣传咨询活动；三是针对突发事件应急管理进行专题宣传，有针对性地发放各种类型突发事件的应急管理及应对技能常识资料，全面提高师生面对突发事件的应对能力。

3.4.6　应急保障制度

科学的应急保障是预防预警系统建立成败的关键，也是预防突发事件的第一道防线。高校要建立物资、技术、装备、资金保障制度，构建四位一体的防控体系，确保"四到位"，即确保应急所需的生活必需品、药品及医疗器械等应急物资能随时到位；确保防火、防水、防灾、防煤、防毒、防爆、防气、防疫等技术及其人员能随时到位；确保交通运输工具、通信工具、保卫装备、消防设备、电子监控设备、医疗卫生设备等应急技术装备能随时到位；确保应急工作开展时所需的伤病治疗、生活救济补助、应急管理队伍建设、应急演练、应急信息系统建设和维护、应急评估等应急救援专项资金和应急储备资金能及时到位。

第四章　校园突发事件应急体系的内容

4.1　校园突发事件的事前预防管理

从成功应对突发事件的实践经验中得出，事前预防阶段是校园突发事件应急管理中最重要的一个环节，一分预防胜于十二分治疗的谚语很好地诠释了这个道理。在我国校园突发事件管理中，轻预防、重救援的现象占有很大比例，迫切需要改变这种思想。日常管理工作中，开展高效的预防和监测工作，能够有效降低突发事件的发生率，降低管理成本。对校园突发事件最为有效的应急管理不是在事件发生后，采取措施将事态控制和将影响消除到最低，而是发现突发事件的苗头，及时地将威胁消除在萌芽之中。这就需要学校的管理部门对突发事件的成因要有高度的警觉和清晰的认识，并具有预判能力。预防工作做得好，就可以有效地减轻应急工作的压力，减少恢复阶段的资金投入。

4.1.1 建立预测预警系统

突发事件信息管理的精髓在于监测。高校要加强校内外信息的交流和监测，对内要建立学校与各部门、二级院（系），以及辅导员、班主任、各班干部、宿舍长、学生、门诊病人的监测系统，将各种信息通报各部门、院（系）及每位师生；对外要建立与上级行政主管部门、各媒体等相关部门监测系统的密切联络，关注动态，汇总情报，及时分析，随时监控。

在事前预警、事中应对、事后恢复阶段，信息管理必须随时依据信息监测指标及时发信息预报。

信息预报的程序是：首先，确定每一个监测指标的可接受值与不可接受值，以可接受值为上限，以不可接受值为下限，分析并计算监测指标的危害程度，并转化为相应的评价值。其次，将各个监测指标的评价值加权平均得到突发事件的综合评价值。最后，与事件突发警戒线（临界值）相比，决定是否发出预报。

4.1.2 制定应急管理预案

应急管理预案是指提供应付、处理突发事件所需要的人力、组织、方法和措施的一整套方案。美国危机处理专家菲克在《危机管理》一书中形象地将应急预案比喻为"手电筒"，可帮助管理层有条不紊地处理危机。在突然遇到停电的时候，人们首先是找到手电筒，然后在它的指引下走到保险丝处查明停电的原因，最后修复通电。当高校遇突发事件时，应急管理小组可依据科学、有效的应急管理预案迅速制定突发事件管理方案，有效地减少制定策略的时间和决策压力，在一定程度上提高管理效率。

（1）制定应急管理预案的原则

① 科学性。预案的制定应体现科学的预防和应对方法，要与本校实际情况相结合，不能脱离客观实际，尽可能地做到完善，做到面面俱到。预案制定得越科学，实际操作起来就越迅速，从而可以更好地预防和应对突发事件的发生。

② 可行性。制定预案的目的是指导对突发事件的管理，因此预案的设计一定要有可操作性，应经过众多应急管理者调研、结合管理实践、结合学校实际情况在综合研究分析的基础上制定，并经过多次反复修改得出，一定不能草率。

③ 灵活性。预案只是高校管理者对学校突发事件的一种预测，有一定的务实性，也有一定的不确定性，因此在制定预案的时候应该考虑到预案是可修改的，保持一定的弹性和灵活性，切忌生搬硬套。

④ 以人为本。预案的制定应体现人的感情和理性，坚持以人为本。预案直接影响到对突发事件的预防和应对，人性化的预案会减少实际操作过程中可能受到的阻力，提高预防和应对危机的效率。

⑤ 与时俱进。应急预案应保持更新，与时俱进，避免呆板化、教条化。随着研究的不断深入、突发事件管理理论的不断创新，高校管理者也应适时更新预案的理论，通过理论更新带动实际操作计划、步骤以及措施的更新，不断完善本校的预案。另外，新的形势下往往会产生新类别的突发事件，而即便是在应对已知类别的突发事件时，也要总结出更好的突发事件应对方法和举措，不可麻痹大意。因此应急管理者要以发展的眼光看待应急预案，不断总结经验并更新预案，不能抱着一劳永逸的态度。

⑥ 通用性。应急管理预案应是管理者在总结多次突发事件发生的一般规律的基础上制定的一种应对突发事件的指导性方针。

⑦ 权责明确。明晰应急管理过程中各部门的职权与职责，做到分工明确，责任到人。

⑧ 合法性。预案的制定必须严格遵守国家法律、法规以及各种规章制度，不可逾越法律的界限。

（2）应急预案的内容

① 确定突发事件的类别和等级。美国公关权威罗伯特·L·狄思达在《公关关系手册》中写道："最好的危机管理方法是预先防备，知道去找谁和按哪个按钮。"预案中不可能预测到危机爆发的时间、地点和方式，但我们可以根据不同的威胁设定不同的等级，并根据突发事件的性质确定其所属的类别，再根据不同的情况确定相关部门和人员的职责，使师生在突发事件爆发时能对症下药。针对不同类型突发事件要进行预案规划，使突发事件爆发时，管理人员及相关人员能迅速在预案中找到对应的防范和应对措施，迅速预防和应对突发事件的发生。

② 确定目标和任务。预案中应制定不同等级的突发事件在解决时所要达到的目标及所要完成的任务。目标和任务都应包含总目标和总任务、具体目标和具体任务以及要达到这些目标和完成这些任务可以选择的方案和需要注意的问题等。

③ 财务预算。预算是突发事件预案中必不可少的环节。根据工作计划，提出财政预算，通过统一的预算控制，建立统一的管理计划，以此可以避免由于争夺部门利益而引起的财政浪费。因此，预算中应设立专门的财政计划，并确定专门的部门和人员

进行管理。

④ 确定应急管理所需的资源储备，以保障足够的物资需要和及时调度，包括人力、物品、抢险工具，以及基础设施等都应有充足的准备。

　　a. 确定资源储备的调配程序及负责人。

　　b. 统计出高校内现有资源的储备状况。

　　c. 明确储备资源的使用说明。

　　d. 做好储备资源的定期检查和维护。

⑤ 确定应急管理预警系统运转方式。

　　a. 明确应急管理预警系统的主要负责人。

　　b. 明确发出应急管理预警的临界点。

　　c. 明确哪一些危机种类需要进行危机预警。

　　d. 明确应急管理预警的几种主要预警方式。

　　e. 明确应急管理预警过程中的信息流程。

⑥ 确定突发事件应对管理细节。

　　a. 明确应急管理小组工作流程。

　　b. 明确突发事件爆发时各部门的工作流程。

　　c. 明确突发事件爆发时如何保证高校内外信息汇总和信息流通。

　　d. 制定减少突发事件带来损失的策略。

⑦ 确定维护高校形象的方式。

　　a. 高校新闻发言人的职责和权利。

　　b. 可能损害高校形象的应急处理方式。

　　c. 高校成员如何处理与社会媒介的关系。

　　d. 如何维护高校形象。

　　e. 高校形象毁损后如何修复。

⑧ 确定突发事件恢复管理细节。

　　a. 对突发事件造成的损失进行评估。

　　b. 分析突发事件过后可能出现的长期负面影响并制定消除策略。

　　c. 突发事件恢复是否需要外部援助，需要哪些组织的援助。

　　d. 预测突发事件恢复所需时间。

　　e. 总结应急管理经验的方式。

4.1.3　强化危机意识

危机意识是危机预警的起点，也是突发事件预测预警的起点。"温水煮蛙"的寓言揭示了这样一个道理：许多管理者往往只注重环境的剧变给组织造成的影响，而常常忽视环境中循序渐进的变化。作为高校的管理者，不仅要善于应对和处理突发事件，减轻其给高校带来的损害，更要擅长从高校存在的问题中找到引发高校突发事件的征兆，将危机扼杀于摇篮中。高校管理者必须具备危机意识，从高校战略发展的高度认识、理解从而避免危机，同时还要培养全校师生、教职员工的危机意识，通过对高校全体人员危机意识的培养，来提高高校师生对危机的警惕性，真正做到防微杜渐、处变不惊。

建立突发事件相关知识传播系统无疑是培养危机意识最好的方式。学校要组织开展应急法律法规和预防、避险、自救、自护等应急知识的宣传，可充分利用广播、闭路电视、校园网、宣传栏、黑板报等多种渠道，做好安全教育进课堂工作，增强广大干部、教师和学生的防范意识，学习掌握应急基本知识和技能。第一，将突发事件知识分门别类印制成各种小册子分发到全校师生手中。对于有可能造成重大人员伤亡的灾害性事件知识进行详细的介绍，比如发生地震的前兆知识、逃生知识或火灾的预防、扑救及逃生知识等。第二，开展应急管理知识讲座，通过案例分析的形式介绍应急管理的具体内容，让广大师生充分认识到突发事件的特征和危害性。第三，在校园网内建立应急管理案例档案库，大量收集政府、企事业单位应急管理的案例，方便广大师生学习应急管理方面的知识。第四，高校要组织师生学习其制定的各种应急预案，明确教职员工在突发事件发生过程中的责任和义务，以创造良好的应急管理氛围。第五，高校应开通相关平台，鼓励在校师生和教职员工就应急管理知识进行相关的交流和投稿。

4.1.4　加强模拟演练

高校突发事件管理者应该定期针对一些规模较大、危及师生人身安全的自然灾害展开组织模拟演练活动，如地震、火灾、洪水等，以检验应急预案的可行性，明确预案执行可能面临的困难，完善预案的不足。

高校可每年组织一次预案演练以降低人力成本，可以将演练时间安排在运动会期间，甚至可以将模拟演练作为高校运动会的一个集体项目。模拟演练的重点可以放在刚入校的新生上，将模拟演练作为新生军事训练中的一项内容进行，这样不但可以从新生刚一入学就培养其危机意识，更可以通过应急预案演练中的相互帮助提高其集体凝聚力。模拟演练的主要任务是：①检查学校各个机构在应急管理过程中的相互配合、协作能力，各机构的执行力是否可以保证整个应急管理体系的流畅运转，培训应急队伍，落实岗位职责；②通过模拟演练保证全体师生及管理者能更清楚地了解和实施应急预案；③识别资源需求、评价应急准备状态、检验预案的可行性和改进应急预案，寻找应急预案中的漏洞，进一步完善和改进预案。

4.2 校园突发事件的事中反应机制

4.2.1 及时了解危机状况，启动应急预案

突发性公共事件一旦发生，学校的应急指挥中心应首先了解危机信息及发展情况，及时启动危机应急预案。

（1）启动应急预案，采取紧急行动

高校属于人口密集区，一旦危机事件发生，若得不到及时处理，则会造成巨大的人员伤亡和财产损失。这样的案例不胜枚举，例如，2007年美国弗吉尼亚大学枪击血案。凶手在宿舍楼枪杀两人后，学校并没有展开紧急行动控制突发事件的进一步蔓延，凶手随后又到教学楼开始枪杀学生，最后共有32人被枪杀。显然，如果当时校方能在凶手在宿舍枪杀学生时就采取紧急行动，及时制止凶手的行为，这场突发事件就不会最终演变为美国历史上最惨烈的校园枪击案。当然，在这方面做得好的例子也有。如我国某大学宿舍楼发生火灾，该学校突发事件应急小组得到消息后，立即布置紧急行动，调动校园110、学生工作处、校医院立即展开扑救行动，并及时通知消防部门请求支援。由于该校突发事件应急小组反应速度快，扑救行动展开及时，这场火灾没有造成人员伤亡和大的财产损失。

（2）统一指挥调度所有人力、物力、财力

突发危机事件一旦发生，学校领导应充分发挥领导力亲临现场指导，可以提高工作人员的信心和积极性，更好地做好一切可用资源的调度工作。学校各相关部门应该服从领导统一指挥，紧紧团结在一起，各部门协同合作，共同做好突发事件的处理工作。如果学校出现超出自己处理范围的危机事件，则应及时向有关部门请求支援，共同处理危机事件。

（3）做好突发事件的监测工作，防止连环危机事件的爆发

突发事件监测工作主要是对突发事件的发展变化情况做出分析判断。突发事件发生时，学校除了需要积极采取行动进行解决外，还应做好突发事件的相关监测工作，了解突发事件的起因，观察是否会有连环反应事件。学校在处理突发事件时，要密切注意突发事件的起因和发展变化，预防突发事件的连环爆发。同时，还要监测突发事件是否顺利解决，其影响是否在减弱，特别要注意观察重大的突发事件所引起的学生心理的变化，预防学生群体可能产生的各种心理行为及可能的发展趋势，以便及时采取针对措施。例如某高校一名女学生因失恋跳湖自杀，学校虽然采取了紧急

援救措施，但是由于天冷水深，最终没有救活这名学生。当学校在抢救自杀者时，这名女学生的男友因为愧疚也产生轻生的念头，也来到湖边准备自杀。幸亏学校的突发事件监测工作做得到位，在突发事件发生后，及时了解了该事件的起因，并注意这名男同学的举动，及时发现了其轻生的行为并予以制止，防止了突发事件的连环发生。

4.2.2　客观、及时、准确地做好信息发布

新闻传播学揭示过一个规律：没有你的声音，就会有别人的声音。以你为主提供情况，你成为了信息主渠道，公众就会把你作为主要的信息来源，别人的声音就变得无足轻重；你提供了全部情况，即使有人想造谣也会找不到素材，你在第一时间很快提供了情况，你就能先声夺人，而不会在不利信息满天飞的时候再被动地"辟谣"。这段话很好地解释了信息发布的作用。对于危机事件，客观、及时、准确地发布信息不仅可以避免危机事件造成巨大恐慌，还可以缩小危机事件的伤害范围。

（1）高校应选择恰当的时机发布信息

突发事件爆发后，学校应在采取紧急措施处理的同时，选择恰当的时机，及时、准确地向外部公布突发事件信息，让公众了解突发事件的情况及解决情况，避免造成不必要的恐慌。在"北大清华连环爆炸案"发生后，整个社会，包括北大和清华在内保持了较为稳定的局面，没有出现混乱和骚动，其关键就在于校方对情况进行了客观、及时、准确的通报，北大校园网在一小时内就播发了校方的公告，张贴了相关信息，其他主流媒体也迅速做出了反应。高度透明的信息让流言传播缺少了空间和力度，没有再给校方造成额外的负面影响，减轻了校方解决突发事件的压力。

（2）高校应选派具有良好语言表达能力且随机应变能力强的发言人与媒体沟通

发言人代表学校，应具备良好的语言表达能力以及协调各种复杂公共关系的能力。发言人发布信息时要真诚、主动，对于敏感问题要机智回答，这样才能使学校获得良好的公众舆论支持，才能不受外界舆论干扰，有更多的时间和空间来处理突发事件。

4.2.3　做好和各方面的沟通

危机大多是突然发生的，在谣言出现时，如果仅仅表态要"组织追查"，那是难以摆脱被动的。面对危机，英国公关专家里杰斯特提出的"3T"法则值得重视。他的主要观点，一是以我为主提供情况（Tell your own tale），二是尽快提供情况（Tell it fast），三是提供全部情况（Tell all）。里杰斯特特别强调"危机出现后，24 小时内是应对的最佳时机，这被称为危机处理黄金小时。不仅仅因为媒体的猜测会在这个时间段里大量涌现，如果拖延，则损失将呈几何级数放大。"因此，学校应该把沟通管理放在学校危机管理的重要部分。只有良好的沟通才能化解谣言，消除误解，从而维护学校的声誉，给学校制造出有利的外部发展环境。

（1）与学生家长的沟通

突发危机事件发生后，由于学校特殊的社会关系，因此必须及时告知学生家长此时学生所处的真实危机情境。与家长的沟通有三个作用：首先，可以获得家长信任，为学校处理危机创造相对稳定的外部环境；其次，可以赢得家长支持，有效抵制流言；最后，可以取得家长理解，为学校应对危机提供相对充足的空间和时间。但也要注意以下几个方面：①对家长要诚实。与家长进行危机沟通的最重要的基础就是信任，因此学校要明确告诉家长真实情况，不要文过饰非，也不要推测臆断。②要尊重家长的感受。通过公开信或召开家长会等方式告诉家长在危机事件发生期间学校是最安全的地方；学校已经采取了有效的应急措施；希望家长在电话中鼓励学生不要恐慌。③学校的反应应当适当。在与家长沟通的过程中要确定自己的"反应度"，不要过度反应，给家长造成恐慌，从而对学校应对危机事件产生不利的印象。④学校不要过度承诺。由于危机处理的复杂性和多变性，学校应该坦率、委婉地告诉家长，"事情并没有像预期那么顺利"，但"会尽一切努力"，给双方都留有余地。

（2）与学校师生的沟通

危机沟通中的第一步就是与学校师生之间的内部沟通。内部沟通有四个作用：首先，让师生意识到学校正在采取有效的策略来控制和消除危机；其次，可以避免谣言由内向外传播；再次，可以激发出全校师生对学校危机处境的同情并增强责任感；最后，保持学校的有序运转，减少危机的破坏程度。但在与师生沟通时要注意以下几个原则：①"快"。学校师生是第一个知道危机事件的群体，因此，必须让师生知道哪些信息可以公开，哪些信息不可以公开。让师生知道危机事件的真实情况是保证校园安定团结的必要条件。②"全面"。尽可能全面地向师生传达危机事件的有关信息，不要让师生有被蒙蔽的感觉，要充分相信师生的应变能力。③"参与"。为师生提供更多的机会表达个人意见和看法，让师生也参与到学校的处理行动中，提高师生的突发事件应变能力。

（3）与新闻媒体的沟通

发生了突发事件，学校应该选择恰当的时机，通过媒体向公众发布危机信息。新闻媒体是社会非正式指派的危机观察员，负责监视组织的作为与不作为。他们对某一特定事件的判断，足以影响大众对该组织及其管理团队的看法。公关专家帕金森认为，危机中传播失误所造成的真空，会很快被颠倒黑白、胡说八道的流言所占据，"无可奉告"的答复尤其会产生此类问题。因此，危机管理的核心是有效沟通管理。

在与媒体的危机沟通中应注意以下原则：①及时、公开、客观、准确地告诉媒体实情，在危机期间随时注意媒体的报道，一旦发现有错误或不确切的报道时，应及时给予更正。②掌握对外报道的主动权，以学校作为第一消息发布源，选择恰当的发言人来负责向媒体和公众发布最新消息。危机处理发言人要大方稳重，对外发言要保持前后一致，不要让人产生学校已无法控制局面的怀疑，回答记者提问时要真诚、主动，要机智灵活地回答敏感问题。③学校要与新闻媒体保持良好关系。要尊重新闻媒体的采访要求，不要和媒体产生敌对情绪，同时要找准时机，适当地运用媒体，达到为学校做正面宣传的目的。

4.3 校园突发事件的事后恢复机制

突发事件事后恢复管理依照恢复内容及实施步骤可以分为建立突发事件恢复管理机构、广泛获取处理突发事件的信息、确定突发事件恢复对象及恢复对象的重要性排序、制定突发事件恢复计划并采取恢复行动。如果从恢复对象及工作重点来看，突发事件事后恢复管理主要包括突发事件事后恢复重建、人的身心恢复、突发事件的反思以及突发事件预案的修正。

4.3.1 事后恢复重建

在突发事件得到基本控制后，高校应该把突发事件事后恢复工作作为应急管理的工作重点，首先要做的就是建立突发事件恢复管理机构，在制定突发事件恢复计划的基础上进行必要的重建，尽快使高校和高校师生重新回归正常状态。

突发事件事后重建具体包括有形情境和无形情境的重建。有形重建包括：建筑物的重建或维修、受损资产及设备的复原或重置、事发现场的清理整顿、教育教学秩序的重新恢复、安全管理设施的改进、道路及桥梁的修复、信息联络渠道的重新畅通、水或电恢复正常供应、电脑程序重新更新、将原先在突发事件事发阶段和中期阶段转移到其他地方的设备及材料放归原位等；而高校的社会声誉及学校形象，师生的个人形象与社会知名度、信任度等，属于无形情境的重建范畴。

在进行危机事后重建时，危机恢复管理机构和主要的恢复管理人员应考虑到以下几个因素：危机事件的危害程度、危机事件受到媒体及社会公众关注的程度、在危机事发阶段与中期阶段进行危机沟通的效果、危机事件受害者的受伤害程度、恢复重建所需资源（包括资金）的来源及途径、利益相关者对于事后重建工作的支持程度、所有危机恢复对象（包括现实的与潜在的）的确定以及重要性排序、危机事后重建可能遇到的其他困难。在分析评估以上因素的基础上，通过改进技术和提高管理水平，加强沟通，及时执行危机恢复计划来加速危机事后重建。

4.3.2　人的身心恢复

在进行突发事件事后恢复管理中，高校应保持负责任的态度，积极帮助受到伤害的师生尽快恢复。因为人的心理或生理都会受到突发事件不同程度的伤害及影响，如身体伤残，精神方面表现出恐惧、后怕、内疚、悲观厌世等心理，如果不能够及时恢复，则很有可能会使影响进一步恶化，对高校的可持续发展及自身形象的维护非常不利。

（1）生理恢复

校内外医疗机构负责受伤害师生的生理恢复，高校可以根据实际情况通过学校医院进行力所能及的协助。在进行恢复治疗过程中，高校的有关领导和思政教育工作者要经常探望和慰问受伤害的师生，关心他们的身体康复状况，鼓励他们树立乐观信念，勇于战胜病魔。

高校要协助受伤害师生通过医疗保险及其他正常合理渠道解决因生理伤害恢复所需支付的医疗费用问题。此外，高校还可以通过设立大学生大病救助基金、教职工大病相互救助基金，建立健全相关的援助制度等形式，提高服务、帮助受伤害师生的能力。

（2）心理恢复

对于心理的恢复，需要做的工作恐怕还更多，就对象而言，不仅涉及受伤害师生，而且可能包括亲历突发事件的师生，参与突发事件处理的各类人员以及其他利益相关者等。高校应充分利用自身的资源，积极动员和鼓励心理学专家、心理咨询专家及思想政治教育工作者投入到心理恢复的工作中，尤其要关心那些存在严重心理障碍的师生。

一般情况下，恢复危机对师生的心理影响主要从以下三个渠道进行。第一，学校关怀。高校可通过对师生进行个别咨询辅导、谈心开导，帮助其减轻心理压力；或通过教育和特别训练鼓励师生重新勇敢面对现实，增强生活的信心；还可通过提供实际的帮助、支持让师生真切感受到学校的温暖和生活的美好。第二，家人关爱。家庭成员的爱护、理解与照顾能使师生缓解危机事件后的紧张心理，高校可以邀请学生家长或教师家属一同参与危机恢复行动。第三，社会关心。对于心理障碍较为严重的受伤害师生，高校应动员其家属请心理医生或精神病医生或是医院的其他医生帮助治疗，在治疗过程中，高校应主动配合家属做好必要的信息保密工作，以免这部分师生受到进一步伤害。

1）校园心理干预系统

发达国家大多建立起了比较完善的心理援助系统。为了应对灾难和突发事件，学校、医院、企业、社区、军队乃至监狱都有专业人员从事心理助人工作，除了这些日常助人机构之外，还有专门的危机救助中心。如美国遭受"9·11"恐怖袭击之后，为了安定人心、减少损失，各方面的临床心理学者即刻投入了对逃生者、遇难者亲人及广大市民特别是儿童的心理创伤的康复工作。这种心理帮助实行的方式有很多，可以个别进行，亦可团体实施；可以当面进行，亦可通过电话或媒体实施。

心理干预系统是面向全体学生实施心理健康教育的各种积极因素的总体以及这些因素相互结合的方式。该系统通过对大学生实施有效的健康教育，增强大学生的心理素质，开发潜能，培养健全人格。目前许多高校都设立了"心理健康办公室"或"心理咨询中心"。2005年1月颁布的《北京高校学生心理素质教育疾病预防与危机干预大纲》，开创性地提出了发现系统、监控系统、干预系统、转介系统和善后系统这五大系统。建立有效的高校心理危机干预系统，首先，就是加快制定相关的法规政策，为心理危机干预提供制度保障；其次，设立心理危机干预工作小组，负责对学生心理危机进行评估以及心理危机化解；再次，切实建立心理危机响应网络，以多种方式建立校园危机管理的延伸组织；最后，结合社会合作机制，开创以学校心理咨询中心为主阵地、以学生工作队伍为日常心理教育主力、以大学生心理社团为引流、以心理危机鉴定专家和干预专家为技术支持的大学生心理素质教育工作格局。

2）心理危机的预防与教育机制

学生在校园危机的开始到结束过程中承受了各种各样的打击，身体上和心理上都产生了不同程度的恐慌和焦虑，除了学校加强对学生的集体心理辅导和个别心理辅导外，教师也要引导学生依靠学生自身的心理调适能力，学会应对负面情绪，正确对待危机事件。所以学校平时要进一步提高对开展大学生心理素质教育重要性的认识，把心理健康教育和心理素质教育作为学生素质教育的重要组成部分，这种潜移默化的教育直接关系到大学生是否能正确对待危机后带来的伤害，也会有助于大学生的健康成长。对于学生而言，危机后出现了恐慌心理和茫然的状态，甚至导致有些受害较严重的学生产生了身心疾患，这时他们更需要老师和学校的帮助。我们不但要对当事人实施及时的安抚慰问，还要建立追踪辅导机制，不定期地与他们沟通，随时掌握他们的心理、行为发展动态，以便及时发现新的危机苗头，及时处置。

心理危机事件发生后，如发现学生心理问题迅速恶化或又新发现有严重心理问题的学生，班主任、辅导员、班级与寝室心理互助员要迅速以电话的形式上报学校大学生心理健康教育指导中心。学校大学生心理健康教育指导中心成员、班主任、辅导员要及时到现场进行处理，同时将该学生的情况迅速上报学校。对心理危机程度较轻且能保证正常学习者，为了及时了解该学生的心理与行为状况，学校应成立以学生干部为负责人及同室同学为主的不少于三人的学生监护小组，对该学生进行安全监护。监护小组应及时向班主任汇报该学生的情况。对于危机程度较高但能在校坚持学习者，应该明确问题，使用倾听技术从受害者角度确定心理危机问题。学校应通过课堂教育、专家讲座、团队辅导、社团活动、网络匿名咨询等各种途径和形式，在学生中倡导和树立"尊重生命、珍爱生命"的理念，加强心理健康宣传和教育工作。具备条件的学校，可开设一条24小时开通的大学生心理危机干预热线，在每栋学生宿舍楼的醒目位置张贴热线电话号码，确保需要帮助的学生能在第一时间内和相关的专业人士取得联系。

4.3.3 事后责任追究

所谓问责，就是进行责任追究。突发事件恢复管理机构应对突发事件的前因后果进行全面准确的调查，查清突发事件的性质和危害程度，对于事件的责任人，如制造突发事件、失职、渎职，或是在突发事件管理过程中阻碍解决突发事件的人员，则要依法对其进行责任追究；情节轻微的，由高校按照校纪进行相应的处分。若情节较为严重，则应该受到法律的惩处。而对事件中相关人员的真实表现进行评定，对于表现积极，在发现突发事件、处理突发事件过程中作出贡献的人员，应当对他们进行肯定和表扬。高校突发事件将在学校和学生之间产生一定的责任纠纷，确定学校各类突发事件的责任性质是突发事件事后机制的一个重要内容，只有进行了正确定性才能做好应对与适当的处理。

高校可把常见突发事件的监测工作依据各职能部门的职责特点进行分工，建立突发事件应急处理责任制，做到分工明确、层层包干、职责分明、责任到人。自然灾害类突发事件可由校办及工会负责监测和报告，治安交通防火类突发事件由保卫处及校卫队负责监测和报告，政治类突发事件由党办、组织部、宣传部、人事处及学生工作处负责监测和报告，公共卫生类突发事件由后勤处、校医院负责监测和报告。

4.3.4 应急预案修正

在启动了以上两项工作并基本完成之后，突发事件恢复管理机构紧接着就应该对整个突发事件进行全面的回顾，对与事件密切相关的方面进行深刻的反思，以总结经验教训，促进高校应急管理水平的进一步提高。

突发事件恢复管理机构应在全方位调查突发事件的基础上对整个事件进行回顾总结，然后写出详细的突发事件调查报告并公之于众。突发事件调查报告大致应包括以下内容：①一个包含突发事件发生原因、发生经过、处理结果以及相关背景资料的详细记录；②人员伤亡及财、物损失情况的统计数据；③全面检讨应急管理的效果，进而提出处理及防止类似事件再次发生的初步措施。④突发事件后沟通改进的建议方案，用以修复遭受突发事件损害的学校形象。为了让广大师生了解突发事件真相，以正视听，突发事件调查报告完成后，应该尽快予以公布。

在对突发事件进行全面调查并撰写出突发事件调查报告的基础上，为更好地指导今后的应急管理行动，高校应急管理机构及其相关部门应根据突发事件中出现的具体情况及新形势、新问题，进行思考和研讨，不断修正与完善突发事件预案。实际上，修正预案的过程，也是一个增强高校应急管理者对突发事件的责任意识，提高他们对突发事件研究与评估能力的过程。

【附件】

附表1　通讯录（含重点人群健康状况跟踪）

员工编号	姓　名	电　话	邮　箱	所属部门	职　位	体检记录

附表2　应急设施管理事项表

名　称	规　格	安装地点	数　量	在用状态	巡检记录	编　码
				规划/检修/在用		

附表3　应急储备物资管理事项表

名　称	规　格	数　量	价　值	保持期	储备位置	编　码

附表4　校园风险分布及对应责任人汇总表

分　布	风险点	可能引起的风险	监控/预防措施	风险责任人	类　别	级　别

续附表 4

分　布	风险点	可能引起的风险	监控/预防措施	风险责任人	类　别	级　别

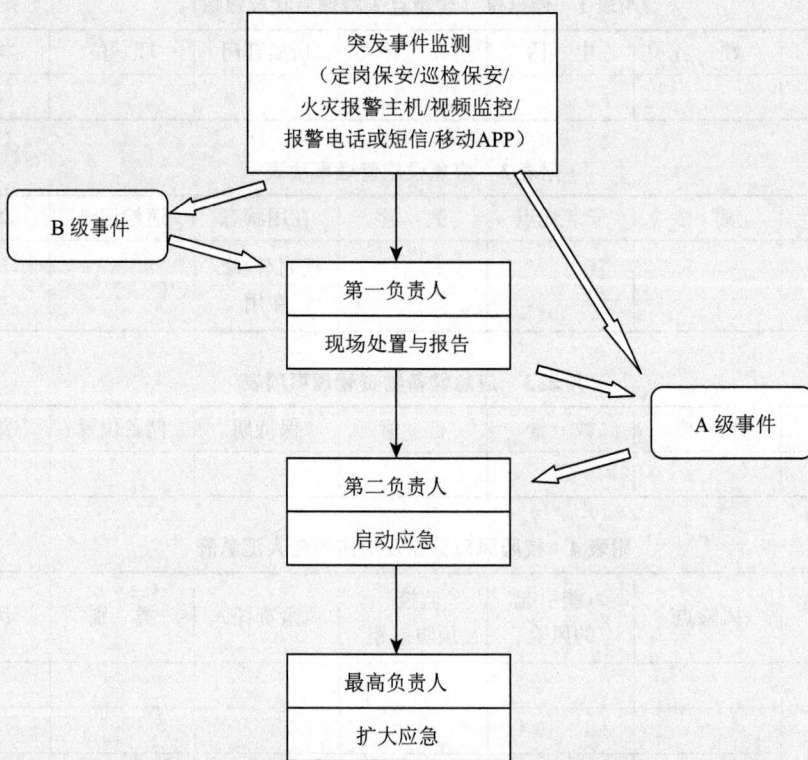

附图1　突发事件应急响应机制

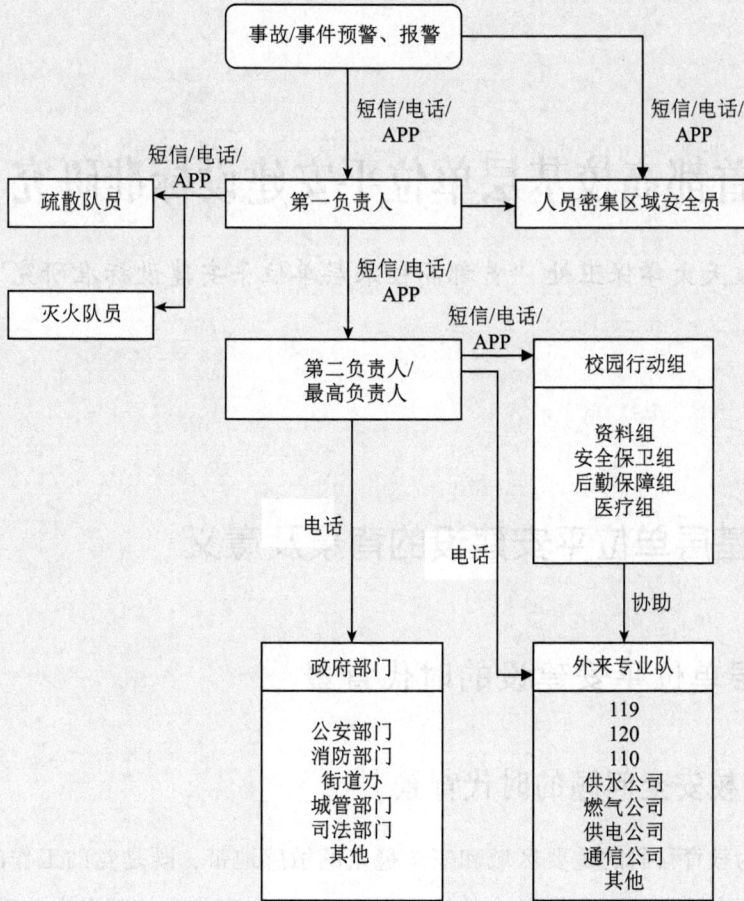

附图 2　突发事件应急联动机制

首都高校基层单位平安建设标准研究

北京航空航天大学保卫处"首都高校基层单位平安建设标准研究"课题组

1 高校基层单位平安建设的背景及意义

1.1 基层单位平安建设的时代背景

1.1.1 高校安全问题的时代背景

高校作为教育科研的重要区域和安全稳定的敏感地带，既是党的工作的重点，也深刻影响着国家社会的安全稳定，当今国际国内环境和高校内部都发生着重大的变革，对新时期的高校安全稳定工作也提出了新的要求。习近平总书记就高校党建工作曾做出过重要指示，"要以更加扎实有力的措施维护高校和谐稳定"。面向"十三五"时期，随着我国经济体制深刻变革、社会结构深刻变动、利益格局深刻调整，影响安全稳定的问题因素日趋复杂。习近平总书记在 2016 年全国高校思想政治工作会议中强调：要坚持不懈地促进高校稳定，要从国家政治安全和意识形态安全的高度，认清维护高校和谐稳定的重大意义，把高校建设成为安定团结的模范之地。面对新形势、新要求，北京高校作为维护首都社会稳定大局的重要阵地，所处的安全稳定工作环境更加复杂严峻，自身工作依然存在问题和短板。继续深化校园平安建设，特别是基层各学院、教学科研单位和直附属单位等学校二级单位的平安建设，在当前和今后一个时期具有重要的现实和历史意义。

党的十八大提出构建社会主义的宏伟蓝图，赋予了高校校园安全管理工作在新的历史条件下，坚持以师生为本的理念，从维护安全稳定的大局出发，承担构建社会主义和谐社会，构建安全和谐校园的新的历史使命。高校在构建社会主义和谐社会实现中华民族伟大复兴的历史进程中扮演了重要的角色，具有不可推卸的责任，而安全作为和谐的内容和真谛，成为实际工作中必须坚持的原则。高校作为校园安全工作的重中之重，投入了大量的人力物力财力，使得影响校园安全的问题得到了一定程度的遏制。然而，当前我国正处于社会转型期，各类矛盾比较突出，严重冲击着校园安全，亟待加强高校校园安全管理。因此，为了增加校园安全管理的有效性，需要构建一套全面、协调、高效的校园安全管理体系。

"十二五"期间，按照北京市委教育工委、市公安局的整体部署，首都各高校以"平安校园"创建为抓手，大力开展"平安校园"建设工作。通过创建，首都各高校不断建立健全安全稳定工作领导体系，校内各部门齐抓共管的工作合力得到加强，职责任务进一步明晰，责任意识进一步增强，体制机制进一步健全，"大安全，大稳定"的工作局面初步形成，安全稳定工作取得了丰硕成果，整体水平取得较大提升。"十二五"期间按照市委的整体部署，我校完成了"平安校园"创建工作，获得了"平安校园"示范校荣誉称号。学校安全稳定工作整体水平上了一个大台阶。但是校园安全稳定工作与中央和市委的新精神、新要求仍有差距。"平安校园"创建只是起点不是终点，学校安全稳定工作的基础还是在二级各学院、各单位。抓安全稳定，首先要有一个稳妥可靠的工作系统，全校上下形成一个科学合理、基础扎实、运行高效的安全稳定的体制机制，关键在落实上要从严、从实、从细。因此我校面向各学院、教学科研单位和直附属单位开展了"平安学院（单位）"创建工作，并将其写入学校十六次党代会工作报告，列入学校总体发展规划，作为今后一个时期深化"平安校园"建设的重要抓手。

1.1.2 深入开展高校基层单位平安建设的重要意义

1. 高校基层单位平安建设是"平安中国"和"平安校园"建设的"落地开花"

党的十八大以来，我国进入了改革攻坚和社会矛盾凸显，双期叠加的阶段。中央和北京市委把全面推进平安中国、平安北京建设作为创新社会治理体制的重要内容，置于中国特色社会主义事业发展全局中来谋划部署。习近平总书记就平安中国建设做出重要批示指出，平安是人民幸福安康的基本要求，是改革发展的基本前提，要把平安中国建设置于中国特色社会主义事业发展全局中来谋划，努力解决深层次问题，着力建设平安中国，确保人民安居乐业、社会安定有序、国家长治久安。首都高校的"平安校园"创建是在"平安中国"建设大背景下应运而生的，是"平安中国""平安北京"建设的具体举措和基层深化。当前，首都高校正迎来"双一流"建设战略机遇期，需要更加和谐稳定的整体局面为快速发展保驾护航。"基础不牢，地动山摇"，深化平安建设，重点在基层，难点在基层，突破也在基层。开展高校基层单位平安建设是对以往平安建设工作的巩固和延续，只有将平安建设的理念、机制、标准和措施牢牢扎根到基层，才能结出安定团结的和谐之花。

2. 高校基层单位平安建设是保障师生安全的迫切需求

安全感是师生获得感的重要组成。高校安全稳定既是教育事业发展的重要保证，同时也是社会稳定的重要环节。近年来，校园安全事件相比以往有明显的"抬头之势"，敏感及突发事件时有出现，高校安全稳定工作正面临前所未有的新挑战、新考验，稍有不慎就会威胁到广大师生的人身财产安全，更可能会造成十分恶劣的社会影响。广大师生来源于基层，生活在基层，学习工作在基层，只有基层稳，才能人心稳。做好高校基层平安建设工作，切实维护好广大师生的生命财产安全和合法权利，是维护师生利益的一项重大举措，是广大师生所愿，是学生亲属所盼，也是社会所求。

3. 高校基层单位平安建设是高校治理体系和治理能力现代化的必由之路

党的十八届三中全会提出，全面深化改革的总目标是"完善和发展中国特色社会主义制度，推进国家治理体系和治理能力现代化"。高等教育治理体系，是国家治理体系和治理能力的重要组成部分，实现高校治理体系的现代化，需要依法依规治校，需要自下而上建成规范的治理体系。高校基层平安建设是对高校治理理念和治理手段的改革，将对未来高校发展建设打下良好基础。高校基层平安建设具体要做到建设的规范化、法制化、效率化和协调性。规范化，是指高校治理需要完善的制度安排和规范的校园秩序；法制化，即主体的治理行为必须尊重法律的权威；效率化，即高校治理体系应当有效保证校园稳定和秩序，保证学校的科研行政等各种工作效率；协调性，即从校园管理者到广大师生，各种规章制度的安排要作为一个整体密不可分，相互协调。

通过高校的基层平安建设，健全完善机构人员齐备、责任措施落实、管理流程规范、应急处置科学、组织保障有力的安全稳定工作体系，就是完善依法依规治校，依法依规管理，建立更细致的体制机制的过程，因此高校基层平安建设是高校治理体系和治理能力现代化的必由之路。

1.2 高校安全面临的新形势和新问题

习近平总书记在国安委会议上指出，"当前我国国家安全内涵和外延比历史上任何时候都要丰富，时空领域比历史上任何时候都要宽广，内外因素比历史上任何时候都要复杂"。习近平总书记的指示道出了国内外大环境重大而深刻的变化，维护高校稳定，促进学校发展，既是高等教育事业发展的需要，也是整个社会、经济发展的需要，高校思想文化活跃，组成元素多元，人员群体集中，影响安全稳定的因素十分复杂，在当下世界多极化、社会信息化、自身开放化等多重变革中，高校面临的挑战与日俱增，安全稳定的工作形势也日趋严峻，面对新时期，高校安全稳定工作面临以下新形势：

1. 多极化趋势导致高校面临多元斗争

冷战结束后，以美国为首的西方阵营在政治、经济、科技等方面一直占据主导地位，但"一超多强"已成为世界政治格局演变的总趋势，以"金砖五国"为代表的新兴大国也在不断崛起，全球范围内的单极化与多极化矛盾十分激烈。为维护自身地位和利益，一些西方国家在政治、文化等多个领域对中国等新兴大国进行渗透与颠覆，致使中国面临着巨大的政治安全威胁。此外，随着全球化进程加快，世界经济融合度越来越高，中国在价值观念和意识形态领域面临的斗争也越来越复杂。在这样的大背景下，高校作为国家政治经济文化建设的重要载体，不可避免地成为了世界变革的矛盾集中地，面临着多元复杂的斗争。

2. 多股势力和非法组织迫使高校面临多重威胁

西方敌对势力利用西藏、新疆、台湾领土争端等问题干涉中国内政，在政治、经济、文化等方面进行思想渗透和组织延伸，企图用西方的价值观、意识形态、生活方式影响和改造以高校学生为代表的中国青年一代。而近些年，暴力恐怖势力、民族分裂势力和宗教极端势力又与西方敌对势力相勾结，进行颠覆破坏活动，特别是在高校建立非法组织，开展非法宗教活动，宣传宗教极端思想；煽动民族对立和民族仇视，鼓吹民族分裂；借助社会热点蓄意炒作，制造不良舆论。此外，一些邪教残余势力还冒用名称、歪曲教义，潜入高校，以创建学生心灵港湾、批判现实社会等虚假方式引诱学生参与邪教活动。可见，西方敌对势力、"三股势力"、邪教非法组织等构成了高校安全稳定的多重现实威胁。虽然学校在稳定工作上做了大量的工作，确保教学、科研和师生工作、学习、生活秩序的正常，但也要看到仍有影响高校稳定的各种因素，特别是国外敌对势力的渗透颠覆破坏活动以及社会上各种违法犯罪活动。西方敌对势力一直亡我之心不死，并同国内非法宗教势力、民族分裂势力相互呼应，进行文化渗透和反动宣传，严重影响了我国社会主义政治稳定，也严重干扰了学校师生正常教学科研和工作生活秩序。

3. 开放化模式赋予高校巨大管理压力

多数高校均采取半开放或全开放的建校、办学模式，加之高校师生主体意识较强、政治热情较高、信息渠道较多，使得高校对敌对势力的煽动和社会环境的转变反应更加敏感。同时，部分学生安全意识淡薄，应对突发事件的能力较差，如果对某些危险处置不当，则还会衍生其他影响安全稳定的问题。学校的周边治安环境比较复杂，在一定程度上会影响学校正常的教学、生活秩序。虽然公安、工商等执法部门对学校周边治安秩序进行综合治理工作，对净化学校周边秩序起到了很好的作用，然而在经济利益的驱动下，非法经商屡禁不止，一些不法分子也乘机进入校园滋事和入室进行盗窃等犯罪活动，严重影响学校治安秩序和稳定。因此，加强对周边治安环境的治理整顿就成为新世纪维护高校治安和稳定的重要方面。另外，近年高校学生数量及外来务工、经商人员急剧增加，学校与社会交融密切，复杂的校园及周边环境隐藏了大量安全隐患，各类消防、治安、交通问题逐渐凸显且频繁发生。上述开放化建校办学模式所带来的问题往往难以彻底解决，有些问题甚至有增无减，给高校安全管理工作增加了巨大压力。

4. 信息化进程要求高校面对新的问题

信息技术已得到迅猛发展，但我国信息化基础薄弱，信息安全管理体制不够健全，信息安全技术和人才不够完备，西方敌对势力纷纷抓住薄弱环节对我国，尤其是我国高校，展开窃密或攻击等。互联网是信息时代的标志，对师生扩大交流，开阔眼界，活跃思想，提高教学、科研和管理水平发挥着重要作用。但是我们也必须看到其负面影响：国际互联网上的敌对势力利用网络进行政治渗透，大肆传播西方意识形态和腐朽思想，散布黄色污染，一些不法分子则利用这一高科技成果，进行传播黄、赌、毒的犯罪活动，危害社会，扰乱社会治安，特别是危害青少年学生的健康成长。由于部分学生的思辨判断能力不够成熟，对网络触手可及的不良诱惑和蓄意煽动缺乏足够的防范，容易迷失方向、走上歧途，也容易参加非法聚集活动，或成为不法舆论参与者。另外，随着网络信息技术的广泛运用，计算机犯罪、网络犯罪等新型犯罪不断增多，这对信息化程度较高的高校而言又是一大威胁。因此，外部矛盾和内部隐患伴随着信息化进程一同到来，且技术防范与攻坚难度更大，这是新时期高校必须面对的新问题。

1.3 基层单位平安建设的目标与原则

1.3.1 基层单位平安建设的目标

基层单位平安建设，要着力实现以下目标，巩固各二级单位党政齐抓共管、党政联席会组织协调、内设机构分工负责、师生员工共同参与的安全稳定工作格局；创建工作突出问题导向，重点解决责任落实、人员落实、制度落实、操作规程落实等基层单位安全稳定工作中存在的问题和短板；健全完善机构人员齐备、责任措施落实、预先防范有效、管理流程规范、应急处置科学、组织保障有力的安全稳定工作体系，建立解决基层安全稳定工作问题和隐患的长效机制，促进校园整体平安和谐。

1. 大事不出

坚决防止发生校园暴力恐怖事件，坚决防止发生危害国家安全和社会稳定的重大政治事件，坚决防止发生大规模群体性事件，坚决防止发生重大治安刑事案件，坚决防止发生重特大安全事故，坚决防止重大失泄密案件。

2. 小事减少

努力防止各类敌对势力针对本单位的渗透破坏活动，减少影响师生人身财产安全的各类治安刑事案件，减少师生违法犯罪活动，减少各类涉校矛盾纠纷及由其引发的不安定事端，减少一般安全事故。

3. 管理有效

安全稳定责任制落实到位，单位综合防控体系科学严密，管理服务体制机制健全完善，教学、科研、生活等各项工作运行有序，学院思想文化阵地、班团组织和各项活动管理有效，师生安全防范和维护稳定意识不断增强。

4. 秩序良好

经常排查和消除各种安全隐患，及时发现和化解各种矛盾纠纷，努力防止、妥善处置各类突发事件和突出问题，校园治安、交通和环境秩序良好，广大师生员工思想情绪平稳，安全感普遍增强。

1.3.2 基层单位平安建设的工作原则

基层单位平安建设，要努力把握以下几点工作原则：

1. 抓好统筹

把基层单位平安创建工作摆在本单位全局工作中统筹推进，与原有已开展工作做好衔接，整合各方面的资源、力量和手段，搭建统一的创建平台，形成共创平安、共促和谐的整体合力。

2. 夯实基础

加大政策措施、力量配置、经费保障、技术装备等向安全稳定工作的倾斜与投入，扎实推进安全稳定工作体系、机构、队伍、条件和基础设施建设，筑牢维护安全稳定的根基。

3. 注重长效

把基层单位平安建设作为一项基础工程、基本建设和经常性工作常抓不懈，注意把握工作规律和特点，总结推广工作中的好经验好做法，着力加强改革创新和制度建设，建立健全安全稳定长效工作机制，实现校园长治久安。

4. 服务大局

紧紧围绕学校科学发展的中心任务，深入推进基层单位平安建设工作，服务学校改革发展，服务学生成长成才，服务学校和首都和谐稳定大局。

2 高校基层单位平安建设的标准体系

2.1 基层单位平安建设标准体系的理念与内容

2.1.1 基层单位平安建设标准体系的设计理念

基层单位平安建设标准体系的设计理念如下：

1. 做好顶层设计

开展基层平安建设，需要重点突出"四个坚持"。一是坚持抓好统筹，把基层单位平安建设工作摆在本单位全局工作中统筹推进，与原有已开展工作做好衔接，整合各方面的资源、力量和手段，搭建统一的创建平台，形成共创平安、共促和谐的整体合力。二是坚持夯实基础，加大政策措施、力量配置、经费保障、技术装备等向安全稳定工作的倾斜与投入，扎实推进安全稳定工作体系、机构、队伍、条件和基础设施建设，筑牢维护安全稳定的根基。三是坚持注重长效，把基层单位平安建设作为一项基础工程、基本建设和经常性工作常抓不懈，注意把握工作规律和特点，总结推广工作中的好经验好做法，着力加强改革创新和制度建设，建立健全安全稳定长效工作机制，实现校园长治久安。四是坚持服务大局。紧紧围绕学校科学发展的中心任务，深入推进基层单位平安建设工作，服务学校改革发展，服务学生成长成才，服务学校和首都和谐稳定大局。

2. 突出问题导向

高校基层单位平安建设工作是一项系统工程，需要统筹各方面的资源力量，共同保障建设工作的顺利实施。要对照中央和北京市委要求，对照面临的形势任务，深入分析当前工作中仍然存在的不足与薄弱环节，有针对性地加大工作力度，采取有效措施，推动安全稳定工作取得更好成效。重点解决责任落实、人员落实、制度落实、操作规程落实等基层单位安全稳定工作中存在的问题。健全完善机构人员齐备、责任措施落实、预先防范有效、管理流程规范、应急处置科学、组织保障有力的安全稳定工作体系，建立解决基层安全稳定工作问题和隐患的长效机制。

2.1.2　基层单位平安建设标准体系的研究重点

本课题研究的难点在于如何提出一套具有科学性、系统性和操作性的指标体系，可以在实际工作中得到推广和有效应用。结合上述情况，在研究中重点做好以下几方面工作：

1. 调查研究方面

一是广泛收集国内各省市已开展平安建设的指导研究和创建体系，系统梳理安全稳定各项任务的工作要求和操作规范；二是认真调研首都各类型高校（重点高校、普通高校和民办高校）基层安全稳定工作中的共性问题，为精准提出创建工作重点打下良好基础。

2. 指标体系构建方面

指标体系的构建要做到"全、精、准"。"全"是指要对基层安全稳定工作涉及的各个方面覆盖要全，做到纵向到底、横向到边；"精"是指提出的创建工作内容要精确，要针对存在的薄弱环节提，突出问题导向；"准"是指评估的测评要素要准，既要做到符合相关法规制度要求，又要有良好的操作性，便于创建工作开展。

3. 调整完善方面

作为指导基层工作的创建指标体系，需要在实际工作中检验其实效性，因此在拟提出的指标体系初步完成后，计划在校内各个基层单位开展创建试点，通过实际使用对指标体系进行修正和完善。在重点综合型大学的基础上，进一步制定普通高校和民办高校适用标准体系。

2.1.3　基层单位平安建设标准的研究方法

基础工作既是托底性工作，也是根本性工作。基础工作开展得是否扎实到位，直接影响学校安全稳定工作全局。维护学校安全稳定要打好地基、练好内功，扎实做好各项日常性、基础性、保障性工作。在前期进行的55所高校的检查验收工作反馈意见中，"进一步夯实基层基础工作"多次被专家组提到，可以说是当前高校平安建设工作的难点和普遍性问题。同时，学校层面的大的平安建设标准在基层实施中存在一定的不适应性，不能简单地套用学校的建设标准开展基层平安建设，因此本课题的研究重点就是要查找出基层平安建设的问题和难点，提出有效的解决措施，最终编制出适合指导基层二级单位开展平安建设工作的意见和标准。

① 通过座谈、走访的方式，对京内"985""211"重点高校、普通高校和民办高校等各级各类学校的基层单位开展调研，运用统计分析的方法得出不同类型高校基层

单位平安建设工作存在的共性问题。

②　计划从组织机构、工作队伍、责任体系、制度体系、预防体系、日常管理、应急管理、条件保障等八个方面梳理上级单位指导意见和各学校有关工作制度和方法，结合前期调研的共性问题，研究提出基层单位平安创建的指导标准。

③　组织专家座谈，对创建标准进行补充完善，并计划在校内选取 5 个不同类型的基层二级单位开展试点创建。(5 个基层单位包括：机关部处、工科学院、文科学院、后勤集团、校医院)

④　通过试点创建工作进一步结合基层工作实际特点完善创建标准体系，形成适合综合型重点大学的基层单位创建指导意见和标准。

⑤　在重点大学的创建标准基础上，针对普通高校和民办高校基层二级单位的自身特点，制定出相应创建标准体系。

2.2　基层单位平安建设体系

为保证标准体系更加完备和科学，在紧密切合学校安全稳定的实际和存在的主要问题基础上，广泛调研全国高校的先进做法，对标上级和专业部门的相关规范性标准，梳理本校安稳文件，并邀请行业专家、上级单位领导和兄弟高校同仁开展专题研讨论证，从而形成本次研究中基层单位平安建设工作实施方案、创建基本标准和评分标准等系列指导文件，创建体系具体包括八大板块内容，涵盖了维稳、反恐、反奸防谍、保密、治安、交通、消防、安全生产等基层单位安全稳定工作的方方面面，下面分别就八大体系进行具体介绍：

2.2.1　夯实基层组织建设，强化安全稳定工作统筹能力

基层单位必须高度重视维护安全稳定工作，将安全稳定工作纳入本单位总体规划，认真贯彻落实相关指示和精神，定期听取安全稳定工作汇报并进行专题研究。重要工作单位主要领导要做到亲自部署、亲自指挥、亲自协调。完善二级单位安全稳定工作小组，党组织主要负责人和行政主要负责人双双担任组长，各业务分管领导任组员，健全分党委统一领导、党政齐抓共管的组织机构和工作体系，坚持执行"一岗双责"。加强导师和辅导员的管理工作，将安全稳定工作纳入到辅导员职责中，并作为本单位考核的重要参考。各单位系、所、中心、教研室、实验室等内设机构每月应在例会中总结一次安全稳定工作，对安全稳定工作中发现的问题，及时研究、部署、解决。多个单位共用楼宇的应成立楼宇管理委员会，负责监管楼宇公共区域和公共设施设备的安全管理，明确责任区分、管理制度，坚持月检查制度，对地、物、事等安全对象摸

清底数，掌握动态，建立预案。

2.2.2 配齐基层工作队伍，提高安全稳定工作执行能力

有效整合安全管理和维护稳定等各方面工作力量，为维护学校安全稳定提供有力的人员保障。学校二级单位均应明确专人具体负责安全稳定工作，设立安全员和反奸防谍联络员（可合并或分设），履行好安全稳定工作职责。各单位内设的系、所、中心、教研室、实验室等机构设立安全员，履行好内设机构的安全稳定工作职责。切实加强班级学生干部队伍建设，各班级配备一名学生安全委员作为安全工作负责人，具体落实班集体学生组织的安全工作。各单位每学期至少组织一次安全稳定的工作培训，不断提升领导干部、安全员和学生安全委员等一线队伍的业务能力与水平。

2.2.3 完善基层责任体系，确保安全稳定责任层层落实

学校各二级单位应按照"谁主管，谁负责"的原则，健全完善横向到边、纵向到底的责任体系，每年按组织机构和工作队伍对《安全稳定任务书》进行逐级分解责任，层层签订安全稳定责任书，做到职责明确，责任到岗，责任到人，落实安全稳定目标责任制，严格责任追究制。

2.2.4 明确安全管理制度，提高安全稳定工作规范化水平

学校各二级单位要按照学校统一要求，围绕安全稳定工作任务，认真梳理本单位存在的各类安全稳定风险点，结合本单位的实际情况制定包括消防、安全生产、治安、反恐怖、反奸防谍、保密、反邪教、维护稳定、大型活动、交通等管理制度，并及时公开、广泛宣传，开展教育培训。内设机构要根据消防重点部位、治安要害部位、反恐重点部位、危险化学品重大危险源实际情况制定有关安全管理规定和流程规范，制定具有本学科和专业背景的实验室安全管理制度、实验安全操作规程、仪器安全操作规程。各房间制定有消防、安全生产与环保等安全管理规定。管理制度要切合实际，具有可操作性，流程规范要科学合理，要求明确。管理规定和流程规范及时上墙公示，确保相关人员应知应会。各单位要认真总结工作中遇到的新形势、新情况和新问题，对不匹配的相关制度要及时修订。

2.2.5 完善预防体系建设，不断提高安全稳定防范水平

按照国家普法教育的要求，有针对性地开展法制宣传教育，引导师生牢固树立社会主义法治理念和法治意识。学校各二级单位每年要针对新入学学生、新上岗教师配合学校组织师生参加包括消防、安全生产、治安、反恐怖、反奸防谍、保密、反邪教、

维护稳定、大型活动、交通等主题的系统性安全教育。配合学校开展各项安全教育活动，根据学校年度安全文化月等活动做好本单位的安全教育工作。每逢节假日、重大活动前要面向师生进行安全教育提醒。确保每名师生每学期接受各种形式的安全教育不少于 1 小时。

各单位要建立渠道畅通、反应灵敏的安全稳定情况信息动态搜集网络，及时掌握和分析师生员工的思想动态和校园舆情动向，有针对性地做好师生的思想政治教育和引导工作。各单位要完善由各工作系统和内设机构参加的形势会商机制，加强对安全稳定形势的综合研判。要建立安全稳定信息管理台账，做到对本单位人、地、物、事、组织等管理和防控对象底数清、情况明，并及时在学校相关安全稳定信息系统中更新数据信息。

建立重大事项校园稳定风险评估机制，对涉及本单位师生切身利益的重大项目和重大决策实行风险评估，从源头上预防和减少各类矛盾。建立健全矛盾纠纷定期摸排、动态更新机制，每学期开展一次矛盾纠纷排查工作，对排查出来的矛盾纠纷分类建立工作台账，逐一落实责任人、化解稳控措施和解决问题时限。重点矛盾实行领导包案负责制。重大矛盾问题，单位主要领导亲自协调，亲自督办。

2.2.6 全面强化日常管理，提高安全稳定综合防控水平

全面强化校园日常安全管理。按有关标准和规范建设维护消防、交通、安全生产、饮食卫生、危险物品管理等基础条件设施。规范相关的消防设施设备、安全环保危险设备的管理，加强各类安全重点部位管理。消防控制室值班人员、特种设备作业人员和特种作业人员须经培训持证上岗，按章操作。单位自建场所要履行消防许可手续，建设项目落实安全环保"三同时"制度。学校各二级单位加强楼门防控，假期要根据情况封门，加强巡视。每月进行一次全面安全检查，各重点部位每周须进行一次巡查。各部位（房间）的安全管理员每天班前、班后对本部位（房间）开展检查。对于安全隐患，检查巡查人员应立即督促整改，当场整改不了的，要逐级报告，制订整改计划，限期消除，并采取防范措施确保整改期间安全。

学校各二级单位要认真落实学校反奸防谍制度，做好本单位反奸防谍工作。配合学校相关部门做好本单位师生出国出境行前教育工作。做好本单位相关群体的归国回访工作。协助相关部门做好引进人员的背景审查工作。对归国三年内拟进入涉密岗位的人员进行上报审查。积极做好情报信息的收集上报和分析研判，配合相关部门核查各类线索情况，严厉打击敌对势力和敌对分子的渗透和破坏活动。

强化维护稳定工作。学校各二级单位重视心理健康教育和排查，了解掌握在学习、经济、心理等各方面存在困难的学生和家庭经济和职业发展困难的教师员工，有针对

性地做好帮扶工作，消除各类安全稳定隐患。按要求加强对现实危害突出的重点人员的稳控。加强对少数民族学生的关心和关注，规范对课堂、论坛、讲座、研讨会、对外交流合作项目的审批管理，加强对外籍教师、留学生和重点少数民族学生的教育管理服务工作，加强重大外事活动全过程管理，有效抵御邪教组织、地下宗教组织、境外非政府组织等向高校进行意识形态渗透。做好新媒体、网站等网络信息安全，制定单位自管网站发布信息的审查机制，采取有效措施避免网站被攻击挂马，发布涉密、敏感、反动信息。

学校各二级单位要积极配合学校贯彻落实整治校园交通环境的各项措施，及时向本单位人员传达贯彻学校有关交通安全工作的各项规定。做好师生员工集体外出活动的安全管理，履行备案手续。配备公车的单位，应规范对公车和公车驾驶员的管理。校内流动人口和出租房屋应履行登记、备案、核销程序，落实监管责任。

各单位举办大型活动应制定安全预案，履行审批程序。举办场所、设施符合国家安全标准和消防安全规范，配备足够的工作人员维持现场秩序，确保各项安全措施落实。举办各类大型活动时，应充分考虑校内交通资源状况，尽量减少机动车进校数量，共同维护校内交通秩序。

2.2.7 健全应急管理体系，提高校园突发事件处置能力

学校各二级单位应针对影响学校安全稳定的突出问题，根据自身应急管理需要，健全完善应急预案。开展应急宣传教育和专项培训，督促相关岗位人员学习掌握突发事件应急处置流程，每学期至少开展一次应急演练，不断提高突发事件现场处置能力和水平。严格落实领导带班，确保相关人员24小时通信畅通。一旦发生突发事件，迅速启动应急预案，按规定程序做好信息报送和事件处置工作。在事件处置过程中配合有关部门进行调查和处置，负责做好师生员工及家属的思想及安抚工作，确保学校正常教学、科研、生活秩序。

2.2.8 改善组织实施条件，提高安全稳定工作保障能力

学校各二级单位应将安全稳定工作实际成效列入对内设机构和个人的年度考核。对有突出工作表现的人员进行奖励；对因工作不力、履责不到位引发重大问题、造成严重影响的人员，按有关规定进行责任查究。各单位年终绩效考核应体现参与安全稳定工作的工作量和工作实效。建立与学院同步增长的安全稳定经费投入机制，保障安全稳定工作日常开支、基础设施建设维护。

3 层次分析法在高校基层单位平安建设中的运用

做好二级院系平安建设，指标体系是关键。只有依据科学性和完备性的指标体系开展平安建设才能形成整治、评价、反馈、再提高的良性循环。现有的研究工作，多针对高校安全工作的部分内容，如消防安全评估、安全文化建设、交通安全等，大多缺乏整体的评价思路和体系，也有小部分研究成果面向整体的校园安全评判，但是评价体系过于粗略，无法做到顶层设计与基础工作的有效结合，缺乏实际的可操作性。面对上述现状，本文提出了基于层次分析法的高校二级院系平安建设指标体系与评估方法，内容涉及标准涵盖组织机构、工作队伍、责任体系、制度体系、预防体系、日常管理、应急管理、条件保障等八个方面。突出问题导向，重点解决责任落实、人员落实、制度落实、操作规程落实等基层单位安全稳定工作中存在的问题和短板。

3.1 利用层次分析法构建指标体系及分配各级权重

3.1.1 层次分析法概述

在高校二级院系平安建设指标体系设计中，我们希望能够减少主观性，力求指标体系和评估方法简单适用，可操作性强。基于上述观点，本研究选择层次分析法（AHP）作为评估体系的构建和量化方法。

层次分析法是将与决策相关的元素分解成目标、准则、方案等层次，在此基础之上进行定性和定量分析的决策方法，适用于在系统体系中对非定量事件进行定量分析，多用于分析和评价多准则、多目标的复杂问题，是对人们主观判断做客观描述的一种有效方法。层次分析法以原始数据为基础，能够克服单一专家主观评价的片面，得到的评价结果能够客观反映指标因素的权重情况。层次分析法的主要过程包括以下几个方面，分别是：建立层次结构模型；专家评分，构造判断矩阵；层次单排序及一致性检验；层次总排序及一致性检验；得到总排序权值。

3.1.2 二级院系平安建设指标体系构建

一套科学合理的评估指标体系是开展二级院系平安建设工作的前提。安全稳定问题涉及方方面面，引发主体和诱发因素多元多样，为了保证指标体系科学合理，建立指标体系过程中需要遵循一致性、系统性、独立性、完备性和可操作性等指标体系构建的一般原则。基于上述原则和目标，本次研究参考了北京市教工委的指导文件以及北京、天津等重点高校的安全管理思路，结合高校基层单位的特点，梳理了二级院系平安建设指标体系的整体脉络。本研究采用德尔菲法，向上级教育主管部门、高校保卫部（处）、安全机构的 9 位相关专家征询了意见，通过 5 轮征询将众多因素按不同层次聚集组合，在综合分析影响基层单位平安状况的诸多因素后，考虑到安全因素可以逐层细化这一特性，构建了有利于进行层次分析的二级院系平安建设评估指标体系。

表 1 为本次研究构建的指标评价体系，该指标体系由目标层、准则层和指标层构成，包括 9 个二级指标和 23 个三级指标，为简便起见，体系中的二级指标分别用 $B_1 \sim B_9$ 来表示，三级指标分别用 B_{ij}（$i = 1 \sim 9$，$j = 1 \sim n$，n 是第 i 个二级指标下三级指标的个数）来表示。

表 1　二级院系平安建设指标体系

目标层	准则层	指标层
高校二级院系平安建设指标体系	组织机构建设 B_1	领导机构设置 B_{11}
		领导机构职责 B_{12}
	工作队伍建设 B_2	安全管理队伍 B_{21}
	责任体系建设 B_3	责任体系建设 B_{31}
	制度体系建设 B_4	学院总体制度 B_{41}
		内设机构具体制度 B_{42}
	防范体系建设 B_5	师生安全教育 B_{51}
		信息收集情报预警 B_{52}
		重大决策风险评估 B_{53}
		矛盾纠纷排查化解 B_{54}
	日常管理体系建设 B_6	消防安全管理 B_{61}
		安全生产管理 B_{62}
		校园治安管理 B_{63}
		国家安全人民防线与保密管理 B_{64}
		维稳管理 B_{65}
		交通安全管理 B_{66}
		安全检查整改 B_{67}
	突发事件应急体系建设 B_7	应急准备与值守 B_{71}
		应急处置与评估 B_{72}
	组织实施条件保障 B_8	领导重视 B_{81}
		动员部署 B_{82}
		检查落实 B_{83}
	特色工作 B_9	特色工作 B_{91}

二级院系平安建设涉及面广，影响因素众多，该指标体系具有以下特点：①覆盖面广，结构清晰，基本上包括了影响基层单位安全稳定的所有安全因素；②着眼基层，本体系着眼于夯实基层组织建设，配齐基层工作队伍，完善基层责任体系；③完善制度，各基层单位围绕指标体系，明确安全管理制度，提高安全稳定工作规范化水平；④重视防范，安全稳定建设胜在防患于未然，基层单位要完善预防体系建设，提高安全稳定防范水平、综合防控能力和突发事件处置能力。

3.1.3　利用层次分析法构造判断矩阵

建立层次分析结构即确定了上下层次之间元素的隶属关系，之后便采用两两比较的方法构造判断矩阵。判断矩阵是层次分析法重要的信息载体，是层次分析法的信息基础。通过比率标度法，用具体打分值定量表示下级指标相对上级指标的重要性程度。本研究中的比率分值同样采用德尔菲法确定。依据递阶层次结构模型，首先构建准则层相对目标层的判断矩阵（$A - B_i$）如表2所列，同理可得目标层相对准则层的判断矩阵 $B_5 - B_{5j}$、$B_6 - B_{6j}$、$B_8 - B_{8j}$，如表3～表5所列。

表2　准则层相对目标层的判断矩阵（$A - B_i$）

A	B_1	B_2	B_3	B_4	B_5	B_6	B_7	B_8	B_9
B_1	1	1/2	1/2	1	1/3	1/13	1	1/2	1
B_2	2	1	1	1	1/2	1/9	1	1	1
B_3	2	1	1	1	1/2	1/9	1	1	1
B_4	1	1	1	1	1/2	1/10	1	1	1
B_5	3	2	2	2	1	1/5	2	2	2
B_6	13	9	9	10	5	1	10	7	10
B_7	1	1	1	1	1/2	1/10	1	1	1
B_8	2	1	1	1	1/2	1/7	1	1	1
B_9	1	1	1	1	1/2	1/10	1	1	1

表3　目标层相对准则层的判断矩阵（$B_5 - B_{5j}$ 安全稳定与防范体系建设）

B_5	B_{51}	B_{52}	B_{53}	B_{54}
B_{51}	1	1	2	2
B_{52}	1	1	2	2
B_{53}	1/2	1/2	1	1
B_{54}	1/2	1/2	1	1

表4 目标层相对准则层的判断矩阵（$B_6 - B_{6j}$安全稳定日常管理体系建设）

B_6	B_{61}	B_{62}	B_{63}	B_{64}	B_{65}	B_{66}	B_{67}
B_{61}	1	1	2	2	2	4	1
B_{62}	1	1	2	2	2	4	2
B_{63}	1/2	1/2	1	1	1	3	1
B_{64}	1/2	1/2	1	1	1	3	1
B_{65}	1/2	1/2	1	1	1	3	1
B_{66}	1/4	1/4	1/3	1/3	1/3	1	1/3
B_{67}	1	1/2	1	1	3	1	1

表5 目标层相对准则层的判断矩阵（$B_8 - B_{8j}$组织实施条件保障）

B_8	B_{81}	B_{82}	B_{83}
B_{81}	1	1/2	1/4
B_{82}	2	1	1/2
B_{83}	4	2	1

3.1.4 层次单排序及其一致性检验

已知判断矩阵 A，可以通过式（1）解出判断矩阵 A 的特征根和特征向量 W，经归一化后即为同一层次相应各因素对于上一层次某因素的重要性的排序权值（即权重向量），这一过程称为层次单排序。

$$AW = \lambda_{max} W \tag{1}$$

使用 AHP，判断矩阵 A 的一致性很重要，但要求所有判断都有完全的一致性不大可能。因此，一般只要求 A 具有满意的一致性，此时 λ_{max} 稍大于矩阵阶数 n，其余特征根接近零。这时，基于 AHP 得出的结论才基本合理。为使所有判断保持一定程度上的一致，AHP 步骤中需要进行一致性检验。

为了检验判断矩阵的一致性，需要通过式（2）计算它的一致性指标 CI 来进行判断矩阵的一致性检验。为了度量不同判断矩阵是否具有满意的一致性，引入判断矩阵的随机一致性指标 RI 值如表6所列。只有当随机一致性比例 CR = CI/RI ≤ 0.10 时，判断矩阵才具有满意的一致性，否则就需要对判断矩阵进行调整。

$$CI = \frac{\lambda_{max} - n}{n - 1} \tag{2}$$

表 6　随机一致性指标

阶　数	1	2	3	4	5
RI	0.00	0.00	0.58	0.90	1.12
阶　数	6	7	8	9	
RI	1.24	1.32	1.41	1.45	

针对上文提出的判断矩阵，获得如下层次单排序结果：

对于判断矩阵 $A - B_i$，$\lambda_{max} = 9.0780$，λ_{max} 对应的特征向量为（0.0738，0.1072，0.1072，0.0979，0.2039，0.9429，0.0979，0.1104，0.0979），$CI = (\lambda_{max} - n)/(n - 1) = 0.00975$，$CR = CI/RI = 0.00672 \ll 0.10$，符合一致性要求。将特征矩阵归一化后即得到基层单位平安建设指标体系中一级指标的权重排序（b_1，b_2，…，b_9）=（0.0401，0.0582，0.0582，0.0532，0.1108，0.5127，0.0532，0.0600，0.0532）。

同理，对于判断矩阵 $B_5 - B_{5j}$，可得"安全稳定与防范体系建设"的 4 个指标的归一化权重（b_{51}，b_{52}，b_{53}，b_{54}）=（0.3334，0.3334，0.1666，0.1666），$CR = CI/RI = 0 \ll 0.10$，符合一致性要求。

对于判断矩阵 $B_6 - B_{6j}$，可得"安全稳定日常管理体系建设"的 7 个指标的归一化权重（b_{61}，b_{62}，…，b_{67}）=（0.2074，0.2290，0.1208，0.1208，0.1208，0.0453，0.1560），$CR = CI/RI = 0.0282 \ll 0.10$，符合一致性要求。

对于判断矩阵 $B_8 - B_{8j}$，可得"组织实施条件保障"的 3 个指标的归一化权重（b_{81}，b_{82}，b_{83}）=（0.1428，0.2857，0.5715），$CR = CI/RI = 0 \ll 0.10$，符合一致性要求。

至于准则层的其他要素，包括组织机构建设、工作队伍建设、责任体系建设、制度体系建设、突发事件应急体系建设和特色工作，由于其包含指标仅为一或两项，因此可直接判断并获得相对权重。

3.1.5　层次总排序

计算同一层次所有因素对于最高层（总目标）相对重要性的排序权值，称为层次总排序。这一过程是从最高层次到最底层次逐层进行的，本次研究中目标层 A 包含 9 个准则层因素：B_1，B_2，…，B_9，其层次总排序权值分别为 b_1，b_2，…，b_9，准则层 B_i 下包含 j 个因素 B_{i1}，B_{i2}，…，B_{ij}，它们对于因素 B_i 的层次单排序权值分别为 b_{1j}，b_{2j}，…，b_{nj}。由式（3）可知 B 层次总排序权值。

$$B_i = \sum_{j=1}^{m} a_j b_{ij} o \qquad (3)$$

层次总排序结果如表 7 所列。

表7 二级院系平安建设指标体系层次总排序

B$_{ij}$ \ B$_i$	B$_1$ 0.0401	B$_2$ 0.0582	B$_3$ 0.0582	B$_4$ 0.0532	B$_5$ 0.1108	B$_6$ 0.5127	B$_7$ 0.0532	B$_8$ 0.06	B$_9$ 0.0532	层次总排序
B$_{11}$	0.5									0.0201
B$_{12}$	0.5									0.0201
B$_{21}$		1								0.0582
B$_{31}$			1							0.0582
B$_{41}$				0.4						0.0213
B$_{42}$				0.6						0.0319
B$_{51}$					0.3334					0.0369
B$_{52}$					0.3334					0.0369
B$_{53}$					0.1666					0.0185
B$_{54}$					0.1666					0.0185
B$_{61}$						0.2074				0.1063
B$_{62}$						0.229				0.1174
B$_{63}$						0.1208				0.0619
B$_{64}$						0.1208				0.0619
B$_{65}$						0.1208				0.0619
B$_{66}$						0.0453				0.0232
B$_{67}$						0.156				0.08
B$_{71}$							0.68			0.0362
B$_{72}$							0.32			0.017
B$_{81}$								0.1428		0.0086
B$_{82}$								0.2857		0.0171
B$_{83}$								0.5715		0.0342
B$_{91}$									1	0.0532

3.2 末级指标量化方法及指标体系运用

末级指标量化对于指标体系建立的科学性、计算精确性、评价可靠性来说是至关重要的。安全稳定工作的基础在基层单位，关键在落实，良好的顶层设计需要基础工作的扎实配合。影响基层单位平安建设的因素众多，各个因素之间往往存在交叉影响，这对于基层单位平安建设科学有效的评估带来很大难度，为了使创建和评价工作能够全面细致地展开，我们在末级指标量化中提出了测评要素的评价思路。

以安全稳定日常管理体系建设中的消防安全管理为例，我们提出了如表8所列的测评要素，它包含了重点部位管理、操作规程管理、消防许可管理、室内环境等多种评分标准，各个评分依据完全符合所列条件的定义为A等，具备执行条件但略有疏漏的定义为B等，基本符合评分标准的定义为C等，完全不符合标准的为D等。例如，在检查消防设施管理情况时，确保消防设施器材维护的责任部门和责任人明确，消防器材有明显位置标示，无埋压、损毁、挪用情况，维护管理档案明晰，消防通道、安全出口、疏散楼梯通畅并有明显的疏散指示等，确保这些能符合，则可给予A等评分。

表8　二级院系平安建设中部分评分标准

准则层	指标层	评分标准
安全稳定日常管理体系建设	消防安全管理	1. 消防重点部位管理：根据学校确定的消防重点部位，进行严格管理，坚持定期巡查。 2. 操作规程管理：落实学校消防相关规定，并能根据本单位实际情况制定相应的消防安全操作规程。 3. 消防设施管理：除由物业负责的公共楼宇和区域的消防设施以外，按照本单位实验室或重点部位的特殊需求配备的消防设施、器材，应按照要求定期进行维护、保养、更换，确保这些设施完好有效。 4. 消防许可管理：按照国家和学校相关规定和要求，新建或改建工程应严格履行消防审核或备案、验收等手续。 5. 动火动焊施工安全管理：需进行动火动焊施工的工程，要严格履行审批手续，采取必要安全措施。 6. 室内环境：房间物品摆放符合安全距离要求

在评估过程中，各个指标层要素均取满分为100分，其中A等对应100分，B等对应85分，C等对应70分，D等对应55分，实际的评估过程在下面的评估检查办法中有详细介绍。

4　高校基层单位平安建设的创建工作及评估检查

4.1　基层单位平安建设创建工作方案

4.1.1　基层单位平安建设的创建原则

1. 基层单位平安建设创建过程中应遵循的原则

（1）围绕创建标准系统推进

基层单位平安建设是在过去已有工作基础上，结合新形势新要求新任务提出来的，是"平安校园"创建工作的延续和在基层实际工作中的深化，而非另起炉灶、另搭平台。基层单位要突出问题导向，重点解决责任落实、人员落实、制度落实、操作规程落实等基层单位安全稳定工作中存在的问题和短板。健全完善机构人员齐备、责任措施落实、预先防范有效、管理流程规范、应急处置科学、组织保障有力的安全稳定工作体系，建立解决基层安全稳定工作问题和隐患的长效机制，促进校园整体平安和谐，为学校改革发展建设各项工作奠定坚实基础。

（2）要形成整体合力推进

基层单位平安建设工作是一项系统工程，需要统筹各方面的资源力量，共同保障建设工作的顺利实施。安全稳定工作各相关单位要切实做好组织协调，加强对学院工作监督指导，统筹推进整体工作，及时总结交流工作经验。各学院、各部门要认真学习研究，并提出本单位的创建工作方案，明确总体目标和阶段性任务，做好任务分解，列出时间计划，推动创建工作扎实有序开展。学校安全稳定工作领导小组要加强组织领导，强化工作保障，加强对基层单位平安建设的检查考核力度，真正把各项任务落实到基层单位，形成学校党委统一领导、基层单位负责、师生广泛参与的工作合力。

2. 在创建原则指导下应注重细节的落实

（1）做好校园安全管理工作

学校人员密集、教学生活服务功能齐全，各类大型活动多，各类安全事故的社会关注度高、敏感性强，如果应对不当，则容易转化为群体性事件甚至政治事件。各学院、各部门要按照"谁主管、谁负责""谁使用、谁负责"的原则抓好反奸防谍、保密、消防、交通、治安、危化品、水电气热、出租房屋、校门楼门、网络平台等安全管理工作，严格执行相关法律法规和规章制度，明确相关岗位的工作职责和工作标准，强化重点部位、重点领域的监督检查，预防各类安全事故。

（2）加强师生安全教育

随着安全稳定工作形势任务的发展变化，师生面临的安全风险更加复杂，新隐患增多，潜在危险源大量存在，自我保护的难度比以往更大。安全教育要紧跟形势变化，丰富内容和手段，提高安全教育的深度和广度。要抓好国家安全教育工作，引导师生牢固树立总体国家安全观，自觉维护国家安全和社会稳定，要抓好马克思主义宗教观教育，引导师生正确认识和处理宗教问题，自觉抵御校园传教现象。要做好反邪教宣传教育工作，提高师生发现邪教、抵御邪教的能力。要加强心理健康教育和心理疏导，引导师生树立积极向上的心态，培养健康自信的品格，创新工作模式，利用大数据分析等技术手段，有效防止学生自杀等极端现象的发生。要加强禁毒宣传教育，引导师生远离毒品，珍爱生命。要普及金融、电信防诈骗和反恐防暴知识，提升师生辨别发现异常情况和自救自护的能力。

（3）应对处置好各类突发事件

基层单位要进一步健全完善应急预案，细化处置措施，加强实战演练，确保对突发事件能够及时稳妥处置。要加强各类问题隐患的源头治理和动态排查，最大限度将突发事件稳控消灭在萌芽状态。要坚持边处置、边报告，及时准确报告突发事件的有关信息，争取相关单位和部门的工作支持，确保信息畅通，处置有力。

4.1.2　创建工作的组织领导

基层单位平安建设应由学校安全稳定工作领导小组负责领导，保卫工作部门负责日常指导工作。各学校二级单位安全稳定工作小组负责统一领导本单位基层单位平安建设工作，各单位党政办公室承担日常工作。学校领导小组研究负责制定创建工作标准。创建工作标准将作为各学院、教学科研单位和直附属单位等学校二级单位的创建依据。

4.1.3　创建工作的部署和推进

各基层单位组织要召开专题会议对基层单位平安建设进行研究，学习领会创建工作标准内容，在充分研究单位实际情况的基础上制定本单位创建工作实施方案。实施方案要明确本单位创建工作总体目标、工作计划和达标申请时间，要将重点工作任务进行细化分解，制定推进时间表，研究提出本单位创建工作的具体措施，明确各系、所、中心、教研室、实验室等内设机构的职责和任务。

各基层单位要按照创建标准要求，系统梳理总结本单位在安全稳定组织机构建设、安全稳定工作队伍建设、安全稳定责任体系建设、安全稳定制度体系建设、安全稳定预防体系建设、日常安全管理体系建设、突发事件应急体系建设、组织实施条件保障等八大体系建设的工作思路、具体措施、工作成效与基本经验，认真查找工作中的问题、不足与薄弱环节，认真研究并严格落实改进措施。通过创建活动全面提升工作的规范化、科学化水平，筑牢维护安全稳定的根基，加强改革创新，力争使本单位的安全稳定工作取得突破性进展，实现校园长治久安。

4.2　基层单位平安建设创建工作的评估程序

为了确保对基层单位平安创建成果评价的系统全面性和独立客观性，建设成果的验收要做好体系性检查、过程性检查和结果性检查三个方面的工作。

体系性检查，主要是评估各二级单位的平安建设体系是否完整，即是否规划并建立了目标明确、责任落实、管理规范、统筹推进的工作方案和创建体系。检查方式主要包括审阅二级单位提交的综合报告，查阅包括八大体系创建工作的相关支撑材料和二级单位特色创新工作材料；听取二级单位的综合汇报，内容应包含本单位基本情况、近一年安全稳定工作开展情况、基层平安建设工作组织实施情况、八大体系建设情况和特色工作等。

过程性检查，即"看操作，看现场，看过程"，评审专家将深入现场，实地走访安全重点部位，与二级单位下设各系、所、中心、实验室等内设机构安全稳定工作责任人、其他业务负责人和安全员开展座谈，进行实操演练和突发事件的桌面推演，检查相关人员的操作流程操作方法是否规范，随机抽点师生考查安全技能，发放安全知识调查问卷。

结果性检查，既要考察平安建设的创建结果，又要评估对以往出现的安全事件的处置结果。可以向师生发放调查问卷，通过科学规范的量表评价其安全感和幸福感程度，可以针对受调查对象的不同领域和学科，测试其安全操作技能是否已经具备，可以检查基层单位近期有没有发生安全稳定事件，事件发生后是否及时进行了缜密科学的弥补，是否做到了及时上报。检查过程中，检查组在全面检查学校安全常规工作的基础上，重点从安全教育、交通安全、设施设备等方面，"听"基层单位领导抓安全工作的整体部署、思路和方法，"访"师生、教工对安全管理的意见建议，"看"机房设施、消防设施、实验室、公共活动区域等重点部位的现场状况，"查"安全管理制度和各类管理记录。

在结果检查时，可以采用常规检查、安全检查表检查和仪器检查。常规检查是由检查小组作为检查工作的主体，到基层现场，通过感观或辅助一定的简单工具、仪表等，对作业人员的行为、作业场所的环境条件、生产设备设施等进行的定性检查；安全检查表（SCL）是事先把系统加以剖析，列出各层次的不安全因素，确定检查项目，并把检查项目按系统的组成顺序编制成表，以便进行检查或评审；仪器检查法即采用专业的仪器设备进行定量化的检验与测量，发现安全隐患，从而为后续整改提供信息。

对通过达标验收的二级单位，授予"平安基层单位"称号；对验收不通过的单位，当年年终KPI考核"一票否决"。在此基础上学校每年评选出若干"平安基层单位"示范单位，进行表彰奖励，开展经验交流，发挥典型带动作用，营造创优争先氛围。同时，为了固化平安建设成果，保持常态化机制，还要做到"回头看"，通过循环检查随机抽查的方式，督促基层单位居安思危，警钟长鸣。

安全检查信息反馈是安全检查工作的重要组成部分，也是安全检查工作时效性的重要保障与体现之一，基层单位平安建设安全检查信息反馈主要包括以下两方面：一是专家领导小组的检查和抽查，安全检查人员在每次检查工作完成后将检查结果汇总形成工作报告和报表，及时汇报领导，对于一般问题，在基层单位的工作会议上进行通报；对于有安全隐患和其他需要及时解决的问题，第一时间汇报学校，并联系或协调相关负责人及时处理。二是各系、部、中心、实验室、研究所的安全自查，各单位的安全检查人员，在检查工作完成后，将安全检查表格签字统一保存，对于检查中发现的问题，视情况严重性及时采取措施解决或汇报相关领导解决。

首都高校女性保卫干部的职业角色定位研究

对外经济贸易大学"首都高校女性保卫干部的职业角色定位研究"课题组

当前，随着我国高等教育事业飞速发展，高校管理模式改革不断深化，新形势新时期下高校安全管理工作的内容和环境也都发生了根本性改变。通过问卷形式调查了目前 100 所高校中女性保卫干部在安全管理中的角色定位，通过分析发现：相较于男性，女性保卫干部有着敏锐的感知力、较强的责任心和良好的沟通能力，在高校安全管理工作中发挥着重要的作用，是高校安全稳定的重要有生力量。在此基础上，本文采用 SWOT 分析法探究女性保卫干部的职业发展规划，同时建议国家教育主管部门和高校本身也应当从组织公平的三个基本衡量标准出发，摒弃对女性的传统角色定位，努力营造宽松和谐的组织氛围，广纳优秀的女性保卫干部，为女性保卫干部职业发展创造有利条件和制度保障，从而以柔性管理理念进一步促进高校安全管理工作的发展。

一、当前高校安全管理工作的发展变化趋势

当前新形势新时期下高校安全保卫工作的工作内容和工作环境都发生了根本性改变。

传统的高校安全管理工作更偏重于狭义上的安全保卫，它的基本任务是保护全校师生和外来人员的人身和财产安全[1]。保卫干部的主要职责任务就是监测校园内的不稳定因素，包括抵制恐怖主义、极端主义，预防各类伤害事故的发生[2]。其本质属于社会治安与安全管理的范畴，即治安、消防、政治、交通等。传统的高校安全管理工作更适合男性保卫干部的发展。

如今在高速发展下的网络信息社会，由于网络不良信息、自由化观点以及虚拟社会对大学生产生较大的负面影响，导致多样化的思想观念和非主流意识形态与正确的世界观、人生观和价值观产生激烈的碰撞[3]。许多犯罪分子或敌对势力利用网络自由和虚幻的特点，通过网络渗透、鼓动和欺骗不知真相的学生聚集闹事，破坏校园稳定。所以相对而言，学校以及社会各界更倾向于广义上的安全保卫，即在上述内容的基础

上，更侧重于对师生思想政治与核心价值观引导，侧重于对师生安全知识的普及和安全教育引导[4]。

伴随着高校多元化、国际化程度的不断提高，保卫部门中也出现了愈来愈多的女性的身影。高校安全管理工作内容和工作环境的改变给女性保卫干部在安全管理工作中带来了很大的机遇。

通过对 100 所高校一年以内发生的案件进行调研分析（如图 1 所示），可以看出，当前新形势下高校安全管理工作内容发生了变化，具体情况如下：网络安全类案件、性骚扰类案件、自杀倾向类案件在高校所占比例较高，尤其是网络安全类案件所占比例已经超过治安和盗窃类案件，这些案件一旦发生，危害大、影响恶劣，所以预防和提高安全意识比打击更重要。安全保卫工作服务育人的功能日趋强化，安全教育课程的开设、安全技能培训的常态化以及安全文化氛围的创建等工作，都在各个方面充分发挥了保卫工作的教育职能，真正达到预防为主，确保稳定的目的[5]。因此，高校保卫工作的工作内容已经发生改变，由单纯的安全管理转变为安全管理与安全教育引导并重。

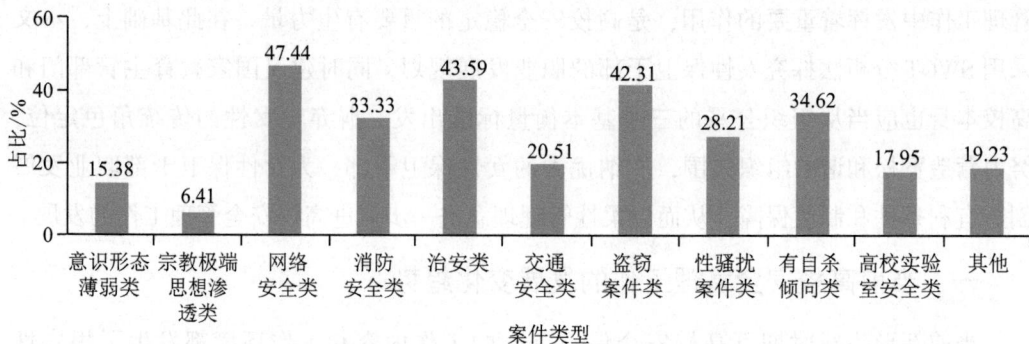

图1 100 所高校一年以内发生的案件

二、当前女保卫干部在高校安全管理中的角色定位

《高校女保卫干部在安全管理工作中参与度的基本情况调查》共设置 20 道题目，主要涉及女保卫干部在保卫处承担的主要工作、在高校发生影响校园安全与稳定案件时参与的程度和承担的角色以及在当前新形势下，女保卫干部在高校安全管理工作中的角色定位。

目前调查问卷收到了来自全国 100 所高校的反馈，经统计，女性保卫干部在高校保卫处占比 10%～15%。通过分析，女保卫干部目前承担的主要工作内容排序为：处办公室、户籍、安全教育、政保、消防、治安、交通、其他、机房建设。其中处办公室、户籍和安全教育分别占比 48.72%、46.15%、34.62%（如图 2 所示）。

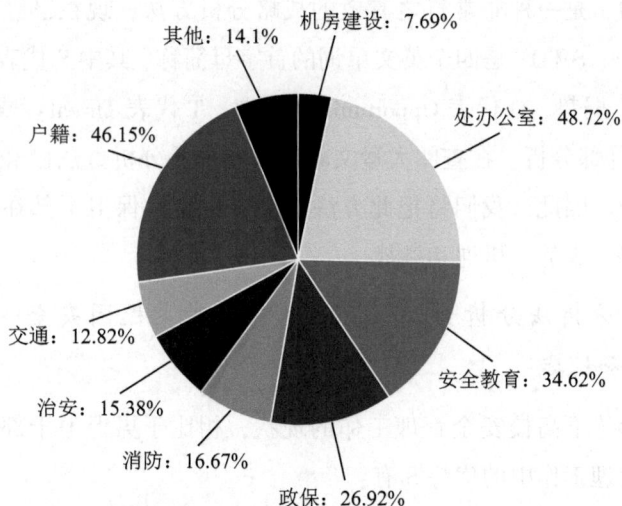

图 2　当前各高校女保卫干部在高校安全管理中的角色定位

目前国际国内形势发生深刻变化，较以前相比，影响安全稳定各类不确定因素更趋于多元复杂，通过分析调查问卷《高校女保卫干部在安全管理工作中参与度的基本情况调查》可知：在最近一年内发生过的影响校园安全与稳定的案件中，有自杀倾向类案件、性骚扰案件、网络安全类（诈骗、被盗取个人重要信息、网瘾等）以及意识形态薄弱类案件呈现上升的趋势，其中，高校实验室安全类也一直是高校安全管理工作的重中之重，需要保卫干部提高警惕。

女保卫干部在高校发生影响校园安全与稳定案件时，有 51.28% 的女保卫干部参与此项工作，而在参与并处理这些事件的过程中，女保卫干部承担的主要角色为：针对有自杀倾向类案件及性骚扰案件的心理疏导，接待学生家属来访，意识形态薄弱类案件、网络安全类（诈骗、被盗取个人重要信息、网瘾等）和高校实验室案件类的安全教育工作以及其他有关消防、治安、交通相关类案件的协调监督、信息核查和文字材料的整理等工作[6]。而在实际工作中女性在高校安全管理工作中参与度很高，可达 85%。

综上可知，当前新形势新时期下高校安全保卫工作的工作内容和工作环境都发生了根本性改变，女保卫干部在高校安全管理工作中也承担着越来越重要的角色。

三、高校女保卫干部职业发展影响因素分析

（一）SWOT 分析法简介

20 世纪 70 年代，美国哈佛商学院安德鲁斯教授提出了 SWOT 分析法，它可作为一种企业战略分析方法，通过分析企业内部及外部环境条件[7]，从而找出企业的优势、

劣势及核心竞争力，是一种非常行之有效的战略分析方法，现在已经被广泛地运用于组织战略规划中[8]。SWOT是四个英文单词的首字母简称，其中S代表Strength：优势，W代表Weakness：弱势，O代表Opportunity：机遇，T代表Threat：威胁，其中SW为内部分析，OT为外部分析。在查阅大量文献后得知，此分析方法已经广泛应用于职业生涯的规划分析中。因此，我们将把此方法用于分析女性保卫干部在新时期校园安全管理工作中的优势、劣势、机遇和挑战。

（二）SWOT分析法分析女性保卫干部在新时期校园安全管理工作中的优势、劣势、机遇和挑战

结合当前新形势下高校安全管理工作的现状，相比于男保卫干部，女保卫干部在新时期校园安全管理工作中的优势S有：

（1）工作敏锐性强

女性的生理结构决定了她们比男性具有更高的敏锐度。在维护高校政治保卫的工作中，需要有高度的政治敏锐性，才能在隐蔽战线工作中抓早抓小抓苗头，将风险遏制在摇篮里[9]。

（2）女性的思想相较于男性更为柔和、细腻，这使得女保卫干部的工作态度相较于男性更为严谨、周密与规范

安全工作需要以柔克刚，在处理冲突过程中，可以利用女性的柔美气质，轻言细语地化解矛盾；尤其在处理自杀倾向类案件、性骚扰案件和意识形态薄弱类案件中，女保卫干部相较于男保卫干部有更大的优势[10]。以对外经济贸易大学为例，男女比例为2:8，针对女性的伤害问题成为保卫工作必须关注的重点。而在处理这类事件时，女孩羞于启齿，男同志往往会陷入"无用武之地"的尴尬境地。这个时候，女保卫干部就显出了她的"无法取代"的作用。她们细腻、温柔，往往能够说服并安慰受伤的女孩子，重新燃起生活的希望。

（3）客观务实、工作认真、投入多、甘于奉献

相比于男性，女性不喜欢抽象的东西，她们更习惯于直观地看待事物，因而她们看问题比较客观和实在，实事求是，在工作中表现的就是务实、高效、脚踏实地、兢兢业业。而且女性对组织具有较强的忠诚度和归属感[11]。她们的踏实和职业稳定性，给组织因为人员变动带来的损失降低到最低限度，与此同时，激烈的职业竞争，让人们忘记彼此性别的差异，伴随着更多女性的脱颖而出，人们发现女性领导者有许多非常优秀的品质，她们的工作能力和聪明智慧不一定是最强的，但她们一定是对工作最投入、最认真负责的。

在新时期校园安全管理工作中，相比于男保卫干部，女保卫干部的劣势 W 有：

（1）性别导致的"玻璃天花板效应"[12]

玻璃天花板效应指的是会阻碍某些有资格的人（尤其是女性）在组织中上升到更高的职位，虽然看不到摸不着，是一种无形的、人为的困难，但是实际存在着的，导致女性在职业的选择和晋升过程中被一层玻璃挡着，可望而不可即。2010 年全国妇联曾对中国女性社会地位进行调查，调查显示：超过72%的女性对"因性别而不被录用或提拔"歧视有明确认知。高校女保卫干部也面临着同样的问题，她们很难晋升到中高层；但对于男性而言，男保卫干部有更多的时间和精力投入工作中，所以很多高层的管理职位会偏向男性，可见玻璃天花板效应对高校女保卫干部的影响是极大的。

（2）传统视野下对女性群体的价值偏见

受传统文化父权制度的影响[13]，传统角色分工和社会定位有形或无形地渗入女性意识的深层结构。在心理方面，面临着来自自身的心理障碍，总存在一种认知，觉得在处理危害校园安全事件的过程中，男性比女性有更大的优势。通过此次调查问卷，其中有接近50%的女保卫干部持这样的态度。

（3）角色冲突等影响因素

女性保卫干部作为高校安全稳定的有生力量，面临着较为显著的角色冲突问题，她们拥有至少四种重要的社会角色，各个角色之间和每个角色内部都有其自己的冲突，其中最重要的角色冲突就是以配偶、母亲为核心角色的家庭角色丛和以工作为核心角色的职业角色丛之间的冲突，即存在工作和家庭之间的冲突，女保卫干部作为高校安全秩序的维系者与各类政策方针的执行者，在很多情况下，女保卫干部角色会与其家庭角色存在极大的冲突。女保卫干部同时作为高校与家庭的支柱，就必须处理来自上级、同事、家庭等各方面的社会关系。多种社会关系致使女保卫干部角色与家庭角色产生一定的冲突，进而使得女保卫干部在工作过程中加大了心理负担与生活压力[14]，使女性较于男性无法集中精力于工作，从而影响自己的职业生涯管理。目前，国家开放的二孩政策，对职场中的女性来说，无疑又是一大挑战。

随着我国改革开放程度的不断加深，高校也迎来了前所未有的更多机遇和挑战，建设多学科、开放性、国际化的大学是必然趋势，由此给高校保卫工作在技防建设、治安管理、犯罪预防等方面带来了颠覆性的变化，同时也给女保卫干部带来了很大的机遇 O。

而当前女保卫干部在高校安全稳定工作中所面临的挑战 T 主要来自以下几个方面：

（1）组织支持度不足[15]

保卫部门中职称上升通道狭窄，与教学、教务、学生思政等相比少得多，领导岗位设置的职位数也很少。与此同时，在一些单位开展的培训中，保卫处或其上级对于基层女保卫干部的职业生涯不够重视。通过此次调查问卷也得知：将近50%的女保卫干部没有参加过相关的安全管理工作培训[16]。

（2）组织内部公平问题

高等教育领域的性别问题可以看作是高等教育组织内部公平问题的一个方面。组织公平，包括程序公平、互动公平和分配公平[17]，是指组织成员在一个组织中应该受到组织的公平对待。

① 程序公平，指的是高校保卫组织在其成员的选拔、录用、晋升等方面，应该遵守一致性、无偏向性、准确性[18]、可修正性、代表性和道德性的原则。对于许多女性保卫干部来说，在高校干部的选拔、任用等过程中，她们正是遭受了程序公平的缺失，因为保卫处工作的特殊性，在选拔人才的时候，出现了偏好男性的性别歧视问题。

② 互动公平，指的是个人所感受到的人与人之间交往的质量，也可称为人际关系公平。在当前社会中，女性凭借自己的力量难以打破组织传统的男性为主导的控制模式。

③ 所谓"公平理论"指的是一个人不仅关心本人的结果与支出，而且还关心别人的结果与支出，即她同时关心个人努力所得到的绝对报酬量和与别人的报酬量之间的关系（相对报酬量）。当一个人感到自己的结果和投入之比和作为比较对象的他人的这项比值相等时，就有了公平感。反之，即两者比值不相等时，就会产生不公平感。在当前社会中，对于同等的工作任务量，往往要付出比男性多几倍的努力，才有可能获得男性、组织或社会的肯定。一旦女性在工作中出现效率较低或失误的情况，则经常被归结为女性能力缺乏。由此女性会感受到严重的不公平感，这种不公平感将有可能抹杀女性潜在的才能，导致她们不愿意尝试新的任务和更具有挑战性的工作，这也将制约组织的长远发展与进步。

（3）受传统文化的影响

传统角色分工和社会定位有形或无形地渗入女性意识的深层结构，从而对女保卫干部不管是心理上，还是身体上，都产生一定的束缚。

四、高校女保卫干部职业发展趋势

（一）大学多元化发展需要女性思维

从前面分析可知，女性在新时期校园安全管理工作中有着不可替代的优势，也正是目前新形势新时期下高校安全保卫工作内容、服务对象和工作环境的改变，给女性保卫干部带来了很大的机遇，面对平安校园建设中一些前所未有的难题，女性的介入会使得保卫安全管理工作更容易开展。

（二）保卫工作发展提供女性更多的参与机会

对于高校保卫处，配备一定比例的女性保卫干部是必须的，而且需要为她们提供更多的参与机会。当前随着高校保卫工作性质由最初的"保卫、打击"逐步向"安全管理""安全服务""安全教育"转化，越来越多校园安全管理者将关注点放在了智慧校园、平安校园、校园法制建设等。因此，女保卫干部将获得与男同事相似的工作环境和平等机会，发展平台更加广阔。随着工作内容和要求的改变，必然会有越来越多的优秀女性加入。

（三）保卫学科发展因女性参与更加完善

在保卫学科中，针对女性的理论研究领域很广阔，包含了女性犯罪、女性心理研究、女性社会行为等。对于高校女性的庞大群体而言，我们现有的研究显得太过单薄。据中国教育部统计，自 2009 年普通本专科女生比重首次超过男生后，男女生数量差距越来越大，2010 年，考上大学的女生数量比男生多 33 万。截至 2012 年，全国女大学生人数，已连续 4 年超过男生；不仅师范、外语、经济类院校女生越来越多，综合型大学的女生数量也在逐年增加。甚至在以理工科专业为主的院校里，女生的比例也在逐年攀升。因此，保卫学科的发展急需一大批优秀女性的参与。

五、高校女保卫干部能力提升的策略研究

从前面分析可知，女性保卫干部比男性保卫干部拥有更突出的优势。我们可以从以下几方面入手，帮助更多的高校女性保卫干部发挥自身优势，促进构建和谐校园。

（一）正确的自我认知是基础

每个人都是独一无二的个体，都应该认识自己独特的禀赋和价值，从而实现自我，真正成为自己。性别因素可能会导致职业发展障碍。这是客观事实。但无论男女被安排在何种岗位都会遇到困难。因此，我们需要将职业发展方面的障碍关注点放在寻求解决问题的方法上，把性别更多地作为一种与生俱来的"特点"，坦然、愉悦地接受，积极认真应对，这才是在正确自我认知基础上的理性态度。

作为高校保卫处的一分子，我们应该抛弃对自我的消极认识，消除对担任保卫处干部职务的各种自身的心理障碍，磨炼意志，解放思想，认识自己独特的价值，设定适合自己的职业生涯规划，理性面对外界影响，增强自信心。

（二）加强理论学习，提高自身综合素质

高校保卫工作是一项涉及专业学科广但又自成体系的工作，不同于高校的其他工作，要讲求方法和时效。在新的社会形势下，高校保卫工作比过去更加复杂，需要更多的理论和方法来保驾护航。这就要求女保卫干部外树形象，内强素质，在不断学习理论知识的同时，也要注意增强自身的业务能力。保卫处领导可以积极派送女保卫干部参加有关部门举办的培训班，组织到兄弟院校学习好的经验、方法，邀请知名专家教授讲课，给女保卫干部"充电"等形式，提高保卫工作队伍的业务素质。校保卫处订阅各类报纸书刊，领导带头学习相关理论知识，不时开展学习研讨，总结交流学习心得体会，从而提高女保卫干部的理论水平。

（三）多元社会背景下为女保卫干部的发展创造宽松、积极的环境

在多元社会中，女性和男性无所谓等级高低之分，他们是平等的。女性的角色不能狭隘地被固着于家庭这个传统的角色上，在当前社会中，她们和男性是一致的，应该与男性一样被视为社会进步的推动力量。国家、地方教育部门以及高校保卫处本身不仅应当配备一定比例的女保卫干部[19]，而且要重视女保卫干部的培养和提高，积极吸纳优秀的女性管理人才，努力做到程序公平、互动公平和分配公平，为女保卫干部职业的发展创造有利条件和制度保障。

（四）转变思想观念，充分发挥女性优势

受历史原因的影响，相当一部分的高校工作人员存在着诸如"保卫干部是闲职""保卫工作就是保安、门卫"等错误思想。因此，在相当长的一段时期内，女性保卫干部不仅得不到应有的尊重，而且女性本身在工作中的作用和优势也无法得到充分发挥，导致自身存在感较低，时间一长，会导致女性保卫干部出现"自怨自艾"的消极思想。实践证明，女保卫干部在高校安全保卫工作中的作用越来越明显[20]。首先，高校各级领导要更加重视保卫工作，提高女保卫干部的地位，加强保卫队伍的建设，提高女保卫干部的素质。其次，女保卫干部自身也要转变观念，与时俱进，通过各种途径，发挥女性优势作用，完成维护校园和谐稳定的任务。

通过此次问卷调查得知：在一些单位开展的培训中，高校保卫处对于基层女保卫干部的职业生涯不够重视，其中将近50%的女保卫干部没有参加过相关的安全管理工作培训。因此，高校保卫处应该重视对女性保卫干部的培训，坚持把学习摆在首要位置，不断提高理论水平，增强思想的前瞻性、眼光的敏锐性和工作的创造性，从而进一步发挥女性保卫干部的模范带头作用。

六、结　语

女性作为保卫干部队伍中的"半边天"，和男性一样在高校保卫工作中具有同等的、举足轻重的作用。女性因其本身的优势可在安全教育课程的开设、安全技能培训以及安全文化氛围的创建等岗位的工作上发挥主要作用。高校保卫处要充分认识到女

性保卫干部在高校安全保卫工作中所特有的特长和优势，只有充分认识女性保卫干部的特长和优势，积极开拓女性保卫干部的发展途径，抓好干部队伍的素质建设，采取多种措施解决女性保卫干部的后顾之忧，才能更好地做好新形势下的高校保卫工作，才能在建设和谐校园中充分发挥女性保卫干部的作用。

参考文献

[1] 周高峰. 新时代高校安全教育育人工作的研究[J]. 现代商贸工业, 2020, 41 (21)：233-234.

[2] 陶冉冉, 王凯, 周爱桃. 互联网时代高校安全教育的探析[J]. 吉林化工学院学报, 2020, 37 (02)：29-31.

[3] 于跃. 高校安全教育机制研究[J]. 中外企业家, 2020 (05)：166.

[4] 汪楠. 新时期高校安全教育现状及对策研究[J]. 科技资讯, 2019, 17 (35)：125-126.

[5] 殷怀赓, 马化龙, 陈新峰. 高校安全教育模式存在的问题及对策研究[J]. 教育现代化, 2018, 5 (47)：304-305.

[6] 朱启雨. 高校图书馆女性馆员职业发展影响因素分析及对策探讨[J]. 科技文献信息管理, 2020, 34 (02)：49-51.

[7] 赵今巾, 鲍威. 女性学术职业发展研究范式的重构——基于多维视角的高校女性教师研究[J]. 教育学术月刊, 2020 (05)：67-76.

[8] 马艳妹. 职业锚理论作用下的女性图书馆员职业生涯发展探析[J]. 传媒论坛, 2020, 3 (10)：113-114.

[9] 翟茜茜. 镇江市基层女性公务员职业发展问题与对策研究[D]. 镇江：江苏大学, 2019.

[10] 潘洋. 论女性职业发展与管理[J]. 中外企业家, 2018 (29)：102-103.

[11] 李宁. 职业生涯中的女性角色与自我发展策略[J]. 社会福利 (理论版), 2018 (09)：22-27.

[12] 陈蓉. 论女性员工职业生涯管理 "五阶段模式" [J]. 四川劳动保障, 2018 (S1)：56-60, 65.

[13] 李佩灵, 胡国杰. 谈高职图书馆女性馆员职业发展影响因素及对策[J]. 才智, 2017 (28)：26, 28.

[14] 周小洁. 女干部职业生涯发展研究[D]. 南昌：江西财经大学, 2017.

[15] 包雯霞. 女性职业生涯发展的三维管理[J]. 现代经济信息, 2017 (05)：106, 297.

[16] 谭佩贤. 女性管理者职业发展的影响因素探析[J]. 商, 2016 (02)：25, 15.

[17] 施春红. 高校女性保卫干部的作用及发展途径——以东华大学为例[J]. 学理论, 2014 (18)：243-245.

[18] 方承武, 葛英杰. 女性职业生涯阻隔因素研究述评[J]. 合作经济与科技, 2012 (22)：34-36.

[19] 曹钰. 中等职业学校女教师职业生涯存在问题及对策分析[D]. 天津：天津大学, 2012.

[20] 罗瑾琏, 肖薇. 女性职业生涯研究共识与现实矛盾梳理及未来研究展望[J]. 外国经济与管理, 2012, 34 (08)：57-63.

防范化解高校重大风险体系研究

北京航空航天大学"防范化解高校重大风险体系研究"课题组

第一章　研究背景和研究意义

近年来，习近平总书记在多个场合着重强调了防范化解重大风险的重要性。防范化解重大风险，对贯彻落实全面深化改革、推进新时代中国特色社会主义事业的发展、实现中华民族伟大复兴具有重要作用。高校在稳中求进的过程中，必须在努力实现"中国教育现代化2035"奋斗目标的同时，把防范化解重大风险作为高校立德树人的基础性工作和战略性任务。坚持底线思维、增强忧患意识、突出问题导向、强化方法自觉，既要高度警惕"黑天鹅"事件，也要防范"灰犀牛"事件，着力防范化解高校领域面临的各类重大风险，写好高等教育全面振兴、全方位振兴的奋进之笔，培养和造就一代又一代担当实现民族复兴大任的时代新人。

（一）新时代高校防范化解重大风险工作面临的形势

维护高校的稳定是维护国家和社会稳定的重中之重，随着改革开放的不断深入和国际局势的不断变化，影响高校安全稳定的风险因素更加复杂，高校领域防范化解重大风险工作形势也更加严峻。

1. 世界多极化与经济全球化导致高校面临复杂局面

以美国为首的西方阵营长期占据着主导地位，全球范围内的单极化与多极化矛盾斗争愈演愈烈，一些西方国家对包括中国在内的新兴大国进行渗透与颠覆行动，使我国面临巨大的安全威胁。另外，随着中国融入经济全球化的进程加快，改革开放的全面深入，我国在价值观念和意识形态领域也面临巨大的挑战。而高校作为意识形态、思想文化、科学技术的产生之地，使其成为了国与国之间政治、经济、文化等领域斗争的焦点，高校领域防范化解重大风险工作局面变得更加复杂。

2. 多种敌对势力构成了高校的多重现实威胁

西方敌对势力将"和平演变"作为长期战略，在政治、经济、文化等方面对我国进行思想渗透和组织延伸，企图用西方的价值观、意识形态和生活方式影响和改造以高校学生为代表的中国青年一代。同时，暴力恐怖势力、民族分裂势力和宗教极端势力往往与西方敌对势力相勾结，攻击我国现行的路线、方针和政策，借助社会热点问题蓄意炒作，甚至在高校建立非法组织，从事颠覆破坏活动。此外，一些邪教势力也将黑手伸向大学校园，利用高校学生的好奇心，引诱学生参与邪教活动。

3. 社会信息化迫使高校面对新的问题

信息化的快速发展，为经济社会发展提供了新的动力，但我国信息化基础薄弱，信息安全管理体制不够健全，信息安全技术有待提高，境内外情报机关纷纷借此机会通过信息化工具窃取我国（尤其是高校）的国家秘密。同时，随着信息技术的广泛运用，计算机犯罪、网络犯罪等新型犯罪不断增多，这对信息化程度较高的高校也构成了重大威胁。更关键的是，开放化的网络使高校学生更加容易接触新的思潮，敌对势力的思想渗透和文化侵略等活动也更容易通过信息网络肆意开展，防不胜防。

4. 自身开放化带给高校大量安全隐患

高校办学越来越开放，跟社会交流越来越多，这使得师生对社会的作用和社会对师生的反作用同步增大。尤其是部分师生的思辨及判断能力不够成熟，对不良诱惑和敌对势力的蓄意煽动缺乏足够的防范意识，容易迷失方向，走上歧途，甚至参加非法请愿、游行等集群活动。同时，近年来，外来师生数量及外来务工、经商人员急剧增加，学校与社会相互交融，复杂的校园及周边环境也隐藏了大量的安全风险隐患，这对学校的安全管理也提出了更大的挑战。

（二）新时代高校防范化解重大风险工作的突出特点

面对新时代的新形势，防范化解高校领域重大风险工作必须作出相应的调整，高校开展工作的内容、方式、方法、手段、机制都发生了许多变化，总体呈现出以下几个方面的特点：

1. 安全风险隐患多，防控手段需立体全面

在新时代、新形势下，高校防范化解重大风险工作既面临安全管理与服务的现实压力，也面临意识形态、思想渗透等方面的稳定风险；既有消防、治安、交通、实验室安全、危险化学品等线下的安全问题，也有网络技术攻击、网络暴力、舆论舆情等线上的安全威胁；既要面对校内日益增多的人员、设备、财物带来的安全管理挑战，也要面对周边复杂的社会形势对高校产生的巨大干扰。因此，必须采取立体全面的防

控手段，才能有效应对安全管理与意识形态、线上与线下、校内与周边的多重风险，才能真正保证高校校园的安全稳定。

2. 工作对象更广泛，大量信息需快速处理

面对威胁多样化、社会信息化和自身开放化等新形势，高校防范化解重大风险工作所面临的问题的复杂性尤为突出。为了适应这一形势，不仅需要扩大工作对象的范畴，往往还需要实现精细化管理，这就迫使高校在工作中必须采集和处理大量复杂的广义数据。然而，信息种类和数量的爆炸式增长，已经超过了以往的处理能力，这对信息化技术、设备、人才素养等都提出了新的要求，高校负责各类风险防范化解的人员必须不断提升自身能力，改进工作方法，以便在海量信息面前能够进行有效的选择、吸收和充分利用。

3. 潜在风险变化快，应急管理需与时俱进

世界形势风云变幻，时代步伐飞速前进，面对新形势下突如其来的各种新情况、新问题、新矛盾，原先已经制定好的应急方案和以经验为主的工作方式往往不再适用，有些方案已经失去了针对性和时效性，无法真正落实落细落到位，而有些措施采取不当还会适得其反，甚至诱发其他风险矛盾。因此，高校在防范化解重大风险工作中，必须紧紧结合不断变化的实际情况，主动发现变化，主动研判风险，主动寻求改进，制定与时俱进的应对方案，做好随机应变的管理措施，使防范化解风险工作的各项具体措施能够适用于当下、落实在当下。

4. 参与主体多元化，系统联动需统筹协调

高校防范化解重大风险工作涉及维护稳定、安全管理、意识形态、网络媒体等多个领域，是一项综合性的系统工作，需要校内外各相关部门、各级组织、各类成员以及社会各界的多元参与、相互协作。而在新形势下，仅依靠现有的工作机构和少数的组成人员，难以满足防范化解重大风险工作的要求。因此，做好新时代高校防范化解重大风险的工作，需要简化各部门之间的配合与协作流程，协调各单位的职能范畴，明确各部门及负责人的责任与义务，建立起稳定有序、可执行性强的联动机制，确保防范化解风险工作体系有效运行。

（三）高校加强防范化解重大风险体系建设的意义

深入开展高校领域防范化解重大风险体系建设研究，充分发挥体系建设的积极作用，以适应新时代的新形势和新特点，既是高校顺利落实"立德树人"根本任务的现实需求，又具有重要的战略意义。

1. 维护国家安全发展的战略要求

当前，我们面临的风险是多方面的：既有外部风险，也有内部风险；既有一般风

险，也有重大风险。重大风险既包括国内的经济、政治、意识形态、社会风险以及来自自然界的风险，也包括国际经济、政治、军事风险等。防范化解重大风险，是新时代维护国家安全的重要保障。高校是美国等西方国家传播西方价值观、打开渗透缺口的重要目标，是意识形态斗争的前沿阵地，需防范敌对势力的打压遏制、政治渗透、文化侵蚀、勾连策反、网络窃密等现实危害。作为国家的有机组成部分，高校必须承担起维护国家安全的政治责任，有效防范化解高校领域重大风险，切实履行维护国家安全的职责任务。

2. 维护社会大局稳定的必然要求

高校作为社会的组成单元，各类风险在高校均有不同程度的反映，如果不能把握大势、认清主流，不仅会影响广大师生的政治辨别力，影响高校的和谐稳定，也会冲击社会的思想防线，危及国家长治久安和社会大局。高校一旦发生安全稳定事件，势必会引发广泛的社会关注，进而对学校形象、声誉及相关工作产生较深远的负面影响，甚至被反华势力利用成为攻击我国教育体制、政治体制的热点话题。可以说，高校的安全稳定是社会稳定的重要基础，维护高校的安全稳定是经济社会健康平稳发展的重要保障。

3. 建设平安和谐校园的现实要求

高校作为传承、发展、创新文化和科学知识的殿堂，担负着立德树人的重任，在引领社会文化思想、影响社会思潮和意识形态等方面发挥重要作用。高校具有人才培养、科学研究、社会服务和文化传承与创新的四大功能，不仅在全国教育系统具有辐射性、示范性和导向性，而且在其他领域同样具有前瞻性和引领作用。高校的功能与作用及其在国家发展建设中所处的重要地位，从客观上要求了其稳定。只有处于安全稳定的环境中，高校才能顺畅地发挥作用。只有重视防范风险、化解风险，才能真正巩固好校园安全稳定发展的各项成果，因此，防范化解高校领域重大风险是建设平安和谐校园的现实要求。

4. 保障高校师生发展的安全需求

高校的和谐稳定发展需要从"人"的层面上积极关注高校安全风险问题，以人本为导向，坚持以师生为中心，一切从师生身心健康出发。高校师生知识层面高、思维敏捷、信息灵通、见闻广博，具有特殊的政治敏锐性、较强的辨别能力和强烈的爱国热忱，他们对校园安全稳定的需求高于社会一般水平。对于高校管理者而言，不仅要确保高校安全基础建设达到合格标准状态，还应该与师生员工保持密切的联系，时刻关心师生员工的心理健康状态，满足师生日常生活的需要，保障师生日常工作学习秩序，专心学术与生活，从而激发其为社会进步做出更大的贡献，实现师生个体的全面发展。

第二章　工作现状和问题分析

（一）高校领域防范化解重大风险概述

1. 关于重大风险的基本认识

重大风险是指影响范围广、危害程度深、波及人员多、引发严重后果的风险。防范化解重大风险，是习近平总书记在我国面对波谲云诡的国际形势、复杂敏感的周边环境、艰巨繁重的改革发展稳定任务情况下作出的重要指示。作为防范化解高校领域重大风险战线的工作者，必须贯彻落实习近平总书记重要讲话精神，把防范化解重大风险放在突出位置，把握好这一时期的风险形成机理和传导机制，增强忧患意识，坚持底线思维，加强风险管理能力建设，建立健全现代风险管理体系，坚决打好防范化解重大风险攻坚战。

2. 高校领域重大风险的主要类型及表现形式

高校领域重大风险主要涉及政治领域风险、意识形态领域风险以及社会领域风险三种主要类型。

政治安全是指国家主权、政权、政治制度、政治秩序以及意识形态等方面免受威胁、侵犯、颠覆、破坏的客观状态。当前我国政治安全主要面临的重大风险除了意识形态外，还包括：（1）国家主权面临的风险，主要体现在国家主权、领土主权、领海主权、领空主权、经济主权、文化主权及网络主权上受到外部势力和内部反对势力的威胁、侵害、分裂、颠覆的风险。（2）政权和制度安全面临的风险，主要体现在党的全面领导面临着"四大考验""十大危机"及"颜色革命"的风险、坚持人民民主专政、社会主义政治制度和社会政治秩序稳定、马克思主义意识形态的主导地位的风险。

意识形态安全关乎旗帜、关乎道路、关乎国家政治安全。意识形态领域的斗争实质上是主义之争、道路之争，具有长期性、艰巨性和复杂性。当前意识形态领域斗争面临的内外环境更趋复杂，网络意识形态安全风险日益凸显，境外敌对势力加大渗透和西化力度，境内一些别有用心的人不断制造杂音异调。高校是思想汇聚地，是意识形态的前沿阵地，防范意识形态领域面临的风险，是高校安全保卫工作中一项重大而紧迫的任务。

社会领域风险包括与群众紧密相关的社会治安、教育、医疗、安全生产等各个方面的风险，包括系统性与非系统性社会风险两大类。系统性社会风险主要是一些结构性的社会风险隐患，一般是潜伏的、不易察觉的，但却是影响社会整体健康有序发展的决定性因素。非系统性社会风险具有即时性与偶发性，直接表现为影响社会和谐稳定的各类事件，非系统性风险有转化为系统性风险的可能性，进而对社会整体造成全局性的负面影响。

对标习近平总书记关于防范化解重大风险的有关重要论述，高校领域风险的主要具体表现形式如表1所列。

表1　高校领域风险具体表现形式

风险领域	主要风险点
政治领域风险	国家主权："三股势力"的渗透分裂、暴力恐怖活动、邪教势力渗透 制度安全：反动宣传、攻击抹黑、重要敏感节点滋扰、工运与学运活动等 网络主权：网络话语权、技术防范、成果保护、窃密及失泄密风险 反奸防谍：间谍组织拉拢策反、涉外交流中盘查滋扰、专家人才保护
意识形态领域风险	意识形态：重点人管控、网络舆情、各类阵地监管、社团管理、错误思潮 防范渗透：驻华使领馆思想渗透、境外非政府组织插手炒作高校领域敏感事件、宗教渗透、培植亲美西方群体
社会领域风险	网络安全：病毒传播、网络攻击、信息窃取、网络监听 师生稳定：重要节点及重大活动维稳（"两会""六四""七五"等） 公共卫生：传染病疫情、群体性不明原因疾病、食物及职业中毒 治安安全：人身伤害、性骚扰、电信诈骗、盗窃、意外走失、涉毒等 交通安全：校车管理、交通事故处理、校园交通违规治理 安全生产：危险化学品等实验室安全、后勤保障等生产安全、建筑施工 消防安全：电动车等突出火灾风险隐患排查治理、火灾事故、应急救援 矛盾纠纷：缠访、闹访、越级上访等非正常上访、群体上访、群体事件

3. 高校领域重大风险主要特征

高校领域重大风险主要有以下特征：

政治敏感性：随着世界范围内交织激荡的各种思想文化，高校意识形态领域的斗争更加严峻，西方敌对势力利用各种手段在高校中误导和蛊惑师生。同时在新媒体兴起的时代条件下，社会舆论形成、发展的内在机制和基本形态都发生了深刻变化，别有用心的人利用网络把师生的个别利益问题与党的路线、方针、政策相联系，试图动摇我国社会主义制度的根基，抹黑中国共产党的领导。因此，高校领域重大风险具有特殊的政治敏感性，需要广大师生提高认识。

内外关联性：高校安全不仅受到国内外各种社会思潮、政治力量、网络环境等外部因素的影响，也受到高校自身办学规模、管理机制、思想教育水平等内部因素的制约。同时，高校领域风险也包括校园内部与外部相关联特定区位与区情引发或存有的特殊风险，如经济安全、文化安全、公共卫生安全等非传统安全因素给校园带来的威胁。因此，高校领域重大风险往往表现出内外关联性。

特殊复杂性：高校领域风险往往不是由单一因素引起的，而是各种矛盾风险挑战源、各类矛盾风险挑战点相互交织、相互作用的结果。风险因其成因及演化过程包含较多的不确定性，难以预测其发生的具体时间、具体范围，其突发性强、变化快。此外，各种重大风险非一成不变，而是在不停地发展、叠加、转化。因此，高校领域风险呈现出特殊复杂性的显著特点。

传导放大性：高校是培养社会主义建设者和接班人的重要场所，是引领社会思潮的重要力量，也是意识形态斗争的前沿阵地。高校安全风险一旦发生，不仅影响学校自身的教育教学和科研环境，还可能引发社会舆论、民族宗教问题、政治经济影响等多方面的连锁反应，甚至危及国家安全和社会稳定。因此，高校领域重大风险具有的传导放大性也不容忽视。

（二）高校领域风险监测预警体系现状与问题分析

只有对风险进行早期预警，才能及时采取预防措施，将风险控制在可以接受的水平之内，防止风险进一步发展和蔓延。高校领域风险监测预警体系是高校领域防范化解重大风险工作中的重要一环。

1. 风险隐患与矛盾纠纷排查机制的现状及存在的问题

当前，高校依托日常的定期安全检查和矛盾纠纷排查机制，建立了一套风险隐患与矛盾纠纷的排查体系，对高校的风险监测预警发挥了重要作用。但多数高校仍无法有效在重点部位、要害部位、涉外场所、政治敏感的院系或单位有针对性地开展全覆盖的信息采集和隐患排查工作，不能及时分析校内外出现的新情况、新问题。

对工作重要性认识不足。没有建立风险隐患与矛盾纠纷排查化解的科学有序的运行机制，缺少专业队伍，尤其是缺少相关专业的系统学习，工作人员不能做到专职专用，使得风险隐患与矛盾纠纷排查化解工作无专人管、无专人抓，难以形成一以贯之的有效排查。

排查化解工作不及时。院系、部门开展专项风险隐患与矛盾纠纷排查化解工作的主动性不强，一般都是上一级部门统一安排部署，院系、部门才组织力量集中进行风险隐患与矛盾纠纷排查化解，工作被动地推进。这样的排查化解方式，对矛盾纠纷的发生起不到预防遏制作用，也不能及时有效地对新近发生的矛盾纠纷进行排查化解，时效性不强。

未形成部门联动机制。部分人认为风险隐患与矛盾纠纷排查化解是某个部门的事情，甚至有些职能部门遇到问题能化解就化解，不能化解就推诿扯皮，敷衍塞责，在一定程度上将小问题拖成大问题、将表象问题转化为深层次问题、将局部性问题转化为全局性问题、将非对抗性矛盾转化为对抗性矛盾，从而成为影响高校安全稳定的不安定因素。

2. 信息舆情预警机制的现状及存在的问题

随着高等教育的改革与发展，如何加强信息舆情预警机制建设、把高等教育改革与发展的信息客观公正地传播出来、避免社会和公众的误解曲解成为高校开展防范化解重大风险工作面对的重要考量。

舆情搜集渠道不够丰富。 目前，高校主要通过采买服务的方式建立了舆情预警监测系统，并出台了应对舆情危机的处理机制，但经费投入和服务商系统功能受到限制，缺乏分析系统、协调系统、评估系统和应对系统等有效的技术支撑，当前多数高校在应对网络舆情等方面还比较被动。

舆情研判缺乏科学会商机制。 当前对于搜集的信息舆情，没有专门的常设舆情研究机构和专职人员对舆情进行具体分析研究，同时缺少多部门的参与、联动和会商机制，导致对信息舆情分析不全面、利用不充分、处理不及时，给高校防范化解风险工作带来不良后果和负面效应。

舆情工作队伍专业化水平较低。 大部分高校主要利用兼职工作人员进行舆情收集，工作人员缺乏督导和激励，工作积极性不高。工作人员缺乏系统化培训，开展工作主要靠经验，缺乏大批从事新媒体、信息化领域研究的专业化人才参与高校信息舆情搜集研判分析工作。

3. 重大事项风险评估的现状及存在的问题

由于高校风险评估机制还处于初步发展阶段，多数对高校重大事项风险评估进行的理论构建以及内在规律探索实践性不强。理论基础研究的欠缺制约高校重大事项风险评估机制的运行、效益的提高和持续推进。

高校重大事项风险评估的主体单一，评估主体的权威性和中立性不足。 在推进高校重大事项评估中，风险评估领导小组主要起到协调各方的作用，提出决策的职能部门在整个过程中仍然处于主导地位。同一个部门既负责重大政策决策的出台又负责决策的评估和判定，这样的风险评估容易变成"走程序"。

高校重大事项风险评估机制与现有决策程序不对接，评估形式化。 目前，我国高校一般采取"决策动议—分管领导负责—部门牵头—调查研究＋高校重大事项风险评估—形成初步可行性报告＋重大事项风险评估报告—部门审议—上交学校讨论"这一决策流程，高校重大事项风险评估极易成为可有可无的装饰机制，从而使得评估形式化。

高校重大事项风险评估程序前后不衔接，评估结果难以应用。 高校重大事项风险评估是从风险识别到风险评估再到风险预警最后到风险控制和防范的连续过程，各部门之间的协同配合起着至关重要的作用。然而，现有的项目评估中落实防范、化解和处置措施的牵头部门和配合部门仍不明确，容易造成评估后的防范化解和动态跟踪等工作难以有效落实。

（三）高校领域风险预防管控体系现状与问题分析

高校领域风险预防管控体系是高校防范化解重大风险工作体系的核心组成部分，其直接决定了工作的范围和职能发挥情况，是决定高校防范化解重大风险工作成败的关键环节。

1. 组织机构的现状及存在的问题

高校防范化解重大风险工作一般融入学校安全稳定工作之中，其涉及面之广，影响程度之深，非依靠单一部门可以完成，许多校级部门的职能设定都与安全稳定工作存在着一定的联系。

组织机构难以做实做强，不能凝心聚力发挥作用。高校安全稳定工作进行统一管理，成立了安全稳定工作领导小组，但工作开展始终处于不断探索阶段。部分部门按照传统习惯执行安全稳定工作，不愿交出手中权力。在这种条件下，安全稳定领导小组易出现被架空的情况，无法发挥其统一组织、整体协调的功能。

组织形式不科学，使得安全稳定工作深入不足。安全稳定工作是一项发散式、无限扩张类型的工作，涉及高校的各个方面。现有的工作体系虽然将涉及安全稳定工作的各个职能部门都涵盖其中，但各个职能部门无论是从工作定位还是在工作量上都无法真正地深入到基层的每个环节上，只能在事后追责的环节上起到一定作用，而在真正关键的预防和控制环节上处于滞后的状态。

三级责任体系执行不彻底。现行的高校安全管理三级责任体系是由负责学校各项安全管理工作的协调、监督和指导的学校安全管理的第一层级领导机构，对分管业务涉及的相关基层单位的安全工作负有管理、监督责任的第二层级学校职能部门和对本单位安全稳定工作负有第一责任的第三层级各学院基层单位组成的。但在实际工作中三级责任体系并未完全深入人心。

安稳责任分解没有统一标准。目前，各高校基本按照签订安全稳定责任书的方式将安全管理工作层层分解，细化到人。但现有的任务分解体系没有对单位内部机构、人员工作范围、责任内容、责任事项、责任要求等进行指标量化。部分学校的安全稳定任务书中，很少加入研究、决策、监督与信息反馈等责任要素。

高校与政府部门责权边界较模糊。当前处于社会转型期，高校安全稳定工作形成了政府部门、公安机关、行业系统等多方领导、多方指挥的局面。为了与上级机关对接，高校纷纷成立了名目繁多的"委员会"和"领导小组"。而这些组织功能相近、成员重叠现象严重，给基层工作带来了很大的负担。

监督考核与责任倒查体系不完善。目前，很多高校在治安、消防、交通、保密、维稳等方面都制定了岗位责任制，但有三个比较突出的问题影响了责任制的落实：一是新增细分工作出现责任盲区，二是责任倒查机制流于形式，三是奖励制度均等化倾向明显。

2. 日常运行管理体系的现状及存在的问题

日常运行管理体系包括高校防范化解重大风险工作中涉及到的制度建设、工作队伍、运行机制等内容，其现状和主要问题表现如下：

（1）制度建设运行方面

工作制度体系性不足。高校在维护安全稳定、创建平安校园的实践中，摸索出了一套行之有效的管理方式，如网格化管理、矛盾隐患排查、应急事件处置等，也形成了一定数量的工作预案，但都较为零散，学校从"大安全、大稳定"角度出发的顶层设计相对缺乏。

工作制度实用性不强。高校依照法律法规原则，结合学校实际制定了相应的规章制度和管理办法来开展学校防范化解风险工作。但是，部分高校某些规章制度和应急预案或是为了应对各类检查而设立，因而不符合学校的实际情况，或是因时间的推移而失去了现实意义。随着管理规模的扩大和管理标准的提高，传统工作模式和规章制度已经无法适应"大安全、大稳定"的工作要求。

（2）工作队伍建设方面

队伍建设规划缺失。高校缺乏统一的防范化解风险工作队伍建设规划及标准。特别是在包括人员规模、机构及岗位设置、人员结构及配比、岗位职责、素质要求、从业标准、日常管理等方面还没有规范化的标准，致使高校防范化解风险工作无法进行标准化操作。

队伍素质和能力亟待提高。高校维稳干部综合素质虽已有较大提高，基本能够满足实际工作需要，但在高校安全稳定实际工作中依然存在不足，主要体现在：部分维稳干部安全意识淡薄，缺乏责任心；自身素质和能力与师生要求还存在差距，尤其在政策法规与业务素质、身体素质、应急处置能力方面差距较大。

队伍教育培训系统性、专业性、规范性不够。随着工作形势不断发展变化，人员新老交替，维稳干部缺少相应领域业务知识和工作技能的系统性、专业性培训。特别是在涉及防范化解风险工作领域不断拓宽的背景下，维稳干部的网络知识、应急意识、应急能力等缺乏；已有的干部工作培训不系统、不规范。

队伍建设长效机制有待完善。虽然主管部门和各高校非常重视防范化解工作，采取一系列措施改进和加强维稳干部队伍建设，已初步建立了防范化解风险与维护安全稳定的干部队伍建设运行机制，但缺少关于高校维护稳定干部队伍建设的长效机制。

（3）日常运行机制方面

信息共享机制不健全。高校信息化工作整体推进速度较快，但校内各部门信息管理相对独立，人为设置信息边界，未完全形成高度共享的信息化工作机制，安全管理部门在调取信息、整体防控、研判决策、动态追踪等方面存在一定的制度障碍，影响了工作效率。

联动治理机制不完善。当前联动治理执行效果有待提高，联动机制的作用未能充分发挥，容易影响执行工作顺利开展。一是相关部门之间的联动沟通渠道不通畅，急需配合支持时需要逐级上报请示。二是风险的预警预防和处置有序衔接不顺畅，容易导致错失良机。三是少数协助单位配合度不高，存在办事效率低、反馈信息不准确等问题。

（四）高校领域风险应急处置体系现状与问题分析

随着"平安校园"建设的持续推进，各高校应急体系建设取得重要进展，建立了以学校总体预案为核心，专项、保障预案为依托，基层院系预案为基础的应急预案体系，成立了学校党委领导下的校院两级应急工作领导小组，进一步完善了应急管理相关规章制度，突发事件的应急预防和处置能力有所提升。但是也要清醒地看到，由于公共安全形势的复杂多变，当前高校在健全应急管理机制方面还有需要完善的空间，突出的问题主要表现在以下方面：

1. 应急预案可操作性不强

高校应急预案在整个突发事件处置过程中，应该突出它的可操作性。但是，目前我国高校的大多数应急预案只是原则性的规定，涉及实际操作的方面往往一笔带过，有部分应急预案尽管对于操作方法有了较为详细的说明，但是操作方法脱离实际。缺乏可操作性是当前高校突发事件应急预案的普遍现象。

2. 应急培训演练未有效落实

应急预案建立后大多被束之高阁，很少或从未开展过演习演练，使得应急预案的应有价值和意义大打折扣。目前高校在应急演练方面存在完全不开展、重形式轻内容或开展过程缺乏细致管理的现象，这导致了部分高校难以有效控制突发事件的发生和蔓延。

3. 突发事件信息报送有待规范

突发事件发生后，信息报送工作应当按照流程及时完成，但仍存在以下几个问题：

一是认识不到位，个别突发事件处理人员对社情民意、网络舆情等信息的重要性认识不足。二是工作不规范，突发事件处理人员对重大紧急信息报送的程序不清、职责不明、态度不端。三是渠道不畅通，一线处置人员将信息上报后要经过层层审核、把关，导致管理人员不能第一时间审签并继续上报，延误了上报时机。

第三章　理论基础与建设思路

（一）安全管理相关理论

1. 海因里希法则

海因里希法则指出，在机械事故中，死亡/重伤、轻伤、无伤害的比例为1：29：300。这个比例并非绝对不变，但是该统计结果表达了在同一项活动中，大量意外事件的出现必然会引发重大伤亡事故。在风险管理领域，该法则揭示了任何事件有一个发展演变的过程而非凭空产生，若相关人员都能在发展演变过程中时刻提高警惕，超前思考，规范高效执行流程规范，及时消除风险隐患，就能最大限度地避免事件发生。因此，风险管理要重视各个环节，防微杜渐是风险管理的根本。

2. 因果连锁理论

因果连锁理论告诉我们，事故或事件的发生与各原因相互之间具有连锁关系。外部环境、人或事物本身的缺点和缺陷、人或事物的不安全行为状态、事故或事件不良后果影响等因素存在递进关系产生连锁反应。安全风险管理工作的中心就是要移去中间的骨牌——防止人的不安全行为或消除物的不安全状态，从而中断事故连锁的进程，避免产生不良后果的事故发生。

3. 风险管理理论

风险管理是通过对风险因素进行识别、估测、评价、决策管理等程序，对风险实施有效控制和妥善处理损失的过程，以避免和减少风险事故形成并在风险事故发生后努力使损失的标的恢复到损失前的状态。在高校安全稳定风险管理工作中引入风险管理理论，可以提高校园安全稳定风险防范能力，能够妥善处理安全稳定事件或事故损失。

4. 应急管理理论

高校应急管理能力，是指高校在进行日常应急管理工作和应对发生应急事件时，学校在综合考虑和面对大学校园特殊性的前提下所应具备的应急管理能力。在发生校园安全稳定事件或事故时，应急管理作为高校进行响应处置的必要手段，应急管理理论可以作为校园安全稳定事件或事故处置环节的理论基础。

（二）系统论与权变理论

1. 系统论

系统论指出，任何系统都是一个有机的整体，而不是各个部分的机械组合或简单相加。在推进防范化解高校领域重大风险体系建设过程中，应坚持运用系统整体性和结构优化的原则，使内部管理系统构成一个闭合回路，以便对不断发展变化的高校内外环境做出快速反应，形成与治理体系现代化相适应的防范化解风险能力。

2. 权变理论

权变理论认为，在管理实践中，要根据组织所处的外部环境和内部条件的发展变化随机应变。当前，随着国际形势的深刻变化和我国全面改革的不断深化，高校的内外部因素不断发生变化，推进校园安全管理创新，是打破原有的管理模式、适应高校新的安全形势的必然要求。

（三）治理理论与协同理论

1. 治理理论

治理理论指出，治理实际上是一种各治理主体间的竞争与协作过程，在这个过程中，各个治理主体制定出为大多数人所接受的规则，从而实现治理的目标。高校安全管理既是大学治理的组成部分，也属于社会治理工作的范畴，具有治理主体多元性特点，在治理方式上既要重视管理，也要重视教育，同时在治理过程中，各部门需要加强合作，打造共建共治共享的高校治理格局。

2. 协同理论

协同理论认为，协同就是在复杂的系统内部通过非线性相互作用使各子系统联合产生超越单独个体的统一效果。从高校安全管理主体层面上看，高校内部各部门、高校与外部之间拥有维护校园安全稳定的共同目标，同时不同主体有不同的利益诉求和参与动机，掌握着不同的信息和资源，因此需要在尊重主体多样性的前提下，以共同目标为基础，有效整合各种资源，共同维护校园安全稳定。

（四）体系建设的必要性

体系化建设有助于推动风险管理过程中的制度优化，合理配置资源并建立保障机制，实现安全管理全生命周期的风险控制，确保相关部门履行工作职能，促进管理创新，建立风险管理的长效机制，最终实现防范化解重大风险的目标。

1. 有利于优化组织结构

风险防范化解需要与之相匹配的组织结构设置，在风险全过程管理的指导下，有利于进一步加强高校防范化解重大风险的顶层设计，明确部门分工和职责任务，针对风险防控任务进行科学设置或调整组织结构，合理配置管理资源，达到人、资源和流程的有机融合，为风险的源头治理、系统治理和精细化治理创造基本条件。

2. 有利于完善联动机制

现有的风险来临时往往交织叠加，相关部门由于职责分工、条块分割和专业限制，往往各自为战，缺乏统一指挥和协同配合。体系化建设有利于建立跨部门、跨业务流程、跨系统的安全管理框架，并按照全流程管控体系加以实施，健全风险防控体系，完善上下贯通、纵横联动的管理机制，进而促进部门内部、部门之间、校际间合作和校地协同，开展风险的综合治理。

3. 有利于资源整合利用

随着信息技术的不断发展及其在安全管理中的持续应用，风险管理越来越依赖各类信息系统和信息平台的支撑。将内外的各类资源进行整合与配置，使其融合到风险防范化解的过程中，有利于实现对人、事、地、物、组织、业务策略、数据、流程和应用信息系统等资源的全面掌控，进而支持安全风险防范的管理目标。

4. 有利于夯实基层基础

体系化建设必须坚持系统思维和底线意识，坚持总体国家安全观，紧紧围绕学校中心工作和发展大局，结合高校实际，加强组织领导，细化落实风险防控工作责任，健全工作体系，及时发现、报告和处置苗头性问题，将各类不稳定因素和风险隐患化解稳控在基层，为学校高质量发展提供强大的支持保障作用。

（五）体系建设的思路

体系化建设的核心在于建立健全有效运行的组织领导体系、工作体系和保障机制，进而形成可持续发展的防范化解风险的长效机制。

1. 体系建设的主要目标

以习近平新时代中国特色社会主义思想为指导，坚持系统观念和底线思维，坚持要求导向、问题导向、结果导向，以政治安全为根本，以校园安全为基础，以师生安全为宗旨，统筹意识形态、反奸防谍、防范渗透、网络安全、治安安全、实验室安全、消防安全、交通安全、公共卫生、师生思想稳定、矛盾纠纷化解等各方面，按照"固化经验、提升效能；动态发展、迭代升级"的原则，完善纵横联动、专群齐动的工作机制，构建责任明确、全面细致、反应快捷、措施有力、运行有效的校园安全稳定风险防范工作体系，确保政治更安全、校园更安定、师生更安宁。

2. 体系建设的基本原则

一是坚持管全局与抓重点相结合。系统梳理学校各层面、各领域、各环节涉及安全稳定工作的事项和要素，主动适应形势变化，不断丰富完善安全稳定工作制度体系和流程规范，聚焦重点领域和关键环节实施重点举措，构建全面覆盖、条块结合、重点突出的工作格局，把制度优势转化为防范化解风险的效能。

二是坚持强谋划与抓基础相结合。自觉对标对表中央、上级有关要求，明确学校安全稳定工作目标和思路，健全完善相关工作标准、流程规范和运行机制，有机衔接、融入学校各项业务工作中，确保各项工作落到实处、取得实效。

三是坚持重长远与抓当前相结合。要坚持关口前移，加强源头治理，把工作做在前面、做在平时、做在基础，最大限度减少风险隐患。针对当前安全稳定工作中存在的问题和不足，细化改进措施，不断补短板、堵漏洞、强弱项，持续提升防范化解各类风险隐患能力水平，形成长效制度机制。

四是加强统一指挥和协调联动。健全内外沟通协调机制，畅通信息沟通共享渠道，增强工作预见性，强化提前介入，及时发现处置苗头性、倾向性问题，做到风险隐患早发现、早处置、早化解。加强突发事件应急联动处置，做到发现、报告、指挥、处置等环节紧密衔接、快速响应，提高处置效率。

五是突出特色发展与创新驱动。坚持因地制宜，紧密结合高校实际，研判风险防范重点和制定防范措施，探索形成符合自身特点、适合自身发展的风险防范化解工作模式。统筹考虑学校发展和面临的风险挑战，注重运用新理念、新思路、新方法、新手段、新技术，从而有效应对新形势、新挑战、新任务。

3. 体系建设的基本思路

防范化解重大风险体系建设应始终坚持以人民为中心的理念，把师生安全放在首位，加强整体统筹，注重实际效果，不断夯实工作基础，丰富工作抓手，健全工作机制，突出重点防范，综合运用各类治理手段，人防、物防、技防多管齐下，深入推进风险防范化解齐抓共管，抓牢政治安全、校园安全和师生安全三条主线，以补短板、促提升为牵引点，以制度建设和治理能力建设为切入点，抓住关键环节破题，实现风险防范化解工作规范化、科学化、常态化，建立健全风险动态更新管理制度，推进治理体系和治理能力现代化，切实增强师生获得感、幸福感、安全感，为高校培养德智体美劳全面发展的社会主义建设者和接班人提供持续安全的良好育人环境。

第四章 对策与措施建议

高校领域防范化解重大风险体系建设研究包含的内容广泛而深入，我们立足于高校防范化解重大风险工作实际，提出建立"1+3+2"模式的风险防范化解体系。"1"

是指分级负责的组织领导体系，"3"是指维护政治安全、校园综合防控和师生稳定工作体系，"2"是指工作联动机制及落实保障机制。四大体系各自代表一方面的工作，都包含着丰富的工作内容，既独自运行，又相互作用，互相影响，不可偏废，共同支撑高校风险防范化解工作全局。工作机制既贯穿于四大体系之中，又立于四大体系之上，机制的充分完善是我们紧跟形势、持续改进工作、保持体系鲜活生命力的有效保障。

（一）完善分级负责组织领导体系

1. 强化学校党委领导和顶层谋划

将防范化解重大风险工作纳入党委常委会议事日程，原则上每学期开展一次专题研究。进一步做实党委领导下的安全稳定工作领导小组职能，发挥好顶层谋划和统筹协调作用，制定年度安全稳定工作要点，每学期初召开专题工作会议，部署风险防范化解工作。充分发挥领导小组办公室作用，每月召开风险防范化解工作形势研判和工作推进会，部署和督促落实重点任务。

2. 充分发挥专项工作小组的协调联动作用

设置若干专项工作小组，由相关校领导担任组长，相关职能部门担任牵头单位，负责协调成员单位落实业务领域内防范化解风险工作职责和任务，按季度督查督办成员单位工作要点落实进度，并汇总上报学校，充分发挥专项小组和职能部门对各类风险防范化解工作的指导、监督、检查职能。

3. 压实各二级单位的主体责任

加强各二级单位的组织领导，细化党政领导班子防范化解风险工作职责分工，建立领导班子成员权责清单。各二级单位建立相关岗位防范化解风险工作任务清单，确保责任到岗、责任到人，形成环环相扣、一级抓一级的责任链条。以加强和创新二级单位风险治理为基点，采取有力有效举措，解决风险"存量"，控制风险"增量"，防控风险"变量"，把小矛盾纠纷化解在基层和萌芽，把重大风险隐患防控化解在基层。

（二）健全维护政治安全工作体系

1. 严格落实意识形态责任制

加强讲座、论坛、报告、沙龙等阵地管理，严格履行OA系统"一事一报""一会一报"审批程序。落实出版物、课堂、教材、合作项目、演出展览、会议和网络媒体等归口部门的监管责任，强化政治把关。动态更新社团分类管理工作台账，精准掌握社团及其成员信息，进一步明确社团指导教师职责任务，加强社团骨干引导和培训，规范活动审批把关和过程监管。

2. 坚决防范抵御各种渗透活动

充分发挥基层党组织的政治引领作用，依托导师和辅导员队伍，教育引导师生正确认识和对待宗教问题，不得以任何名义和形式在校园内开展宗教活动。每年开展师生信教情况调研，摸清宗教信仰师生底数，建立专门台账，引导其到合法宗教场所参加活动。强化对易感学生群体的教育管理和关心关爱，严防极端思想渗透。对境外非政府组织及驻华使领馆涉校活动及项目，严格前置审批，加强过程监管。

3. 牢牢把握舆情引导主动权

进一步健全学校舆情"五位一体"工作体系，坚持日研判、周报、月报和突发事件及时报告的动态监测机制，及时发现处置思想领域苗头性、倾向性问题。依托大数据舆情平台和思政工作队伍，全面掌握舆情热点和涉校舆情动向。加强网络评论员队伍、舆情应急处置预案建设，及时发声引导舆情。在重大活动和敏感节点期间，加大正能量宣传力度，营造良好氛围。

4. 强化国家安全教育和防范措施

设立"4·15"全民国家安全宣传教育周，深入开展系列活动，提升师生自觉维护国家安全意识。开设国家安全教育公共基础课，系统化开展国家安全教育培训，增强师生维护国家安全能力。对各类引进人员和重要岗位人员，严格履行政治把关和背景审查程序。强化出国（境）师生行前教育、在外联络和归国回访全周期管理，确保全覆盖。增加校园紧急报警求助装置，分区域多点位配备反恐防暴装备，加强反恐防暴专业培训，有效提升反恐先期处置能力。

5. 守好保守国家秘密工作底线

严格实施涉密设备物理隔离和保密技术防护，实行网络行为监控审计。健全重点部位门禁、监控、报警等防护措施，建好保密会议室、硬件待销间、保密工作档案室等基础设施。常态化推行涉密课题组年度分级评估及涉密项目预审制度，及时封堵保密漏洞。建强保密工作队伍，组建"内审员""培训员"队伍，强化技能培训，提升执行能力和专业化水平。

（三）全方位夯实校园综合防控体系

1. 坚持校门楼门精准管控

按照"无关人车不进校，出入信息可追溯"的原则，规范人员和车辆进出。人员进出实行实名制管理，对入校人员身份查验，师生员工和社区居民"一人一卡"验证进出，其他人员须经单位审批备案或由校内人员登记进入。按照"一门一策""一楼一策"原则，确定各校门、各楼门的开关时间和通行方式。优化校内停车布局和交通流线，加强车辆通行引导。

2. 建立实验室安全分级管理机制

落实人员准入机制，经培训考核合格，并获得授权后方可进入。实行实验室每周自查、学院每月全覆盖检查、学校对学院每季全覆盖巡查、学校对实验室随机抽查和校领导不定期带队督查，确保隐患排查、整改闭环。组织实验室安全分类分级评估，确保定期全覆盖，建立风险等级清单，细化管控措施。严格管理被封停实验室，落实实验室开放审批制度，安全措施不到位不予开放。加强危险化学品等危险源全周期管理，建立重大危险源台账，强化过程管控和精准管理。

3. 落实落细消防安全管理

制定防火检查指南，落实人员每日巡查、房间责任人每周自查、使用单位每月检查、职能部门每季抽查的消防隐患排查治理机制，动态更新火灾隐患台账，及时整改销账。建立高层建筑、老旧平房、地下空间、学生宿舍、食堂、图书馆、档案室、配电站、生产经营场所等消防重点部位清单，规范化设置消防警示标识，标明"防火责任人"，"一地一策"落实防火措施。加强消防等设施设备建设与维护，确保烟感全覆盖和设施设备完好有效。

4. 全面实施校园网格化防控

统筹安保、后勤等各方力量，精细划分校园网格，明确网格长和网格员，形成网格管理任务清单，确保无死角。融合宿管、绿化、保洁、安保等基层力量，建强网格员队伍，加强业务培训，增强安全风险感知能力，实现网格动态监管。将治安防控、交通秩序维护等融入网格管理，加大安保巡逻巡查力度，强化警地协同，推动基层风险问题在网格内得到解决。

5. 筑牢校园网络安全屏障

统一校园网接入互联网管理，严格落实上网实名制。将各类各级网站和信息系统纳入管理范畴，清理"双非""僵尸"等非正常网站，确保全覆盖。每季度开展网络安全隐患全面排查，每月开展重点网站和信息系统安全隐患重点排查，敏感节点开展漏洞扫描、渗透测试等专项排查。强化"一键断网"等应急措施和上网行为监管，实现不良访问的监测预警、干预和控制。

（四）形成全覆盖师生稳定工作体系

1. 推进师生精准思政工作

对照重点关注师生排查表，每月开展师生全覆盖排查及敏感节点专项排查，及时把握师生动态，发现和处置苗头性、倾向性问题。建立重点关注师生台账，实施分类分级、动态管理，形成"一人一组、一人一策"工作方案，密切关注现实表现，所在单位做到及时知动态、每周做评估、每月做研判，提高精准度和针对性。落实落细谈心谈话与关心关爱举措，每月开展心理健康排查，每年开展全覆盖心理普查，建立学生电子心理健康档案，实施分类分级管理，努力实现师生心理危机源头预防与精准干预。

2. 实现安全教育全覆盖

建立健全"线上＋线下"安全教育培训体系，实现师生员工入校入学安全教育培训全覆盖。将每年六月设为"校园安全文化月"。将消防、治安、交通、生产安全、公共卫生、反奸防谍、防范邪教、反恐防暴等安全教育内容纳入教职工入职培训、新生入学教育、师生"学习日"等。各单位每年至少组织1次安全教育培训和1次应急演练。落实师生安全教育时长标准，确保每年不少于2学时，其中技能培训和实操演练不少于1学时。建好用好安全教育体验馆，重点加强识别风险、应急避险和紧急救助等技能培训与考核，提升安全教育实效性。

3. 及时开展矛盾纠纷排查化解

畅通丰富师生诉求反映渠道，针对师生集中反映的诉求，做到第一时间研判分析，第一时间推动解决，第一时间作出回复，及时响应解决师生合理诉求。坚持每学期全面排查和敏感节点重点摸排相结合，健全挂账管理机制，确保矛盾纠纷早介入、早化解。完善矛盾纠纷多元预防、化解机制，积极引入律师咨询等法律手段，推进矛盾纠纷化解法治化建设。加大历史积案和重大矛盾纠纷化解力度，加强统筹协调和部门联动，积极争取属地和政府部门支持，实行"一案一策"和校领导包案制度。

（五）构建平战结合的工作联动机制

1. 风险隐患清单化管理

常态化组织开展日常全面风险隐患排查和重要节点专项摸排，摸清底数，找准问题，形成"问题清单"；针对风险点，提出可操作的防范化解措施，制定"任务清单"；针对每项任务，细化任务分工，明确责任单位，制定"责任清单"。发现风险隐患及时整改，不能立即整改的，建立"三个清单"，并实行动态管理、迭代更新和对账销账，确保闭环。

2. 规范信息共享与报送

建立统一的日常信息共享目录，运用信息化手段打通各专门系统、整合各类业务数据，确保信息及时安全共享，为早发现早处置风险隐患提供信息支持。建立全校统一的突发事件报告程序，如遇突发事件，按照"先口头、后书面"且"口头不超过

10 分钟"的要求,第一时间报校级层面领导机构办公室,办公室纵向报告相关校领导、横向通报涉事单位和业务主管部门,进展情况及时续报。

3. 常态化开展会商研判

健全完善各领域的月研判、季研判等定期常规研判机制,准确把握形势,及时处置苗头性风险问题。针对新形势、新情况、敏感节点和突发事件,实时开展专项研判,协调解决实际问题,职能部门无法协调解决的,报校级层面领导机构综合研判、协调指导解决。统筹应用会商研判结论,补齐风险防控短板漏洞。

4. 分级分类实施应急管理

建立总体应急预案、专项应急预案和现场处置方案突发事件三级应急预案体系。实行突发事件分类分级响应,并按照预案开展现场指挥、信息报送、联动处置、调查处理、问题整改等工作。各二级单位日常按照突发事件最高等级响应的标准,加强应急物资储备与管理。进一步完善校园突发事件的监测、预警、报告、处置等应对处置方案。健全校园等级化防控机制,细化不同等级响应措施,加强应急预案演练,切实提高应急能力。

5. 实施专班工作模式

针对敏感节点、重大活动和重大突发事件,研判成立工作专班,有针对性地升级各类风险隐患稳控措施。实行每日会商,研讨解决具体问题,重要事项"一事一议"。实施重点管控,建立重点人群、重点事项、重点部位清单,形成"一人一策""一事一策""一地一策"台账,进行动态管理。实行信息日报,每日形成工作专报。加强值班值守,实行校领导、处级干部、工作人员三级 24 小时值班和关键部位 24 小时值守。

(六) 强化注重实效的落实保障机制

1. 加强组织保障

各单位党政负责人承担安全稳定第一责任人职责,要进一步提高政治站位,充分认识高校防范化解重大风险的重要意义,主动担当作为,深入一线调查、研究、破解工作中的重点、难点问题。重要工作亲自部署、重大问题亲自过问、重点环节亲自协调、重要事项亲自督办,有效统筹资源力量,真正把政治优势转化为平安单位建设的强大效能。各专项工作小组成员单位要强化履职尽责、密切协作配合,进一步健全完善安全稳定工作体系配套制度措施,确保各项工作任务有效落实。

2. 强化人财物保障

引入行业领域专业人员,组建专家库。应依托思政队伍、党团组织、师生骨干、安保人员、后勤保障人员等各类队伍完善师生全覆盖情报信息和师生思想动态搜集网络，畅通信息反馈机制，充分发挥群防群治作用。分类加强专兼职工作队伍建设，完善培训机制和培训体系，不断提高队伍专业化水平。建设物资装备库，配齐配好应急、反恐、防疫等领域装备物资。按照上级主管部门要求，足额配备安全稳定工作机动费，用于专家库运行、人员队伍培训、装备物资采购、技防消防建设等，强化经费使用绩效考核，确保建设工作谋长远、不断线。

3. 优化技术支撑

充分利用大数据、云计算、物联网、5G 和人工智能等先进技术创新风险防控治理模式，形成纵横交错的网络化、协同化、智慧化支撑保障和治理体系。结合智慧校园建设，建好安全数据仓，加强校园安全稳定信息数据的挖掘分析，通过信息化建设加强事前预防、预测、预警，事中组织、调度、处置和事后复盘、评估、总结，构建人防、物防、技防融合的网络化、协同化、智慧化支撑保障体系。

4. 严格检查督导

建立各单位自查、业务部门专项检查、学校全面检查的事项清单。深入运用多种方式开展检查，及时预警提醒，督促管控消除风险隐患。对风险隐患突出单位，由分管校领导开展"蹲点式"督促，指导整改。每学期期末或特殊时间节点前，校领导带队对各单位进行检查督导，并向全校通报检查督导结果。调动师生参与风险防范的积极性，畅通风险隐患举报渠道，发挥师生的监督作用。

5. 严肃考评问责

将防范化解风险责任落实情况纳入年度总结和全面从严治党检查范围，将领导干部相关履职情况纳入年度述职考核内容，并作为职称评审、选拔任用和评先评优的重要依据。对落实工作到位的单位和尽心尽职的人员，进行表彰奖励。对未履职或履职不到位、发生事故和造成不良影响事件的，按有关程序追究涉事人员直接责任、涉事单位主体责任、业务部门监管责任和相关人员领导责任。落实"一票否决"制，受到责任追究的责任单位和责任人，取消当年评先评优资格。

第五章 总结与展望

高校是落实立德树人根本任务的主要阵地，是基础研究的主力军和重大科技突破的策源地，承担着培养担当民族复兴大任的时代新人的使命，是中外国际交流合作的重要窗口。高校对外需防范敌对势力的打压遏制、政治渗透、文化侵蚀、勾连策反、网络窃密等现实危害，对内面临维护校园稳定和师生安全等重点领域风险问题。在"两个大局"的时代背景下，面对新形势、新要求，高校只有将防范化解重大风险作为安全发展的制胜之道，将安全发展贯穿到高校事业发展的各领域和全过程，才能将高校建设成为维护国家安全、落实立德树人根本任务的首善之地，助力平安中国建设。构建一套科学合理和可操作性强的高校防范化解重大风险体系是一项庞杂的系统工作，任重道远。

本课题坚持问题导向，对标对表中央、上级文件精神，通过文献分析、走访、座谈、调研和实例研究等方法，全面系统梳理高校各领域、各环节涉及安全风险的主要事项和要素，初步总结了高校防范化解风险工作的四个方面：一是总结了高校领域重大风险的主要类型及其具体表现形式；二是分析了高校风险监测预警体系中隐患与矛盾纠纷排查、信息舆情预警和重大事项风险评估三项机制的现状与问题；三是分析了高校风险预防管控体系中组织机构、日常运行管理工作的现状与问题；四是分析了高校风险应急处置体系的现状与问题。我们从这四个方面进行了深入的探讨，提出了健全防范化解高校重大风险体系的思路和措施建议。

我们提出了防范化解高校领域重大风险的"1+3+2"模式的建设体系，包含分级负责的组织领导体系、维护政治安全工作体系、校园综合防控体系、师生稳定工作体系、平战结合的工作联动机制和注重实效的保障监督机制。四大体系各自代表一方面的工作，都包含着丰富的工作内容，既独自运行，又相互作用，互相影响，不可偏废，共同支撑高校风险防范化解工作全局。工作机制既贯穿于四大体系之中，又立于四大体系之上，机制的充分完善是我们紧跟形势、持续改进工作、保持体系鲜活生命力的有效保障。"1+3+2"模式的防范化解重大风险体系研究为实现高校长久的平安和谐局面提供了更科学有效的工作模式建议。

高校保密工作现状及对策研究

北京科技大学"高校保密工作现状及对策研究"课题组

摘　要：保密工作是高校安全稳定工作中的一个重要组成部分。当前，个别保密规定条款不完全适用于高校管理体系，高校保密管理存在一定的风险隐患。本研究旨在根据首都高校保密工作现状，提出适合高校保密工作的建议与措施，促进高校提升保密管理水平，维护国家秘密安全，为党和国家各项事业发展提供坚实保障。

关键词：高校；保密管理；保密意识

一、引　言

高校是人才培养与科研重地，不仅承担着传播知识、培育人才的重担，还承担着大量重要的科研生产任务。当前国际形势日益复杂，随着科学技术的发展和信息化程度的逐步提升，高校保密管理面临严峻挑战。首都高校保密工作是国家和北京市保密工作的重要组成部分。本课题旨在通过分析首都高校保密工作现状，并依据有关法律法规和政策标准，结合高校保密工作实际，探索适合高校的保密工作体系与管理措施，切实提升高校保密安全防范能力，确保涉密敏感信息安全，筑牢新时代维护党和国家秘密安全的校园防线。

二、首都高校保密工作现状与问题

在市委教育工委的协助下，北京科技大学于 2020 年 7 月对首都 60 余所高校进行了保密工作现状的问卷调查。其中，部委直属高校和市属高校分别占比 50% 左右，具备武器装备科研生产保密资格的高校 10 余所（以下简称军工高校），不具备保密资格的高校 40 余所（以下简称非军工高校）。调查问卷涉及保密管理体制机制、保密机构设立与队伍建设、保密制度体系、定密工作、涉密人员、涉密载体、信息系统设备、涉密载体、涉密会议、宣传报道、教育培训、监督检查、条件保障等方面。

结果显示，军工高校按照《武器装备科研生产单位保密资格标准》开展保密工作，在保密管理方面较为规范，非军工高校在保密管理上普遍缺乏明确的指导标准，存在管理不足的情况，主要表现为：保密工作体制机制不健全，保密工作队伍力量不足，保密管理制度体系不完善，保密业务工作不规范，宣教培训与监督检查不到位等。

三、首都高校保密管理工作对策

根据调查结果，按照上级有关法律法规与政策标准，现将本研究关于组织机构、定密工作、涉密人员、信息设备、涉密载体、宣传报道、教育培训、监督检查等主要结论进行阐释。

（一）加强保密体制机制建设，完善保密工作制度体系，打造专业保密工作队伍

一是坚持党管保密原则，由高校党委主要负责人担任保密委员会主任，并根据分管领域明确各保密委成员及职责分工。保密委员会每年至少召开 1 次会议，贯彻落实上级保密工作方针政策，研究部署保密工作，了解掌握保密工作情况，解决重大问题并提供所需条件保障。二是设立保密工作机构，组建保密工作队伍，并组织定期参加业务培训，提高政策理论与实践管理水平，有效履行组织、协调、监督、指导、检查的职能。三是推进保密业务归口管理体系建设，保密部门与各业务部门形成合力，将保密要求与业务工作深度融合，确保保密管理延伸至各业务领域。四是在各二级单位成立保密工作领导小组，由二级单位党委负责人领导，设置专兼职保密干事开展单位内部具体保密工作，形成高校"保密委员会—保密工作机构—二级单位/归口部门"三级管理体系，逐级落实保密工作责任制。五是健全保密工作制度体系，依据国家相关政策法规及高校实际，组织相关业务部门制定并及时修订包括保密责任、定密管理、涉密人员、涉密载体、保密要害部门部位、信息系统设备、宣传报道等在内的保密基本制度，并根据需要制定专项制度，确保制度具有可执行性和可操作性。

（二）严格保密"三大管理"，强化重点领域安全防范

1. 定密管理

一是法定定密责任人根据业务工作需要确定指定定密责任人，组织定密责任人参加上级培训，提升定密管理水平，达到持证上岗要求。二是制定并及时调整《国家秘密事项一览表》，为精准定密提供依据。三是制定定密工作程序，逐级审核审查。建立定密工作台账并详实记录定密事项信息，对定密事项做到全过程管理。四是定期审核涉密事项，对达到解密条件或信息发生变化的事项，主动与原产生单位沟通，征询变

更与解密意见，做到既确保国家秘密安全，又便于信息资源合理利用。

2. 涉密人员管理

严格涉密人员入岗审查，强化在岗监管，规范脱密管理。一是严格开展入岗背景与资格审查，包括政治立场、家庭背景、国境外经历等情况，进行入岗保密培训，具备保密知识与技能，组织签订保密承诺书与保密协议书，明确岗位保密职责。二是在岗期间根据有关管理办法定期开展在岗复审，做好重大事项报告工作，严格在岗兼职、提供劳务等审查与出国（境）审查，执行考核奖惩机制，激励保密先进榜样，惩处违规泄密行为。三是离岗清退涉密载体、设备，签订离岗保密承诺书，根据调入单位及岗位性质，进行脱密期管理或委托脱密管理，并定期开展脱密期报告工作，构建从准入到退出的全方位、闭环式涉密人员管理体系。

3. 信息系统、信息设备与存储设备管理

高校须重点强化信息化保密管理。一是明确信息化归口管理部门职责，制定规章制度，细化操作规程，履行审查审批职责并监督"三员"规范开展工作。二是做好涉密信息设备全生命周期管理，建立各类台账及工作记录，确保信息要素完备、账实相符。三是设置信息化"三员"（系统管理员、安全保密管理员、安全审计员），开展信息设备的配备、运行、维护、检查、审计与风险评估工作。四是二级单位加强涉密工作条件保障，涉密设备责任人按照管理要求规范使用涉密设备开展保密工作。

4. 涉密载体管理

部分高校不涉及国防科研涉密事项，涉密载体主要为党政机要文件。一是要完善工作机制，细化制作、收发、传递、使用、保管、复制、维修、销毁等各环节管理流程，加强机要室与各业务部门间的协同联动。二是做好相应保密设施设备配备，确保涉密载体保管及使用场所、设备合规安全。三是加强全程监管和保密教育培训，建立监督检查机制，全方位保障涉密敏感信息安全。

5. 宣传报道管理

建立宣传报道审查发布机制，新闻稿、宣传品、发表论文、学术交流材料、各类报送材料及学术成果等信息，须经审查方可公开发布。由信息提供负责人初审、所在二级单位复查、科研业务部门与宣传归口部门等审查审批发布。对于审查中界定不准的信息，须报相关上级部门审查。

此外，举办、参加涉外活动、涉密会议，接待访问和接受采访报道时，须制定工作方案，核查人员身份，审查涉及内容，对有关工作人员及参与人员进行保密教育提醒等。

（三）广泛开展宣传教育，扎实做好监督检查

1. 保密宣传教育

开展常态与专题保密宣传教育工作，不断增强高校师生的保密意识、保密常识与风险防范化解能力。一是扩大宣教覆盖范围，将保密安全教育纳入校、院两级理论学习，并扩展至全校师生，实现全员保密教育。二是内容与形式上不断创新，将保密教育融入课程体系，利用数字化平台提供灵活多样的在线学习资源，并结合时事热点与实践活动，如举办宣传月、作品征集等，提高教育的互动性、实用性和吸引力。三是建立考核机制检验学习效果，确保教育内容贴近实际且具有时效性。构建多元化、高效能的高校保密宣传教育生态，切实发挥保密宣传教育实效。

2. 保密监督检查

健全保密监督检查体系，加大自查、检查和整改力度。高校建立保密委，保密办、归口部门、涉密部门，涉密人员多级检查工作机制，将检查与自查相结合，各级按年度、半年、季度频率全面、深入开展，发现问题并及时消除风险隐患。通过日常抽查与集中检查相结合的方式，形成常态化保密检查模式。同时，针对定密管理、涉密人员管理、信息设备管理、涉密载体管理等关键环节加强监督检查，每年适时开展至少1次保密专项检查。依法依规对违规行为严肃查处，将查处结果与单位、个人年度考核结果挂钩，进一步强化保密安全与责任意识。

四、结 论

保密工作是党和国家事业的重要组成部分，是维护国家政治、经济、外交、国防等领域安全的重要基础，是高校内部管理水平的综合体现。本研究通过调查首都高校保密工作现状，对照有关政策标准，结合高校实际，提出适用于高校保密管理的工作对策与措施。首都高校可在本研究的基础上进一步深度探索适合自身管理和发展的保密工作模式，通过健全管理体系、完善制度建设抓好顶层设计，通过建立工作队伍、细化管理措施落实保密要求，通过开展宣传教育、做好监督检查提高保密"两识"教育效果和风险防范化解能力，为维护国家秘密安全，为党和国家各项事业发展提供坚实保障。

二、优秀学术论文

微时代大学生安全防范宣传教育模式研究

北京大学　廖　安　程启帆　刘佳亮　戴玉娇

随着互联网与数字技术的高速发展，各种网络新应用相继涌现。与此同时，手机产品更新升级速度加快、用户体验不断攀升，越来越成为人们上网最重要的工具，为随时随地使用网络服务提供了可能。中国互联网络信息中心（CNNIC）发布的《第44次中国互联网络发展状况统计报告》显示，截至2019年6月，我国网民使用手机上网的比例达到99.1%。以手机为主要载体不断普及的微信、微博、抖音、快手等新兴媒体，以信息传播的短小、精练、迅速为主要特征，日益受到大众青睐，其爆发式增长强势推动"微时代"的到来，人们正"前所未有地面临着并真实地进入到这个能够瞬间构造一切又瞬间摧毁一切的媒介世界"（郑根成，2009）。无"微"不至的时代氛围与环境特色使得当代大学生的思维方法、价值取向与审美情趣等呈现出独特的发展态势（马建青，2014），进而对高校安全防范宣传教育的开展产生了重要的影响。因此，本课题围绕微时代大背景下大学生安全防范宣传教育模式展开具体考察，就现有做法及未来发展方向进行专门探讨，尝试摸索出一套有借鉴意义的示范模式。

一、微时代大背景下的大学生安全防范宣传教育

（一）微时代的概念与特征

"微时代"，是指依托飞速发展的网络技术和移动通信技术，以新媒体工具为平台，以便携终端设备为载体，以简洁图文声像为表现形式，实现实时、互动、高效的信息传播的时代（薛海，2017）。在这一时代，"微产品"不断涌现，"微媒体"不断更新，"微内容"不断生产，"微传播"不断进行，"微应用"不断出现，"微用户圈"不断形成，"微"已然融入我们的文化、生活、学习之中（孙琳琳，2018）。超时空性与即时性、交互性与开放性、衍生性与去中心性、渗透性与碎片性、参与性与个体性，越来越鲜明地成为微时代的典型特征（阮博，2016）。

（二）微时代大背景下的大学生安全防范宣传教育

1. 大学生安全防范宣传教育

对大学生进行安全防范宣传教育，是高校安全稳定工作的重要组成部分，是通过增强师生安全意识、提升自我防范技能，以实现有效预防安全事故的基础性工作。

目前高校保卫部门大多重视安全教育，通过开设线上线下课程、制作知识宣传产品、运营线上宣传平台、组织体验实践类活动等方式，做了大量工作并取得了一定成果。但整体来看，相较于高校其他面向学生的教育与宣传工作，安全教育实效还有提升空间，尤其是结合当下时代背景和学生群体需求，如何进一步扩充安全教育队伍、扩大安全教育覆盖面、完善安全教育内容、拓展安全教育形式、促进安全知识与技能更好地入脑入心，仍然值得探讨。

2. 微时代大背景对大学生安全防范宣传教育的影响

微时代大背景下，大学生安全防范宣传教育既面临崭新的机遇，又面对着严峻的挑战。

在信息裂变式传播的帮助下，安全防范宣传教育的受众群体得到有效扩大；微时代的超时空性有利于拓展安全宣传教育的教学场域，渗透性特征使得宣传教育的形式与内容不断向生活化、即时化、移动化发展；微时代的信息交互反馈功能对安全教育的个性化与针对性也起到了提升作用。

但同时，信息的扁平化传播打破了以往的"一言堂"模式，时常给学生造成混乱，安全教育面临权威性不足的挑战；学生在各种信息中自行根据个人偏好进行选择，容易形成个体认知的"信息茧房"，所获取知识的全面性难以保证；微时代下各种微应用的广泛使用，大大丰富了学生的活动形式，传统安全教育的方式与手段在客观上存在吸引力不足的问题，教育效果不可避免地受到影响。此外，微时代的即时性特征对安全宣传教育的时效性提出更高要求，安全防范宣传教育必须密切关注和紧密追踪各种热点事件和焦点资讯，否则容易出现教育滞后的隐患。

鉴于此，为了更好地抓住机遇、迎接挑战，微时代大背景下的大学生安全防范宣传教育，仍需完善顶层设计，从内容、形式、渠道等方面加以优化，着力实现安全教育内容有针对、形式有亮点、渠道有选择，从而利用好受众群体得以扩大、教学场域得以拓展的优势，以更高的科学性、时效性和更强的吸引力，实现安全教育在入眼入耳的基础上，进一步入脑入心。

二、高校安全防范宣传教育现状

面对新机遇和新挑战，近年来，高校安全防范宣传教育工作不断尝试新方法、总结新经验。经过走访调研，本课题将从内容、渠道与形式、运行模式等方面，对国内高校安全防范宣传教育现状进行具体梳理，并结合微时代的特征作进一步分析。

（一）内容方面

安全教育内容是安全教育的核心，是指安全教育所包含的实质和内涵。目前，各高校都很重视安全教育内容的选择与积累，通过编订教材、梳理专题等方式，不断扩充安全教育内容，努力拓展内容广度。在传统国家安全、人身安全、财产安全、消防安全、交通安全、校园安全、出行安全、生活安全、网络安全、自然灾害防范应对等内容的基础上，结合社会与校园安全形势，针对当前高发多发事件，在不同知识分类下，增加了包括防范新型诈骗、拒绝网贷及非法投资、防毒防艾、预防犯罪等在内的新知识，但依然存在体系化不足、时效性不高、针对性不强、权威性不够等问题。而这些问题，在微时代大背景下，恰恰都会被放大，给高校安全防范宣传教育带来新的挑战。

一方面，目前独立编写安全知识教材的高校为数不多，遵循教材开展系统宣传教育的高校更是少数。体系化的缺失导致高校安全教育在微时代庞杂的信息中更容易被淹没。

另一方面，安全教育的内容仍然以安全知识为主，且修订、更新也存在不及时、不彻底的问题，对新发案例的整理与剖析尚未成体系，对学生步入大学校园后可能遇到的安全问题及预防、解决安全问题的有效方法也缺乏系统梳理，将本校学生实际情况与安全教育相关联的紧密度仍显不足。对大学生而言，所接收到的安全教育内容与其在基础教育阶段接触到的安全知识相差无几，容易带给受众老生常谈的感觉，吸引力不足，在微时代"短、新、奇、快"的阅读中，难以引起学生对安全问题及学习安全知识的足够重视。

除此之外，现阶段，各高校安全教育内容以"拿来主义"为主，摘抄、引用较多，对安全知识与技能的研究相对较少，甚至一些安全教育从业者自身仍处于知其然而不知其所以然的状态，导致高校安全教育权威性缺乏有力背书，在打破"一言堂"的微时代信息传播模式下，容易受到学生的质疑和挑战。

（二）渠道与形式方面

安全教育的渠道是影响安全教育覆盖面的重要因素。目前高校开展安全教育的渠道主要包括通知、会议、讲座、培训、课程、安全检查、现场活动等线下渠道以及微信、微博等线上平台。

在不同渠道下，安全教育可以有不同的表现形式。安全教育的形式是影响教育效果的关键因素。一般来说，教育形式包括讲授、交流、展示、演习、体验等。

通过总结本校经验并走访调研兄弟高校发现，近年来，高校不断拓展安全教育渠道与形式，尤其是随着互联网的发展、虚拟现实等新技术在安全教育领域的广泛应用，线上交互、模拟体验等教育手段被越来越多的高校选用，并取得了不错的效果。然而，相较于高校其他面向学生的宣传教育工作而言，大多数学校实际落地的安全防范宣传教育手段仍然略显单一。

一方面，微媒介的开拓与运营还处在起步阶段，缺乏统一规划。大多数高校虽已申请注册微信公众号，但开设公众号并不意味着疏通了新的渠道。不少公众号在开设后活跃度、关注量、阅读量都相对较低，未能真正成为安全教育的有效平台。除了微信公众号之外，高校安全教育在微博、知乎、B站、抖音等深受00后学生群体喜爱的微媒介领域涉足较少，这些领域或将成为今后工作创新发展的着力点之一。

另一方面，现阶段，高校安全教育工作中，宣传品设计水平、活动组织策划与宣传能力也暂时均未达到微时代的整体要求，存在设计陈旧、宣传方式呆板、活动策划组织不贴近学生需求等问题，在丰富多彩的校园生活中，对学生群体的吸引力相对不足，难以办成亮点活动、形成品牌效应。

此外，由于高校安全教育队伍人手有限，专业化程度有待提高，一些宣传手段在客观上存在流于形式、教育效果低于预期的问题。

（三）运行模式方面

大学生安全防范宣传教育是一项系统性工作，涉及校内所有院系及诸多部门，需要各院系、各部门统筹协调、共同推进。

目前在绝大多数高校，保卫部门是安全教育工作的主责单位。在做得比较好的学校，初步形成了以保卫部门为主导，学工、实验室、后勤部门提供支持，各单位配合参与的联动模式，形成了一支以保卫干部为核心、以辅导员及各单位专兼职安全管理人员为有效延伸、学生骨干积极参与的安全教育队伍。

但不得不承认的是，联动运行模式仅在少数高校初见成效，在大多数学校，安全防范宣传教育的组织实施仍然主要依托保卫部门为数不多的工作人员，联动队伍有待进一步建设。因此，安全防范宣传教育客观上存在人手不足的问题，特别是在未成立专门安全教育科室的学校，很容易出现工作人员因忙于其他业务工作而"无暇顾及"安全教育的窘境，安全教育从业者因时间、精力有限，极有可能导致安全教育出现专业化程度不高、了解学生需求不深入、更新教育内容不及时、表达形式创新不足等问题。

与此同时，缺失有效的联动机制，也给保卫部门在全校范围内开展安全教育制造了一定的障碍。一方面，传统保卫部门是校园安全的管理部门，虽然目前各高校保卫部门均在向服务型部门转变，但传统管理理念、管理模式带来的影响依然存在，在不少高校，保卫部门在师生间的"亲切形象"仍有待进一步树立。另一方面，在忙碌的学习中，学生倾向于将更多的注意力集中于学业、学生工作、实习实践等对个人简历具有直接加分效应的事项，对安全问题的漠视导致安全教育的主动受众面相对狭窄。以上两方面都在客观上造成了保卫部门单打独斗开展安全教育的效果不尽如人意，对学生群体吸引力不足、教育效果不显著。

三、微时代大背景下高校安全防范宣传教育模式探析

基于以上对高校安全防范宣传教育现状的分析，本课题组认为，当前大学生安全防范宣传教育在安全教育的内容、渠道、形式、运行模式等方面都有了一些有益的探索与尝试，取得了一定的效果：教育内容得以丰富，时效性有一定增强；教育渠道得以开拓，线上线下相互补充；教育形式逐渐多样化，参与体验成为主流；联动机制初现雏形，宣教队伍稍有扩充。

但是，在取得成效的同时，也不能忽视客观存在的问题：教育内容体系化不足、时效性不高、针对性不强、权威性不够；教育渠道缺乏统一规划，向抖音等新兴微媒介延伸不多，现有微信公众平台运营不佳；教育形式亮点不足，吸引力不够，实际教育效果低于预期；运行模式顶层设计不够，联动机制不完善，宣教人员队伍依然短缺，辅导员、学生参与度有限。

以上问题都使得大学生安全防范宣传教育工作在微时代背景下的进一步发展面临挑战，其中最关键的就是如何在节奏快、信息多的时代背景下，适应并利用微时代的特征，提高教育内容的针对性与时效性、增强教育渠道的契合度和教育形式的吸引力，从而在内容上"抢"得先机，在学生群体中"抢"得热度。

具体来看，要实现以上目标，只有从理念、人员、内容、渠道、形式等方面多管齐下、统筹共进，通过树立"微理念"、强化"微力量"，才能逐步优选"微内容"、打造"微平台"、运用"微话语"，以促进大学生安全防范宣传教育适应"微时代"特征，构建出校园安全育人的"微环境"（见图1）。其中，"微理念"是核心，为安全教育的内容、渠道与形式提供方向性指导；"微力量"是基础，为内容、渠道与形式的不断改进提供有力的人员保障。

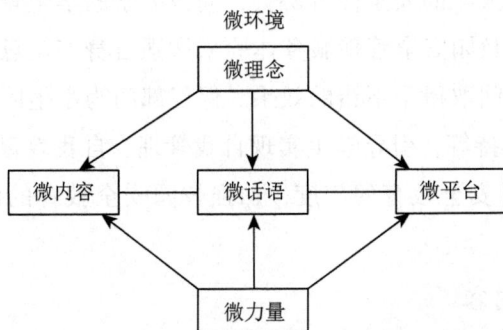

图1 微时代大学生安全防范宣传教育模式

（一）树立"微理念"

这里的"微理念"包含两个层面的意思：一是树立符合时代精神和校园文化、适应微时代信息传播特点的安全"微理念"，即内容指引；二是树立发展好微时代背景下安全教育的工作"微理念"，即技术指引。

安全微理念的树立，奠定了高校在校内开展安全防范宣传教育的主题与基调，后续安全教育工作，均可以以该理念为核心来展开。树立安全教育的工作"微理念"，简单来说就是深入分析微时代的环境特征，结合本校的实际情况和学生群体特征，增强安全教育的顶层设计和全盘思考，将微时代背景下的安全教育作为一项系统性、长期性、全局性的业务工作来抓，从人员、内容、渠道、形式等多方面进行统一规划，构建长效机制，实现安全教育常态化发展。

（二）强化"微力量"

微时代的信息传播对安全教育的时效性、准确性、渗透性、交互性等都提出了更高的要求。充足的人力资源是推进安全教育向深入化、品质化、全覆盖、精准化发展的有力支撑。为提高安全教育质量，亟需在目前各高校宣教人员的基础上，加强统筹联动和培训激励，建设成一支人手充沛、敏锐度高、专业化强的贴近学生的宣教队伍。

一直以来，高校安全教育在"说教"领域自我发展，虽然在内容、形式上有所创新，但在学生群体间的接受度始终不高。鼓励学生参与校园治理，让一部分学生率先成长为安全教育领域"专家"，发挥朋辈效应，用微时代的思维和方式方法影响更多的学生，是改变现状、强化校园安全防范宣传教育"微力量"的重要手段。

一些高校引入 90 后、00 后学生团队参与到安全宣传教育工作中，这些有知识积累、懂电脑技术、持爱校情怀的学生，是对高校安全宣传教育保卫干部的一个补充，通过"1＋X"的操作来实现 N 的效果。目前运行比较成功的，有清华大学的治安服务队、学生勤工助学大队交通协管分队、学生安全文化协会，中国人民大学的应急志愿服务队，北京航空航天大学的安全使者协会，同济大学的学生督察队等。学生或直接参与安全宣传，或通过校园安全管理服务体验来增强自身安全意识，同时传播安全理念，这些实践均在学生间取得了不错的效果。保卫部门为学生团队提供支持，包括专业指导与培训、经费支持等，引导学生实现自我管理、自我教育、自我服务，进而借助学生力量，拓展校园安全教育的广度，加强校园安全教育的深度，强化安全育人成效。

（三）优选"微内容"

微时代信息庞杂且获取便利，对安全防范宣传教育的内容提出了更高的要求：既要有吸引力，又要有权威性。内容的吸引力很大程度上取决于其针对性，简单来说，就是需要向受众提供于其有益的信息。安全教育从业者需对处于不同阶段学生群体的安全教育需求进行细致梳理，做到有的放矢。除了区分不同受众群体外，不同时段的安全教育内容也应有所针对。只有根据学生需求作精细化梳理，才能真正实现对学生有用、引学生注意、让学生关心。

（四）打造"微平台"

在微时代，为适应新媒体高速发展的大环境和大众阅读移动化的新趋势，微信公众平台已经成为高校安全防范宣传教育的重要在线阵地之一。但也有不少公众号在开设后活跃度较低，关注量、阅读量双低，未能真正成为安全教育的有效平台。

为更好适应微时代大环境，提高安全教育覆盖面，优化微信公众平台运营无疑是一项有效举措。对于高校而言，首先应该对安全教育"微平台"进行统一规划设计，明确专人管理，找准平台定位，深挖受众群体，通过业务绑定、有奖关注等方式，努力扩大平台关注量。在此基础上，为维系关注用户、持续扩大平台影响效应，还需根据安全教育工作整体安排，对公众平台运营作好长短期规划，视情况打造品牌栏目，分阶段、有针对性地列出选题排期。

此外，高校保卫部门公众平台或多或少存在关注度不高、吸引力不强的问题，与其他高质量公众平台的合作将有效提升安全教育的覆盖面与吸引力。

相较于微信公众平台，微博、知乎、抖音、B站等在学生群体中广受欢迎的"微媒介"，具有参与性和交互性更强、传递信息更加短平快的特征，也应成为高校安全防范宣传教育的发展方向。少数高校已有初步尝试，例如北京航空航天大学官方抖音号曾发布反恐演习等安全宣传内容，西安交通大学B站企业号曾面向新生发布保卫部安全教育专题等。但高校保卫部门单独申请账号入驻知乎、抖音、B站的情况尚未出现，部分高校保卫部门在微博注册了账号，但活跃度相对不高，对安全教育的助力作用有限。

（五）运用"微话语"

为适应"微时代"下信息量激增、传播速度加快的总体趋势，除了提高安全教育内容的针对性以外，对传播形式的思考与探索也是增强安全防范宣传教育吸引力的有效方式之一。通过运用学生群体喜闻乐见的"微话语"，不断改善安全宣传教育的呈现效果，更加注重以生动活泼更接地气的形式，为安全教育注入活力，从而提高安全宣传教育工作的辨识度。

1. 安全教育内容"网红化"

传统安全知识多以说教为主，满篇"应该""不得"等类似表述导致其在学生群体间接受度不高。各高校均在此方面努力改进，尝试使用当下热门的"网言网语"，结合一段时间内的热点话题，以"蹭热度"的方式传播安全知识，减少与学生的隔阂，增进交流互动。

除此之外，在安全宣传品方面，也需要改变传统知识性海报等产品的老旧设计，借助学生力量，采用漫画、定格动画、微电影、情景游戏等更适合微时代传播特征、更迎合00后学生喜好的设计。

2. 安全教育形式"趣味化"

在内容"网红化"的同时，在微时代，安全教育的形式也应向趣味化方向发展。本课题对国家安全、治安防范、消防安全、交通安全、防灾减灾等不同主题安全教育可采取的具体形式进行了研究梳理。

综合以上，通过树立"微理念"，强化"微力量"，优化"微内容"，打造"微平台"，运用"微话语"，安全防范宣传教育的内涵将得到不断拓展，形式将不断丰富，进而在校内营造出良好的安全文化氛围，构建起校园安全育人的"微环境"。

参考文献

[1] 北京大学课题组.北京高教保卫学会2017年重大课题《首都高校安全稳定工作手册》.

[2] 薛海，韩颖."微时代"大学生思想政治教育的"6微"模式构建[J].广西师范学院学报（哲学社会科学版），2017，38（6）：123-127.

[3] 阮博."微时代"高校思想政治理论课教学创新研究[J].思想理论教育，2016（7）：63-67.

[4] 王永灿.微时代高校思想政治教育精细化探究[J].重庆邮电大学学报：社会科学版，2017，29（6）：75-82.

[5] McQuiggan S, McQuiggan J, Sabourin J, et al. Mobile learning: A handbook for developers, educators, and learners [M]. John Wiley & Sons, 2015.

[6] Florence Martin, Jeffrey Ertzberger. Here and now mobile learning: An experimental study on the use of mobile technology [J]. Computers & Education, 2013, 68（4）：76-85.

[7] 窦书霞.大学生安全教育的思考与对策[J].北京教育（高教），2016（12）：51-53.

"互联网＋"时代高校网络舆情应对策略探析

北京大学　王颖杰　程启帆*

摘　要：随着社会的发展、技术的变革，中国进入"互联网＋"时代。网络不仅成为人们沟通、交流的工具，更加成为一种生活方式。在高校，互联网与信息传播的深度融合，使师生具有充分的表达空间和话语权，同时也使网络空间充斥着理性和非理性的各种情绪乃至意识形态的对抗。科学认识和合理应对高校网络舆情，既是思想政治教育的重要环节，也是维护学校安全稳定的重要任务，对于促进高等教育的改革和发展具有深远影响。"互联网＋"时代的高校网络舆情具有即时性、多元性、复杂性、隐匿性这相互关联的四个特征，进而引发了一系列新的问题和挑战。本文在客观分析互联网＋时代高校网络舆情特征的基础上，提出了高校舆情引导的原则和应对网络舆情的策略。

关键词：互联网＋；高校；网络舆情；应对策略

"互联网＋"时代的到来，将中国带入新的信息传播时代，网络成为浏览信息、发表言论的重要场所，自媒体更因其信息传播的即时性、快速性，成为强大的社会舆论场。中国互联网络信息中心发布的第 43 次《中国互联网络发展状况统计报告》显示，截至 2018 年 12 月，中国网民规模达到 8.29 亿人，手机网民规模达到 8.17 亿人。目前，中国网民主要以青少年、青年和中年群体为主。[①] "互联网＋"时代的到来，给大学生带来了全新的网络生活体验，为其拓展知识、了解社会提供了崭新平台，但同时也诱发了各种问题。尤其是在当前社会转型期，社会矛盾问题凸显，社会热点问题、学校管理服务中的具体问题、个别网友的言论等，通过互联网，都可能在短时间聚焦、

---

　* 作者简介：王颖杰，北京大学保卫部信息调研办副主任；程启帆，北京大学保卫部综合与宣教办公室工作人员。

　① 第 43 次中国互联网络发展状况统计报告，http://www.xinhuanet.com/zgjx/2019-03/01/c_137859520.htm。

放大、传播，形成网络舆情危机，若不及时引导、调控，可能演化为群体性事件。这不仅影响着学校的安全稳定，还会影响青年学生的思想观念和意识形态，以及世界观、人生观、价值观的生成和培育，对于高校的长远发展也存在负面影响。因此，科学认识和合理应对高校网络舆情，维护高校网络安全，对于高校的稳定和发展具有重要意义。

一、"互联网＋"时代高校网络舆情的特点

舆情是指由个体及各种社会群体构成的公众，在一定的历史阶段和社会空间内，对自己关心或与自身利益紧密相关的各种公共事务所持有的多种情绪、意愿、态度和意见交错的总和。[①] 网络舆情则是"以网络为载体，以事件为核心，网民的情感、态度、意见、观点的表达、传播与互动。"[②] 带有广大网民的主观性，未经媒体验证和包装，直接通过多种形式发布于互联网上。因此，高校网络舆情就是以大学师生为主体，在网络上表达的带有情绪化和主观性的意见和态度。具体而言，"互联网＋"时代，高校网络舆情具有相互关联的四个特征。

即时性。网络舆情传播具有即时性。在传统媒体中，信息发布的周期具有清晰界限，遵循一定规律，在"互联网＋"时代，特别是移动自媒体的迅速发展，舆论可以突破时空限制，能够第一时间被传播，并可实现多对多传播。

多元性。网络舆情信息具有多元性。互联网具有高度的开放性，传播内容丰富多样，既能够便利生活，也能够丰富文化。但同时，网络空间的这一特征也能迅速打破地域和空间阻隔，让各种不同的负面的思想、观念和信息，甚至相互冲突的意识形态、思想观念相互渗透，给师生造成冲击和影响。同时，随着社会的发展，"我国社会的主要矛盾已经转化为人民日益增长的美好生活需要和不平衡不充分的发展之间的矛盾"。社会转型带来的风险矛盾积压，多样的风险因素进入高度开放性的网络空间，使网络舆论传播的内容日益丰富多样。

隐匿性。网络舆情传播主体具有隐匿性。自媒体时代使得人人都可能成为传播主体，成为信息发布者，这种不加编辑和思考的发散性信息源在网络这个即时传播的空间，极易触动和诱发风险因素，积聚不良情绪和负面心理。同时，互联网具有匿名性，各类不良信息以及不良思想文化的传播处于隐蔽状态，一些舆情可能存在非此即彼的认知片面化甚至可能存在煽动情绪、负面情绪，或是网络民粹主义观念，以及影响校园和谐稳定的虚假信息和谣言，有时还会有乱贴标签的网络舆论暴力行为，对学校形象产生负面影响。

---

① 刘毅. 网络舆情研究概论[M]. 天津：天津人民出版社，2007：51-52.

② 陈雨桐. 自媒体时代下我国网络舆情的引导研究[J]. 学理论，2018（10）：72-73，76.

风险性。网络舆情能够诱发现实风险。当前的大学生大多是 95 后甚至 00 后，他们价值取向多样，个性张扬，兴趣多元，主体意识凸显，但存在自制力薄弱、经验匮乏、思想摇摆等问题。学生关心社会发展，热衷社会参与，关注整个社会建设的进步，其所传达出的思维模式，政治觉悟和价值理念通过互联网汇合后集中体现，形成网络舆论。同时，因为经验不足，在讨论问题时，学生的言论可能伴有浓重的个人感情色彩，不能充分了解整个突发事件的前因后果，极易受到利用和蛊惑。一些热点问题尤其是突发事件一旦被偏激地传达，就可能变成引起高校舆论漩涡的导火索。

"互联网 +" 时代，高校网络舆情传播迅速、内容多元、主体多样、隐蔽性强，极易引发现实风险、影响校园稳定。在突发事件多发及网络舆情此起彼伏的状态下，如何科学有效地进行舆情应对、问题解决、形象修复和舆论引导，已经成为 "互联网 +" 时代下维护高校安全稳定的重要理论热点和实践问题。

二、新媒体时代高校网络舆论引导的原则

在当代，舆论引导是国家治理体系和治理能力现代化的重要组成部分，习近平总书记指出："做好网上舆论工作是一项长期任务，要创新改进网上宣传，运用网络传播规律，弘扬主旋律，激发正能量，大力培育和践行社会主义核心价值观，把握好网上舆论引导的时、度、效，使网络空间清朗起来。"① 高校网络舆论引导是高校治理能力和水平的重要体现，具体而言，高校网络舆论的引导应遵循以下原则。

一是以人为本，预防为先。"我们更多是在讨论舆情出来之后应怎么应对，其实我们应该在事件发生之前就提前做好预案，把工作往前移，进行 '舆情防控'。另外，我们对待媒体要以诚相待，在发现舆情时及时和媒体沟通。"② 这表明，网络舆情管理既要以人为本，也要预防为先。首先，在日常的管理和服务中坚持以师生利益为本，尽可能在工作中防范和化解矛盾，避免形成网络热点；其次，要树立危机意识，建立预警机制。学校的各个管理服务部门、院系都应将舆论引导作为一种行政能力来培养，在舆论事件初起阶段接入舆论引导，避免事态扩大。同时，由于互联网上话语体系的差别，可能会造成沟通障碍或让公众产生误解，因此，相关管理部门要及时调整思维方式，一旦形成网络舆情，应尽可能站在师生的立场进行思考和回应，使应答的语言文字更符合受众需求，正面回应师生关切，建立良性的对话关系，化解情绪张力。

二是资源共享，形成合力。在很多情况下，突发事件产生的舆情危机的矛头并非

---

① 习近平.总体布局统筹各方创新发展，努力把我国建设成为网络强国[N]. 人民日报, 2014 – 02 – 28 (1).
② 叶雨婷.新媒体时代下高校舆情应对路在何方[N]. 中国青年报, 2018 – 01 – 29 (9).

指向一家，可能涉及学校多个管理服务部门。目前，高校的网络舆论引导缺乏合力，一方面是由于高校内部相关工作未能实现有效整合，各司其职、各自为政，另一方面是由于资源共享程度不高，统一的数据信息系统仍处在建设阶段。由于资源无法共享，信息沟通存在偏差，使得各部门的决策存在分歧，因此，舆论引导的功能和成效参差不齐。因此，引导过程中既要分工明确、责任到人，也要统筹规划，形成合力，高校和高校之间，也要加强联系，互通有无。

三是依法依规，有理有节。认真学习《中华人民共和国网络安全法》、《互联网跟帖评论服务管理规定》和《互联网论坛社区服务管理规定》等法律法规，制定高校自己的网络安全体系和管理规定。同时，充分加强师生法治教育和网络道德素养教育，强调虚拟空间不是法外之地，并运用法律法规控制和约束师生在校园网上的各种言论和行为，加强内容管理。让网络平台肩负起网络实名制、建立信用体系和黑名单责任等。

四是正面宣传，有效调控。树立正面的舆论形象，有助于在面对突发网络负面事件和网络舆论危机面前，坦诚从容应对。首先，要加大日常的网络宣传力度，开展能够与师生充分沟通和互动的活动，听取师生对于改进工作的意见建议，及时提升管理水平、服务质量、改进工作、修正不足，营造有利于自身发展的主流舆论，增强吸引力；其次，在"互联网＋"时代，要善于利用网络，依靠网络，治理网络。利用技术手段，建设"互联网＋"信息化平台，提升管理能力和服务水平，覆盖学校教务、图书、后勤、安全等多个信息系统，搭建学生、教师、家长、校友多方面的信息交互平台，解决教学、科研、管理、服务多项问题，力图实现整个校园管理的信息化，也便于及时掌握学生面对突发舆情时发表的言论，从源头抓起，进行疏导。

三、新媒体时代高校网络舆情应对的策略

舆情应对是建立在高校职能部门与管理人员和师生网民之间的一种互动机制，其本质是在对师生网民情绪进行有效疏导的基础上对舆情事件的危机管理和问题解决。随着"互联网＋"时代的到来，移动自媒体的广泛应用，信息化的普及和建设，高校网络舆情的应对可能涉及学生工作部门、安全管理部门、后勤服务部门、图书馆、人事、医院，以及各个二级院系等几乎所有的单位和部门。如何恰当、迅速、稳妥回应师生诉求，既能避免冲突和误解，又能获得师生的理解和信任，是需要研究和思考的重要问题。

在网络舆情的应对过程中，应当遵循积极稳妥、实事求是、服务师生的理念，尽最大的可能将师生的诉求、意见建议和师生的利益放在首位，以实事求是的态度寻求真相，纠正不足，规范管理。同时，要善于总结和把握舆情应对规律，建立健全网络

舆情危机应对机制，提升网络舆情应对的有效性。在帖文回复过程中，要"把握准度，即回应内容要对准舆情焦点和舆论痛点，直击靶心；精度，即精准解读决策事件原委，做出科学可信的结论；长度，即要回应的联系性；温度，要改变话语表达方式，要与舆论主体共情。尺度，即把握好回应的分寸。"① 结合高校管理服务部门的工作实际，可从以下几方面进行舆情应对。

第一，集体关注，专人负责。一般而言，学校有专门的部门负责校园网络舆情管理工作，但学生网络舆情的关注点会围绕学校具体的业务工作，比如环境秩序、食堂菜价、施工改造、公寓管理，等等。学校各二级单位对本单位的网络安全管理负有直接责任，同时本单位内部的网络安全管理员，应每天关注网络舆情。但同时，部门内部各业务科室也应不定期浏览校园网络相关内容，一旦发现问题，迅速上报、核实处置，并择机拟文回复。同时，制定相应的信息公开制度和网站信息发布登记制度，以避免因回复的疏漏引发进一步的舆情。在工作中，相关部门以及部门内部业务办公室要相互配合，及时共享信息，明确处置职责，保持统一口径，以防止出现因表态偏差而激化矛盾。

第二，核实情况，弄清细节。一旦出现网络舆情危机，相关部门应本着实事求是的原则迅速核查，弄清帖文所反映的真实情况，不回避问题、不推脱责任，不打太极，实事求是地进行处置。如果是投诉类帖文，一旦确认情况属实，要按照内部管理规定进行批评、教育、惩罚，并及时反馈处理结果和整改措施。

第三，内部整改，推进工作。虚拟空间的热点，正是实体空间各类矛盾问题的演绎和发酵。因此，线上应对和线下处置应该是统一的过程。一方面要突出应对的时效性，另一方面要强调内容的有效性。网络舆情一直不断地从正、反两个方面在督促学校管理服务部门认真履行职责、不可疏忽大意，不断推动工作水平的提升。通过观察和积累可以看出，许多师生关注的往往并非事件本身，而是一些事件的处置程序、方法，因此，需要相关部门不断根据变化的形势，提升工作水平和工作能力，提升专业素质，树立正面形象。

第四，掌握时机，恰当回应。介入舆情并非越早越好，过早介入舆情会导致公共资源浪费，过晚介入会导致舆情失控和危机出现。要准确找到舆情拐点，不同类型的突发事件网络舆情演化阶段长短不一，拐点波动千差万别，可以通过一些方法进行识别。一是建立舆情监测技术体系对舆情拐点进行准确判断，二是通过认真研判舆情的整个过程来判断舆情走向，三是通过开发人工智能，应用模型进行推测，四是通过管理者的自身经验进行判断和把握。

---

① 徐正亭，高华亭. 高校网络舆情安全评估指标体系刍议[J]. 中国校外教育，2014（14）：196.

第五，把握规律，提前关注。在高校，校园管理中的诸多事件和问题会投射到网络，进而引发舆情，而各类线下的事件是有规律可循的，因此，为了做好舆情应对，可首先从管理服务工作可能遇到的各类问题本身寻找规律。比如防范校园传教问题，校园传教是有时间和空间规律的，在一些重要的敏感的时间节点（圣诞节前后、新学期开学前后等），在一些学生相对集中的位置（宿舍、食堂、教室等），都会相对集中出现，那么在这种情况下，可以提前做好线下的管理，避免因线下防范不到位引发网络舆情的关注和炒作。

第六，客观审慎，陈述事实。"互联网＋"时代的到来，使得人的思维方式和认知方式发生了重要的变化，人们传统的因果性思维转换为多重因素叠加并存的关联性思维，人们比较容易停留于表层信息的搜集、堆砌而忽略整体的认知和思考。当这种思维方式泛化，网络上就很容易出现一些简单的对于现象的描述而忽略其背后原因的思考，甚至是和我们价值观相悖的声音。这类声音一旦出现，或者通过某类事件引发网友共鸣，那么我们可能就会面对舆论危机。互联网上对于一些热点问题的争议和讨论，有时存在明显的诋毁和蓄意挑起事端的言辞，作为管理服务部门，应立足事实，采取回应、疏导、说理的办法，坦诚面对各类曝光、质疑和批评。

在舆情应对过程中，辩证看待网络舆情事件，校园网络舆情事件并不是孤立存在的，是社会、高校、信息技术发展到一定阶段的产物。在应对网络舆情的过程中，既不能消极应对，也无须过度紧张。应当看到，网络舆情并非管理人员的对立面，在政府信息公开、网络飞速发展的情况下，这是必要和有效的监督渠道，要相信大多数网友的判断力和理性思考能力，而且，随着互联网空间治理的不断加强和法律法规的不断完善，师生日益能够理性地思考各类言论，进而做出合乎常规的反应和判断。高校网络舆情的应对管理是学校发展的催化剂，通过网络舆论，高校可以获得学生对学校管理政策、管理制度以及措施等方面实施效果的反馈，从而根据反馈意见进行改进，改善高校育人环境，促进高校和谐发展。

清华大学校园交通安全管理工作的实践与思考

清华大学 张运腾 李 伟*

摘 要： 在高校"十三五"发展规划的战略选择和行动路径指导下，清华大学努力为师生员工提供便捷、高效、绿色的校园交通安全管理服务，为学校发展创造安全、畅通、有序的校园交通安全环境。本文梳理了"十三五"期间清华大学交通安全管理工作的实践探索，包括坚持总体规划、突出重点治理，综合协调发展、分步实施推进，依托科技创新来提升服务水平等。在"十四五"期间，清华大学交通管理将继续发挥清华保卫人知难而进、真抓实干的斗争精神，依托现代信息技术，努力创新管理模式，进一步探索高质量发展的有效途径和模式。

关键词： "十三五"规划；"十四五"规划；校园交通安全管理

2010 年，党中央、国务院发布的《国家中长期教育改革和发展规划纲要（2010—2020 年）》中明确提出："切实维护教育系统和谐稳定。加强和改进学校思想政治工作，加强校园文化建设，深入开展平安校园、文明校园、绿色校园、和谐校园创建活动……建立健全安全保卫制度和工作机制，完善人防、物防和技防措施。"继而，《国家教育事业发展"十三五"规划》确定了"十三五"时期高等教育学校的创新建设机制，统筹推进世界一流大学和一流学科建设。

2020 年是我国全面建成小康社会的决胜之年，是实现第一个百年奋斗目标的关键之年，是为"十四五"良好开局打下更好的基础、具有里程碑意义的一年。2020 年也是清华大学实现"三个九年，分三步走"战略目标和综合改革的收官之年。在这一形势背景下，清华大学高度重视校园安全稳定工作，学校"大安全"工作格局逐步形成，

---

* 作者简介：张运腾，清华大学保卫处交通办公室主任、六级职员，研究方向：高校安全管理，zhangyunteng @ tsinghua. org. cn；李伟，清华大学保卫处副处长、六级职员，研究方向：高校安全管理，li_wei@ mail. tsinghua. edu. cn。

校园安全责任体系更加完善。

校园交通作为校园安全与秩序的重要组成部分，一直被学校和广大师生高度关注。交通是校园流动的血液，交通环境事关校园品质，交通速度影响校园效率，也关乎校园宜学宜居水平。"十三五"时期清华大学交通安全管理在"大安全"工作格局下不断探索和实践，总结梳理工作思路，为接下来的"十四五"规划完善前期工作，迎接新挑战，开拓新思路，为清华大学建设"双一流大学"提供校园安全保障。

一、清华大学校园交通安全管理的工作成效

"十三五"时期，清华大学以"为师生员工提供便捷、高效、绿色的校园交通服务，为学校发展创造安全、畅通、有序的校园交通环境"为目标，坚持总体规划、突出重点治理，综合协调发展、分步实施推进，突破行政界限、整合交通资源，依托科技创新、优化基础设施，强化交通管理、提升服务水平，校园交通安全管理取得了长足进步。

这些进步体现在如下一些具体数字当中：2 000＋师生参与校园交通沟通交流新机制，50＋场专题座谈会畅谈校园交通；95% 的来访车辆通过 ETC 等电子支付方式无感通行；18 处自管车场和地下车库老旧道闸完成更新和停车系统联网；4 处超速和 10 处违停监控设施启用；18 个点位 72 根智能升降立柱投入使用；12 088 张电动自行车临时标识由清华园登记发放；10 000＋"僵尸车"被清理处置；15 577 人注册清华快递外卖身份验证系统，超 4 000 活跃量，对 700 余人次的违规行为进行处理；为每年 500 场以上大型活动提供交通勤务保障；20 000＋师生享受假期送站、平常送学"清华专线"（定制公交）便利出行服务；"行在清华"微信公众号 3 年来发布 100 篇推送、5 万人关注、80 万阅读量、1 498 条留言、2014 个点赞等。

这些进步也体现在如下一些关键词上：ETC 电子支付；"行在清华"微信公众号；2020 新版车证；清华专线；交通路况信息提示系统（路况提示）；违规管理系统（超速抓拍）；智能升降立柱；潮汐车道；新建东侧门；双清绿道；快递外卖人员实名登记；清理"僵尸车"；电动自行车加强管理；出入校园人员车辆信息报备（疫情防控）。

二、清华大学校园交通安全管理的实践探索

（一）疏解拥堵，建设顺畅清华园

清华大学校园交通状况非常复杂，每日进出人员约 10 万人次，车辆约 3 万辆次，人员和车辆流动数量巨大，道路条件却有限，同时周边交通情况压力很大。每天迎来送往超过 15 万的师者、学子与游人。保障校园及周边道路顺畅，成为交通管理工作的重中之重。"十三五"期间，在学校领导重视和指导下，学校完成多校门改建更新工

作，引入创新机制，成效显著。

保卫处加强校园及周边交通环境调研分析，时刻关注校内师生校园交通通行体验，前瞻性配置交通管理设施设备。引进 ETC 技术升级交通道闸管理系统，至今电子支付金额已达 95%。因地制宜，针对东南门高峰期交通拥堵、出校困难等实际情况，争取公安交管部门的支持，采取优化红绿灯控制、车道分流导行等系列措施，缓解交通拥堵情况。为解决东北门早晚高峰进出校机动车拥堵情况，探索开通使用"潮汐车道"，门口中间护栏升级为可滑动式，晚高峰出校车辆较多时，出校道路变为三条车道，保证右转车辆行驶通畅，有效缓解高峰时间出校难的问题。东侧门的启用大大方便了住在校园东部区域的师生进出校的便利性，除了常规通行功能外，还实现了校园参观团队分流、艺术博物馆日常进出通道及双清绿道的推动开通。为了提升及优化校园北区环境与交通秩序，并配合周边道路的修缮施工，学校对北门位置进行了调整。重新规划改造油库门，拓宽车道，道闸设置双杆起落，有效提高通行能力。

（二）科技助力，建设智慧清华园

"十三五"期间，清华大学引入大数据、智慧平台等技术，逐步构建具有清华特色的交通管理信息化系统平台，实现交通基础数据信息化，有效提升校园交通综合管理能力，为校园安全管理措施提供决策依据。

从服务功能上来看，清华交通引入 ETC 智能交通道闸系统，有效缓解主校门晚高峰出校拥堵问题，增加微信、支付宝等电子支付方式，大为简化校外无证车辆出校时支付停车费的流程，提升进出校效率；智能交通信息提示系统引入校园，涵盖学堂路、日新路、光华路等车流量大的几条路段，远端为驾驶员指示路况，提醒采取避堵路线出行，同时，与高德地图等专业机构合作，共享校园内外交通信息，同步在"行在清华"微信公众号上，为师生出行提供大数据服务，合理选择出行方式及路径；开发来访人员及车辆预约系统，方便来访人员及车辆进出校园，实现与疫情防控期间出入校园人员信息备案系统的对接，为深化校园防控体系、改进综合治理模式提供信息化支持，维护校园安全与秩序；建设中的一站式车证管理服务系统完善了校园车证种类划分规则，实现车证信息电子建档，与校内相关职能数据系统关联，尽快实现"数据多跑路、师生少跑腿"，计划开通微信公众号来办理车证办理、费用缴纳、审核延期等手续，进一步维护并完善车证系统。

从管理功能上来看，校园机动车违规管理系统的运行，通过测速、违停抓拍设备以及可移动手持终端，规范管理机动车违规行为，有效保障校园交通安全，为师生营造更加安全宁静的校园环境；建设完成智能升降立柱系统，构建车辆安全防控管理平台，有效提升校园车辆防控能力、反恐防暴能力和应急处置能力；校内停车资源统筹管理系统在资产处和保卫处共同牵头组织下，已完成校内全部（18处）自管车场和地下车库的出入口道闸设施的更新，建设了全校统一的停车管理平台，为推进校园公共停车资源统筹管理奠定基础。

清华智能交通管理服务系统建设已初具规模，能够为师生及来访人员提供更加绿色、便捷的交通体验。

（三）优化局部，建设有序清华园

随着经济发展和校园开放程度的加大，校园内部车辆流量也在逐年增加，而校园内可供行停的道路、停车区域等交通资源有限且短时间内是无法大量增加的。这就需要交通工作秉承"十三五"期间清华大学绿色可持续发展的目标，面对日益增长的车流量与有限的校园资源之间的矛盾，努力提升校园交通的"绿色性"，建立可持续发展的校园交通体系，满足师生的交通需求，建设通达有序、安全舒适的校园交通环境。

发挥清华多学科优势，保卫处联合软件学院、自动化系、信息化技术中心等院系单位开展校园交通大数据分析，摸清校园交通现状，对校内交通管理热点和难点区域进行重点研究，通过挖掘分析校园交通大数据，制作了《一张图带你读懂清华校园交通现状》，为下一步机动车管理优化提升提供客观有效的数据支撑和参考。积极参与校园总体规划修编，擘画校园交通管理长远思路。结合校园环境综合提升工程，提出交通改进方案，逐步改善校园交通秩序，先后解决附小、幼儿园上下学交通，西门、主楼广场、李文正馆门前、老学堂东侧路、化工电大楼周边等停车秩序问题。优化校园空间，清理占用停车资源的废旧车辆，通过交管部门通知、院系提醒、贴条告知等渠道与相关车辆的车主取得联系，整顿清理随意占用校园停车资源的机动车。

（四）提升服务，建设温暖清华园

师生既是校园交通管理与服务的主体，也是校园交通管理的参与者与受益者。清华大学注重让师生群体参与到清华的交通安全管理工作中来，建立信息沟通机制，设立校园交通师生咨询委员会，通过师生代表经常性意见征询等方式，广泛地听取师生对学校交通工作的意见和建议，推动师生参与校园交通管理工作。在为师生提供更加舒适安全的校园环境的同时，让教职员工及学生找到归属感，获得安全感，为建设"双一流大学"献计献策、添砖加瓦。

保卫部开设专门讲清华交通事的"行在清华"微信公众号，及时发布校园交通信息，推送安全知识，重要交通举措实现中英双语发布，同时还赋予其实用性，实现停车缴费、路况查询、地图导航等功能。现已成为校园交通管理的重要服务平台，是校园安全文化宣传的教育阵地。"行在清华"微信公众号不仅为师生提供了校园交通信息服务，还丰富了安全文化建设内容，将校园交通信息和交通安全知识送至师生的指尖、心头。

此外，不断探索交通出行新模式，尝试引入社会优质资源，开通清华专线，为师生提供假期送站、附中附小送学等用车服务，为清华师生提供更安全、更舒适、更便捷的出行方式，同时有效改善校内及周边交通秩序。

（五）加强管理，建设平安清华园

维护安全有序的交通环境，是一项长期而艰巨的任务。面临新问题新挑战，要求我们重新认识校园交通安全工作的重要性，多措并举规范校园交通秩序，采取更有针对性的新方法新对策，为学校发展创造安全有序的交通保障。

针对校园机非混行现象较为普遍的情况，保卫处努力保证校园交通顺畅，保障师生人身安全。针对机动车管理，启用机动车违规管理系统，规范管理机动车违规行为，建立校园交通违规失信名单；完成一期智能升降立柱（18 个点位 72 根）建设，实现智能控制，有效保障道路通行安全；统筹管理校内停车资源，实现全校车场道闸系统联网操作。

在校内电动自行车管理方面，推动并实现校内公房、宿舍禁充措施，并根据北京市统一要求，完成电动自行车临时标识登记发放 12 088 张，同时对校园内长期停放疑似废弃车辆的电动自行车张贴清理通知 1 000 多张，陆续清理处置近千辆废弃电动自行车；针对校外电动车管理，创新机制以加强电动车特别是快递、外卖等校外电动车管理，实施人员登记备案、约束行停、限定校门、校内检查、约谈企业等措施加强电动车管理工作，进一步保障校园安全，维护校园交通秩序。

针对校内施工车辆管理，严格落实交通安全责任制，签订施工《交通安全责任书》，强化施工安全管理。保卫处参与施工项目前期协调论证，指导制定交通疏导方案，协助组织交通安全培训，严格管控施工车辆校园进出及行驶交通安全，为校内师生提供更安全更稳定的校园交通环境。

三、构建新发展理念指导下的校园交通安全管理的愿景

过去五年，清华大学在校园交通安全管理与服务中取得的成绩已经成为历史。展望未来，自强的清华人需要继续保持奋进的姿态。我们要以过去的工作为基础，主动研判"十四五"时期校园安全发展格局，为进一步提升校园交通综合管理水平蓄力赋能。

"十四五"期间需要立足新发展阶段，贯彻新发展理念，构建新发展格局。校园交通安全管理工作的重点与策略路线也要不断创新，按照符合新时代、迎接新挑战、推出新举措、实现新转变、奠定新基础、符合新清华特质的发展目标，形成精确可行的创新发展战略蓝图和策略举措。

随着校园安全工作的改革创新不断推进，师生日益关注校园环境及安全，具有清华特质的校园综合交通体系逐渐明朗。秉承"安全宁静、绿色便捷、人文开放、智慧创新"的目标，建设高品质轻型化地面交通、地下化机动交通，为师生提供高质量的便捷公交服务、连续慢行道路，利用交通管理智慧化、交通服务信息化的新科技，逐步形成校园内外交通衔接更顺畅、师生出行更友好的新局面。

《清华大学综合交通规划研究》提出具体对策：以无车校区打造高品质的慢行出行环境；以停车泊位优化配置实现弱机动化的校园；以高质量校园公交提供更佳的出行服务；以外部交通改善为契机强化内外交通衔接；以精细化的交通管理支撑系统高效运行，最终实现"将更多空间留给师生"的宁静校园愿景。我们认识到：实现清华交通未来愿景是一项长期而艰巨的任务，"规划、建设、管理"三位一体，缺一不可。

四、新发展理念指导下校园交通安全管理的系统提升

清华交通未来愿景不是虚无缥缈的存在，而是针对清华实际情况、符合校内师生需求、切实可行的发展规划。

（一）以问题导向推动校园交通安全管理提升

1. 加强制度建立，管理规章系统化

"制之有衡，行之有度""没有规矩，不成方圆"。首先不断更新完善校园交通管理制度体系，使之适应不断变化的实际情况，制度建设是一个在实践中检验和完善制度的动态过程。"十四五"期间，清华交通要落实《清华大学加强安全稳定工作意见》和行动计划，制定《清华大学校园交通管理办法》《校园机动车违规处理办法》，修订《校园机动车通行证管理办法》等，目标是实现校内交通管理工作"有规可依""有规必依"。

2. 整合管理系统，平台建设智慧化

积极应用互联网、物联网等信息技术化手段来加强清华交通安全管理工作水平，进一步做到校内交通信息数据化，计划对接学校车证管理系统、来访车辆预约系统、机动车违规系统、校园公共停车场统筹管理系统、智能升降立柱系统等已建好的交通管理系统，建立统一管理服务平台。实现实时监控校内交通运行状况，继而进行大数据分析，为后续交通管理提供决策依据，实现校园交通管理平台系统化、科技化、智慧化。

3. 完善预约系统，来访备案便捷化

随着"双一流大学"建设的不断推进，校园来访车辆逐步增多，掌握有效的来访车辆信息，调控校园通行校门及道路，在现有访客车辆预约管理系统的基础上，增加

开放校外来访人员预约渠道，并与校园交通安全监控系统相关联，屏蔽交通安全失信车辆，可有效提升校门机动车通行效率，减少人工查验时间。预约系统的上线应用，将缓解校内外交通压力，为校内师生及来访人员车辆提供更加便捷的预约方式。

4. 开展交通评估，安全管理精细化

第三方专业评估在社会组织、科技政策、人才环境、公共服务等方面的应用日渐成熟，逐渐成为推动社会治理、机构治理的一种有效手段。清华交通管理工作不能止步于前期工作的成效，要突破固有管理模式，引入社会优质资源服务校园交通安全管理工作，委托专业机构开展交通管理状况评估和安全隐患排查，形成评估报告并进行改进，实现交通管理精细化，提高部门工作效率，推进"校园交通安全管理标准或规范"的制定。

5. 更新自行车道，推进弱机动车化

针对清华园内自行车保有量较大的特点，为保障好学生上下课潮汐出行的安全，减少机非混行带来的安全隐患，要借鉴国内外先进经验，采取弱机动车化交通发展策略，计划突出自行车专用路标识提示，更新校内部分路段自行车道路面，同时探索非机动车管理新模式，引入社会资源服务校园交通秩序管理与维护工作，努力解决重点、热点区域交通秩序混乱问题，切实落实绿色校园理念，引导校园回归宁静的治学氛围。

6. 统筹校园资源，停车通行合理化

针对校内停车资源之前呈现分布不均、管理情况不一、道闸年久失修、部分自管车位使用率不足等情况，在"十三五"期间完成前期道闸改造联网等工作的基础上，协同推进校园资源统筹管理，借助信息化物联网等新技术手段，不断优化提升停车管理服务水平，与未来校园交通规划衔接，弱机动化导向，逐步增加地下停车空间，并逐步减少地面停车，优化停车资源配置，保障停车资源合理利用，全面落实绿色发展理念。

（二）提升管理能力，推动高质量校园交通安全管理

党的十九大报告指出，中国特色社会主义进入新时代，我国经济已由高速增长阶段转向高质量发展阶段。清华大学交通安全管理工作也要积极提升管理能力，推动校园交通管理工作向高质量发展转型。

1. 信息手段，提升校园综合防控能力

"十三五"期间，清华交通对信息化技术建设的初探小有成就，获得了宝贵的实践经验，在突如其来的2020年新冠肺炎疫情防控过程中，信息化技术手段起到了重要作

用，是打赢新冠肺炎疫情防控阻击战的有效手段。在疫情防控工作中，为了克服物理空间上的阻隔，采取线上方式，将疫情期间物理空间隔离的影响降到最低。接下来的"十四五"时期，清华交通将总结前期建设经验，把握数字时代机遇，推动清华交通管理的网络化、平台化、数据化、智能化建设。利用"互联网＋"的机遇，加快建设校园综合治理信息化建设，完善精细化治理体系，通过结合线下服务和线上整合服务，有力地提升各项业务的办理效率和服务水平。

2. 风雨兼程，凝练清华保卫人的精神

"志不求易者成，事不避难者进。"2020 年 7 月 7 日，习近平总书记寄语广大高校毕业生志存高远、脚踏实地，不畏艰难险阻，勇担时代使命，把个人的理想追求融入党和国家事业之中，为党、为祖国、为人民多作贡献。

面对新的机遇和挑战，不避艰难，是清华保卫人的职责，治理交通难点就如同砍柴，如果没有遇到盘根错节，怎么能分辨利刃与钝刃的区别呢？树立必胜信念、知难而进，注意发现和研究解决新问题，正确认识、紧紧抓住、全面用好交通基础设施发展、服务水平提高和转型发展的黄金时期，以勇于担当的使命感、舍我其谁的责任感、时不我待的紧迫感，顺势而为，乘势而上，方能收获校园交通管理工作高质量发展的丰硕果实。

2020 年，清华保卫人选择坚守在抗疫一线，从大雪纷飞的寒冬腊月，到骄阳似火的炎炎夏日，"不怕吃苦，不掉链子，站得出来，冲得上去"，风雨兼程，迎难而上，用每一天的坚守、每一次的查验诠释着新一代清华保卫人的使命和担当。

3. 基层落实，党员真抓实干冲上一线

"物有甘苦，尝之者识；道有夷险，履之者知。"实践出真理，通过"十三五"期间的探索与实践，我们深刻体会到规划要想贯彻落实，首先规划要因地制宜，因时制宜，立足实际，沉淀到最基层。"十四五"时期，基层党员干部要强化"四个意识"，发挥主观能动性，积极做好自身的本职工作，将"十四五"规划的内容和内涵融入基层的本职工作中，让本职工作为"十四五"发展服务，争做校园安全文化发展的"带头人"，主动做"十四五"发展的"践行者"。

党员要在一线岗位锤炼政治品格、彰显党员责任担当，不折不扣地完成各项校园安全保障工作任务，真正做到守校有责、守校担责、守校尽责，以实际行动践行初心使命。

习近平总书记在致信祝贺清华大学建校 105 周年时提出，"清华大学是我国高等教育的一面旗帜"，教书育人是学校的中心工作，也是一流大学建设的根本，但如果校园没有安全文化、师生没有安全意识，一流大学建设也就没有保障。在"十四五"新时期，清华交通人将继往开来，迎接新问题新挑战，坚守初心使命、砥砺担当作为，多措并举规范校园交通秩序，提升校园交通管理水平，为学校发展创造更安全、更畅通、更有序的校园交通环境，为学校迈向世界一流大学前列保驾护航。

高校内流浪动物的成因、影响及治理

清华大学　王大鹏　李燕宁　左　航

摘　要：高校内流浪动物数量逐渐增加，对在校内生活的广大师生和居民产生越来越大的影响，给校园环境也带来很多不利因素。研究校园内流浪动物出现的原因和对校园的影响，并从学校的角度提出治理校园流浪动物的可行办法，不能一刀切或全部灭杀，这对于学校的平安校园建设具有积极意义。

关键词：流浪动物；平安校园；治理

一、概　述

校园流浪动物的治理，是校园秩序综合治理的一个微观治理点，也是考验一个学校把人情、法律规则如何进行综合把控的一个难题，折射出学校相关部门的管理、宣传和协调能力。当今高校校园越发适宜人居住，同时也适合流浪动物生存，特别是带有家属区或生活区的校园，流浪动物数量逐渐增加，对在校内生活的广大师生和居民产生越来越大的影响，给校园环境也带来很多不利因素。研究校园内流浪动物出现的原因和对校园的影响，并从学校的角度提出治理校园流浪动物的可行办法，不能一刀切或全部灭杀，这对于学校的平安校园建设具有积极意义。

二、校园内流浪动物的成因

（一）如何定义流浪动物

流浪动物是指被饲养人或管理人遗弃、丢弃，或者饲养动物自行逃逸等原因导致原先被饲养的动物脱离原饲养人或管理人的控制而自我生存的动物。[1]

（二）遗弃产生的流浪动物

遗弃宠物是致使它们成为流浪动物的主要因素，导致这种结果的因素很多，例如：一时兴起决定饲养，一段时间后又觉得麻烦，将其遗弃；担心寄生虫影响健康；学生毕业或搬家；宠物生病，医疗费过于昂贵。

(三) 走失或客观原因产生的流浪动物

因为宠物发情、觅食或其他原因，自己离开主人后，迷路而无法返回。还有一些遗弃也是客观原因造成，例如饲养人患上重病或离世，宠物无人照顾；自然灾害或大规模疫情发生时，人们被动地失去了照顾宠物的能力。

(四) 自然繁殖的后代

流浪动物在生育和繁殖上无人监管，虽然流浪动物的新生幼仔成活率很低，但如果得到人为帮助，例如有爱心的居民或师生，给他们提供庇护场所、食物、药品，这样他们的存活率就大大提高了。

(五) 被校园环境吸引的外来流浪动物

还有一些流浪动物进入校园，是被校园环境所吸引。首先，校园内食物获得相对容易，生活垃圾中的残羹剩饭较多；有更多的异性同类；校园内车辆较少，环境相对舒适安静；植被较多，易于得到庇护；校内师生更为和善，很少有人主动攻击或伤害它们。因此，很多流浪动物进入学校的环境后就容易安顿下来。

三、流浪动物对校园的影响

(一) 伤人 (直接、间接)

流浪动物因为无人管理和驯化，情绪易怒，在争夺食物或交配权时，具有更强的攻击性，清华大学校内曾经出现过一只流浪狗连续咬伤 17 人的情况。还有间接伤害，例如流浪动物不具备辨识交通标志的能力，突然穿越马路，可能造成机动车驾驶员受到惊吓而导致的反应不及时或判断不足，而在紧急避险时导致车辆失控，或撞上围栏，或伤及其他行人，后果非常严重。另外，流浪动物的追逐或打斗也有可能导致路人间接受伤。

(二) 破坏生态

很多遗弃动物是外来物种，有绝对的生存优势。例如，鳄龟、清道夫、牛蛙、福寿螺，这些比较常见的可能被饲养的外来物种，它们有极强的环境适应性，繁殖迅速，没有天敌。一旦遗弃到学校内的池塘或水系，都将对原生物种造成毁灭性后果。

(三) 破坏环境

第一，因为流浪动物喜欢翻刨厨余垃圾，并把垃圾带得到处都是，影响校园环境；第二，流浪动物随地大小便，粪便给公共场所的清洁工作带来很大压力，堆积过程中也易产生有害物质。第三，因为本能，很多流浪动物喜欢挖掘洞穴，用来储存食物或者隐蔽幼崽，除了影响校园美观外，还有可能对部分建筑物构成威胁。

（四）传播疾病

流浪动物经常进食腐败食物，并且没有注射疫苗，这极大地增加了携带和传播某些病毒、细菌或寄生虫的概率，例如狂犬病、禽流感、口蹄疫、炭疽病、弓形虫等人畜共患疾病，危害很大。同时，流浪动物可以成为流行病毒的中间宿主，包括全球正在流行的新型冠状病毒，师生在与流浪动物近距离接触时容易感染，动物毛发也容易引起过敏，引发鼻炎、皮疹等疾病，不利于学习和生活。再有，流浪动物死亡后，其尸体上的病菌将直接或间接地污染环境，如果动物尸体接近水源，就会污染水源，进而危害到人类健康。

（五）持续扰民

流浪动物的很多行为都是天性使然，并不会区分场合或时间，例如流浪狗在抢夺地盘、争抢食物时，会通过嘶吼或咆哮来恐吓竞争对手，流浪猫在发情期间通过持续低吼来吸引异性。流浪动物产生的这些噪声，对于校内师生的日常学习、工作和休息都会造成影响，引发大家对于治安秩序的担忧。

四、高校的管理措施和建议

高校对流浪动物的管理措施，可以分为两大部分，第一部分是减少增量，从源头上减少流浪动物的产生。第二部分是妥善处理存量的流浪动物，这并不是要全部灭杀，而是结合校园特点，采用适当的方法，善待生命，让部分流浪动物融入校园生活，甚至成为校园 IP，发挥积极作用。这也符合学校综合治理的初衷，既要讲管理，又要有人情味。

（一）减少流浪动物的产生

1. 加强宣传教育，避免遗弃

加大宣传力度，减少遗弃才是解决流浪动物存在的长期根本方法。根据 2021 年 1 月 1 日最新实施的《中华人民共和国民法典》第七编第九章饲养动物损害责任中第 1249 条之规定"遗弃、逃逸的动物在遗弃、逃逸期间造成他人损害的，由动物原饲养人或者管理人承担侵权责任。"这条法规可以在一定程度上使遗弃宠物的行为受到遏制，应当积极宣传，不管是对大学生还是对居民来说，都应该广泛地周知普及。除此之外，还应普及宣传流浪宠物的认养、领养制度和跟踪管理制度，让大学生能够对保护流浪动物方面的措施有更加全面的认知，进而能够给予流浪动物更多的理性关爱。

2. 制定学校的制度条例，杜绝饲养宠物

在学生宿舍饲养宠物，会影响同宿舍同学的学习和休息，传播疾病，具有导致受伤的隐患等，并且学生毕业时会导致很大概率的宠物遗弃。因此，在学生宿舍，应当明确禁止饲养任何宠物或者收容流浪动物的行为，以避免流浪动物的增加。

（二）妥善处置存量的流浪动物

1. 发挥学生协会社团的作用

高校可以鼓励学生成立相关的协会，通过协会活动让更多的学生关爱动物，热爱生活。例如首都师范大学的爱猫社、浙江大学的动物保护者协会、清华大学的小动物保护协会、北京大学的"流浪的天使"动物关爱协会等[2]。学生社团属于基层组织，方便在同学间开展工作，能够以学生视角提出问题及其解决方案，让大家在关爱和保护流浪动物的同时，也能够意识到校园流浪动物的安全隐患与危害性，让大家理解文明规范饲养宠物的方式和方法，这样，同学们有了正确的饲养宠物意识，在毕业之后，就可以杜绝自己和身边人发生弃养的行为。学生组织可以进行多种形式的关爱流浪动物的捐款，将募集来的善款用于流浪动物的保护和管理。

2. TNR

在国际上应用比较广泛且人道的控制流浪动物数量的方法是 TNR 方法，TNR 即英文 Trap（捕捉）、Neuter（绝育）、Return（放归）的缩写[3]。实施的办法就是把特定区域内的流浪动物捕获，送到指定机构实施绝育手术，然后将康复的流浪动物放归原生存区域，或者其他指定区域，进而实现控制流浪动物数量的目标。进行了绝育手术的流浪动物，除了避免再次繁育新的幼崽，还可以避免因为发情导致的同类争斗、暴躁易怒、彻夜吼叫等问题，使得它们变得更加的温顺可控，更好地与人类相处。TNR 方法的广泛实施，对流浪动物数量控制效果明显，但面临以下几个问题：

（1）资金不足

TNR 手术前的准备工作，包括制作抓捕工具、购买劳保用品、租用存放地、准备疫苗、运输费用和实施手术等费用并不少。

（2）场地紧张

在高校内寻找较大空间对被捕获的流浪动物进行临时安置，需要场地。

（3）专业人手不足

除了极少的专业人员，实施抓捕流浪动物工作的志愿者或工作人员，大部分都是临时抽调，他们并没有经过系统的专业培训，而且存在在捕获流浪动物时受伤或感染传染病的风险。

（4）手术机构为难

由于被抓捕来的流浪动物大部分都有寄生虫或者传染病，可能会在手术机构内传染给其他宠物或造成潜在污染。对于这种公益项目，并没有丰厚的利润，所以手术机构不想承接这样的手术也非常正常。

要解决上述问题，首先需要学校重视，有专门的部门和责任人，负责组织协调各方力量，确保落实到位。学校通过各方力量解决资金、工作人员和临时存放场所；流浪动物收容等专业部门应当设置专门的 TNR 医院或在宠物诊疗机构内开辟专区；校内的政府相关部门，如居委会和街道办，应该对 TNR 实施方法和社会效益进行正面宣传，从而吸引更多的居民、公益团体、动物医院参与到该项工作中来。利用好学校资源，通过学校相关网站、论坛、公众号，定期发布流浪动物的收养或领养信息。

3. 建立流浪动物的 IP（以清华大学为例）

可以由学校的保卫部牵头，协调清华大学小动物保护协会、清华美院、校基金会，一起设计一些相关产品，把流浪动物融入校园产品中去，例如书签、水杯、扇子、文化衫、手机壳等，获得的经费可以对流浪动物实施救助或实施 TNR。将校园内比较有特色的流浪动物的形象变为 IP，目前社会上有很多好例子，例如故宫博物院开发的文创产品——"故宫猫"。设计师结合故宫历史、当代时尚元素、猫的特性，并融入不同身份特点，使这个系列的 IP 栩栩如生，让人过目不忘，并且猫和长寿的"耄耋"谐音，加上这个吉祥的含义，使得这个设计更加讨喜。时代更迭，故宫早已经历沧桑巨变，但故宫里的猫仍以新的姿态守护故宫。设计师对故宫的猫进行抽象化的提炼，让其具有故宫的故事性、传承性和创新性。以故宫猫的形象为原型，开发相应的衍生品设计，使其具有场景性、体验性、适配性。[4] 从这个案例可以看出，校园内的流浪动物，如果深度挖掘，有些真的可以成为"大明星"，除了筹措资金，也可以为自己争取被领养或认养的机会。

4. 寻求民间团体的合作

并不是所有的高校都有能力和精力来组织对存量流浪动物的处置，可以寻求相对专业的民间团体进行合作，帮助高校处理这一问题，高校对民间团体的规范性、是否存在虐待流浪动物的行为上予以监督。例如，清华大学近五年共捕获流浪狗 300 余只，分批送至海淀区流浪动物救助站，由救助站协助开展绝育、领养等相关工作。

5. 引入数字化监控手段

对于存量流浪动物，可以对捕获过的流浪动物采用智能芯片制作的脖套或耳环，智能芯片可以迅速明确动物身份信息，包括是否绝育、是否有攻击记录、领养记录、活动轨迹、落脚点等综合信息，形成学校流浪动物的分类数据库，便于开展实时的管理，避免重复抓捕的重复性工作。

五、其他思考

高校校园内流浪动物对人造成伤害的，后续如何追责？流浪动物对人造成伤害，主要有以下几种情形：①只是造成财产损失的，就直接赔偿损失；②对人身体造成伤害、需一定时间恢复的，除了要赔偿直接损失以外，还要赔偿医疗费、误工费等；③造成残疾的，根据残疾等级，赔偿医疗、误工、康复和残疾生活补助金等；④导致人死亡的，还需赔偿丧葬费、抚慰金，以及受害人生前抚养者（如丧失劳动能力的父母、未成年子女）的生活费等。流浪动物致人损害的情况，在高校校园内时有发生，对于由谁来承担主要责任，虽然在《中华人民共和国民法典》里明确了，流浪动物致人损害，应该由动物原饲养人或者管理人承担责任。但很多时候，我们既抓不到动物也找不到主人，在这种情况下，法律的规定就无能为力了，被害人也只能自己承受损失。这种情况到底应由谁来承担赔偿责任，还需要很多的社会思考和法律保障。例如，是否可以由相关政府职能部门，如城管、街道办等负有相关管理责任的部门负责，或者是开发新的保险品类，或者是由社会公益性团体成立专门的基金等。

六、结　语

总之，对待校园内流浪动物和流浪动物产生的一系列问题上，投射了一个学校师生和居民的文化素养，也折射了高校在平安校园建设上的细致和用心，体现了管理团队综合治理的能力和成效，遗弃宠物的行为表明校内师生还缺乏正确对待宠物的意识和养护知识。因此，除了对校内相应制度进行完善以外，更需要涵养公众文明，培育社会共识，从道德层面引导广大师生重视动物保护，在全校范围内形成健全的伦理道德观念，呼吁大家通过领养代替购买，保护和善待流浪动物。

参考文献

[1] 李博. 流浪动物致人损害的法律问题研究 [D]. 大连：大连海事大学，2017.

[2] 刘喜生，李建慧，杨玉. 大学校园内流浪动物管理建议[J]. 畜牧与饲料科学，2016，37（6-7）：111-113.

[3] 张谦，殷光文. 国外流浪动物的救助与管理[J]. 中国牧业通讯，2007（19）：86-87.

[4] 朱蒙慧. 以关爱流浪猫为主题的图形创意设计与应用研究[D]. 西安：西北大学，2019.

智慧消防应用中的问题与对策研究

——基于高校安全管理的视角

中国农业大学　许郅杰　王胜泽　贾会起

一、研究背景

（一）制度背景

2015 年，原公安部沈阳消防研究所（现应急管理部沈阳消防研究所）推出《消防信息化"十三五"总体规划》，该规划成为智慧消防建设的总体框架。2017 年，原公安部消防局（现应急管理部消防救援局）出台了《关于全面推进"智慧消防"建设的指导意见》（下文简称《指导意见》），阐释了智慧消防的基本内涵，提出了全面建设智慧消防的基本原则、工作目标、重点任务及工作要求，从宏观层面多维度地构建了智慧消防建设的顶层设计。2020 年，应急管理部消防救援局部署《消防安全专项整治三年行动方案》，提出"建立健全风险研判、精准治理、源头管控的火灾风险防范化解机制，全面应用大数据、物联网信息化技术，依托智慧城市建设，分级建成城市消防大数据库，实时化、智能化评估消防安全风险。2022 年年底前，全国火灾检测预警预报平台基本建成，差异化精准监管全面推行"，此方案为各城市进一步深化细化开展智慧消防建设提供了"指南针"和"风向标"。

（二）智慧消防的基本内涵

学界普遍认为，智慧消防并非指一种或多种消防设施，而是一种集多种技术于一体的消防综合系统或代指一种先进的消防管理理念。文洪波认为，智慧消防是利用物联网、辅助决策、模拟演练和三维建模等技术，配合大数据云计算平台、火警智能研判等的专业应用，实现智慧城市中公共安全部分的智慧化，是智慧城市的重要组成部分。浦天龙认为，智慧消防是一个数据收集、数据分析、数据预警、精准指挥、优化反馈的模块动态化过程。董秋根认为，智慧消防是通过采集融合大数据信息资源，结合监督执法信息、消防警力信息、消防设施信息、智慧城市公共信息等，利用大数据挖掘分析，实现动态感知、预判预警、科学决策的消防应急管理体系。

二、智慧消防的建设现状和显著优势

（一）智慧消防的建设现状

早在《指导意见》发布以前，市面上就出现了很多带有智慧消防性质的消防产品，例如物联网消防远程监控系统，以及部分应用于消防领域的其他领域智能化技术，例如公安 PGIS（Police Geographic Information System，警用地理信息系统）。《指导意见》发布后，由直辖市、省会城市、首府城市、计划单列市等有条件的大城市牵头，各地逐步加紧建设了各具特色、符合应用需要的智慧消防系统。

然而，相较于世界发达国家，我国"智慧消防"作为城市消防安全管理模块的建设和相关研究仍起步较晚。近几年来，各地集中建设的智慧消防系统主要有以下几方面：一是城市物联网消防远程监控系统，即主要借助有线、无线、互联网等通信手段，利用现有的火灾自动报警系统和数据中心，加强各点位报警控制器的互联互通，以实现检测预警、设备巡检、防火监督自动化、智慧化的目标；二是应急指挥平台，即充分运用云计算、大数据等技术，通过消防信息共享网、指挥调度网、PGIS 地图等，充分完善灭火救援的全方位数据支撑，实现"一张图指挥""一张图调度""一张图分析""一张图决策"；三是高层建筑/大型商业综合体监测预警系统，对长年以来作为城市火灾隐患管理重点的高层建筑和日渐兴起的大型商业综合体，通过对建筑燃气管线、电气线路、水系统、应急通道、消防设施等推进三维可视化建设，实现对高层建筑和大型商业综合体的实时管控、实时隐患预警。

（二）智慧消防的显著优势

消防安全重点单位传统的消防安全管理模式一般基于一系列消防安全管理制度建立，通过建设消防控制室、保证具有职业资格的消防控制室值班人员 24 小时不间断值守、建筑内防火巡查、定期开展演习演练等加以实现。相较于传统消防的管理运行模式，智慧消防管理模式存在着几个突出优势。

1. 有助于突破固定办公场所的限制，提高人员工作效率

传统消防模式下，两名值班人员需在固定的消防控制室值班，随时监控、处置控制室内火灾自动报警系统的报警、故障信息，还需其中 1 人每 2 小时对建筑进行一次防火巡查。智慧消防建设以来，消防设施状态巡查、火灾探测器报警等功能已逐渐依托物联网技术提供了移动办公的可能，从消防指挥中心，到区域防火监督员和单位值班人员，已逐步实现可通过手持移动终端完成消防设施巡查、报警信息处置、设备故障清除的功能。在此模式下，值班人员可以走出消防控制室，在不影响行使原有职责的

情况下，随时随地开展其他消防管理工作，进而提高消防管理人员的工作效率。

2. 有助于减少值班人员履职不当在火灾处置中的影响

在传统消防模式下，按照规范，火灾自动报警系统的报警控制器和联动控制器均应处于自动状态。然而在实践中，由于报警控制器常存在故障点多、误报警多的情况，为防止自动灭火系统不当启动给正常生产生活造成影响，报警控制器和联动控制器多处于手动状态。一旦部分楼宇值班人员出现擅离职守、玩忽职守、不具备应急处置能力等履职不当情况，火灾自动报警系统、自动灭火系统便容易失能，可能造成火灾处置不及时、错过初起火灾扑救黄金期，导致火灾影响扩大的情况。2013 年发生于北京市石景山区的"10·11"北京喜隆多购物广场大火事件便是此问题最惨痛的实例之一。在智慧消防模式下，遇紧急火情时，消防指挥中心、安全管理单位总控制室、单位消防安全管理人等消防管理主体均可及时收到警报信息，并在部分楼宇值班人员履职不当时随时随地介入监测、介入处置，继而避免火灾发生因工作人员履职不当被忽视。

3. 有助于应急管理部门对辖区内各单位的统筹管理

传统消防模式下，应急管理部门（原各级消防局/消防队）无法实时掌控辖区内各消防主体单位的消防设施、消防隐患状态，仅可依靠辖区防火监督员定期开展防火巡查督导工作，及向辖区内消防主体单位索要数据等传统方式掌握部分情况。但对于单位数量多、建筑种类复杂的辖区来说，这种传统方式很难对火灾隐患防范化解工作提供有力的支撑，应急管理部门无法掌握火灾隐患防范化解的主动权。在智慧消防模式下，应急管理部门可随时监控辖区内已接入消防物联网的消防主体单位的消防设备，对于存在的火灾隐患或设备故障随时掌控，按时化解，进一步贯彻"预防为主，防消结合"的消防工作方针。

三、高等学校在应用智慧消防中面临的问题

如前所述，随着智慧消防建设的逐步深入，对于应急管理部门和建筑设施管理者来说，智慧消防先进技术为其管理消防设施、化解火灾隐患、处置火警火情均能提供有力的帮助，并将逐步改善日常消防管理的综合水平。然而，作为社会消防安全治理重点对象的高等学校，却在智慧消防管理与应用过程中，出现多方面问题，导致部分高等学校一定程度上未能"搭上智慧消防的快车"，获取智慧消防带来的管理便利。

（一）高校消防安全管理难点问题

高校作为一类较为特殊的社会主体，在消防管理工作中面临的工作难点问题较多，此前研究此类问题的文献亦不在少数，一般认为，高校具有面积大、人员密集、电气设备使用频繁、大量储存使用危险化学品、人员防火意识较差、一旦发生火灾事故社

会不良影响大等显著管理难点，因此，高校一直是全国各地社会消防安全管理的重点关注对象。近些年来，随着高等学校规模的不断扩大，除以上几点外，在日常的消防安全管理中还暴露出如下突出问题。

1. 一校多区、一校多楼问题较为普遍

与单一高层建筑或大型商业综合体有别，现代高等学校多存在一校多楼甚至一校多区的现象，导致管理对象、消防设施分散较广，对高等学校安全管理部门进行统筹的消防管理提出较大难题。

2. 各楼宇、学院等二级消防主体单位管理方式差异大，管理结构较为松散

大多数高等学校内部，拥有独立楼宇的二级单位，如学院、处室、图书馆等，会于楼宇内建立独立的消防控制室，并委托物业管理公司进行管理。其消防安全管理制度、灭火应急救援制度、消防控制室人员值班制度、防火巡查检查制度一般由物业管理公司制订并实施。同一校园内不同二级单位可能委托不同的物业管理公司，导致各楼宇消防管理人员与学校安全管理部门之间，楼宇消防管理制度与学校消防管理制度之间，均可能存在一定程度上的差异与脱节，导致学校安全管理部门很难以统一标准开展消防安全管理工作。

3. 物业管理公司管理能力良莠不齐，部分楼宇无专职消防管理人员

如前所述，各独立楼宇多由楼宇所属二级单位独立委托物业管理公司管理。实践中，常出现物业管理公司管理能力良莠不齐的情况，部分物业管理公司消防管理责任意识差，导致消防控制室长期存在值班人员数量不符合要求、值班人员业务素质不佳、值班人员无证上岗等突出管理隐患问题。另有部分体量小、安全隐患不突出的非消防安全重点部位、小微楼宇未指派专职消防管理人员加以管理，存在一定侥幸心理，可能滋生不易被发现的火灾隐患。

4. 负有消防安全责任的二级单位责任意识不强，学校缺乏有效的追责机制

目前，部分高校已制订符合学校实际工作需要的消防安全责任制度，一般规定了"校—院"两级的责任制度，但往往缺乏有效的追责、处罚机制，导致责任制度一定程度上流于形式，遇到长久得不到解决的消防隐患"顽疾"，各单位、各责任人常出现推诿责任的情况，导致火灾隐患得不到妥善消除。

（二）高等学校在应用智慧消防过程中面临的问题

我国智慧消防建设虽较之世界发达国家起步较晚，目前建设程度尚不十分完善，但近年来借着"智慧城市"整体布局的发展，及在制度顶层设计的大力推动下，智慧消防建设也获得了较为突破性的发展，为应急管理部门和社会消防责任主体践行新的

管理理念、实施新的管理手段提供了更多的可能性。前述高等学校在日常消防安全管理中暴露出的突出问题中已有部分在智慧消防建设中获得了较为显著的改进，如部分楼宇值班人员履职失当导致楼宇设施无人值守的情况，现如今多已依托物联网技术，将校园内各楼宇设备接入校园总监控平台，继而基本解决了部分楼宇无人值守的问题。但在智慧消防应用过程中，还有一些管理难点亟待更有效地借助智慧消防建设进程加以解决。

1. 消防管理人员流动性大，部分管理人员对楼宇设施熟悉度较低

如前所述，校园内部分楼宇独自聘用物业管理公司管理消防设施，进行消防巡查，部分物业管理公司存在人员不稳定、流动性大的问题，继而造成消防管理人员对楼宇消防设施、具体消防隐患问题熟悉程度低，遇到隐患或火警，消除或解决得不及时、不彻底。

2. 消防基础设施自动化水平参差不齐，部分设施难以接入消防物联网

智慧消防建设的基础媒介之一是消防物联网系统，此系统中各种消防设备与设施的正常运行是确保消防安全的必要条件。然而，部分小旧楼宇消防设施仍较为陈旧，部分设施不具备智慧化接入物联网的条件，因此存在智慧消防建设逐步完成但部分消防设施不在物联网管控范围的情况。

3. 校园内楼宇性质多样，隐患种类复杂

现代高等学校校园内，一般建有彼此独立的办公楼、教学楼、实验楼、宿舍楼、食堂等。不同性质的楼宇建筑存在不同的火灾隐患防治要点，不同教学楼和实验楼之间也因为储存和使用危险化学品的种类差异从而存在不同的火灾扑救要点。在此条件下，学校安全管理部门很难制订一套可以普遍适用于全校的灭火应急救援预案，各楼、各单位独立制定的灭火应急救援预案又可能存在与学校配备应急救援力量不匹配的情况，或出现应急救援预案共享不及时，遇紧急情况时导致学校微型消防站或社会应急救援力量无法有效获悉楼宇救援要点，从而贻误最佳的火灾扑救时机，或因误用不当的灭火药剂导致火灾进一步扩大。

4. 传统消防报警设施难以监测火灾隐患问题显著，需依赖人工巡查

传统消防报警设施如烟感报警器、温感报警器在火灾防范与初起火灾监测中具有非常重要的作用，但高等学校校园内人员多、设施多、各方面问题复杂，存在一些尚不足以触发传统消防报警器，但又随时可能引发火灾或导致火灾扩大的消防隐患、消防不良行为。例如，教学楼和实验楼存在师生将实验仪器、设备、杂物堆放于楼道，堵塞消防通道的行为；食堂和宿舍楼存在职工、师生使用电气设施不当的行为等。此类消防隐患或消防不良行为以往多依靠消防管理人员定期开展消防巡查来发现并解决。

但这种工作模式的成效严重受限于消防管理人员数量和消防巡查频率，且不利于隐患的动态整改和长效消除机制。

四、建议与对策

目前，我国自主研发的各类智慧消防系统在加强模块间数据交换、有效降低误报警率等方面还存在着较大的技术进步空间。受篇幅和研究专业性限制，本文对技术问题不予赘述，仅就智慧消防应用过程中面临的各类突出管理难点问题，基于高等学校安全管理部门的角度，提出可行性建议。

（一）借助消防物联网建设，进行消防设施大梳理

当前，智慧消防建设过程中，一般最先推进消防物联网建设，但部分单位消防物联网工程急于求成，仅将现有各消防控制室信息集成于总控制室或数据中心内。实际上，可借助消防物联网建设，对各楼宇内的消防设施进行一次集中巡查、集中梳理，对部分图纸缺失的老旧楼宇，标画全新的建筑平面图、消防管网图、电气线路图，对存在的智能化水平不高、运行可靠性差的消防设施设备信息进行汇总，尽快更换为可靠且可接入消防物联网的设施设备，确保消防物联网最大程度地发挥应有作用。

（二）统一物业服务主体，统筹全校消防管理工作

在智慧消防建设条件下，高等学校可探索将学校范围内所有联网消防设施、消防控制室统一委托给一家规模较大的物业服务公司管理。建立较为稳定、人员齐备的数据分析、设备调试、设施巡检、隐患排查、火情处置专项队伍，在学校安全管理部门领导下统筹开展学校消防安全管理工作，避免由于物业服务人员配备数量、业务水平、职业道德水平等主观因素造成的工作效率低下、信息传输困难等突出问题。

（三）进一步严化细化消防主体责任，构建智慧消防网格化工作模式

为避免发生消防隐患责任互相推诿的情况，高等学校应进一步优化制度设计，明确消防主体责任，细化违反消防主体责任引致的责任追究后果、责任追究方式、责任追究对象等规定，通过加强制度威慑力的方式，尽量杜绝部分消防隐患无人整改、整改迟缓的现象。

构建消防安全动态管理网格化工作模式，形成"全覆盖，无死角"的消防工作网络，大到每一栋楼宇、每一条道路，小到每一处消防设施、每一平方米消防通道，都确定各级责任人，确保责任层层压实到人，消除消防管理盲点。

（四）加紧多平台互通建设，促进隐患排查与治理

针对校园内常见的杂物堵塞消防通道、机动车堵塞消防车道等突出隐患问题，建议尽快将消防物联网数据平台与楼内视频监控系统、校园内公共区域视频监控系统互

联互通，针对重点楼宇的重点消防疏散通道、校园内消防重点部位附近的消防车道等区域着重关注，加强视频巡查或进一步开发消防不良行为智能识别功能，极大改善传统模式下仅能依靠消防管理人员到场巡查的工作效率。

（五）逐楼研判风险，制订个性化应急预案，构建应急预案共享平台

借助智慧消防建设进程，学校安全管理部门应集中研判校园内各楼宇使用性质、人员特征、主要火灾危险品种类等信息，对各楼宇制订个性化、精准化的火灾应急预案和巡查重点方案，并构建应急预案共享平台，以期有针对性地提升各楼宇火灾隐患防范化解和火灾现场应急处置效率。

（六）坚持问题导向，有针对性地完善微型消防站建设与管理

借助智慧消防系统建设与运行，高等学校安全管理部门可以比传统消防模式下接收到更为翔实的消防设施运行状况、火灾隐患分析研判等可靠数据。高等学校应加紧研判相关数据，坚持问题导向、需求导向，从人员配备、装备配备、重点巡逻区段安排、重点值班时段安排等方面，有针对性地完善校区内微型消防站建设与管理，做到校园内火情处置"灭早灭小灭初期"，更有效地发挥应急作用。

（七）加大消防安全宣传力度，组织群防群治力量参与智慧消防

作为消防管理工作对象的在校师生，其个人火灾防范意识和应急自救水平在很大程度上影响着消防安全管理工作的最终效果，这是无论消防设施如何完备、消防系统如何智慧化都无法绕开的关键点。智慧消防发展建设进程中，消防工作信息化程度愈高，相比传统消防模式下略显生硬死板的消防巡查检查的内容和模式，探索群防群治力量参与消防管理工作也发展出更多可能性。

高等学校可尝试探索通过加大消防安全宣传力度的手段，并开发手机 App 或微信小程序，鼓励师生职工随时随地"随手拍"反映消防安全隐患，并将数据接入学校智慧消防数据平台，进一步消除消防监控盲区，并通过此种高参与度的活动方式提高师生员工防灾减灾救灾的主动意识。

五、结论与展望

在"互联网＋"大环境和"智慧城市"建设长远进程上，智慧消防势必成为未来多年我国消防工作管理的稳定趋势和建设主题。在智慧消防建设进程中，无论对作为社会管理主体的应急管理部门，还是对作为管理对象的社会消防安全责任单位，完善管理制度、整合基层数据、夯实基础工作、落实基层人员、提高管理效能都是有效结合智慧消防思路和智慧消防建设开展消防安全管理工作的有力基础和工作重心。

可以预期的是，未来多年我国智慧消防技术将会持续革新，这势必会为未来消防

安全管理模式和工作机制带来更多更新的机会与可能。如何更好地研判自身需要，"搭上智慧消防的快车"，探索发展对高等学校消防管理更为有效的管理制度和管理举措将是下一步重点研究的课题。

参考文献

[1] 文洪波．基于管理视角的消防安全单位智慧消防建设[J]．消防科学与技术，2019，38（2）：306-308．

[2] 浦天龙，鲁广斌．现代城市智慧消防建设探讨[J]．人民论坛·学术前沿，2019（5）：50-55．

[3] 董秋根．基于大数据技术的"智慧消防"应用体系研究[J]．消防技术与产品信息，2018，31（4）：59-63．

[4] 张福好．关于"智慧消防"建设的实践与思考[J]．中国消防，2017（8）：40-43．

[5] 谢公民．构建"智慧消防"网格化工作模式的探讨[J]．消防技术与产品信息，2017（3）：67-69．

高校校园安全网格化管理模型研究[*]

高校校园安全网格化管理模型研究 [*]

北京航空航天大学　占　帆　王春雪　孙　毅 [**]

摘　要：为了对高校校园进行精细化安全管理，建立校园安全网格化管理模型。本研究结合大量高校现场调研与文献分析结果，辨识了校园安全管理风险点，结合风险点分析校园安全管理岗位职责，构建了校园基础数据—保安队伍—保卫干部三级校园安全网格化管理模型，并于某高校进行了实证应用。结果表明，高校安全稳定风险点涉及治安管理、综合防控、消防安全、交通安全、生产安全等多个方面；校园安全网格化管理岗位职责包含出入管控、治安秩序、日常处置等多个方面的职责；在实际校园安全管理中可以参考三级校园安全网格化管理模型分区域细化岗位职责，并基于模型考评体系，实现闭环化、精细化的校园安全管理工作。

关键词：校园安全管理；网格化模型；岗位职责；考评体系

一、引　言

随着我国高等教育事业的高速发展，高校办学规模日益扩大，对外合作交流日趋广泛，外来人员流动频繁，人员构成愈加复杂，加之校园及周边环境复杂，给校园安全管理工作带来极大压力。且校园内部社会车辆激增，送餐车、快递车泛滥，而校园道路尚未完全纳入国家交管部门管理体系，机动车超速、违停，非机动车横冲直撞等问题，也给校园安全管理工作带来很大的挑战。当前，突发事件一夜之间成为热点已经成为常态，高校的安全稳定问题极易被外界放大和歪曲，如不能进行有效的预防和处置，极可能造成严重不良影响[1]。高校安全稳定是国家安全、社会稳定的重要组成部分，虽然各所高校都根据实际情况，建立了适应自身特点的安全管理模式，但随着

---

　*　项目基金：北京市高教保卫学会研究课题项目《新形势下高校安全保卫工作网格化管理模式研究》资助。

　**　作者简介：占帆，北京航空航天大学安全保卫部（处）副部（处）长，助理研究员；王春雪，北京航空航天大学安全保卫部（处）交通科科员，助理研究员；孙毅，北京航空航天大学安全保卫部（处）部（处）长，研究员。

社会的高速发展，国内外的安全形势日益错综复杂，高校安全管理难度不断加大[2]，以往相对粗放的管理模式已经不能很好地适应新形势下的新要求。

校园安全管理工作是涉及到多种风险因素的复杂综合性工作，单纯对工作中的某一特定部分进行提升无法系统性地提高高校安全管理水平。因此，应站在校园安全管理全局的角度，对校园安全管理风险点进行系统性辨识，构建三级校园安全网格化管理模型，利用网格化管理模式进行精细化校园安全管理工作。

二、校园安全管理风险点辨识

现阶段不断开放的校园对高校安全管理工作带来了巨大的压力，且新时期各类社会矛盾及问题相互交织，加之互联网信息传播便利程度日渐提高，各类高校安全风险事件呈现出突发性与多样性、复杂性与危害性叠加等新特点，高校安全管理工作面临新的挑战。因此，结合新时期高校安全管理现状进行校园安全管理风险点辨识，通过分析现阶段高校安全管理相关文献[3-6]，及对北京、上海、南京等地区多所高校的安全管理部门进行调研访谈，得到高校安全管理风险点主要涉及校园治安管理、综合防控、消防安全、交通安全、生产安全等多个方面，如表1所列。

表1　高校校园安全管理风险点

类　别	风险点	类　别	风险点
治安管理	寻衅滋事、斗殴等暴力事件 盗窃、抢劫、猥亵等违法行为 影响公共区域教学、办公秩序的行为 建筑物制高点人员徘徊 各单位重点部位恶性破坏行为 非法游商、摆摊设点等行为	消防安全	电路及用电设备老化、短路 易燃易爆危险源管理不当 安全出口、消防通道、疏散通道占用或堵塞 消火栓、防火门、防火卷帘门等消防设备设施故障或失效 应急照明、疏散指示标志等破损或失效
综合防控	人群异常聚集、非正常集会、非正常上访 黑名单人员、不明飞行物或低慢小航空器进入校园 非审批团队入校参观、非审批采访或视频拍摄 违规发放和张贴宣传品、横幅标语 非法传教	交通安全	机动车违章停车、超速行驶或其他危险驾驶行为 电动自行车超速行驶、摩托车违规进入校园 校门、校内道路交通拥堵或交通秩序紊乱 交通安全设备设施老化、破损失效 交通事故处置不当
消防安全	违章用电、违规动火作业	生产安全	实验室违规行为、事故 校园建设、养护等施工作业中的违规行为

由表 1 可知，校园安全管理风险点涉及多层次、多方面的内容，这正是校园安全管理工作复杂性的体现。为了使安全管理工作更加系统、全面、有序，应针对这些风险点设置相应的管理职责，将校园安全管理职责落实到位。

三、校园安全网格化管理模型

（一）网格化模型层级划分

构建校园安全网格化管理模型，并根据校园安全管理工作特点将模型划分为校园基础数据网格、保安队伍网格、保卫干部网格三级，其逻辑关系如图 1 所示。

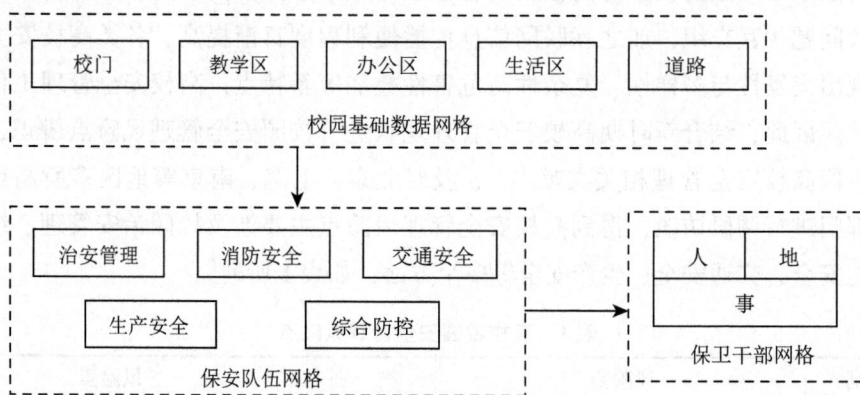

图 1　网格化模型层级划分

校园基础数据网格为校园功能地理分区模块化网格，由校园的各校门、建筑物、道路、公共区域等组建而成。每个区域模块为最小的网格单元，具备多个字段，对应相应的安全管理职责，但不对应具体的安全责任人。根据校园功能地理分区，可将校园基础数据网格分为：校门网格、教学区网格、办公区网格、生活区网格、道路网格等。保安队伍网格、保卫干部网格均由相对应的安保队员及保卫干部负责，且这两级网格均通过校园基础数据网格配置组合而成。

（二）网格化模型管理职责分析

由上述网格化模型层级划分可知，保安队伍网格、保卫干部网格均对应相应的网格管理职责。其中，保安队伍网格主要承担校园安全管理一线任务，包括校园治安管理、综合防控、消防安全、交通安全、生产安全等方面的工作，主要职责为控制上述各个工作方面的校园安全管理风险点，排查事故及隐患，并及时进行处理与上报。根据保安队伍网格工作内容对该网格中的管理职责进行细化，将管理职责分为纪律要求、日常处置、专项处置、交通管理、突发事件处置、设备设施管理等多个方面，见表 2。

表 2　保安队伍网格化模型管理职责细则

工作类别	管理职责细则
纪律要求 A	A1 工作期间坚守岗位，且持续对网格进行巡逻 A2 不做与工作无关的事 A3 爱护公共财物、保管好工具 A4 不推诿、不扯皮，互相协助 A5 遵守保卫处及公司的规章制度
日常处置 B	B1 对可疑人员、可疑情况进行盘查，对正在发生的不法行为进行制止 B2 对未栓绳携带宠物的行为进行劝阻及拍照取证 B3 对在工作时间内在辖区内域影响学习和办公的个人和群体进行劝阻 B4 及时发现、报告辖区内的安全隐患，如火灾、盗窃、违规生产、私上高楼、低慢小飞行器等 B5 对进校的外来大型车辆、进入教学区的非特种车辆收取入门条，对携带物品（如仪器设备、教具、家具等物）出办公楼、出校收取物品出门条 B6 对违规在校行驶的送餐电动车、燃油摩托车进行劝阻
专项处置 C	C1 对大批量人员聚集情况进行排查 C2 对旅游、参观团队进行排查 C3 对宣传、采访活动进行排查，对未经审批的宣传、采访活动进行制止并上报 C4 对辖区内游商（摆摊设点）、违规发放、张贴各类宣传品、横幅标语等行为进行制止并上报 C5 做好大型活动现场监控工作，及时发现问题并报告 C6 对传教行为及宗教性质活动进行拍照取证，协调制止行为并控制主要人员
交通管理 D	D1 对车辆拥堵等交通秩序紊乱现象进行引导 D2 对机动车违章停车、超速行驶等行为进行劝阻与处置 D3 及时发现和报告交通事故、危险驾驶等交通管理涉及事项并做好现场秩序维护和处置工作
突发事件处置 E	E1 对各类突发事件做出积极响应 E2 对各类突发事件按工作程序及时上报 E3 对各类突发事件的处理工作进行记录
设备设施管理 F	F1 保证器材完好，对讲使用规范 F2 保障安防设备运转正常 F3 熟知消防常识，使用简单设备

保卫干部网格反映校园安全管理工作中督查管理层面的工作内容，主要体现安全管理中的"管住人、看住地、盯住事"原则，即重点人员管控、重点区域管控、重点事项管理等方面工作。对该网格中的管理职责进行细化，得到保卫干部网格化管理职责如表3所列。

表3　保卫干部网格化模型管理职责细则

工作类别	管理职责分类	管理职责细则
重点人员管控	严防重点关注人员进校滋事	指导保安队伍对企图入校的重点关注人员进行拦截处置
	处置相关人员制造的突发事件	指导保安队伍对相关人员制造的突发事件进行处置
重点区域管控	校门区域安全管控	对校门区域进行定期安全巡查，指导开展外来车辆、人员查验工作，督导保安队伍落实管理职责
	校内人员密集场所、标志性建筑、宣传栏等重点部位安全管控	对区域进行定期安全巡查，指导突发事件应急处置工作，督导保安队伍落实管理职责
	招待所、咖啡馆、会议中心等附属服务区域安全管控	对区域进行定期安全巡查，与公安机关密切配合、联动，指导突发事件应急处置工作，督导保安队伍落实管理职责
	其他重要区域安全管控	对区域进行定期安全巡查，指导突发事件应急处置工作，督导保安队伍落实管理职责
重点事项管理	大型活动审批	审核大型活动安保方案及应急预案，对可能引发群体性事件、现场突发安全事故的活动不予审批
	车辆入校审批	审核车辆入校申请，指导入校车辆安全检查工作，指挥入校交通疏导
	校内采访、宣传品审批	审核校内采访、宣传品粘贴或发放申请，指导保安队伍对未提前预约报备的采访、宣传品发放和张贴进行处置

（三）网格化管理考评体系构建

为进一步加强对校园安全网格化管理岗位职责落实情况的监管，实现闭环化、精细化的安全管理工作，本文建立了网格化管理考评体系。将校园安全网格化管理工作类别设置为考评体系的二级指标，将网格化管理职责细则设置为三级指标。为了明确各级指标要素间的权重关系，设计了校园安全管理职责重要程度两两比较问卷，对考评体系中各个指标要素的权重值进行计算。问卷中的不同指标要素的重要程度判别等级分为明显不重要、稍显不重要、同等重要、稍显重要、明显重要，不同选项的赋值情况如表4所列。

表4 两两比较指标重要程度赋值

指标 A	指标 B	重要程度对比结果
2	2	指标 A 与指标 B 同等重要
3	1	指标 A 比指标 B 稍显重要
1	3	指标 B 比指标 A 稍显重要
4	0	指标 A 比指标 B 明显重要
0	4	指标 B 比指标 A 明显重要

研究邀请了30位多年从事高校校园安全管理工作的专家填写问卷，分别对上述考评指标中的二级指标、三级指标间各个指标因素的重要程度进行评价。利用 SPSS18.0 软件对问卷进行信效度检验，得到问卷的 Cronbach α 值为 0.835，且一致性系数较高，KMO 值为 0.791，即本次问卷具有较高的信效度。随机抽取30位专家问卷结果中的一例进行指标权重值计算，得到该专家的二级指标因素两两比较矩阵如表5所列。

表5 二级指标因素两两比较矩阵

指标因素	A	B	C	D	E	F
两两比较分值	3	1				
	4		0			
	3			1		
	2				2	
	3					1
		2	2			
		2		2		
		2			2	
		2				2
			2	2		
			2		2	
			3			1
				2	2	
				3		1
					3	1
总 分	15	9	9	10	11	6
权 重	0.250	0.150	0.150	0.167	0.183	0.100

将 30 位专家的二级指标因素两两比较矩阵结果汇总并取平均值，得到网格化管理考评体系的二级指标因素权重值如表 6 所列。结果表明，专家一致认为对于保安队伍管理，纪律要求是最重要的因素，只有一支纪律性强、遵纪守法的队伍，才有可能将网格化管理职责落实到位。

表 6　二级指标因素权重值

二级指标	A	B	C	D	E	F
权重值	0.267	0.133	0.167	0.150	0.200	0.083

利用上述两两比较矩阵法，结合 30 位专家的问卷结果，计算得到网格化管理考评体系的三级指标因素权重值如表 7 所列。

表 7　三级指标因素权重值

三级指标	权重值	三级指标	权重值	三级指标	权重值
A1	0.238	B5	0.145	D2	0.231
A2	0.183	B6	0.145	D3	0.231
A3	0.183	C1	0.267	E1	0.433
A4	0.183	C2	0.141	E2	0.433
A5	0.213	C3	0.161	E3	0.134
B1	0.257	C4	0.109	F1	0.333
B2	0.077	C5	0.161	F2	0.333
B3	0.144	C6	0.161	F3	0.333
B4	0.232	D1	0.538	/	/

对三级指标因素的权重值进行归一化处理，并基于此对网格化管理考评体系中各个管理职责赋予相应分值。利用考评计分表进行日常网格化安全管理工作的考核与评价，保安队伍、保卫干部及部处领导均参与考评工作。保安队伍负责人利用考评计分表对各网格区域安保同志的岗位职责履行情况进行打分，对不符合岗位职责要求的项目进行记录，并督促整改。保卫干部对所属网格辖区中保安队伍的岗位职责履行情况进行监督，对不符合岗位职责要求的项目在计分表中进行记录，并组织整改。部处领导对所属网格辖区的保安队伍、保卫干部的岗位履职情况进行监督，对不符合岗位职责要求的项目在计分表中进行记录，并督促整改。网格化考评体系各管理职责计分情况如表 8 所列。

表 8　网格化考评体系管理职责计分

指　标	分　值	指　标	分　值	指　标	分　值
A1	6	B5	2	D2	3
A2	5	B6	2	D3	3
A3	5	C1	4	E1	9
A4	5	C2	2	E2	9
A5	5	C3	3	E3	3
B1	3	C4	2	F1	3
B2	1	C5	3	F2	3
B3	2	C6	3	F3	3
B4	3	D1	8	/	/

由表 8 可知，考评体系总分值为 100 分，未履行管理职责或履行不到位时将扣减相应分值。根据考评分值可将校园网格化安全管理工作绩效划分为优秀（95 ~ 100 分）、良好（85 ~ 94 分）、一般（70 ~ 84 分）、较差（70 分以下）4 个等级。利用上述保安队伍—保卫干部—部处领导三级考评机制，可以准确获得校园安全管理现状，并进行相应问题的整改与提升，进而实现闭环化的校园安全管理工作。

四、校园安全网格化管理实证研究

（一）校园基础数据网格构建

以北京市某高校为例，进行校园安全网格化管理实证研究。该高校占地面积约 1 500 亩，校园总建筑面积约 100 万平方米，具有 9 个校门供行人及车辆出入，校园内部道路将该高校划分为教学区、办公区、生活区等活动区域。因此，根据其功能地理分区将该高校的校园基础数据网格设置为校门网格、教学区门网格、办公楼网格及道路巡逻网格，如图 2 所示。

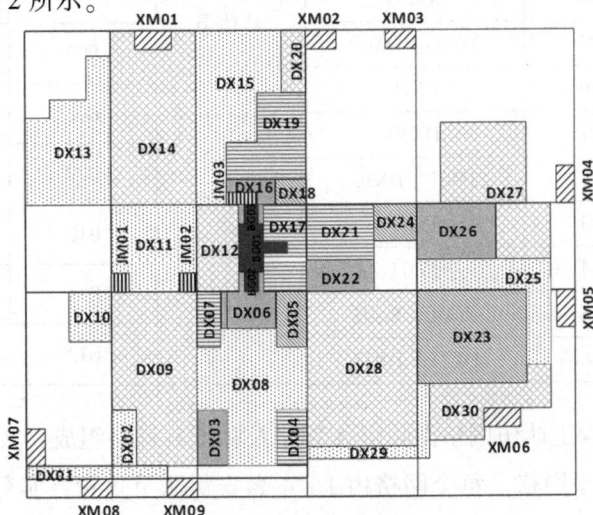

图 2　校园基础数据网格

由图 2 可知，该高校的校园基础数据网格中包含校门网格 9 个（XM01～XM09）、教学区门网格 3 个（JM01～JM03）、办公楼网格 3 个（BG01～BG03）、道路巡逻网格 30 个（DX01～DX30）。

（二）保安队伍网格构建

该高校的保卫队伍由队伍 A、队伍 B 两支安保队伍组成，这两支队伍分别负责该校的治安管理工作及交通管理工作。为了提升保卫队伍间的联动配合能力，提高校园安全管理的整体水平，基于上述校园基础数据网格对该高校的保卫队伍网格进行构建。

按照实际校园安全管理需求，设置每日 07：00—19：00，保卫队伍 A 主要负责图 2 校园基础数据网格中▦、▨、▬、▥、▨所在区域网格，保卫队伍 B 主要负责图 2 中▬、▤、▦所在区域网格；每日 19：00—次日 1：00，所有网格由队伍 A 负责；每日 1：00—7：00，所有网格由队伍 B 负责。具体保卫队伍网格构成情况如表 9 所列。

表 9　保安队伍网格

队伍分类	网格编号	网格组成	队伍分类	网格编号	网格组成
队伍 A	A01	XM01	队伍 B	B01	DX03
	A02	XM02、DX20		B02	DX04
	A03	XM09			
	A04	XM04、DX27		B03	DX05
	A05	XM05、DX25		B04	DX06
	A06	XM06、DX29			
	A07	XM07、DX01、DX02		B05	DX07
	A08	XM08		B06	DX22、DX23
	A09	DX08、DX09			
	A10	DX28		B07	DX17、DX21
	A11	DX30		B08	DX16
	A12	JM01、DX10		B09	DX18
	A13	JM02		B10	DX19
	A14	JM03		B11	DX24
	A15	BG01～BG03			
	A16	DX11～DX15		B12	DX26

由表 9 可知，保卫队伍网格由队伍 A 网格及队伍 B 网格组成，共 28 个网格，对应 44 个校园基础数据子网格。每个网格由 1～4 名安保队员负责，实行定期轮岗轮休制度，在岗期间安保队员需根据辖区内基础数据子网格特性，落实相应的保卫队伍网格

化模型管理职责。

（三）保卫干部网格构建

该高校安全保卫部门包含治安科、消防科、交通科、国家安全科、环保技安科、综合办公室等下属科室机构，共有保卫干部30余人。为充分调动保卫干部资源进行校园安全网格化管理，根据上述辨识得到的校园安全管理风险点，结合该高校实际安全管理工作情况，抽取14名保卫干部参与校园安全网格化管理工作。基于上述建立的校园基础数据网格及保安队伍网格，构建保卫干部网格如图3所示。

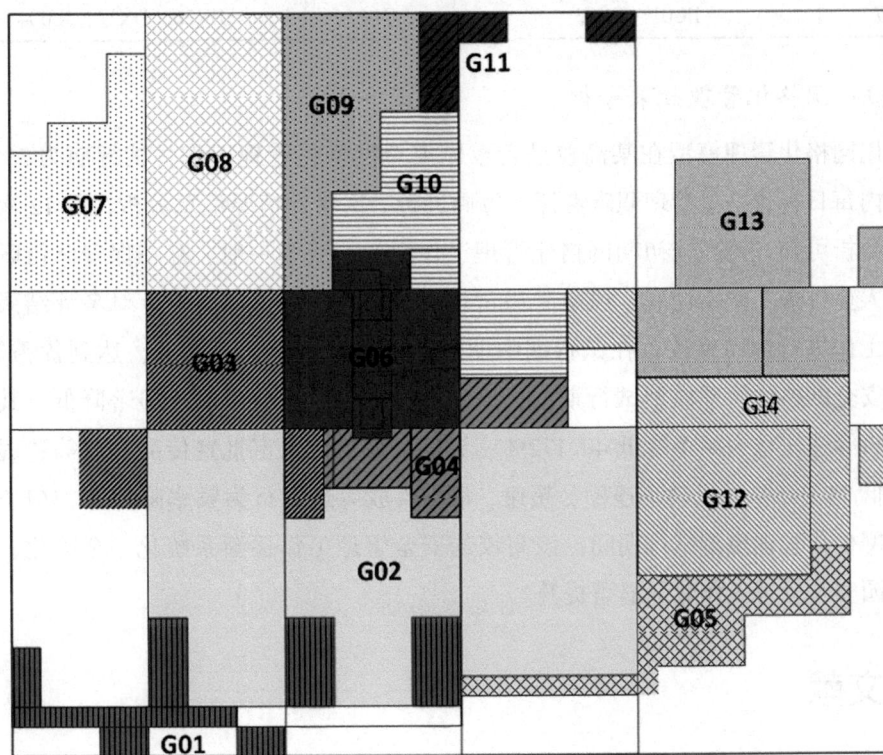

图3　保卫干部网格

由图3可知，保卫干部网格由14个网格组成，即每个保卫干部负责一个网格区域，对应45个校园基础数据子网格。保卫干部需落实干部网格化模型管理职责，定期对所属辖区进行巡视（每日不少于3次），督导保卫队伍履行校园安全管理职责，及时发现安全风险隐患并进行突发事件指挥处理工作。保卫干部网格辖区划分情况如表10所列。

表 10　保卫干部网格辖区划分明细

网格编号	网格组成	网格编号	网格组成
G01	DX01 ~ DX04、XM06 ~ XM09	G08	DX13
G02	DX08、DX09、DX28	G09	DX14、XM01
G03	DX07、DX10、DX11、JM01	G10	DX15
G04	DX05、DX06、DX22、DX23	G11	DX18、DX19、DX21
G05	DX29、DX30	G12	DX20、XM02、XM03
G06	DX12、DX16、DX17、JM02、JM03	G13	DX24、DX25、XM05
G07	BG01 ~ BG03	G14	DX26、DX27、XM04

（四）网格化管理效果分析

利用网格化管理模型在某高校试行校园安全网格化管理工作，试行期为 3 个月。试行期内每日进行一次管理职责考评，每周进行一次考评情况汇总分析，共 12 次。根据考评分析可知，该高校初期网格化管理工作绩效等级为一般，存在保安队伍联动性较差、人员排查工作不彻底、风险隐患辨识不及时等问题。该高校针对考评结果对安全管理工作进行定向整改，在试行期中期时安全管理水平显著提升，达到优秀等级。在校园安全网格化管理模型试行期间，该高校的安全事件发生频率显著降低，其中盗窃、滋事等违法行为频率降低 40.172%，游商、摆摊、未审批宣传品发放等违规行为频率降低 74.385%，机动车违停、超速、危险驾驶等违章行为频率降低 32.161%。这表明，网格化管理模型试行期间，该高校的安全管理工作逐渐系统化、全面化、精细化，校园安全管理工作效果显著提升。

参考文献

[1] 孙斌. 学校突发事件应急管理存在的问题及解决对策研究[J]. 中国安全科学学报，2006，16（12）：7.

[2] 杨红霞. 新时期做好高校安全保卫工作的若干思考[J]. 山西财经大学学报，2019，41（S1）：3.

[3] 汪楠，吕江溢. 新时期高校校园安全现状及对策研究[J]. 长春师范大学学报，2019，38（005）：120-122.

[4] 吴剑文. 新时期下高校校园安全管理的不足及策略[J]. 湖北开放职业学院学报，2018，31（24）：54-56.

[5] 崔维波. 高校安全管理与风险识别分析[J]. 科技经济导刊，2019，27（3）：1.

[6] 陈伟，韩树春. 新形势下的高校多校区安全管理[J]. 安全，2018，39（5）：4.

高校交通安全管理质量评价体系研究

北京航空航天大学　王亚钊　王春雪

摘　要： 为提升高校交通安全管理水平，构建交通安全管理质量评价体系。本研究结合大量高校现场调研与文献分析结果，辨识交通安全管理质量初级评价指标，综合考虑高校师生意见对初级指标进行修正，并通过两两比较法计算指标权重值，完善评价体系。结果表明，高校交通安全管理质量评价体系包含交通设施状况、交通管理制度、道路环境、交通流状态、交通管理队伍状态、校园交通安全教育 6 方面指标因素；路面交通管理人员业务能力、交通管理制度合理性、路面交通管理人员数量配置、交通安全防护设施安装合理程度、路上标志设置合理程度等因素是影响校园交通安全管理水平的关键因素。

关键词： 高校交通安全；管理质量；评价体系；关键因素；改善措施

一、引　言

随着我国高等教育事业的高速发展，高校办学规模日益扩大，对外合作交流日趋广泛，外来人员流动频繁，人员构成愈加复杂。校园内部社会车辆激增，送餐车、快递车泛滥，而校园道路尚未完全纳入交管部门管理体系，机动车超速、违停，非机动车横冲直撞等问题，给校园交通安全管理工作带来极大挑战[1]。2019 年 5 月 29 日，北京市某高校教授吴某驾车在校园南路交叉路口处发生交通事故，事故造成吴某受伤、多辆车受损、道路中心护栏损坏；2017 年 6 月 2 日，沈阳市某高校校园发生一起交通事故，肇事车辆将一名教师撞至路旁树上，该教师与车内人员均受伤；2016 年 3 月 3 日，北京市某高校一留学生驾驶电动车在校园道路发生交通事故，该留学生头部被砸中，当场死亡。当前，炒作高校热点已成为常态，高校的安全稳定问题极易被外界放大和歪曲，如不能进行有效的交通安全管理，极可能因校园交通安全事故造成严重的社会不良影响[2]。

现阶段已有学者对校园交通管理质量评价相关内容进行了研究，章群等[3]通过对校园交通管理部门的工作人员进行访谈，辨识校园交通管理评价指标，建立了校园交通模糊综合评价指标系统；孔德璇等[4]分析了大学校园交通安全影响因素，辨识校园交通管理评价指标，采用层次分析法确定评价指标权重，构建了校园交通管理评价体系；刘根源等[5]通过分析以往文献，辨识校园交通安全影响因素指标，通过模糊判别法分析各影响因素间的关系，并利用 MATLAB 进行数学建模，对校园交通评价指标体系进行研究；唐震等[6]利用 D－S 证据理论法，分析了校园交通设施、交通环境污染等因素对交通环境使用者的影响作用，并结合实例对校园交通管理影响因素进行了分析；毛彩云等[7]通过分析法辨识了校园车辆与交通管理评价指标，并通过专家调查法分析各个指标的影响作用程度，构建了校园车辆与交通管理评价体系。

以往学者对校园交通管理质量影响因素进行了探究，并对校园交通安全管理质量评价方法和评价体系进行了研究。但研究中存在依靠主观经验进行评价指标辨识、未充分考虑师生等交通参与者感受等缺陷，且建立的评价体系缺乏新时期高校校园交通管理特色。因此，笔者综合考虑师生、专家的意见，对高校交通安全管理影响因素进行研究，辨识交通安全管理质量评价指标，对高校校园交通安全管理质量评价指标体系进行研究。

二、校园交通安全管理质量评价指标辨识

（一）初级评价指标辨识

现阶段师生等交通使用者参与交通安全管理的程度越来越深，交通安全管理已不再是使用者被动服从管理制度的单调模式。因此，应在以往研究成果分析的基础上，结合现场调研、访谈等方式，充分参考师生的感受与意见，进行校园交通安全管理质量评价初级指标的辨识。通过对以往相关研究文献[8-12]进行分析可知，以往研究中将交通管理质量评价指标分为硬件设施状况、软件设施状况、交通管理者维护程度等几大类，包含校园道路规划、基础设施建设、停车位设计等评价指标，指标数量较多，指标间的逻辑关系复杂。笔者在文献分析的基础上对北京、上海、南京等地区的 20 余所我国具有代表性的高校进行现场调查与实地考察，调研校园交通条件、交通设施设置情况、交通管理制度、交通管理队伍及目前交通管理中存在的问题，探究现阶段高校交通安全管理质量评价的实施现状。结果表明，现阶段我国各高校交通安全管理水平均有一定提升空间，交通安全管理质量主要受校园道路规划设计、道路设施布局设置、师生交通规则遵守程度、交通管理人员管理等方面因素的影响。笔者结合文献分析及实际校园交通安全管理状况调研，整理得到高校交通安全管理质量评价指标因素如表 1 所列。

表1　高校交通安全管理质量评价指标因素

指　标	指标因素
交通设施状况	校园道路规划合理程度 f_1、路上标志设置合理程度 f_2、路面标线设置合理程度 f_3、交通信号灯设置合理程度 f_4、违章监控设施安装合理程度 f_5、交通安全防护设施安装合理程度 f_6、停车位充足程度 f_7
交通管理制度	交通管理制度合理性 f_8、交通管理制度遵守情况 f_9
道路环境	路面抗滑程度 f_{10}、路面平整程度 f_{11}、道路照明条件 f_{12}、道路通畅程度 f_{13}、道路人车分离程度 f_{14}、路侧停车占用车道情况 f_{15}、行人占用车道情况 f_{16}
交通流状态	车流通行密集程度 f_{17}、车流平均时速情况 f_{18}
交通管理队伍状态	路面交通管理人员业务能力 f_{19}、路面交通管理人员数量配置 f_{20}
校园交通安全教育	交通安全教育频次 f_{21}、交通安全教育内容合理程度 f_{22}

（二）评价指标修正

本研究通过设计调查问卷对以上评价指标因素进行修正，并邀请高校教工、学生等校园交通参与者分别对各个指标因素对校园交通安全管理的影响作用程度进行评价。评价指标选项表采用李克特五级量表分类法，A~E项选项分别代表该因素的影响作用程度为无、影响较小、一般、比较影响及十分影响。本次共发放问卷200张，回收问卷185张，回收率为92.5%。利用SPSS22.0软件对问卷进行信效度检验，得到问卷的Cronbach α值为0.750，且一致性系数达到中等以上，KMO值为0.688，即问卷合理有效。结合问卷结果将指标因素影响作用程度为一般及以下的分布指数加和，得到指标因素累积分布情况如表2所列。

表2　指标因素影响作用累积分布情况

指标因素	累积分布	指标因素	累积分布	指标因素	累积分布
f_1	21.62%	f_9	18.92%	f_{17}	16.75%
f_2	16.75%	f_{10}	23.24%	f_{18}	18.38%
f_3	23.78%	f_{11}	20.54%	f_{19}	19.99%
f_4	28.65%	f_{12}	35.67%	f_{20}	15.13%
f_5	15.14%	f_{13}	18.37%	f_{21}	14.59%
f_6	18.38%	f_{14}	19.46%	f_{22}	17.83%
f_7	19.46%	f_{15}	15.13%	—	—
f_8	17.83%	f_{16}	19.45%	—	—

由表2可知，f_{12}、f_4、f_3、f_{10}、f_1、f_{11} 等指标因素的前三项累积分布值较高，均高于20%。即在本次调查中，教工、学生等校园交通参与者认为这些指标因素的影响作用较弱。基于问卷结果对初级评价指标因素进行筛选，得到修正后的高校交通安全管理

质量评价指标如表 3 所列。

表 3　高校交通安全管理质量评价指标

二级指标	三级指标
交通设施状况 A	路上标志设置合理程度 A_1、违章监控设施安装合理程度 A_2、交通安全防护设施安装合理程度 A_3、停车位充足程度 A_4
交通管理制度 B	交通管理制度合理性 B_1、交通管理制度遵守情况 B_2
道路环境 C	道路通畅程度 C_1、道路人车分离程度 C_2、路侧停车占用车道情况 C_3、行人占用车道情况 C_4
交通流状态 D	车流通行密集程度 D_1、车流平均时速情况 D_2
交通管理队伍状态 E	路面交通管理人员业务能力 E_1、路面交通管理人员数量配置 E_2
校园交通安全教育 F	交通安全教育频次 F_1、交通安全教育内容合理程度 F_2

三、校园交通安全管理质量评价指标体系构建

（一）评价指标权重计算

利用两两比较法计算交通安全管理质量评价指标的权重值，将不同因素间的重要程度判别等级设置为同等重要、稍显重要、明显重要三项，通过整数判断值计算各个指标因素的重要程度[13]，如表 4 所列。

表 4　指标因素重要程度评分标准

分值		具体含义
指标 A	指标 B	
2	2	指标 A 与指标 B 同等重要
3	1	指标 A 比指标 B 稍显重要
1	3	指标 B 比指标 A 稍显重要
4	0	指标 A 比指标 B 明显重要
0	4	指标 B 比指标 A 明显重要

基于两两比较评价法设计交通安全管理质量影响因素问卷，对评价指标间的重要程度进行比较分析。邀请高校教工及学生填写调查问卷，分别对评价指标中二级指标、三级指标间的重要程度进行评价。本次共发放问卷 100 张，回收问卷 91 张，回收率为 91%。利用 SPSS22.0 软件对问卷进行信效度检验，得到问卷的 Cronbach α 值为 0.835，KMO 值为 0.772，本次调查问卷的信度与效度较高。

随机选取 91 张回收问卷中的一例，根据该例问卷结果，建立二级指标两两比较矩阵如下所示。

$$\left\{\begin{matrix} 3 & 4 & 3 & 2 & 4 & & & \\ 1 & & & 3 & 2 & 1 & 3 & \\ 0 & & 1 & & 1 & 0 & 2 & \\ & 1 & & 2 & & 3 & & 1 & 2 \\ & 2 & & 3 & & 3 & & 4 \\ & 0 & & 1 & & 2 & & 2 & 0 \end{matrix}\right\} \begin{matrix} A \\ B \\ C \\ D \\ E \\ F \end{matrix} \qquad (1)$$

根据以上两两比较矩阵，计算得到该例中二级指标 A ~ F 的权重系数分别为 0.267、0.167、0.067、0.149、0.267 及 0.083。将 91 位师生的二级指标两两比较矩阵结果汇总并取平均值，得到二级指标权重值如表 5 所列。

表 5   二级指标权重值

指标因素	A	B	C	D	E	F
权重值	0.250	0.175	0.084	0.141	0.250	0.100

对本次调查中每位师生对三级指标间的重要程度评分情况进行分析，计算三级指标权重值。随机选取 91 位被调查师生中的一例，根据该例问卷结果，建立交通设施状况指标 A 所对应的三级指标两两比较矩阵如下所示。

$$\left\{\begin{matrix} & & 3 & 2 & 3 \\ & 2 & 1 & & 1 \\ 3 & & 3 & 2 & \\ 1 & 2 & & 1 & \end{matrix}\right\} \begin{matrix} A_1 \\ A_2 \\ A_3 \\ A_4 \end{matrix} \qquad (2)$$

根据以上两两比较矩阵，计算得到该例中二级指标 A 所对应三级指标 A_1 ~ A_4 的权重系数分别为 0.333、0.167、0.333 及 0.167。以上述方法分别建立交通管理制度指标 B、道路环境指标 C、交通流状态指标 D、交通管理队伍状态指标 E、校园交通安全教育指标 F 所对应的三级指标两两比较矩阵，计算该例的三级指标权重值。将 91 位师生的三级指标权重值计算结果汇总并取平均值，得到三级指标权重值如表 6 所列。

表 6   三级指标权重值

指标	权重值	指标	权重值	指标	权重值	指标	权重值
A_1	0.313	B_1	0.625	C_3	0.334	E_1	0.625
A_2	0.229	B_2	0.375	C_4	0.249	E_2	0.375
A_3	0.313	C_1	0.084	D_1	0.500	F_1	0.250
A_4	0.145	C_2	0.333	D_2	0.500	F_2	0.750

（二）交通安全管理质量评价指标体系

基于上述计算得到的指标权重值，构建高校交通安全管理质量评价指标体系如表 7 所列。

表 7   高校交通安全管理质量评价指标体系

二级指标	三级指标
A（0.250）	A$_1$（0.313）、A$_2$（0.229）、A$_3$（0.313）、A$_4$（0.145）
B（0.175）	B$_1$（0.625）、B$_2$（0.375）
C（0.084）	C$_1$（0.084）、C$_2$（0.333）、C$_3$（0.334）、C$_4$（0.249）
D（0.141）	D$_1$（0.500）、D$_2$（0.500）
E（0.250）	E$_1$（0.625）、E$_2$（0.375）
F（0.100）	F$_1$（0.250）、F$_2$（0.750）

利用表 7 构建的评价指标体系，可以结合交通管理工作实际情况对高校交通安全管理质量进行定量评价。根据评价结果可定位现阶段校园交通安全管理水平，提升工作评价和监督能力，并为提升交通安全管理能力和服务水平提供一定参考。

四、提升校园交通安全管理质量建议措施

通过大量文献分析与对我国 20 余所高校进行的现场调研，筛选高校交通安全管理质量评价指标因素。在此基础上设计指标因素影响作用调查问卷，结合高校教工、学生等校园交通管理体验者的问卷结果，比较不同指标因素对校园交通安全管理的影响作用，剔除道路照明条件、路面标线设置合理程度、交通信号灯设置合理度等影响作用较弱的指标因素，得到修正后的高校交通安全管理质量评价指标。设计交通安全管理质量影响因素两两比较问卷，结合教工、学生的问卷结果建立重要程度两两比较矩阵，计算交通安全管理质量评价指标中二级、三级指标的权重值，得到高校交通安全管理质量影响因素的重要程度分布情况如表 8 所列。

表 8   影响因素重要程度分布

指 标	权重值	指 标	权重值	指 标	权重值	指 标	权重值
A$_1$	0.078	B$_1$	0.109	C$_3$	0.028	E$_1$	0.156
A$_2$	0.057	B$_2$	0.066	C$_4$	0.021	E$_2$	0.094
A$_3$	0.078	C$_1$	0.007	D$_1$	0.071	F$_1$	0.025
A$_4$	0.036	C$_2$	0.028	D$_2$	0.071	F$_2$	0.075

由表 8 可知，路面交通管理人员业务能力 E_1（0.156）、交通管理制度合理性 B_1（0.109）、路面交通管理人员数量配置 E_2（0.094）、交通安全防护设施安装合理程度 A_3（0.078）、路上标志设置合理程度 A_1（0.078）等因素的重要程度最高。因此，这些因素是提升高校交通安全管理质量的关键点，建议高校在交通安全管理工作中，加强对上述各因素的重视程度。

五、结 论

本研究通过文献分析与现场调研法，辨识高校交通安全管理质量评价初级指标。通过对校园交通参与者进行问卷调查，筛选交通管理质量评价指标因素，修正高校交通安全管理质量评价指标。通过评价指标重要程度两两比较问卷，计算评价指标重要程度权重值，完善评价指标因素间的量化关系，建立校园交通安全管理质量评价指标体系，为实际校园交通安全管理工作水平的定量评价提供量化指标支持。此外，基于该质量评价指标体系中各个评价指标重要度权重值的对比分析，明确了高校日常交通安全管理工作的关键点，为提升高校交通安全管理质量提供有益参考。

参考文献

［1］卢明霞．建立以人为本的校园交通安全管理意识［J］．综合运输，2019，41（9）：80-83．

［2］孙斌．学校突发事件应急管理存在的问题及解决对策研究［J］．中国安全科学学报，2006，16（12）：72-78．

［3］章群，段理慧．高校校园交通安全管理质量模糊综合评价系统研究［J］．软科学，2011，25（7）：141-144．

［4］孔德璇，王宪彬，臧明哲．基于 AHP 的大学校园交通安全定量评价研究［J］．哈尔滨职业技术学院学报，2017（1）：128-130．

［5］刘根源，王要敏，刘路．基于 MATLAB 的高校交通状况评价体系的创建［J］．黑龙江科技信息，2014（35）：196．

［6］唐震，季一强，朱陈晨，等．基于不确定推理的校园交通环境评价方法研究［J］．交通世界（运输·车辆），2013（7）：122-123．

［7］毛彩云，陆华忠，吕恩利．农业高校校园车辆与交通管理评价体系的建立：以华南农业大学为例［J］．广东农业科学，2010，37（8）：392-394．

［8］赖信君，李军．校园交通服务水平属性数学识别与评价［J］．武汉理工大学学报（交通科学与工程版），2012，36（6）：1136-1139．

［9］陈泽宁．河北工业大学北辰校区校园交通优化策略研究［D］．天津：河北工业大学，2017．

［10］王鹤飞．城市道路交通管理评价体系研究［J］．内蒙古科技与经济，2005（3）：2-6．

[11] 龙俊仁，蒋葛夫，马晓珂，等．道路交通安全管理的改进多级模糊综合评价[J]．人类工效学，2005（4）：34-36.

[12] 王婉秋，方守恩，孙道成．基于灰色关联度的道路交通安全管理设施多层模糊综合评价[J]．武汉理工大学学报（交通科学与工程版），2010，34（4）：652-656.

[13] 杨明慧．中小学教师信息化教学能力评价指标体系建构研究[D]．重庆：西南大学，2016.

高校集体户籍管理信息系统设计研究
——以北京航空航天大学为例

北京航空航天大学　辛　磊　侯　毅

摘　要：为进一步推动户籍管理服务规范化、系统化、信息化和体系化，本文设计并实现了北京航空航天大学高校集体户籍管理信息系统，系统功能包括户籍管理、预约管理、政审证明和居住证介绍信开具及信息发布等。文章详细描述了各子系统的功能，并展示了系统界面的设计。该系统功能完整、简单易用、具有可维护性，后续将进一步完善日志监控、错误报告和故障处理机制，以确保系统的稳定运行和提升户籍管理服务水平。

关键词：高校安全；户籍管理；信息系统

随着移动互联网的快速发展，用户使用移动智能终端的频率越来越高，高校师生对于集体户籍服务的要求越来越高。实际工作中，由于缺少信息系统支持或者信息系统功能落后，有时需要工作人员长时间在窗口办理业务，人工汇总的工作量大，工作进度缓慢且容易出错。升级户籍管理系统，将便于配合高校开展师生集体户籍的管理服务工作，使户籍管理服务更加规范化、系统化、信息化和体系化。

一、系统概述

（一）功能概述

高校集体户籍管理信息系统主要功能分为户籍管理子系统、预约管理子系统、政审证明与居住证介绍信开具子系统和信息发布模块四部分。包括户籍卡管理、户籍迁移管理、预约办理三大部分和行前教育管理、政审证明、居住证介绍信开具等集成模块。户籍管理包括户籍卡信息的管理、户籍卡办理、户籍卡借出和归还、冻结户籍等；户籍迁移管理包括户籍迁入迁出等；预约办理包括对户籍卡的借用、迁出的预约。

（二）用户角色分析

根据户籍管理需求，将系统角色分为如下五类。**系统管理员**：管理系统配置、人员列表、角色权限、基础数据等全部功能。**二级管理员**：对户籍、行前教育、政审证明介绍信开具三大模块的全部功能进行管理操作。**业务管理员**：针对户籍、行前教育、政审证明与居住证介绍信开具某一模块进行管理，分为户籍管理员、行前教育管理员、政审证明与居住证介绍信开具管理员。**查询用户**：可在普通用户的基础上在后台针对行前教育信息或用户信息进行查询。**普通用户**：查看系统发布的相关信息内容，发起对户籍卡的借用、迁出和对政审证明与居住证介绍信开具的预约。

二、具体功能设计

（一）主要功能

1. 户籍管理系统

从老的户籍系统中同步户籍相关信息，完善户籍系统数据，确保迁移数据的完整性、有效性和一致性。具备学生和教职工及其家属对因各种原因需要通过预约或现场办理的方式借用户籍卡及借用后的归还、冻结、销户等功能。具备一键内部流转、批量导入导出操作，针对户籍卡和管理员记录操作时间和操作类型，以供查询。具备户籍信息的统计和筛选查询功能。

2. 户籍迁移

学生和教职工及其家属对因各种原因需要迁入或迁出户籍的相关功能模块。新生儿落户、学生教职工入学入职等原因造成的户口迁入。教职工调离、教职工在京购房、学生毕业当前超限就业、学生出国留学、学生退学或转学、往年学生毕业、毕业生离校和职工老师离职等原因造成的户口迁出。通过 Excel 文件导入操作进行批量迁入、迁出，同步校内师生库获得准确的师生信息，确保数据的完整性、有效性和一致性。

3. 预约系统

校内学生、教职工通过统一认证登录户籍系统，在前台提交对户籍卡的借用、迁出，政审证明开具，居住证介绍信开具的预约办理。师生应提前填写完善相关资料，减少窗口办理所用时间，提高工作效率。

4. 信息发布

将政策法规、通知公告等信息发布到此系统，供使用人员查看落实相关工作。通过学校的数据中心中的人事、学籍系统的人员信息及组织机构等实现与学校基础数据的互联互通、实时共享和更新。人员信息主要包括：姓名、学号/工作证号、身份证号、所在单位等字段。

（二）主要功能需求

1. 二级单位管理

记录校内二级单位，完善学生、教职工及户籍卡的相关基础信息。管理员可对其进行增加、删除、修改、查询操作。

2. 户籍管理

户籍管理系统（如图1所示）数据导入更加方便合理；实现户籍管理中户籍卡借出超期、冻结人员的预警管理，工作人员操作界面更加方便快捷，减少师生等待时间；户籍人员各类数据统计、电子台账更加丰富科学，减少或者替代纸质登记，降低户籍管理中的出错率，提高管理精细化水平。

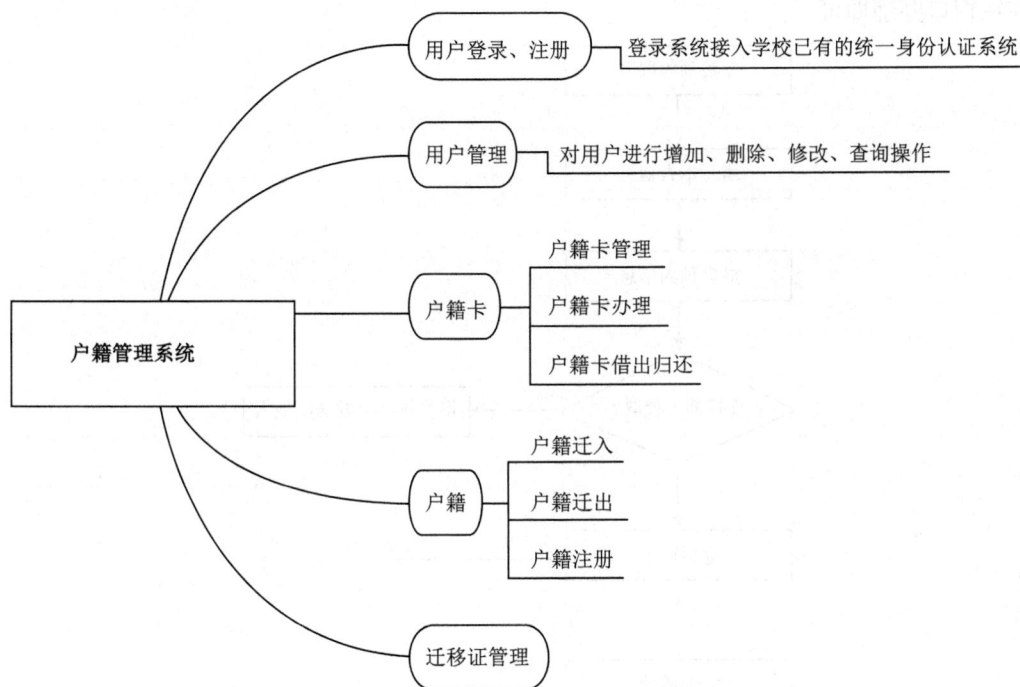

图1　系统主要功能

户籍信息查询：根据二级单位、户籍状态、冻结状态等选项筛选查询户籍信息，并导出 Excel 表格；可查看户籍卡从迁入开始的所有操作记录（操作人、操作时间、操作内容）。**户籍卡借用**：借用操作分为现场借用和预约借用，学生、教职工通过在线填写预约信息或直接前往窗口办理户籍卡借用事宜。**户籍卡归还**：借用人携带相关材料前往窗口办理户籍卡的归还事宜。**日常迁入**：对单个办理户籍卡迁入的用户进行现场迁入（无需预约）。**日常迁出**：对单个办理户籍卡迁出的用户进行现场迁出（无需预约）。**批量迁入**：通过导入固定的 Excel 模版进行对户籍的批量迁入。**批量迁出**：通过导入固定的 Excel 模版进行对户籍的批量迁出。**冻结用户**：通过导入固定的 Excel 模版对相关户籍进行冻结操作。**户籍首页、介绍信下载**：针对某张户籍卡下载户籍首页、介绍信。**内部流转**：校内学生、教职工的人事变动同步更新户籍信息。

3. 预约管理

现场立等可取减少排队时间；新教工、新生儿落户等可在线提交申请、现场提交材料，办理进度实时查询，办理完成后即时提醒师生。

户籍相关预约：学生、教职工户籍卡借用、户籍迁出预约只需在线填写预约信息，预约审批通过后携带相关材料在窗口直接办理即可，业务管理员及以上管理员可直接在后台为学生、教职工提交预约信息（户籍卡在线预约借卡流程如图2所示）。**政审证明、居住证介绍信预约**：填写预约信息，上传证明照片，预约审批通过后在预约时间前往窗口办理即可。

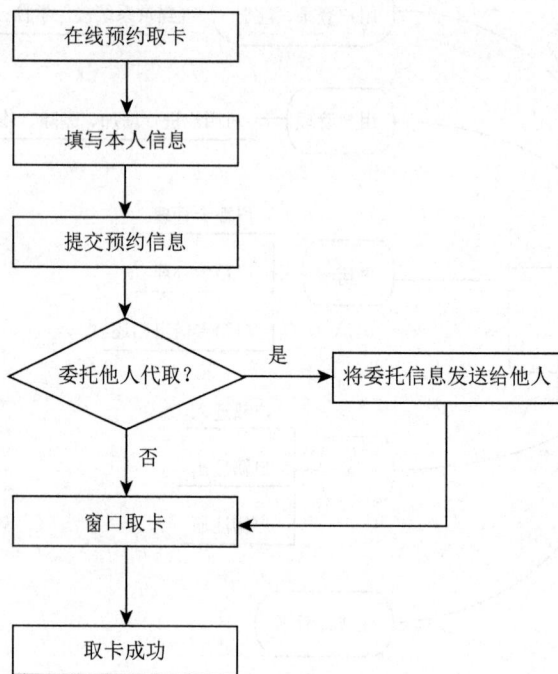

图2　户籍卡在线预约借卡流程

4. 行前教育管理

记录行前教育培训信息及证书信息，方便数据查阅、保存，个人行前教育信息下载。

行前教育查询：根据培训时间、学号、姓名等筛选查询证书记录。**证书下载**：支持单个证书下载和批量下载。**批量导出**：根据筛选条件批量导出证书信息 Excel 表格。**个体增加**：通过管理员手动添加证书记录，填写学号自动补全姓名信息。**批量导入**：通过 Excel 批量导入行前教育培训信息。

5. 政审证明管理

通过预约办理政审证明现场立等可取减少排队时间，办理进度实时查询，审核完成后即时提醒师生。

预约办理：学生、教职工通过系统前台下载相关材料文件模版，打印填写后拍照上传，后台管理员审核通过后将发送短信通知办理人在预约时间前往窗口办理，现场打印政审证明文件，如未通过，将发送短信通知拒绝理由。**现场办理**：由学生、教职工携带相关材料前往窗口直接办理（无需预约）。

6. 居住证介绍信管理

通过预约办理政审证明，现场立等可取，减少排队时间，办理进度实时查询，审核完成后即时提醒师生。

预约办理：学生、教职工通过系统前台下载相关材料文件模版，打印填写后拍照上传，后台管理员审核内容。**现场办理**：由学生、教职工携带相关材料前往窗口直接办理（无需预约）。

7. 行前教育查询管理

提供行前教育信息查询入口，给某些特定权限的人查询相关内容，仅拥有查询的权限。可根据培训时间、学号、姓名等筛选查询证书记录。

8. 师生信息查询管理

提供师生信息查询入口，给某些特定权限的人查询相关内容，仅拥有查询的权限。根据姓名、一卡通号、身份证号查询用户基本信息、户籍信息。

9. 信息发布模块管理

发布通知公告、新闻、使用事项、政策法规，方便使用本系统的用户查看和落实户籍工作。对内容的添加、编辑、修改、删除；设置发布分类和发布状态；相关信息内容下载。

10. 日志管理

记录用户、户籍卡的操作行为。系统记录管理员的操作记录，可根据时间筛选查看户籍卡的操作记录（操作人、操作时间、操作内容）。

11. 数据迁移

保持安全管理数据的有效性、完整性和一致性。对正在使用的户籍系统中的数据通过数据表导入、Excel 导入的方式进行数据迁移。

三、功能实现设计

（一）系统逻辑结构设计

1. 用户登录逻辑

系统设计接入北航统一认证登录接口，对用户进行登录身份认证（如图 3 所示）。

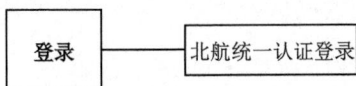

图3　系统登录示意图

2. 户籍管理逻辑

户籍信息关联用户、现场迁入、批量迁入、现场迁出、批量迁出记录，现场借用、现场归还、预约、操作记录（图4所示为户籍管理逻辑）。

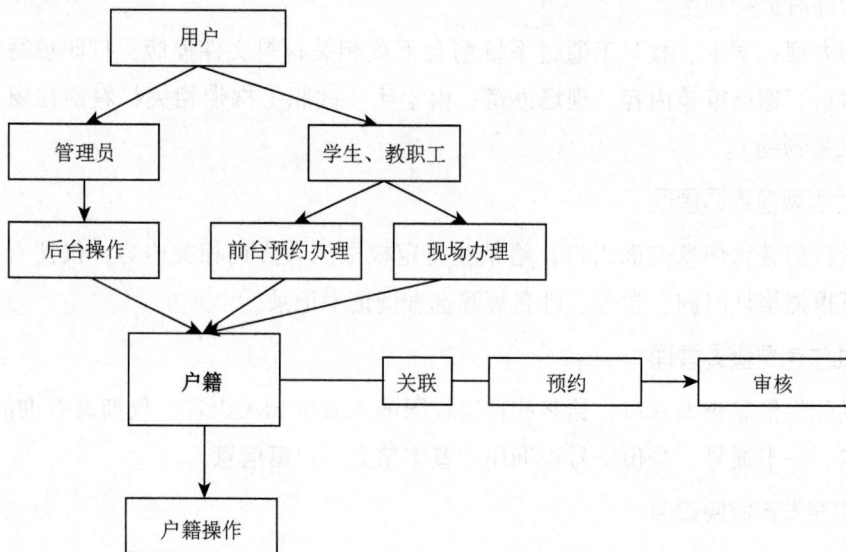

图4　户籍管理逻辑

3. 预约逻辑

预约逻辑关联户籍信息、政审证明开具、居住证介绍信开具（如图5所示）。

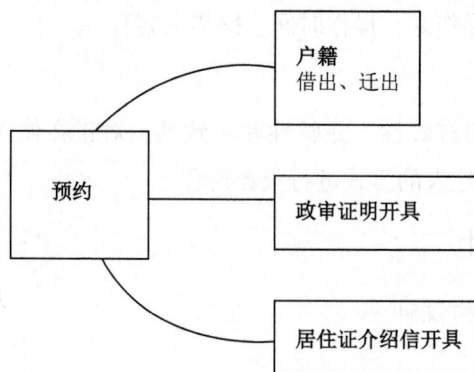

图5　预约逻辑

（二）系统界面设计

1. 后台首页页面设计

进入后台首页展示注册用户、在册户籍数等模块的快捷入口，也可以通过左侧导航栏目进入到各个子模块（如图6所示）。

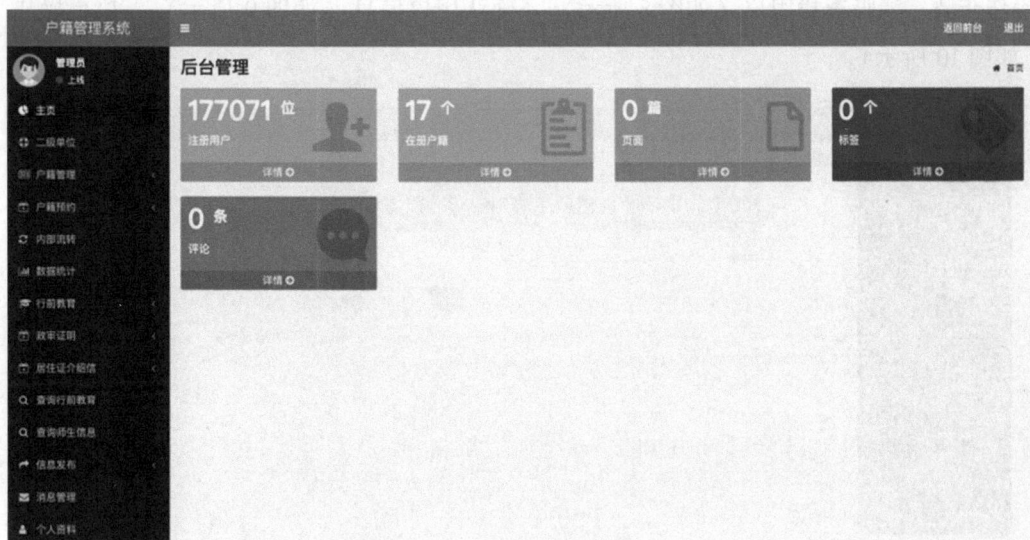

图6　后台页面

2. 户籍相关信息页面

户籍列表内容采用表格的形式来提供浏览，并提供筛选来进行个性化搜索和批量导出数据，可对单条户籍信息进行编辑、操作记录查看等操作（如图7所示）。

图7　户籍相关信息页面

现场借用，现场归还，日常迁出，首页、介绍信下载针对单个户籍信息进行操作，操作步骤：清晰查找用户（如图8所示）→确认用户信息（如图9所示）→执行操作（如图10所示）。

图8　查找用户界面

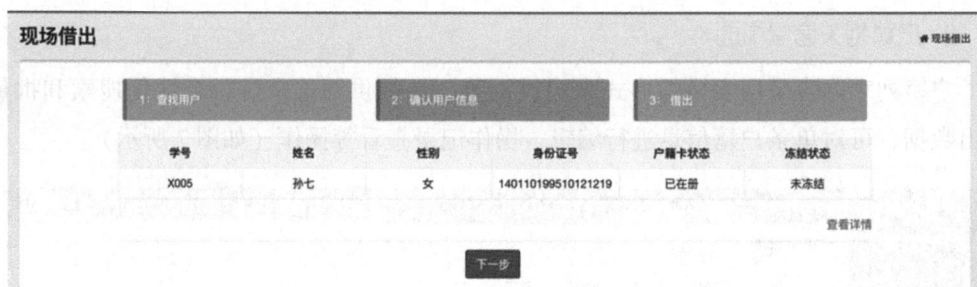

图9　确认用户信息页面

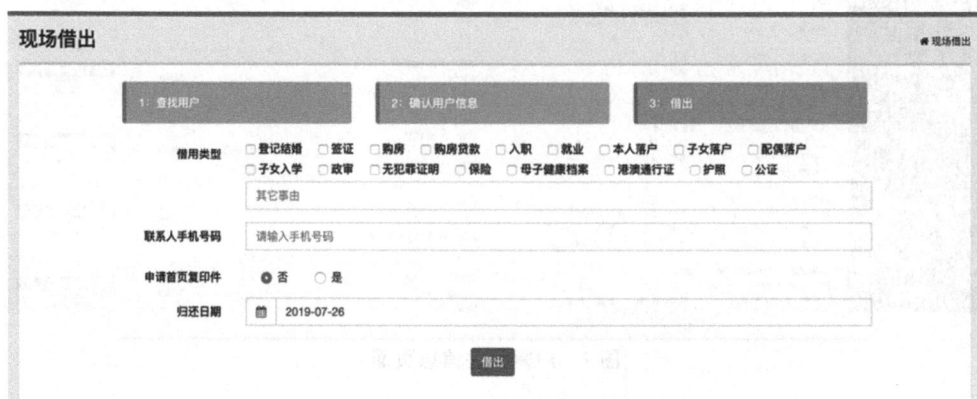

图10　执行操作界面

在日常迁入编辑页面的学号、职工号一栏中输入对应的学号、职工号会通过用户系统自动补全二级单位、身份证号等基础信息（如图 11 所示）。

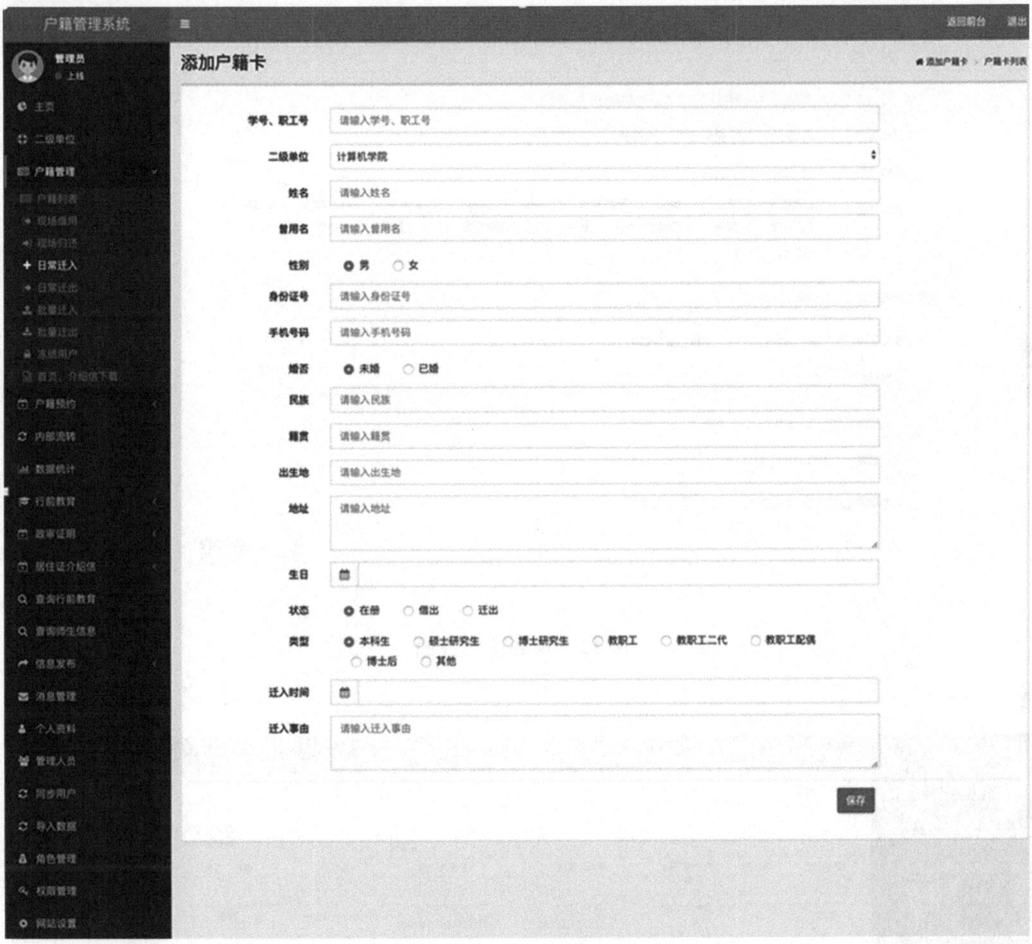

图 11　执行编辑页面

3. 预约管理相关页面设计

用户前台提交户籍、政审证明、居住证介绍信开具的预约页面均为表单提交页面，填写预约相关信息后完成提交，等待管理人员审核（图 12 所示为预约前台界面）。

户籍预约管理、政审证明预约管理、居住证介绍信开具的预约管理均以列表的形式展示，可对数据内容进行搜索和筛选，快速定位所需数据，针对目标数据进行审批、借出、归还、迁出等操作，使得管理更加便利（图 13 所示为预约后台管理界面）。

图 12　预约前台界面

图 13　预约后台管理界面

4. 信息发布模块相关页面设计

列表页面为通用的列表展示方式，新增编辑部分采用标签切换的方式，可编辑文章内容或导入微信公众号文章内容（如图 14 所示）。

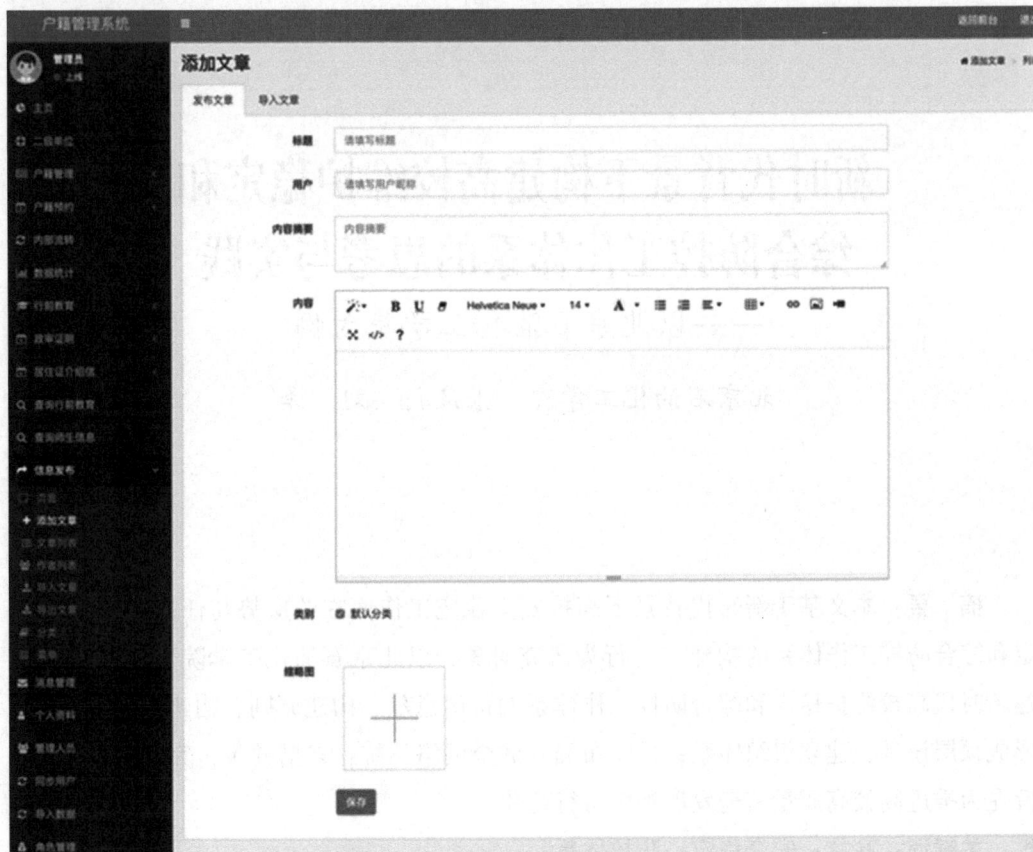

图 14　信息发布界面

四、总　结

本系统主要功能分为户籍管理子系统、预约管理子系统、政审证明与居住证介绍信开具子系统和信息发布模块四部分，基本满足使用需求。其具有准确完整的功能设计、通用一致的可用性、模块的可维护性以及广泛适应的可移植性，但需要具备完善的日志监控、错误报告和故障处理机制，以确保系统长时间、无故障地稳定运行，为提供更精细的户籍管理服务提供支撑。

新时代背景下构建高校维护稳定和综合防控工作体系的思考与实践
——以北京石油化工学院为例

北京石油化工学院　张泉利　刘　泽

摘　要：本文基于新时代背景下高校安全稳定工作面临的形势与任务，以维护稳定和综合防控工作体系的构建与运行为研究对象，以北京石油化工学院为例，阐述构建新时代高校维护稳定和综合防控工作体系的价值意蕴、构建原则、构建及运行路径，形成顶层设计，建立组织体系；科学布局，健全网络系统；多措并举，完善保障机制，旨在为推进高校高质量安全发展提供可行性建议。

关键词：高校；安全稳定；防控体系

2020 年 10 月 26 日，习近平总书记在党的十九届五中全会上强调："要把安全发展贯穿国家发展各领域和全过程，防范和化解影响我国现代化进程的各种风险。"习近平总书记的讲话指出了鲜明的导向、给出了正确的指引，为深入贯彻新时代国家安全发展观、建设更高水平的平安中国提出了新的要求，同时也为高校如何做好新时代安全稳定工作赋予了新的内涵。近年来，北京市委教育工委、市教委站在强化"四个意识"、坚定"四个自信"、做到"两个维护"的高度，加大疫情防控和安全稳定工作的力度，提升防范化解重大风险的精度，坚持用大概率思维应对小概率事件，有效防范"黑天鹅""灰犀牛"事件，确保校园安全。客观上讲，推进高校高质量安全发展，涉及内容多，涵盖要素全，辐射领域广，尤其在构建新时代多元化事故预防机制方面，国家有指示、市教委和教育工委有要求，各高校也有相应举措与办法。然而，在推进末端落实进程中，有一个不容忽视的关键环节，这就是高校维护稳定和综合防控工作体系的构建与实施。本文以北京石油化工学院为例，基于相关探索与实践进行研究。

一、构建新时代高校维护稳定和综合防控工作体系的价值意蕴

（一）多元助推，加大对治理能力现代化建设的支撑度

维护稳定和综合防控工作体系，分支于多元化事故预防机制，涵容于安全稳定建设范畴。它既是一种责任体系，也是一种运行机制和工作网络系统。高校维护稳定和综合防控工作体系，是党委统一领导、机关部门与基层院（系）各司其职、全校师生共抓安全稳定的工作机制，是横到边、纵到底、全覆盖的安全管理模式。新时代新形势新任务，赋予高校安全发展新内涵。高校通过构建和运行维护稳定和综合防控体系，能够有效调动师生共研现代大学治理"安全之治"的积极性与主动性，深度激发学术系统活力，规范安全权责边界，丰富安全治理要素，优化安全组织结构，健全现代大学制度。以北京石油化工学院为例，学校积极拓宽信息公开渠道，创新内部安全治理，完善安全决策与执行机制，提升行政系统效率，为学校治理模式系统性转型提供规范有序的安全体系支撑。另外，维护稳定和综合防控工作体系的构建与运行，离不开社会的监督，客观上需要社会力量介入和参与，高校与社会加强沟通联系，共同承担社会安全责任，并与校内部安全治理协同联动，二者如同"鸟之两翼、车之两轮"，共同推进高校治理体系和治理能力现代化建设。

（二）规范运行，提升高校高质量安全发展的达成度

高校维护稳定和综合防控工作体系，关键在防范、目标在安全。通过构建新时代高校维护稳定和综合防控工作体系，能够有效推动"一张网、两个机构、三个平台、四支队伍"的安全管理网络建设。"一张网"就是安全稳定工作网：纵向由校党委—专门机构—各二级单位科室组成，横向以各专门机构为主线进行贯穿，纵横交织，形成网络。"二个机构"就是学校安全稳定工作领导小组下设的安全稳定办公室和保卫处。"三个平台"就是校园安全管理服务平台、网络舆情管理平台、学生管理服务平台。要在"平安校园"建设基础上，进一步增强维护稳定和综合防控工作体系的主体功能，充分发挥集综合值班、师生求助、视频监控、消防报警、视频会议和应急指挥"六位一体"的安全管理指挥中心的作用。"四支队伍"就是建立维护稳定和综合防控工作体系志愿者队伍，完善由二级单位主管和安全员组成的二级单位维稳队伍，整合优化网络管理队伍，健全安全稳定信息动态搜集与研判队伍。通过维护稳定和综合防控体系的运行，进一步增强安全稳定工作实效，提升高校高质量安全发展的达成度。

（三）围绕中心，增强人才培养质量的保障度

高校维护稳定和综合防控工作体系，主要以防范化解重大风险为着力点，通过落

实安全稳定专门工作机制，着力防范化解种类矛盾问题，有效防范应对"黑天鹅""灰犀牛"事件，全力做好重大活动及敏感节点维稳工作。以北京石油化工学院为例，学校把安全风险评估纳入重大决策程序，制定了《重大事项校园稳定风险评估机制实施办法》。坚持党务、校务信息公开和"校领导接待日"制度，充分发挥教代会、工会、学生会等群众团体的作用，畅通诉求表达协调渠道，积极做好信访工作，注重从源头预防化解矛盾纠纷，及时解决涉及师生利益的各类问题。学校坚持每半年集中开展一次矛盾纠纷排查，在重大节日、重要活动、敏感时期均实行专项排查，归类建立工作台账，明确责任人、工作措施和解决问题时限。对于重大矛盾和问题，学校主要领导亲自协调、亲自督办，确保矛盾不升级、不转移、不演变成为影响稳定的现实危害。通过召开"双代会"、民主党派、离退休干部、师生代表座谈会等，及时受理和有效答复各类提案，回答并解决师生员工关注的问题，助力学生全面健康成长。

二、构建新时代高校维护稳定和综合防控工作体系的原则

（一）"生命至上，安全第一"的原则

党的十九大报告中指出："要弘扬生命至上、安全第一的思想，健全公共安全生产责任制。"结合新时期高校面临的形势与任务，就是要将大政策化小、远道理拉近，就是要深入贯彻国家关于疫情防控和维护稳定工作的指示要求，按照市教育两委工作部署，坚持以打赢疫情防控阻击战为首要任务，以维护学校政治安全为根本目标，密切关注涉疫情敏感舆情和突出动向，及时消解维护稳定和综合防控工作中的不稳定因素。

（二）"注重预防、平战结合"的原则

安全为目的，防范为手段。高校安全稳定，不能靠拍胸脯，更不能心存侥幸。尤其对于重大安全风险来讲，具有一定的潜藏性、突发性、不可预见性。为此，在构建和运行新时代高校维护稳定和综合防控工作体系过程中，要坚持"注重预防、平战结合"的原则，强化防范意识，建强硬件设施，健全工作机制，完善细化预案，线上线下相结合，常态化做好预防及隐患苗头处置工作。

（三）"整合力量，便于操作"的原则

体系的构建、路径的推行，并非"摆设"，关键在于准确把握高校安全稳定面临的新形势新挑战新任务，统筹高校发展和安全，切实增强做好维护校园安全稳定工作的政治责任感，持续为高校安全稳定注入发展活力。进一步健全组织指挥机制，优化体系运行要素，提升抓安全稳定工作的合力，增强具体措施的可操作性，规范有序推进，注重末端落实，有效解决责任体系"挂空档"、工作推进出现"真空地带"的问题。

三、构建新时代高校维护稳定和综合防控工作体系路径

(一) 顶层设计，建立维护稳定和综合防控工作组织体系

新时代背景下，高校维护稳定和综合防控工作是一项系统工程，既需要建强内部组织指挥体系，更需要与社会相关部门或单位加强联系，形成社会配合体系。当前，高校维护稳定和综合防控共性问题，就是虽然内部安全组织指挥体系花的时间多、用的心思多、投入力度大，也取得了一定成效，然而在社会配合体系建设上，协调的广度、配合的力度仍亟待加强。以北京石油化工学院为例，学校以师生认同为基点，在规范建设内部组织指挥体系的基础上，与地方加强沟通联系，充分挖掘优势资源，齐心协力做好维护稳定和综合防控工作。比如，认真落实安全稳定工作"一把手"工程，建立并完善了党委统一领导、党政齐抓共管、社会力量融入、职能部门组织协调、基层院系单位分工负责、师生员工共同参与的安全稳定工作体系，成员涉及公安、法院、交通、消防、民政、传媒等类型高校，以及本校的校办、组织、宣传、安保、学生、网络等部门和院系。各二级院系也分别成立了安全领导小组，并及时调整了国家安全、信息安全、防震减灾安全教育、矛盾纠纷排查化解、治安保卫、防火、应急、交通、保密、民族宗教等13个专项工作小组和委员会，建立了社会相关单位与部门、本校保卫专职干部、校卫队员、"平安校园"志愿者、辅导员、网络舆情管理及后勤服务管理等全方位、多层面的安保队伍，加强统筹，进一步整合维稳力量，形成了"上下联动、左右配合、管理有效、保障有力"的工作格局，安全稳定工作整体合力得到加强。

(二) 科学布局，健全维护稳定和综合防控工作网络系统

高校高质量的安全发展，客观需要重心下移、多元共治、多点支撑维护稳定和综合防控工作体系。以北京石油化工学院为例，学校紧密结合应急治理体系及治理能力现代化建设，下设预防预警、教育引导、舆论引导、应急管理、现场处理五个子系统。各系统职能明确，共同支撑学校维护稳定和综合防控工作体系有序运行，在防范化解重大风险以及推进安全稳定高质量发展方面，取得了一定实效。比如，在网络舆情上，学校建立了"四纵四横"网络舆情工作体系。四纵是指网络舆情工作领导小组—网络舆情中心—学生工作部门—各二级单位信息员，四横是指按责任领域分为：网络舆情中心—宣传部（媒体、论坛等）、信息中心（网络技术）、学工部、校团委—其他部门和学院。校园网和校外网热点关注每天一报，及时掌握网络动态，及时处置突发情况，及时公开公告信息。确保了网络有害信息能在短时间内得以遏制，最大限度减少社会影响，防止酿成群体性事件。再如，在舆论引导上，夯实筑牢严防敌对势力渗透破坏阵地，强化境外非政府组织项目审批监管，健全完善外事审批管理制度。强化课堂教学、外出实践等管理，有效防范"美国课堂""学友会"等渗透活动。做好外籍教师、

留学生教育管理工作，防止传播敏感信息和组织参加敏感活动。落实《北京高校防范恐怖袭击和个人极端暴力行为工作规范（试行）》，强化校园反恐能力建设，落实盯住人、把住口、管住房、看住物、守住点、控住面等"六住"要求，针对可能出现的极端暴恐事件，健全反恐应急处置工作预案，加强处置演练，坚决防止发生暴力恐怖事件。

（三）多措并举，完善维护稳定和综合防控保障机制

新时代高校维护稳定和综合防控工作体系的构建与运行，需要将多元化的保障机制融入整个维护稳定和综合防控大体系中去谋划和落实。北京石油化工学院着重建立和加强监督检查机制、考核评价机制、责任追究机制，确保该体系顺畅推进，充分发挥其在学校安全稳定工作中的功能与作用。比如，在监督检查方面，学校着力健全党委统一领导、党政齐抓共管、职能部门统一管理、各部门分工负责的安全稳定工作体系，建立了敏感时期和常态时期维护安全稳定工作机制。保卫处按照三个校区校园地域分布，划定责任区域，每个片区设治安、安全管理人员各一人为共同责任人，实行包片负责。启动校园等级防控期间，保卫处领导和管理人员到学校各大门带班，协助开展各项工作。后勤集团按照"集团—部门—班级—个人"，纵向建立四级安全防控体系，逐步签订安全稳定责任书到具体个人，责任分明，奖惩明晰。在考核评价方面，进一步强化基层单位安全稳定工作责任落实的考核力度，将二级单位安全稳定工作纳入学校绩效考核，同时完善了二级教学科研机构、二级非教学科研机构、处级干部和处级领导班子、教职工四项绩效考核办法，将安全稳定、实验室安全、保密工作纳入到绩效考核指标体系中。学校明确辅导员是学生安全稳定工作的骨干力量，建立有效机制，确保涉及学生的安全稳定工作落实到位。表现出及时、有效、强有力的执行力，确保了各项措施执行不走样、及时不拖后、处置讲情理。

实践证明，新时代背景下高校维护稳定和综合防控工作体系的构建与运行，既是一个常开常新的理论课题，也是一项久久为功的实践性工作，需要我们紧跟社会治理体系和治理能力现代化的趋，合上高校高质量安全发展的拍，踩准人才培养的点，切实推进维护稳定和综合防控工作体系的构建与运行，推进高校安全稳定工作规范化、系统化、协调化发展。

参考文献

[1] 窦丽琛，张云，陈永国，等.学习贯彻党的十九届五中全会精神笔谈[J/OL].经济与管理，2021（02）：6-13［2021-03-08］.http：//kns.cnki.net/kcms/detail/13.1032.F.20210305.1720.002.html.

[2] 肖荣华，袁峰. 新时代迈向体育强国的征程——理解党的"十九大"报告精神意涵[J]. 广州体育学院学报，2021，41（01）：13-17.

[3] 王成，田祁. 新时期高校稳定安全的综合防控体系研究[J]. 陕西教育（高教），2017（09）：47-48.

高校实验室安全管理探索与实践
——以北京石油化工学院为例

北京石油化工学院　　胡　颖　吕鹏飞　马　壮　杨英歌　李　津

摘　要：高校实验室的安全运行是教学、科研活动顺利开展的基本要求和前提条件，实验室安全关系到师生的切身利益和学校的稳定发展。本文针对当前高校实验室管理存在的突出问题，以北京石油化工学院为例，介绍了实验室安全管理工作的典型经验，提出深刻认识实验室安全的重要性、全面加强实验室安全管理制度建设、持续推进实验室安全检查与隐患整改的工作建议，为高校做好实验室安全管理提供借鉴。

关键词：高校实验室；安全管理；经验探索；管理实践

高校实验室是开展人才培养、科学研究的重要阵地，实验室安全关系到师生的切身利益和学校的稳定发展。为确保实验室安全，教育主管部门先后出台了一系列实验室安全文件，并组织专家依据教育部《高校实验室安全检查指标体系》开展高校实验室安全检查[1]。北京市也开展了教育系统学校危险化学品安全综合治理三年行动、市属高校科研实验室安全工作等系列活动，在一定程度上促进了全市高校实验室安全管理的全面推进和质量提升。如何提高高校实验室安全管理效果，逐步成为一门需要不断改进和创新的科学，成为高校快速发展过程中亟需思考并加以解决的当务之急。

一、高校实验室安全管理存在的主要问题

近年来高校实验室安全事故时有发生，实验室安全管理面临着严峻形势和挑战，正发展成为一项不容忽视的热点和难点工作[2-5]。以北京地区高校为例，2015年清华大学实验室氢气钢瓶爆炸事故、2016年北京化工大学实验室冰箱燃烧事故、2018年北京交通大学实验室爆炸事故等[6]，均造成不同程度人员伤亡或财产损失，对高校声誉产生负面影响。调查表明，在导致高校实验室发生各种事故的原因中，人为因素约占98%，主要体现在以下几个方面。

（一）实验室安全管理体制机制不健全

很多高校的实验室管理工作由多个部门参与，各部门之间职责不清，交叉管理、职责空缺等问题均不同程度地存在，实验室安全管理责任体系和运行机制有待完善。据电话调研，北京市一半以上的高校实验室管理由学校单独设立的实验室处、国有资产与实验室管理处或实验室与设备管理处负责，三分之一高校的实验室建设与日常管理分别由教务、科研部门负责，实验室安全由保卫处统管，还有部分高校的实验室安全管理由承担教学科研任务的二级单位直接负责，学校的主责部门不清，实验室安全管理甚至处于管理真空地带。另外，高校各二级单位普遍存在实验室安全人手不足的现象，实验室的安全管理人员配置有限。很多实验室的安全员由实验室主任或主讲教师兼任，由于教师的教学科研工作任务繁重，实验室安全管理又非其承担的岗位任务，在岗位考核中并未体现，他们对实验室安全检查、危险化学品管理、仪器设备使用台账等安全管理工作投入的精力不足，对安全风险的管控力明显不足。

（二）实验室安全教育不到位

近年来，在各级教育行政主管部门的督促和要求下，各高校对师生开展的实验室安全教育的力度有所加大，但专业性、规范性和标准化仍显不足。部分高校每年组织一两次全校性的实验室安全培训，仍是"为了完成任务做做样子"，部分实验室的安全管理工作仍处于"说起来重要，做起来不重要"的松懈状态。很多高校的学科众多，各式各样的实验室密布，涉及电、气、水、机械、辐射、化学品、生物制剂等多类安全问题，涉及的安全管理专业知识范围广、专业性强。只开展通识性安全教育而缺少专业细化，必然导致一些专业性很强的安全因素被忽视。由于安全教育不到位、安全准入不彻底，导致部分师生在实验操作过程中安全意识淡薄、安全知识和技能缺乏、实验操作不规范等，安全事故频频发生。

（三）实验室安全配套设施不完备

大多数高校都有实验室管理制度，但普遍存在内容笼统、陈旧、专业性不足的问题，对实验室管理实践的指导意义不大。具体到实验室安全管理，往往不细不实，既不能指导实践，更未明确压实责任。由于指导性和可操作性不强，师生对制度不在意，制度未能充分发挥其对实现工作程序规范化、岗位责任法规化、管理方法科学化的作用。另外，近几年国家出台了关于危险化学品和危险废弃物储存、使用、处置等一系列通知要求，但由于部分高校的制度更新不及时，仍存在不少安全隐患。

部分高校还未树立"安全生产就是竞争力"的意识，倾向于把经费投入教学、科研等能直接看到成绩的地方。受经费不足等因素影响，部分实验室安全设施无法完全满足使用需求，比如，急救箱配置不足、逃生通道配套设施不完善、通风系统缺少定期维护、消防设施未定期更换、危险品实验室缺少视频监控、危险化学品储存不能满足排风防爆要求等。另外，有一些实验室的建设时期较早，缺少必要的安全基础设施，而实验室改造的费用高昂，没有财政专项投资很难完成安全升级。

因人员编制紧张，很多高校都将新引进人员的指标投给教师队伍。作为实验室安全重要生力军的实验技术队伍力量薄弱，普遍存在队伍结构老化、学历职称低、专业素养不高、安全训练不足等问题。受社会认可度不高、职称层次低、待遇低等因素影响，实验技术人员在高校的地位不如教师，有较高专业素养的教师不愿意转岗到实验技术队伍，学校又缺乏对外部人才的吸引措施，实验室安全管理专业人才匮乏现象日益严重。

二、北京石油化工学院实验室安全管理探索与实践

北京石油化工学院创建于1978年，学校秉承"崇尚实践、知行并重"的办学理念，坚守"团结、勤奋、求实、创新"的校风，传承实践育人的办学特色，坚持人才培养中心地位，以立德树人为根本，坚持走质量提升为核心的内涵式发展道路，多年来综合实力和整体水平大幅提升，已发展成为一所以工学为主，工、理、管、经、文多学科相互渗透，具有鲜明工程实践特色的普通高等学校。作为北京市属高等学校，北京石油化工学院一直高度重视实验室的安全稳定工作，把实验室安全工作作为事关教育发展、创建平安和谐校园的大事来抓，在实验室安全管理中不断探索与实践，确保了学校实验室安全。

（一）健全管理体制机制，建立责任体系

学校依据国务院《危险化学品安全管理条例》（国务院第591号令）、《实验室危险化学品安全管理规范》等规定，结合学校实际，印发实施了《关于加强危险化学品安全管理工作实施方案》《北京石油化工学院危险化学品安全管理办法（试行）》《北京石油化工学院教学实验室安全工作标准和实施方案》等制度，明确了学校危险化学品安全管理组织领导、部门职能、保障措施、管理规范、工作要求等，为学校相关单位、部门开展危险化学品管理工作提供了制度依据。

学校成立了实验室工作委员会，设置了国有资产与实验室管理处，建立了"学校—二级单位—实验室—实验员"安全责任体系，明确保卫、资产、教务、后勤管理处等相关职能处室在危险化学品安全管理工作中的职责任务，保证了对危险化学品购买、使用、存储、报销、回收等环节进行全程监管，对涉及的经费预算、安全检查、教育培训、设施修缮等各项工作有专门机构负责；相关教学科研单位为危险化学品安全管理主责单位，设有专人具体负责危险化学品安全的日常管理工作，各实验室也都设立专（兼）职安全员，对做好实验室危险化学品日常安全工作起到了重要作用。

学校压实责任并严肃责任追究，印发实施责任追究办法，对违章单位、个人下发整改通知单，通报批评并给予一定的经济处罚。国有资产与实验室管理处作为危险化学品安全管理监管部门，负责对问题整改情况进行复查，督促整改落实。同时，将危险化学品安全管理工作履职情况纳入年度考核，对于发生突出问题的单位、个人，在评选优秀和先进时予以一票否决。

（二）加大运行保障力度，加强日常管理

学校加强组织领导，成立学校危险化学品安全管理领导小组，学校党政一把手任组长，主管安全的校领导担任副组长，相关院（系）、职能处室负责人为成员，统筹领导危险化学品安全管理工作。相关教学科研单位相应成立由主要负责人任组长的危险化学品安全工作小组，负责本部门危险化学品实验室管理。增设危险化学品管理岗，专门负责危险化学品库房管理、废物（液）回收等相关工作。将危险化学品安全管理列入学校年度重要工作内容，通过校长办公会、安全稳定工作例会定期研究部署，对危废物（液）积存、库房改造等重难点工作，校领导亲自过问，有效推动了相关工作落实落地。党委理论学习中心组专门召开了以实验室安全为主题的安全生产专题学习扩大会等，促进了学校实验室安全工作的全面推进和质量提升。

学校设立专项经费，用于积存废物（液）处置、危险化学品库房改造、人员培训、应急处置演练及制度完善等工作。作为大兴区危险化学品库房标准化建设先行单位，依据行业标准完成了库房改建及监控系统、强制排风装置、气体报警与通风联动装置、静电释放柱、防护网、安全警示标识等相关配套设施设备安装工作，并顺利通过达标验收。各单位根据工作实际，购置了危险化学品专用存放柜、机油存储箱、灭火毯等器材，按照国家标准配齐了实验室个体防护用品，学校危险化学品安全基础设施设备得到完善。

学校不断加强日常管理，完善基础台账，督促相关单位健全安全检查、工作日志等工作档案，实现台账式管理；定制危险化学品管理平台，推进危险化学品信息化管理，规范了危险化学品采购、审批、使用、储存、报销、废弃化学品处置等环节流程，对易制毒、易制爆的危险化学品，通过二维码全过程监控，实现闭环管理，进行专门管控；定期回收废弃化学品；每年组织多次安全大检查，学校领导亲自带队，遇到问题现场解决。

（三）抓好教育宣传培训，注重应急演练

学校主动向兄弟高校学习先进经验做法，开阔视野，改进工作。邀请校外专家，定期举办涉及全校实验室安全负责人、使用危险化学品科研实验人员及学生的危险化学品安全管理培训活动；各二级单位结合各自实际，积极组织开展实验室安全知识竞赛、实验室安全准入培训、危险化学品道路运输事故应急处置技术交流会等，提高了学校师生的安全防范意识和安全素养。成立学校危险化学品应急处置分队，建立微型消防站，配备防护服、防毒面具等专业器材，并定期组织危险化学品突发事件应急演练。各二级单位结合各自实际，组织开展实验室突发火情、有毒气体泄漏等应急处置演练，提高实验室突发事件应急处置能力和实验人员岗位应急处置操作水平。

三、实验室安全管理工作建议

针对目前高校实验室安全管理工作存在的问题，本文结合北京石油化工学院的管理探索与实践，提出以下工作建议。

（一）提高安全意识，深刻认识实验室安全的重要性

实验室作为人才培养、科学研究的重要阵地，安全管理至关重要。应建立多层级实验室安全教育体系，通过开展一系列安全教育培训，提升广大师生安全意识，逐步实现从"要我安全"向"我要安全"的意识转变[7-8]，真正做到人人关心安全、处处关注安全、时时重视安全。在学校实验室日常管理中，要坚决克服麻痹思想和侥幸心理，把实验室安全作为不可逾越的红线，切实解决好实验室安全薄弱环节和突出矛盾，掌握防范化解遏制实验室安全风险的主动权。

（二）明确责任，全面加强实验室安全管理制度建设

进一步明确学校、二级单位、实验室联动的实验室安全管理责任，推进多级责任体系建设，以"安全第一、预防为主、综合治理"为工作方针，坚持"谁主管，谁负责；谁使用，谁负责"和"管业务必须管安全"的原则，按照"党政同责、一岗双责、齐抓共管、失职追责"的要求，形成持久性、常态化管理[9-10]。同时，持续推进实验室安全管理制度建设，形成"实验室工作规程—实验室安全管理规范—实验室专项管理规定—实验室专项实施细则"相结合的多层级实验室管理制度体系，并确保制度的前瞻性、科学性、可操作性，让各项实验室安全管理制度真正落地，为打赢实验室安全攻坚战和持久战提供有力保障。

（三）常抓不懈，持续推进实验室安全检查与隐患整改

建立并不断完善学校、二级院系、实验室安全检查与隐患整改治理体系，树立"隐患就是事故"的观念，推行实验室安全事故隐患排查、登记、报告、整改的"闭环管理"，避免出现隐患排查不到位、不彻底，甚至出现走马观花的现象，真正打通实验室安全管理最后一公里[11-12]。

四、结 语

高校实验室安全关系到师生的切身利益，学校在实验室安全管理工作中应真正树立安全第一、师生生命至上的理念，全面熟悉并掌握实验室管理及面临的突出问题，学习并借鉴先进管理经验和做法，为学校实验室管理工作精准施策，不断提升高校实验室安全管理与防控水平。

参考文献

[1] 冯建跃，金海萍，阮俊，等.高校实验室安全检查指标体系的研究[J].实验技术与管理，2015，32（2）：1-10.

[2] 刘冰，陈子辉，张海.高校实验室安全工作现状分析与对策研究：以天津市市属普通高校为例[J].实验技术与管理，2019，36（4）：175-178.

[3] 廖庆敏.高校实验室安全管理之思考[J].实验室研究与探索，2010，29（1）：168-170.

[4] 付裕贵，杨兵，王运.高校实验室技术安全管理体系的构建[J].实验技术与管理，2013，30（7）：11-15.

[5] 付净，刘虹，刘文博.高校实验室火灾爆炸事故原因分析及管理对策[J].吉林化工学院学报，2018，35（5）：87-92.

[6] 杨乐.高校实验室安全管理的对策研究[J].化工管理，2019，（5）：138-140.

[7] 金仁东，马庆，柯红岩.分级分层次实验室安全教育体系建设研究[J].实验技术与管理，2018，35（12）：4-8.

[8] 吴祝武，白向玉，孙志强，等.高校实验室安全管理的探索与实践[J].实验技术与管理，2019，36（12）：1-4.

[9] 李帅.实行实验室安全督查制度 推进高校实验室安全管理[J].实验室研究与探索，2018，37（9）：339-342.

[10] 陆锦冲.和谐社会视角下高校实验室安全管理制度的构建[J].实验技术与管理，2012，29（10）：1-4.

[11] 刘欢，王峰，任雪梅，等.提高安全检查质量和水平的几点认识[J].安全与环境工程，2010，17（3）：90-92.

[12] 姚朋君，范强锐，马涛，等.高校实验室隐患排查与治理存在的问题及应对策略[J].实验技术与管理，2015，32（4）：237-240.

首都高校保密工作现状、问题及对策研究

北京信息科技大学 崔 凯 杜 平 徐 飞 刘 旭

摘 要：首都高校保密工作是国家和北京市保密工作的重要组成部分，是国家总体安全的重要组成，是党和国家事业蓬勃向上的基础保障。在首都高校不断发展的同时，保密工作涉及的范围也发生了本质上的变化，不仅涉及政治安全、教育考试、对外交流合作、涉密学位论文、出版印刷等方面的内容，而且包括军工科研生产、校园网与互联网、信息公开等过程中的保密内容。首都高校在一定程度上引领着全国高校教育的发展方向，又由于首都政治中心、文化中心的独特定位，其保密工作显得更为重要。

关键词：首都；保密；创新；问题

一、首都高校保密工作的重要意义、地位作用和工作范围

（一）新形势下做好首都高校保密工作具有重要的意义

1. 充分认识首都高校保密工作的历史方位

保密工作是国家安全工作的重要一环，历来是党和国家事业发展的重要保障。党的十八大以来，习近平总书记高屋建瓴地提出"总体国家安全观"战略论断，对我们做好当前的保密工作，特别是高校保密工作具有重要的指导意义。党的十九大作出了中国特色社会主义进入新时代的重大政治论断，我国高等教育努力把党和国家的最新战略部署转化为高等教育强国建设的实际行动，正处在前所未有的历史新方位。2018年9月10日召开的全国教育大会，标志着我国的高等教育站在了新的发展起点。首都高校是我国高等教育的重要组成部分，是我国高等教育的领头羊，具有巨大的地理优势、资源优势，示范引领着国家高等教育的发展方向，是建设创新型国家的核心力量，为京津冀区域经济协调发展、建设"人文北京、科技北京、绿色北京"提供着强大的科技和智力支撑，在我国民族复兴进程中处于非常特殊的重要地位。

首都高校承担着培养担当民族复兴大任时代新人和引领科学技术发展的使命和任务，是落实立德树人根本任务的坚强阵地。同时，首都高校也是国家科学技术研究和哲学社会科学研究的重要力量，承担大量国防军工科研项目、世界尖端技术及国家前沿政策的研究任务，涉密程度很深。据统计，在首都科学研究力量布局中，首都高校占比逐年攀升，其科研成果带来的经济效益突飞猛进，这一特殊地位和作用使得首都高校成为敌对势力费尽心机窃取秘密的重要目标和主要战场。

站在新的历史方位，深入做好首都高校的安全保密工作就是维护首都高等教育的安全发展环境，维护国家安全，保障民族复兴大业。面对错综复杂的安全保密形势，首都高校必须充分认识新时代保密工作面临的新形势，把握新特点，切实担负起新时代维护国家安全利益的职责使命。

2. 深刻认清当前首都高校保密的严峻形势

当今世界政治风云变幻，国际竞争日趋激烈，各国之间的竞争日益集中在大量先进科学技术和经济信息领域。首都高校历来是西方敌对势力围攻渗透破坏的重要目标，这为首都高校安全发展带来严峻挑战。当前，首都高校国家秘密安全环境日益复杂，安全威胁日益增大，安全挑战日趋严峻，保密工作形势日趋尖锐复杂，窃密与反窃密之间的斗争日益激烈和复杂。这主要表现在以下几个方面：第一，境外情报机构加紧对首都高校全方位、立体式、多维度信息监控和情报窃取，窃密活动不断加剧，窃密范围不断扩大，窃密手段不断翻新，严重威胁着国家的安全发展。第二，在长期的和平环境中，首都高校内部有些师生员工麻痹思想严重，居安思危、安而不忘危的保密意识淡漠，敌情观念淡化，对新技术带来的泄密风险认识不清、估判不足，缺乏斗争思想和斗争意识。更有队伍中的极少数人，理想信念丧失，唯利是图，卖密资敌，严重泄露国家秘密。第三，随着中国特色社会主义进入新时代，构建高水平社会主义市场经济体制的步伐不断加快，改革开放不断深入，首都高校与国外高校、机构之间的互访、讲学、交流、合作的项目和活动逐渐增多。智力引进、技术引进、资金引进，加快了首都高校教育和科技的发展。开放的办学理念、治学思想为首都高校的保密工作带来了新的挑战和任务。第四，虽然我国信息技术发展迅猛，但信息化建设缺乏自有核心技术基础，保密工作的主要对象、核心内容、主要任务发生着深刻变化，信息科技的进步又带来了新的保密隐患，首都高校保密管理工作正在从传统领域转向非传统领域，这给首都高校的保密工作带来更大的压力和难度。

做好首都高校保密管理工作，确保国家秘密的绝对安全，维护好保密领域的国家利益，是摆在我们面前的一项重要、严肃而且迫切的课题。如何把握首都高校保密管理工作的关键特点，分析当前各种矛盾问题，看清当前严峻形势，积极推进保密管理工作，显得尤为迫切和重要。因此，加强新形势下的高校保密管理工作研究，充分认清保密工作面临的严峻复杂形势，持续强化敌情观念和责任意识，全力以赴打好保密工作仗，具有重要的现实意义。

3. 准确把握首都高校保密工作的特点规律

高等教育与保密工作都是极为复杂的系统工程，首都高校在办学治校、人才培养、科研攻关等过程中实施着具有自身特点的教育教学管理和保密管理行为，这决定着首都高校的保密工作同样有它自身的特点。

一是广泛性。首都高校在实施办学治校的各环节中，都有着保密的要求，如文件保密、档案保密、科研技术保密、涉外保密、通信保密、网络信息化保密和会议、出版、宣传报道、重点要害部门等方面的保密，可能泄密的途径、场合较广，泄密的机会较多，而且涉及的密级较全。

二是群体性。首都高校保密工作涉及的人员较多，除保密组织机构的所有人员外，还有各类文书管理人员，对外交流合作人员，各类出国人员，信息网络管理人员，维护政治稳定专职工作人员，科技研究人员等，几乎涉及全体师生员工。由此可见，首都高校的保密工作是一项群体性很强的工作。

三是复杂性。正因为首都高校保密工作的群体性、广泛性，使得首都高校保密工作变得更加复杂和艰巨。另外，由于首都高校高层次信息较密集，现代化的技术手段较多，因而涉及泄密的可能性大、隐蔽性强，秘密载体存在的形式广，秘密传递的渠道多，从而大大增加了保密的难度。

（二）首都高校保密工作的地位和作用

1. 保密工作是首都高校管理工作的重要组成

保密工作的基础性决定了其是高校管理工作的重要组成部分。首都高校的各项业务工作与保密工作是相互促进、相互影响、相互关联的，保密工作以推动和保障高校的各项业务工作为前提，并贯穿于各项业务活动之中。

2. 保密工作是首都高校正常运转的重要保证

高校几乎所有业务工作均涉及保密管理，如办公室日常业务、科研与教学管理、招生考试、校园网络与信息系统、党务政务信息公开、对外交流、合作办学等各个方面，良好的保密管理工作是高校各项管理工作与业务工作正常开展的重要保障。随着首都经济社会持续快速发展，首都高校保密管理工作显得愈加重要。

3. 保密工作是首都高校安全稳定的重要基础

首都高校担负着科教兴国、人才强国、科技进步的历史性任务，是社会的重要组成部分。安全稳定的高校环境是老师们传道授业，学生们学习、成长的重要保障。从某种意义上来讲，首都高校保密工作的好坏有时会直接影响到师生的学习、科研、生活的正常进行。高校是知识分子传道授业的场所，是培养社会主义事业建设者的摇篮。因此成为一些窃密者重点关注的对象。高校保密工作的重要任务是利用各种媒介和方式向在校、在岗师生宣传和普及保密知识、保密常识，做好防特、防谍、防演变（颜色革命）、防渗透和防颠覆的各项工作，力争创造一个安全、稳定的校园环境，为师生提供教学、科研的优良保障，有利于文化的有序传承和整个社会的发展。

4. 保密工作是首都高校参与竞争的重要手段

在首都的各类高校中，大多数高校科研项目多、成果多，且绝大多数高校都有下属的校办企业。随着高校科研部门与社会经济发展间的联系越来越紧密，以及高校科技孵化的市场化，必然涉及知识产权和商业秘密的保密工作和服务。近年来，窃取技术、工艺图纸、信息资料，以及各类侵犯知识产权的案件在首都高校中时有发生。保密工作稍有纰漏，就会造成严重损失。凝聚着科研人员大量心血的前沿科技信息是高校参与科技竞争的重要基础和保证，因此其保密工作质量的好坏，也直接影响到高校科技水平与竞争力的高低。

5. 保密工作与国家安全工作密不可分

（1）与国家政治安全的关系密不可分

市委市政府高度重视发挥首都高校在社会发展中的不可替代的先导作用，经常邀请高校相关领域的专家学者，参与重要的工作会议和座谈会，甚至是国家相关大政方针政策的工作讨论，充分体现了国家对知识分子参政议政和服务经济社会发展的重视。其中一些关于国家政策方针的未定方案，还有一些国家政治安全方面的总体考量等涉密事项，都关乎国家政权的安全与稳定。做好高校保密管理工作有利于国家对政治安全的系统把控。

（2）与国家经济安全的关系密不可分

首都高校经济研究领域的专家学者在相关工作中不可避免地需要知悉国家文件、内部资料和刊物，了解国家经济、社会事业发展的概略情况和重要数据指标，从而为其参加政府决策提供背景资料。这些专家学者在日常的研究中，有很大一部分关于国家经济的研究成果会直接或者间接地提供给中央高层领导和北京市领导作为执政参考，这些相关的研究成果与国家经济安全与社会发展关系密切。做好高校保密管理工作有利于系统防范国家经济领域风险。

（3）与国家科技安全的关系密不可分

首都高校承担着大量的国家级、省（部）级的重大高端科研项目的研究任务，必然涉及国家重大科技机密，而且有的科研项目和相关成果本身密级程度就很高。首都高校是高科技人才的聚焦地，也是前沿科技的孵化器，产生的科研成果大多属于涉密项目。比如，国家自然科学基金作为各个高校科学研究资助最直接也是最重要的来源，从 2017、2018、2019 三年的统计数据来看，首都高校承担国家自然科学基金项目、国家重点基础研究发展规划项目、参与组织的科研攻关课题比重逐年增加。另外，首都高校的部分专家是相关领域密级鉴定委员会专家组成员，参与重要科研项目及其相关密级的鉴定工作，会直接或间接接触重要科研成果的内容和其它涉密事项。

（三）首都高校保密工作的主要内容和范围

首都高校保密工作是指首都高校从国家安全和利益的角度出发，将国家秘密控制在一定范围和时间内，防止被非法泄露和利用，使其自身价值得到充分有效的实现而依法进行的管理工作。当前首都高校涉秘密事项及内容主要包括 5 点。

1. 政策秘密

各高校经常收到各级党委和政府下发的大量密级较高的文件和资料，首都高校的保密办（或机要室）、档案室及一些重要部门也都保存着不少重要的文件、资料。同时高校专家、学者担任政府经济顾问等职务，直接参与各级党委、政府大事的讨论和咨询，经常参加各级党委和政府召集的仅限一定范围人员知悉的会议，从而使他们知悉国家或地方某个时期的政治动态和有关的经济、科技信息等。

2. 考试秘密

国家大学生英语四、六级考试，专业英语，全国硕士招生考试，计算机各学科的全国范围等级考试，成人入学考试，自学考试，各种竞赛等名目繁多考试的试题，参考答案和评分标准，命题工作及有关人员的情况等，在开考前都涉及相应的密级。同时，首都高校的有关部门的专家及其他教师，经常受国家、市高等教育行政部门的委托，参加各种考试的命题、拟定标准答案和评分标准制定等工作，成为涉密部门和涉密人员。

3. 科研秘密

首都高校是重要的人才聚集地，集中了一大批高层次的科技人才和领军人物，每年都会产生一些具有国内或国际先进水平的科研成果，这些科研成果有不少属于保密项目。部分高校在通过军工科研保密资质认证之后，直接或间接参与绝密级、机密级的国家军工科研项目。首都高校的专家、教授还可能参加重要科技成果的鉴定，在鉴定过程中接触到重要成果的内容，成为涉密人员。

4. 过程秘密

首都高校在管理过程中会涉及一些敏感问题，在出台一些决策及管理条例时自身也会涉及部分国家秘密，如出国人员的选派计划、名册，国外留学人员的党务工作，来华人员计划、名册，双边和多边交流项目及协议等。首都高校还将产生和存在不少的内部秘密。内部秘密虽不属于国家秘密，但在一定时期内只限一定人员知悉，如校级考试启用前的试题、标准答案和评分标准，反映党员干部问题的有关材料，巡视巡察结果公布之前的材料，以及对学校可能出现安全隐患、矛盾纠纷等不稳定因素的防范和处理措施等都属于内部秘密。

5. 其他秘密

除以上涉及的内容外，首都高校在加强意识形态管理、抵御"三股势力"侵蚀、开展反邪教斗争、扫黑除恶专项斗争，以及反恐防暴等工作中，关系到舆情管控、重点人员摸排、特殊群体管理、安防技防建设、信息调研和线索研判等工作内容，这些均属工作秘密。另外，在首都高校国家安全人民防线建设工作中，所涉及的事项和人员均属秘密。

二、首都高校保密工作的现状及存在的主要问题

（一）首都高校保密工作一般体系架构

目前首都高校均设有保密工作委员会，坚持党管保密原则，统筹学校层面的保密工作，建立了领导有力、组织完备、责任明确的三级保密工作架构。一级是学校保密工作委员会，一般由校党委书记、校长担任主任，其他校级领导为副主任，相关涉密职能部门主要负责人为成员，全面负责贯彻落实中央和市级保密工作有关方针、政策、法规，部署和指导学校安全保密工作的开展。二级是学校保密工作办公室，一般设在党委办公室，由党委办公室正、副主任分别担任保密工作办公室主任和副主任，保密工作办公室配备专职保密工作的教职工，具体负责执行学校保密委员会的工作部署，完成上级安全保密部门交办的工作任务，拟定学校保密工作计划，开展学校日常安全保密等工作。三级是各二级单位（部门），单位（部门）主要负责人作为安全保密工作第一责任人，具体负责开展本单位（部门）安全保密工作。同时，首都高校还对涉密人员进行了分类管理，确定了重点涉密部门、重点涉密人员和一般涉密人员，确保首都高校保密工作扎实有效开展。

（二）首都高校现行的保密工作规章制度

我国现有的与保密工作有关的规章制度有《中华人民共和国保守国家秘密法》《中华人民共和国保守国家秘密法实施办法》《中华人民共和国政府信息公开条例》《中共中央保密委员会办公室、国家保密局关于国家秘密载体保密管理的规定》《计算机信息系统保密管理暂行规定》等法律、法规。首都高校或其二级部门从国家法律法规和加

强国防科技工业保密工作的需要出发，进一步完善了保密管理的各项制度，制定了日常保密管理的工作规范，涵盖了高校保密工作的各个方面，这些制度是在高校保密工作过程中必须要遵守的规章制度。在保密工作过程中，很多高校根据国家法律规定结合自身情况制定了各自相关的保密工作管理制度。如北京大学于 2017 年 5 月印发了《关于印发〈北京大学保密工作规定〉的通知》（北京大学党发〔2017〕46 号），北京语言大学发展规划处于 2018 年 3 月印发了《发展规划处工作保密制度》。

（三）近年来首都高校保密工作取得的主要成绩

首都各高校深入贯彻落实习近平新时代中国特色社会主义思想和党的十九大精神，紧紧围绕市委、市政府工作大局，在保持工作连续性、稳定性的同时，认真研究和谋划好当前和今后一个时期的保密工作，以抓铁有痕、踏石留印的工作作风，以锐意进取、奋发有为的精神状态，不断提高做好新时代保密工作的能力和水平，科学高效推动首都高校保密工作再上新台阶、取得新发展。

1. 健全组织体系，完善职能定位

一是完善了保密部门机构设置。各高校深入结合发展形势和保密工作要求，从精简机构、注重效能角度出发，成立专门的保密机构，增加行政编制人员，内设机构职责分工更加明晰，人员配备更趋合理。各高校二级单位均设置了保密专兼职工作人员，行政编制数量也有不同程度增加。机构和编制的调整完善，缓解了首都高校保密部门多年来人手不足、力量单薄的问题，为依法高效履行保密行政管理职能提供了重要保障。二是强化保密技术服务。在上级保密部门的指导管理下，各高校保密机构依法履行涉密载体销毁、服务保障、保密技术监管、涉密网络测评等职责。近年来，各高校进一步完善了保密技术服务的功能定位，加强了保密科技测评，并将设备设施测评全面纳入保密工作管理，在提升保密技术支撑力上迈出重要步伐。有的高校持续加强保密科技测评工作相关配套基础设施建设，加大资金投入，确保保密技术服务能力不断得到提升和加强。

2. 锻造过硬队伍，提高能力素质

党的十九大提出要"全面增强执政本领""建设高素质专业化干部队伍"，既要政治过硬，也要本领高强。近年来，首都高校严格落实党的十九大提出的全面从严治党各项要求，积极加强自身保密系统建设，努力锻造一支忠诚可靠、业务过硬的保密队伍。一是全面加强党建工作。首都各高校保密工作坚持以政治建设为统领，以提升执行力为根本，全面加强保密机构组织、作风和纪律等各项建设，推动保密组织机构政治工作不断呈现新气象，实现新作为。二是全力提升保密工作专业能力。首都高校积极适应复杂的形势变化，主动应对繁重任务带来的更多风险挑战，坚持从内部挖掘潜力，强化干部自我提升，练就适应新形势的过硬本领，努力打造一专多能的复合型保密工作人才。三是加快吸纳保密技术专业人才。保密部门坚持"向技术要战斗力"，加强保密技术研究，加大高素质专业化技术人才储备，壮大人才队伍，不断满足信息化的快速发展对保密队伍的技术水平提出的迫切要求，确保保密技术水平与科技发展水平基本同步。

3. 强化建章立制，规范保密管理

近年来，首都高校结合新形势下保密工作实际需要，持续加强保密工作制度、内部管理制度建设，补充规章制度短板缺项，保证规章制度的时效性和可行性。保密管理部门不断规范内部管理，细化工作流程，制定完善了包括人事、日常业务、内部管理等制度，进一步增强了制度的约束刚性。各高校按照中央、市委对做好新形势下保密工作提出的要求和市委、保密委员会主要领导对保密工作作出的有关指示批示，以定密管理、保密技术支撑、保密教育培训、涉密人员管理等多个角度为切入口，全方位总结推广基层保密工作好的经验做法，持续用新理念、新举措引领保密工作创新发展。在抓好自身保密工作的同时，积极支持协同，在70周年国庆、世园会、应对新冠疫情等工作中，积极发挥保密保障作用，取得了良好实效。

4. 深化宣传教育，提高保密意识

各首都高校充分发挥"头雁效应"，持续推进领导干部保密教育制度化、规范化，不断强化领导干部和涉密人员的保密意识，切实增强做好保密工作的责任感和使命感。各高校坚持以强化处级以上领导干部保密意识为重点制定保密教育培训计划，在校、院两级理论学习中心组中加入保密教育"专题课"。各高校还将学好用好《保密工作》《保密科学技术》《领导干部和涉密人员保密行为手册》《近年窃密泄密案例警示教育读本》《高等学校科研保密管理体系建设》等作为保密宣传教育的重要工具，并积极为《北京保密》撰稿，宣传学校自身保密工作。各高校充分利用微信平台，在节假日和重大会议活动前发送保密教育提醒，组织涉密人员进行保密相关知识测试，基本形成了全方位、多层次的保密宣传教育新格局。

5. 深化服务对接，推进精准管理

各首都高校按照"业务工作谁主管，保密工作谁负责"的要求，积极落实归口部门保密工作职责，将保密管理要求融入到业务制度和业务流程。保密职能部门通过开展经常性的检查督导、实地调研、组织座谈、征求意见等方式，持续加强对二级单位（部门）的保密业务交流和工作指导。各高校积极搭建保密工作风险管控体系框架，推进精准精细管理，特别注重保密风险点的排查梳理，建立负面清单，开展风险分析与危害评估，对学校重点部门发生概率大、危害等级高的风险进行分类风险分析及危害评估，同步制定改进措施。

6. 加强隐患治理，提高防范能力

各首都高校按照北京市国家保密局的要求及相关规定，深入结合北京市保密专项检查，持续加强保密监督检查力度。各高校均采用日常抽查和集中检查相结合、现场检查与网络监管相结合的模式，认真开展保密日常检查。积极推动将"三大管理"存在的突出问题及薄弱环节作为监督检查主攻方向，坚持"以查促改、以查促建"的原则，做到立查立改、限期整改，让检查监督起到警示教育作用，促进保密习惯养成。各高校还将保密工作落实情况、单位日常保密管理、自查自评、整改落实情况纳入二级单位年度考核体系，强化结果运用，切实发挥考核指挥棒的作用。

（四）现阶段首都高校保密工作的形势及特点

1. 保密工作的信息化受到挑战

随着传感网和物联网的快速发展，人、机、物三元世界高度融合引发数据规模几何式增长和数据模式极度多样化，网络化的大数据时代已然来到我们身边。大数据时代对于首都高校保密工作的直接挑战是一些重要信息可保性急剧下降，秘密很难保守。校园安全的关键性数据亟须纳入保密管控，这也给保密工作的管理带来了很大的挑战。这需要涉密管理者要与时俱进掌握现代信息的处理技术，掌握一定的网络管理知识，而不是传统的把纸质材料保管好就可以做好保密工作。

2. 保密内容的安全性受到挑战

首都高校保密内容中占大多数的是高校的档案材料和文件材料。随着时代的发展，档案材料和文件资料的内容、存储形式和介质、存档范围和密级也发生了变化。高校保密档案和文件保密内容的安全性主要体现在涉密内容和非涉密内容的归档问题，高校在保密档案和文件管理过程中对文件的流转虽然有严格要求，但流转环节人为因素较多，专业人员审查环节缺失，容易出现文件内容丢失的情况。

3. 保密设施的完备性受到挑战

由于历史欠账原因及其它因素，首都高校的保密设备设施建设参差不齐，保密管理工作的硬件设施不够完备。比如《高等学校档案管理办法》第三十七条中规定"存放涉密档案应当设有专门库房"，但现状是部分高校存放涉密档案的硬件条件不符合《办法》中的规定。还比如，各高校要设置专门存放涉密文件的房间，涉密房间还需要安装监控摄像和相关防护门窗，这些要求个别高校也未具体落实到位。

4. 保密队伍的均衡性受到挑战

现阶段高校的保密工作人员涉及到相关领导干部、管理人员、保密科研人员和保密研究生。他们之间职责不同、分工不同，接触到的涉密文件内容和涉密等级也就不同，但是高校对不同层次的涉密人员没有相关的人才配置办法。相应等级的保密人才培训制度缺失，导致各类保密人员对自己的职责分工不是很明确，保密业务能力和知识水平不足。保密管理的兼职工作人员保密意识不强。目前来看，高校二级单位（部门）保密管理的多数工作人员并非是专业的，一些上岗的管理人员甚至没有经过培训就直接上岗，对保密的法规政策知之甚少，保密意识淡薄，导致在涉密工作过程中因为不能严把审查关而泄露秘密的事情时有发生。很多保密工作人员遇到困难就会有畏难情绪，在落实工作时存在消极对待的情绪。更有甚者，保密工作人员是在社会招聘的工人，对待保密工作缺乏防范意识，认为保密只跟科学家和领导有关，常认为"无密可保、有密难保、保密无用、保密与我无关"，导致涉密项目还没结束秘密就可能已经泄露出去了。

5. 保密机制的科学性受到挑战

目前我国现有的保密相关文件有《中华人民共和国保守国家秘密法》《高校档案管理办法》《中华人民共和国档案法》，这些文件指导着现有的高校保密管理工作。但由于制度的滞后性以及保密形势任务的变化，动态变量持续增加，一些规章制度亟需调整优化和不断完善。再者首都高校保密工作任务繁重，个别高校对法律法规有一些理解认识上的偏差，在实际运用中也存在管理误差。在调查问卷中发现，个别高校甚至还没有具体贴合自身实际的保密规章制度，致使保密工作在实际操作上出现漏洞。

（五）首都高校保密工作存在主要问题及原因分析

1. 保密工作责任落实还需要缺位补位

首都各高校要认真贯彻中共中央办公厅、国务院办公厅印发的《党政领导干部保密工作责任制规定》，明确各级领导的责任，将保密工作责任层层分级，明确到每一个岗位每一个人。相关保密领导要率先自觉接受监督，带头遵守保密相关规定，切实履行保密工作责任。但在发放的调查问卷中，有28.57%的受访者反映保密负责人对保密工作制度落实不到位。学校党委领导也要根据本校实际情况，认真贯彻执行上级保密指示，保证本校保密工作顺利完成。学校党委领导要不断听取保密工作者的情况汇报，及时了解并处理保密工作中存在的困难问题，在人、财、物方面做好保密工作的坚强后盾。保密工作分管领导应认真研究对策，做出切实可行的实施方案，定期检查保密工作进程和提出保密工作要求。分管保密负责人要做好具体保密工作的研究和部署，组织检查业务范围内的保密工作。保密工作者要切实遵照相关规定履行自己的保密工作职责，认真做好本岗位的保密工作。积极进行定期检查，遇到情况及时反馈整改，保证保密法规的贯彻执行和保密工作的圆满完成。

2. 保密干部队伍建设还需要贴近实际

高校保密工作往往面对的是枯燥而繁杂的文件和事务，这就需要保密工作者具有吃苦耐劳、甘于寂寞并且能够抵挡诱惑的优秀品质。因此，保密干部队伍的建设就显得尤为重要。在问卷调查中，有 92.86% 的受访者表示需要建立一支懂技术、懂法律、善管理的干部队伍。而在问及保密队伍需要在哪方面进行培训时，保密工作者的保密意识和业务技能是排在最前两位的。首都高校应当结合宣传教育等途径，加强对保密干部队伍业务能力和业务水平进行培训，使"两识（保密知识和保密意识）"教育深刻牢记在每位保密干部心中，真正做到内化于心、外化于行。要定期组织保密干部学习《中华人民共和国国家安全法》和《中华人民共和国保守国家秘密法》等相关法规文件。也可以把保密干部送到相关保密单位或者机构进行集中培训学习，让保密干部的业务能力和业务水平得到进一步提高。

3. 全员保密意识提高还有提升空间

随着相关保密宣传的不断普及，广大师生以及保密工作者已经普遍具有较强的保密意识。但是在首都高校工作中，往往有一些保密工作者认为高校环境相对安全，秘密一般不会被轻易泄露。因此，现阶段还需要继续增加保密工作的宣传力度，通过各种形式和途径，积极宣传和普及国家相应保密法规，让"两识"教育逐步深入人心，让广大师生员工和保密工作者的保密知识不断提高。

4. 保密规章制度健全还需要完善丰富

首都高校保密工作往往处在一个边缘化的境地，许多高校对保密工作的重视程度不够，相应的保密工作规章制度也不健全。各高校应根据《中华人民共和国保守国家秘密法》《高校档案管理办法》《中华人民共和国档案法》等相关法律文件，结合本校的实际情况，制定符合本校的保密规章制度和奖惩制度，保证各项保密工作都是在条文规定下进行的。真正做到有法可依、有法必依，对符合规章制度要求圆满完成任务的保密工作者给予适当奖励，对违反规章制度的保密工作者给予一定的惩罚，让保密工作在阳光下运行。

5. 保密宣传教育形势还需要拓展途径

因为高校保密队伍相对较弱，相应的宣传教育工作也不免流于形式，没有深入开展下去，导致师生和保密工作者的保密意识不强，感觉事不关己高高挂起。值得一提的是，在问卷调查中，所有受访者都表示需要对领导干部进行保密宣传教育，82.14%的受访者表示需要对保密相关工作人员进行宣传教育，保密宣传教育工作迫在眉睫。高校要根据每年的具体保密工作，制定本年度的保密宣传计划，将保密宣传计划列入每年的工作计划中去，具体细化每一次的宣传教育活动。高校应当利用发达的互联网技术，通过 App、小程序、微信推送等加强宣传教育，还可以在推送中加入有奖竞答等趣味游戏，让师生学到知识的同时还得到了快乐。也可以在校园内定期举办"保密知识宣传周（月）"活动，利用校园展板等工具，在校园内举办丰富多彩的宣传教育活动，营造良好的宣传和学习的氛围。

6. 保密条件保障建设还需要夯实巩固

大数据信息时代，高校保密工作几乎都是以电子信息的形式呈现，保密工作的计算机等硬件设备需要做到专机专用并且设置密码。保密工作需要相对安全的保密环境，高校保密工作需要设立专门办公室，并且办公室要配备专门的防护门窗。办公室内外要安装监控设备，有条件的高校可以派遣专人看管或定时查看。资金方面，高校要加大对保密工作的资金支持力度，在人员培训、宣传教育和硬件设施上切实起到保障作用，保证高校保密工作的顺利完成。

三、对进一步做好首都高校保密工作的意见建议

"保守机密，慎之又慎"，高校保密工作是国家安全的重要组成部分，首都高校党委要切实担负起保密工作的主体责任，坚持党管保密原则不动摇，与时俱进研判高校保密工作新情况，以对国家高度负责的态度创新保密工作机制，维护国家安全，确保高校保密工作万无一失。

（一）加强思想理论武装，牢牢把握首都高校保密事业发展方向

习近平新时代中国特色社会主义思想是党的重大理论创新成果，是指导党和国家事业发展的强大思想武器，具有重大的政治意义、历史意义、理论意义、实践意义。首都高校保密系统要在学通弄懂做实上下功夫，深刻认识其时代背景、历史地位、科学体系、精神实质和实践要求，准确把握贯穿其中的坚定信仰信念、鲜明人民立场、强烈历史担当、求真务实作风、勇于创新精神和科学方法论。推进新时代首都高校保密工作，我们要更加自觉地把习近平新时代中国特色社会主义思想作为保密工作的思想旗帜、理论指引、根本遵循，贯彻落实到保密工作各方面，领航保密事业不断开辟新境界。

（二）坚持党管保密原则，深刻认识首都高校保密工作根本任务

党的领导是中国特色社会主义最本质的特征，坚持党对一切工作的领导，是新时代坚持和发展中国特色社会主义的基本方略。党的领导是首都高校系统保密事业发展的根本保证，党管保密是保密工作的根本原则，也是做好保密工作的最大政治优势。建党九十多年的实践证明，保密工作的一切发展进步和作用发挥，无一不是在党的保密工作方针政策指引下、决策部署落实中实现的。首都高校必须始终不渝地坚持党对

保密工作的领导，充分发挥各级党委（党组）及学校保密委员会总揽全局、统筹谋划、协调各方的作用，既要坚持保密教育培训常态化、制度化，筑牢保密底线思维，又要加大保密工作的综合防护力度；既重视"人防"，又重视"技防"，更重视"制度防"；同时还必须不断健全保密工作的领导机制，提升统筹保密工作的能力和水平。必须严格落实党政领导干部保密工作责任制，努力构建纵向到底、横向到边的保密工作责任体系，形成抓共管保密工作的良好局面。

（三）全面推进依法治密，不断提高首都高校保密工作法治水平

全面推进依法治密是贯彻落实全面推进依法治国战略部署、提高保密工作法治化水平的基本途径。目前，我国已经初步形成了以宪法为根据、以保密法及其实施条例为主干的保密法律法规体系，保密行政执法体系也取得很大发展。落实好全面依法治国战略要进一步推进依法治密工作。首都高校必须依据国家、北京市保密相关法律法规，加快完善校内保密规章体系，重点加强涉外、数字秘密、大数据、移动互联等新领域的保密管理规章制度建设，适应实践发展，填补制度空白。要加强和规范保密制度的落实，建立健全保密管理权力清单、责任清单制度，依法开展保密审查审批、资格认定、检查查办等行政管理活动，健全监督检查机制，加大保密管理监督力度，保证保密法律法规落实到位。积极开展保密法治宣传教育，培育全体师生员工保密习惯和尊法守法意识，不断提升全体师生员工保密法治意识，以及运用法治思维和法治方式保守国家秘密的能力和水平。

（四）加快保密科技创新，推动首都高校保密工作技防转型升级

创新是引领发展的第一动力。党的十九大作出加快建设创新型国家的战略部署，要求强化基础研究、加强应用基础研究、加强国家创新体系建设、深化科技体制改革、倡导创新文化，体现了把握发展自主权、提高核心竞争力的战略考量。在网络化、信息化时代，保密工作面临着远远超越传统时代的新课题新挑战，坚定不移地推进创新驱动发展，是维护国家秘密安全、确保国家安全优势的核心战略，是保密工作实现转型发展的必由之路，也是打赢信息化条件下保密之战的必然选择。首都高校要坚持创新引领，充分发挥学科优势和技术优势，制定实施保密科技发展规划，不断加强保密科技体制机制创新，充分发挥科技在保密工作中的基础支撑和引领作用，实现管理与技术的有效融合，带动高校系统保密工作升级换代。要加强与保密科研机构、企业主体、主管部门的联合协作，着力构建产学研相结合的保密技术创新体系，引导各类主体协同创新，最大程度服务保密工作实践。

（五）加强综合防范管理，全面推动首都高校保密体系机制建设

党的十九大报告提出，要完善国家安全战略和国家安全政策，坚决维护国家政治

安全，统筹推进各项安全工作；健全国家安全体系，加强国家安全法治保障，提高防范和抵御安全风险能力。这一战略部署，对做好保密工作具有直接重要的指导意义。北京市保密主管部门要坚持以总体国家安全观为指导，按照中央和北京市的决策部署，注重政策优化、资源整合，科学制定路线图、施工表，并随实践推进不断迭代优化，保证落实到位。要不断加强对首都高校保密工作的指导，加强统筹考虑、谋势布局、顶层设计，加快构建一体化、综合化的高校保密体系，深化首都高校保密工作治理体系和治理能力建设。首都高校要坚持保密工作围绕服务强国目标和北京市建设发展作为新时代首都高校保密工作的这一主线，强化目标定位，为切实实现强国目标和北京市建设发展目标提供有力的保密保障。要坚持技术防护和保密管理并重，持续推进人防物防技防"三位一体"的综合防范体系建设，不断提高保密综合防范能力。

（六）锻造过硬人才队伍，努力践行维护国家安全利益重大使命

首都高校保密系统要把全面从严治党各项要求严格落实到各项工作中，努力打造一支忠诚可靠过硬的保密队伍，保障保密事业发展。要把党的政治建设摆在首位，旗帜鲜明讲政治，切实用习近平新时代中国特色社会主义思想武装广大保密干部头脑，进一步树牢"四个意识"，坚定"四个自信"，坚决做到"两个维护"。要牢固树立国家安全和利益高于一切的观念，切实增强责任感、使命感、荣誉感，永葆忠于党、忠于国家、忠于人民的政治本色。要坚持保密队伍专业化发展，培养高素质专业化人才，坚持专业知识、专业能力、专业作风和专业精神相统一，不断提升保密工作专业能力。要严守政治纪律和政治规矩，严格依法行政，严格遵守廉洁从政各项规定，切实做到心中有责不懈怠、心中有戒不妄为、心中有畏不越规，始终保持保密队伍清正廉洁、风清气正。

北京高校校门管控机制的实践与思考

北京第二外国语学院　孙庆章　庄　阳　孙时伟　张文雯　张艳婷

摘　要：校门管控是高校安全的第一道关卡，一般由人防、物防、技防提供支撑，并发挥安全维护、资源保障、功能发挥三方面作用。本研究通过梳理不同校园的校门管控实践，发现控制不确定风险和满足各方利益是校门管控工作两个主要关注点。根据校门管控基本框架推演，结合座谈调研反馈，发现当前北京高校校门管控存在支撑点建设水平不到位、作用点全面程度待提升、关注点内在协同不全面、机制运行实效性不够好等问题，在此基础上提出从提高管控人防技防的建设质量、突出强调管控的资源保障作用、努力实现管控关注点的均衡性、优化管控机制构建的完善程度四个方面，着力提升北京高校校门管控机制质量。

关键词：高校校门；管控机制；实践

党的十九届五中全会提出要统筹发展和安全，并对筑牢国家安全屏障、建设更高水平的平安中国等作出战略部署。安全是发展的前提，发展是安全的保障，二者相辅相成。有了安全感，获得感才有保障，幸福感才会持续。严格而有效的高校校门管控，能够切实解决高校安全管理中的矛盾问题，从而不断增强师生员工的安全感，为师生员工追求美好生活提供安全保障。在面向新阶段的改革进程中，北京高校通过持续提高校门管控机制的规范化水平和治理能力现代化水平，能够进一步增强师生员工对校园安全环境的满意度，强化对校门管控的认同，进而推动校园安全稳定各项任务有效落实、深入人心。

一、背景：高校校门管控的内涵和重要意义

近年来，高校校门管控一直是师生居民及社会大众关注的焦点，也是高校安稳工作需要面对和解决的难题。了解高校校门管控的内涵和作用，是构建校门管控机制的前提。

（一）高校校门管控的内涵

校门管控是为达到校门安全管理，对校内外不同群体和各种资源进行合理有效地组织协调，并建立科学完善的校园出入秩序和相关管理制度的行为及过程。校门管控是高校安全管理和维护校园秩序的关键防线，是高校内部治安防范管理的起点，是学校内外安全防范的交织点和枢纽。

高校校门管控管理模式可以大致分为封闭式、开放式和封闭开放结合式。现实中，封闭式管理的高校数量并不多，受开放文化和高校的自由风气影响，开放式管理的高校成为相对多数。但是，随着国内外安全环境的不断复杂化，特别是在疫情防控常态化的影响下，高校安全管理特别是校门管控逐步从以往的开放管理向封闭开放结合式管理的方向转变。

在这个过程中，为进一步加强和改进学校校门安全管理，营造和谐稳定安全的校园氛围，切实提高学校校门管控工作水平，各高校采取多种有效措施，提高管理效益，实现管控目标。一般而言，会从人力防范、物理防范、技术防范三个维度为校门管控提供支撑，具体而言：人力防范是基础，通过门岗值班巡逻、查验证件、应急处理等，利用安保队伍等发现妨害或破坏安全的目标并作出反应；物理防范是屏障和依托，既包括岗亭、防暴盾牌等人力防范的安防设施，也包括闸机等技术防范的安防设施；技术防范是人力防范和物理防范的功能延伸和强化，通过监控、门禁、人脸识别等技术，降低延迟，不断提高门岗的探测、反应能力。在首都高校"数字安稳、智慧校园"的平安校园提升工程建设目标指导下，下一步高校校门管控机制建设的重点聚焦在技防和人防上，既需要借力数字赋能校园治理的先发优势，也需要应用基于人力资源形成的治理理念与方法智慧，通过二者的协同联动和标准凝练，探索更有效的校门管控。

（二）高校校门管控的重要意义和作用

校门是高校必须把好的第一关口，学校校门安全管理对高校校园安全至关重要。因此，校门管控在学校总体安全中发挥着举足轻重的作用，能够实现学校安全管理、治安管理和交通安全管理工作的事半功倍。其具体作用点主要包括三个方面。

1. 安全维护

一方面，高校是人才培养的重要基地，管控校门、保障校园安全并保持校内各机构的常态化运行，对人才培养非常关键[1]，从严管控校门能够有效避免或者杜绝来自外界社会的不良诱惑，将不良干扰因素杜绝在外，为人才培养提供良好环境[2]。另一方面，在高校治安综合治理工作中，"管好自己的人，做好自己的事，看好自己的门"是重要原则，而"看好自己的门"是保证高校治安综合治理的出发点和主要屏障。实践证明，校门管控能够有效预防校园安全事故，近些年高校校园犯罪活动减少，偷盗率、骚扰率及交通事故率明显下降等，与学校校门严格管理密切相关。

2. 资源保障

一方面，利用信息技术，校门管控可以实现轨迹追踪、精准管控、精确掌握各类人员出入校门的底数，进而有效把握校园负荷程度，据此阶段性调整政策，防止校外人员、车辆随意进出校园，保障高校校园内的教学科研、行政办公、学习交流、生活服务等各类资源为校内师生居民充分享受。另一方面，基于校园所在地段，科学规划校内师生居民离开校园的通路，在这个过程中，校门管控除了要解决师生出入校门的常规需求外，还要将管理寓于给师生员工提供的便捷服务当中，使师生居民能够合理顺畅地出入校门，方便享有因学校区位优势所带来的周边环境、服务、文化、商业、娱乐等各类资源。

3. 功能发挥

一方面，学校校门管控工作作为学校行政管理和治安工作的组成部分，管理场所和区域位置具有特殊性，是学校面向外部进行联络的"门面"和"窗口"，是学校的形象"名片"。从这个意义上讲，校门安全管理是否有效，不仅体现在制度规范的严格执行，同时也体现在如何守住平安和谐校园的城池、不向社会释放校园不稳定因素、推进校园稳定为属地社区发挥维稳功能。另一方面，作为具有社会服务职能的高等院校，校门管控不应当成为阻碍外界进入校园参与管理、接受服务的壁垒。校门管控面对的是一个开放的社会系统，在发挥好安全维护和资源保障作用的同时，应当通过管理规范化、制度化水平的提升，积极发挥服务功能，"科学主动打开阀门"，为校内外不同群体、不同组织在校园内的沟通合作、交流互鉴提供正当、有序、便捷的管控支持。

二、探索：当前高校校门管控的实践和管控机制的基本框架

不同功能、不同群体、不同规模、不同情形的校园，其校门管控机制运行的具体情况也不同，但其核心的关注点是一致的。

（一）不同类型校园的校门管控现状

第一，从功能上看，校园可以分为相对开放式的和相对封闭式的。有的高校内部有社会道路，有的高校内部有社会性的外单位建筑，有的高校内部有供社会使用的场馆、停车设备等，有的高校作为历史名胜需要面向社会开放供参观，这样的高校是相对开放式的，会有校外人员不断进出。因为高校自身需要发挥的社会功能更多，

在规避可能出现的安全风险基础上，校门管控还需要关注如何满足多方的利益，故需要细致充分地考虑如何同步实现校园的安全维护与校外人员的合理权利，校门管理的复杂性和规范性一般都比较强。与之相比，相对封闭式的校园，校门管控的对象主要就是校内师生居民，通行过程中安全风险的起因和需要满足的服务功能具有内部指向性，因此，管控的制度流程往往相对简单，具体举措的变化也往往相对频繁。

第二，从群体上看，校园可以分为家校合一的与家校分离的。居民区与校园的分离程度不同，校门管控的方式也不同。家校分离的高校，校门管控相对简单但严格，因为被管控群体单一，可能存在的风险和利益诉求都相对一致；但家校合一的高校校门管控就会复杂得多，特别是如果居民区在校园分布得很分散，因人员的复杂性造成的不确定性、风险的多样性、利益诉求的多元性以及利益冲突的易发性，每个校门的管控难度都会更大，对管控弹性和规范性的要求也都会更高。当然，管理服务主体的多元，也不断推动这些高校校门管控向着精细化和人性化转变。

第三，从规模上看，校园可以分为大规模的（甚至多校区的），以及小规模的，其典型特征是校门数量上的差异——大规模的往往校门多、小规模的往往校门少。伴随而来的差异就体现在校门的人车通行权限分配上。

校园是人与人相互交流的重要空间，公共空间的活动分为必要性活动、自发性活动和社会性活动三种[3]。与之对应的，高校校门的管控对象，大体也分为三种类型：一类是因工作学习生活形成的必要性群体，这一类群体是主体与主流，如师生员工及其家属、购买校内住房的校外人员等；另一类是因利益诉求形成的自发性群体，如服务学校建设的各类工程人员、服务学校师生居民的快递员和送餐员，以及希望来校参观的周围社区居民和希望穿行的人流及车流等；还有一类是交流互动形成的社会性群体，如来校办理公务的人员、走亲访友者等。上述三类人的出入权限，在大规模的校园一般都是不同门、不同人，有的门过人、有的门过车，有的门限时开放、有的门长期开放，一般三类人都能通行；在小规模的校园则一般最多因物理原因区分过人还是过车，且周围社区居民和穿行的人流及车流一般禁止入校。可见，校园规模及校门数量直接影响校门管控：门多则管理分散，因此每个门的通行功能设计得相对单一时，更容易从整体上规避管控中的不确定因素，因为校园大、门多，不同人群并行不悖，不容易产生通行过程中的利益矛盾，故均可放行；门少则压力集中，不仅要通过全口径通行尽快释放人流车流压力，降低出入校园的风险隐患，而且还要通过限制人员车辆入校、规避可能因通行压力造成的冲撞和损失。

第四，从阶段性上看，校园可以分为处于常态化的校园，以及处于新冠肺炎疫情等非常规状态下的校园。常态化的校园，校门管控中需要关注的风险往往是普遍意义的：高校学生种类层次多样，校园里主要有本科生、研究生、留学生等，不同群体的特点不一样，校门管控难度大；同时，个别教师和居民以所谓"学校的主人"自居，认为其不应该在校园受到任何限制，不讲规矩、不服从管理，抗拒和抵触学校门卫的出入校门查验，这些教师和居民的行为，对校园中的学生群体具有示范放大的作用，从而进一步对学校校门管控产生消极影响；此外，个别高校在校门管控工作中，过分关注安全管理防范，制度刚性强、执行人性弱，管理工作很生硬，影响管控实效。简言之，常态化的校园校门管控，需要面对的主要就是从严管控与自由穿行的矛盾，需要调节的利益诉求只同出入校园相关，因此，管控制度和标准的稳定性比较强。

非常规状态下的校园，会因为突发情况的背景形成许多临时的、非常态化的举措，进而产生大量的不确定性问题和非理性诉求。例如，新冠肺炎疫情背景下，北京高校普遍执行了"非必要不出校"的策略。"非必要不出校"是指学生要减少不必要外出，减少和无关人员的接触，减少各种风险。其中，"非必要"的界定尺度不一致，不仅各高校不同，同一高校不同群体的认识理解也不同，这意味着校门政策执行的弹性预期未能得到满足，可能带来的利益冲突也意味着门岗管理可能出现"宽、松、软"带来的漏洞，无疑加大了管控政策制定执行的难度。相应地，这个阶段校园校门管控政策会结合实际，随着上级政策的变化而不断调整。

结合上述不同类型校园的校门管控实践情况，可以看出，虽然具体的管控模式和导向有差异，但最终管控工作的关注点都聚焦到控制不确定风险和满足各方利益两个方面。

（二）高校校门管控机制的基本框架

综上，校门管控主要基于人防、物防、技防三个支撑点建设发展，通过各高校的探索，形成各自管控实践中人防、物防、技防的标准，由标准的内容、作用和标准间的关系汇总出校门管控制度，按照标准的执行情况落实需求形成具体的管控流程，进而结合不同高校实际系统落地，在落地过程中检验安全维护、资源保障、功能发挥三个方面的管控作用实效，以及控制不确定风险和满足各方利益两个管控工作主要关注点的实现情况，从而形成对管控工作的评价，进而形成对校门管控的反馈，基于反馈形成进一步提升管控工作水平的着力点并推进改革完善，力求使管控本身不断"动起来"、不断前进、不断创新，发挥更大的作用，使校门管控质量达到新的高度和状态。这一行为和过程所搭建的系统，就是高校校门管控机制的基本框架（如图 1 所示）。

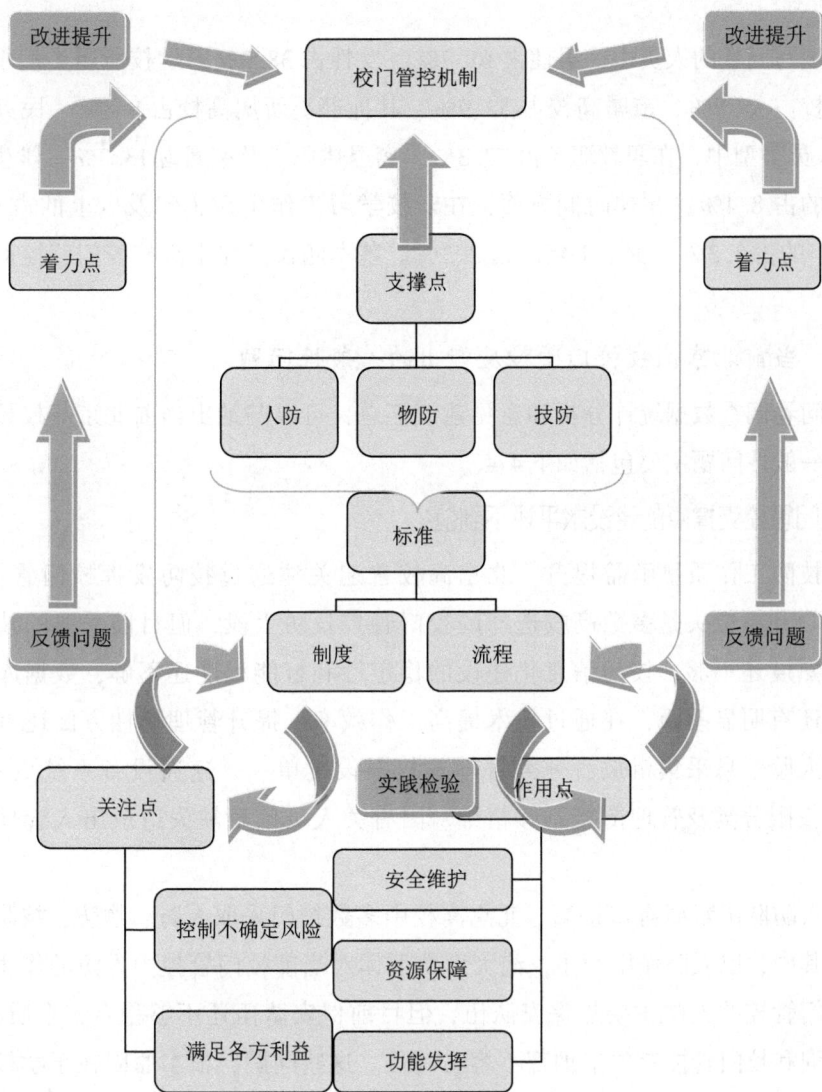

图1　校门管控机制基本框架图示

三、分析：基于北京高校校门管控进行的调查研究及问题反馈

根据上述框架，在分析北京高校校门管控反馈的聚焦点的基础上，研究归纳出当前存在的一般性问题，有助于更好地推进高校校门管控更新完善。

（一）北京高校校门管控情况调研分析

根据《普通高等学校安全管理规定》和相关管理制度，结合北京高校校门管控工作实际，项目组制作发放了近百份高校校门安全管理工作调查问卷，并结合问卷结果组织召开教职工门卫管理座谈会，对当前北京高校校门管控的现实反馈进行调研分析。

参与填写问卷的人员中，男性占 61.7%、女性占 38.3%；学校所属类型中，教育部直属高校占 35.9%、市属高校占 52.9%、其他部委所属高校占 8.8%、民办高校占 2.4%；人员类型中，在职教职工占 78.3%、离退休职工及家属占 13.3%，学生和没有标明身份的占 8.4%；在校时间方面，在学校学习工作生活 3 年及以上的占 93.4%，1 年至 3 年的占 3.3%，少于 1 年的占 3.3%。基本涵盖了北京高校校门管控面向的全部群体。

（二）当前北京高校校门管控反馈出的一般性问题

根据问卷调查数据统计分析和意见建议汇总，可以归纳出当前北京高校校门管控反馈出的一般性问题主要包括如下 4 点。

1. 校门管控支撑点的建设水平还不到位

一是技防工作质量亟需提升。北京高校普遍关注通过技防发挥校门管控作用，人脸速通门和摄像头是多数高校选择的校门管控技防手段，但目前采取的技防手段本身的成熟度还不够，校门信息化建设的稳定性和智能程度还不够，数据库建设和权限分配还有明显差距，在通过技术提高工作效率、提升管理韧性方面还有改进空间，存在人脸信息采集粗放、分类管理及权限设置单一、速通设备系统更新不足、临时出入权限分类及管理衔接不够精细、因有关人员信息缺失造成出入管理真空等问题。

二是人防队伍素质有待提高。北京高校中多数校门采取人防、物防、技防并行方式管控。其中，以人防作用为主，绝大多数群体对当前校门管控中人防的作用是认可的。而校门管控的人防主要靠保安队伍，但目前保安队伍还不够稳定，素质不够高，常态化培训和校门管控专项培训都不容易到位。这些问题，根本原因在于学校出资获取外包保安服务后，保安公司在保安队伍建设和作用发挥过程中存在不确定性影响。目前高校保安的整体工资水平仍处于低位，有的保安公司直接参照地区最低工资标准发放工资，有的公司不按照法律落实保安人员相关待遇，甚至无端克扣其收入；此外，由于公司直接招聘保安，有关管理体制和潜规则制约和限制了优秀人员进入保安行业的可能性和稳定性。这些最终导致保安行业劳动强度较大、流动性高和收入相对较低，容易受到服务对象歧视和少数社会人员欺辱，进一步造成了"招人难、养人难、留人难"的状况，直接影响管理服务水平。此外，一些情况下，人防水平不足也造成了技防效果的减分。

2. 校门管控作用点的全面程度有待提升

习近平总书记指出："要处理好维稳和维权的关系，要把群众合理合法的利益诉求解决好，完善对维护群众切身利益具有重大作用的制度，使群众由衷感到权益受到了公平对待，利益得到了有效维护。要处理好活力和秩序的关系，维持系统治理、依法治理、综合治理、源头治理，发动全社会一起来做好社会稳定工作。""要把人民群众的事当做自己的事，把人民群众的小事当做自己的大事，从让人民群众满意的事情做起，从人民群众不满意的问题改起，为人民群众安居乐业提供有力法律保障。"北京居民和师生混合共生的高校较多，绝大多数居住于校内的居民和师生对校门从严管控是认可的，因为校门管控发挥的安全维护作用，是绝大多数师生居民的第一关注点。但资源保障作用也是多数居民关注校门管控的重点。当个人看病、生活用车、快递和外卖送餐服务等受到校门管控影响时，必然会产生矛盾心理、抵触情绪和不愿配合的行为，个别时候还会发生冲突。调研结果也反映出，对出入群体利益的影响，被认为是采用技防手段加强校门管控的主要原因。

鉴于此，推进校门管控机制运行，亟待充分考虑校园安全稳定与师生居民权益的有机统一，考虑学校生机活力和井然有序的统一，协调好安全和便捷的关系，切实关注各方利益的满足，进一步强化校门管控的服务保障作用。

3. 校门管控关注点的内在协同不够全面

尽管各高校在校门管控方面没有对社会人员、车辆进行过度的限制，在发挥高校社会功能方面也没有造成明显问题，但多数高校采取的是相对封闭管理，校门管控对控制不确定因素的关注，多于对更广泛地满足各方利益的关注。部分学校对机动车和非机动车的管控较为严格，比如要求集中停放、限时穿行，这样在未合理安排个人时间计划的情况下，可能会影响到校内外人员、车辆抵离校园过程中的学习、工作和生活，产生一些非议和投诉。

特别是当校内只有师生的情况下，多数高校选择加强校外人车管控，使社会人员的利益受限。出于校内全体师生员工对周边人员、车辆出入校园可能造成的不良风气传入、影响校园形象等结果的自发排斥，这一选择可以理解。但从校门管控的关注点角度看，由于在全面满足各方利益方面存在不足，对周边属地的贡献力和吸引力就容易偏弱。

从社区治理视域切入，校门管控是社区范围内多个单位协同互动，对涉及社区共同利益的校门相关事务进行有效管理的过程。高校安稳管理具有协同属地实现人、地、物、事、组织网格化管理、精细化管理、职责化管理的特点，要想充分落实校门管控、发挥有关作用，除了高校自身努力，还需要内外协作贯通合力，但目前协同联动机制建设不足，高校面向社区进行的主动协同还不够，影响校门管控效果。

4. 校门管控机制运行的实效性还不够好

（1）制度设计的精细化水平还不够

多数高校重视校门管控制度的制定落实，但在全面从严管党治党的新形势下，在全面深化改革的大趋势下，高校作为体制内组织的一部分，安全稳定工作任务越来越重、责任压力越来越大，及时调整、修改完善包括校门管控制度在内的校园安全管理制度性文件迫在眉睫。目前，影响高校稳定的因素非常复杂，随着改革的深入和形势的发展，原有校门管控制度的精细化程度已逐渐跟不上发展步伐，一些粗线条的政策举措，对目前发生的校门相关治安管理及意识形态安全问题，没有有效的应对策略，为校门管控埋下风险隐患。

（2）管控执行的规范化水平有差距

管控机制能否有效运行，主要取决于管控有关标准是否明确并严格执行。目前，校门管控的执行标准在整合高校内外资源、降低相关协调成本、改善耗时低效情形方面，考虑得还不够，主动宣传解读不够到位，在切实维护好学校安全稳定秩序、有效应对解决群众对校园安全稳定的高期待、深入发挥精细化校门管控形成的社会贡献等领域存在不足。此外，尽管校门管控工作任务精细程度和质量要求越来越高，但高校缺乏执法权，个别干部教师出于个人面子和便利考虑、不配合落实管控措施；加上从严管理大趋势与师生居民个人利益本位的矛盾，少数校门管控政策管理者及执行者存在"老好人"心理，不愿承担高校稳定政治责任，对不执行规则者漠然视之，存有不敢管、不能管的现象，影响学校改革及秩序稳定。

四、对策：着力提升北京高校校门管控机制质量的有关途径

高校校园安全受社会普遍关注，是社会安全的重要组成部分，作为高校校园安全的第一道防线，校门管控机制的不断改进有利于提高安全稳定工作的管理质量，保障校园安全环境和师生居民人身财产不受损害，确保学校各项活动有序开展[4]。北京高校校门管控反馈问题的聚焦点，正是改进提升北京高校校门管控机制质量的着力点。具体而言，主要有以下几个途径。

（一）提高北京高校校门管控人防技防的建设质量

一方面，加强校门安全防范管理的技术投入，加大资金投入量，进一步推进学校安防体系建设，明确校门管控的技防指标，引进针对性的现代信息技术，解决制度上墙无效、人员查验证件不规范的问题，利用技防管理手段解决人为管理中的矛盾冲突难题。在学校校门管控具体工作中，加强安防技术服务力度，采取新技术手段，综合运用大数据、人脸识别等信息化手段，为落实师生居民预约出校、入校及轨迹追溯等

提供技术支撑，降低少数人对门卫严管的抵触心理，消解其反感情绪，提高通行效率，这在中国传媒大学、中央美术学院、北京工业大学、首都经贸大学、北京物资学院等高校都有大量的成功实践。例如，2020年校园疫情防控以来，在家校合一、人车混行的情况下，北京第二外国语学院坚持利用现有安防技术信息平台和设备系统，坚持嵌入式、一体化、可持续、高性价比的原则，坚持采购程序与建设效率相结合的思路，采用了红外智能测温人脸识别系统建设项目，在校园学生出行的重要场所、学校门口安装智能测温人脸识别终端等设备 9 + 36 套，利用人脸抓拍摄像机和综合管理平台软件中的 GIS 地图功能，实现人员轨迹、抓拍列表、疫情大数据分析；同时，校园进行相对封闭管理，强调学生行动轨迹可追溯，学校精细审批、规范程序，上线人车预约系统，增加请销假管理功能，学生请假出校，需预约提交具体事由、车次、返校时间等，减少学生不必要的离校申请；如学生通行记录不合规定或离校未归，后勤部门将启动应急提醒，直接反馈给学工系统，由学工系统对学生开展教育引导工作。经过努力，学校校门管控整体水平明显提升，实现了校园安全稳定及疫情防控双促进。

另一方面，加强人防队伍建设。人防始终是校门管控不可替代的主体，例如，北京信息科技大学、北京财贸职业学院都通过以技术手段为主、结合线下人员证件审核的方式开展校门管控。这是因为，高科技管理载体固然可以减少保安数量、提高管理效率，但只有切实提高保安人员的业务能力，才能真正达到校门管控的长治久安。要严格按照行业薪酬标准申请落实保安的待遇，招聘素质较高的人员充实队伍，保证队伍的相对稳定性；要加强保安队伍工作的教育培训和流程管理，明确学校校门岗位工作流程，进一步将保安岗位职责、流程汇编成册，明确管控和弹性如何把握，防止出现压力麻木和本领恐慌现象；要加强一线人员培训，提高人员素质，定期汇总校门管控的问题及解决对策，确保人防手段既讲政治又方便出入，让保安值班上岗胸有成竹、降低摩擦；要推动保安队伍资源与安防维保、校门建设集成公司及产品设备公司队伍的联动，积极整合各方力量，形成保安队伍、安防维保队伍、消防维保队伍、平安校园中控室队伍、校园安全志愿员等人力资源队伍的合力，有力提升校门管控人防效果。

（二）突出强调北京高校校门管控的资源保障作用

在校门管控的作用点方面，要平衡好安全维护和资源保障、贡献发挥的关系，尤其要突出强调资源保障作用。一方面，要进一步加强调研，了解其他高校的校门管控情况，学习借鉴有关经验和政策依据，推进学校校门管控方式的多元化和差异化。对师生有关校门管控的合理化建议，在力所能及的范围内进行改进，提高不同人员对校门管控资源保障作用的感知度和认同度。管控队伍要主动提供便捷文明、热情有素的管理服务，查验证件要简化有效，科学调整速通门的反应识别速度，做到准确通过证件或人脸识别技术实现人员的快速通行，为需要长期进出的人员办理合适的有效证件，为离退休人员入校提供纸质备案登记材料作为辅助，对与学校无关的人员，在疫情防控常态化的情况下，禁止其随意出入校园。另一方面，要通过信息刊物、微信公众号、微信群等方式，建设安全信息教育平台，加强宣传教育，引导师生居民支持学校校门适度从严的安全管理工作制度、方式和做法；有条件的高校，可进一步建立由师生、离退休老同志和校内居民等构成的校内安全志愿者队伍，通过安全信息沟通与教育，积极宣传校门管控带来的益处，弘扬正能量，稳住基本面，影响和教育少数抵触管控的人员，化解守好第一道防线与师生居民、社会人员自由穿行之间的矛盾，提高师生居民对校门管控的认同感与满意度，争取理解和支持校门管控工作。

（三）努力实现北京高校校门管控关注点的均衡性

校门管控要坚持系统观念，关注点除了直接加强对不确定性的掌控程度以外，还需要平衡好管控过程如何满足利益相关方的诉求，特别是如何实现校内外良性循环基础上的校门管控社区共治。

校门管控的作用涉及不向社会释放校园不稳定因素、以及向社会提供应有的支持与服务，其并不是简单把校园封闭为一个"世外桃源"，而是必须如实地面向校内外人员、车辆等的出入进行约束、引导、服务、管理、监督等。校内的问题不出去，校外的问题不进来，校内的服务走出去，校外的资源挺进来，高校和属地社区既种好自留地、又唱好群英会，才能真正把校门管控好。从高校角度看，这就需要分析现阶段高校及其相关群体的政治背景、地理位置、现有观念等因素，关注有助于改变校内外群体观念、合理开展校门管理、实现彼此利益诉求的社区资源和有效途径；要充分考虑属地各方面的需求，将校门管控与属地各项发展任务统筹考虑、整体设计、一体化推进，建立社会治理共同体的理念，在彼此最关心最直接最现实的利益问题上进行对话，实现协同联动、共治共管、共建共享。

属地社区属于"大基层"市域的一部分，具有较为完备的社会治理体系，在解决社会治理中重大矛盾问题上有较强的资源能力。因此，要进一步处理好市域与高校校园之间的关系，以校门管控为纽带将属地和高校连接起来，加强区域统筹协调，完善聚焦高校校门管理的市域内社会治理机制和资源保障机制，形成校门内安全稳定为市域社会治理打基础、市域社会治理现代化带动校门内安全治理现代化的良性互动[5]。

（四）优化北京高校校门管控机制构建的完善程度

疫情防控背景下，校门管控既是维护校园安全稳定的第一道防线，也是疫情防控的第一道关卡；既是校园的对外窗口，也是社会和师生高度关注的焦点；既是疫情防控的难点，也是引发舆情的风险点。北京高校校门管控工作要紧紧围绕"十四五"平安校园提升工程提出的安全稳定目标，坚持从严管理与人性化服务相结合、平时与战时相结合、统一要求与分类施策相结合、联防联控与共治自治相结合，加强管控机制的精细化、精准化和精确化构建。一是要进一步发挥学校安全稳定工作领导小组的作用，强化校门管控工作决策机制的运行及效率。二是要重点抓好对校门管理制度规定的完善，明确标准要求，做到内容精细、防患未然并及时调整，做好相关制度衔接；同时，进一步细化相关管控措施，做到全流程、全覆盖，推进校门管控制度化、标准化和流程化。三是要持续推进人防、物防、技防密切配合，既要强化校门管控工作队伍内部管理机制的协同，又要在校门管控技术运行建设上体现明显的联动效能。四是要通过网格化安全管理机制，将责任延伸到最小防控单元，确保责任到人、有迹可循，提升制度的执行力。五是要强化督查督办，积极调节矛盾、化解矛盾，发现问题及时整改，形成工作闭环。六是要完善应急预案，强化应急演练，做好应急处突准备，统一政策宣传解读口径，有效处置突发事端，防止引发舆情炒作。七是要整合学校部门、人力、财务、信息技术等资源。例如，疫情期间北京第二外国语学院针对家属区进行软隔离管理，由安全稳定工作处和居委会共同承担任务，动员楼长、单元长和机关党员先锋队力量，合力完成学生返校期间的管理任务；针对快递和校外送餐，由辅导员加强对学生的引导，动员学生选择符合入校规定的快递公司，引导学生从安全角度考虑不点外卖，进而促进学校校门管控服务学校安全稳定的目标任务的达成。

参考文献

[1] 王岩. 疫情下高校校园的出入管理[J]. 电脑知识与技术，(2020) 29：229.

[2] 王超. 如何进一步完善我院的校园封闭管理工作[J]. 科技创新导报，(2018) 36：146.

[3] 郭选琴，邱泽阳. 基于环境心理学的大学校园交通景观设计探析[J]. 现代园艺，(2021) 01：133.

[4] 侯心羽. 智能校园出入管理系统相关产品设计研究[D]. 北京：北京化工大学，2019：1.

[5] 中华人民共和国民政部. 贯彻落实党的十九届五中全会部署 提高基层治理水平[EB/OL]. http：//www. mca. gov. cn/article/xw/mzyw/202011/20201100030550. shtml. 2020-11-17.

内外协同联动校内多元共建共治共享下的
高校交通安全治理实践
——以北京第二外国语学院为例

北京第二外国语学院　孙庆章　庄　阳　张文雯

摘　要：校园交通治理既是大学治理的重要组成部分，也是当前许多高校面对的难题。北京第二外国语学院，以"相对无车""环境育人"为目标，坚持内外协同联动、校内多元共建共治共享的工作机制，以建成学校立体停车场为契机，针对当前高校校园交通治理普遍存在的自由观念与安全出行的不协调、个人利益与校园秩序的不合拍、治理要求与现实举措的不同步、资源设施与实际需求的不匹配、工作现状与发展定位的不一致等问题，积极探索实践，通过外部教育资源引入与内部日常宣传沟通、外部介入个别事件与内部长期协调监督、外部先进技术应用与内部管理制度健全、外部专业团队规划与内部基础设施建设、外部权威专家指导与内部部门群体合作等一系列协同联动，取得了较好的交通安全治理成效。通过压实治理工作责任，用好有关支持力量，推进治理不断深入，可以进一步改进提升高校校园交通治理水平。

关键词：内外协同联动；高校校园交通治理；实践

一、引　言

校园交通是城市交通特殊的组成部分，做好高校校园交通治理，不仅可以有效增加师生居民学习、工作和生活的安全感、幸福感和获得感，对提升大学治理能力现代化水平也有重要意义。2020 年，我国共有普通高等学校 2738 所，各种形式的高等教育在学总规模 4183 万人[1]。据公安部交通管理局发布消息，2020 年全国机动车保有量达 3.72 亿辆，其中汽车 2.81 亿辆[2]，汽车保有量与美国并列世界第一[3]。汽车保有量的增加，对高校汽车通行量的增加有明显的推动作用。人员和车辆在高校集中增加，使校园交通治理压力增大。

北京第二外国语学院近几年校园机动车数量增幅也相对较大，受其影响，校园道路通行能力和通行效率不断降低，产生的噪声污染和尾气污染日益严重；近年来，人车混行，人车争路矛盾严重，校内行车撞倒学生、儿童骑滑板车"钻车"等交通事故接连发生。交通工具运行无序常年困扰师生、员工和居民，校内多位老同志和学生数次向学校投诉车速快、鸣笛、扰乱学校秩序等问题。为此，学校严格落实北京市"校园相对封闭管理"要求，进一步加强校园交通治理，维护道路交通秩序，防范交通安全风险，结合"十四五"平安校园规划编制和校园交通治理沿革，通过内外协同联动，多角度、全方位推进校园交通安全管理各项措施，从根本上改善了校园交通环境，得到属地管理部门、教职工和居民广泛认可，被北京市公安局公安交通管理局朝阳支队评价为"真正做到了校内人车分离，有效提升了校园交通安全水平，在北京高校中是做得最好的"，获颁 2020 年度北京市交通安全先进单位，其校园交通治理实践具有一定借鉴意义。

二、当前高校校园交通治理普遍存在的问题

随着社会经济发展，城市机动车数量迅猛增长，高校内的机动车数量也随之攀升，加上目前高校校园道路交通建设一般存在滞后性，校内外机动车通行量的增加，给校园交通治理带来了双重压力，产生系列问题。

（一）认识上，存在自由观念与安全出行的不协调

各高校高度重视安全管理，对师生员工的安全教育不断加强，从线上到线下、从传统途径到全媒体，方式方法多种多样。但从教育的结果来看，对师生、居民而言，"交通安全"在校园安全中不及"治安安全"和"消防安全"得到的重视多，师生居民交通安全意识淡薄的现象仍未彻底得到改变。一些师生总认为校园是安全的，觉得强调交通治理和出行安全没必要，特别是对于"自由"的高校校园，这些管束是一种限制。于是，学生行走时普遍存在低头看手机或佩戴耳机等现象，全然不顾及周围交通安全；上下课时段，一些学生在机动车道并排前行，在机动车道和人行道之间随意穿行；有的学生骑车时单手骑车、打伞、听耳机，偶尔还秀"车技"、玩"飙车"；还有个别学生在校园内超载超速开摩托，漠视自身与他人的安全。有的教职工驾驶技术不成熟，但行车我行我素，自由散漫，无视校内交通标志，作出超速、违停、逆行、随意鸣笛等行为[4-5]。

正因为交通行为的"自由"观念，造成师生居民对校园交通治理保障"安全出行"认识不深、不够敏感，进而对有关政策举措缺乏支持和理解。例如，有的人认为校园交通何必大费周章、无病呻吟；有的人认为开车来校是工作刚需，交通治理还要限行、限制，容易影响工作、造成教学事故；有的人认为对于超速或者违停，没有必要小题大做、上升到禁止入校的高度，等等。

（二）目标上，存在个人利益与校园秩序的不合拍

目前高校校园交通存在的违规行为，其核心是对校园"主人翁"角色的错误认知——背后是少数人对其所属群体定位过度自信以及对不道德个人利益的放大。个人利益至上，必然与构建校园交通安全规范有序的集体利益矛盾。

一方面，从现实人车同行来看，"人""车"双方容易唯本群体利益不让，对相关交通治理和校园秩序配合程度底。一是校内学生多数采取步行、骑自行车等方式，有的高校在上下课高峰期设置了临时交通管制，保障行人安全，这也同"车让人"政策优先关注"人"通行的初衷一致。但有的学生在"车让人"的政策面前，产生了"车不敢撞我"的错误认识。加上由于从众心理，一些高校明明已经设置了人车分行的护栏，学生还是会穿梭在机动车道，阻碍机动车行进，致使车辆通行缓慢。二是校园内行车的很多都是教职工，作为学生的老师、作为人车同行时"车"的一方，他们认为学生见到车辆既应该从尊重的角度礼让、也应该从人车同行安全的角度主动避让，且有工作时间要求，缩短通行时间是其利益所需，人流阻拦和交通管制造成的行进速度放缓，容易引起教职工的不满，进而变成对校园交通管理部门交通治理政策的不理解、不配合。三是由于执法权缺失，校园交通治理的负责部门对交通违规行为只能进行教育引导，处理手段往往很苍白，且稍有不慎就会造成一系列的纠纷，处理起来费时费力、还影响部门形象，为此，一些高校存在着明显的熟人思维和"老好人"作风，对师生反应强烈的交通治理问题能借助外力及时处理，但对于一些深层次的问题和多发的散点问题，往往睁一只眼闭一只眼。四是一些高校校园还存在职工家属、居民租户、合作单位商户等。商户逐利而来，一般会遵守交通治理规定、避免惹麻烦；但职工家属、居民租户把学校当成生活小区，其利益需求和行为特点会更鲜明，交通治理带来的任何不便都有可能被其放大，产生的矛盾往往剧烈且难以调和[6]。

另一方面，从部分机动车车主的主观认识来看，校园超速、违停、逆行等违规行为的出现，很多是在车主基本知情的状况下作出的选择。也就是说，即使学校政策清晰、举措具体、要求明确，校园交通设施、标志、标线明显，相关问题解答和提示到位，这些车主为了享受加速行驶的快感、车辆行进便利等个人利益，仍然会选择漠视校园秩序和师生生命安全，这是利用学校对机动车超速、违停、逆行等违规行为无执法权、不能从违章处罚上进行约束的弱点，基于"反正管不了、车可以随便开"的认识，将个人利益进行了不道德地放大[7]。

（三）举措上，存在治理要求与现实举措的不同步

校园交通治理是高校提升治理水平的一部分，校园交通治理成效是保障高校事业发展的重要基石。因此，各高校普遍对交通治理的要求非常高。以北京第二外国语学

院为例，学校按照"环境育人、无车校园、规范区域停车"的思路，提出控制车证数量、缓解交通压力、改善交通环境，禁止机动车、非机动车在教学区内随意通行，对车辆进行规范集中管理，保障校园交通安全有序。落实交通治理要求需要有配套的推进举措。目前，各高校在推进落实校园交通治理过程中，大都存在管理制度缺失、治理方式落后等问题。

一方面，关于校园交通安全管理的相关法律法规和规章制度尚不健全。《中华人民共和国道路交通安全法》第一百一十九条规定，"道路，是指公路、城市道路和虽在单位管辖范围但允许社会机动车通行的地方，包括广场、公共停车场等用于公众通行的场所。"由于并没有把校园道路明确列入道路的范畴，造成校园道路交通安全管理缺乏明确的法律规定支持，导致校园交通安全管理在校园内执行落实面临困难[8]。高校校园道路一般由安保部门负责管理，公安交管部门不直接参与校园交通安全管理。当校园内发生超速驾驶、违规停放、不按交通标识行驶、不礼让行人等车辆违规行为，高校只能根据校内相关交通管理规定进行处置，而这些规定往往滞后于校园交通问题现状，亟需不断更新与调整。

另一方面，满足校园交通治理的方式手段相对落后。落实校园交通治理，既需要通过严谨的制度进行规范，也需要通过管理服务保障来加以引导。目前，各高校面对超速、逆行、违停等问题时，大多通过锁车、贴提醒单等进行管制，在如何运用技术手段提升治理成效上思考的还不够。

（四）配套上，存在资源设施与实际需求的不匹配

校园交通相关的资源设施是交通治理的前提和基础。功能完善、符合标准的交通资源设施能够为高校提供良好的校园通行环境，有助于优化校园交通网络组织运行、降低校园内车辆违规问题发生率、减少交通事故的发生等。一般而言，高校校园的交通资源设施不如社会道路完善，对于建校以来就一直使用"老校区"的高校，其问题会更明显，往往无法满足校园交通运行的现实需求。

第一，校园道路狭窄，机动车道与非机动车道无法独立分开，行人、非机动车、机动车混行，上下班、上下课高峰期发生剐蹭和碰撞的风险比较高。第二，停车位供不应求，随着社会经济发展，机动车的使用量迅速上涨，校园内机动车数量也在激增，因为停车场规划不到位，一些高校原有停车区域已不能满足机动车停放需求；很多车辆乱停乱放，占用消防通道、公共场所和道路，进而造成原本就狭窄的道路，通行能力大大降低，风险系数大大增高。第三，校园交通治理是个系统工程，往往政策先行，在政策落地的过程中相关资源设施的调整往往不够及时，陈旧的设施无法适应落实交通治理的要求。例如，高校中有的限行、限速、禁止鸣笛、禁停等引导指示牌以及反

光镜设置不到位；有的减速带、震荡标线等规划设置不合理或已年久失修，成为安全隐患；有的校内道路网缺少规划，交叉路口多且随意，难以形成与之配套的标志标线；有的标志标线更新不及时，甚至与现行政策相冲突，容易造成交通事故。

（五）效果上，存在工作现状与发展定位的不一致

大学内部治理体系现代化，意味着必须构建多元共治的内部治理架构[9]，这在交通治理上是必然的。第一，交通治理涉及的面广，道路设施、标志、标线的建设施画布局的专业性很强，需要通过上级指导和外包才能做好，仅靠学校安保干部和工作人员很难做到科学、合理、全面。第二，交通治理举措涉及师生居民出行的直接利益，任何微小的调整，都可能引发大面积的反弹，尽管调整治理举措的前期，总是会进行大量基础调研和征求意见，但真正落实时依然容易因为利益引发矛盾，矛盾谁来化解、如何化解、怎样通过工作前置规避矛盾，仅靠安保部门无法完成。第三，交通治理是在学校建设发展中进行的，学校事业发展、校园规划、各类基础设施改造，以及道路、管网、停车设备、交通环境等变革，都会直接影响交通治理。

因此，交通治理专业性强、利益相关性突出、资源协同要求高的特点，决定了仅靠高校安全保卫部门，无法达到校园交通有效治理的程度，必须多元共治。但目前，很多高校校园交通治理没有实现从单一安保部门负责向多元共治的方式转变，特别在交通治理中，谁参与、参与什么、如何参与、权限如何、怎么监督等问题往往没有得到很好的解决。有的高校也有其他部门和群体参与交通治理，但参与渠道不畅、专业素质参差，造成了交通治理中安保部门疲于应付各种情况、其他参与主体放弃参与的工作现状。校园环境治理首要任务就是交通治理，校园交通安全秩序是高校各项事业发展的基础和前提，目前的工作现状，难以满足高校对校园交通治理与安全秩序的定位。

三、北京第二外国语学院交通安全多元共建共治共享治理的实践

北京第二外国语学院（以下简称"二外"）坐落于北京市朝阳区三间房地区，北面紧邻朝阳路，南面紧靠京通快速路辅路，占地面积320亩，现有各类在校生、教职员工、居民及家属13 000余人，共有家属区3个片区，家属楼9栋，学校停车系统内记录机动车达1 728辆，拥有机动车的校内教职工数量占总数的50%左右，占全校总人数的10%左右，另有摩托车、电动车达200余辆，自行车达1 000余辆。校内机动车行驶不遵守学校交通规则，校内超速、逆行、乱停乱放、不按标志行驶、不礼让行人等情况频繁发生，前文归纳的问题在二外校园交通治理过程中也都不同程度地存在。

面对这些问题，二外坚持"依法依规、规范秩序，师生为本、从严从细，区域管控，管服一体"原则，保障交通有序、快捷高效、安全畅通，通过内外协同联动，切

实推进校园交通治理取得实效。

（一）外部教育资源引入与内部日常宣传推广协同联动

二外积极拓展校园交通安全教育途径，采取"引进来"的方式，邀请属地交通部门进行交通安全专题培训，并依托上级支持和安全科普法治宣教队伍，建设运行安全教育体验馆，推广校园交通安全文化；同时，基于学校"创新安稳教育宣传模式、创造学校安全稳定环境"的"双创"安全教育品牌，通过日常网络教育、应急演练和宣传推送，推广交通治理举措，整合校内外宣传教育资源，切实提升师生居民安全意识，支持理解交通治理政策。

1. 创新校园交通安全教育阵地，建设使用安全教育体验馆

为深入贯彻落实习近平总书记关于提升安全应急处置能力、化解重大安全风险的讲话精神，提高安全教育实效性，继中国人民大学、北京航空航天大学、北京化工大学之后，二外 2019 年筹集资金 50 万，完成安全教育体验馆一期建设，面积 335 平方米，这是北京市市属高校唯一的安全教育体验馆。体验馆内设醉酒行走体验、交通事故心肺复苏技术、校园应急安全处置等模块，将展览与培训相结合，展示内容很多结合交通安全重点任务，运用多媒体技术、仿真交互技术、地面投影交互技术、语音识别技术等，加强学生交通安全技能和知识的培训与体验。此外，体验馆依托安全科普法治宣教队伍，为校内外人员进行安全教育推广，覆盖大、中、小学生、教师、安保队伍及消防单位人员，辐射朝阳东部地区企事业单位，推动校内外广泛树牢"终身安全、主动安全"意识，有助于进一步强化交通安全教育实训，切实提升体验者关注安全的积极性，为安全教育在校内外的宣传推广做出积极贡献。

2. 聚焦交通安全教育重点内容，开展专门教育及有关演练

一是邀请校内外专家就校园交通安全等主题，先后开办 15 场专题讲座和宣传活动，其中邀请北京市公安局公安交通管理局朝阳支队来校面向教职工和居民代表开展酒驾等交通安全主题培训 3 次。二是结合全民国家安全教育日、消防安全日、交通安全日等节点，组织开展专项安全宣传教育活动，不断增强交通安全意识，引导师生员工"自我教育、自我管理、自我服务、自我安全"。三是依托学生网上安全教育平台，在新生入学前进行包括交通安全在内的安全教育培训，提高其安全防范技能，教育覆盖全体师生，学生学习通过率达到 100%。四是每学期组织至少一次突发事件应急演练，学生入校第一年至少参加一次应急疏散演练，交通安全有关的模拟也融入其中。

3. 丰富校园交通安全宣传载体，实现线上线下联动结合，引导师生员工认同、参与和支持学校治理政策

一是利用"一刊两微多群"交通安全教育宣传媒介，将二外交通安全政策规定和工作动态及时传递给全体师生员工。截至2021年3月初，微信公众号"二外长安"已有15 000人次浏览及关注，推送各类信息788条，其中交通安全信息160余条，内容包括交通政策宣传、交通安全提示、交通工作情况通报等，积极引导师生员工了解交通安全知识，增强交通安全主动性，理解校园交通治理政策，遵守交通管理相关规定。同时，建立"二外学生班长""二外学生宿舍长""教职工安全员""二外家属楼单元长"微信群，实时向师生居民发布交通安全相关信息，做到信息及时沟通互动。整合资源，编发《长安二外工作动态》信息10余条，宣传交通安全相关信息；与北京市公安局公安交通管理局朝阳支队联动组织宣传"全国交通安全日"主题活动等交通安全工作动态和相关知识内容，部分信息在北京政法网上转载。

（二）外部介入个别事件与内部长期协调监督协同联动

二外积极联系国安、公安等单位，开展针对性工作，对校园交通治理过程中遇到的个别关键问题和关键人员单独谋划应对策略、主动邀请相关单位到场站台，打击故意生事者、监测非法微信群、消除群体事件隐患；同时，建设内部利益协调沟通和监督管控机制，在敏感问题和重大事件被破解的情况下，通过积极沟通协调化解部分利益矛盾，依托教育活动和惩治举措，引导推动师生居民关注校园交通安全秩序基础上的利益共通点。

1. 精准打击，破解难点问题

二外通过校地警联动，邀请属地交警就校园交通规划进行调研，并开展交通安全主题专场活动，让师生感受到交通治理的重要性，在"同理心"的基础上，引导师生树立正确的交通安全观和对校园交通管理秩序的充分重视。针对个别事件、个别人，同国安、公安部门深入探讨，邀请他们在职责允许的范围内，进入校园开展相关指导和交流，有效震慑故意闹事者；跟进个别重点人员建立的负面微信群，了解煽动对校园交通管理抵触情绪的情况以及可能采取的做法，在有关部门指导下，派出相关人员瓦解其基础，避免群体性事件的发生。

2. 利益协调，化解部分矛盾

现有条件下，个体追求的是利益最大化，而寻找不同利益群体的利益交集，是达成利益协调及其基础上共识的核心。二外通过"制度刚性与服务柔性""管控硬性与执行人性"的组合拳，进一步推动校园交通管理由经验管理向制度管理、技术管理和文化管理转变，从而以点带面、凝心聚力，不断协调师生居民各个维度的利益诉求，最

大限度的纳入利益群体意见，从事实层面实现共同参与治理过程，进而实现共建共享高水平的校园交通治理环境，切实推动校园交通治理从被动治理向源头治理转变。

3. 长期沟通，深化认识理解

师生作为学校主体和校园交通治理中最大的利益群体，其在校园交通治理工作中的参与和活跃程度将直接影响治理成效。二外通过官方政策解读、相关部门做工作、榜样示范、私下熟人沟通等方式，让师生居民理解校园交通管理秩序必须服从服务于学校教育教学秩序，以及校园总体安全稳定秩序，必须要优先考虑集体利益、整体利益、师生居民生命健康利益；但治理过程也会统筹协调教职工用车便捷小利益、车辆通行有序大利益和校园安全稳定长久利益的关系，使师生居民充分了解交通政策和交通治理带来的福利，形成积极的心理暗示。

4. 疏堵同用，综合发挥实效

面对利益羁绊，校园交通治理深入人心是一个长期的过程，既需要通过严格执行规矩标准来确保底线思维的建立，也需要通过强制性规范以外的宣传教育手段来正面引导。正因此，二外一方面根据针对《北京第二外国语学院校园交通安全管理办法（暂行）》的违反情形，设置了人车"黑名单"，这些人和车有的会限制车证办理权限、有的会禁止入校，同时，对于被安保部门惩治处理的各部门各单位人员，还会与工资、学籍等挂钩，再给予相应处罚；另一方面，还给师生一个主动接受、主动参与交通治理的合理引导，通过开展道路命名活动，提升师生对道路交通的感性认识、亲切感与归属感，形成正确的、成熟的校园交通心理认知，拉近师生同校园交通治理间的距离。此外，二外未来还打算面向领导干部、中共党员、工会会员、学生志愿者开展"我来做引导员""我来做调解员""我来做巡逻员"等一系列活动，引导师生参与到校园交通治理中来，增加其参与体验度，帮助参与者了解校园交通管理的内涵、模式，同时也使其对校园交通违规有更深入的了解，真正从主人翁的角度强化对校园交通政策和交通秩序的认可。

（三）外部先进技术应用与内部管理制度健全协同联动

二外围绕交通治理技术升级，开展高校调研、企业咨询和资料商对话等，借助外脑和内部需求盘点，摸清交通治理底数，研究建设智能交通管理系统，提升技术手段对治理方式更新的支持力度。同时，参照《中华人民共和国道路交通安全法》等，结合兄弟院校经验，根据学校实际加强校园交通安全管理机制动态调整，制定适合二外的交通安全管理制度，对关键领域和环节进行重点关注，弥补管理举措的空白点。通过外部技术的引入与内部制度的建设，完善治理举措，二者相互配合、共同提升治理质量。

1. 研究出台《北京第二外国语学院校园交通安全管理办法（暂行）》（以下简称《办法》）

一是加强顶层设计，强化论证过程。2019 年 7 月开始，二外加强交通治理的顶层设计，在就校园交通相关问题进行意见征求和情况调研后，加紧改善校园交通环境，并结合"不忘初心、牢记使命"主题教育，逐步摸清底数，确定了"无车校园"的交通改革基本框架。根据框架，二外细化研究，形成了校园交通资源要有效利用，车辆要集中停放、禁止穿行，南进南出、北进北出，车辆停放要有时限要求，要考虑如何面向社会提供停车服务等具体意见，并拟于 2020 年 1 月起，推进落实新的校园交通管理政策。新冠肺炎疫情发生后，鉴于防疫工作实际，首先推动了单行线、软隔离等举措落实，其他相关政策始终在不断酝酿。期间，二外加强了交通安全稳定风险评估，认真分析利弊，对新的校园交通管理政策可能涉及师生居民的校内交通风险，涉及教职工授课上班的时间成本和路线选择上的经济成本，涉及居民因收费、管控和禁止逆行造成的出行不便等问题，进行研究论证。2020 年 11 月，学校正式通过并发布了《办法》。

二是积极沟通说明，强化宣传引导。政策制定过程中，二外在校园交通治理领域进行了大量经验探索，先后就交通秩序问题召开解释说明会和征求意见会、面谈、上门走访，多次协调处理校内居民信访，宣传解读政策，沟通解决问题，最大程度争取利益相关群体的理解与配合。文件出台前，二外多次同上级单位、兄弟院校、校内职能部门、离退休人员、楼长单元长、居民代表交流座谈，征求相关意见建议，对师生居民各种疑问、意见和建议进行回应。文件出台后，二外对《办法》中有关行车要求、收费标准、办证流程等内容单独进行说明，并通过多种渠道确保师生居民知晓相关政策变化，对各种不同情况进行积极解答和正面引导；面向校内楼长、单元长召开会议，通报停车收费调整、强化校内车辆管控、禁止校内逆行等交通安全管理举措，对交通管理相关改革措施进行了预热，学校师生居民通过感谢信对此表示了认可。此外，二外还多次通过官方微信推送，介绍了南门立体停车场管理系统功能和优势、北侧停车位的使用、车证的个别办理、临停收费、车辆行停和违规处理等，并对相关问题进行了政策解读和特别提示。

三是突出管理重点，明确政策要求。《办法》对校园交通治理领域的重点问题进行了明确规定。考虑到车辆在教学区、生活区、居民区停放存在治安、消防、拥堵、邻里矛盾等隐患，明确要求机动车须停放在南门立体停车场内或校园北侧停车位，取消主干道路和居民区停车；非机动车应停放在规定区域和场所，校内其他区域禁止停放，目前，校内主干道、消防通道、居民区、教学区、公共活动区域基本实现了无车化；为盘活校内停车资源，在参照对比兄弟院校经验标准、照顾教职工和居民停车诉求的基础上，明确办证车辆累计免费停放时间为 540 小时/月、超时停放按 1 元/3 小时收费，车辆临停按 1 元/5 分钟收费，以上政策使校园交通资源进一步盘活，"僵尸车"被杜绝，长期占用公共停车位的车辆日益减少；由于校内师生学习工作具有潮汐性特点，早晚上下班、上下课时间校园人车流量达到峰值，为改善学校有限的静态交通资源使用情况，学校设置限行区域，限行区域内机动车限制时间通行，通行时间为 06：30—08：30、17：00—19：00；规范交通违规行为处置流程，从源头上减少交通安全隐患，车辆违规数量大幅度减少，校园交通秩序井然；明确车证办理及收费"保主体、控借用、去租户"原则，做到占用资源收费、多占资源收费梯次提升，规定不同区域、人员和时段的收费差异，明确车证办理收费的可选择性以及停放时间梯次结构化收费导向，坚持进一步规范办证主体，杜绝借用和粗放停车管理，严控办证数量，2021 年 1 月起至 3 月初，共计办理 2021 年机动车车证 1 073 辆，较历年同期减幅 37.9%。

2. 推动校园交通管理技术升级，打造一体化平台

一是加强交通信息化平台建设。学校立体停车场内设现代化停车管理返寻系统，与学校南北门停车管理系统联动，实现校园交通与学校安防、消防平台一体化，逐步形成人车出入校园轨迹追踪可寻，促进管理系统数据服务师生安全效用最大化，可实现快速引导车辆停放，实时记录每个车位的车辆停放情况，确保车辆进出停车场更加便捷安全规范；微信公众号"二外长安"增加"停车楼服务模块"，可实现停车前导航空车位、停车后记录停车位置、提前缴费等功能，为教职工停车提供了最大便利；继续发挥技防设备在校园出入管理中的作用，对全校 18 348 人重新进行人脸信息采集，搭建"平安校园"信息化综合管理平台，分阶段实现视频监控、智慧交通、消防信息一体化联网预警，用大数据智能化手段开展校内综合交通管理。

二是上线人车预约管理系统。在微信公众号"二外长安"开通人车预约管理系统，配合人脸识别、车辆管理系统等技术，形成校园外来人员和车辆管理管控体系，有针对性地破解访客登记信息不易保存和统计查找、身份审核不严密、不能提前预约、后期不能有效追溯、通行效率低等问题，切实提高校园出入通行的精准管理水平。

（四）外部专业团队规划与内部基础设施建设协同联动

二外先后走访调研北京兄弟高校十余所，归纳借鉴兄弟院校关于校园交通管理的经验做法并融入校园交通政策，聘请专业外包团队来校更新交通治理规划布局、配套施画交通标志标线，同时加大校内基础设施建设投资力度，升级校园交通管理硬件设施设备。通过校内外合力，共同推进校园交通资源设施得到有效改善。

1. 优化道路功能，依托单行限制提升道路安全系数

二外建设布局已经成型，学校面积小、校园主路狭窄，同时承担双向行车和师生员工步行，一直以来都存在极大的安全隐患。同时，学校地小车多，校内停车空间长

期饱和并负载，存在人车交叉情况；尽管学校限制机动车超速行驶，但仍有车速行驶过快，师生员工时常投诉。此外，按照校园软隔离政策要求，需要将校内教学区与居民区相对分开，而两个区域的分界线主要是马路，拉上隔离带后，道路进一步变窄，无法双向行车。基于上述问题，如果道路仍然按照双向行车，不仅容易造成对向行车剐蹭问题，而且会对路边行人生命安全造成威胁。为此，二外根据北京高教保卫学会第五学术组的交流经验，结合走访调研经验，对主干道交通路线进行改革，将双行线改成单行线，降低了车辆和行人在校园主干道行进时可能发生的安全隐患。

2. 升级硬件设施，建成北京高校第一个立体停车场

一是建成南门立体停车场。二外深入分析研判校内停车需求，邀请校内外专家共同规划，升级校内交通及配套硬件设施，建成使用南门立体停车场。该停车场建筑面积 10 121.56 平方米，规划车位 520 个，在北京高校中是唯一的，是二外完善校园治理和民生服务的一项重大成果。停车场体现了内部优化升级的建设理念，有效节省了校内用地空间，既切实解决了校内停车位紧张的问题，又有利于进一步加强管理，优化校园交通环境、消除交通安全隐患。

二是增设车辆充电设备。学校南门立体停车场增设新能源电动汽车交流充电桩 40 台，基本充电价格按成本价核算。新能源充电桩投入使用以来，确保学校教职工优先充电的服务体验，校内车辆和外部车辆充电费用也有所区分；充电只需使用手机扫码，无需提前充值，确保方便快捷。学校主动建立充电桩沟通微信群，群内工程师随时沟通解决因充电产生的相关问题，做到服务及时、周到、有效。同时，在校内 4 个区域加装电动自行车充电桩 40 台，扩充非机动车辆充电范围，从根本上杜绝私拉电线等违规充电行为。

3. 强化专业指导，持续更新校园交通规划建设布局

结合校园主干道单行及通向南北门实际，外包专业团队为校园加装并调整指示路标 7 块，对人流量较大的道路施画人行横道 5 个，对居民区入口处施画消防通道 7 个，在主干道施画清晰单实线 2 条。此外，加装抓拍摄像设备以加强校园北侧停车区域管理，规范留学生公寓附近人行步道以增强通行安全，对个别不规范的交通标识进行调整等校园交通安全规划正在持续推进落实，将有力推进二外校园交通资源设施与治理需求的匹配度不断提升。

（五）外部权威专家指导与内部部门群体合作协同联动

二外主动落实《关于在京高校与属地协同配合共同维护高校安全稳定的若干措施》文件精神，积极推动构建校、地、警多方协同联动维稳机制；同时依托安全稳定工作领导小组牵头抓总、谋划设计，强化二级单位责任落实，切实提升了校园交通治理运行水平，有效化解了相关利益矛盾，明确了治理参与主体的角色定位，提升了工作实

效和交通治理贡献力,为二外跨越式发展和高水平特色大学建设提供支撑。

1. 有效发挥上级专家作用,做到常态指导、重点支持

一是二外两次邀请北京市公安局公安交通管理局朝阳支队来校现场实地考察,对校内交通治理及周边交通安全环境整治进行指导,帮助学校做好校园分区域、建路标、做引导等系统性专业工作。

二是切实发挥校、地、警联动响应机制在交通治理中的作用,防范化解重大风险,应急处置突发事件。2020年5月至9月,二外立体停车场建设期间,校园周边某小区居民30余人聚集在学校南门,个别居民试图硬闯校园、阻拦学校停车场正常建设;随后,学校又收到其上级单位以及小区物业经理递来的《某小区业主对第二外国语学院停车楼扰民的要求》,文中对二外提出若干无理要求,对校园安全稳定带来不良影响。2020年9月2日,二外协同北京市公安局内保局文保支队、三间房派出所、定西南里社区、三间房综治办和巡防队,组织召开安全风险防范属地联动会商工作会,并将属地政府和二外的态度和意见反馈给居民,维护了学校和周边地区秩序,助力2020中国国际服务贸易交易会期间学校及周边环境的和谐稳定。

2. 不断提升矛盾问题化解成效,做到部门配合、队伍联动

一是健全交通治理会商研判机制,针对交通治理过程中遇到的重大问题,学校安全稳定工作领导小组组织开展形势研判,由学校综合协调部门、组织人事部门、学生部门、安全保卫部门、后勤保障部门、离退休部门和居委会等分别拿出意见、整合预案、专人跟进、互通有无,推进交通治理相关工作全面部署和妥善处理。

二是建立交通治安消防巡查制度,促进校园安稳内部队伍制度职责一体化建设,打造安稳工作队伍联动机制。推进安稳干部内部队伍参与到巡查工作中来,安稳干部每日值班,早、中、晚要定时检查南、北门和校园主要道路值守情况,并对岗位职责落实情况进行检查指导;通过巡查制度与安稳干部职责紧密结合,拓展中控人员队伍职责范围,实现与保安队伍联动建设;保安队伍专门组建交通巡逻队,周期性巡查校内交通情况,及时劝阻校园内超速、逆行等违规行为,并对违停车主通过短信、电话告知等方式予以提醒;探索建立学校联动应急处置机制,建立"安防消防交通安保一体化"工作微信群,及时沟通校园安全问题,推动保安员、中控人员在交通、反恐、消防、治安事故处置等过程中更好发挥作用,实现维稳队伍和资源的双整合。

3. 切实强化交通安全机制建设,做到多元参与、形成合力

一是切实发挥学校安全稳定工作领导小组及办公室作用,每年由校领导带队至少进行一次交通治理工作检查督查,强化二级单位工作落实,深化全校上下交通安全治理意识。

二是强化机关职能部门和二级单位责任，针对师生居民等不同群体，各自管好一段渠、守住责任田，各部门各单位负责对所属人员进行交通安全政策解读，强化每个人的思想认识，推进交通安全治理入脑入心。

三是进一步加强全校各部门各单位安全稳定工作小组建设，做到二级单位全覆盖，实现交通治理在基层有组织有依托；同时建立教职工安全员和学生安全员信息员队伍，健全队伍工作机制，切实在日常交通治理中发挥作用，将治理的基层主体责任进一步落实到位。

四、通过内外协同联动，提升校园交通治理水平的方向

内外协同联动下的校园交通治理，就是整合校内外资源力量，发挥各自治理优势，集中合力推进校园交通治理取得实效。通过外部机制创新的引入与互补，促进学校内部联动、各司其职，创建"人人参与、人人建设、人人贡献、人人共享、人人受益"的校园交通治理文化，上下衔接，内外协同，使交通治理内容更广、治理成效更明显、处置效能更快捷，在切实推进校园交通治理水平提升的同时，既能做到积极担负维护属地交通安全和社会安稳的政治责任，又能实现学校各领域发展的安全稳定基础和交通保障条件得到稳固，进一步提升校园交通治理的贡献度，以及师生居民对交通治理的认同感、安全感和获得感。通过内外协同联动，进一步提升校园交通治理水平，可以有以下几个方向。

（一）关注"内"字，压实治理工作责任

显然，高校校园交通治理仅靠安全保卫部门和安保干部、保安队伍很难做到极致，需要全校各部门各单位以及全校师生居民共同关注、共同参与。关注"内"字，就是要进一步落实高校交通安全管理工作责任机制，以高校安保部门为主导，推进交通治理责任向基层延伸，不断提升各部门各单位贯彻落实人、地、物、事、组织网格化管理责任的意识，监督推进交通治理工作责任到人，积极向本部门本单位师生员工做好政策宣传和解释沟通工作，争取得到师生居民的理解与支持，夯实校园交通治理工作基础。以二外为例，未来将进一步强化学校安全稳定工作机制，做好安全保卫部门牵头，宣传、学工、网络信息中心等多部门联动联防教育机制建设，深入落实二级单位安稳工作责任制，充分发挥制度机制的激励约束与教育警示作用，坚持用制度和规则管人、管事，按照实事求是、厘清责任、奖罚分明的原则，结合工作表现的差异调整有关奖励经费分配，激发全校上下重视、参与和监督交通治理工作的积极性、主动性，切实提升全校师生的交通安全责任意识和水平；督促、指导、检查相关部门落实学校交通治理目标的各项应对措施，及时总结和推广各部门各单位交通治理工作的经验和做法，引导师生员工正向沟通，通过合理途径表达个人的意见诉求。

（二）关注"外"字，用好有关支持力量

关注"外"字，有两层含义：既要敏感捕捉、充分发掘不同发展阶段、不同环境局势、不同政策导向、不同诉求组合条件下，外部能够争取来的、对校园交通治理更有效的资源力量，在如何争取、如何用好、如何持续上做文章；又要胸怀大局看校园交通治理、跳出校园看校园交通治理、面向未来看校园交通治理，站在服务高等教育人才培养和学校事业发展的高度，研究校园交通工作，强化外部资源运用与来源平台反哺的互动性和长效性，激发外部资源力量使用过程中的功能外溢，实现交通治理更大范围的影响力。例如，下一步，二外将拓展属地联动机制，利用属地、公安、政法、消防的力量联动加强校园交通治理，与北京市公安局公安交通管理局朝阳支队建立合作机制，利用安全教育体验馆交通分馆场地优势和资源，定期由朝阳支队开展交通安全专题培训，不断扩大服务朝阳东部地区企事业交通安全教育的功效，持续发挥交通治理带来的能量外溢。

（三）关注"动"字，推进治理不断深入

交通治理不是一蹴而就的，而是个动态过程。这就要求各高校需要始终保持"动"的思想、"动"的举措、"动"的成效，确保不断发现需求、解决问题，实现校园交通工作根据现实情况的变化和各项任务要求的深入，不断做实做细、不断调整变化、不断取得增量。从这个角度看，内外协同联动，"动"就是要能够不断利用校内外各种资源力量，做到校园交通治理因时而进、因势而新、因形而活：交通治理具有现实性特征，要紧贴当前校园最新的交通实际，把治理任务目标不断融入到当下所发生的热点问题和师生居民关注的问题上来；交通治理具有实践性特征，要不断创新，破除思维定式和传统观念，克服主观偏见和习惯认知，不断更新政策举措与具体流程；交通治理具有实效性特征，方式方法是形，交通有序是实，只有不断推进治理走向深入，在没有的方面填空白、在已有的方面深挖掘、在都有的方面拼特色，才能不断在学校发展新的历史阶段始终保持校园交通安定有序、交通安全系数始终处于高位。以二外为例，二外将继续完善安全教育体验馆功能，建设交通安全分馆。安全教育体验馆二期建设拟设置交通安全教育体验专区，该区域通过声光电的多元化、立体式展示，以及先进的 VR 等互动体验设施设备，采用交通安全知识抢答、交通违法行为再现、交通事故情景模拟等方式，让校内学生及周边地区体验者学习乘车安全、安全标志以及酒驾、毒驾、疲劳驾驶等交通安全知识，模拟构建真实的交通场景，以寓教于乐的方式让参观者学习各类交通安全法律法规，不断提升校园交通安全教育质量。

五、结　语

生命安全高于一切，推动校园交通安全水平不断提升，创造文明、安全、有序的

校园交通秩序，打造平安和谐的高校教书育人环境，需要切实加大对校园交通治理的投入程度，调动校内外资源力量共同参与、协同联动、形成合力。北京第二外国语学院积极探索内外协同联动下的校园交通治理实践，有助于促使校园交通从传统视域下的高校内部常规安全工作向社会治理视域下的校内外资源系统联动转变，从而引导和促进多元主体共同作用，形成校园交通的治理合力，在建设更高水平的平安校园过程中，也为建设平安北京、和谐社会贡献力量。

参考文献

[1] 新华网.教育部：2020年全国共有各级各类学校53.71万所 在校生2.89亿人[EB/OL].[2021-03-01].http：//education.news.cn/2021-03/01/c_1211046056.htm.

[2] 央视网.2020年全国机动车保有量达3.72亿辆[EB/OL].[2021-01-08].http：//tv.cctv.com/2021/01/08/VIDEkMRpOfuspFvUarjyebIl210108.shtml.

[3] 搜狐网.2020年全国汽车保有量达2.81亿辆与美国并列世界第一[EB/OL].[2021-01-13].https：//www.sohu.com/a/444285501_120044111.

[4] 杨文娟.高校校园交通安全问题及对策[J].高校后勤管理，2019（05）：43.

[5] 沈方龙.新形势下高校校园交通安全管理的模式探究[J].智库时代，2019（07）：110-111.

[6] 张占军，杨华，陈诗伟.交通心理视角下的大学校园交通治理[J].中小企业管理与科技，2020（02）：4.

[7] 许仪.探索"三治融合"的校园交通治理模式[J].高校后勤管理，2020（11）：64-65.

[8] 况亚勇.高校校园交通安全的问题及对策[J].产业与科技论坛，2020（18）：222.

[9] 宋路浩.校园交通设施设置现状与管理研究[J].山东交通科技，2020（05）：112.

推动高校安全立法研究的思考与建议
——以首都高校为例

北京建筑大学　牛　磊　张永亮*

摘　要：党的十九届四中全会指出，要推进国家治理体系和治理能力现代化。目前，由于缺乏有关指导性安全管理制度或工作规范，导致高校安全管理标准不够统一、体系不够完善、综合治理不够深入，依法开展校园安全管理存有一定难度。加强高校安全治理体系和治理能力建设，既是高校治理体系和治理能力现代化的一部分，也是破解高校安全管理难题的必要途径。本文梳理了高校安全管理面临的问题，并从加强高校立法研究方面提出了对策建议。

关键词：依法治校；安全立法；治理体系和治理能力

课题支撑：北京建筑大学 2019 年度党建和思想政治工作研究课题（党委委托课题）

高校既担负着人才培养的重要使命，也担负着"高校稳社会稳"的政治责任。党的十九届四中全会指出，要"坚持和完善共建共治共享的社会治理制度，保持社会稳定、维护国家安全"，并明确指出要"完善和落实安全生产责任和管理制度，建立公共安全隐患排查和安全预防控制体系"[1]，这为今后高校安全管理法制化建设提出了工作要求。由于缺乏高校安全管理规定或有关指导性意见，造成高校在安全管理上不敢管、工作人员底气不足、综合治理有畏难情绪。通过高校安全立法研究，出台有关指导性意见，这既是依法治校的职责所在，也是提升高校治理体系和治理能力建设的必然要求。

一、高校安全管理现存问题

近年来，随着平安校园建设的不断深入，社会人员及高校师生的安全意识得到不

---

* 作者简介：牛磊：男，1978 年 1 月生人，副研究员，北京建筑大学保卫处处长；张永亮：男，1981 年 8 月生人，讲师，北京建筑大学保卫处副处长。

断提升，高校主管部门及学校在安全管理体制机制建设、人才队伍建设、硬件条件保障和资金投入等方面也在不断加强，但与高校安全治理体系和治理能力现代化这一目标相比，还存有差距。

（一）管理措施有待规范

目前，由于缺乏指导性意见，各高校对快递、送餐电动自行车等入校制度不一，而快递电动车入校既有车速过快引发交通事故的问题，也有车主顺手牵羊偷拿东西、对女生进行骚扰等问题。有些学校为确保正常教学秩序、减少消防事故，禁止摩托车、电动自行车入校，导致教职工对学校的制度不理解、讨说法的现象时有发生。

（二）开放办学与高校安全管理现实压力之间的矛盾有待解决

到校体育锻炼的市民与师生矛盾不断在高校是常见现象，随着高校体育场馆向市民的开放，因抢占场地、偷拿物品、破坏环境等多方面情况已让部分高校不堪重负。据了解，中国政法大学（昌平校区）的操场经历了"封闭—开放—再封闭"的曲折过程。以前学校对操场并未封闭，但在发生校外人员与学生争用足球场的事件后，学校即把操场、篮球场封闭起来，要求师生凭卡入内[2]。另外，在社会矛盾向校园蔓延的情况下，存在对社会不满者携汽油到高校自焚的真实案例，到高校传教、发传单搞传销或诈骗的案例更是不断，每年开学季高校都或多或少会发生校外人员到校推销物品、购物卡及上网卡的事件，这些案件既威胁着师生安全，又给高校带来了政治压力。

（三）警校协同工作有待深入

虽然学校和属地公安政法机关在日常工作配合上没有问题，但存在不平衡现象。学校和属地关系处理得好，有关问题就容易解决，反之则不然。同时，由于信息不对等，造成数据统计、数据共享共用上有难度，如不同部门有重复上报数据的情况。在掌握关注群体现有行踪上，根据现有制度，公安部门不便与高校共享。

（四）校园周边综合治理有待深入

近年来，随着校园周边综合治理投入加大，高校校园周边安全环境逐年向好，但由于校门路权及公共空间使用权归政府及社会，社会车辆乱停乱放、闲散人员无节制的娱乐活动、快递业务无序管理等都为高校师生出行及安静和谐的校园环境带来压力。

（五）高校在安全稳定人财物方面的投入有待加强

鉴于条件所限和学校对安全稳定的认识不同，不同高校在人财物的投入上也不统一，有时差别还较大，影响了工作的正常开展。如有的高校保卫干部配备达不到1‰的配备标准；有的高校在消防经费上连年不足；有的高校楼宇出入口没有设专职管理人员，而设有专职管理人员的高校，有的是保卫部门分管、有的是后勤部门分管、有的是两部门协同管理；保安月人均经费从最低 3 000 元左右到近 5 000 元不等；有的高校保卫干部特殊津贴按 365 天发放，有的高校按工作日发放，等等。

二、现存问题成因分析

针对高校安全管理中存在的问题，经成因分析主要有以下四方面。

（一）社会公众对开放办学的认识不够统一

到底何谓开放办学？开放办学的广度与深度到底如何？社会公众在这方面的理解并不统一。为数不少的社会人员动不动就拿"大学是开放办学"的帽子和门口安保人员理论，与十九届四中全会所提出的实现治理体系现代化相违背。开放办学不是开门办学，校园开放并不意味着混乱和无序地放开校园不管，它应该是有序的开放，是在保障人才培养、科学研究基础上的高品质的开放，是学术自由、思想开放，不是简单的校园开放。对社会各领域规范治理的共识，还需要全社会统一认识。

（二）高校领导对校园安全管理的理解不够深入

高校领导层对校园安全管理认识不统一，比如规模较大的北京某高校，校领导非常坚持开放办学理念，社会人员基本上是自由出入学校大门，但也有不少的高校实行登记准入制。这种管理上的不统一，造成社会公众的对比心理，认为不让方便进门的高校，一定是管理有问题。管理标准的不统一、不规范，容易产生社会热点。如 2018 年，郑州大学、南京大学先后出台的校园管理规定，一时间把两所大学推向了风口浪尖。同时，如果主要职能部门对校园安全管理理解不够深入，则在人财物支持上和安全事件处置上会带来一定的影响。

（三）保卫部门对校园安全管理的把握不够规范

保卫部门对校门安全管理的理解和把握，很大程度上取决于学校一把手和主管领导的意见。当然，在管理严和宽的中间地带，校园安全管理则多取决于高校保卫部门的态度。实际工作中，保卫部门对校园管控虽有加强的趋势，但认识也不统一，有的在制度和硬件上积极推进，有的则无所谓。在技防建设、消防安全、交通安全等管理上，如果把握标准不够、争取支持不够，则取得的平安校园建设效果会有所折扣。

（四）高校缺乏安全管理规范性文件作为工作指导

2019 年 9 月，北京市教委联合多部门发文，对构建学校安全综合防控体系、学校安全突发事件应急处置体系、学校及周边安全综合治理机制等提出明确规定[3]，对提升中小学安全稳定治理体系和治理能力建设是很好的指导性依据。但高校因为缺乏类似指导性文件，加之没有执法权，导致在行使管理职权时底气不足、腰杆不硬，有时有些工作有想法、想出台文件但不敢推动。

三、推动北京高校安全立法的必要性

第一方面，推动北京高校安全立法，是实现高校治理体系和治理能力现代化的重要组成部分。习近平总书记指出："我们要打赢防范化解重大风险攻坚战，必须坚持和完善中国特色社会主义制度、推进国家治理体系和治理能力现代化，运用制度威力应对风险挑战的冲击。"[4] 对于公共安全工作，习近平总书记曾指出："维护公共安全，必须从建立健全长效机制入手，推进思路理念、方法手段、体制机制创新，加快健全公共安全体系。"[5] 前教育部部长陈宝生在 2019 年全国学校安全工作电视电话会议上指出："要在构建校园安全防护体系上下功夫，完善学校及周边治安综合治理机制，形成多方协同合作机制，建立学校安全风险预警、事故统计分析机制，推动安全监管常态化、长效化。"[6] 因此，提高平安校园建设水平，要靠立法来实现。

第二方面，"高校稳首都稳，首都稳全国稳"，推动北京高校安全立法，是北京高校特殊性的必然要求，是北京高校的政治任务和职责使命。同时，首都高校理应在校园安全治理体系和治理能力上走在全国高校前列。

第三方面，推动北京高校安全立法，有助于深入推进依法治校，并提升高校安全管理的可操作性。如北京市人民代表大会常务委员会通过立法，明确指出"在道路上使用动力装置驱动的平衡车、滑板车等器械的，公安机关交通管理部门可以扣留器械，处 200 元罚款"[7]，这为高校治理交通安全提供了依据。

第四方面，推动北京高校安全立法，顺应高校、学生及家长所需。针对如何加强高校安全管理，作者以高校保卫干部、行政管理人员、普通老师、学生、学生家长、其他人员等为抽样对象进行了问卷调查。在参与调查的 493 份调查问卷中，414 人认为非常有必要制定《校园准入管理规定》，占比 83.98%；65 人认为必要性一般，占比 13.18%；14 人认为无所谓，占比 2.84%。因此，尽快出台北京高校安全管理有关指导性文件，切实提升高校安全治理体系和治理能力，势在必行。

四、北京高校安全立法内容建议

高校安全立法，除了在校内安全治理、突发事件处置、校园周边综合治理等方面与中小学有共性外，还有其特殊性，如校外人员准入制度、消防安全、交通安全、实验室安全、保卫干部及安保人员职数设置、校内家属区管理。参照《北京市中小学校幼儿园安全管理规定（试行）》，结合工作实际，笔者提出如下建议。

（一）明确各主管部门工作职责

应明确教育主管部门、公安政法部门、生态环境部门、住房城乡建设部门、交通部门、文化旅游部门、卫生健康部门、应急管理部门、消防救援部门、市场监管部门、

城管执法部门、保险监管部门、属地街道等各部门工作职责，并借鉴网格化管理经验，明确各部门联系指导学校的部门领导、具体责任人和工作人员，加强沟通联络、定期会商研判、定期桌面推演，切实推动问题解决，及时处置突发事端。

（二）加强校园周边综合治理

成立校园周边综合治理专项工作组，明确公安交管、文化旅游监督、住房与城乡建设、卫生防疫、城管与工商税务等部门的工作职责，建立长效工作机制，联合出台原则性指导意见，确保校园周边综合治理有法可依、有章可循、执法必严、违法必究，提升校园周边综合治理体系和治理能力建设。

（三）明确校园准入制度

应明确社会人员进入校园的标准、程序、禁限带物品种类、允许进校的时段及特殊时期不得进校的有关规定。明确各类车辆管理标准，如学生车辆、学生家长车辆、快递及送餐车辆、共享单车等管理的指导性意见。

（四）明确校园安全管理体系

1. 校门防控管理制度

明确校门保安力量配备标准、人员上岗条件及岗位培训要求，安保专用物资、设备设施、防暴恐、安全检查等装备的配备标准，参考规格及数量；机动车管理硬件设施建设标准，技防建设标准等。

2. 技防建设标准

明确技防建设的平台建设标准，硬件设施建设标准，尤其是重点部位硬件设施建设要求，监控存储要求及保密要求，建设经费及维保经费投入，尤其明确人脸识别信息采集的合法化问题。

3. 消防安全标准

新建楼宇消防设施联防联动建设要求，灭火器配置标准，雷电销检测要求，消防年度经费投入，消防演练及桌面推演。推动消防安全监管机制的建立，强化监督和预防体系的建设，着重解决消防安全管理工作领导重视不够、资金投入不足、监管工作不到位等问题。

4. 大型活动及外事活动申报审批

明确各类大型活动的管理办法、审批流程，各类外事活动的报批及管理办法等。

5. 实验室安全管理

明确实验室安全管理责任主管部门，实验室安全管理规定应涉及的主要内容，安全教育、安全责任的落实等。要从管理机制、日常监督和实验室标准化建设等方面，构建完备的实验室安全管理体系、考评体系、验收体系。

6. 大学生安全教育

进一步明确大学生安全教育的学时、内容、组织形式，统一设置学分权重，加强各高校对安全教育课的重视程度、师资投入，解决专项教师的职称评定问题。

7. 关注群体教育管理

关注群体教育帮扶、家庭关怀、政治引导、信息统计与共享等。

8. 家属区管理

校内家属区封闭管理问题，不能封闭管理的校内家属区如何管理问题，学校家属区安全主责部门认定等。

9. 应急体系建设及突发事件处置程序

深入贯彻落实《中华人民共和国突发事件应对法》，围绕学校各类突发事件应急预案、应急体系，建立健全指挥统一、高效协同、反应迅速的体系架构和突发事件处置程序。强化精细化管理，将模拟演练及桌面推演等环节系统化，常态化。

10. 条件保障

保卫干部职数设置，保卫干部特殊津贴标准，保卫干部值班费标准，保安队员人数设置与最低工资标准、工作设施配备标准，楼宇管理人员设置及管理部门。

11. 食品卫生与食堂安全管理

严格落实《中华人民共和国食品安全法》《学校食堂与集体用餐卫生管理规定》《餐饮业和集体用餐配送单位卫生规范》等法律、法规、规章的要求和标准，采用合理有效的预防措施和监控手段，加强从业人员的准入制度和培训力度。在做好引入市场竞争机制的同时，建立健全师生员工与社会执法监管部门的全方位监控体系。

12. 医疗保障与传染病防控

根据《中华人民共和国传染病防治法》、《突发公共卫生事件应急条例》、国务院所颁布的《学校卫生条例》及其他法律法规文件，高校应按标准设置医护人员数量，并加大医护人员的培训和防疫经费的投入，加强与学生工作、保卫工作、后勤部门的联动机制，在财政专项中设立专项资金用于传染性疾病的防控、常备物资、器械药物的采买与周期性更换。

13. 体育场馆经营与风险管理

2017 年，教育部、国家体育总局联合印发了《关于推进学校体育场馆向社会开放的实施意见》，为学校体育场馆的对外开放作出了政策性的指导与规定。但学校体育场馆对外开放，在为群众体育发展提供便利的同时也面临着一些客观现实问题，如安全管理、经营管理问题等。高校要在完善场馆管理规章制度、体育设施安全管理办法、人员管理办法、准入条件等环节上，形成与学校教学和经营相融合的制度体系；并在形成场馆对外开放突发事件应急长效管理机制、加强员工的应急管理理论培训与技能学习、制定各类应急预案并进行演练、保持突发事件应急救援的对外联系畅通稳定四方面下功夫。

14. 交通安全管理

交通工具乱停放、功能划分不明确所导致交通混行的问题，交通管理处于不重视的现状，高校校内交通安全管理的法律性、规范性法律法规的缺失问题，以及交通规划与时代发展不配套等问题都是影响高校交通安全管理的现状问题。这些问题不光严重影响了校园内的交通秩序，也给校园内的学生和教职工带来了较大的安全隐患。高校要建立交通安全管理体制体系和制度，建立交通安全管理系统，加强校内交通安全教育和引导，建立完善的惩罚机制，加强对违规、违法人员的监督管理。

参考文献

[1] 中共中央关于坚持和完善中国特色社会主义制度　推进国家治理体系和治理能力现代化若干重大问题的决定 2019 年 10 月 31 日中国共产党第十九届中央委员会第四次全体会议通过[J]. 当代党员，2019（22）：7-17.

[2] 北京青年报.14 所在京高校调查：过半大学操场对市民设"门槛"[N]. 北京青年报，2016-08-29.

[3] 北京市教育委员会. 北京市中小学校幼儿园安全管理规定（试行）[EB/OL]. (2019-09-01).

[4] 《党的十七届四中全会决定学习辅导百问》出版[N]. 人民日报，2009-09-28（013）.

[5] 《习近平谈治国理政》第二卷[M]. 外文出版社，2017（11）：48. 陈宝生. 教育部长陈宝生：6个狠抓，扎实做好学校安全稳定工作［EB/OL］. (2019-03-01). http://edu. china. com. cn/2019-03/01/content_74518424. htm.

[6] 北京市实施《中华人民共和国道路交通安全法》办法[N]. 北京日报，2018-10-15.

美国普通高校开设国家安全课程的现状与启示

北京建筑大学　张　强*

摘　要：我国国家安全教育起步较晚，国家安全学科建设存在体系薄弱、课程设置单一、科研人才匮乏等显著特征。而美国因长期遭受国内外安全威胁，其国家安全学科建设相对完善、研究较为前沿，值得学习和借鉴。较之美国普通高校，国内普通高校在开设国家安全课程方面普遍缺位。笔者通过分析美国普通高校中国家安全专业课程、其他国家安全专业相关课程以及 ROTC① 项目课程，归纳总结美国普通高校在开设国家安全课程上的成功经验，深入挖掘当前美国国家安全学科的前沿热点，从而为我国国家安全学科建设提供借鉴与参考。

关键词：国家安全学；美国普通高校；课程设置；学科建设

The current situation and Enlightenment of national security courses in American Universities

（Beijing University of Civil Engineering and Architecture，Zhang qiang）

Abstract：China's national security education started relatively late, and the construction of national security discipline has obvious characteristics, such as weak system, single curriculum, lack of scientific research personnel and so on. Due to the long-term security threats at home and abroad, the construction of national security discipline in the United States is relatively perfect, and the research is more cutting-edge, which is worthy of learning and learning. Compared with American universities, there is a general lack of national security courses in

---

* 张强（1993— ），男，汉族，硕士，北京建筑大学保卫处科员，研究方向：大学生安全教育。

① ROTC 即 Reserve Officers' Training Corps 的英文缩写，意为（美国）预备役军官训练营。

domestic colleges and universities. The author analyzes the national security professional courses, other professional national security related courses and ROTC [ROTC, the abbreviation of reserve officers' Training Corps, which means (U. S.) reserve officers' Training Corps.] Project courses, summed up the successful experience of national security courses in American colleges and universities, in-depth excavation of the current forefront of national security disciplines in the United States, so as to provide reference for the construction of national security disciplines in China.

Key words: national security; American universities; curriculum; discipline construction

一、概　述

（一）研究背景

坚持总体国家安全观是习近平新时代中国特色社会主义思想的重要内容之一。在总体国家安全观的指引下，2018 年，教育部发布了《关于加强大中小学国家安全教育的实施意见》，从完善国家安全教育内容体系、研发国家安全教材、推动国家安全学科建设等方面对国家安全教育建设提出了指导意见[1]。一年多以来，全国各地高校积极申报国家安全学一级学科，公安、政法类院校积极整合校内优质资源成立国家安全学院，国家安全学科大有蓬勃发展之势。但是不得不承认我国国家安全教育起步较晚，存在体系薄弱、课程单一、科研力量匮乏等特点。相比之下，受冷战和霸权主义等历史与现实国际政策的影响，美国长期遭受来自本土和国外多方势力的安全威胁，也正因如此，美国高校国家安全学科发展较早，体系更为完善，研究领域更为前沿，这对于我国国家安全学科建设有着良好的借鉴意义。

中美高校开设国家安全课程现状的不同之处在于，国内目前集中在公安、政法类院校开设，而美国则在各类院校中普遍开设，甚至很大一批普通高校中还设立了国家安全专业。普通高校开展国家安全理论研究和国家安全教育，一方面可以综合各学科优势，吸收相关学科前沿理论，创新和发展国家安全学；另一方面可以更加切实有效地培养学生的国家安全意识，传授国家安全理论知识，服务国家长期安全战略。而当前国内高校仍大多将国家安全教育局限于入学军事训练和思政教育环节，制约了普通高校在国家安全理论建设发展上学术优势的发挥。为填补这一空白，了解美国普通高校国家安全课程的设置情况十分必要，这也是建设和发展我国国家安全教育的题中之意。

（二）研究对象

1. 美国普通高校

美国普通高校数量有 7 000 余所，受制于人力、物力等因素，对 7 000 余所高校全部开展研究既不现实也无必要。本文旨在分析和探讨美国普通高校在开设和发展国家安全课程方面的先进之处，那么研究对象的选择需要体现出一定的先进性和代表性。笔者根据 2019 年 USNEWS① 发布的美国大学排行榜，抽样选取 20 所大学作为研究对象（见表 1）。当然，美国不乏一些院校开设了极具特色的国家安全专业，例如美国国防大学、马里兰大学等，但由于其学校性质和排名等原因，本文未做分析，但不影响分析美国普通高校开设国家安全课程的现状与启示。

表 1　本文选取的 20 所美国普通高校[2]

排　名	学　校	排　名	学　校
1	普林斯顿大学	11	约翰霍普金斯大学
2	哈佛大学	12	加州理工学院
3	哥伦比亚大学	13	达特茅斯大学
4	麻省理工学院	14	布朗大学
5	耶鲁大学	15	圣母大学
6	斯坦福大学	16	范德堡大学
7	芝加哥大学	17	康奈尔大学
8	宾夕法尼亚大学	18	莱斯大学
9	西北大学	19	圣路易斯华盛顿大学
10	杜克大学	20	加州大学洛杉矶分校

2. 国家安全课程

国家安全内涵广泛，这导致对"国家安全课程"的定义较为困难。笔者从以下几个角度选择相关课程作为研究对象。第一，专门研究国家安全政策、理论的课程，例如"国家安全政策""国家安全法律"课程。第二，兼顾传统安全和非传统安全、国内安全和国际安全的课程，例如"国土安全政策""国际安全"等课程。需要说明的是，由于美国长期采取霸权主义的外交思路，其有关课程的主体思想也表现出了"美国中心"和"世界警察"的特点，例如"国际安全""全球安全"课程，并非站在世界安全与和平的立场分析问题，而是紧紧围绕美国的核心利益展开研究，主要分析美国外交政策和全球各地区发展、冲突、战争对美国国家安全利益产生的影响和对策。

① USNEWS 每年通过调查统计，发布美国大学排行榜，是美国国内学生和世界各地留学生的选择高校的重要参考内容，具有一定程度的公信力。

此类课程当属国家安全的广义范畴。第三，交叉学科的课程，例如"生态与国家安全""网络安全"等课程。其中"网络安全"的课程并不是单纯研究和讲授技术问题，国家安全理论占较大比例，一些单纯讲授该学科内相关安全技术的课程则不在笔者研究之列。第四，ROTC 项目课程，美国高校中普遍存在的 ROTC 项目与我国若干年前实行的国防生政策相似，普通大学生也可参加学习其中一些涉及军事和国家安全的课程，从本质上来讲，ROTC 项目有关课程属于传统安全理论课程。

二、美国普通高校国家安全专业的课程开设情况

（一）美国国家安全专业的发展历程

美国学科专业分类系统（Classification of Instructional Program，简称 CIP）是由美国教育部国家教育统计中心制定和发布的。从属性和功能来看，CIP 相当于我国教育部发布的《学位授予和人才培养学科目录》以及《中华人民共和国学科分类和代码国家标准》。CIP 通过收集美国各高校专业开设情况，不断更新目录内容，并且每十年发布一次最新的学科专业目录，目前最新版本为 2020 年版。

笔者对 2020 版 CIP 数据进行了筛选、整合、分析。CIP 目录中，国家安全相关学科专业主要分布在四个一级学科中，分别是"28 军事科学、领导艺术和作战艺术"、"29 军事技术和应用科学"、"43 国土安全、执法、消防及相关保护服务"以及"45 社会科学"。其中包含二级学科 10 余个、三级学科 30 余个[3]。

当然，当前美国国家安全学科专业体系不是一日而成的，而是随着外部社会需要和内部学科发展而不断衍化、发展的。笔者统计分析了 2000 年、2010 年和 2020 年三个版本 CIP 目录的有关数据，获得其国家安全相关学科专业的新增数量如图 1 所示。

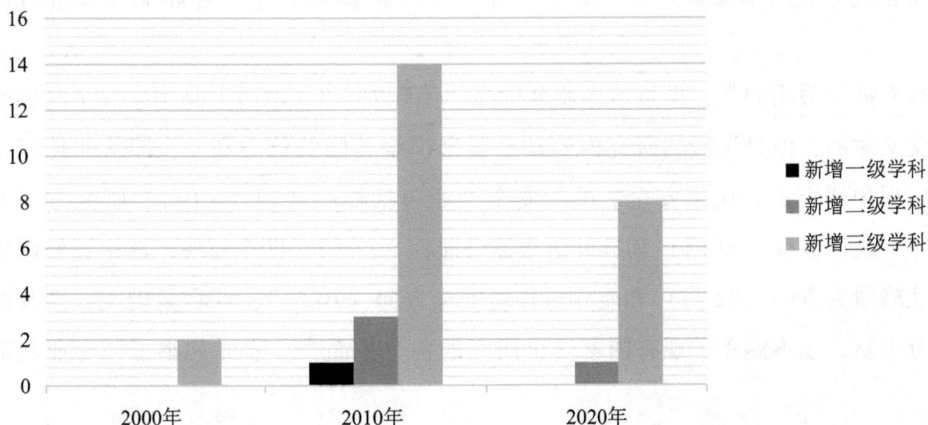

图 1　2000 年、2010 年和 2020 年美国 CIP 国家安全学科专业新增数量

当前美国国家安全学科专业主要集中在"43 国土安全、执法、消防及相关保护服务"中，该一级学科在 2000 年之前还叫做"43 安全和保护服务"。2001 年"911"事件发生后，美国国家安全学科专业迅速发展，产生了大量专门研究国家安全的二、三级学科，2010 版 CIP 将其收录在第 43 个一级学科中，并更名为"43 国土安全、执法、消防及相关保护服务"。

在最新的 2020 版 CIP 数据中，美国国家教育统计中心在第 43 个一级学科中添加了新的二级学科"43.04 安全科学与技术"，其中包含"网络/计算机取证和反恐""网络安全防御策略/政策""金融取证和欺诈调查""地理空间情报"等与国家安全相关的技术类学科，代表着美国国家安全学科建设中的最新方向和趋势。

（二）国家安全相关专业课程的开设情况

整体来看，美国高校国家安全相关专业的开设情况与我国相似，多由军事院校和警察院校开设，这是国家安全专业的特殊属性所决定的。通常来讲，相对于军警院校，普通高校开办国家安全类专业时，在师资队伍、理论水平、资料收集以及招生就业中不占优势。但一些综合型大学却恰恰利用了自身在其他多个学科具有较为扎实的理论功底的优势，通过整合大量学科资源，开设了国家安全类专业。例如约翰霍普金斯大学开设了国际安全专业，美利坚大学开设了恐怖主义与国土安全政策专业，马里兰大学开设了恐怖主义研究专业和网络安全专业。同时，也有一些高校通过开设研究所，与政府部门、企业联合进行专门的国家安全学术研究。

在笔者调查的 20 所美国普通高校中，有 3 所院校开设了国家安全相关专业，其中，约翰霍普金斯大学开设了国际安全专业，圣路易斯华盛顿大学和布朗大学均开设了网络安全相关专业。本文着重对约翰霍普金斯大学的国际安全专业相关课程进行详细分析。

首先需要说明的是，虽然该专业名称为"国际安全"，本质上是国家安全与国际关系的交叉学科，但是课程的研究内容却是紧密围绕美国的核心利益，即从非传统安全和国际视角研究美国国家安全。国际安全专业包括核心课程（6 门）、研究方法课程（5 门）、选修课程（52 门）和额外情报证书课程（11 门）四个模块，其中选修课程分为了战略研究方向（42 门）和能源与环境安全方向（10 门），课程量较大，涉及的领域十分丰富，基本涵盖了现有国家安全研究的各个方面[4]。表 2 列举了该专业的部分课程。

表2 约翰霍普金斯大学国际安全专业部分课程

核心课程	全球安全研究导论	选修课程战略研究方向（部分）	无序世界中的美国安全	选修课程战略研究方向（部分）	网络安全政治
	全球政治经济学		反情报与国家安全：21世纪的挑战		科技与恐怖主义
	军事战略与国家政策		恐怖主义研究导论		核扩散与不扩散
	能源与环境安全		"五眼联盟"中的情报		中国对全球安全的影响
	气候变化与国家安全		跨国安全的挑战		伊朗：革命国家的安全政策
	能源，安全与国防		情报与国家安全中的法律问题		抵抗暴政：战略性非暴力冲突
研究方法课程	社会科学定性方法概论		俄罗斯国家安全政策	选修课程能源与环境安全方向（部分）	环境政策制定与政策分析
	定量方法基础		恐怖网络中的自由化和反自由化		气候变化政策分析
	定量方法		秘密行动与国家安全		地理信息系统
	历史方法		从基地组织到伊斯兰国：了解全球圣战运动的根源		气候变化与国家安全
	研究研讨班		网络政策，战略，冲突与威慑		能源，安全与国防

　　该专业开设了大量的选修课程供学生选修，因篇幅有限，本文不能一一列举分析。约翰霍普金斯大学不仅单独开设了国家安全专业，而且开设的相关课程数量也位列本文调研的20所大学之首。上述开设课程有几个鲜明特点：第一，核心课程安排较为合理，贯穿"非传统安全"思维，不但讲授国家安全理论，而且传授交叉领域、新兴领域的国家安全理论，使学生在接触专业之初便已建立起非传统安全的理论框架，有助于思维的发散和知识的拓展；第二，注重研究方法的教学，通过开设5门研究方法课程，可帮助学生较为牢固地掌握研究方法和工具；第三，注重学科交叉融合，我们可以看到国家安全学与法学、政治学、国际关系学、网络技术、情报与执法、生态环境与能源等多领域相交叉融合，形成了70余门选修课程，而这些课程又能在非传统安全的思维下有机结合起来，构成当代国家安全研究的主要内容；第四，单个课程的课时

数相对较少，因此学生可选择更多的专业课程进行学习，老师也可以更为灵活地编排课程，从而向学生传授更有价值、更前沿的理论知识和技能。

约翰霍普金斯大学的国际安全专业可以说是美国普通高校中开设国家安全相关专业的典型代表，据官网信息，该专业主要培养学生从战略研究、能源和环境安全以及经济安全三个方面研究国家安全，这种培养路径将其与军警院校重实务、轻理论的培养方式区分开来。不过该专业也同样兼顾理论实践，校方为学生提供了在华盛顿特区的杜邦圆环地区的校外实践课程，个别课程还提供海外实习机会。

在笔者调查的 20 所美国高校中，还有一些学校专门开设了专门的网络安全（Cybersecurity）专业，但不同院校培养侧重有些许差异。例如布朗大学的网络安全管理专业侧重于网络安全政策理论的学习，兼顾了个人、企业信息和国家层面的网络安全；而圣路易斯华盛顿大学的网络安全工程和网络安全管理专业则侧重技术层面，关注对个人和企业信息的保护。

三、美国普通高校其他相关专业中国家安全课程的开设情况

尽管美国多数高校没有专门开设国家安全专业，但是我们仍可以看到在许多普通高校的其他相关专业中开设有一定数量的国家安全类课程（见图 2）。在"911"事件之前，一些国家安全理论多在政治学视角下研究，而"911"事件后，美国高校开展的国家安全研究和教学则转移到国际关系和国际政治中[5]。国家安全学本身是一个交叉学科、新兴学科，发端于政治学、国际关系学、军事学等传统学科。在这些相关学科以及新兴领域中，我们不难发现国家安全课程的身影，并能为我们建设和发展国家安

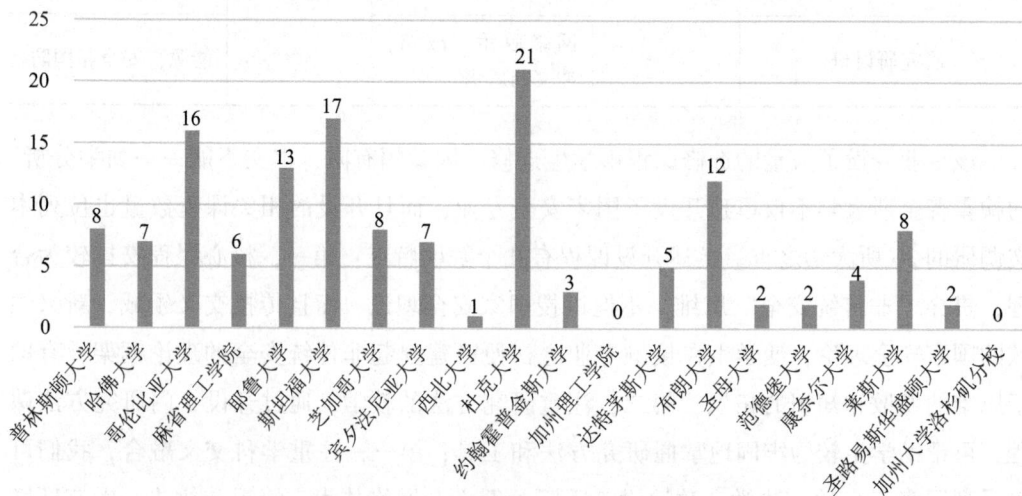

图 2　20 所高校相关专业开设国家安全课程数量统计

全学科提供很好的参考。需要特别说明的是，本文列举的课程均与国家安全密切相关，一些纯粹的技术课程，例如"网络安全技术"，被排除在研究范围之外。

　　本文对以上统计的 147 门课程进行了分析，并按所属学科和专业进行了划分。其中占比最大的三个学科专业分别是：国际关系学、政治学和网络安全，分别占比 22.4%、17.7% 和 13.6%。这可以从侧面体现出，国际关系学、政治学依然是国家安全理论的重要来源；同时，网络安全在国家安全课程中的较大比重说明了网络安全的学科热点和较高的社会人才需求。值得注意的是，除以上三个学科外，许多相关学科也在自身专业视角下开设了国家安全课程，其分布情况如图 3 所示。

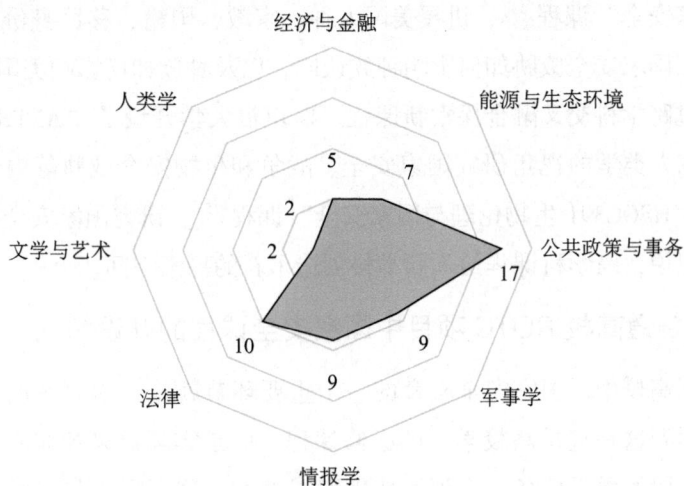

图3　国家安全课程所属学科分布图

　　这些孕育在不同学科中的课程，体现着美国国家安全理论的新领域和新方向，具有较大的参考价值。

　　第一，发挥高校优势和专业特色开设相关课程。哈佛大学有着非常高的人才培养质量，其开设的课程"IGA - 282 领导国家安全事业"，培养学生在国家安全工作方面的领导力，并组织学生学习驾驭复杂的官僚、战略、经济和跨国环境，以制定和执行有效的政策，可以说是在全美国家安全人才培养中的顶级课程之一[6]。而以文学专业著称的哥伦比亚大学，开设了"文学作品和影视中的恐怖主义"课程，用比较研究的方法，介绍恐怖主义如何在美学和主题上影响艺术、恐怖主义主题艺术品如何揭示社会问题以及恐怖活动对个人和社会造成的创伤[7]。突显出高校优势和专业特色的课程，令人耳目一新。

　　第二，注重研究方法的教学。高校中的研究方法课程一般属于通识课程，但是芝加哥大学开设的"定量安全"课程[8]和加州大学开设的"国际安全的实证分析"课程[9]则结合专业更进一步具体讲解了国家安全理论研究需要使用的研究方法，具有较强的实用性。

第三，关注领域内新近焦点问题。例如斯坦福大学开设的"EARTHSYS105 粮食与社区：粮食安全、弹性和公平"课程[10]和布朗大学开设的"INTL1803N 粮食安全政治"课程[11]，在能源与环境科学、国际关系的视角下讲授国际、国内粮食安全的有关问题。加州大学洛杉矶分校开设的"隐私与国家安全"课程[12]以斯诺登事件为切入点，探讨信息时代中隐私与国家安全的平衡点。

第四，体现美国国内社会矛盾和热点问题。例如斯坦福大学开设的"LAW7033 种族、身份和国家安全"课程[13]，讲授美国人种、宗教、国籍、移民身份和国家安全之间的关系，介绍国家安全威胁如何影响种族认同，以及种族如何影响美国国内安全。

第五，通过跨学科交叉融合探索新课程。斯坦福大学开设了"ANTHRO135A 安全人类学"[14]，以人类学的视角研究国家安全、战争和生物安全威胁等内容。宾夕法尼亚大学开设了"HSOC391 生物伦理与国家安全"课程[15]，研究国家安全问题中的生物伦理问题。可以说，跨学科课程给不同学科创造了新的探索空间。

四、美国普通高校 ROTC 项目中国家安全课程的开设情况

在我国普通高校中，国家安全教育的一个重要环节就是入学军事训练和大学生军事理论课程。尽管这一直是高校学生的必修课程，但是实际效果却非常一般，许多高校只将其作为一般的教学任务，仓促完成填鸭式教学，这实际上与我国国家安全教育的初衷是相背离的。军事课程本身也属于国家安全课程，尤其在通识领域中的军事理论实际上是传统安全理论的基石。在美国普通高校中，也有与军事领域相关的国家安全课程，但与我国高校的国家安全教育培养模式不同，其存在于各高校后备军官训练团项目中。

后备军官训练团（Reserve Officers Training Corps，简称 ROTC）存在于美国百余个普通高校中，此项目旨在将拥有普通高校全日制学历的大学生培养成为军队人才。培训的课程内容包括基本的军事知识、国家安全知识、军事技能以及领导力训练，课程内容因军种而异。ROTC 培养模式与我国若干年前实行的"国防生"培养模式相似，不过，ROTC 的一些课程向全校学生开放，学生可自由参加，并不用承担军事义务。

美国普通高校开设军事课程的传统可追溯至 1862 年《莫里尔土地授予法》，该法案其中一条规定了被各州赠送土地的高校必须为学校中的男性学生传授军事技能。在美国内战期间，康奈尔大学第一任校长安德鲁·迪克森·怀特（Andrew Dickson White）和学校的创始人埃兹拉·康奈尔（Ezra Cornell）亲眼目睹了战争的残酷，他们认为接受良好教育的大学生也应该学习军事技能，这样才能防止无谓的流血事件，并希望受

过良好教育的青年人可以在战争中领导军队取得胜利。内战结束后,康奈尔大学建立之初便将军事训练和军事科学课程列入必修环节,直至美国于 1916 年实施 ROTC 项目[16]。

美国普通高校中,ROTC 课程大多分为初级、中级和高级三个等级,普通学生可以参与到初级和中级的一些课程中,而且不用承担额外的军事义务,其目的是让学生学习国家安全政策和认识军队在民主社会中的作用。例如康奈尔大学开设了陆军、空军和海军的 ROTC 课程,任何一名大学生都可以参加例如"军官基础""美国空军的传统与价值""海军科学导论""海上力量与海事"等传统安全理论课程[17]。当然,ROTC 项目并不完全是国家安全课程,出于培养军队后备干部的需要,ROTC 还开设了一系列体能课程,例如莱斯大学开设了"体能介绍"和"中级健身"等课程,同时还有野外生存课程,使学生掌握一定的军事知识、战术知识和急救知识。ROTC 的高级课程一般会讲授更为专业的军事知识,不过需要学生签订服役条款。

实际上,军事是保障国家安全的最主要手段,而军事科学也是国家安全学的重要理论来源。国内也有学者提出,将国家安全学科置于军事学门类之下更符合国家安全学的定位[18]。因此,一些军事理论、非传统安全理论课程同样应当作为国家安全学科和国家安全教育的重要内容。

五、对于我国国家安全学科建设的启示

国内国家安全学科建设正在如火如荼地进行中。虽然我国国家安全学科建设起步晚于美国,但是国家安全基础理论在二十余年的发展中已趋于成熟,为学科的发展奠定了扎实的根基。目前,军警院校和政法院校国家安全学科的建设往往囿于传统思维,导致课程单薄、领域狭窄,因此借鉴和吸收国外高校的有益做法可以进一步拓宽视野,不断完善和优化国家安全学科。

第一,坚持总体国家安全观,重视跨学科交叉融合。国家安全学本身就是交叉学科、新兴学科,在其发展过程中,除了重视基础理论的建设外,更应当发挥交叉学科的优势,摆脱"单打独斗"的独狼式自发研究,克服以行业为特征的封闭式办学[19]。通过吸收多个相关学科的前沿理论和观点,开辟学科研究中的新领域。这也是总体国家安全观的内在要求。

第二,不断创新研究视角,填补学科空白。即便对于传统的研究内容,也应当根据外部环境的变化,不断创新研究视角,使其符合社会需求。例如在国家安全政策的研究中,麻省理工学院创新性地开设了"美国国家安全预算"课程,使传统的政策研究更加具体和实用,直接服务于国家安全实践。

第三,紧密结合国内外热点问题,彰显学科应用价值。例如美国高校将种族主义、

极端环保主义等社会热点问题纳入了国家安全的研究范围，使理论研究更加贴合社会实际和治理需求。对于我国来说，当前国内外斗争形势复杂，学科建设必须紧密结合国内外热点问题，通过把握时代精神，立足当前中国国家安全和世界安全形势[20]，及时有效地为国家安全工作提供理论支撑和智力支持。

第四，灵活设置专业课程，充实丰富授课内容。国家安全涉及国家机器和社会领域的方方面面，国家安全课程体系也将会非常庞杂。尤其是其中基础理论的课程涵盖了政治学、社会学等诸多内容，不得不占用较多的课时。在有限的课时中传授更为丰富的内容，就需要科学灵活地编排课程，以专题的形式对一系列问题展开讨论，开拓学生视野，使学生深刻理解总体国家安全观，养成非传统安全思维，为日后相关工作的开展打下坚实理论基础。

第五，将国家安全教育纳入现阶段国家安全学科的重要研究范围。在进一步推行和开展国家安全教育之前，专家学者以及教育部门应对当前国内国家安全教育的现状进行充分调研，充分了解当前国家安全教育的效果以及各环节中存在的问题，不断完善顶层设计，充实教育教学内容，创新教育形式，真正使国家安全教育落地生根。

参考文献

［1］教育部关于加强大中小学国家安全教育的实施意见[EB/OL].（2018-04-09）［2020-04-15］. http：//www. moe. gov. cn/srcsite/A12/s7060/201804/t20180412_332965. html.

［2］USNEWS. National University Rankings［EB/OL］.（2019-10-21）［2020-04-15］. https：//www. usnews. com/best-colleges/rankings/national-universities.

［3］NCES. CIP Resources［EB/OL］. https：//nces. ed. gov/ipeds/cipcode/resources. aspx, 2019-10-21.

［4］Johns Hopkins University. 2019 – 2020 Academic Catalog［EB/OL］. https：//advanced. jhu. edu/, 2019-10-21.

［5］李恒，王亮. 服务国家安全稳定培养反恐特需人才：构建反恐怖主义学科的思考[J]. 四川警察学院学报，2017，29（4）：105.

［6］Harvard Kennedy School. Leading National Security Enterprise［EB/OL］. https：//www. hks. harvard. edu/courses/leading-national-security-enterprise, 2019-10-21.

［7］Columbia University. CU Directory of Classes［EB/OL］. http：//www. columbia. edu/cu/bulletin/uwb/#/cu/bulletin/uwb/subj/ITAL/UN3660 – 20193 – 001, 2019-10-21.

［8］The Department of Political Science. COURSES［EB/OL］. https：//political-science. uchicago. edu//content/courses, 2019-10-21.

［9］UC Berkeley. Political Science Course［EB/OL］. http：//guide. berkeley. edu/courses/pol_sci/, 2019-10-21.

［10］Stanford University. Explore Courses ［EB/OL］. https：//explorecourses. stanford. edu，2019-10-21.

［11］Brown University. International Relations ［EB/OL］. https：//bulletin. brown. edu/the-college/concen-trations/intl/，2019-10-21.

［12］UCLA. HONORS COLLEGIUM ［EB/OL］. http：//www. honors. ucla. edu/honors-collegium/about/，2019-10-21.

［13］Stanford University. Explore Courses ［EB/OL］. https：//explorecourses. stanford. edu，2019-10-21.

［14］Brown University. International Relations ［EB/OL］. https：//bulletin. brown. edu/the-college/concen-trations/intl/，2019-10-21.

［15］University of Pennsylvania. Courses ［EB/OL］. https：//catalog. upenn. edu/courses/，2019-10-21.

［16］Cornell University. the Legacy ［EB/OL］. http：//armyrotc. cornell. edu/the-legacy/，2019-10-21.

［17］Cornell University. Officer Education ［EB/OL］. http：//courses. cornell. edu/content. php? catoid = 36&navoid = 9335，2019-10-21.

［18］刘跃进. 对国家安全学学科门类合理化定位的思考[J]. 情报杂志，2019，38 (2)：2.

［19］马方. 加快建设国家安全学一级学科的路径研究[J]. 情报杂志，2018，37 (10)：23.

［20］刘跃进. 构建中国特色国家安全学学科体系的基本思路[J]. 中国信息安全，2017 (12)：93.

维护高校稳定视域下大学生网络政治参与研究

北京建筑大学　秦立富　张　强

摘　要：社会秩序状态是评价一个国家现实样态的价值标准，维护社会稳定历来是各国政府的首要任务。高校作为社会的组成单元，其状况是衡量社会稳定性的重要参数。一方面，大学生学识丰富、思想独立，且网络媒介的发展使大学生参与政治生活成为现实；另一方面，大学生非理性网络政治参与易导致网络行为失范，无序的网络政治参与易演变为现实世界的非法政治活动，这业已成为影响高校乃至社会稳定的潜在风险。笔者以维护高校稳定为出发点，深入分析大学生网络政治参与的内涵及对我国高校安全稳定的影响，提出从政府层面、高校层面、个体层面构建政府、高校和大学生"三位一体"的政治安全防范体系，多措并举，积极推动大学生网络政治参与的健康、理性发展，筑牢高校安全稳定红线，以期将具可操作性的措施运用到实践中，使大学生网络政治参与与高校和社会稳定相适应。

关键词：大学生；网络政治参与；高校稳定；社会稳定

Research on college students' network political participation from the perspective of maintaining university stability

（Beijing University of Civil Engineering and Architecture，Qin lifu，Zhang qiang）

Abstract：The state of social order is the value standard to evaluate the realistic state of a country，and maintaining social stability has always been the primary task of all governments. As a part of social unit，the status of colleges and universities is an important parameter to measure social stability. On the one hand，college students are rich in knowledge and independent in thought，and the development of network media makes it a reality for them to participate in political life；on the other hand，the irrational network political participation of college students leads to the anomie of network behavior, and the disordered network political participation is easy to evolve into the illegal political activities in the real world, which has become the potential risk of University and even social stability. In order to maintain the stability of colleges and universities as the starting point, the author analyzes the connotation of college students' network political participation and its influence on the stability of colleges and universities in China, and proposes to build a "Trinity" political security prevention system of government, universities and college students from the government level, university level and individual level, and actively promote the healthy and rational development of college students' network political participation and build a strong university safety and stability red line. In order to apply the operational measures to practice, so that college students' network political participation and the stability of colleges and universities and society adapt.

Key words: college students; network political participation; university stability; social stability

网络的发展超乎人们的想象,深刻影响着人们的思维和实践方式。《第 47 次中国互联网络发展状况统计报告》显示:截至 2020 年 12 月,我国网民规模达 9.89 亿,互联网普及率为 70.4%;就年龄结构而言,我国网民年龄结构依然偏向年轻,以 20~39 岁群体为主,占整体的 38.3%,其中 20~29 岁年龄段的网民占比高达 17.8%[1]。随着网络的发展,网络政治参与应运而生,并愈发受到政府和公众的重视。习近平总书记指出,要持续巩固壮大主流舆论强势,加大舆论引导力度,加快建立网络综合治理体系,推进依法治网。因此,要高度重视青年一代的思想政治工作,确保青年一代成为社会主义建设者和接班人[2]。青年一代是可塑性强且事关民族未来的群体,大学生群体又是青年群体的重要组成部分,是新时代影响高校和政府决策不可或缺的力量,其网络政治参与对高校和社会稳定的影响日益加深。因此,为确保高校和社会稳定,必须高度重视网络和大学生群体。

一、大学生网络政治参与概述

"政治参与"(political participation)一词发源于古希腊、罗马时期。美国政治学家塞缪尔·亨廷顿和琼·纳尔逊认为政治参与是"平民试图影响政府决策的活动"[3]。从主体上看,政治参与是平民的政治活动;从行为上看,政治参与必须付诸实际行动;从结果来看,政治参与是试图影响政府决策的活动。笔者认为:大学生网络政治参与是指大学生为影响高校、政府或其他机构决策,通过网络媒介关注政治新闻、表达政治观点、传播政治信息、参与政治性事务的行为。大学生受政治认知、政治理想等主观因素和网络环境、法律政策、高校态度等客观因素影响，表达政治需要和利益诉求，进行有序或无序的网络政治参与，影响高校和政府的决策（如图1所示）。

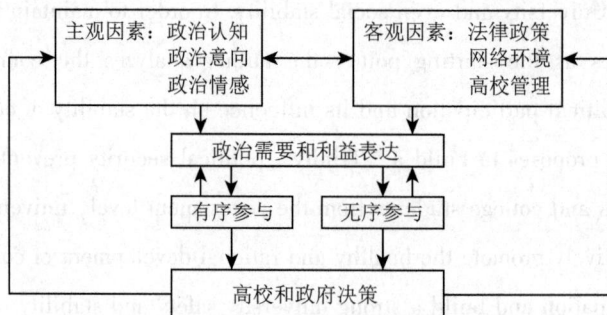

```
┌────────────────────┐         ┌────────────────────┐
│ 主观因素：政治认知  │◄──────►│ 客观因素：法律政策  │
│         政治意向    │         │         网络环境    │
│         政治情感    │         │         高校管理    │
└─────────┬──────────┘         └──────────┬─────────┘
          │        ┌──────────────────────┐         │
          │        │   政治需要和利益表达  │         │
          │        └───────┬──────┬───────┘         │
          │        ┌───────┴──┐ ┌─┴────────┐        │
          │        │ 有序参与 │ │ 无序参与 │        │
          │        └───────┬──┘ └─┬────────┘        │
          │        ┌───────┴──────┴───────┐         │
          └───────►│   高校和政府决策      │◄────────┘
                   └──────────────────────┘
```

图1　大学生网络政治参与分析模式图

从本质上讲，大学生网络政治参与是自发的、松散的、非制度化的参与。其一，大学生网络政治参与是开放的、自由的政治参与。网络的隐蔽性和开放性使大学生可以在网络上关注政治新闻、表达政治观点、转发政治信息，自由度相对较高。其二，大学生网络政治参与是"草根"式的、自下而上的个体化政治参与。网络政治参与变革了传统的自下而上的政治参与，培养了大学生的政治参与意识，凸显了大学生群体的主体性。其三，大学生网络政治参与具有明显的突发性。一般来说，大学生网络政治参与往往伴随着重大政治性突发事件，此类事件引发大学生在网络上对国家利益、社会问题、高校管理等进行思考或者提出建议。其四，大学生网络政治参与理性与非理性交织并存。大学生受政治认知、政治意愿、政治实践等局限，其网络政治参与始终伴随着感性与理性、激情与冷静等矛盾斗争，存在情绪不稳定、心态不成熟的表现。

从内容上讲，大学生网络政治参与主要集中在国家、社会和个人三个层面。从国家层面来讲，大学生主要关注国家重大会议的召开、国内外政治局势、就业政策等，比如党的全国代表大会的召开、中美关系、国家就业导向等。从社会层面来讲，大学生主要关注法律法规的实施与监督、社会舆论热点的讨论等，比如《国家安全法》的颁布与实施、反腐倡廉制度建设等问题。从个人层面来讲，大学生主要关注高校管理制度以及与自身利益相关的一些问题，比如警务化管理制度、大学生入党等。

从类型上来讲，大学生网络政治参与可作如下划分。就性质层面而言，可分为理性网络政治参与和非理性网络政治参与，非理性网络政治参与又可分为"宣泄型"网络政治参与、"盲目型"网络政治参与和"群体极化型"网络政治参与；就法律层面而言，可分为合法网络政治参与和非法网络政治参与；就外在表现而言，可分为显性网络政治参与和隐形网络政治参与；就作用方式而言，可分为直接网络政治参与和间接网络政治参与；就主体层面而言，可分为主动网络政治参与和被动网络政治参与。

其中，非法的、非理性的网络政治参与必然会影响高校和社会的稳定。

二、大学生网络政治参与对高校稳定的影响分析

1. 积极作用

其一，有利于拓宽大学生利益表达的渠道，为高校维稳提供良好的工作基础。对于身处网络时代的大学生来说，积极的思维方式和丰富的知识使他们对社会政治更加敏感，参与热情更高，他们会积极主动关注社会热点事件，关心与他们自身利益相关的国家政策、高校规章制度等。其二，促进成熟社会公民的培养，有利于高校维稳工作的顺利开展。社会化在不同时代具有不同的基本内容，政治社会化是其主要内容之一。网络政治参与的便捷性、平等性、开放性、互动性等特点和优势，能够激发大学生的兴趣。在网络政治参与的过程中，大学生在特定政治文化的熏陶下，与其他群体交流政治参与经验，并获得必要的政治参与技能，逐步形成较为成熟和稳定的政治意识，促进大学生政治社会化。其三，在一定程度上有利于提升维护高校稳定决策的效能。大学生在网络上关注国内外和校内外各种政治敏感事件、社会热点问题，并积极参与其中，表达观点和意见。高校通过相关途径可以在一定程度上把握大学生在网络上的思想动态和行为取向，并及时采取措施加以教育或引导，提升维护高校稳定决策的效能。

2. 消极影响

第一，冲击高校稳定的思想根基。在网络时代，各种思潮互相激荡、相互影响，大学生非理性的政治参与会导致网络舆论失范，在与主流政治价值观相左的同时，也会侵蚀社会主义核心价值观，从而降低意识形态的建构功效[4]。通过传统手段对大学生进行思想灌输已不适合新时代的思想政治工作，面对多种社会思潮，大学生容易产生思想偏见，影响高校的稳定[5]。第二，增加高校出现不稳定事件的可能性。当前，信息泛滥已经达到空前的水平，面对各种混杂信息，大学生由于自身心理和情绪的不稳定，以及个人政治敏感性较弱、辨识能力不强，很难对网络信息进行有效识别，容易被网络言论误导，进而做出失去理性的判断，有些大学生甚至在潜移默化中认同并接受西方政治价值观，在参与政治活动时出现偏激的、非理性的行为，助推校园群体性事件的发生。第三，削弱高校防控校园危机的能力。部分大学生在网络政治参与过程中轻信网络政治谣言，随心所欲地抨击政府官员；或者在贴吧、BBS上发泄对学校或老师的不满，甚至通过发布虚假消息来表达愤怒。此外，网络信息传播的迅捷性和网络组织活动的隐蔽性使政府或学校难以进行预判和防控，加大了高校控制不稳定因素的难度。

三、维护高校稳定视域下大学生网络政治参与的路径探讨

（一）政府层面：加强网络政治参与的建设与规范

1. 加强网络媒体的规范化建设

第一，加强主流媒体建设，牢牢掌握政治性网络舆情引导的主动权，为大学生网络政治参与提供权威的信息来源和可靠的参与渠道。第二，建立网络媒体与传统媒体的联动机制。网络媒体根源于传统媒体，二者呈现出相互融合的趋势，传统媒体在一定程度上滞后于网络媒体。因此，报刊、广播、电视等传统媒体可以通过网络媒体扩大舆论影响力，对网络政治信息进行专题报道，及时引导网络舆论；同时，要发挥传统媒体在舆论场中的分流作用，通过线上与线下相结合的方式，将网络政治言论置于可控范围，为大学生网络政治参与提供良好的网络舆情环境。第三，政府相关部门对于社会化媒体平台上发布的政治信息要进行规范化处理，对社会化媒体平台上出现的一些不理性、不客观的评论要及时处置，在必要的时候，也可以提前对其采取屏蔽或者删除的处理方式，以维护网络媒体的正常秩序[5]。

2. 强化对网络政治信息的监管

政府的监督和管理是大学生网络政治参与顺畅进行的保障。在宏观政策层面：首先，应出台相关规章制度来规制网络上的不良政治信息，以保障网络空间的和谐；其次，政府应积极推动国际信息新秩序的建立，加强政府间的信息合作，以保障网络空间的开放性和安全性；最后，政府应当抢占网络舆论制高点，以保障大学生在网络舆论空间的理性参与。在微观行动层面：其一，要对网络入口进行监管，全面实施登记审批制度；其二，要加强注册参与制建设，大学生在网络上进行政治参与必须经过网上注册，其中包括实名注册以及虚拟网名注册；其三，政府各部门要建立高效的网络监管机构，加强对政治信息源头的监管和控制；其四，要充分发挥社会公众、媒体的监督作用，在大学生经常参与的网站上设置举报电话和邮箱，形成大学生网络政治参与的社会监督机制。大学生网络政治参与是一个亟需政府引导和规范的新兴领域。如何引导大学生真正进入政治话语空间，激发大学生群体的参与热情并使政府决策获益，是各级政府部门应当深入思索的问题。

3. 增强大学生主流意识形态认同

意识形态安全是国家安全的基本要求，大学生通过网络进行政治参与，在一定程度上反映其政治价值观，而政治价值观作为更深层次的意识形态范畴，对意识形态安全的影响是潜移默化的。大学生无序的网络政治参与会严重影响国家政治安全，影响对社会主义主流意识形态的认同。因此，政府应当采取有效措施，增强大学生对主流

意识形态的理解和认同。

一方面，要以先进文化为先导，以社会主义主流意识形态为引领，以培育良好的价值观为目标，提升大学生对主流意识形态的认同[7]。首先，政府教育部门应当规范高校思想政治理论课程，引导大学生运用马克思主义的观点分析社会实际问题，理性剖析社会思潮，实现对社会思潮的有效引导。其次，要把主流意识形态话语贯穿到高校各级各类媒体中去，发挥文化产品的育人功能。最后，要把培育社会主义核心价值观落实到社会实践活动中去，在高校广泛开展政治实践活动，如科学开展新生入学军训工作、组织雷锋志愿服务活动、举行重大会议精神宣讲活动等。

另一方面，政府教育部门应以包容、开放的心态对待网络意识形态工作。高校网站建设可以借鉴人民网、新华网等开通时政热点线上交流、线上互动等渠道的相关经验，设置移动终端订阅号，创建马克思主义理论学习的微信公众号，使主流意识形态传播与大学生现实需求"零距离"对接。在内容建设上，可以增加马克思主义经典文献、国家最新政策法规、中华优秀传统文化等相关内容，将主流意识形态内容化繁为简，增强大学生对社会主义核心价值观的认同。

（二）高校层面：加强网络政治参与的教育与管理

1. 加强大学生政治安全和网络安全教育

高校作为国家教育机构，应当引入政治安全和网络安全教育相关课程，甚至可以将其设置为大学生的必修课。同时，根据校园网络的实际情况，主动设置当前大学生关注的热门话题，邀请校内外的专家共同参与讨论，使学生由被动接受大众意见变为主动进行话题讨论，从而更好地把握并引导网络舆论。德育教育的核心应围绕国家安全教育展开，高校思想政治教育工作必须坚持主动疏导的策略[8]。一方面，受过高等教育者，绝大多数具有积极向上的思想，有吸收正确思想的内在需要，对其进行充分的引导，完全可以使他们朝着正确的方向发展；另一方面，在全民网络时代，高校应以包容、开放的心态对大学生进行政治安全和网络安全教育。

为引导大学生从意识层面上自觉屏蔽有害舆情，高校应主动开设网络安全教育课程，优化思想政治教育教师队伍建设，创新学习模式，将政治理论学习与网络安全教育相结合。同时，应主动在校园网站、报纸、广播电台、宣传栏等发布权威信息，倾听大学生的意见表达，对大学生关注的热点、敏感问题做好宣传解释工作，加大沟通力度。

2. 完善大学生网络政治参与的回应机制

完善大学生网络政治参与的有效回应机制是引导大学生有序网络政治参与、规范网络政治参与行为的重要环节。其一，高校可以通过大学生常用的 QQ 群、微信群等收集、分析和研判大学生利益诉求，建立起校级、院级、班级三级政治性网络舆情收集机制，以周或月为单位向高校相关部门上报，畅通汇报渠道。同时，定期召开网络政治事件讨论交流会议，及时回应网络上虚假的政治信息，剖析政治性网络舆情形成的源头、机制、影响及发展趋势，提高预警水平。其二，结合高校自身的实际情况，做好校内网站、论坛的用户登记、实名制工作，准确掌握网络政治信息的源头[9]。同时，探索建立高校新闻发布机制，及时发布相关信息，形成良好的"诉求—回应"机制。此外，引导大学生有序进行网络政治参与，还需完善高校危机应急机制，制定重大突发事件和涉及政治敏感事件的应急预案，规范高校突发事件处置流程，并经常性开展实战演练活动，为应对高校突发事件积累经验。

3. 建立健全高校思想政治教育工作机制

习近平总书记强调，高校思想政治工作关系高校培养什么样的人、如何培养人以及为谁培养人这个根本问题。大学生有序网络政治参与依赖于高校思想政治教育工作的有效开展。一方面，高校管理者和思想政治教育者要对网络发展形势和思想政治教育工作的重大意义保持清醒的认识，既要追求实质利益，更要追求长远利益，尤其要重视网络思想政治教育平台的建设。高校网络思想政治教育平台不仅是学习的平台，而且是大学生网络政治参与的有效渠道，高校内网可以联通政府网站，实现校内与校外联网互通，提升网络政治参与的效能。另一方面，应建立起相对完善的高校思想政治教育工作机制。一是建立协调机制，高校应专门成立思想政治教育领导小组；二是完善经费投入机制，切实保障高校思想政治教育工作的顺利进行；三是建立责任追究机制，分别建立领导小组、部门和个人责任制，尽可能地吸收并动员大学生党员骨干，广泛开展思想政治教育理论学习，激发大学生接受高校思想政治教育的兴趣，使大学生网络政治参与始终处于高校的正确引导之下。

（三）个体层面：提升网络政治参与的能力与素质

1. 加强政治文化和政治理论学习

大学生应当努力学习和接受高校思想政治教育所涵盖的法治、责任等观念，塑造政治责任感。在网络政治参与中，发挥自身的优势，自觉规范行为，不转发、不传播违背事实真相、有害、有误的网络政治信息，自觉抵制错误思潮。大学生通过学习政治理论知识可以提高网络政治参与能力，提升政治责任感，从而正确地利用网络媒介，将所学的政治理论转化为实用的政治建议。大学生具有强烈的爱国情怀，但也存在政治认知不牢固、无序政治参与行为突出等问题，若这种爱国情怀被别有用心之人利用并无限放大，便容易酿成现实中的群体性事件，危害高校稳定和社会秩序。因此，大学生必须加强政治文化和理论学习，以高度的政治责任感进行网络政治参与，最终达到表达与行动共同趋于理性的状态。

2. 积极参与政治生活和社会实践

大学生只有主动参与网络政治生活，才能掌握有关政治参与或者公共事件的政策、法律法规等基本知识，清楚网络政治参与过程中的权利和义务，进一步了解我国的政治社会环境。通过社会实践，大学生可以在感性认识的基础上验证已经学习和掌握的政治观点，有利于巩固政治价值观教育的成果。一方面，要建立大学生网络政治参与实践体验的长效机制。大学阶段是大学生价值观渐趋成型的关键时期，需要积极创造和灵活运用各种适当的网络政治生活体验形式。另一方面，大学生应提升运用媒介的能力。媒介的运用能力是大学生所应具备的最基本的能力，只有全面了解网络基础知识，才能准确使用网络工具。同时，大学生应将自己培养为积极的受众，注重网络媒介批判性意识和反思能力的养成，在政治参与实践中不断提升参与效能。

3. 提高自我判断能力和免疫能力

提升自我判断能力，主要在于大学生将个人的实际需求内化为个体的自我意识，以提高自我认识的水平。在网络高速发展的今天，政治性网络舆情内容愈加复杂，大学生在网络上发表的言论必须是合法、合情、合理的。首先，大学生对于应该相信什么、选择什么这些关键问题必须有清醒的认识和准确的把握。其次，面对网络上形形色色的人与事，知道如何选择尤为重要。最后，要能够拒绝不良网络政治信息。知道选择什么、怎么选择不代表大学生就能完全避免与不良政治性网络舆情信息的接触，所以必须提高大学生对不良舆情信息的免疫能力。基于此，大学生应当积极关注各种政治信息，关注官方媒体的报道，了解政治走势；还应主动接受社会主义核心价值体系教育，并承担相应的责任；同时，通过多层次的高校政治性网络舆情监督、约束机制，将自律与他律相结合，提高自身的辨识和判断能力。

参考文献

[1] 中国互联网络信息中心. 第 47 次中国互联网络发展状况统计报告 [R/OL]. (2021-02-03) [2021-03-09]. https：//www. cac. gov. cn/2021-02/03/c_1613923423079314. htm.

[2] 张洋. 提高防控能力着力防范化解重大风险 保持经济持续健康发展社会大局稳定 [N]. 人民日报，2019-01-22 (1).

[3] 亨廷顿，纳尔逊. 难以抉择——发展国家的政治参与 [M]. 汪晓寿，吴志华，项继权，译. 北京：华夏出版社，1989：5-7.

[4] 房正宏. 网络政治参与与意识形态安全 [M]. 北京：中国社会科学出版社，2017：3.

［5］常泓，侯赞华．大学生网络政治参与与高校稳定［J］．中国商界（下半月），2009（11）：373-374.

［6］袁媛．社会化媒体中公共危机事件的传播机制研究［M］．北京：光明日报出版社，2017：180.

［7］郭国祥，邹俊美．习近平中国特色社会主义意识形态思想研究的回顾与思考［J］．社会主义研究，2018（2）：164-172.

［8］毛欣娟．高校加强国家安全教育的重要性及路径分析［J］．北京教育（高教），2019（4）：17-19.

［9］胡杨．高校校园网络舆论环境的优化策略［J］．中国青年研究，2015（9）：93-98.

论高校铸牢大学生中华民族共同体意识的途径与方法[*]

——以北京建筑大学为例

北京建筑大学　毛发虎　苏旭东[**]

摘　要：铸牢中华民族共同体意识是习近平新时代中国特色社会主义思想的重要组成部分，是新时代做好民族团结进步工作的根本遵循和重要指南。本文分析了铸牢大学生中华民族共同体意识的重要意义，提出要充分发挥思政课主渠道、实践育人平台的作用，构建团结和谐的校园文化氛围，不断铸牢大学生的中华民族共同体意识，使大学生自觉成为维护国家统一和民族团结的宣传员和践行者。

关键词：中华民族共同体；高校思想政治工作；立德树人

党的十九大报告提出的"铸牢中华民族共同体意识"已写入新修订的党章，成为全党全国各族人民实现中国梦新征程上的共同意志和根本遵循。高校要紧密围绕立德树人根本任务，将铸牢中华民族共同体意识融入到思想政治工作中，教育引导大学生自觉承担起维护国家统一和民族团结、反对民族分裂的重任，成为社会主义事业的合格建设者和接班人。

一、铸牢大学生中华民族共同体意识的重要意义

中华民族共同体是中国历史长期延续、不间断发展的产物。习近平总书记提出"铸牢中华民族共同体意识"，就是要从理论上阐述中华民族共同体的基本内涵，通过加强各民族交往交流交融，最终实现"各民族像石榴籽一样紧紧抱在一起"的中华民

---

　*　本文是北京建筑大学 2019 年党建和思想政治工作研究会立项课题"筑牢大学生中华民族共同体意识的途径与方法研究——以北京建筑大学为例"阶段性成果。

　**　作者简介：毛发虎（1978.7— ），男，彝族，云南宣威人，副研究员，现为北京建筑大学图书馆直属党支部书记兼副馆长；苏旭东，助理馆员，北京建筑大学马克思主义学院办公室主任。

族大团结的理想。高校要将铸牢中华民族共同体意识贯穿到"三全育人"中，加强中华民族共同体意识的教育，使大学生自觉投身于实现中华民族伟大复兴中国梦的历史征程。

（一）铸牢大学生中华民族共同体意识，是贯彻落实习近平新时代中国特色社会主义思想的要求

习近平总书记在 2019 年 9 月 27 日出席全国民族团结进步表彰大会并发表重要讲话时指出，要"以铸牢中华民族共同体意识为主线做好各项工作"，强调"促进各民族像石榴籽一样紧紧拥抱在一起，推动中华民族走向包容性更强、凝聚力更大的命运共同体"，深刻指出"一部中国史，就是一部各民族交融汇聚成多元一体中华民族的历史，就是各民族共同缔造、发展、巩固统一的伟大祖国的历史"，强调"我们辽阔的疆域是各民族共同开拓的""我们悠久的历史是各民族共同书写的""我们灿烂的文化是各民族共同创造的""我们伟大的精神是各民族共同培育的"，强调"各民族之所以团结融合，多元之所以聚为一体，源自各民族文化上的兼收并蓄、经济上的相互依存、情感上的相互亲近，源自中华民族追求团结统一的内生动力"。

铸牢中华民族共同体意识，是马克思主义民族理论中国化的重大理论创新成果，是习近平总书记关于民族工作重要论述的重大观点，是新时代开展民族工作的重要遵循，是习近平新时代中国特色社会主义思想的重要组成部分。因此，高校要紧扣立德树人根本任务，通过课堂、社会实践和校园文化建设等渠道和平台，不断铸牢大学生的中华民族共同体意识。

（二）铸牢大学生中华民族共同体意识，是培养社会主义合格建设者和接班人的迫切需要

习近平总书记在全国高校思想政治工作会议上强调："我国高等教育发展方向要同我国发展的现实目标和未来方向紧密联系在一起，为人民服务，为中国共产党治国理政服务，为巩固和发展中国特色社会主义制度服务，为改革开放和社会主义现代化建设服务。"这"四个服务"为高等学校人才培养指明了方向。因此，高校培养的人才应具有基本的政治品德、职业道德和社会公德。政治品德处于最高层次，是人才的灵魂，能确保人才的政治方向，是人才成长和发展中最持久的内在动力，对社会公德、职业道德的完善和提升起着引领和导向作用。进入新时代，大学生应具有的政治品德就是坚持习近平新时代中国特色社会主义思想，坚定不移走中国特色社会主义道路，自觉践行社会主义核心价值观，为实现中华民族伟大复兴的中国梦服务。中华民族共同体意识作为新时代大学生应具备的政治品德之一，具体体现在维护国家统一和民族团结的意识和行动上。

（三）铸牢大学生中华民族共同体意识，是新时期做好高校民族团结进步工作的迫切需要

近年来国际形势日趋复杂，以美国为首的西方敌对势力千方百计阻挠我国的和平崛起，打出所谓"人权牌"频频对我国西藏、新疆等民族地区的事务指手画脚，大放厥词。同时，由于发展不平衡、不充分，我国民族地区的小康社会建设任务艰巨，如四川凉山彝族自治州的"悬崖村"等引发了社会的广泛关注。这些事件和言论难免影响到大学生。因此，高校要主动作为，不断铸牢大学生中华民族共同体意识，积极开展民族团结进步创建活动。

随着我国高等教育的迅猛发展，近年来，高校中少数民族学生占比越来越高。以北京建筑大学为例，截至 2019 年 10 月，少数民族学生有 1 309 人，占全部学生的13.04%，来自蒙古族、维吾尔族、哈萨克族、藏族、彝族等 36 个少数民族。多年来，北京建筑大学多渠道加强民族团结教育工作：组织新入校的少数民族预科生参观天安门、鸟巢及水立方等，增强中华民族自豪感；组织少数民族学生参观"建国 70 周年成就展"等特大型展览，增强其国家认同感和自豪感；积极开展经济困难补助和学业困难帮扶工作，帮助少数民族学生成长成才；在校园活动中搭建少数民族大学生展示自我和发挥才干的平台，引导少数民族大学生融入校园，促进各民族大学生相互了解、相互尊重、相互包容；以爱国主义教育和民族团结教育为核心，通过讲座、报告、深度辅导开展中国特色社会主义制度和中国梦的宣传教育。通过这些举措，切实增强了少数民族学生对伟大祖国的认同、对中华民族的认同、对中华文化的认同、对中国共产党的认同、对中国特色社会主义的认同。

二、高校铸牢大学生中华民族共同体意识的途径与方法

进入新时代，高校要主动学习好、宣传好、贯彻好习近平总书记关于铸牢中华民族共同体意识的重要思想，在教书育人中搭建好平台，不断铸牢大学生的中华民族共同体意识。

（一）充分发挥课堂教学主渠道作用，在高校思想政治理论课中加强中华民族共同体意识的教育

高校要发挥思想政治理论课主渠道作用，把中华民族共同体意识内容融入思政课，不断铸牢大学生中华民族共同体意识。

一是要进一步健全铸牢中华民族共同体意识的教材。当前，高校思想政治课主要有"中国近现代史纲要""形势与政策""思想道德修养与法律基础""毛泽东思想和中国特色社会主义理论体系概论""马克思主义基本原理概论"，这些课程的现行教材

均从不同角度涉及中华民族共同体的相关知识，对引导学生增强中华民族共同体意识起到了重要作用。但与此同时，中华民族共同体意识包含中华民族共同的历史意识、地域意识、文化意识、经济意识、国家通用语言文字意识，以及中华优秀传统文化、国家法律法规、民族区域自治政策等内容，涵盖了政治、经济、文化、社会等各个方面，但目前尚没有系统全面的教材，给大学生把握中华民族共同体意识的主要内容和核心内涵带来了挑战。为加强大学生对中华民族共同体意识的理解和认知，需要进一步建立健全有关中华民族共同体意识的专门教材，通过教材把具体内容融入到思政课教学中，引导大学生在认知的基础上成为铸牢中华民族共同体意识的宣传员和践行者。

二是要创新教育模式，提高思想政治理论课的针对性和有效性。要针对部分少数民族大学生汉语水平和汉语理解能力不强的特点，实行因材施教，如通过增加中华民族共同体意识教育的课时或增设必修课等方法，增强少数民族大学生对党和国家的认同。要创新思想政治理论课的教学模式，由传统的课堂教学向组织学生参加实践活动转变，如在国家发展成就专题展及北京香山革命纪念馆、北京乡村振兴示范村、北京牛街全国民族团结进步创建示范区等爱国主义教育基地开展现场专题教学，提高思想政治理论课的针对性和实效性。

三是要加强党的民族理论和民族政策的宣传教育。铸牢中华民族共同体意识，必须加大力度宣传党的民族理论和民族政策，有条件的高校要将"民族理论与政策"课程设为必修课。同时，高校要围绕新形势、新任务、新要求，充分利用学校新闻网、官方微博微信、校园橱窗及播放屏等新媒体平台和校园传播媒介加大对党的民族理论与政策的宣传力度，为全校师生提供讲好校园民族团结好故事、唱好校园民族团结好声音、传播好校园民族团结正能量的平台，加深师生员工对党的民族理论与政策的理解。

（二）在实践育人中搭建铸牢中华民族共同体意识的平台

高校在维护国家统一、民族团结、社会稳定等方面具有特殊的作用，应当自觉把铸牢中华民族共同体意识融入"三全育人"，积极营造高校校园民族团结进步的良好氛围。

一是要开展民族团结教育活动。要通过教育活动不断提升大学生的民族团结观念，使大学生充分认识和理解"你中有我、我中有你、谁也离不开谁的中华民族命运共同体"的重要思想。如通过举办民族文化专题讲座、开设中华民族史选修课，建立向学生提供正确观点的渠道。同时要注重培养学生的认同感，积极引导少数民族大学生对伟大祖国、中华民族、中华文化、中国共产党、中国特色社会主义的认同。可开设少数民族文化课程，对各民族文化进行宣传普及，促进各民族学生的交流、交往、交融；

在团学组织中开展"民族团结"主题活动,培养大学生的民族团结意识;举办各种与民族有关的节日活动,如彝族年、火把节等少数民族节日,加深各民族学生的友谊,使学生在活动中增进了解、加深友谊、增强归属感。

二是要营造团结和谐的校园文化氛围。高校要积极开展民族文化宣传普及活动,积极营造民族团结和谐的校园文化氛围,形成各民族优秀传统文化"美美与共"的局面。同时,要鼓励教工积极探索少数民族学生德育工作模式,全力教育引导少数民族学生守国法、遵校纪。要开展师生喜闻乐见的教育活动,有针对性地引导少数民族大学生树立正确的国家观、民族观、宗教观、历史观、文化观,从法制教育和思想教育层面牢固树立起维护国家统一和民族团结的政治意识。

三是要加强对少数民族学生干部的培养和使用。高校要重视少数民族学生干部的培养,发挥其积极作用。近年来,北京建筑大学高度重视少数民族学生党建工作,加大少数民族学生党员发展力度,切实帮助他们坚定共产主义信念,促使他们积极主动向党组织靠拢,帮助其在政治上积极要求进步。少数民族学生入党后,能积极带动身边的同学追求思想进步,发挥了很好的朋辈教育效果;能发挥他们在联系和帮助少数民族学生等方面的优势,及时发现那些出现心理和思想问题的少数民族学生并及时进行干预。通过少数民族学生党员,可以更准确地将党和国家及学校的相关政策解读给其他少数民族学生,切实增强了育人的效果。

总之,铸牢中华民族共同体意识是习近平新时代中国特色社会主义思想的重要组成部分,是新时代做好民族工作的主线。高校要将铸牢大学生中华民族共同体意识融入"三全育人",培养他们成为维护国家统一和民族团结、反对分裂的宣传员和践行者,成为社会主义合格建设者和接班人。

参考文献

[1] 新华网. 中央民族工作会议暨国务院第六次全国民族团结进步表彰大会在京举行[EB/OL]. (2014-09-29)[2019-10-12]. http://www.xinhuanet.com/politics/2014-09/29/c_1112683008. htm.

[2] 习近平. 把思想政治工作贯穿教育教学过程[EB/OL]. (2016-12-08)[2019-10-12]. http://www.xinhuanet.com//politics/2016-12/08/c_1120082577. htm.

[3] 蒋光贵. 习近平铸牢中华民族共同体意识思想路径探析[J]. 湖南省社会主义学院学报,2018,19(2):9-12.

[4] 本书编写组. 党的十九大报告学习辅导百问[M]. 北京:党建读物出版社,2017:32,45.

[5] 王延中. 铸牢中华民族共同体意识建设中华民族共同体[J]. 民族研究,2018(1):1-8,123.

［6］ 焦敏. 高校民族团结教育应加强"中华民族命运共同体"认同意识教育［J］. 民族教育研究，2017，28（5）：12-16.

［7］ 赵红伟. 论马克思主义视域下中华民族共同体意识的培养［J］. 黑龙江民族丛刊，2018（1）：20-25.

［8］ 冯育林. 论习近平的中华民族共同体思想［J］. 中共云南省委党校学报，2018，19（1）：79-84.

安全韧性理念下完善高校校园安全管理机制建议

北京交通大学保卫处　邓小凤　方宇鹏　刘英武　吴　斌

摘　要：韧性理论目前被广泛应用于城市建设、社区建设、平安校园建设等方面，成为安全管理相关领域的核心概念之一，也为高校校园安全风险管理提供了理论依据。随着高等教育事业发展不断向纵深推进，高校面临越来越多的风险与挑战，校园安全方面的脆弱性不断暴露。安全管理作为推动平安校园建设的重要抓手，其机制存在诸多问题。本文在高校校园安全管理中引入韧性理念，以安全韧性管理理论为基础，结合当前高校校园安全管理方面亟待突破的瓶颈，提出完善校园安全管理机制的建议。

关键词：高等学校；安全韧性；安全管理

"韧性"（resilience）一词源自拉丁文"resilio"，译为"弹性""抗逆力"，本意为"系统受到扰动后的恢复能力"。随着各学科领域不断发展，韧性的概念不断演变，内涵不断丰富。联合国国际减灾战略（UNISDR）将"韧性"定义为"一个系统、社区或者社会暴露于危险中时，能够通过及时有效的方式抵抗、吸收、适应并从其影响中恢复的能力，包括保护和恢复其必要基础设施和功能"。国际标准 ISO 22300《安全与韧性 术语》将"韧性"定义为"在变化环境中的承受和适应能力"[1]。可以看出，韧性在本质上是系统在受到外部冲击或扰动后通过自主调整适应并自我恢复的能力，以可持续方式应对冲击、扰动，实现系统安全可持续发展，通过韧性可联系并作用于系统内外部环境，从而使系统内外处于更安全的状态。在加快推进国家教育现代化的新征程中，高等学校承担着教育强国、人才强国、科技强国的历史使命，平安校园是促进高校事业全面协调发展、完成这一伟大历史使命的前提和助推器。近年来，受国内外诸多因素叠加影响，高校安全风险不断增大，问题隐患日趋多元化、复杂化，校园安全方面的脆弱性不断暴露，传统的安全管理模式问题凸显。构建和完善与时代发展相匹配的高校校园安全管理机制，掌控应对各类突发安全事件的主动权，增强校园安全韧性，已是情势所迫。

一、安全韧性理念的提出

韧性概念受到越来越多学者的重视，逐步形成了韧性科学。韧性理论和安全科学相结合产生了安全韧性，其被应用到安全管理领域，成为公共安全研究的前沿课题。广义的安全韧性是以安全科学和韧性理论为基础，以维持对象的安全状态为目的，反映系统中的一切对象抵御安全状态变化的能力；狭义的安全韧性指系统发生事故前的管理、监测、预测、预警的能力，事故发生中的响应、决策和协调能力，事故发生后的恢复、处置和反馈能力。国家标准《安全韧性城市评价指南》将"安全韧性"定义为"社会系统（城市、社区、组织等）在灾害环境中承受、适应和恢复的能力。"[2] 2020年8月，中共中央、国务院在对《首都功能核心区控制性详细规划（街区层面）（2018年—2035年)》的批复中首次提到"建设韧性城市"，十九届五中全会首次正式提出"韧性城市"命题，建设安全韧性城市成为国家经济社会发展的战略重任。为有效支撑安全韧性城市建设，最大程度保障城市的安全稳定运行，国家编制出台了《安全韧性城市评价指南》（GB/T 40947—2021），并于2022年5月1日起正式实施。同时，《安全与韧性 安全管理体系 要求》（20203912－T－469）已进入征求意见阶段。

高校是城市复杂系统的一个重要组成部分，也是国家人才培养输出的重要保障基地，具有人员密度大、人员和设施高度集中等特点，安全基础普遍较为薄弱，各类安全问题背后的根源在于高校的安全韧性水平偏低。平安校园建设作为安全韧性城市建设的重要环节之一，其显著标志就是校园安全稳定、和谐有序，具体表现为学校的管理、教学、科研、生活秩序都呈现出一种持续的、连贯的、平稳的运行态势。而高校现有的安全管理机制体系和管理水平存在诸多短板，现有安全韧性明显不足以维持上述态势，不能满足新时代高校事业发展的需求。在此背景之下，将安全韧性理念融入高校安全管理的各环节，具有十分重要的意义。

二、安全韧性高校应当具备的特征

根据联合国国际减灾战略的定义，"安全韧性高校"是指具有吸收未来的对社会、经济、高新技术与基础设施的冲击与压力，仍能维持基本的相同结构、功能与系统的机构。[3]基于安全韧性管理理论，安全韧性高校应当具备精准应对、迅速恢复、适应学习等韧性的核心特性，因而衍生出以下特点[4]。

坚韧性：有效维持高校正常秩序，提高高校对风险的抵御与吸收能力，提升高校应对安全事件的可控性，最大程度降低安全风险对高校的破坏。

应对性：体现在对高校安全事件事前的监测预警与防范化解、事中的应急救援与处置、事后的重建与善后。

智慧性：具有调配应急救援物资的能力，并将有限的资源利用至极致。

恢复性：突发事件后承灾体从破坏中迅速恢复正常的能力。

适应性：理解并解构安全风险，增强高校在受扰动时保持自身功能不被破坏、更好地适应未知风险的能力，保障事件发生后各系统的正常运行。

三、新时代高校校园安全管理面临的难题

随着国家现代化进程的持续推进，政治、经济、文化等社会多元要素与高等教育事业发展交织耦合。近年来，全国各地涉及安全稳定的案（事）件频发，各高校及时汲取教训，不断压实主体责任，强化常态化的安全督查和安全监管机制，适时开展安全专项整治行动，取得了一定的成效，但仍面临以下难题：

（一）校园安全风险综合防控难度不断升级

国内外严峻的安全形势，使得高校遭受安全风险和冲击的多样性与不确定性日益显著，开放的校园环境加剧了校内外隐性安全风险勾连交织的潜在危机，同时高校内部各安全管理要素之间的自由流动、连锁传播、快速扩散、无限叠加，也使得不安全因素种类增多、关联度不断增大，校园安全风险的不确定性不断倍增，形成复杂多变的复合风险综合体，安全风险综合防控难度不断加大。当前安全韧性城市建设体系尚未完成，高校校园安全韧性体系建设既缺乏有效指导，又缺乏可靠参考，对校园安全风险综合防控能力构成新的挑战。

（二）"互联网＋"时代校园安全风险动态感知能力不足

"互联网＋"时代机遇与挑战并存，人工智能、物联网、云计算、5G、大数据等颠覆性的新技术快速涌现并不断创新，人们在享受其低成本、高质量和高效率的同时，也深受随之而来的安全问题的困扰。发达的互联网和自媒体在信息获取的广度和深度、传播的速度等方面达到了前所未有的高度，形形色色的信息良莠不齐且真假难辨，各类风险要素快速变化且无限叠加，安全风险不断集聚和放大，违法犯罪手段也借助新技术不断翻新，传统的安全管理机制、安全风险研判及评估体系，既缺乏安全风险动态防控的内生动力，又缺乏切实有效的动态监测和预警机制，安全风险防控的动态感知能力明显不足，不能满足校园安全风险动态防控的需要。

（三）师生的安全保障需求与主动防范风险意识之间差距明显

安全稳定一直是高校各项事业发展的重中之重，当前高校内外环境中出现了很多新情况和新问题，各类矛盾纠纷和问题隐患叠加，各类安全事故、治安和刑事案件、意识形态领域问题等时有发生，成为威胁高校安全稳定和事业发展的绊脚石。校园安全日益受到更多社会群体的关注，师生对于校园安全问题更加敏感，关注更加密切，对安全保障的需求更加强烈。但师生的安全防范意识普遍淡薄，缺乏必要的安全逃生

自救本领和应变能力，主动防范风险意识欠缺。尤其是大学生由于社会经验不足，遇事不冷静，易于感情用事，缺乏理性思考，以致财物被盗被骗、人身遭受非法侵害时有发生，其主动防范安全风险的意识和对安全的强烈需求之间的差距十分明显。而较强的安全风险防范意识作为有效提升校园安全韧性的重要保障之一，成为高校安全管理需要持之以恒、不断创新攻克的难题之一。

四、安全韧性校园安全管理机制完善要点建议

根据安全韧性校园应当具备的特征，结合当前各高校安全实际，提出校园安全管理机制完善要点建议：

（一）强调系统性和延续性

2014年，习近平总书记在中央国家安全委员会第一次会议上首次提出总体国家安全观。总体国家安全观的提出，有助于高校从国家和城市大安全出发，用系统思维科学谋划和定位，推动校园安全管理机制完善和安全韧性保障体系的建设。作为城市运行子系统的高等学校，在平安校园建设过程中虽然成效显著，但在安全韧性体系建设方面尚处于起步阶段，其应对各类风险时的抵御能力和恢复能力亟待与城市安全韧性体系建设同向同步，以提升校园安全韧性的实效性。同时，校园安全管理机制和安全韧性保障体系建设也会受到时代和环境因素的影响，因此还必须强调机制和体系的延续性，既不能朝令夕改，又不能一成不变，确保相关规章制度和体制机制随着社会需求及高校事业发展的节奏适时调整，保持管理机制和体系建设的稳定性与延续性的动态平衡。

（二）注重高标准和抵抗力，加大基础设施投入及条件保障力度

安全韧性校园建设是一个综合性的系统工程，拥有高韧性的基础设施是保障校园平安的基础和前提，而必要的资金投入是韧性校园建设的核心和关键。为此，建议在充分利用国家有关项目资金支持的基础上，加大高校内部政策支持和投入保障力度，确保安全基础设施持续完好有效，保障韧性建设项目的有序推进和连续运维，以提升校园的设防水平。坚持安全隐患"零容忍"，定期对校园的生命线工程系统（如水电气暖系统、防洪防涝系统、通信系统、地下管线设施等）进行全方位排查，形成统一的风险隐患清单，找准脆弱点，适时开展"强弱项、补短板"专项行动，加强安全隐患防控闭环、整改闭环、销账闭环管理，全面提升高校校园生命线系统的承载力和对不确定性风险的抵御力。加大应急物资、能源储备、应急避难场所等硬件设施体系的规划建设，不断提升校园硬件设施标准和应对各类风险的抵御能力。可发挥商业保险在校园安全韧性建设中的优势。

（三）突出前瞻性和智能性，深化科技赋能智慧校园建设

肩负高校教育强国、人才强国、科技强国的时代使命，以属地安全韧性城市建设为引领，以保障高校事业顺利发展为导向，以平安校园建设成果为基础，借鉴国内外先进的管理理念和管理经验，对安全韧性校园建设的基本标准和实施方案进行顶层设计，明确各部门任务分工、责任落实、重大项目长远规划和近期规划、实施步骤等，并与学校其他规划同步部署、同步推进、同步落实，增强韧性校园建设的统一性、有序性、整体性。加大对智慧校园建设的赋权赋能力度，深度挖掘整合校园安全大数据，定期对校园运行状态进行全领域、全周期、全时段、全过程安全体检，不断强化对校园安全状态数据的分析研判、预测预警，助力校园安全运行。充分发挥高校安全管理方面的学科优势、专业优势和人才优势，以安全风险防范和能力建设为导向，开展科技攻关，拿出有前瞻性、高质量、能用管用的韧性校园理论成果和实践成果，加强科研成果落地落实，为高校校园安全管理提供强有力的科技支撑。

（四）强化协同性和凝聚力，增强安全韧性校园建设合力

人员韧性是安全韧性校园的重要组成部分和基本保障，要提升安全风险公众防范意识，推进师生安全教育系统化、规范化，增强实战性，持续有效推动安全宣传教育进单位、进班级、进宿舍、进手机，将安全教育纳入入学入职教育、课堂教育、技能培训、重点部位培训、重要岗位培训等分级分类专项教育计划。完善志愿服务和公众参与机制，组建师生安全监督队伍，搭建师生共同参与安全管理的平台，在全校形成自救互救、互帮互助、宽容包容的安全风险防控文化。完善高效协同机制，推进多元主体协同共建。依托高校安全稳定工作小组，加强校内协同、落地协同会商、协调通报、校地联动等工作机制，聘任具有消防、安防、技防等安全管理专业背景的专家定期入校找问题、出主意、想办法、以评促改促建。

在高校校园安全管理中引入安全韧性概念，是对安全管理理念的丰富和创新。通过对安全韧性相关理论进行研究，能够明确安全韧性高校应当具备的基本特征。通过理性分析当前高校校园安全管理方面存在的安全脆弱性，本文从系统思维、条件保障、科技赋能、协同合力等四个维度提出了完善校园安全管理机制的建议，以期为高校防范化解重大安全风险、构建校园安全韧性保障体系、增强校园安全的应急性和适应性提供参考。

参考文献

[1] 国际标准化组织. ISO 22300: 2021 安全与韧性 术语[S]. 2021.

［2］国家市场监督管理总局，国家标准化管理委员会．安全韧性城市评价指南：GB/T 40947—2021 ［S］．2021．

［3］高峰，焦佳佳，吴晓东．基于安全韧性理念的高校应急管理模型与对策［J］．科技促进发展，2021，17（3）：536-542．

［4］张国宗，尤洋洋．基于Petri网的建筑安全生产韧性管理风险评估研究［J］．价值工程，2019，38（35）：138-140．

构建"1+5+10+N"安全管理体系
全面提升校园安全防范水平
——以北京建筑大学为例

北京建筑大学 杨湘东[*]

摘 要：安全稳定工作是高校工作永恒的话题，高校稳定是事业发展的基础和根本。近年来，随着首都"平安校园"建设工作的不断深入，高校领导和各级组织对安全稳定工作的统筹不断加强，高校整体安全呈现较好态势。但是，随着首都高校面临的安全形势的变化，首都高校各类安全的挑战越来越大，管理要求越来越高，尤其是结合高校治理体系的更新提升，首都高校安全管理体系还存在运行效率不够高、责任归属不够清、安全教育不够实、隐患整改难度大等问题，需要从体系架构上进一步进行研究和实践。

关键词：安全管理；体系；安全防范；校园安全

Build a "1+5+10+N" security management system to comprehensively improve the level of campus security—taking Beijing University of Civil Engineering and Architecture as an example

(Beijing University of Civil Engineering and Architecture, Yang xiangdong)

Abstract：The work of safety and stability is an eternal topic in the work of colleges and universities, and the stability of colleges and universities is the foundation of career development. In recent years, with the continuous deepening of the construction of the "safe campus" in the capital, the overall planning of university leaders and organizations at all levels for secur-

---

* 作者简介：杨湘东，北京建筑大学保卫部（处）长。

ity and stability has been strengthened, and the overall security of universities has shown a good trend. However, at any time, capital colleges and universities are faced with changes in the security situation. The challenges of various types of security in capital colleges and universities are increasing, and the management requirements are increasing. Especially in combination with the updating and upgrading of the university governance system, the capital colleges and universities' security management system still has problems such as insufficient operational efficiency, unclear responsibility attribution, insufficient safety education, and great difficulty in rectifying hidden dangers, which need further research and practice from the system structure.

Key words：safety management；system；safety precautions；campus security

北京建筑大学结合自身校园安全工作实际，在"平安校园"建设考核获四连冠基础上，对学校整体安全管理体系架构进行梳理和总结提升，树立"大安全"理念，重点是转变保卫部门在其中的角色和效能，使其从具体管理者变成统筹监管者，并结合大量制度的修订、制订和发布，形成具有北京建筑大学特色并可以推广的安全管理体系。该体系具体为"1（1个安全理念）+5（5个管理体系）+10（10个安全管理重点）+N（N个安全管理制度）"，用安全制度体系保障维护校园安全稳定的各项工作，全面提升校园安全防范水平。

一、突出管理实效，科学构建"1+5+10+N"安全管理体系

1个"安全至上"管理理念。2020年5月22日，习近平总书记在参加十三届全国人大三次会议内蒙古代表团审议时强调："人民至上、生命至上，保护人民生命安全和身体健康可以不惜一切代价。"这成为国家层面安全保卫工作的核心指导思想。高校是人才培养和科技文化建设的双高地，担负着国家的希望和未来，任何安全问题都会影响到师生的生命财产安全和正常教学科研秩序，必须时刻将"安全至上"理念贯穿学校各项工作，将安全工作放在其他任何工作之前，使其成为整个学校安全保卫工作的重点和底线红线。

5个管理体系（工作体系、责任体系、制度体系、风险防控体系、宣传教育体系）。从管理学概念出发，管理应有管理主体、管理对象、管理内容、管理依据和管理落实五个层面。具体到校园安全管理，首先需要工作体系，以畅通管理路径，形成管理主体工作规则与分工，凝聚管理主体力量流向，最终汇成管理效果。管理主体对管理内容的落实需要推动力，责任是最好的推动力之一，为此需要将校园安全各项责任进行分配，并开展履职尽责情况评价及追责，以更好地促进落实。管理需要凭借制度

产生管理力，校园安全管理同样需要各类制度去明确管理内容和手段。管理需要实现控制职能，就安全工作来说，事故发生的成本是校园难以承受的，故需要将控制提前，通过隐患排查整改等各类方式对风险进行控制。校园是育人场所，校园安全不能只依靠行政管理手段去实现和落实，还要在思想和意识方面加以安全教育，提升校园安全的整体性。

10个安全管理重点。校园安全涵盖内容丰富，不同的安全管理对象具有不同的特点，因此既要把握安全管理的重点内容，又要从实际工作角度对不同类型的安全管理对象进行区分，以更有针对性地开展各类安全防控措施。基于对校园安全的调研和实际情况，校园安全管理内容主要分为消防、治安、交通、实验室、学生实践活动、学生公寓、食品医疗卫生、功能空间、设备设施、建筑施工等10项重点。

N个安全管理制度。体系管理效果的产生最终需要细致的落实，需要针对每一个安全管理对象采取不同措施；校园安全管理本身又具有相当的专业性，为更好促进体系产生实效，需要用各种制度规范各类安全事项的具体管理，以此保障安全管理的有效落实。

二、突出党建引领，夯实主体责任，推进校园安全治理能力和治理体系提升

学校党委将"以人为本""安全发展"理念融入学校高质量内涵式发展全过程，统筹推进内涵式发展与校园安全稳定工作，严格落实"党政同责、一岗双责、齐抓共管、失职追责"和"管行业必须管安全、管业务必须管安全、管生产必须管安全"要求，坚持"精精益求精、万万无一失"工作标准，全力构筑校园安全防护网，提升师生的安全感和幸福感，确保校园安全平稳有序。学校定期组织召开安全稳定工作领导小组会暨季度工作点评会、安全稳定工作会等，牢固树立"隐患即事故"理念，聚焦高质量校园安全治理能力和治理体系提升，发挥学校组织体系优势，构建纵向到底、横向到边的校园安全管理体系，守牢校园安全稳定阵地。

三、六位一体，推进"1＋5＋10＋N"安全管理体系落细落小落实

（一）在安全组织架构方面既管"上"又管"下"，聚焦安全管理体系畅通高效

学校党委坚持顶层设计与具体落实相结合，畅通安全管理体制机制，既管"上"又管"下"，用三级管理体系确保安全工作到底到边到位。

学校党委定期召开安全稳定工作领导小组会和年度安全稳定工作总结会，主要领导靠前指挥，统领校园安全工作全局；建立安全稳定工作领导小组、国家安全人民防线建设小组、网络安全与信息化工作领导小组、人才安全事件应对工作领导小组和社

会治安综合治理工作领导小组，由分管校领导担任组长，打破部门和层级之间壁垒，统筹各项工作安排；各二级单位及职能部门将安全与业务工作同谋划同部署，负责各项工作具体落实。

（二）在安全主体责任方面既管"事"又管"人"，聚焦主体责任层层传导和落实

学校党委坚持"党政同责、一岗双责"，明确各学院领导班子安全责任分工，健全完善狠抓落实的任务责任链条，建立制度化、常态化责任落实和倒查机制，做到"看好自己门，管好自己人"，实现安全工作"管事"与"管人"双到位。学校围绕消防安全责任制、治安保卫安全责任制、交通安全责任制、实验室安全管理责任制和重大安全责任事故行政责任制，充分发挥安全工作管理体系责任"大循环"和具体安全事项责任体系"小循环"作用，从严从细落实安全主体责任。针对校园安全稳定中发现的突出问题，对相关事件责任人进行严肃处理，并进行通报。

（三）在安全制度保障方面既管"大"又管"小"，聚焦安全重点全覆盖

安全工作无小事，既要管"大安全"也要管"小隐患"，既要管"物"的安全，也要管"人"的安全。学校通过修订完善《北京建筑大学实验室安全管理制度》《北京建筑大学消防安全管理制度》《北京建筑大学交通安全管理规定》等多部校园安全规章制度，新增《北京建筑大学实验室安全事故及安全隐患责任追究办法》《北京建筑大学实验室安全事故应急预案实施细则》，围绕安全工作重点形成了包括消防安全、治安安全、交通安全、实验室安全、学生实践活动安全、学生公寓安全、食品医疗卫生安全、功能空间安全、设备设施安全和建筑施工安全十个方面的安全制度群，既实现安全工作广度全覆盖，又实现安全工作深度全覆盖，确保校园安全万无一失。

（四）在安全风险防控方面，既管"前"又管"后"，聚焦安全隐患排查整改和事件应急处置

安全稳定工作重在预防。风险防控体系聚焦重点区域，紧盯突出问题，既强调事前隐患排查整改，又强调事件应急处置应对。学校制定了针对消防安全隐患、实验室安全隐患的排查和整改制度，两校区教学、科研实验室安全监控实现全覆盖，通过单位自查、部门督查和学校检查相结合的方式，实现对各类隐患的动态台账式管理，务求"整改必从严""落实须到位"，推动安全隐患整改做到责任闭环、管控闭环、工作闭环。学校将摸排出的师生最为关切的安全隐患列为"为师生办实事"整改项目并限期完成，制定各类应急处置预案并加强演练，切实提升安全事件处置能力。学校针对危化品展开专项行动，大兴校区新建并验收通过危险化学品库、危险废物库各 1 个，并进一步完善了线上平台监控采购、学校危化品储存室集中管理、二级单位实验室减

量受控使用的安全风险管控体系。

（五）在安全宣教全覆盖方面既管 "意识" 又管 "行为"，聚焦师生安全意识与安全素质能力提升

学校党委坚持以师生为中心，以师生喜闻乐见的形式开展多样化的安全宣教活动，既管师生安全意识提升，又管师生安全行为不越界，最大限度将人为安全隐患降至最低。在宣传教育体系引领下，学校织紧织密 "思想意识防护网"，组织召开安全管理体系与制度宣讲会，积极开展 "平安校园活动月" "119 消防安全月" 等品牌活动，围绕消防安全、实验室安全、电信诈骗、安全自救等 18 项主题活动开展 "体验式" 和 "浸入式" 教育，相关活动被多家媒体报道。

学校坚持安全教育进课堂、进宿舍、进实验室，实现安全教育微课新生全覆盖，以线上线下相结合的方式，不断提升全校师生的安全意识与防范技能；点面结合落实实验室安全准入制度，我校已有约 600 名教师、13 000 名学生完成实验室安全准入考试。"平安北建大" 微信公众号结合重要时间节点和学校安全工作的相关实际情况，推送安全教育推文，推进安全教育工作做深做实。

（六）在安全工作督导方面既 "管真用" 又 "真管用"，聚焦安全管理出实效

学校在安全督导落实上下功夫，推进 "管真用" 的安全管理体系切实发挥 "真管用" 效果，多措并举推动校园安全稳定工作精细化、规范化。

学校不断提升安全稳定工作在二级单位考核中的占比，加强日常监督和考核；开展安全隐患全覆盖排查，利用六百余万元配套资金开展安全隐患整改，不定期对工作进行督导；动真碰硬强化监督，编发《实验室安全检查通报》31 期，"曝光" 各类隐患百余处，下发安全隐患整改通知书 12 份，查封试剂柜 2 个，查封整改不力实验室 5 间，做到 "点名点事" "问人问责"，实现隐患排查、问题分析、通报典型、整改落实和复查验收五个环节闭环管理，学校安全管理体系效果凸显。

四、关于 "1 +5 +10 + N" 安全管理体系下一步工作的思考

（一）加强宣传教育，让安全管理体系入脑入心

组织召开各类安全稳定会议，通过线上线下各种方式，对安全管理体系进行层层宣讲，增进广大师生对安全管理体系的认识和理解，让师生共享安全管理成效。

（二）构建长效机制，让安全管理体系见行见效

将安全管理体系融入学校事业发展的全过程，既要管 "当下" 更要管 "长远"，在具体实践中及时总结经验和工作亮点，持续推动安全管理体系落地落实，为校园的长治久安提供保障。

（三）持续完善优化，推进安全管理体系落细落实

面对复杂多变的安全工作形势，学校党委将以"永远在路上"的执着和坚韧持续优化安全管理体系，坚持以师生为中心，消除安全风险隐患，筑牢校园安全防线，体现"北建大"特色。

高校学生社团意识形态风险防范对策

北京工业大学　李　曾　北京建筑大学　朱　静　北方工业大学　何有华

摘　要： 近年来，越来越多的事件和情报表明，敌对势力诱导学生产生"极左"思想，妄图通过鼓动学生破坏国家安全稳定，以达到中断我国社会主义现代化建设、动摇党的执政基础的目的。他们指导和鼓动部分在校学生夺取学生社团的控制权，进而开展"涉左"活动，对当前高校的安全稳定形势构成严重威胁。本文试通过分析新形势下的风险及渗透手段，为各高校甄别敏感学生群体、阻断有害信息传播途径提供对策，通过强化管理、正向引导，加强意识形态阵地建设和管理，有效团结青年学生。

关键词： 高等学校；意识形态；学生社团

高校学生社团是由大学生自发组织，以发展兴趣爱好为主要目的的学生团体。目前，各高校的学生社团数量较多、活动频繁、思想活跃，超过半数的大学生在校期间都会加入社团组织，社团已经成为校园文化建设和意识形态工作的重要阵地。据调查，北京高校大学生的思想状况总体良好，绝大部分都高度认同中国特色社会主义制度和马克思主义主流意识形态，近七成大学生表示愿意申请加入中国共产党。但是，伴随着数字信息时代带来的多元文化冲击，部分学生也不可避免地受到西方意识形态的影响。特别是以美国为首的西方敌对势力，从对中国进行颜色革命、阻滞中国现代化进程的目的出发，企图以大学生社团为突破口，通过各种渠道、手段对我在校大学生进行意识形态渗透并利用其制造事端，对高校乃至社会的安全稳定和国家意识形态安全构成严重威胁，对此必须高度重视并严加防范。

一、西方敌对势力对高校学生社团进行意识形态渗透的新手法

近年来，以美国为首的西方敌对势力从未停止针对我国学生群体的意识形态渗透。除了通过文化输出的方式传播西方价值观外，还通过培植亲西方代言人的形式，在网

上鼓吹"宪政民主"、"普世价值"、新自由主义、历史虚无主义。2011 年突尼斯"茉莉花革命"后，此类渗透活动甚为活跃，美政客甚至公开宣称要利用中国"互联网一代的年轻人"扳倒中国。党的十八大以后，随着党对宣传思想工作的不断强化和青年一代对国家发展成就认同度的不断提高，西方传统的"右的"渗透手段越来越无法达到其目的。敌对势力开始变换手法，采取更加隐蔽、更加复杂的"极左"形式，对高校学生社团进行意识形态渗透。其主要手法和特征如下：

（一）诱导学生产生"极左"思想

敌对势力通过网络媒体炒作社会敏感问题（如宣扬贫富差距、制造阶层矛盾），以及错误解读马列经典等方式，诱导青年学生对马克思主义产生片面的、错误的理解，鼓动学生发起敏感活动，以期破坏国家安全稳定，动摇党的执政基础。

（二）在学生社团中培植代理人

敌对势力通过境外非政府组织向大学生提供所谓的"调研"资金或社会实践资助，通过某些伪装的"公益活动"吸引大学生参加，在学生社团中培植部分学生作为传播"极左"思想的代理人，形式主要有开办"极左"自媒体、开展线下活动等。

（三）煽动学生开展线下"维权"

敌对势力通过学生社团组织鼓动部分学生线下聚集，发起所谓"学运""工运"或"学运＋工运"，扰乱社会秩序。2018 年，境外势力渗透形成的深圳佳士公司工人"维权"事件就是典型代表，不少工人、学生被裹挟其中。涉事学生对学校的教育转化工作普遍存在抗拒、抵触情绪，甚至诱发次生事端，造成恶劣影响。

（四）培植对象转向非理论类社团

据相关部门通报，由于 2019 年以来各高校加强了对理论类社团的监管，因此敌对势力企图鼓动部分学生取得一些非理论类、互助类社团的控制权，并使之逐步演变为"左翼"社团，传播"涉左"思想。

（五）非社团组织成为新的围猎对象

"老乡会""读书会"等非社团性质的学生自发群体通过微信群、QQ 群等蓬勃发展，在吸纳校内学生参与的同时，也使社会人员有机会进入其中，或发展为跨校联系的群体。此类群体极易形成规模性串联，且脱离学校的监管，易成为敌对势力渗透进校园的途径，具有很大的隐患。

所有这些手段都是与我们的思想政治教育唱对台戏，给党的执政基础和社会的安全稳定造成不利影响。

二、敌对势力选择对高校学生社团进行意识形态渗透的动因分析

高校学生社团成为敌对势力渗透对象的原因，我们认为主要有以下四个方面：

（一）青年学生思想不成熟，易于被利用

目前高校在读的学生主要是"00 后"（研究生也多为"98 后"），他们的成长过程恰逢我国经济高速发展期，特别是互联网和移动网络的高速发展，对他们的思想成长影响巨大。一是大学生尚处于思想成长期，缺乏社会阅历，思考问题、辨别是非的能力还不够，易受到网络思潮的影响；二是由于碎片化阅读和信息茧房效应，使大学生知识结构不完善、系统思维不足，看问题容易片面化、极端化；三是个别学生对党的领导方针和政策持怀疑态度；四是由于我国经济发展的不平衡不充分，个别来自贫困地区、贫困家庭的学生易产生思想上的波动。

（二）高校社团建设不完善，管理漏洞多

目前各高校对学生社团的管理制度多集中于社团的章程、注册、登记、招新、活动申报、财务管理等方面，而对学生社团最关键的活动内容、活动过程存在监管漏洞：一是学校社团管理部门对活动内容审查不严，社团简单报告活动名称、活动地点、参与人员等就很容易得到批准；二是活动过程缺少监督机制，对于学生社团不按申报内容开展活动的情况，要么不掌握，要么没有处置办法；三是由于缺乏相应的管理办法和激励措施，社团指导老师参与度不高，甚至从来没有参与过社团活动，对社团学生的思想状况缺乏了解。

（三）高校社团管理人员不足，专业能力不强

在对若干高校学生社团管理部门负责人的访谈中，可以发现普遍存在两方面问题：一是在思想上对学生社团的管理不够重视。各高校普遍存在社团数量庞大、社团管理工作人员不足的矛盾，多数高校都有 50 个以上的学生社团，部分高校甚至超过 100 个，而大部分高校负责学生社团工作的干部只有 1 人，有些甚至是兼职从事相关工作。由于工作量过大，他们对学生社团的管理工作或浮于表面，做些日常审批和数据统计之类的工作，或是将注意力集中在容易出现意识形态问题的理论类、互助类社团，而对科技类、文体类、公益类社团没有给予足够的关注。二是缺乏发现和解决突出事端的能力。高校团委干部缺少涉意识形态和安全稳定事端处置的专业训练，对于一些苗头性信息不够敏感，往往在意识形态问题发展为突出事端后才发现，并且在处置时容易采取简单粗暴的方式，造成适得其反的效果。

（四）学生社团内部组织无序，安全隐患多

学生社团一般是由学生根据兴趣爱好自愿加入而形成的兴趣团体，大部分学生社

团在组织上都呈现出松散、无序的状态，管理基础薄弱。虽然所有社团在成立时都被要求制定章程和内部管理制度，但在实际执行中，往往避繁就简，管理上随意性很大。调研发现，个别学生社团甚至无法提供准确的社员名单。有的社团对社员是否参加活动也没有要求，部分成员长期处于"游离"状态，缺乏组织纪律性。部分社团的自有新媒体、社团标志、社团名称等管理也不严格，存在被随意使用的情况。

三、防范敌对势力对高校学生社团进行意识形态渗透的对策建议

高校的根本任务是立德树人。面对百年未有之大变局，高校应该妥善应对各种风险挑战，确保人才培养的正确方向，确保大学校园的安全稳定。因此，面对学生社团"涉左"风险，我们建议采取以下对策：

（一）强化党的领导，构建有力的学生社团管理工作体系

切实构建高校党委领导下多部门协同管理机制，在高校党委领导下，由学生工作部门牵头，联合团委、组织、宣传、人事、教务、保卫等部门形成协同管理机制，规范学生社团建设管理。一是压实党委主体责任，将学生社团工作纳入学校思想政治工作整体布局，定期听取学生社团工作汇报，研究解决有关问题。二是学生工作部门切实发挥主导作用，推进学校党委对学生社团领导的各项措施具体落地，研究规划学生社团建设发展方向，在学生社团注册、登记、年审、活动审核、宣传审核等全过程中严把意识形态关。三是多部门协同，为学生社团活动提供必要的支持，对指导教师与社团学生骨干的遴选、考核、激励提供保障，营造学生社团发展的健康生态，引导学生社团坚持对学生思想引领的正确方向。

（二）强化阵地建设，增强思想引领和意识形态教育实效

一是不断强化思政课程在学生思想教育方面的基础性作用，增强学生群体对主流意识形态的认同，引导学生不断增强"四个意识"、坚定"四个自信"、做到"两个维护"。二是深入挖掘学生社团的育人功能，从学生成长成才出发，将社团建设管理纳入育人体系的顶层设计，把学生社团作为育人的重要阵地，对社团学生广泛开展理想信念教育。三是全面推进学生社团主流文化建设，将我国民族文化、优秀传统文化、红色文化、先进文化、社会主义核心价值观等作为核心内容，培育积极向上的社团组织文化，营造积极向上、规范有序的校园文化氛围。四是积极创新社团文化建设的载体形式，充分利用新媒体技术，创新学生社团主流文化建设形式，不断增强社团活动的吸引力和感染力。

（三）强化指导责任，发挥挂靠单位和管理队伍重要作用

要将社团建设管理纳入学校治理体系，建立健全学生社团的指导工作机制。一是

社团挂靠单位要将学生社团建设与专业特色、校园文化建设密切联系起来，为学生社团提供专业化指导，实现学生社团兴趣与专业齐头并进，同时加强意识形态责任制的监督。二是加强社团指导教师队伍建设，进一步完善指导教师选拔、管理、激励制度，在工作量核算、职称评定、评奖评优等方面有所体现，提高指导教师的积极性和主动性。三是加强社团骨干的选拔、培训、管理、使用等，提升其理论素养、管理水平和事件处理能力。

（四）强化监督责任，改进对学生社团及活动的监管评价

制度作为管理活动的前提和基础，在高校学生社团建设管理过程中具有重要地位。依据教育部党组、共青团中央联合印发的《高校学生社团建设管理办法》文件的要求，各高校都应该结合学校特色与学生社团实际情况，制定全校性学生社团建设、管理、发展规章制度。一是严格执行学生社团注册登记制度，加强对社团注册各个环节的监督，对未登记的"地下社团"要及时处置，从源头上堵塞漏洞。二是严格执行学生社团活动审批制度，落实挂靠单位和指导教师的责任，从社团活动地点、参与人员、活动规模、内容以及物资设备等方面，对活动"人地事物"各要素加强监管。三是严格执行学生社团宣传审核制度，对学生社团建立网站、新媒体平台以及印发刊物等进行严格审核，严守学生社团宣传阵地。四是严格执行学生社团年审制度，每年对全部在册学生社团的成员构成、负责人工作及学习情况、年度活动清单、指导教师工作情况、业务指导单位意见、财务情况、违规违纪情况等进行审核，奖励审核达标的社团，整改不合格社团，进一步优化学生社团发展。

（五）强化服务关爱，对重点群体学生加强正面引导

一是通过辅导员、班主任、党团支部等对家庭困难学生、特殊家庭学生在生活学习等各方面加强关注，及时了解他们的生活和心理需求。健全学校的扶助体系，全面覆盖学生需求，避免"留白"部分被敌对势力渗透占据。二是对同地域、同兴趣的学生有针对性地满足其需要，加以正面引导，组织立意正确、特色鲜明、形式灵活的各类活动并吸引他们参与，将学生对"同乡会"等团体的归属需求纳入正常的学生工作渠道。

（六）强化沟通协调，及时有效处置"涉左"苗头性倾向

一是相关部门要与高校进行更密切、更广泛的信息沟通，加强信息共享，它将更有利于高校分析活动情况及学生特点，并进行预警和防范。二是要健全联席研判机制，定期联合开展"涉左"风险的评估和研判，做到尽早发现、尽早处置，将风险消灭在萌芽阶段，避免发展蔓延、相互叠加乃至引发突出事端。三是在对敏感事件和敏感人员的处置过程中，由专业部门给予更有针对性的指导，帮助高校更为妥善地对涉事学

生开展教育转化工作。

综上所述，高校学生社团的管理事关意识形态安全，事关高校和社会稳定，必须尽快重视起来、行动起来，把工作做实、做深、做细，为培养德智体美劳全面发展的社会主义合格建设者和可靠接班人打下坚实基础。

参考文献

[1] 社评."扳倒中国"，来自美国的危险鼓吹[N].环球时报，2011-11-19（7）.

[2] 金中.美国视角下的"五四运动"？其言可笑，其心可诛![N].中国青年报，2020-05-21（1）.

新时期高校政治安全教育工作质量提升路径

北京科技大学　刘　萍　庄建利　刘兴德

摘　要：政治安全是国家安全的基础，同时也反作用于国家安全，对国家安全起到维稳作用。高校学生作为社会主义建设者和接班人，在校期间接受系统教育并塑造自己的世界观、人生观与价值观。对高校学生进行政治安全教育是国家安全在教育领域的应有之义。本文以新时期高校政治安全教育工作质量提升路径为研究课题，基于高校政治安全教育工作的内涵，分别从政治安全形势、高校政治安全教育体系、高校教育工作者综合素养、高校教育手段方法四个方面论述了新时期高校政治安全教育的短板。最后，从建立高校政治安全教育管理机制、健全科学完善的政治安全教育体系、打造高政治综合素养的教育工作者队伍、探索与学生日常生活方式更为贴合的多元教学模式四个方面论述新时代高校政治安全教育工作对策。

关键词：政治安全；高校学生；工作对策

一、引　言

在国家安全各要素中，政治安全直接关乎党的执政基础与执政根基的稳定，同时也能够为国家与社会安全提供最有力的组织保障。因此，在国家安全工作中，政治安全是首先要抓住的一项重要任务。但近年来，国际局势不稳，加之全球性经济衰退的影响，在互联网指数级传播的背景下，我国政治安全增加了诸多不确定因素。[1]高校学生作为互联网普及率最高的社会群体，同时也是思维最活跃的社会群体，其所接受的信息影响甚至重塑着他们的世界观、人生观与价值观。高校作为培养未来的社会主义建设者和接班人的阵地，其政治安全工作与国家安全具有共通性。在此复杂背景下做好高校的政治安全工作，需要综合考量影响高校政治安全的各种因素，抓住主要矛盾，提升高校政治安全水平。

二、高校政治安全教育工作的内涵

（一）政治安全的概念

政治安全是一种社会状态，也即从社会政治的角度思考政治发展与政治稳定的实现路径与方法，使得人民在一个政治相对稳定的环境中工作、生活、学习。同时，政治安全的另一层含义也即保障国家与人民免受各种社会层面政治因素的威胁与影响。因此，政治安全既是结果，也是一种手段，服务于国家安全的整体战略。

（二）影响政治安全的因素

从来源上看，可将影响国家政治安全的因素分为内部因素与外部因素两类。

内部因素，主要指内部政治稳定。主要包括政治意识稳定与政治治理稳定两方面。其中，政治意识稳定，主要指在国家整体安全背景下，全党、全国人民一条心，坚决贯彻落实党的一切决定，服从党的安排，保证党的政策不走样、不变样。同时，做好政治意识教育工作，矫正意识形态的偏差。

外部因素，主要指以美国为首的西方敌对势力对我国进行政治干预和渗透，散布假新闻等反华宣传内容，刻意放大国内某项政策的弊端，甚至故意歪曲和制造人权、民族问题，攻击我国的政治制度，并对缺乏判断力的国内民众进行宣传，破坏政府在民众心目中的形象；同时，一些还会借人权问题干涉我国主权问题，危害国家政治安全与稳定。

（三）高校政治安全教育工作的重要性

新时期，我国政治安全面临的问题主要体现在对外的主权独立与领土完整，对内的坚持党的领导地位不动摇、坚决贯彻落实党的决定不动摇、坚决配合党的各项政策不动摇等几个方面。[2] 对于高校学生而言，大学时期正是其形成与完善世界观、人生观、价值观的关键阶段。作为社会主义建设者和接班人，更需要树立正确的政治价值观，积极配合高校做好各项宣传工作，切实维护高校有关政治安全的各项工作，进而增进对我国政治制度和意识形态的认同，自觉抵制西方反华势力的渗透，自觉参与维护我国政治安全和国家安全的工作。

三、新时期我国高校政治安全教育工作面临的挑战

在此百年未有之大变局里，我国政治安全同时面临着来自内部与外部的双重风险。可从政治安全形势、高校政治安全教育体系建设、高校教育工作者综合素养以及高校教育手段方法等四方面对我国高校政治安全所处的环境进行分析。

（一）政治安全形势不容乐观

从国际政治环境来看，在竞争与合作的国际关系表征下，政治安全在不同时期的

侧重点也各不相同。以新冠疫情为节点，我国与欧美等国家走上了两条截然不同的防疫道路。一些欧美国家在同时面对经济通胀、疫情扩散、失业率居高不下，以及由俄乌冲突引发的能源问题的过程中，对内采取加息的方式遏制通胀，对外则以干涉别国内政的方式转移国内注意力。[3]我国作为疫情防控与通胀管控成效较为显著的国家，同时也是通过国际合作来缓解欧美国内通胀压力的国家，自然而然成为一些欧美国家的攻击对象——除了通过虚构新疆人权问题来攻击我国政治制度和人权状况外，还对疫情扩散与个别城市的管控问题进行放大解读，鼓动国内缺乏辨识能力的部分网民攻击我国的疫情防控政策，甚至上升到政治高度，攻击我党的执政能力与政治制度，制造社会对立，冲击我国政治安全甚至国家安全局面。而从内部环境来看，在应急处置一些突发性社会问题时，相对滞后的应对使得流言迅速占领舆论高地，政府相关部门不得不在事后花费大量时间与精力来应对低成本的谣言。这不仅为整体社会治理带来了困难，而且被一些欧美国家利用，对其大肆报道甚至歪曲事实，进而将其变为对我国政治制度与所谓人权问题进行攻击的把柄。这样一来，在国际国内问题交织的背景下，政治安全形势更为复杂。

（二）高校政治安全教育体系建设不足

当前，高校的政治安全教育并未融入全课程教学当中，而是以思想政治课程的理论教学为主。同时，在时事政治方面，因教材的限制，所教授的部分内容过时，且缺乏相对优秀的教学案例。从教学体系建设工作上来看，在教学内容、教学方法、教学维度、教学评价等方面缺乏连续性的指引。

（三）高校教育工作者综合素养有待提升

教育工作者作为高校政治安全教育的贯彻落实环节，其政治价值观与政治安全意识通过授课直接影响到所教授的高校学生。而很多高校学生因对纷繁复杂的政治事件缺乏透彻的认识，所接受的观点大部分甚至完全来自教师。因此，高校教育工作者自身的政治价值观与政治意识正确与否就显得尤为关键。高校教育工作者对一些社会性问题往往有自己的独立思考，而一旦形成偏激的思想，或受到西方反华势力的影响，就很容易将其传授给学生。此外，高校教育工作者的榜样力量和示范作用，对于学生的影响也是巨大的。因此，无论是政治安全教育方面，还是日常教育方面，高校都应当高度重视教育工作者的综合素养。

（四）教育手段方法需与时俱进

短视频平台已成为高校学生接收并传播信息的主要方式之一。同时，平台也会根据使用者的偏好进行精准推送，使得使用者更容易找到产生共鸣之处，并进一步强化自身原有的认知。高校应当与时俱进，尝试以与高校学生贴合度更高的短视频平台作为在线教育手段，丰富教育方式方法，为政治安全教育拓宽领域。

四、新时代高校政治安全教育工作对策

新时代高校政治安全教育工作面临的环境更加复杂，必须从多个方位思考，抓住主要环节与关键点，全面推动高校政治安全教育工作落到实处，切实提升高校学生的政治素养与政治意识。

（一）建立高校政治安全教育管理机制

纵观国际政治发展史，其纷繁复杂的演变往往令人眼花缭乱，但其不变的核心只有服务于国家利益这一条。因此，在应对国际政治形势的过程中，最重要的就是要保持自身的战略定力。对于高校政治安全教育工作而言，保持政治领域的战略定力需要建立高校自身的政治安全教育管理机制。首先，需要建立由高校党委牵头，二级党委分工负责，宣传部门、学生工作部门、教师工作部门、保卫部门、思想政治课程老师、各班级辅导老师积极配合的纵向教育领导机制，负责全面统筹高校政治安全教育工作。其次，应当建立政治安全教育保障机制，人才保障与资金保障工作都要进行统筹安排。其中，人才保障机制主要针对高校政治安全教育的教育工作者，要加强他们的政治理论素养与教学技能，并以相应的激励机制推动其积极主动完成高校安排的政治安全教育工作；资金保障机制，要为课程搭建、交流互动、津贴保障与实践活动等提供必要的资金支持。最后，应当建立相对科学的政治教育成效评价机制，并将教育工作者与高校学生两个群体囊括进去，对有关政治安全的教学过程、教学内容、教学成果以及学生的反馈意见等进行科学考核。

（二）健全科学完善的政治安全教育体系

政治安全教育应当在明确的政治安全教育、教学目标下进行。首先，应当明确政治安全的主要教育平台，继续依托现有的思想政治理论教学课程，并将其作为主要教育平台来发挥其政治安全教育的积极作用。其次，高校学生的政治安全教育应当包括政治思想、政治制度与政治实践活动三个方面，并基于不同高校的现实情况，进行差异化教学。最后，应当将政治安全教学转化为政治安全实践活动，引导学生将从政治安全教学课程中学到的理论知识转化为对国家安全，尤其是对国家政治安全的深刻理解与自觉维护的行动上，进而建立起独立的国家安全观思维与认知体系。

（三）打造高政治综合素养的教育工作者队伍

对于高校政治安全教育工作而言，高素质的教育队伍是关键。切实提升教育工作者的综合素养水平是高校做好政治安全教育工作的关键抓手。这里的综合素养包括政治理论素养、教学能力以及自身道德水平等。其中，政治理论素养要求教育工作者具

有坚定的政治立场、敏锐的政治洞察力与辨识力，以及落到实处的行动，并能够在学生中起到表率作用，将培养学生的素养当作自己工作和努力的目标。在教学能力方面，应当积极主动将马克思主义基本原理与我国具体实际相结合，采用多种方式开展政治教育课程教学，提升学生的政治素养水平。在自身道德水平方面，教育工作者更应当发挥其榜样作用，通过，而是将其转换成切实维护我国政治安全乃至国家安全的一言一行影响学生，而非将思想政治教育停留在理论教学工作中。

（四）探索与学生日常生活方式更为贴合的多元教学模式

移动互联网和智能手机改变了人们生产、加工和传递信息的习惯，使人们的生活学习方式发生了改变。要认真对待由此带来的教育手段的变化，使网络平台成为安全教育实践的重要阵地，充分发挥网络平台快捷、便捷的优势。教育工作者要深入大学生的日常生活，关注当下热点事件，及时给予正面的引导。要充分利用微博、微信、抖音等媒体，使用大学生易于接受的形式和语言，创作适合进行传播教育的内容。

五、结 论

本文以新时期高校政治安全教育工作为研究主题，并从高校政治安全教育工作的内涵、新时期高校政治安全教育的短板、高校政治安全教育工作对策等方面提出相应的完善路径。但同时需要看到，对高校学生思想阵地的争夺已愈演愈烈，高校需要花大力气去教育、引导学生，使其坚守正确的政治立场，为建设更好的社会主义现代化国家而努力。

参考文献

[1] 梁燕龙. 网络文化：高校思想政治教育的新挑战[J]. 教育教学论坛，2020（15）：50-51.

[2] 姜威. 德育视角下高校校园安全管理工作方法探究——评《校园安全事件风险分析》[J]. 中国安全生产科学技术，2020，16（10）：189.

[3] 秦帅. 高校社会实践安全风险影响因素研究[J]. 中国安全科学学报，2021，31（1）：18-23.

[4] 崔禄春. 关于习近平新时代中国特色社会主义思想理论起点问题的思考[J]. 东岳论丛，2020，41（8）：143-149 + 192.

[5] 万颖. 大数据时代高校意识形态安全面临的风险及其防范[J]. 学校党建与思想教育，2021（3）：90-92.

人地事三维视角下构建高校大安全稳定工作格局的实践与思考
——以北京第二外国语学院为例

北京第二外国语学院　王秀彦　张艳婷　孙庆章　庄　阳　张　迪

摘　要：安全是政治与大局，是稳定与和谐，是责任与担当。高校安全稳定工作不仅关系到高校自身的建设发展，对社会整体的繁荣稳定和国家的长治久安都起着举足轻重的作用。北京第二外国语学院（以下简称"二外"）进行了安全稳定管理工作实践探索，从人、地、事三个维度，不断推动建立健全安全稳定四级责任体系和落细落实网格化职责方案，打造高水平的平安校园，以保障高质量发展。对今后的高校安全稳定工作，如何以系统思维和整体观念发挥全体师生员工的主观能动性，是有效探索并构建校园大安全稳定工作格局进程中所要面临的重要挑战。

关键词：大安全；四级责任；网格化管理；系统思维

The Practice and Consideration on the Construction of a Work Pattern for Macro-Security and Stability in Universities from Three Angles & Human，Area and Events

（Beijing International Studies University，Wang xiuyan，
Zhang yanting，Sun qingzhang，Zhuang yang，Zhang di）

Abstract：Security is related to politics and overall situation，it is about stability and harmony of the society，about responsibility and undertaking. Besides，the security and stability of universities has very close relation to their own construction and development，it also plays an essential role in the prosperity and stability of whole society and the nation's long-term stability. Taking BISU as the study area，this article，through the practice and exploration in security and stability administration，constantly pushing forward the establishment of a four-class security and stability responsibility system, elaborating and implementing the grid responsibility scheme from three angles of human, area and events, which is committed to building a high-level peaceful campus to ensure high-quality development. For the future security and stability of universities, we should think about how to give a full play to the capability of autonomy of all teachers, students and staff with Systematic thinking and overall concept, it is a great challenge that will be faced in the process of effectively exploring and building a work pattern for marco-security and stability in universities.

Key words: Macro-Security; Four-Class Security Work; Grid Management; Systematic Thinking

一、政策背景

党的十八大以来，以习近平同志为核心的党中央高度重视国家安全工作，将"坚持国家总体安全观"纳入新时代坚持和发展中国特色社会主义基本方略，写入党章。习近平总书记把马克思主义哲学的系统观念作为基础性思想和工作方法运用于国家大安全格局的构建中，在主持中央政治局第二十六次集体学习时提出"坚持系统思维，构建大安全格局"[1]。大安全格局具备三个基本特征：一是总体性；二是关联性；三是系统性[2]。习近平总书记就构建国家大安全格局提出"十个坚持"的工作要求，这是高校开展安全稳定工作的重要遵循、重要指南和重要依据。

二、高校安全稳定工作面临的形势与任务

高校作为人才培养的主阵地，必须进一步提高政治站位，积极响应国家发展战略，要始终坚持以习近平新时代中国特色社会主义思想为指导，深入贯彻习近平总书记关于平安建设及安全生产的重要论述，牢固树立以学校师生、居民为中心的安全稳定工作思想，统筹好学校建设发展和总体安全，切实维护学校安全稳定的良好局面。校园安全稳定管理体系是国家安全防护体系的重要组成部分，实现国家总体安全和社会稳定，必须坚持总体国家安全观，建设更高水平的平安中国、平安北京和平安校园。

一是普遍建立了维护校园安全稳定的领导体制和工作机制。成立由学校党委书记、校长任组长的学校维稳工作专班，分管校领导任常务副组长的维护安全事务领域议事协调机构，有效明确各机构的职责分工，进一步提高其处置危机事件的快速协作和反应能力，构建并完善一套规范化安全稳定人员队伍管理体系。在此基础之上，将消防、治安、交通等传统安全领域与电信诈骗、网络意识形态等非传统安全领域相结合，总体国家安全观逐渐深入人心。与此同时，各校积极推动将国家安全、政治安全、意识形态安全等安全教育纳入学生培养计划，邀请专家进课堂，并将其纳入学分管理范畴。

二是普遍开展平安校园创建考核工作。通过不断完善平安校园考核指标体系，特

别是将平安校园考核与全面从严治党考核、党建考核相结合，致力推动校园安全管理水平跃升。其中，部分高校将平安校园考核纳入二级学院和二级单位的绩效考核分配体系，充分发挥安全绩效对教职工收入分配的杠杆激励作用和联动效应。平安校园建设过程中，从不起眼"小举动"引发"大事件"乃至"大影响"、从校园小事件引发社会热议大舆情等蝴蝶效应造成的不良影响日渐消退，高校人力、物力和财力的内部资源整合，职责、机制和资源的系统合力汇聚，公安、政法、网信等外部协力联动所发挥的三效合一维稳作用日趋明显。

三、高校安全稳定工作管理职责创新的实践探索

2021 年 4 月，学校致力构建并逐步完善网格化安全管理责任体系，深入明晰校领导班子的领导责任、二级单位的主体责任、安全稳定工作处作为牵头主管部门的监管责任。此外，安全稳定工作处与组织人事部共同研究，构建以任务绩效、责任绩效和贡献绩效为一体的安稳工作评价考核体系，充分发挥考核结果在平安校园考核创优绩效分配的"指挥棒"导向和"助推器"激励作用。建立健全安全稳定部门团队成员联系校领导、分管部门及二级单位的安全监督网格员工作机制，以及涵盖安全员、师生员工等二外人在内的自我安全工作责任体系。

2023 年 4 月以来，学校研究制定了《北京第二外国学院网格化安全管理责任实施方案》（草案）。一是从人、地、事三个维度明确了 16 个安全责任事务管理领域，将包括预约办事、第三方人员、外教、留学生、家属居民等所有进入学校区域的人员列入人格管理，将办公室、值班室、宿舍、实验室、楼宇、居民家庭纳入地格管理，均为其分配主责部门和管理责任人，将总体安全事务领域安全划入二级单位、主管业务部门和人员归属部门，推动安全教育、安全管理、安全培训、安全提示和安全处置的职责边界得到有效精细划分。二是深层次明确学校安全稳定工作事项部门协作职责。经校长办公会审议研讨、党委常委会研究通过并组织实施，着力推动学校安全稳定领域漏洞"无死角"，构建"横向到边，纵向到底"的职责体系，在学校一万多人、几百个室内空间和几十栋楼宇中，推动学校"落地落小落人落事"安全管理机制的统筹协调作用发挥到位。

自方案实施以来，学校通过案例警示、安全稳定与意识形态月度协调会议，对相关部门、二级单位责任人方面进行反复教育提示和重谈安全教育提示，既使安全事务领域主责主管部门的安全意识、处理事务业务领域内安全事件的靠前核查处理意识得到明显提升，又使安全事件提示告知的教育成果转化明显提升。尤其是在学校、街道和公安部门要求核查的案件、事件数量上成效显著，6 月份毕业季期间师生事件核查相较开学期间周核查减少了 82 起。此外，从根本上消除了学校安全稳定事务领域的灰色

地带和空白地带，安全"最后一公里"的漏洞现象减少，学工、后勤、宣传教工、外事等部门制度建设、业务领域的统筹发展与安全观念出现明显转变。在安全稳定工作分管领导的牵头、统筹和指导下，学校不断提升意识形态安全、生产安全、国际事务安全、学生事务安全和社团安全的领导力和影响力，稳步增强学校分管领导、二级部门、院系单位靠前尽责负责的意识力、行动力和执行力。

（一）建立健全四级责任工作体系

在学校党委的正确领导和二级单位的支持配合下，二外安全稳定部门致力于建立健全领导带头工作机制，构建以校领导班子落实领导责任、安全稳定重点部门落实监管责任、二级单位落实主体责任和师生员工落实个体责任的安全稳定四级责任工作体系，通过安全稳定工作委员会、意识形态工作领导小组、安全生产工作小组等组织机制，着力实现打造高水平的平安大学和长安二外。

1. 领导班子带头落实领导责任

一是将安全稳定工作纳入学校常委会、校长办公会的重要议题，及时传达上级单位关于安全稳定工作的指示批示精神，召开月度、双月、季度学校常委会，定期研究安全稳定工作；以校长办公会形式不定期研究项目、工程等工作事项。二是贯彻落实安全稳定责任书制度，及时制定安全稳定工作任务责任要点，校党委书记、校长、各二级单位和部门层层签署安全稳定责任书，进一步压实年度总体责任；责任书内容随国家政策、重要时间节点和重要安全稳定工作及时修订完善。

2. 重点部门牵头落实监管责任

以安全稳定工作处、党委宣传部、网络信息中心、学工部、后勤与基建处等为承担各类事务领域的部门，担负上级领域主动牵头落实监管责任。学校根据上级要求拟定年度安全稳定工作要点，以任务清单形式下发至各二级单位，不断增强全体上下对维护学校安全稳定的重视程度和工作力度。

3. 二级单位主动落实主体责任

根据年度安全稳定责任清单和任务清单，各二级单位成立安全稳定领导小组和委员会，负责安全稳定主体责任的落实和安全稳定工作的统筹协调。一旦出现安全稳定事件，由校领导牵头责任单位联合查处，相关单位、教职工安全员、学生辅导员充分发挥安全稳定责任传导作用，主动承担安全稳定监管职责。

4. 师生员工自主落实个体责任

引导师生员工作为安全第一责任人，提高其主动安全认知——思想上重视安全根基，行动上杜绝安全隐患，心理上筑牢安全防线。尤其在涉及意识形态、思想观念、邪教组织等政治安全领域，针对苗头性问题、抹黑党和政府的言行筑牢防火墙。

（二）层层落实网格化安全管理责任

根据2013年学校落实首都推进实施校园网格化管理意见精神，二外安全稳定工作处制定了网格化管理工作方案。该方案具有思路先进性、理念创新性和政策连续性特征，有效明确了人格、地格的安全事域范围和安全责任；吸纳了反恐安全"六住"要求和疫情防控四方管理责任的特点；突出了安全管理人人有责、安全管理人人负责，并落实了场地和事域交叉的职责范围。按照人、地、事三个维度细划学校安全管理网格，坚持"谁使用，谁负责；谁主管，谁负责；谁就近，谁负责；谁所有，谁负责；谁邀请，谁负责；谁审批，谁负责"原则，建立精准精细化的安全管理、安全治理体系。以网格为单位，制定各级网格安全管理工作职责，逐人、逐地、逐事厘清并明确责任标准、岗位规范、工作流程。同时，从管理、培训、信息、考核等层面实现全面覆盖，形成整体联动效应。

一是健全安全管理规范。围绕防范点位、线路、部位和重点人员、重点矛盾纠纷等，逐人、逐地、逐事明确防范处置标准，规范工作流程，落实安全管理责任。二是健全教育培训机制。加强校园专、兼职安全保卫力量分类培训，实现网格安全管理人员全覆盖，全员准确掌握岗位任务和工作规范，让每个人都成为"准安全员"，熟练掌握安全风险隐患消除技能。三是健全信息报告制度。明确需要了解和报告的信息事项与时限要求，确保及时发现网格内影响校园安全稳定的信息，第一时间掌握，第一时间上报，第一时间处置和解决。四是健全考核监督闭环。建立网格化安全管理运行监管体系，学校定期开展工作督查考核，督促各网格、各岗位落实网格工作责任，并将考核情况与各单位及主要领导的评优评奖挂钩，实行所属网格发生重大安全事件一票否决。

（三）纵向提升安全稳定工作水平

新形势下的高校安全稳定工作，必须坚持以人为本理念，抓紧抓细抓实校园安全稳定的重要环节，全体上下需转变思想观念、创新工作思路、改进工作方法，以推动安全稳定工作制度化、考核绩效化、品牌特色化、教育常态化，不断提高安全稳定工作的主动性、针对性和实效性，层层传导压实工作责任，全力营造大安全稳定校园环境。

1. 推动落实监管机制

在学校党委的统筹下，为进一步落实学校安全工作责任制，明确校园安全责任人，以逐步提高全体师生员工的安全责任意识。安全稳定部门通过学习、调研等方式借鉴并制定平安校园考核工作办法，通过建立8~10个一级指标、20多个二级指标对二级单位的安全工作进行检查验收，最终评选年度"平安部门"和"平安学院"。

2. 建立绩效激励机制

一是加强绩效考核奖惩兑现。为确保学校安全稳定的有效落实，安全稳定处与组织人事部共同构建贡献、责任、任务绩效，以制度形式加以规范，以考核形式完成兑现，推动牵引落实安全工作责任制。二是注重平安考核"双结合"。"平安学院"和"平安部门"的考核与全面从严治党考核、党建绩效考核相结合，着重突出安全稳定工作的统筹性、系统性和整体性。三是推动贡献指标正向加分。根据自身经验形成品牌和亮点，凝练成特色做法以论文或创新案例等形式在媒体刊载发表，激励二级单位在主动作为——自我安全不出事不扣分的基础上，转向积极参与贡献加分，以安全教育为主线推动营造安全稳定校园环境，创新安全稳定宣传模式。

3. 充分发挥专业特色

结合学校专业特色，组织退休老教授、专任教师共同翻译国家安全法知识竞赛答题并汇集成册，普及国家安全知识，强化师生国家安全意识；有针对性地将外籍教师、留学生纳入知识竞赛人员拓展范畴；发表"双创"安全教育品牌做法，以进一步探索建立高校大安全稳定工作格局。

4. 落细落实安全教育

以自我作为安全第一责任人，推动大家主动落实安全责任；以安全教育为主线，深化"大教育"理念。构建网络课程教育、安全体验馆、专家入校三位一体的安全教育体系，推动师生员工自我教育与组织教育有效结合。

一是开展家校联动教育。与有关部门联合制定安全教育告知承诺书，做好家长和学生的安全底线教育，提升安全"四预"能力——预防、预测、预警、预控。二是通过课题研究，总结学校及兄弟院校涉及治安、交通、消防等层面的安全案例，将其与安全教育告知、国家安全教育课程的开发相结合，推动安全教育多元化、立体化发展，使学生自我安全、自我教育理念能够有效落地，不断增强安全教育的针对性和实效。三是强化安全体验特色教育。2019 年，学校建立以消防安全教育为主的安全教育体验馆，随着国家安全教育入课堂入头脑的要求不断提高，体验馆增设政治安全、意识形态安全、反恐安全、生物安全等突出板块。安全稳定处利用国安局、公安局等外部载体优势共同设计，深入挖掘外部专家资源，构建北京高校反恐教育基地、消防安全教育基地、公共安全教育基地，在实现教育基地共建共享的同时，推动内外部载体联动，以有效发挥资源的政治性、外联性和系统性作用。

（四）融合打造"四位一体"内外工作队伍

一是打造以保卫干部、应急指挥中心值守人员、消防安防维保队伍、保安队为主体的内部管理体系。二是构建以学校领导班子、中层干部、院系安全员、辅导员为主体的组织工作队伍。三是延伸建设以学生宿舍长或实验室人员任安全员、班长任信息安全员、后勤第三方外包人员为保障员的网格化工作队伍，确保安全目标、理念、任务、案事件查处和提示教育等工作有效落地。四是建立以市公安局文保支队、禁毒、反恐、电信诈骗、政治保卫、国家安全、意识形态、人民防线、交通安全、市级应急宣传、学会组织层面为主的外部专家顾问队伍，为学校的信息支持、政策保证、事件查处提供保障。

四、做好新时代学校安全稳定工作的对策与建议

校园安全是高质量发展的前提，高质量发展是校园安全的保障。高校的安全稳定在实现社会稳定、建设"平安中国—平安北京—平安校园"等方面占据着重要地位，发挥着重大作用，承担着重大责任。因此，构建探索大安全稳定工作格局的系统之路十分必要。

（一）完善顶层设计

一是网格化管理为维护高校安全稳定的防范工作提供了一套全新的管理思维模式[3]，其落实离不开学校党委、领导班子的顶层规划设计，包括监管部门、会议机制保证、案事件查处和清单机制的保障，推动主体主动作为以尽力确保学校安全稳定大事不出、个人主体安全稳定事件少发，逐步实现校园的主动安全稳定和积极安全稳定。二是第三方外包人员涉及七类，校外场所有五处，责任链条冗长，涉及人员复杂，明确落实职责监管需要校内部门之间、学校和属地之间形成合力，给予机制保障。三是从安全的视角，从人、地、事、物、场所、组织六个维度对工作的精细化全员化参与、科学化配置、规范化运行作进一步明确，真正实现安全到人、地、物、事的要求，形成制度体系并落到实处。四是完善网格化管理体系闭环工作流程。结合学校网格化管理工作方案，全面贯彻落实安全稳定各项工作任务，充分发挥网格化四方责任体系的机制作用，建立"采集上报安全稳定事件信息—主体诉求反映—校园秩序维护—矛盾纠纷排查—系统评价—任务清单归档"的闭环工作流程，制定各环节的监督和保障机制，确保校园安全稳定网格化管理各项工作职能履行到位[4]。

（二）推动安全理念深入人心

进一步牵引落地安全教育，在人防、技防和物防方面发挥基础支撑作用，特别是落实国家安全教育机制，有效调动全体师生员工积极参与安全稳定、贡献学校安全稳定、享受安全稳定文化。推动安全教育侧重于自我安全和自我教育，一是使个人作为自我安全第一责任人的意识及观念能够深入人心；二是吸引动员师生员工，尤其是在落实学生劳动教育、志愿服务时长、电信诈骗宣讲等方面，以积极体验和参与宣讲等

形式，推动安全教育深入人心。

（三）强化安全教育宣传

一是进一步提高学校领导对安全教育宣传工作的重视程度，按照"谁主管，谁负责"的原则把安稳工作贯穿业务工作全程[5]，进一步压实中层干部主体责任，推进安全教育常态化。二是及时通过有效信息载体展现内外安稳队伍持续奉献的做法、经验、案例、成效。三是搭建外部资源平台，助力展示学校安稳的先进经验和做法，提高全体上下的安全感、获得感、幸福感。四是讲好学校创建平安二外的故事，传播平安二外好声音，全力营造大安全文化的良好氛围。

（四）掌握安全教育平衡点

安全稳定工作与保密存在交叉，安稳工作需要相关部门的推动落实，一方面使学校、兄弟院校、全国平安建设中的意识形态事件、负面案件得以报道，另一方面通过合适方式将安全稳定工作要求及时传达，让师生员工深切感受到安全稳定形势的转变，三者之间的平衡点需要深入探索。

高校安全稳定工作是一项牵扯面甚广的系统性工作，不同主体对安全稳定有不同程度的认知、关注和需求。国家安全与高校安全是辩证统一关系。高校安全稳定工作要从维护国家政治安全、社会和谐稳定的高度出发，将其纳入国家安全的大安全格局中审视[6]。当前，高校安全稳定工作面临着管理主体多元化、认知层次差异化、配合程度梯队化的现状，要思考如何从科学管理的视角，充分了解各主体的需求，进一步提升高校安全稳定管理工作的科学化水平和多主体的安全认知意识，从而推动高校大安全稳定工作格局的建立。特别是伴随俄乌冲突、中美关系等不确定性因素对安全稳定大环境的冲击、影响、制约，对于高校师生员工的安全教育以及自我安全第一责任落实的牵引需做好尺度的把握和平衡。

参考文献

[1] 习近平. 习近平谈治国理政：第四卷[M]. 北京：外文出版社，2022.

[2] 马方. 准确认识大安全格局下的国家安全概念[N]. 光明日报，2021-01-31（2）.

[3] 习近平. 高举中国特色社会主义伟大旗帜为全面建设社会主义现代化国家而团结奋斗[N]. 人民日报，2022-10-26（1）.

[4] 于作军. 高校学生安全稳定网格化防范体系的构建[J]. 中国校外教育，2014（33）：186，192.

[5] 朱克乾. 强化"红线意识"做好学校安全稳定工作[J]. 当代贵州，2019（21）：62-63.

[6] 卢国强，刘蓉. 大安全格局下提升高校安全稳定工作效度的思考[J]. 鲁东大学学报（哲学社会科学版），2023，40（2）：66-73.

微传播视角下防范高等院校意识形态
安全风险研究

北京第二外国语学院　赵　毅

摘　要： 新时代党和国家将意识形态安全置于总体国家安全观的重要地位，其中网络已成为意识形态安全斗争的最前沿。高等院校作为人才和信息高度集中之地，具有较高的活跃度和影响力，成为意识形态安全风险防范的重中之重。微传播作为当前网络传播的主要载体和形式，在"三微一端"的基础上不断拓展，对原有的意识形态安全防范机制提出了新的挑战。如何在微传播视角下提高高校防范意识形态安全风险的效果成为相当重要且紧迫的课题。本研究立足微传播的性质、机制和特点，以技术、话语和组织作为研究载体，结合相关实践与案例对现有高校意识形态安全风险防范工作加以分析，在对比中提出更为高效可靠的研究路径，以期为相关研究提供具有理论意义和实践可行性的思考。

关键词： 微传播；高等院校；意识形态安全；三微一端

一、高等院校意识形态安全的意义和现状

习近平总书记在对总体国家安全观的阐述中明确了意识形态的重要性："意识形态关乎旗帜、关乎道路、关乎国家政治安全""必须把意识形态工作的领导权、管理权、话语权牢牢掌握在手中"。党的二十大报告对此也进行了强调："意识形态工作是为国家立心、为民族立魂的工作"。"学校是意识形态工作的前沿阵地"，高等院校（以下简称"高校"）作为青年和信息高度集中之地，具有较高的活跃性和强大的影响力，是意识形态安全风险防范的重中之重。

进入新时代，意识形态斗争虽然日趋激烈，但由于近年来党和国家的大力整治，总体形势上已经有了全局性、基础性的转变，一些原有高危领域和问题都得到了治理，高校的意识形态安全风险也随之降低。但由于国际形势仍处于"世界百年未有之大变

局"的动荡变化中，敌对势力不断通过认知、舆论、技术等渠道进行意识形态渗透。高校作为人员流动性大、信息更新快、对外联系密切的意识形态主阵地，具有很强的特殊性。高校一方面在意识形态安全研究上具有鲜明的理论研究和指导意义，另一方面也是意识形态安全风险防范实践的最前沿，具备丰富的一线经验和资源。

随着相关研究在层次上的深入和议题上的细化，研究防范意识形态安全风险的有效途径已成为重要的热点和前沿问题之一。有的研究立足于高校本身特点，从高校的类型、内部职能等方面进行了探讨，也有的研究以融媒体等外部媒介为载体进行分析。其他关于微传播的研究主要集中于新闻传播等相关领域，虽然也有个别涉思想政治教育研究范畴，但鲜有同意识形态安全防范途径相结合的研究，因此这一领域具有较大的研究空间和价值。

二、微传播视角下高等院校意识形态安全

（一）微传播的含义

微传播作为新兴的研究概念，虽然有部分尚待明确的内容，但仍有基础和研究共识：学界一般认为其是网络媒体发展中产生的一种新型传播媒介及模式。微传播既是信息时代至今特别是互联网信息传播发展的成果，也是当前信息传播模式的塑造者。

微传播的关键特质在于"微"，可通过传播内容、载体和方式等构成要件进行判断。狭义的微传播特指以微博、微信等社交媒体为媒介的信息传播方式，也就是常说的"三微一端"；广义的微传播则在此基础上，包含更多更新的技术工具等作为传播方式，同时还有传统传播中具备相应特征的传播内容和形式。本文主要以微传播为研究视角，因而采用更为宽泛的广义概念，以便进行更全面的研究和分析。

（二）微传播的特点

理解微传播的特征和规律要立足于其产生的时代背景，既有信息和技术爆炸的整体环境，还有我国近年来快速发展的经济、社会和文化。传统、现代和后现代文化的融合和冲突，形成了大量适合微传播承载的"微内容"。这些信息在网络语言的加持下往往隐含更多带有意识形态色彩的目的和意义，对意识形态安全产生影响。

微传播所具备的即时性、针对性强等特点便于信息实现去中心化、裂变式的传播。由于其发展速度远超其他相关领域，因此相关法律法规和监管机制很难及时跟上。而在以微传播为传播手段的环境中，由于传播主体的去权威化，内容上的多元化与分散化也更加明显。因此，微传播固然能够在舆情监控、数据样本等方面为意识形态安全防范提供便利，但也能为相关工作带来更多挑战。

（三）对高校意识形态安全的挑战

高校作为微传播的主要聚集地和信息场之一，在意识形态安全上更加敏感和危险，

处于防范的一线，在以下三个方面都面临着新的挑战。

一是隐藏的社会思潮。原有的错误思潮如西方所谓的"宪政民主"、历史虚无主义等在公众舆论和传播上已经难觅踪迹，但却可能借助微传播在一些"灰色地带"苟延残喘，甚至死灰复燃。比如许多社会思潮和观点以学术讨论、公益活动等为幌子，通过师生圈子、社团组织等进行微传播，成为意识形态安全风险的来源。

二是经济利益的诱惑。微传播因能够实现精准的目标定位，而成为许多媒体、企业和个体在经营上的利润增长点和侧重点，这样的市场行为能够绕过高校的相关组织直达个人。消费主义、享乐主义、个人主义等思想往往夹杂其中并滋生蔓延，在看似中立的"去价值化""去道德化"旗号下形成物化意识等低俗思想的传播，成为意识形态安全的潜在隐患。

三是数字阶层的产生。以大数据、云计算等为代表的新技术为微传播的发展提供了客观条件，也产生了一个新的数字阶层，其中就包括高校相关专业的师生。虽然技术本身没有意识形态色彩，但是技术阶层却是有立场的。相关信息的生产、传播不断分化和下移，使得微传播对意识形态的立场、话语等的影响大增。

因此，无论是信息内容生产传播模式的变化，还是微传播平台的隐蔽性特征，都使微传播能够轻易突破各种界线（如国际国内、线上线下、校园内外等），甚至直接模糊界线。

三、安全防范途径的有效性

自党的十九届四中全会将"坚持马克思主义在意识形态领域指导地位的根本制度"写入决定后，全国各行业领域都加强了意识形态的相关工作。高校作为该项工作的重点开展领域之一也取得了不小的成就，意识形态安全防范的途径得到了丰富和强化。但在微传播的渠道和范围中，一些隐患因素甚至是已经解决的问题却以新的形式存在。例如，一些危险的思想和观点由公开的大众媒介转向相对封闭的小圈子，使潜在的风险因素变得更难被发现和处理。对于工作资源相对有限的高校而言，这无疑增加了防范工作的体量和技术难度。

此外，微传播的技术特点还为错误思想的传播提供了便利，加大了舆论引导的难度。以微传播所依赖的算法推荐技术为例，相关思想必然受到信息配置方式和传播效率的深入影响。算法推荐技术在赋予意识形态工作开展机遇的同时，也让原有的安全防范途径受到了限制。例如，在高度娱乐化的微传播场域中，意识形态安全的严肃性和敏感性会被迫降低，一些具有多重复杂属性的内容就可能以模糊的图像、语言甚至符号等形式出现在尚待完善的防范途径面前。

所以，在探讨和研究防范途径的有效性时，需要建立更加细致和明确的机制。虽然相关部门已经出台了一系列的政策规定,但是鉴于时间较近、内容不足等客观因素,关于有效性的研究仍显不足。所以本文尝试从以下两个比较具有代表性的案例中进行验证和分析。

四、案例分析

高校意识形态防范工作本身具有一定的保密性和特殊性,涉及微传播的相关案例就更需严格筛选。本文从公开的资料中选取相关样本,结合具有代表性和时效性的内容加以分析。

(一)《中国新媒体发展报告》中的高校微传播情况

《中国新媒体发展报告》(以下简称《报告》)作为具有权威性和专业性的研究样本,已经有十余年的历史,其中不乏针对特定年龄段、群体等的专题研究。微传播作为近年兴起的热点,相关研究报告仍然比较缺乏,弗论以高校为对象的针对性研究。因此,《报告》可以作为研究高校微传播的有效依据。从《报告》的数据来看,截至2022年6月,我国即时通信用户规模达10.27亿,较2021年12月增长2 042万,占网民整体的97.7%。这里的即时通讯主要就是同三微一端基本吻合的微传播。而从传播内容的类型来看,短视频用户规模为9.62亿,占网民整体的91.5%。这都说明微传播已经成为新媒体的主要载体和形式。再按照年龄段进行截取,可知其中最活跃的用户群体与高校学生基本吻合(18—25岁)。

从其中的《2021—2022中国社交媒体用户行为使用报告》来看,高等院校是社交媒体用户的主要集中地之一,作为社交媒体用户的一部分,必然符合整体样本的基本特征,如媒介接触和社交应用分化、头部社交媒体的重度依赖状况缓解等。这种趋势显然更有利于微传播有针对性地进行小范围深度扩散。从选择的对象来看,通过将其中主要群体的年龄段和社交方式进行简单的耦合匹配,可知高校适龄段学生的主要微传播平台是带有社交属性的视频平台,其中短视频平台的占比和增速较为明显。从这一维度来看,微传播的防范载体重点基本可以锁定为当下高校学生的短视频平台及其周边社交媒体。这就明确了防范的主要工作对象,以及安全防范有效性的基础。如果涉及对外的相关平台(如报告中的B. 11《西方社交媒体平台发展报告》),那么可以采取同类型的横向比较(如将国内抖音用户对标国外TikTok用户),若两者兼而有之,则可形成内外联通的微传播循环,这种危险性较高的传播路径就需要重点防范。而且,随着短视频功能本身在平台层面的升级和优化,专门为微传播设计的渠道(如音视频转向、付费定制等新形式)更值得关注和警惕。

(二)涉高校舆论事件的影响

由于高校相关群体的活跃程度高,加上国家和社会的高度重视,涉及高校的舆论事件往往能快速引发相关讨论热潮。从主要平台的热度和影响来看，高等教育有着明显高于其他领域的地位，这就使得高校的意识形态安全防范要特别注重典型舆论事件的影响。一种是这些事件本身可能带有明显的意识形态色彩，但通过微传播加以掩饰；二是这些事件本身意识形态色彩较弱，但所引发的系列反应指向了意识形态领域。两种情况都离不开微传播这一隐蔽而迅捷的传播方式。

第一种情况的典型例子是，曾经红极一时的自媒体咪蒙及旗下矩阵账号曾因传播不良文化而被全网封禁。但借助于微传播的新平台，其主要团队从原来的图文内容转移到短视频等领域，并在 MCN 等新身份的加持下，以圈层化、群组化等形式进行范围设定和筛选，特别是在高校中通过招募实习生和读者等方式开设了一系列节目，其中很多都是原有虚假、错误和极端言论的延续或变形。

第二种情况的例子是 2022 年高校学生胡某走失的舆论事件。尽管官方多次发布权威说明，甚至对于相关造谣者已经予以了惩戒和通报，但在主流的舆论秩序已经基本恢复正常的情况下，仍有部分谣言经过改头换面，通过微传播的途径再次散布。这件事虽然是社会法治类事件，但是后期针对官方辟谣等内容的很多攻击却明显带有意识形态色彩。这种二次传播更加隐蔽和复杂，使高校在防范上难度骤增。

在这些案例中，微传播不仅使高校难以防范，往往还能借助特定的群体和文化成为某些负面舆论和谣言的粘合剂，并裹挟着情绪化的表达和极端的言论占领舆论的高地。这种直接或间接针对高校的言论，有一部分会转化为对官方主流意识形态的攻击，因此微传播就成了相关防范措施有效性的试验场。

五、结论与建议

大数据等技术手段固然能够协助高校相关部门更好地掌握高校的舆情动态，但在思想观点上，话语和传播仍带有很强的主观情绪色彩，易借助微传播快速扩散。高校不仅要规避意识形态安全防范的被动化和碎片化风险，而且更需要在防范能力建设和有效应对策略制定上下功夫。立足于微传播视角，高校对于意识形态安全风险的防范具有较高难度，需要协调更多资源，这也给我们提供了钻研进取的空间。本文建议从以下三个方面进行思考和尝试：

一是巩固现有防范机制，明确"人心即安全"的意识形态安全观。总体国家安全观明确了高校根本上"要认真落实意识形态工作责任制，坚持党管媒体原则，增强阵地意识，敢抓敢管、敢于亮剑，防止给那些恶意攻击党的领导、攻击社会主义制度、歪曲党史国史、造谣生事的错误言论提供传播渠道"。构建基于人心的意识形态安全防范体系，对于高校而言离不开师生发自内心的认同和根植于思想的支持。这是蕴含于整个思想政治教育过程中的长期综合工程，需要多方协同努力并不断向深化内化推进。

二是主动掌控微传播能力，提升鉴别意识和防范手段。主要是理解如何共享微传播的话语平台和内容形式，参与去中心化的信息传播路径和去权威化的话语表达模式。但在共享和共建的过程中，在积极主动融入其中的同时，要对微传播中的"两面人"具备足够的识别能力，如某些平台所谓"爱国大 V"的言论与形象就曾欺骗了很多师生，对相关高校的声誉也产生了不良影响。

三是在技术上驾驭"算法"，在工作中提炼方法，将意识形态安全防范融入高等教育的方法和载体中。更加明确地将意识形态安全防范教育视作当前高等教育思政化过程中的有机组成环节，融会贯通地加以学习和运用。避免因为过于简单化的观点和方法陷入微传播的"次生风险"，注意对于问题程度的判断，避免轻易地将问题的性质和范围升级，进而避免较大的舆论事件。最终达到在意识形态上的"防微"，真正实现对于安全风险的"杜渐"。

参考文献

[1] 唐平秋. 善用微传播宣传习近平新时代中国特色社会主义思想. 广西日报, 2019-03-21 (2).

[2] 冯刚, 梁超锋. 新时代高校意识形态安全体系构建的基本原则和重点[J]. 思想理论教育导刊, 2020 (2)：81-86.

[3] 洪晓楠, 刘媛媛. 人工智能时代网络意识形态安全建设的发展契机、潜在风险与调适进路[J]. 思想教育研究, 2022 (10)：138-144.

[4] 戴庆倩, 吴远, 朱其锋. "微文化"背景下大学生的政治认同[J]. 学海, 2018 (5)：117-120.

[5] 唐爱军. 论新时代意识形态安全[J]. 马克思主义研究, 2022 (6)：125-135, 156.

[6] 蒲清平, 张伟莉, 赵楠. 微文化：特征、风险与价值引领[J]. 中国青年研究, 2016 (1)：64-69, 56.

高校电动车安全使用与管理问题研究

北京科技大学　王　晨　彭江祥　张训超　白云飞　赵剑飞

一、序　言

近年来，电动车以其方便、快捷、经济的优势，逐渐成为短途出行的重要交通工具。工信息部公布的数据显示，当前我国电动车保有量超过 3 亿辆，年销量超过 3 000 万辆[1]。被贴上"潮流""时尚""便捷"等标签的电动车，同样备受高校师生的青睐，与日俱增的校园电动车在给师生出行带来便利的同时，也因其车速快等特点大大增加了校园安全风险，给广大师生的人身财产造成较大威胁[2]。加之，当前高校普遍缺乏对电动车科学规范的管理模式，往往任其处于"无序"状态，带来了消防、交通、治安、综合治理等方面的一系列亟需破解的难题[3]。

"要便利还是要安全""是潮流还是懒惰"成为各界争论所在。校园交通路窄、人员密集、缺少指示灯、大学生安全意识薄弱等主客观因素，导致近年来校园电动车交通事故频发。此外，在日常使用中，电动车违规停放、违规充电、不注重保养维护等行为，极易造成电池短路，由此引发的消防安全事故屡见不鲜[4]。由此可见，校园电动车管控治理工作，已然成为校园安全管理的重点和难点。

本文通过问卷调查、实地走访、经验交流等方式，展开高校校园电动车治理专题调研。首先，横向搜集国内 40 所高校的电动车先进管理经验，取长补短。其次，通过收集到的 574 份高校电动车相关问卷，充分拓宽挖掘信息维度，准确掌握师生诉求。最后，总结凝练形成行之有效的管理策略，制定符合高校特色的电动车管理办法，使之既能充分保障广大师生的权益，又能有效维护校园安全稳定，推进更高水平的平安校园建设。

本文所说电动车，包括电动自行车、电动摩托车、电动三轮车、电动滑板等电力驱动的代步工具，以电动自行车为重点。

二、高校电动车管理工作现状

（一）高校电动车管理工作总体概况

2018 年 5 月，为有效遏制电动车火灾多发势头，国务院安委会办公室组织开展了电动车消防安全专项治理工作。2021 年 7 月，应急管理部公布了《高层民用建筑消防安全管理规定》，对电动车充电及停放明确作出了禁止性规定，同时也对警告、罚款等具体责罚作了说明[5]。

目前，各高校电动车管理举措各不相同：有的高校采取限期实名登记上牌、建设集中充电场所等方式加强对校园内电动车的管理，如北京大学、中国人民大学、南京大学；有的高校"化零为整"，投放专属共享非机动车以作为解决师生校园出行需求的替代品，如华中科技大学、大连理工大学；也有部分高校结合自身学校实际，全面禁止校内使用电动车，如广州中医药大学、暨南大学、广东工业大学等。

高校是一个特殊的环境，人员高度密集，任由大量电动车无序使用存在较大的安全风险。然而若学校管理举措与师生现实需求不匹配，又极易形成矛盾，单一的禁电禁摩短期内可能会对维护校园安全有一定的效果，但长期的禁止难免会带来负面效果。如何充分保障师生的权益，又有效维护校园安全，已经成为安全管理部门的一道必做难题[6]。

（二）当前高校电动车管理现状

1. 电动车数量基数较大且增速加剧

以广东省某高校为例，校园内电动车多达 1.4 万辆，平均每 5 人拥有 1 辆。2021 年 6—11 月，电动车数量增加了 5 000 多辆，且还在持续增加，在此期间该校连续发生 3 起电动车电池室内充电爆燃事故，所幸处置及时，未造成重大财产损失和人员伤亡。问卷调查的结果显示，超过 58% 的师生觉得校园电动车数量过多了（如图 1 所示）。

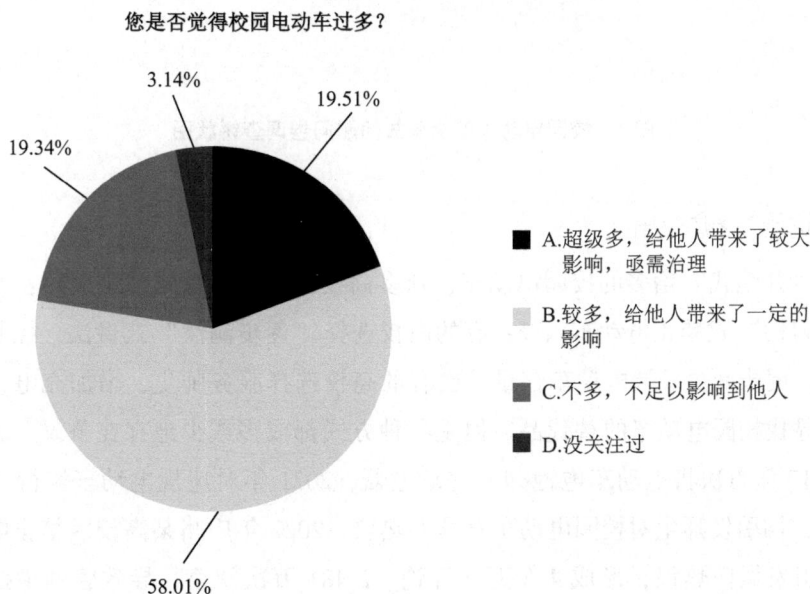

您是否觉得校园电动车过多？

- A.超级多，给他人带来了较大影响，亟需治理
- B.较多，给他人带来了一定的影响
- C.不多，不足以影响到他人
- D.没关注过

3.14%　19.51%　19.34%　58.01%

图 1　校园电动车数量问题问卷调查饼状图

2. 校园电动车安全事故频发

据应急救援部的不完全统计，2021 年上半年全国共发生 6 462 起电动自行车火灾事故。此外，非法改装、逆行、闯红灯、不按规定道路行驶等各类电动车违法行为也是危害公众安全的突出问题。与之对应，伴随着高校电动车数量的急剧增加，涉及电动车的安全事故同样呈现出上升势态[7]。

问卷调查的结果显示，超过 86% 的师生都曾在校园里经历过或看到过电动车安全事故（如图 2 所示）。2019 年 5 月 5 日，广西桂林一出租房因电动车充电过程中发生电气故障爆燃，猛烈的火势封堵了 1 楼出口，最终造成 5 名大学生死亡；2021 年 9 月，广东某大学一学生的电动车锂电池热失控引发火灾，造成其室友全身烧伤面积达 90%；2022 年 6 月 16 日，广西某大学一电动自行车棚发生火灾，烧毁大量车辆；2014 年 10 月，湖南某高校一学生被校内疾驰的电动车撞成重伤；2021 年 11 月 30 日，四川某职业院校一学生在校内驾驶共享电动车与机动车相撞，受伤严重。

您在学校里是否经历过或看到过电动车事故？

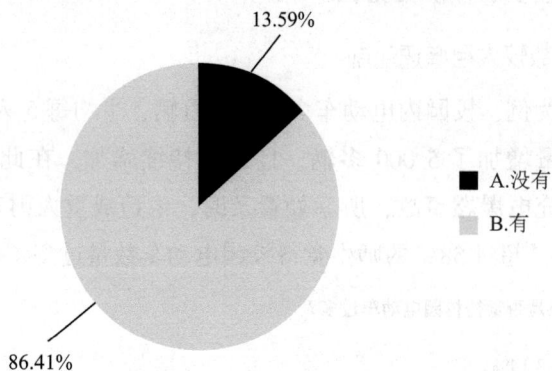

- A.没有
- B.有

13.59%

86.41%

图 2　校园电动车安全事故问题问卷调查饼状图

3. 舆论压力矛盾突出

面对"井喷式"增多的校园电动车，众多高校都在积极探索治理策略：有的高校选择"一刀切"式禁止电动车入校；有的高校选择"逐步淘汰"式做法，控制电动车数量增长，逐步减少校园电动车存量；也有的高校选择服务师生，增加充电、停放场所，或者寻找校园电动车的替代品。但是各种方式都或多或少地存在争议。北京某知名高校 2017 年首次将电动车电池列入违章电器，2021 年对违规电动车实行"锁车扣留"措施，均引发师生对校园电动车管理的热议。2022 年广州某高校因禁止电动车进入校园，引发微博热议，形成 4.5 万次评论、2 481 万次阅读，导致管理举措实施困难，管理效果平平。

三、校园电动车风险原因分析

（一）教育管理体系不健全

1. 管理制度体系建设不足

调研发现，国内排名前 40 的高校中，仅有中国人民大学、华南理工大学、中国农业大学、中南民族大学 4 所高校专门出台过较为完备的相关电动车管理规定，占比仅为 10%。此外，清华大学、北京大学等 16 所高校出台过相关管理通知、规范，或者在消防安全管理规定、交通安全管理规定中有电动车管理的内容，其余 20 所高校从未出台电动车相关管理内容，占比高达 50%。由此可见，与高校剧增的电动车相比，相关的管理举措却较为薄弱。

2. 基础硬件设施建设不到位

如表 1 所列，校园电动车充电桩不能满足师生充电需求，且充电桩位置与停车需求不匹配，导致校园内电动车扎堆充电、电路混乱、排放混乱等问题较为严重。我国高校建校历史普遍久远，建校初期并未规划电动车相关场所、设施，加之近年来校园电动车数量急剧增长，停车难、充电难问题便日益凸显。高校普遍存在电动车多、充电桩少的窘迫现状，有的学校甚至没有公用充电设施，学生被迫将电池偷偷带回宿舍、实验室等充电，形成较大的安全风险，由此导致火灾事故时有发生。电动车充电、停放区域的合理选址和布局，可以有效减少道路堵塞、电动车室内火灾等问题的发生。

表1　校园电动车充电桩问题问卷调查统计表

您是否觉得校内电动车充电桩过少？	小计	比例
A. 很少，充电很不方便	146	70.19%
B. 充足，每次都可以轻松找到位置	37	17.79%
C. 还行，每次都能找到充电位置	25	12.02%
D. 没关注过	0	0%
本题有效填写人次	208	

3. 师生安全意识淡薄

部分电动车用户的安全意识较为淡薄，自身防护意识较差，普遍未接受过相关安全教育培训，没有养成良好的电动车安全使用习惯。如表 2 所列，部分师生安全意识不高，存在室内充电、飞线充电等违规充电行为，不注重车辆定期的维护保养，造成较大消防安全隐患。2021 年苏州某高校的电动车安全使用问卷调查显示，在受访的 2 952 名学生中，有 35.69% 拥有电动车，但仅有 31.33% 清楚地了解相关安全知识。以南方某高校为例，校卫队曾针对违规骑行（包括不戴头盔、载人、超速等）问题开展不定期检查整治，两个月中共登记表格 449 张，违规记录经核实的有 1 554 条，另有 230 次逃逸。

表 2　校园电动车不文明现象问卷调查统计表

您是否遇到过不文明使用电动车的行为？如果有，有以下哪些？	小计	比例
A. 行车时不礼让行人，车速过快，恶意冲撞	83	14.46%
B. 室内充电，增加安全风险	84	14.63%
C. 电动车乱停乱放	76	13.24%
D. 充电器/电瓶等零件被盗窃	56	9.76%
E. 恶意损坏车辆零件（充电器、后视镜等）	89	15.51%
F. 车内被放置杂物/广告等	89	15.51%
G. 没有遇到过	97	16.9%
H. 其他	0	0%
本题有效填写人次	574	

（二）电动车消防安全风险分析

1. 电动车起火原因分析

权威统计数据表明，在电动车相关的火灾事故中，电起火原因主要为电气故障，其中 80% 与电池有关。来自市场监管总局的 3 次电动车抽检统计结果显示，不合格率分别为 28.8%、15.1%、25.6%，问题集中体现在电气装置不达标、车速限值超标、淋水涉水性能不合格等方面。不合格电动车在充电时更容易发生电气故障，行车过程中的危险性也很大[8]。目前，学生购买电动车方式多样，质量参差不齐，甚至会低价购买到存在线路老化、电池易短路、充电器不配套、曾过充电等极易引发火灾、不符合规范等问题的劣质电动车。

2. 校园电动车火灾风险分析

权威电动车火灾亡人事故分析数据显示，90% 的此类事故中，为电动车停放在门厅、过道等部位，且多发生于夜间充电期间。这时，人们正处于熟睡状态，难以及时发现和扑救初起火灾，使火情得以迅速发展至难以控制的状态，甚至于使人丧失逃生机会[9-11]。带入宿舍、实验室等充电的电瓶，或者违规停放于楼道、门厅的电动车，一旦起火，燃烧速度极快且时常伴有爆炸，并产生大量有毒烟气，火焰和浓烟会迅速封堵建筑的安全出口和逃生通道，使人员逃生变得极为困难，极易造成人员伤亡。

为有效降低校园电动车消防安全风险，天津某高校建设的光伏电动车充电桩，以光伏板作为棚顶，利用绿色环保的太阳能发电。特别的是，配置有自动喷淋灭火系统以及火灾自动报警系统。此外，还配置有电路保护系统，具备实时监测电压电路以及充满自停功能。一旦发生异常情况，系统会立即切断电源并发出警报，既能保护车辆不因过充受损，又能避免因过充电引发消防事故。

（三）校园交通安全隐患分析

1. 校园交通安全环境复杂

高校人员密度较大，人员流动存在明显的潮汐性，尤其是在上下课、饭点等时间，人流、车流会达到峰值。高校内部道路原本主要设计用于师生步行上下课、散步，一般难以划分机动车道、非机动车道和人行道，校内驾驶电动车也是不符合原本的设计初衷的[13]。随着疫情过后高校校园逐步对外开放，校园人流量和车流量都将大幅增加，然而机动车、非机动车、行人混行一道，势必造成校园交通安全矛盾更加突出。多见于电动车的骑车带人、超速行驶、逆向行驶、分心驾驶、乱停乱放等不文明行为，将大大增加校内交通安全风险。

2. 超标电动车交通安全风险

新国标电动车内设"超速提示警报"装置以及限速器，部分学生为追求新鲜刺激，存在违规改变或拆除限速装置设备、加装超标电池、私自拆除原装件等做法。改装车辆的最高行驶速度远超国家标准，这不仅增加了驾驶者本人的危险系数，而且对其他交通参与者的安全造成了很大威胁。此外，改装车的动力系统和原装配置遭到更改和破坏，造成原装件与改装件不兼容或原装件无法承受改装件的强度，还极易出现自燃、车身断裂、失控等情况。

四、校园电动车风险管控对策

（一）学校总体层面

1. 正视安全问题并积极探索对策

要正视电动车存在的安全问题，特别是电动车在消防、交通等方面的"高危"特征。学校相关管理部门必须提前介入、主动谋划，建立符合校园特点的电动车管理制度，明确管理部门及职责，尽早将电动车纳入规范、可控的管理范围。在符合相关法律法规以及校园客观条件的前提下，充分掌握师生实际使用需求，积极探索符合学校特色的校园电动车管理办法，推出一系列科学、规范的管理举措，内容涵盖登记管理、准入管理、行使管理、停放管理、充电管理等。有效化解师生出行需求与校园安全风险矛盾，充分保障最广大师生的切身安全利益，全力维护校园安全稳定。如表3所列，学校大部分师生对于校园电动车是支持从严管理的。

表3　校园电动车管理制度支持率问卷调查统计表

您是否支持学校从严管理校园电动车？	小　计	比　例
A. 非常支持	133	23.17%
B. 支持	414	72.13%
C. 反对	23	4.01%
D. 无所谓	4	0.7%
E. 本题有效填写人次	574	

2. 加强相关基础建设投入

加快完善相关的充电、停放场所，同时配备智能、安全的充电设施，有效杜绝师生私拉电线充电或进楼充电等违法违规行为。此外，还要加强电动车校园规范行驶管理，通过逐步完善非机动车专用道设置、适当加宽非机动车道、增设非机动车专用道等基础设施的方式，改变电动车"无路可走""人车混行"局面。

3. 广泛开展宣传教育引导

安全保卫、学工等部门应该做好对相关法律法规以及校园电动车管理规章制度的宣传解读工作，引导师生自觉遵守相关安全保障制度。此外，还要加大安全教育培训力度，普及安全常识，讲解电动车违规停放、违规充电、不文明驾驶等行为的危害，提升安全意识。

（二）消防安全方面

1. 严格执行相关消防规章制度

强化电动车消防安全隐患排查整治工作，充分发挥学工、后勤、安全保卫等基层安全力量，加强防火检查巡查，清理整治电动车不安全使用行为，特别是"进楼入户""阻塞通道""飞线充电""非法改装""僵尸车辆"等突出问题。严格执行相关消防规章制度，加大对违法违规违纪行为的惩处力度，并将相关情况纳入师生评价考核体系。对引发火灾事故的，依法追究事故责任单位和人员的责任。

2. 加强火灾事故技术防范措施建设

2018年1月发布的《公安部关于规范电动车停放充电加强火灾防范的通告》[13]以及2018年5月国务院安委会办公室发布的《关于开展电动自行车消防安全综合治理工作的通知》等文件，都明确应推动建设一批智能化的集中停放场所及充电设施。在此背景下，各高校有必要根据国家政策并结合自身实际情况，对校园电动车集中停放、充电区域进行合理规划建设[14-16]，建设一批具备充电机过温保护、充电机输入输出过压、欠压、绝缘检测等故障预警功能的智能充电设施。此外，在充电区域加装电气火灾监控系统等智慧消防设施，并配置火灾探测器、断路保护装置、自动灭火装置等消防设备，可以大大降低火灾发生的概率，即使发生火灾，也可以降低火灾的伤害。

（三）交通安全方面

1. 制定校园电动车交通规范

要依据相关法律法规，结合校园实际情况，制定特色交通安全管理办法，进一步规范校园电动车管理，维护校园道路安全和秩序，预防和减少交通安全事故的发生。通过诸如车辆登记备案、"黑名单"准入制度、总量控制、分类管理、规划设计专用停放地点等措施，广泛开展电动车安全驾驶宣传培训，制定强有力的处罚措施等，充分保障最广大师生的切身安全利益。

2. 规划人车分离的交通路网

结合校园实际情况规划设计非机动车行驶道路，将校园道路优化为人行道、非机动车道、机动车道"人车分离"的交通路网，实现人车各行其道[17]。此外，加强电动车速度监测与管理，可以增加限速标志、减速带。

3. 探索新的出行替代方案

在通过完善规范交通规则和设置公共充电桩来排除"电动车隐患"的基础上，学校不妨探索引入"共享电动车"或开通"摆渡车"的管理模式，减少师生个人的电动车使用需求，既可以降低师生交通成本，又可以将充电、管理等方面的问题转移给共享电动车、摆渡车的提供方，让他们进行专业操作、规范管理，从源头上消除校园电动车安全隐患[18]。

五、结　论

解决电动车"违规充电""违规行驶"等问题迫在眉睫，关乎全体师生共同利益，考验着校园管理者的勇气和智慧。面对师生出行的刚性需求，以及防范安全隐患的需要，必须堵疏结合，积极正视和回应校园电动车现实问题。

解决校园电动车问题，需要多方协作、一同破题。后勤、基建、安全保卫等部门要提出合理解决方案并规划设计电动车充电、停放场所，学工、人事部门要宣传推广校园安全规章制度，普及安全文化知识，营造和谐美好的校园安全氛围。

借鉴先进院校实践成果，结合学校客观实际提出更加完善的校园电动车安全解决方案，从源头上消除安全隐患，既更好地维护校园安全稳定，又切实解决师生校园出行需求，更好地服务于学校"立德树人"根本任务。

参考文献

[1] 朱陵权. 城市安全管理中电动自行车消防安全研究探讨[J]. 中国应急救援, 2023 (1): 73-76.

[2] 范许云, 沈凯佳. 高校校园电动车安全与管理调查研究[J]. 职工法律天地: 下, 2017 (2): 1.

[3] 潘秋艳, 汪小宁. 高校校园非机动车安全管理现状、问题及对策研究[J]. 经济研究导刊, 2020 (13): 197-198.

[4] 曾朝军. 浅谈电动车安全隐患分析及预防措施[J]. 消防界 (电子版), 2019, 5 (6): 61.

[5] 史健丽. 电动自行车的消防安全管理防范[J]. 水上消防, 2021 (5): 34-37.

[6] 周法超, 光健. 高校电动自行车安全现状及应对措施[J]. 电池工业, 2021, 25 (4): 205-208.

[7] 朱新文. 电动自行车消防安全管理常见问题及解决对策[J]. 消防界 (电子版), 2022, 8 (14): 86-89.

[8] 肖协. 电动自行车起火爆炸事故频发, 这六点莫忽视[J]. 大众用电, 2021, 36 (8): 89-90.

[9] 李鑫, 张腾浙, 冯怡康. 电动自行车爆燃事故原因分析与应对措施[J]. 中国质量监管, 2022 (1) 62-64.

[10] 董以文, 黄永春. 关于规范电动车管理的实践与思考[J]. 湖南警察学院学报, 2013, 25 (5): 69-76, 128.

[11] 宋伟克. 电动自行车火灾爆炸事故原因辨识及防控[J]. 劳动保护, 2022 (6): 61-63.

[12] 胡鸣. 高层学生公寓安全疏散影响因素识别及相互作用关系研究[D]. 安徽理工大学, 2018.

[13] 姜元刚, 胡瑞丽. 高校校园交通管理现状、问题及对策——以对外经济贸易大学为例[J]. 高校后勤研究, 2018 (1): 42-44, 36.

[14] 公安部. 关于规范电动车停放充电加强火灾防范的通告[J]. 汽车与安全, 2018 (10): 44.

[15] 丁怡婷. 国务院安委会办公室部署开展电动自行车消防安全综合治理工作[J]. 中国应急管理, 2018 (5): 33-35.

[16] 陈中原. 电动自行车火灾现状及防控措施探讨[J]. 消防界 (电子版), 2022, 8 (14): 121-123.

[17] 林仕颖. 新形势下高校校园交通安全管理浅析[J]. 科技风, 2021 (12): 155-156.

[18] 李梓怡, 蔡雨欣. 浅析高校校内共享电动车使用管理办法——以华中师范大学主校区为例[J]. 高校后勤研究, 2020 (5): 41-44.

疫情封控下的高校应急管理工作研究与探索*

——以中国石油大学（北京）为例

中国石油大学（北京）　王　超　刘洪洋　李吉川**

摘　要：以中国石油大学（北京）为例，总结了疫情封控下的高校应急管理工作研究与实践的经验，以供其他高校借鉴参考。首先从网格化管理模式、闭环管理模式、联防联控机制、诉求响应机制、服务保障方案和校园管理方案六个方面归纳介绍了成功的做法和措施，其次从政策防疫、数据防疫和队伍防疫三个方面讨论了存在的问题，最后从应急演练、数据赋能、管理赋能和人员赋能四个方面提出了对策和建议。

关键词：疫情防控；应急管理；网格化

Research and exploration on emergency management in colleges and universities under the control of epidemic situation—taking China University of Petroleum（Beijing）as an example

（China University of Petroleum（Beijing），Wang chao，Liu hongyang，Li jichuan）

Abstract：Taking China University of Petroleum（Beijing）as an example，this paper summarizes the practical experience of emergency management under the control of the epidemic situation in the university for reference by other universities. It first summarizes and introduces the successful practices and measures from four aspects：grid management mode，closed-

---

　* 北京市教工委 2022 年第二批安全稳定研究课题—一般课题《疫情防控网格化管理场景下的高校校园应急管理工作研究》。负责人：王超，承担单位：中国石油大学（北京）。

　** 作者简介：王超，男，1980 年 12 月生，山东省东营市人，中共党员，中国石油大学（北京）保卫部（处）正科级干事，助理研究员，主要从事高校应急管理工作研究；刘洪洋，男，1979 年生，山东省烟台市人，中共党员，中国石油大学（北京）保卫部（处）部（处）长，主要从事高校应急管理工作研究；李吉川，男，1985 年生，吉林省吉林市人，中共党员，中国石油大学（北京）保卫部（处）副部（处）长，主要从事高校应急管理工作研究。

loop management mode, joint prevention and control system, appeal response mechanism and comprehensive service guarantee system, then reflects and discusses the existing problems from three aspects of policy epidemic prevention, data epidemic prevention and team epidemic prevention, and finally put forward countermeasures and suggestions from three aspects of emergency drill, data empowerment and governance empowerment.

Key word：epidemic prevention and control; emergency management; gridding

一、研究背景

面对新冠疫情，以习近平同志为核心的党中央始终坚持人民至上、生命至上，积极应对，主动作为，因时因势不断优化调整疫情防控措施，团结带领全党全国各族人民坚定不移开展抗击疫情斗争，统筹疫情防控和经济社会发展，取得了重大积极成果。

高校疫情防控具有很强的特殊性，由于人员密集且大规模集体生活学习，相比于社会面防控，高校校园疫情防控政策只能更严、更紧、更密。按照教育行政管理部门和属地疫情防控管理的要求，高校实施了一定时间的封闭管控。疫情封控下的高校校园应急及管理工作，对于高校管理者来说，是一项全新的工作和挑战。

二、研究现状

2022 年，高成瑶[1]对 1996—2021 年高校突发事件应急管理研究热点、进程与展望开展了研究，使用 CiteSpace 软件以 1 年为时间切片生成的关键词图谱显示：1996—2021 年间，国内高校突发事件应急管理研究领域的关键词出现频率最高的前 5 名依次为"高校"（100 次）、"突发事件"（95 次）、"高校突发事件"（80 次）、"危机管理"（27 次）、"可拓学理论"（25 次）。从词频中心度看，"高校"为 0.63，"突发事件"为 0.52，"危机管理"为 0.27，"网络舆情"为 0.17，"应急管理"为 0.16。关于高校突发公共卫生事件应急管理，尤其是高校疫情封控应急管理方面的研究工作开展极少。

刘谷生[2]提出，高校应急管理面临新冠疫情的考验，常规应急管理方式难以应对高校疫情防控需求，需要通过创新高校应急管理理念、完善应急管理体系等，来提升应急管理能力。

曹燕[3]提出，疫情防控常态化下的高校应急管理能力提升，需从预测预警能力、科学决策能力、高效执行能力、协调沟通能力、舆情导向能力、心理疏导能力六个方面着力，通过"优化管理环节，完善应急管理体系；加强防控演练，构建科学运行模式；推动考核评价，提升应急管理水平"等多维路径稳步提高。

方芳[4]提出了应急管理事前预案、事中控制及事后总结的全过程管理对策、防控培训方式及管理体制。

刘磊[5]、宋雪琪[6]、陈永春[7]等人在高校突发公共卫生事件应急管理方面也做了一些研究探索工作。

下面以中国石油大学（北京）为例，介绍其疫情封控期校园应急管理工作的研究与探索。

三、研究概况

中国石油大学（北京）是教育部直属高校，始终坚持比社会面更严的防控标准，不折不扣落实各项校园防控措施，坚决守护师生健康安全。

（一）学校情况

学校校本部位于北京市昌平区腹地，片区多、校门多、人员跨区流动多是典型特征。长期以来，受办学空间、资源等条件限制，学校部分校园和校外公寓基础设施无法满足学生在本片区的就餐、实验等现实需求，学校人员跨片区流动不可避免，且无法完全避免社会面接触风险。

校本部有三个校园和两个校外学生公寓（如图1所示）。三个校园分别是北校园（A区，以办公为主）、南校园（B区，以本科教学为主）和东校园（C区，以研究生教学为主）。其中，北校园和东校园功能相对完善，有完备的就餐区、公寓区和教育教学活动场地设施。两个校外学生公寓分别是润杰公寓（D区，以本科生住宿为主）和

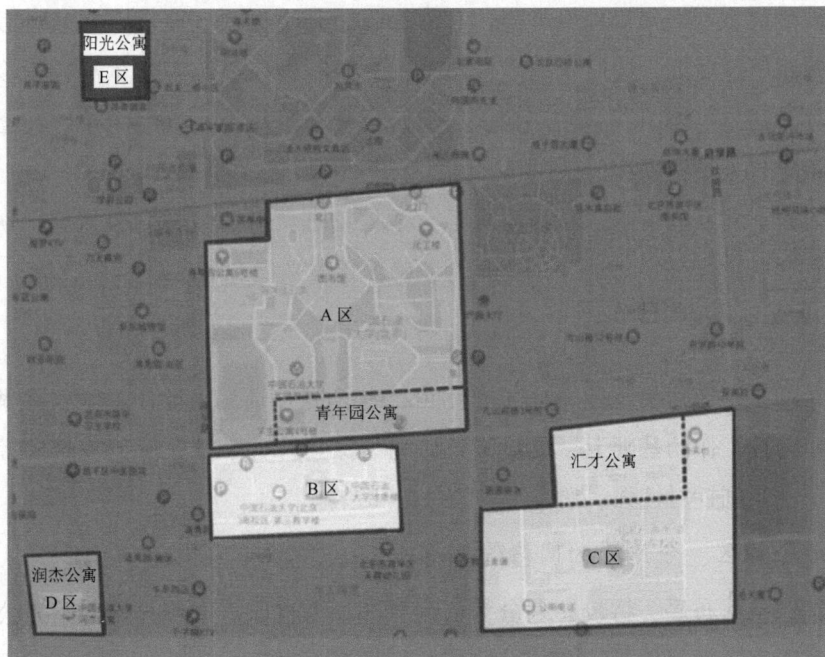

图1　学校各片区分布示意图

阳光公寓（E区，以博士生和少量硕士生住宿为主）。这两个公寓面积狭小，人员密度大，功能单一，没有食堂、教室和运动场地，且距离南北校园约1km左右，途经昌平城区部分主干道。

2022年两次疫情突发前，学生均已正常返校开展线下学习，在校师生员工有1.7万余人，其中已返校的1.5万余名学生分散居住在4个校内外学生公寓中。学校落实北京市高校校园封闭管控要求，难度大，挑战多，压力空前。

（二）防控阶段

学校在坚持相对封闭的管理模式不动摇的同时，根据北京疫情整体形势变化，按照精准防控要求，动态调整封闭管理的具体举措，先后经历了"常态""战时"和"战备"三个阶段。

常态阶段。属地疫情突发之初，学校立足于常态化疫情防控，重点强化应急能力建设，完善了校园应急处置预案和封闭管理预案，组织开展应急演练和专题培训，在应急物资、应急场所、核酸检测等方面都进行了全面细致的安排，确保在极端情形下能兜得住、防到位。

战时阶段。学校发生涉疫突发情况，第一时间启动应急响应，实施校园全区域闭环管理，全面开展线上教学和居家办公，真正进入战时状态。在北京市教工委的精心指导下，把好门、管好人、控好物、备好勤，严格落实校外物品进校缓冲区建设、校内家属区硬隔离、网格化管理等举措，有力保障了师生健康安全和正常教育教学秩序的稳定。封闭管理后期，按照属地统一部署，学校积极稳妥组织学生离校返乡，通过点对点闭环转运，有序组织学生离校，切实做到"愿返尽返、有序离校、安全到家"，极大降低了学校人员密度和传染风险。

战备阶段。北京疫情进入扫尾阶段后，学校动态调整了疫情防控措施，恢复实行相对封闭管理，继续坚持"严"的主基调，确保转段平稳有序，进入"战备"阶段。

四、做法措施

在三年的抗疫实践中，特别是在北京2022年两轮疫情的考验中，学校在做好各项常态化疫情防控工作的基础上，也在努力研究和探索符合学校实际的疫情防控长效机制，形成了一系列针对性强、切实有效的做法和措施。

（一）分片区、分施策的网格管理模式

学校按照空间布局，将校园划分为南北校园、东校园、润杰公寓、阳光公寓四大片区，因片制宜，因片施策。学校设立应急指挥部，书记、校长坐镇指挥，每日调度专项工作和片区工作。

学校以片区为作战主体，设立 4 个片区作战指挥部，建立校领导负责片区制度。8 位校领导两两一组担任片区总指挥，全部下沉片区一线，统一领导、指挥、调度、监督片区疫情防控工作。学校组建由学工干部、机关干部和学院领导组成的片区工作专班，有效对接学校疫情防控各专项工作组，形成条块结合、三维覆盖的网格化管理网络和片区长联席会、片区例会制度。

片区以楼宇为作战单元，实行"楼长负责制"，建立了楼长—层长—区域长—（车长）—宿舍长五级管理体系（如图 2 所示），完善每日信息报送、情况通报、堵漏简报等工作机制，形成了环环相扣的工作链条。车长制度在学校涉疫临时管控学生校区—公寓间转运中得到了实战检验。

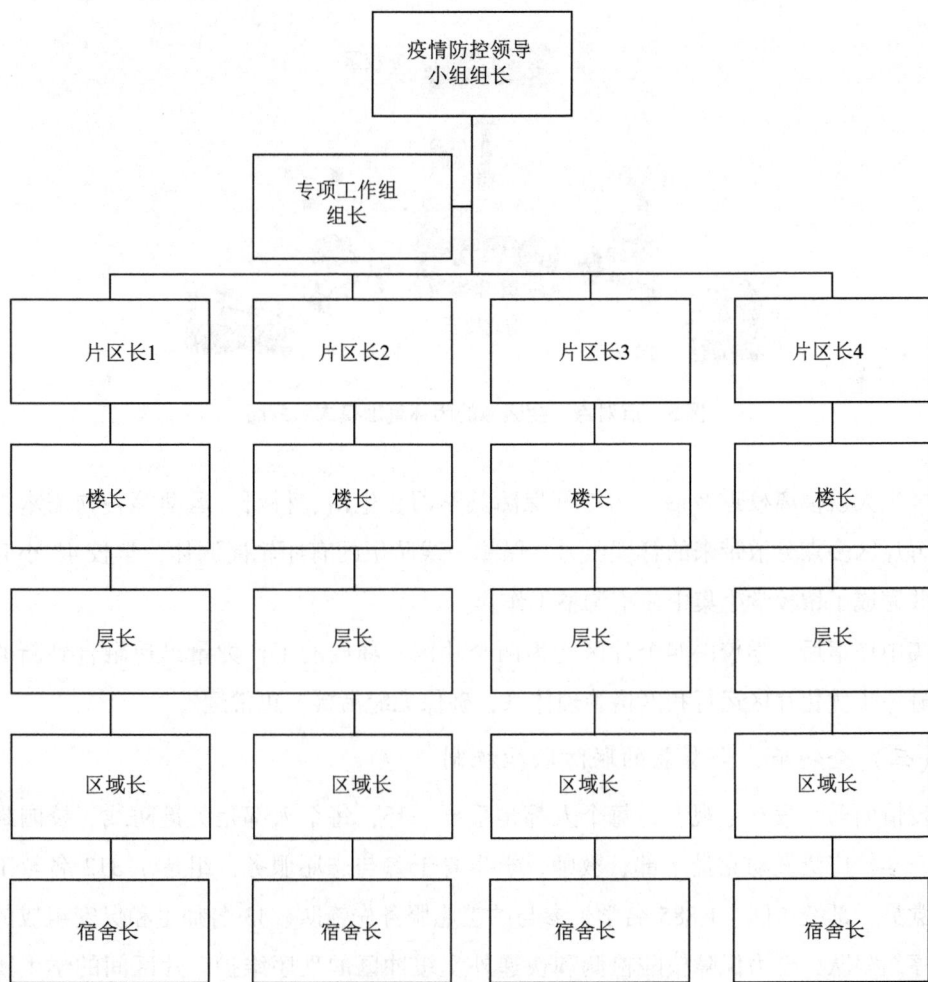

图 2　疫情防控网格化管理体系示意图

（二）点对点、全区域的闭环管理模式

学校面对"一校多片"，教学区、公寓区、就餐区相互分离的实际困难，分析研判认为封闭管理的核心在于减少人员流动带来的暴露风险，关键在于实现全域闭环。

学校综合考虑疫情压力和现实情况，经研究决定对四个片区实施点对点、全区域闭环管理，统筹推进全区域防控工作（如图3所示）。管理人员通过采取限时限流、统一引导、收发证件、加强沿途管理等方式，严防学生"脱环"，在实践过程中不断优化、调整工作方式，探索出学生自治管理的有效机制。最终实现了学生区域间流动通行井然有序，切实做到了两点一线、闭环可控。

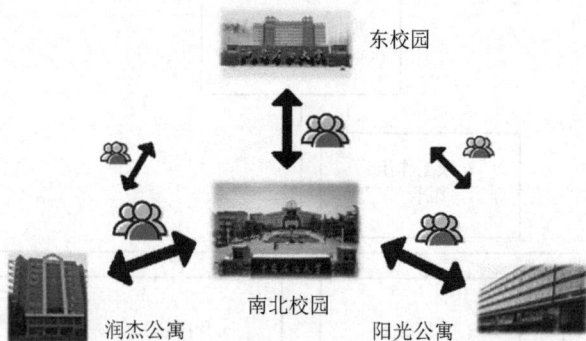

图3　点对点、全区域的闭环管理模式示意图

学生大规模离校返乡后，为更好保障其学习、生活、科研、运动等各项需求，同时缓解片区多点分散带来的管理压力，保障一线队伍的有序轮岗调休，学校48小时内启动并完成了留校学生集中住宿调整工作。

集中住宿后，学校由四个片区变为两个片区，释放的工作力量迅速融合到新的片区，进一步优化片区运行和网格管理体系，确保无缝衔接、正常运转。

（三）全链条、全覆盖的联防联控机制

疫情面前，没有旁观者，每个人都是重要一环，每个人都是关键防线。校园封闭期间，学校广泛发动党员干部、教师、学生骨干参与志愿服务，组建了312名教工参与的党员干部突击队、1 885名学生参与的志愿服务先锋队、43名师生和保安组成的校园秩序纠察队，全力保障核酸检测和快递外卖缓冲区的秩序维护、片区间的学生闭环转运、重要点位的巡逻值守、手递手等问题的专项检查等工作。

学校在人防、物防基础上，持续强化技防，建立了可视化指挥调度系统，随时随地接入校园各关键点位，实时掌握校园全域动态，切实做好校园安全稳定工作。同时聚焦提升筛查处置能力和精准追溯能力，研发启用校园行程轨迹二维码，在教学楼、食堂、宿舍、核酸检测点、外卖快递点等重点区域使用，实现校园生活轨迹全过程可追溯。

全校各级领导干部践行一线规则，校领导面向全校师生讲授 10 场"同心战疫"主题大思政课，学院领导将疫情防控思政课嵌入"形势与政策"课程，学工干部驻楼工作全程陪伴，心理教师全天候驻守片区，用真心、爱心、耐心筑牢学生信任基石，形成同心战疫、共克时艰的校园氛围。

学校坚持校地协同，与属地组建工作专班，共同开展会商研判、应急处置等工作，在涉疫突发情况处置、家属区硬隔离、润杰公寓外卖缓冲区建设、核酸检测等急难问题上，得到了属地街道、疾控、教委、公安等有关部门的大力支持和帮助，共同织密联防联控工作网络。

（四）多关怀、快响应的矛盾化解机制

2022 年两轮疫情中，校园疫情防控措施持续升级，学生的空间受到挤压，生活相对单一，极易产生消极负面情绪。

学校设置了 24 小时校园 110、24 小时心理热线、疫情防控咨询热线、e 诉通、校长信箱等多种渠道，深入了解关心师生实际需求，有效做好对接服务和人文关怀，化解了各种矛盾，保持了校园安全稳定。2022 年，学校 e 诉通累计收到 8 000 余条诉求，办结率 100%，平均答复时长在 2 小时以内。学校成立了舆情工作专班，开展实时网络舆情监测通报和每日分析研判，疫情期间未发生大规模舆情事件，个别问题均得到妥善处置。

学校坚持主动靠前，加强政策宣传和教育引导，积极构建信息传输、政策传达、关怀传递的有效渠道，做到未诉先办。通过定期组织面向班级骨干的小型发布会，每日编发《疫情防控信息速递》和师生思想教育引导材料，开设"同心战疫""青年抗疫随笔""回应关切"等栏目，开展"强国有我 能源报国"专题系列直播课，及时传递政策要求，集中回应师生关切，廓清了师生的一些思想困惑，有效凝聚起同心战疫的硬核力量。

（五）多引进、强供给的服务保障方案

校园封闭管理期间，师生对校园就餐、商超、理发等综合服务保障的需求大幅上升。学校后勤实体服务公司力量有限，面临较大挑战。

为充分保障校园物资供应，学校后勤积极拓宽渠道，紧急开发并启动校园订餐系统，主动与社会餐饮、服务力量对接联系，先后引进眉州东坡等一批餐饮企业，以及物美超市、近邻宝等服务企业，引进理发师等专业力量，并将其纳入学校统一保供。同时，没有简单取消外卖、快递，而是建立了多元协同、多元供给的综合服务保障机制，满足了师生多样化、个性化学习生活需求。校园订餐系统高峰期日订餐量达 4 000 份。

另外，还畅通校医院医疗物资进购渠道，完善社会捐赠渠道，确保学校各类疫情防控物资供应充足、调配科学。

（六）严把门、密防范的校园管理方案

学校坚持精准防控和应急处置相结合，因时因势调整优化校园管理措施，最大限度保障师生健康和校园安全。

1. 5×24 小时全天候值守执勤的校园管控模式

学校结合保卫处的常态化值班值守制度，进一步加强了安全保卫力量，形成了校园 110、应急指挥、校门管控、校园秩序、应急处置等五个环节的 5×24 小时全天候值守执勤的校园管控模式，确保值守执勤无死角、无漏洞（如图 4 所示）。

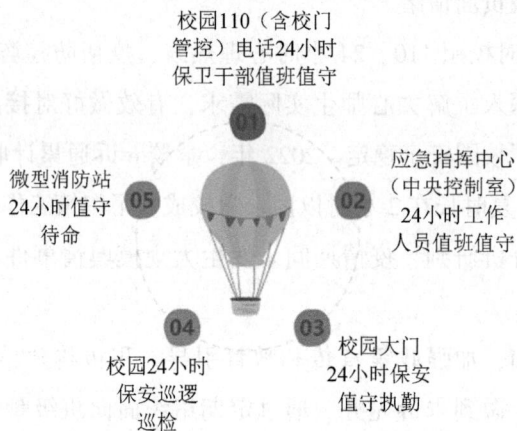

图 4　5×24 小时全天候值守执勤的校园管控模式

2. 分工分组、分区管理的全员网格化管理模式

树立"全校一盘棋"的思想，整合校外两个学生公寓和高端培训中心，将其大门管理纳入安全保卫部门的统一管理，做到与主片区"同部署、同标准、同监管"；构建以工作小组—保卫干部为主的"纵向"网格和以保安队长—保安队员为主的"横向"网格，交错配合编织成学校校园管理全覆盖网络，确保"事"有人管、"人"有人管（如图 5 所示）。

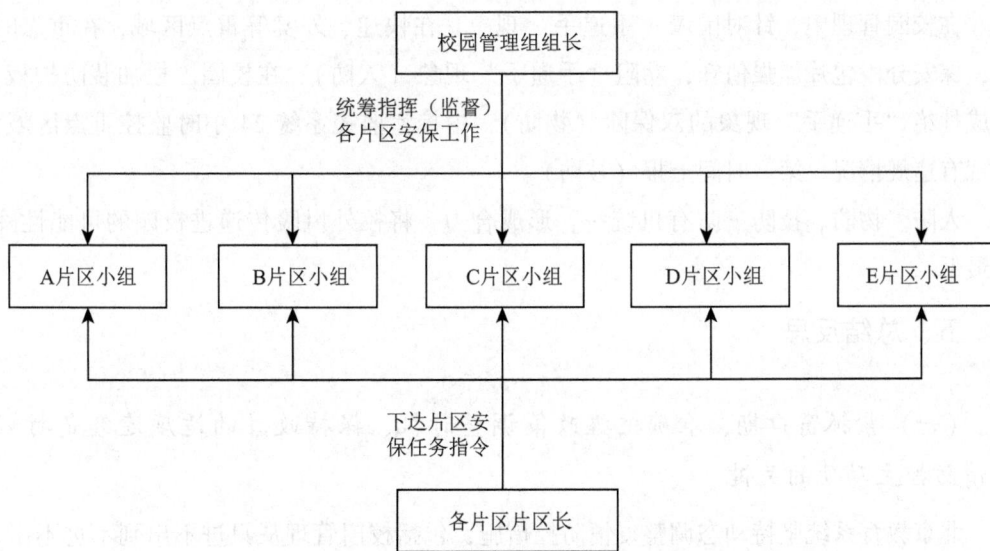

图 5　分工分组、分区管理的全员网格化管理模式

3. "人防、物防、技防" 三合一的校园防控模式

防控模式如图 6 所示。在校门管理中，校门口保卫干部全部下沉，并抽调楼宇保安队员加强值守，保证校门管控的力量充足（人防）；在门口设置警戒线，形成校内校外缓冲区，并设置大宗商品消杀区域，最大限度确保校外风险不侵入校园（物防）；充分发挥人脸识别门禁系统的作用，在校外公寓加装人脸识别测温闸机通道，实现校园门禁与健康宝大数据的对接和全校各片区门禁系统全覆盖，做到校门人员精准入校管控（技防）。

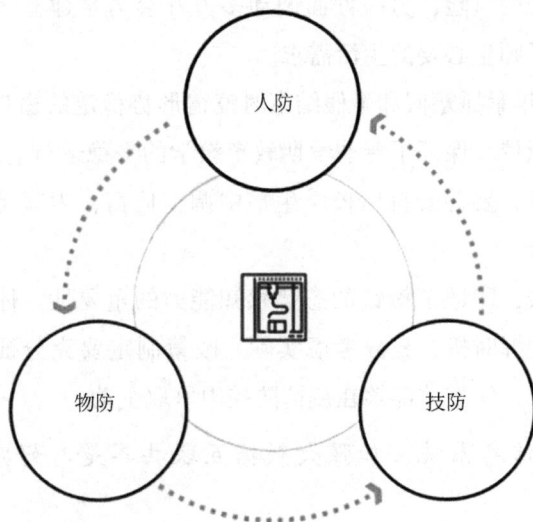

图 6　"人防、物防、技防" 三合一的校园防控体系

在校园管理中，针对围墙"手递手"现象，在快递、外卖等重点区域，在重点时段，保安分段包片加强值守，劝阻"手递手"现象（人防）；在校园围栏加装防护板，形成杜绝"手递手"现象的双保险（物防）；中控室监控系统 24 小时监控重点区域，发现有违规情况，第一时间上报（技防）。

人防、物防、技防三防有机统一，形成合力，将校外风险传递进校园的可能性降到最低。

五、总结反思

（一）紧抓窗口期，准确把握政策调整时机、保持政策的适度连续是打好疫情防控主动仗的关键

北京教育系统坚持动态调整疫情防控措施，包括校门管理从只进不出到不进不出、校外物品进校要有专门缓冲区、校内家属区要实现和校园的硬隔离等，在高校疫情防控的几次关键节点都发挥了重要作用。

在北京疫情胶着的关键时期，快递、外卖是校园疫情防控的关键风险点，很多具备条件的高校都适时停止了快递、外卖。学校疫情防控工作领导小组基于校情，经过分析研判和评估，认为在学校校外公寓没有食堂、后勤单一保供无法有效支撑学生实际需求的情况下，如果简单取消快递、外卖，势必会引发较大舆情压力，造成严重后果，而且一旦执行这个政策，后续就没有再次调整政策的弹性空间。所以学校经研究决定暂不停止快递、外卖，同时一方面积极协调属地，迅速在校外公寓区建立了相对独立的外卖、快递缓冲区，动用大量师生志愿者维持秩序、做好消杀，避免手递手现象，减少和社会面接触的风险，另一方面调动多方社会力量建立多元供给。如此，既保障了安全，也满足了师生必要的生活需求。

又如，学校 2022 年紧抓寒假和暑假结束时疫情形势稳定的窗口期，提前谋划、迅速研究决定允许学生返校，保证了春季学期教育教学的平稳运行。在疫情转段窗口期，迅速组织学生离校返乡，妥善安排留校学生集中调整住宿，为即将到来的寒暑假工作奠定了良好基础。

这一系列成功实践，印证了敏锐的态势感知能力的重要性，体现出学校政策调整要紧抓窗口期，充分把握时机，充分考虑实际。政策制定要充分征求师生意愿，争取支持和理解，只有这样，学校才能够在疫情防控中争取主动。

（二）建好用好信息系统，加强大数据互联共享是打好疫情防控主动仗的基础支撑

疫情防控是一项综合、复杂的系统工程。在校园运行的各个领域，每个层级、每

个环节、每个节点的预判、决策、执行都离不开数据的支持。数据越准确、越丰富、越清晰，防控方法就越奏效，防控政策就越精准，防控效率会更高。但现实情况中，校园很多部门的数据打通、数据共享、数据流转缺乏一个综合的平台和机制，管理还存在各自为政、条线分明的情况，一旦遇到应急事件，往往就会暴露短板。

相较北京的其他高校，学校在校师生规模大、分布广、片区间流动量大、快递外卖数量大。一旦出现紧急情况，学校快速摸清人员信息和分布的困难也更大，所以建好用好动态数据信息系统、加强大数据互联共享是学校打好疫情防控主动仗最重要的基础支撑。

（三）建立必要的战时后方支援队伍，是打好疫情防控主动仗的必要保障

在全方位的作战检验中，学校充分调动师生力量全员参与战疫，全体学工干部深入片区，驻楼服务一线学生；后勤、医疗、安保等力量全面投入一线，工作24小时不断线，在疫情防控中发挥了重要的支撑保障作用。但是大量人力投入可持续性值得反思，特别是一旦突发疫情，没有战时后方支援队伍是很难保证应急工作力量的。而且，一线队伍长时间高强度工作，在身心疲惫的状态下本身也存在安全风险和隐患。所以，要进一步思考人员保障梯队的结构和运行模式。

六、对策建议

（一）平战结合，因时因势精准防控

学校应对疫情的一个有效战术就是平战结合：在疫情平稳时期，进入"平"时状态，常态化防疫；在疫情反弹时，要以疫情为命令，适时进行"平""战"切换。"平"时要加强管理，做好不同防控等级下的方案预案，并适时开展应急演练和基础数据维护，保持快速适应的备战状态；"战"时不过度防御，因时因势开展精准防控，快速反应，自动切换到战时状态和对应的预案等级。

（二）数据赋能，加强科技防疫建设

学校在常态化防疫过程中，要加强信息化建设，善用科技防疫力量。一方面，要加强高清监控、人脸识别、刷脸闸机等设施的建设；另一方面，要形成统一的信息采集共享平台，以数字化方式、大数据手段厘清学校基础运行数据，特别是要打通不同数据采集系统之间的壁垒，实现数据通联共享，确保在应急状态下，能够迅速开展流调、精准排查信息，为疫情防控提供精细化数据支持。

（三）管理赋能，完善利益协调机制

学校要持续深入推动"即诉即办、未诉先办、一办到底"的工作机制，积极探索"即诉即办"工作新途径、新方法，不断总结工作经验，完善工作流程，提升管理能力

和服务水平。同时，还要兼顾速度与"温度"，涉及师生利益的决策要广泛征求师生意见，有耐心、有感情地做好与师生的沟通解释工作，最大程度争取理解和支持。特别是涉及学生学习生活的一些小事，要充分尊重他们的意愿，积极引导他们参与，推动自我教育、自我管理、自我服务。封校期间学校学生参与的外卖、片区间通联等工作，就是很好的体现。

（四）人员赋能，提升联防联控能力

建立必要的战时后方支援队伍是打好疫情防控战役的必要保障。通过全方位实战检验，广泛发动师生志愿者力量参与战疫，能够极大地补充疫情防控战时力量，但是临时发动成立的志愿者队伍的可持续性和长期投入一线的安全风险隐患，是必须要面对和解决的问题。

进一步建立科学合理的战时志愿者队伍梯队结构和运行模式，通过人员赋能，提升联防联控能力，确保人员有轮换、力量有保障，能够提供持续有力的战时后方支援，确保应急管理力量充足，是师生志愿管理工作需要努力探索的方向。

七、结束语

虽然当前我国新冠病毒感染已降为乙类乙管，但学校必须始终绷紧应急管理这根弦，坚持党的全面领导，强化党建引领，健全平战结合、快速响应的工作机制，从严从紧、科学精准地抓好应急管理工作。思想上要高度重视，研判上要理性科学，行动上要迅速果断，方法上要精准有效，要强化信息整合、资源统筹和力量协同，画出最大同心圆，得出最大公约数，坚决守好校园阵地。

参考文献

[1] 高成瑶. 高校突发事件应急管理研究热点、进程与展望（1996—2021）[J]. 长春教育学院学报，2022，38（4）：104-111.

[2] 刘谷生，尹莉莉. 新冠疫情背景下高校应急管理创新研究[J]. 江苏科技信息，2021，38（25）：35-39，62.

[3] 曹燕，李小龙. 重大疫情防控背景下高校应急管理能力提升路径[J]. 榆林学院学报，2022，32（3）：117-119.

[4] 方芳，冉伟. 疫情防控常态化背景下高校应急管理对策研究[J]. 决策探索（下），2021（12）：94-95.

[5] 刘磊. 疫情防控常态化背景下高校应急管理对策探究[J]. 长春师范大学学报，2022，41（11）：139-142.

[6] 宋雪琪. 高校突发公共卫生事件的应急防控管理策略探析——以新冠肺炎疫情为例[J]. 决策探索（下），2020（5）：13-14.

[7] 陈永春，王庆生. 高校突发事件应急管理的现实困境与解决路径[J]. 浙江理工大学学报（社会科学版），2022，48（2）：238-245.

积极构建高校校园安全一体化信息系统研究

北京建筑大学　秦立富

摘　要：高校校园安全各类信息化系统存在集成化程度不高等"孤岛"现象，需要从顶层设计和具体架构方面对高校校园安全开展一体化信息系统构建；坚持系统化、智能化、督办化原则，积极构建制度体系、责任体系和系统体系，将6大方面、14个系统统合成保障校园安全的一体化系统，为一体化系统的运行提供技术、人员、制度和经费保障。

关键词：校园安全；信息系统；一体化

新冠疫情在给高校安全保卫工作带来众多挑战的同时，也给高校安全稳定带来了跨越式发展的重要契机。很多高校为应对疫情防控应急性，对维护校园安全稳定的技防措施进行了集中建设或完善提升，其中信息化手段是主要建设方向。新冠病毒感染降为乙类乙管后，我们需要从疫情期间高校维护安全稳定的经验入手深入思考，这些信息化手段如何在平时加以更好的应用。保留下来的信息化系统应该集中整合成为一体化系统，以更好地服务于高校安全稳定。

一、高校校园安全一体化信息系统建设问题的提出

1. 一体化信息系统缘起

技防设施一直都是高校安全稳定的重要依靠力量，随着网络技术和各类安全防范技术的不断提升，高校校园安全从技术层面已经越来越需要技术的协同和帮助，但是不同平台、不同的信息化架构在高校安全稳定方面一直存在"孤岛"效应。为了更好融合不同技防设施的作用和功能，需要从整体上把各类信息化系统进行整合。

2. 当前高校校园安全信息化存在的问题

各类信息化系统集成程度不高。如从目前校园的监控系统和管理系统的建设来看，虽然配备了一定数量的监控设备，但是在监控设备管理系统以及系统与系统之间的融

合度方面存在明显的不足，系统的集成度较低，不能实现各个监控系统的互联。在管理系统的构建过程中也无法实施系统掌控，使整个监控系统与学校的中心管理系统处于各自为政的状态，导致校园的监控系统和管理系统不能发挥协同作用，影响了校园管理工作的开展。因此，应立足校园安全管理实际，结合校园安全管理的具体需求，积极引入新技术，进行智慧校园安全防范一体化管理平台的建设，实现对整个校园管理系统的升级，并增强校园安全管理系统的集成度，为整个校园的安全管理工作提供有力的系统支持。

3. 未来校园安全信息化挑战

随着信息技术的发展，未来校园安全对信息化设施的需求越来越高。需要根据校园安全管理的要求细化安全管理手段，调整安全管理措施，通过积极构建智慧校园安全防范一体化管理平台，给予师生最大程度的安全保护，使师生的生活环境得到有效改善，为整个校园环境的优化提供有力支持。

二、高校校园安全一体化信息系统体系的构建

（一）一体化信息系统构建原则

1. 系统化原则

建设高校校园安全一体化信息系统需要坚持学校党委对安全工作的统一领导，统筹发展和安全，建立健全覆盖全领域、多层级、立体化的安全治理架构。要明确安全稳定多元治理的责任体系；要优化校院两级安全治理模式，加强校级安全稳定顶层设计、制度体系和二级单位考核体系建设，推动院系等二级单位完善内部安全治理体系，提升院系安全治理的创造力和执行力；要实现一体化信息系统的融合提升，使其成为学校安全稳定的中枢平台和智慧大脑。

2. 智能化原则

要深化技防建设，做实智能支撑，提升综合治理、交通消防、涉外涉密、实验安全、公共卫生等领域的技防数字化建设水平，迭代升级安防设施，健全安防管理系统，不断夯实技防治理基础。要整合信息资源，构建扁平化校园安全指挥体系，建设数字型、集成化综合安防信息平台，打造"校园安防大脑"，将各类信息数据转化为信息情报，为分析研判、事前预警、科学决策提供数据支撑。

3. 督办化原则

高校安全治理是一项复杂的系统工程，牵涉面广，关注度高，影响面大。要通过校园安全一体化信息平台促使各项安全制度得到更好落实，各项安全工作得到更好推进，各项隐患得到更好整治，就需要将系统建设成具有适度刚性的督办平台，且具备

一定范围的考核参考价值，这样才能让系统更加有效地运转。

（二）一体化信息系统构建体系框架

针对当前校园安全稳定工作形势和校园网信息化工作特点，需要在整体上对学校安全稳定一体化信息系统做好顶层设计；针对国内外形势，结合高校安全稳定工作特点，需从宏观和微观角度统筹规划校园一体化系统构建信息化建设，积极开发相关信息系统。从需求角度，应该包括以下几个方面：

1. 满足日常检查与维护需要

学校安全稳定涉及方面多、程序多、内容多，加强日常检查与维护是确保校园安全稳定的重要基础性工作。为了促使安全稳定责任在日常工作中落实到位，且留有工作痕迹以备查询，需要从日常检查与维护的角度加强信息化建设。

2. 满足隐患发现与整改需要

隐患的发现与整改是确保高校校园安全的重要日常工作，更是重要举措和最佳保障，需要经常抓、时时抓。为了促进本项工作常态化开展，形成整改的闭环，需要通过信息化方式对其加以巩固。

3. 满足人员管理和校门管控需要

校园秩序管理的前提是人员管理，疫情期间，学校对进出人员的精细化管理程度不断提升。目前高校均有不同类型的校园门禁管理系统，但多数属于单独系统，未与其他系统融合联通，需要从学校安全的角度，将门禁系统与人员、监控系统等进行整合，以更好发挥其作用。

4. 满足安全类设备设施管理需要

高校有实验室、配电室、锅炉房等各类涉及安全的设备设施，对这些设备实施的日常维护管理是确保校园安全尤其是消防安全的重要方面。但长期以来，存在设备无人管理、维护不到位等情况。需要基于物联网的发展基础，将对此类设备的管理维护通过信息化系统统一起来，确保校园安全。

5. 满足校园交通智能管理需要

当今校园机动车数量日益增加，为满足校园交通管理需求，要建设校园智能交通管理系统，从而将校内的各类交通信息数据进行分类统计分析，最终建设成集停车管理、违章管理、停车位预警、车流量统计等功能于一身的校园智能交通管理系统。

6. 满足监控预警和信息传递需要

视频监控和消防预警系统作为维护校园安全的基础性技防手段，需要根据最新需要发展成系统配置更全面、软件操作更便捷、集成度更高、扩展兼容性更好的系统。

结合高校安全工作经验，需要与重点区域的值班巡更、日常案事件统计、消防信息实时更新等形成统一系统。

三、高校校园安全一体化信息系统的具体组成

（一）制度体系

制度是安全稳定责任落实和任务落实的重要依据，也是一体化信息化系统的运转依据和开发依据，只有制度规定到位、任务具体到位、责任明确到位，才能推动一体化信息系统顶层设计、系统开发和具体内容设计的进行。要通过制度体系来完善安全工作体系，管"上"又管"下"，使安全管理体系畅通高效；通过制度体系来完善安全责任体系，管"事"又管"人"，使主体责任层层传导和落实；通过制度体系来完善风险防控体系，管"前"又管"后"，使安全隐患排查整改和事件应急处置及时到位；通过制度体系来完善宣传教育体系，管"意识"又管"行为"，使师生安全意识与安全能力得到提升。

要着力完善安全制度体系，实现安全重点全覆盖。安全工作无小事，既要管"大安全"，也要管"小隐患"，既要管"物"的安全，也要管"人"的安全。通过修订完善实验室安全管理制度、消防安全管理制度、交通安全管理规定等多项校园安全规章制度，根据安全工作重点形成治安安全、消防安全、交通安全、实验室安全、学生实践活动安全、学生公寓安全、食品医疗卫生安全、功能空间安全、设备设施安全和施工安全十个方面的安全制度群，既实现安全工作领域"全覆盖"，又实现安全工作深度"全覆盖"，确保校园安全万无一失。

（二）责任体系

责任落实是一体化信息系统足力运转的重要推动，要结合制度体系明确各单位安全稳定责任和部门一把手安全稳定责任，通过综合运用大数据、物联网等技术，解决当前安全管理中以物联网为主、职责不明确、管理不到位、管理数据孤岛化等问题，促使各单位主体责任落实到位，实现各单位各岗位尽职尽责。

要通过责任体系的构建，使各岗位人员安全责任明确，追责问责有依有据；通过履责提醒和安全预警功能，有效减少履责不尽责，及时消除安全隐患，避免安全事故的发生；使学校能随时了解单位安全落实情况；提高监管效率，使监管更有依据和针对性，减少直接监管的盲目性；通过风险库的建立、风险治理和责任管控的结合，实现隐患排查能力、风险治理能力的全面提升。

（三）集成体系

校园安全信息一体化最大的难度在于不同系统、不同供货商、不同迭代阶段、不

同功能、甚至不同底层逻辑架构的系统之间的融合，以及从属于不同管理部门的存有泄密风险的各类校园安全数据的采集和统一。要从校园组织系统、网络基础建设、智能平台汇通、技术队伍集中、数据互联互通等方面在顶层上进行集成体系的设计。

集成体系中，首先要有固定机构负责学校各类系统和数据信息的一体化管理，需要建设一个集成平台对各类安全信息数据进行对接汇总分析，需要在技术层面建设各类系统之间的互通桥梁，还要有针对校园信息数据采集、分析、使用、保密等的一系列制度集成，如此才能形成校园安全信息的一体化，并能在实际应用中发挥更大作用。

（四）校园安全一体化信息系统体系

结合高校校园安全工作实际，共涉及 6 大方面、14 个系统（本文研究对象为高校校园安全，意识形态和网络安全因专业性较高，不在本文研究之列）。

1. 日常巡查管理系统

（1）值班系统

统筹学校保卫、学工、后勤、处级干部等各系统校园日常值班情况开发完善值班信息系统，实现值班人员自主安排、值班人员安排导入、值班时间提醒、值班记录填写、值班紧急情况处置、值班系统联动、应急事件处置、值班信息记录与费用计算等，将全校各口值班整合成为整体系统，详细记录值班人员和值班事件情况，并实现自主值班费用计算与发放，提升值班效率和效能。

（2）巡更系统

学校安全保卫力量配备校园 24 小时巡更力量。为加强对乙方安全力量工作质量的监督检验，要单独开发巡更系统，由巡更点、巡更记录并辅以视频监控等形式实现，结合校园网格化管理，严格落实 1 小时巡查重点部位、2 小时校园全部巡查一遍的工作要求，结合校园 110 快速出警、微型消防站及时出动等机制，及时发现和处置各类案事件及苗头性情况，确保学校安全。

2. 隐患发现整改系统

（1）日常管理维护系统

针对校园安全重点部位和重点设备设施，要坚决执行日常管理与维护工作。要将重点部位、重点设备设施全部纳入管理维护系统：一是明确重点部位和重点设备的台账，根据各自情况开展设备检测检修；二是明确日常管理维护任务，管理人员在系统中要加以落实留痕，推进日常管理纳入实际。

（2）隐患发现与整改督办系统

隐患发现是校园安全管理工作中的重要日常工作。要从解决"发现易、解决难"

的问题入手，将日常发现的安全隐患进行明确分类并录入系统，根据隐患所属单位纳入学校统一督办管理，确保形成"发现—整改—督办—销号"的整改闭环；定期形成督办报告，使各类隐患及时得到整改，确保发现一件整改一件。

3. 人员车辆管理与校园秩序系统

（1）交通管理系统

需要从车辆源头管理（车证）和行为管理两个层面，对小客车、维保车、电动汽车、电动自行车、摩托车、轮滑车等从整体上加以管理。一是进校挂牌车辆管理，对允许进入校园的教职工车辆、维保单位车辆、电动自行车等，通过严格审核进行车证管理；二是校园内交通文明行为管理，主要针对超速、违停、鸣笛、交通事故等，通过架设测速设备、监控设备等进行监控，确保校园交通秩序稳定；三是停车位和收费管理，通过系统对校园车辆实时承载量进行统计并公布，通过计费系统对校园停放车辆进行总量控制；四是与人员系统结合的管理，针对进校访客车辆进行预约登记，保证学校正常对外交往。

（2）人员门禁管理系统

为应对新冠疫情，各高校对进出人员进行了基于身份证或门禁的人员进出校管理，产生了较好的效果。后疫情时代，应该将人员精准化管控保留，以更好确保校园安全。一是根据人员类别对人员门禁进行精准化授权，向教职员工、学生、后勤维保人员、校办企业人员、离退休人员、访客等不同类别人员授予不同程度的门禁权限；二是对学校各类交流人员提供服务，学校各类因公访客在进校预约系统中进行预约报备；三是大型活动保障，针对有大量人员和车辆进入的大型活动，采用应急系统或者临时车证、人证系统，保障活动的正常开展；四是特殊人员预警，结合视频监控系统和人员门禁信息系统，对来校的特殊人员及时做出预警。

4. 设备管理系统

（1）消防设备管理系统

将校内各个建筑楼宇内的火灾自动报警系统通过消防专用局域网汇集到监控中心，实现对各个独立的主机体的火灾自动报警系统的统一监管。监控中心集中监测所有建筑楼宇内消防控制器的运行状态并采集报警数据，具备实时报警、存储、报警数据统计分析、设备管理、巡检管理等功能，能够实现报警数据快速上传、处理，从而整体提高学校消防管理的科技管理水平和发生火警时的反应能力，最大限度保障消防安全。

（2）实验室设备管理系统

实验室设备因涉及各类危化品、各类实验等，特殊性明显，维护保养也难有规律可循，保卫部门人员也难以深入掌握相关专业知识，故需要对实验室设备专门开发单独系统，并由学校相关部门专门人员进行管理。一是根据不同设备的情况配置相应灭火器等保障措施；二是根据维保报废等年限开展追踪监督；三是细化配套操作人员管理情况；四是根据使用情况定期开展过热断电、长期不用断电等预警和安全检查。

（3）危化品管理系统

实验用危化品一直是校园安全管理中的重点。完善危化品管理系统，要从购销使用存储全流程入手，对危化品的购买途径进行严格审查，对危化品的存储位置、存储量、日常管理进行严格追踪和监督，对危化品的领取、使用进行严格监管，对危化品的销毁处置进行明确追踪，确保途径合规通畅、信息有据可查。

（4）其他高危设备管理系统

针对学校实验室和消防管理系统之外的其他高危设备的管理系统，整体管理措施与实验室设备类似，要确保高危设备均被纳入学校系统统一管理。

5. 信息与研判系统

案事件是保卫日常工作的重要组成部分，日常工作中需要结合值班系统，对案事件进行信息化登记备案。一是完成案事件的追踪，对事件解决过程和最终结果形成记录；二是对案事件进行总结分析和情况研判，以适时发布各类预警信息，并完善安保月报内容；三是与值班系统相结合，将其作为值班工作的重要内容。

6. 综合管理平台

（1）视频监控系统

从目前校园监控系统和管理系统的建设来看，虽然配备了一定数量的监控设备，但是高校在监控设备管理系统以及系统与系统之间的融合度方面存在明显的不足。应立足校园安全管理实际，结合校园安全管理的具体需求，积极引入新技术，进行智慧校园安全防范一体化管理平台的建设，将监控系统作为实现一体化信息平台的重要承载，监控所有影响安全稳定的事、物、人，实现对整个校园管理系统的升级，并增强校园安全管理系统的集成度，为整个校园的安全管理工作提供有力的系统支持。

（2）二级单位安全稳定反馈系统

结合北京市"平安高校"建设，推行校园二级单位安全稳定指标体系，根据综合平台，结合一定时期内各类安全和日常安全稳定工作情况，对二级单位安全情况进行分析反馈：一是及时向二级单位通报相关情况，提请注意；二是为年底对二级单位安全工作情况的打分或评价提供基础性材料。

（3）指挥中心和安全稳定报告系统

在校园出现相关特殊情况时，依托综合管理平台，将其作为指挥中心，通过视频监控系统实时监控现场情况，以各类安全数据辅助各类决策，将消防通话系统作为指挥通信系统，结合其他系统形成完整的指挥体系。综合全校安全稳定情况，定期出具安全稳定报告，向全校传递安全稳定相关信息、工作情况和预警信息等。

四、高校校园安全一体化信息系统体系保障

1. 技术保障

校园安全一体化信息系统涉及多个独立系统和多个单位开发的产品，前期需要专门技术力量与各类系统进行对接，推动系统并行并构建完整的统一系统平台，后期需要技术力量对系统进行日常维护和功能提升。因此，需要与学校网信部门、保卫部门、维保单位等联合形成一支技术保障队伍，以保障系统的正常运转。

2. 制度保障

系统的运行需要有制度作为依据，要针对各个系统所对应的相关业务做出严格细致的规定，如各类设备、消防、值班等。需要以"平安校园"建设为抓手形成严密的制度体系，作为整体系统运行的制度保障。

3. 人员保障

校园安全涉及面广，业务类型多，需要多个部门、多个岗位密切配合。要在校园安全稳定工作领导小组的引领下，集合保卫、宣传、学工、网信、实验室管理、保安、维保等多层面人员形成一整套安全人员体系和队伍。二级单位要明确安全员组织架构，确保各项系统正常运行，保障校园安全。

4. 经费保障

一体化安全系统涉及新系统、新设备设施的开发采购，不同系统间的对接调试，原有设备的更新提升，技术人员的配置，一体化平台的搭建等，需要从硬件、软件和人员三个方面配备足够的经费投入和保障。

参考文献

[1] 何东方，毛书照. 保卫工作职能视角下高校平安校园建设研究[J]. 高校后勤研究，2021（6）：36-38，44.

[2] 赵文曼. 深化高校平安校园建设的措施与对策探讨[J]. 科技视界，2014（20）：168，199.

［3］郭长帅．新时代高校安全稳定长效机制研究［J］．淮南职业技术学院学报，2019，19（1）：41-43.

［4］谢崇亮，茹洁芳．智慧校园安全防范一体化管理平台建设方案［J］．工程教育，2020，5（14）：233-234.

［5］胡进娟．智慧校园网络安全建设一体化策略研究［J］．信息与电脑（理论版），2018（22）：199-201.

以有力监督推动高校安全稳定责任落实

北京建筑大学纪检监察办公室　牛　磊

摘　要： "监督保障执行，促进完善发展"是纪检监察机关的基本职责、第一职责，以有力监督推动高校安全稳定责任落实，既是纪检监察部门的监督重点，又是整合高校安全稳定工作力量，推动管行业必须管安全、管业务必须管安全、管生产经营必须管安全"三个必须"制度落实的重要保障，同时也是推动主管部门监管责任、二级单位主体责任、纪检部门政治监督等职责落地的重要抓手。从实际操作来看，意义重大，可实施性强。

关键词： 政治监督；安全稳定；责任落实

统筹发展与安全，对各级党委和政府而言都是极端重要的政治任务。如何做到思想上高度重视、行动上毫不松懈、责任上层层传导，从严从实抓好高校安全稳定工作，既是校院两级党组织的政治责任，也是纪检监察部门的首要职责、基本职责。

一、安全稳定是高校政治监督的重要内容

党的二十大报告指出：国家安全是民族复兴的根基，社会稳定是国家强盛的前提。必须坚定不移贯彻总体国家安全观，把维护国家安全贯穿党和国家工作的各方面、全过程，确保国家安全和社会稳定。

安全是人类生存和发展的永恒主题，安全与发展相辅相成，没有安全就没有发展，没有发展就不能确保安全。党的十八大以来，习近平总书记多次对安全工作做出指示批示，要求经济要稳住、发展要安全。2020年4月，习近平总书记对安全生产做出重要指示时强调："生命重于泰山。各级党委和政府务必把安全生产摆到重要位置，树牢安全发展理念，绝不能只重发展不顾安全，更不能将其视作无关痛痒的事，搞形式主义、官僚主义。要针对安全生产事故主要特点和突出问题，层层压实责任，狠抓整改落实，强化风险防控，从根本上消除事故隐患，有效遏制重特大事故发生。"[1]

高校是落实安全稳定的特殊重要阵地。"全国稳定看北京，北京稳定看高校"，因此，北京高校在全国安全稳定工作中承担着极端重要的政治责任。从根本上讲，高校是落实意识形态责任制的主阵地。党中央对高校的要求，就是使高校成为两个坚强阵地：坚持党的领导的坚强阵地；全面落实党的教育方针，培养中国特色社会主义建设者和接班人的坚强阵地[2]。这两个坚强阵地建设要求我们：一方面，站在全面从严治党的高度，不折不扣落实安全稳定主体责任；另一方面，确保我们培养的社会主义事业建设者和接班人不变味、不变质。

开展安全稳定和意识形态工作监督，是纪委落实监督责任中一项极端重要的工作。高校纪委担负着党管安全稳定、党管意识形态的监督工作，重点检查：各级党组织是否落实安全稳定和意识形态责任制；是否旗帜鲜明地反对和抵制各种错误观点；是否把"两个维护"作为根本任务，加强管理，维护意识形态安全；各级领导对于安全稳定重要指示批示精神是否落实；各项安全管理工作制度执行是否到位；安全隐患整改责任人是否清晰，整改是否及时有效。

2021年1月，国务院安委会办公室在对近5年来重大生产安全事故整改措施落实情况"回头看"工作情况通报中，对树牢安全发展理念提出了需要着力解决的四方面突出问题：一是安全发展理念不牢，二是"三个必须"落实不到位，三是审批许可把关不严、日常监管宽松软，四是安全风险隐患突出、安全管理基础不牢。[3]以上四方面问题，多是因为师生员工安全意识不到位、安全稳定主体责任落实不到位、对隐患问题不重视和整改不及时所致。概括来说，主要与安全稳定主体责任和监督责任落实不到位有关。因此，高校纪检监察部门通过监督推动安全稳定主体责任落实极为重要。

二、高校安全稳定政治监督的目标和主要任务

判断高校安全稳定工作开展得是否扎实，可以从两个主要观测点入手：第一，师生的安全意识强不强；第二，各项安全责任的落实是否到位。高校安全稳定监督工作，同样可以将这两个方面作为主要抓手，以讲政治的高度，通过日常监督和专项监督，看各级党组织安全稳定责任落实是否到位。

1. 监督安全教育是否持之以恒开展

安全教育可以提高师生员工的安全意识，加强大家对安全隐患的理性判断，提升大家应对突发事件的处置能力。心理学"曝光效应"指出，个体接触一个刺激的次数越频繁，个体对该刺激就会越喜欢。这样的刺激最终会成为一个安全信号，而安全的就是好的[4]。安全教育包括传达会议精神、学习文件规定、经常性教育提醒、警示案例教育等。经常性、反复性教育是否开展，直接决定着师生的安全意识是否牢固。通

过资料查阅、安全检查、专项督办等，看各级党组织的安全教育是否常态化长效开展，是纪检监察部门开展监督工作的有力抓手。

2. 监督安全责任是否层层落实到位

安全生产"三个必须"，指安全生产工作实行管行业必须管安全、管业务必须管安全、管生产经营必须管安全。管行业必须管安全，要求行业主管部门负监管责任，如高校的教学科研部门，其主责主业是本部门核心业务，但在安全管理上也负有监管责任；管业务必须管安全、管生产经营必须管安全，则明确了业务部门和生产经营部门是本部门安全的第一责任人。举例来说，如果二级学院实验室发生了安全事故，第一责任人是实验室具体负责的老师，第一责任领导是学院分管实验室的班子成员，从责任追究角度来谈，这二者应是责任最大的，之后再视情况确定是否追究学校实验室主管部门分管领导和保卫部门分管领导的监管责任。

3. 监督安全隐患是否及时认真整改

安全隐患分为一般事故隐患和重大事故隐患，一般隐患是指危害和整改难度较小、发现后能立即整改排除的隐患，重大事故隐患则是指危害和整改难度较大的事故隐患。1941 年，美国的海因里希从许多灾害的统计得出了事故概率法则，又名海因里希法则，意思是说，当一个单位有 300 起隐患或违章，很有可能要发生 29 起轻伤或故障，以及一起重伤、死亡事故。一般情况下，对于小隐患不重视不整改，就会使其转变为大事故大隐患。这一法则说明，大家容易把安全工作喊在嘴上，而难以抓在手中、记在心上，不重视不上心，严重者是形式主义、官僚主义在作祟。这些现象，正是纪检监察部门驰而不息"纠四风"树新风关注的重要目标和监督重点。习近平总书记强调，不能将安全工作"视作无关痛痒的事，搞形式主义、官僚主义"。纪检监察部门应贯彻落实这一政治要求，将安全隐患整改作为政治监督的一项重要内容抓紧抓好。

三、加强北京高校安全稳定政治监督的思路与举措

北京高校安全稳定影响力大，发生问题事端较为敏感，做好安全稳定工作具有特殊重要性。安全工作首先要从政治上看，必须以更高标准、更严要求、更实举措加强高校安全稳定工作。纪检监察部门监督安全稳定工作，首先要看二级单位党组织政治责任是否落实到位；安全稳定责任落实，也是校内巡察部门开展巡察工作关注的关键要素。

1. 坚持"五个紧盯"，强化日常监督

围绕关键环节，开展政治监督。紧盯重要讲话和指示批示精神的学习贯彻落实；紧盯安全管理制度的制定执行；紧盯安全责任的层层落实；紧盯常规性安全检查的开

展；紧盯隐患整改。围绕开学季、毕业季，以及劳动节、国庆节、圣诞节、元旦等节假日、敏感节点或重要时间节点，监督检查主管部门、二级单位安全方案的制定情况、安全教育的开展情况、值班值守情况等，确保学校安全工作人人重视、人人参与、人人尽责。

2. 强化联合监督，凝聚监督合力

联合保卫部门、业务部门，对重点工作和安全隐患联合开展监督检查，既能推动主责部门第一责任、业务部门监管责任的有效落实，又能现场解决存在推诿扯皮的有关事项。对事态严重的党组织和个人，纪检监察部门可以联合组织人事部门进行警示约谈和监督提醒。

3. 做好专项监督，务求工作实效

围绕校内"接诉即办"的师生诉求、年度"为师生办实事"的计划安排等开展专项监督，确保问题早解决、矛盾不激化。紧盯本科生招生、研究生招生、奖学金评定、研究生推免等关键事项，调动学校纪委委员、二级单位党组织纪检委员参与重点环节的监督，确保程序合规，工作平稳有序，校园和谐稳定。

4. 守牢底线红线，严肃追责问责

对造成一定损失和负面影响的安全事件，严格按照上级部门和学校有关安全管理制度，分析问题原因，明晰责任主体，严肃追责问责，并在干部及教师考核、评优评先、职称晋升、岗位聘任中实行安全稳定"一票否决"。

参考文献

[1] 新华社. 习近平对安全生产作出重要指示[EB/OL]. （2020-04-10）［2023-05-15］http：//www. gov. cn/xinwen/2020-04/10/content_5500935. htm.

[2] 李军锋. 大力加强高校党的政治建设[J]. 前线，2020（12）：96-98.

[3] 本报记者. 国务院安委会办公室通报近5年来重大生产安全事故整改措施落实情况"回头看"工作情况[N]. 中国应急管理报，2021-02-06（2）.

[4] 卡尼曼. 思考，快与慢[M]. 北京：中信出版社，2012：50-51.

高职院校安防建设机制探讨及反思

北京信息职业技术学院保卫处　王沛训　王　旭

摘　要： 高职院校的校园安防建设，关乎广大教职员工及学生的生命和财产安全，关乎学校教学秩序的正常开展。要通过安防建设加强校园安全管理，共同营造一个安全、稳定的育人环境。合理利用安全信息综合服务平台，加强师生应急防控知识的教育，积极探索联防联控方式，实施公共安全管理的进程管理机制，通过科学施策，构建和谐平安校园，为高职院校的平安建设服务。

关键词： 高职院校；安防建设；管理机制；校园安全

一、引　言

按照高职院校建设"平安校园"的总体目标，要进一步完善安防体系建设，细化相关措施，强调责任担当，促进预判能力的提升，确保校园安全与稳定，不断提升教职员工及学生的安全感，构建和谐、稳定的校园环境。

学校应构建"综合值班、消防报警、视频监控、安保即时通、师生求助、应急指挥"技防体系格局，在校园安全信息综合管理系统中，以推动校园安全规范化、体系化为目标，建立相关制度措施，并以信息综合服务平台为依托，提升教师及学生的风险防范意识，提高安防体系的信息化水平，降低财产的损失，确保校园的安全与稳定。面向重点人员管控的精准轨迹分析，同行关系研判及校内人员动态管理，异常行为预警、事件溯源等智能感知的智慧安防智慧校园建设，助力校园实现精细化管理和学生关怀。

二、安全信息化综合管理平台建设

安全工作是学校发展的基础，要根据安全保卫工作的发展趋势，加强内部安全管理，提升服务意识。以进一步加强职业院校安防系统基础建设为目标，实现校园安防技术体系水平的提升，进一步提升技防基础管理、人工智能化应用和安保服务的水平，维护校园治安秩序，提升师生安全感。

随着信息技术的发展和进步，传统的安全管理模式已不能满足现代安全管理的需要，开发出针对校园智慧化解决方案的安全管理信息系统平台势在必行。系统建设应由隐患排查治理、安全检查、现场点签、事故事件管理等模块组成，以实现现代安全管理效率的提升，在整个管理环节中发挥积极作用，突出技防系统的联动技能和对视频监控数据的深度挖掘，关联安保事件的全过程。要建设安全稳定工作机制，实现对校内人员、物品、事件、地域等重点对象的有效管理；坚持安全信息综合管理服务平台的发展路径，构建校园安全防护体系，转变服务方式，提高安全管理效能，保障学校安全稳定。

（一）信息数据的集成

信息技术已在多领域得到广泛运用。要利用有效的技术手段，以现有学校资源为基础，将校园的相关系统有机整合，以信息化手段构建人、物、智相联的安防系统新模式。集合学校各方资源，以信息安全技术为节点，对安防数据进行分析、管理，为学校提供有效的数据支撑；聚焦视频数据的价值，以视频监控作为重要的数据源，充分提取每一帧每一秒的视频内容，通过大数据技术充分挖掘隐藏在视频背后的数据关系和隐含线索，使平安校园建设稳步推进。紧密围绕校园业务和校园实际情况，通过视频数据生成实战所需的模型和接口，沉淀能力，开放接口，支持生态创新，不断为校园智能化转型提供基础支撑。

1. 在学校平安校园建设过程中，集车辆管理、学校门禁、安防监控、安消联动等于一体的综合系统指挥体系作为综合指挥平台，对相关数据开展统计分析，作为高校安全稳定工作的重要依据，数据的研判和深度分析为校园平安管理提供了保障。

2. 高校安防数据中心是建立相关数据决策系统、提升校园治理水平的重要保障，以提高高校的安全管理水平和校园服务水平。通过对各种风险防范的综合分析，以利相关信息数据的调用，提升对安全隐患的认知能力。

3. 构建教育管理与服务的新形式，依据大数据的支持，实现教育教学管理的精细化，提高安全教育信息的管理水平。推动实时监测和数据分析机制的建立，健全校园风险评估机制及预防体系，并建立校园安全风险预警台账，确保机制的合理运行。

（二）信息数据的分析

结合校园信息化安防平台提供的相关数据，针对相应不同事件情况进行具体分析，通过数据统筹与分析做出预测，以便日后改变相关工作流程，提高工作能力。实现对现有视频的充分利用，激活算力，弹性调度，开放共享。智慧平安校园采用视觉计算、数据智能、机器学习等先进技术，应包含视图研判、预警监测、案件中心、在线感知、重点人员管控、画像查询、组织发现等实用功能。

1. 相关事情发生后，作为一个事件得到记录，事后可查看事件是否被处理，运用技术方法分析事件的起因、发生的地点和时间，以及相关的安全隐患，并根据人员情况进行有效整改。

2. 依据发生事件的隐患情况，运用算法加以处理，预测事件可能发生的地点和时间，减小此类事件发生的概率，并进行重新布局。

（三）安防监控系统的应用

近年来，高校大力推进视频监控系统的建设，根据公共安全领域的有关标准规范，指导推进重要部位视频监控系统建设，基本实现了校园内无死角，主要道路关键节点无盲区，人员密集区域无遗漏，以及要害部位、重要涉外场所、案件高发区域、复杂场所主要出入口全覆盖。云计算、大数据等技术不断在校园内布局，已经建成的视频监控点位不仅可以用肉眼查看，还可使用大数据、人工智能等进行计算，充分激活视频的数据价值，为校园安保人员减负，切实在校园犯罪、学生行为、社会管理、师生服务等方面进一步提升管理和服务水平。视频数据是在线的活数据，实时性非常强，对于精准寻找案件、维护校园安全稳定起着重要作用。大多数视频在使用中是通过肉眼观看，易忽略细节或错过最佳破案时机，以大数据方法将视频数据进行融合，可通过拟合同人、同车来为安保人员提供最实时的数据和线索。

高校安防监控系统涉及日后的管理工作。日常维护应由专职人员牵头管理，各部门协调支持，并运用相关技术手段建立预防事件发生的技术措施，确保校园安全与稳定。

1. 安防监控系统监控点位应覆盖人流量大的区域，不间断地录像，将录像存储在终端，以备不时之需。做到事前全过程监控，若有情况发生则及时处理，事后则根据发生的情况分析事件，以防再次发生。

2. 通过监测与运维，对设备资源实施综合管理；落实检查计划，对监控对象开展定期信息巡检。通过检验事件管理的能力及相关流程的规范，提升工作人员对设备的管理能力，确保安防系统的有效性。

三、校园公共安全应急防控体系的建立

建立应急防控工作领导小组，根据实际情况不断完善应急机制，明确工作职责，提升应对复杂局面的处置能力，完善突发事件事故处置机制，解决突发事件事故，防止事件扩大，将损失和危害降到最小。建立以预防为主的工作理念及隐患排查机制，抓好安全工作的落实。全面贯彻落实校园安全责任制，使校园安全管理制度更加完善，人防、物防、技防设施建设全部到位，群防意识和能力全面提高，校园及周边安全隐

患得到彻底整治，治安管理和安全防范措施得到有效落实，校园安全防控的组织网络、工作机制和保障机制更加健全，校园安全防控工作的法制化、科学化、规范化、社会化水平全面提升。经过不懈努力，构建比较完善的、适应新的安全形势需要的学校安全防控体系，确保涉及师生的重大违法犯罪、校园安全重大责任事故及重大意外事故"零发生"。校园公共安全应急防控体系的建立要做到统一指挥，分级负责，相互协同；预防为主，常抓不懈；反应迅速，措施果断。

（一）应急防控机制

建立校园公共安全应急管理制度，落实安全第一的工作方针，制定突发事件应急预案，建立专职或兼职管理队伍，依据应急管理方案，开展应急管理演练，提高实战水平，实现校园公共安全防控。加大对安保部门的设备投入，加强对安保部门的管理，加强对安保人员的素质培训。建立完善的信息系统，以便监督高校存在安全隐患的地方，建立形式多样、效果良好的高校安全教育机制，完善高校突发事件处置机制，强化演练，提高高校应急处置预案的科学性和可操作性。

1. 开展应急救援活动，提升处理急、难、险、重事件的能力。合理利用相关事件的即时监测与预警能力，突破各种资源分散的不利情况，在紧急状况下，合理分配相关物资，有效提高监测和风险预警能力，实现校园突发事故事件在应急管理中的合理解决。建设运行安全应急管理机制的信息化平台，从而形成校园公共安全管理体系。

2. 坚持新阶段安全与应急风险防控工作方针，完善校园应急防控系统。提升公共安全治理水平，改善公共环境条件，增强基层公共安全监管的专业化水平，构建健康的应急治理体系，保障校园内广大师生的安全。

3. 加强校园的安全宣传，提高师生的安全意识。定期开展提高高校师生安全意识的宣传活动，普及法律知识，传输安全知识，增强自我防范及自我保护能力，增强遵纪守法观念，进而提高整体素质，使大家更加关注校园治安，积极主动地参与到校园治安的工作中来，主动成为改善校园治安环境、治安秩序的主人翁。此外，高校安全管理还要定期组织教职工和学生进行突发事件演练、应急疏散演练及逃生自救演练等。

（二）应急指挥

校园若发生公共安全事件，则影响较大。一是学校人员密集，信息传播快，辐射面广。二是校园建筑密集。三是楼内所属区域空间狭小。因此，建立应急指挥机制对校园的安全与稳定意义重大。提升校园信息化管理水平，构建"事前防范、事中管理、事后追溯"的智能化系统，为提升校园安全管控级别提供数据依据，实现紧急预警、喊话指挥、警校联动，这将是今后的重要发展方向之一，在维护校园治安秩序中起到非常重要的作用。在突发事件的事前预防、事发应对、事中处置和事后管理过程中建立的必要的应对机制系统。采取一系列必要措施，保障教职工、学生生命财产安全；举办促进校园和谐健康发展的有关活动，应急指挥系统可以提供如现场图像、声音、位置等具体信息。

1. 学校平时按规定时间定期开展应急演练，做到事前有预案，中间有过程记录，事后有分析。要做到三个覆盖，即覆盖全部预案、覆盖全部人员、覆盖全部班组；做到三个验证，即应急演练验证人员是否具备应急能力、预案是否适宜、应急物资是否完备。

2. 建立人防、物防、技防、事防融合为一体的应急指挥管理体系，开展事前预防、事中预警、事后分析评估的能力分析。做到对人、事、物的管控，对安全信息的有效沟通，对安全任务的布置、处理、反馈、评价等情况进行汇总分析研判。

3. 围绕应急指挥的重点环节，制定校园隐患排查机制，如日常巡查、专项检查、重点区域日常排查等，建立安全隐患台账，督促及时整改。加强安全知识教育，培养广大师生的安全风险意识，提高应急处置能力。

（三）队伍建设

要确保校园的安全稳定，确保校园内教职员工和师生的切身利益，管理者应具备一定的管理水平与素质。要加强对保安队伍的管理，开展校园保安业务技能培训，维护保安员工的利益，进而推动保卫工作的稳定进步。保安单位必须培养保安队伍的工作责任感。优秀的保安队伍可以维护学校的校园安全，确保教职工和学生群体有一个安全稳定的工作、学习环境。保安队伍现存缺点主要有以下三方面。

1. 保安人员在业务上的能力不一，绝大多数的保安人员没有接受过系统的培训，对上级领导所说的工作要求和精神容易理解不到位、把握不准，尤其是对工作中所遇情况的处理能力较弱，甚至有些年龄较大的保安不会使用智能手机收发信息，给相关的工作的开展带来了一定的难度。应引进具较高学历、有经验、专业对口的外来人员，提高相应职级水平，加强内部培训，请高水平专业人员以理论联系实际的方式提高现有人员的专业素养。

2. 大多数保安只是把这份工作当作临时的避风港，得到的工资待遇较低，工作生活条件艰苦。学校应提升安全意识，重视校园安全对教学秩序的保障意义，并逐步提高保安的工资待遇，改善其工作环境，在生活上加以关心、爱护，助其树立主人翁意识，以做好安保工作。

3. 保安人员专业水准不高。保安公司对高职院校管理的特殊性认识不足，管理方式简单，人员的素质水平、语言交流能力有待提高，造成工作质量不高。学校应加强入职培训，明确岗位职责及工作流程，使其尽可能简单明了；明确高校安保工作的特殊性，紧紧围绕学生安全、教师安全等开展工作；持续进行培训、考核，使人员不断适应新形势下学校安保工作的需求。

四、结束语

安防建设未来的发展方向是坚持构建"六位一体"的信息管理平台，提升安全保卫管理水平，明确发展路径，提升校园应急管理水平，加强科学治理，做好校园公共安全管理和防范。以平安校园建设为根本，构建校园公共安全管理的大格局，指导校园公共安全、应急防控与治理，充分利用智慧综合服务平台实现联防联控，加快构建高校应急管理体系。

参考文献

[1] 王晶晶．"互联网＋"背景下智能化高校安全防控体系建设研究［J］．河南科技，2020，39（29）：24-26.

[2] 李秀琴．"互联网＋"教育安全风险防控管理研究分析［J］．中国新通信，2020，22（17）：198-199.

[3] 吴国玺，赵纪涛．基于公共安全的校园应急防控体系构建［J］．决策探索，2020（11）：77-78.

[4] 胡长玉．高校安防数据中心在平安校园中的应用探究［J］．潍坊学院学报，2020，20（2）：108-110.

[5] 孙思思，高校安防监控系统建设研究［J］．海峡科技产业．2019（9）：84-86.

[6] 李硕，高保忠．基于人工智能的高校安全平台［J］．信息技术与信息化，2020（3）．152-154.